JN430669

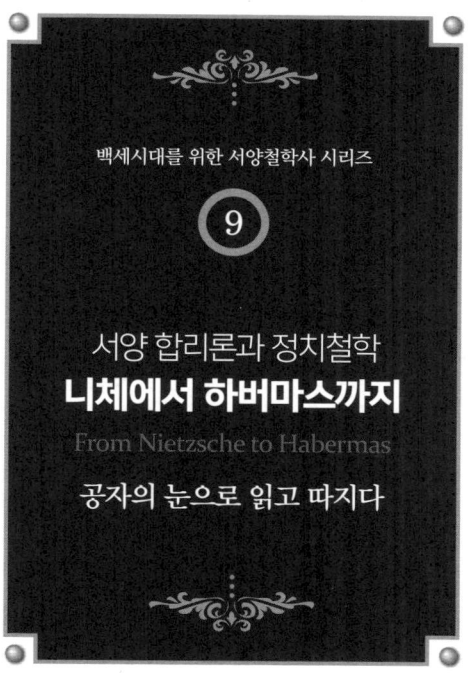

백세시대를 위한 서양철학사 시리즈

9

서양 합리론과 정치철학
니체에서 하버마스까지
From Nietzsche to Habermas
공자의 눈으로 읽고 따지다

백세시대를 위한
서양철학사 시리즈 9

서양 합리론과 정치철학 **니체에서 하버마스까지**

공자의 눈으로 읽고 따지다

초판   1쇄 인쇄 2025년 11월 14일
            1쇄 발행 2025년 11월 18일

지은이   황태연
펴낸이   김영훈
펴낸곳   생각굽기
출판등록   2018년 11월 30일 제 2018-000070호
주 소   (07993) 서울 양천구 목동로 230 103동 201호
전 화   02-2653-5387
팩 스   02-6455-5787
이메일   kbyh33@naver.com

ⓒ 2025, 황태연

＊ 책값은 뒤표지에 있습니다.
＊ 잘못된 책은 바꾸어 드립니다.
＊ 이 책의 내용은 저작권법의 보호를 받는 저작물이므로 무단 전제 및 복제를 금합니다.
＊ 이 책의 본문은 ㈜한글과컴퓨터의 '함초롬' 서체를 사용하였습니다.

ISBN 979-11-989095-8-9

백세시대를 위한 서양철학사 시리즈

9

서양 합리론과 정치철학
니체에서 하버마스까지
From Nietzsche to Habermas

공자의 눈으로 읽고 따지다

지은이 황태연黃台淵은 서울대학교 외교학과를 졸업하고, 같은 학과 대학원에서 「헤겔에 있어서의 전쟁의 개념」으로 석사학위를 받고, 1991년 독일 프랑크푸르트 괴테대학교에서 『지배와 노동(Herrschaft und Arbeit)』으로 박사학위를 받았다. 그는 1994년 동국대학교 정치외교학과 교수로 초빙되어 30년 동안 동서양 정치철학과 정치사상을 연구하며 가르쳤다. 그러다 2022년 3월부로 명예교수가 되었다. 그는 지금도 동국대학교 학부와 대학원에서 강의를 계속하며 집필에 매진하고 있다.

Profile

황태연 黃台淵

그는 근 반세기 동안 동서고금의 정치철학과 제諸학문을 폭넓게 탐구하면서 동·서양 정치철학과 정치사상, 그리고 동서통합적 도덕·정치이론에 관한 연구에 헌신해 왔다. 그는 반세기 동안 총 87권(저서 49부작 75권+역서 12권)의 책을 썼다. 그는 서양정치 분야의 연구서로 Herrschaft und Arbeit im neueren technischen Wandel(최신 기술변동 속의 지배와 노동, Frankfurt/Paris/New York: 1992), 『환경정치학』(1992), 『포스트사회론과 비판이론』(공저, 1992), 『지배와 이성』(1994), 『분권형 대통령제 연구』(공저, 2003), 『계몽의 기획』(2004), 『서양 근대정치사상사』(공저, 2007), 그리고 「서양경험론과 정치철학」의 연작집 『베이컨에서 홉스까지』(2024), 『로크에서 섀프츠베리까지』(2024), 『데이비드 흄에서 다윈까지』(2024)를 출간한 데 이어, 2025년 4월 「서양 합리론과 정치철학」의 연작집 『플라톤에서 아퀴나스까지』(2025), 『밀턴에서 데카르트까지』(2025), 『라이프니츠에서 루소까지』(2025)를 출간하고, 2025년 11월 『칸트에서 헤겔까지』(2025), 『마르크스에서 쇼펜하우어까지』(2025), 『니체에서 하버마스까지』(2025)를 출간함으로써 마침내 「백세시대를 위한 서양철학사 시리즈(전9권)」를 완간했다. 그리고 『분권형 대통령제: 제왕적 대통령의 권력 나누기』(2025)를 공간했다. 동서통합적 연구서로는 『감정과 공감의 해석학(1, 2)』(2014-15)과 『패치워크문명의 이론』(2016)을 냈고, 2023-24년에는 『놀이하는 인간』(2023), 『공감적 해석학과 공감정의 이론』(2024), 『정의국가에서 인의국가로(상·하)』(2025)를 출간했다. 2026년 초에는 『예술의 미학, 정원의 미학』을 공간한다.

공자철학과 공자철학의 서천西遷에 관한 연구서로는『실증주역(상·하)』(2008),『공자와 세계(1-5)』(2011),『공자의 인식론과 역학』(2018),『공자철학과 서구 계몽주의의 기원(1-2)』(2019),『근대 영국의 공자숭배와 모럴리스트들(상·하)』(2020·2023),『근대 프랑스의 공자열광과 계몽철학』(2020·2023),『근대 독일과 스위스의 유교적 계몽주의』(2020·2023),『공자와 미국의 건국(상·하)』(2020·2023),『유교적 근대의 일반이론(상·하)』(2021·2023) 등을 냈다. 그리고『공자의 자유·평등철학과 사상초유의 민주공화국』(2021)에 이어『공자의 충격과 서구 자유·평등사회의 탄생(1-3)』(2022)과『극동의 격몽과 서구 관용국가의 탄생』(2022),『유교저국의 충격과 서구 근대국가의 탄생(1-3)』(2022) 등을 연달아 공간했다. 공자관련 저서는 15부작 전29권이다.

한국정치철학 및 한국정치사·한국정치사상사 분야로는『지역패권의 나라』(1997),『사상체질과 리더십』(2003),『중도개혁주의 정치철학』(2008),『조선시대 공공성의 구조변동』(공저, 2016),『대한민국 국호의 유래와 민국의 의미』(2016),『갑오왜란과 아관망명』(2017),『백성의 나라 대한제국』(2017),『갑진왜란과 국민전쟁』(2017),『한국 근대화의 정치사상』(2018),『일제종족주의』(공저, 2019·2023),『사상체질, 사람과 세계가 보인다』(2021·2023),『대한민국 국호와 태극기의 유래』(2023),『한국 금속활자의 실크로드』(2022)와『책의 나라 조선의 출판혁명(상·하)』(2023),『창조적 중도개혁주의』(2024)『사상가 김대중』(편저, 2024) 등 여러 연구서를 냈다.

해외로 번역된 저자의 책으로는 중국 인민일보 출판사가『공자와 세계』제2권의 대중보급판『공자, 잠든 유럽을 깨우다』(2015)를 중역中譯·출판한『孔夫子與歐洲思想啟蒙』(2020)이 있다.

최근 저자는 동학애국전쟁(1894)에서 고종의 독시毒弑(1919)에까지 이르는 25년 동안의 근대사에 대한 연구를 다시 되돌아보고, 이와 연결지어 1919년에서 2024년에 이르는 100여 년의 한국현대사에 대한 연구에 매진하고 있다.

2018년부터 유튜브 "황태연아카데미아"를 통해 위 저서들과 관련된 대학원 강의를 시청할 수 있다. - 편집부 -

Hwang Tai-Youn

책머리에

제7권 『칸트에서 헤겔까지』, 제8권 『마르크스에서 쇼펜하우어까지』, 제9권 『니체에서 하버마스까지』가 출간됨으로써 전 6권의 「서양 합리론과 정치철학」 시리즈가 완간되었다. 동시에 이로써 마침내 고대에서 현대까지 서양 철학자들의 모든 철학사상을 공자의 눈으로 읽고 따지는 전 9권의 〈백세시대를 위한 서양철학사 시리즈〉가 완간되었다. 14명의 서양 경험주의 철학자들과 경험과학자들이 전개한 경험론과 정치철학을 공자의 눈으로 읽고 따지는 전 3권의 「서양 경험론과 정치철학」은 2024년 이미 완간되었다. 참고로 14명의 서양 경험론자와 경험과학자의 원전을 읽고 논한 「서양 경험론과 정치철학」의 연작 3권은 다음과 같다.

제1권 『베이컨에서 홉스까지』
제2권 『로크에서 섀프츠베리까지』

제3권 『데이비드 흄에서 다윈까지』

따라서 이 전 6권의 '서양 합리론과 정치철학'은 저 「서양 경험론과 정치철학」 연작 3권의 자매편인 셈이다. 「서양 합리론과 정치철학」 연작 6권은 다음과 같다.

제4권 『플라톤에서 아퀴나스까지』
제5권 『밀턴에서 데카르트까지』
제6권 『라이프니츠에서 루소까지』
제7권 『칸트에서 헤겔까지』
제8권 『마르크스에서 쇼펜하우어까지』
제9권 『니체에서 하버마스까지』

이 「서양 합리론과 정치철학」 연작 6권은 소크라테스·플라톤·아리스토텔레스에서 현대의 마르크스·쇼펜하우어·니체·하버마스에 이르기까지 총 20명의 서양 합리론자들의 인식론과 정치사상을 공자의 관점에서 분석했다. 독자는 서양의 모든 경험론자(14명)와 합리론자(20명) 도합 34명이 집필한 6백여 권의 서양 철학 원전을 70분의 1로 압축한 전 9권의 〈백세시대를 위한 서양철학사 시리즈〉만 읽으면 거의 모든 서양 철학자의 인식론과 정치철학을 익히 통달할 수 있다. 그리고 이 시리즈 9권을 다 독파하는 데는 9개월이면 족할 것이다.

이 9권의 시리즈가 자부할 것은 소소하게 많지만, 이 시리즈가 진짜 자부하는 바는 기실 다른 데 있다. 이 서양철학사 시리즈는 저자가 1974년 대학 1학년 때 플라톤의 『향연』을 꼼꼼히 읽고 요약문을 철학개론 수업

시간에 발표한 것을 시작으로 이 '백세시대를 위한 서양철학사 시리즈'에 등장하는 총 34명 철학자의 6백여 권의 원전을 반세기 동안 모조리 정독하고 저술한 것이다. 이 오랜 독서와 연구는 저자가 그간 저술한 84권의 저서에 흩어져 있다. 따라서 이 방대한 서양철학사 시리즈를 집필하는 작업은 이 흩어진 연구들을 빠짐없이 찾아 집대성하는 과정이었다. (이 '서양철학사 시리즈'에 집대성된 글들의 출처는 일부 밝히기도 했지만 구차하게 느껴져서 일일이 밝히는 것을 생략했다.) 따라서 이 시리즈는 34명의 철학자가 평생 저술한 6백여 권의 영어·프랑스어·독어·한문 원전 전집들을 저자가 그리스어·라틴어 원전인 경우에는 일일이 원문을 찾아 대즈하면서 청년기 글에서 노년기의 작은 글 조각에 이르기까지 구석구석 꼼꼼하게 정독하고 정확하게 따져서 집필한 세계 최초의 서양철학사라고 자부한다.

그간의 보통 서양철학사 저서들은 몇몇 철학자들이 쓴 소수의 주요 원전만 읽고 나머지 철학자들의 원전은 직접 읽지 않은 채 남들이 쓴 글을 발췌해 실어놓았다. 헤겔의 '철학사강의'가 그렇고, 버트런드 러셀의 '철학사'가 그렇다. 그래서 아무리 읽어도 이해할 수 없었다. 아니면 수많은 전문가의 글을 모아 엮은 편찬서였다. '케임브리지·옥스퍼드 *Companion* 철학사'가 그렇고 이링 페처·뮝클러의 사상사 핸드북이 그렇다. 이런 까닭에 이런 철학사·사상사 시리즈들은 관점의 일관성과 연속성을 잃어서 중구난방이다. 그러나 이 〈백세시대를 위한 서양철학사 시리즈〉는 한 저자가 '공자의 눈'으로 일관되게 읽고 저술했으므로 글의 흐름이 연속적이고, 또 저자가 모든 원전을 직접 읽고 썼기 때문에 서술 내용이 정확하고 정통적이며, 서양 철학자들의 말을 직접 듣고 있는 듯이 생생하고 구체적이어서 이해하기 쉽다.

*****

　서양 경험론과 합리론은 서로 영향을 주고받지 않은 채 서로에 대해 비판과 배척으로 일관하며 각기 자기 계통의 논의만을 계승해 왔다. 이 때문에 이 〈서양철학사 시리즈〉에서는 서양의 인식론과 정치철학을 이렇게 경험주의와 합리주의를 구분하여 그 전통에 따라 따로 논했다. 서양철학사를 이렇게 구분해서 논하면 두 계열의 철학이 지닌 연속성을 일목요연하게 보여줄 수 있다. 합리론은 경험론의 강점을 수용하는 경우에도 곧 경험론에 대한 비판으로 선회하여 더 철저한 합리론적 형이상학으로 되돌아갔다. 가령 임마누엘 칸트가 그러했다. 그는 데이비드 흄의 경험주의적 합리론 비판을 잠시 수용했으나 다시 흄의 경험론을 '회의주의'로 비난하고 나서 '순수이성 비판'이라는 양두구육羊頭狗肉의 간판 아래 미분화된 '표상(Votstellung)' 개념으로 '인상(impression)'과 '관념(idea)'의 차이, 곧 느낌(feeling)과 생각(thinking)의 차이를 뭉개버리고, '경험' 또는 '경험지식'까지도 '지성(Verstand)'의 작용으로 둔갑시킨 합리론적 인식론을 시대착오적으로 '신장개업'했다. 그리고 사단지심四端之心의 도덕감정과 도덕감각, 곧 감성적 '양심'을 경험적인 것으로 배격하고 이성입법적 도덕제정론으로서의 황당한 사이코패스적 도덕형이상학을 구축했다. 이런 까닭에 그는 우리 인간 가슴속의 가장 가까운 감시자인 '양심'을 실천이성적 도덕법칙으로 둔갑시켜 "별이 총총한 하늘"만큼 지극히 멀리 떨어진 신비 현상으로 날조했다.

　경험론과 합리론이 이처럼 상호 대립하고 배척해 온 까닭에 기존의 철학사처럼 서양철학을 시대순으로 전개하면 합리론자 데카르트 다음에 경험론자 홉스, 경험론자 홉스와 로크 다음에 합리론자 라이프니츠, 라이프니츠 다음에 다시 경험론자 흄과 애덤 스미스, 흄과 스미스 다음에 합리론자 칸트, 칸트 다음에 경험론적 도덕감각 학파와 철두철미한 경험론자 찰스 다윈을 취급하는 식으로 철학사상사가 단절과 단절을 면치 못하고 이 단절들을 맥락 없이 기계적으로 붙여놓을 수밖에 없게 돈다. 이러면 보통 철학사 서술은 뒤죽박죽 철학사가 되고 마는데, 기존의 철학사 책들이 대개 그렇다.

서양 경험론 시리즈 3권에 이은 서양 합리론 시리즈 6권, 즉 이 9권의 서양철학사 시리즈의 저술로 서양에서 2500년간 전개된 모든 경험론·합리론 철학과 정치사상을 '공자의 눈으로 읽고 따지는' 작업이 완결되었다. 지금까지 동서양 학계에서 아무도 '공자의 눈'으로 서양철학과 정치사상을 전면적·총체적으로 비판하지 않았고, 또 비판하려고 시도하지도 않았다. 동아시아에서도 20세기 이래 그저 공자 배격과 서양 맹종만이 계속되어 왔을 뿐이다. 종래 동아시아의 철학자와 사상가들은 대개 이런 어리석고 무지몽매한 행태를 반복해 왔다. 동아시아 학자들의 공자 연구와 서양 이해는 일천하면서도 서양을 맹종하는 외눈박이들이 무대를 지배하고, 구석으로 밀려난 한 무리의 저질·저능한 동양철학자들은 여전히 구태의연하게 (공맹철학을 악랄하게 파괴한) 성리학만 되뇌고 있는 까닭이다. 여기에는 3대 인구어(영어·독어·프랑스어)와 한문을 동시에 읽을 줄 아는 학자나 공자철학과 서양철학, 이 동서의 두 철학에 다 능통한 철학자가 단 한 명도 없었던 탓도 있다.

이 서양 합리론과 정치철학을 서술하는 6권의 서양철학사 시리즈는 서양의 합리주의 인식론과 정치사상을 공자의 눈으로 읽고 따지는 저작들이다. 그런데 이에 필요한 공자철학의 정확하고 정교한 이해와 고도의 지식이 준비되어 있는가? 공자철학에 대한 동양 철학계의 논의가 거의 다 성리학에 의해 오염되어 있어 대개 함량 미달이거나 오류투성이기 때문에 하는 말이다. 이런 까닭에 저자는 기존의 경전 해석들을 다 물리치고 지난 30여 년 동안 독자적으로 정확하고 정교한 공자해석을 수행하고 현대화하여 이미 일련의 공자 연구서를 공간했다.『공자의 인식론과 역학: 지물知物과 지천知天의 지식철학』,『공자의 자유·평등철학과 사상초유의 민주공화국』,『감정과 공감의 해석학: 공자윤리학과 정치철학의 심층이해를 위한 학제적 기반이론(1-2)』,『공자철학과 서구 계몽주의의 기원(1-2)』,『근대 영국의 공자 숭배와 모럴리스트들(상·하)』,『근대 프랑스의 공자 열광과 계몽철학자들』,『근대 독일과 스위스의 유교적 계몽주의』,『공자와 미국의 건국(상·하)』,『유교적 근대의 일반이론(상·하)』,『공자의 충격과 서구 자유·평등사회의 탄생(상·중·하)』,『극동의 격몽과 서구 관용국가의 탄생』,『유교제국의 충격과 서구 근대국가의 탄생(상·중·하)』,『도덕의 일반이론: 도덕철학에서 도덕과학으로(상·하)』,『정의국가에서 인의국가로: 국가변동의 일반이론(상·하)』 등 18부작 전 35권이 모두 그런 차원의 공자 저서들과 공자 관련 연구서들이다.

공자철학과 중국 제국의 유교적 정치문화는 고대로부터 서양의 철학과 정치사상에 대해 강력한 영향을 미쳤다. 공자철학은 특히 서양 경험론 철학에 그야말로 '본질 구성적인(constitutive)' 영향을 미쳤다. 이에 대해서는 서양 경험론과 정치철학에 관한 3권의 시리즈의 서론에서 종합적으로 다루었다. 서양 합리론에 대한 공자철학의 영향은 그렇게 본질적이지 않았지만, 소크라테스와 플라톤의 고대 그리스 철학과 바로크 사상, 그리고 계몽주의 시대의 합리주의 철학과 정치사상에 간과할 수 없는 영향을 미쳤다. 공자철학을 배격하거나 외면한 서양 합리론 철학은 스토아·교부·

스콜라철학, 그리고 칸트·피히테·헤겔·마르크스·니체 등의 19세기 독일 철학이었다. 이 합리론 철학들은 모두 이성숭배·과학숭배주의로 인해 사특함이 가득해서 "투쟁유일주의(Kampfsingularismus)"에 무젖고 자연과 인간에게 파괴적 성향으로 점철되었다. 반면, 공자철학을 부분적으로 수용하여 이성의 독단과 폭주를 얼마간 완화하고 제한한 아리스토텔레스·라이프니츠·루소·쇼펜하우어 등의 일부 합리론 철학들은 사특함이 비교적 덜했고 어느 정도로는 친親인간적이었다.

소크라테스와 플라톤의 철학에 대해서는 불교(힌두교)와 유교가 둘 다 영향을 미쳤는데 그 결과는 위조와 변조가 섞여서 아주 양가치적이었다. 그럼에도 그들에 대한 불교·유교의 영향은 서양 합리주의 계열의 철학사조 안에서 예외적으로 상당히 본질적인 것이었다. 소크라테스·플라톤의 여러 대화편에 출몰하는 윤회(팔린게네시스)·정화(카타르시스)·하탈(뤼시스) 등의 힌두·불교사상, 이 가운데 특히 윤회사상은 그들의 상기설적 인식론의 본질적 기반이 되어 있다. 그리고 그들은 인도를 통해 유교의 사덕론四德論도 받아들여 변조했다. 플라톤은 공맹의 사덕(인·의·예·지)에서 사랑(仁)을 빼고 지혜와 정의의 두 덕목만 취해 각각 사덕의 상석과 말석에 배치하고 예법을 '절제(소프로쉬네, σωφροσύνη)'로 바꿔 제3석에 두고 용기를 끌어들여 차석에 둠으로써 지혜·용기·절제·정의 순서의 새로운 사덕론으로 리메이크했다. 그리고 소크라테스와 플라톤은 지식 탐구를 '지물知物'에서 '지인知人'으로 전환한 공자의 철학 혁명을 모방해 "너 자신을 알라"는 명제와 함께 철학의 주主 대상을 자연에서 인간으로 바꾸었다. 소크라테스와 플라톤이 힌두·불교와 유교를 수용하는 이 과정에서 공히 놓치거나 배제한 것은 바로 '자비'와 '인仁'으로 개념화된 '사랑'(인간사랑과 자연사랑)이었다.

이런 까닭에 고대 이래 서양은 사랑을 잊고 '정의의 주먹', '정의의 총칼'로 정의만을 추구하는 전쟁상태의 세계였다. 이런 전쟁상태의 적대 세계에서는 예수가 인도에서 가져온 사랑(자비)의 교설도 간단히 무력화되었다. 힌두·불교의 자비 사상이 뿌리내리기에는 유대 땅은 너무 척박했던 것이다. 구약에는 이웃사랑도 '거의' 나오지 않고, 심지어 십계명도 사랑을 빼먹고 있다. 이 때문에 구약과 플라톤 철학은 연합해서 신약의 사랑 설교를 무력화시켜 '기독교'를 '유대교'로 다시 변질시킨 신新플라톤주의 신학과 교부철학을 산출했다. 중세는 신플라톤주의적 교부철학의 지배 아래 구약이 신약을 제압하는 암흑시대였다. 오늘날도 이것은 기독교를 창시한 예수보다 유대교도였던 마리아를 앞세우고 '성모'로 숭배하는 가톨릭의 종교 관행과 교리에서 여실히 드러난다. 그러나 염주 사용, 입으로 중얼대는 독경, 독신 수도승·탁발승 제도, 불상 숭배를 본뜬 마리아상 숭배 등 가톨릭의 예배 의식과 제도에는 불교의 영향이 뚜렷하다. 물론 예수교에도 예수신성론神性論과 예수 부활·예수 재림·천년왕국설 등은 힌두·불교의 아바타·윤회 이론을 수용해 변조한 것이다.

동서를 연결한 13-14세기의 팍스 몽골리카(*Pax Mongolica*) 덕택에 동방과의 교역로가 활짝 열리게 된 르네상스·바로크 시대에 들어서서는 공자철학이 교부·스콜라철학(특히 가톨릭 정치사상)에 대해서도 영향을 미치기 시작했다. 뷰캐넌·벨라르민·수아레스·밀턴 등 바로크 신학자들의 유사類似인민주권론과 폭군방벌·이단군주폐위론 및 자연적 자유평등론 등은 유교적 반정反正·역성혁명론·민유방본론民惟邦本論(민본주의)·무위이치無爲而治·백성자치·성상근론性相近論 등을 수용한 것이다. 특히 『실낙원』과 『복낙원』을 쓴 존 밀턴은 '공자' 이름을 직접 언급하며 공자를 반신半神으로 숭배했다. 바로크 시대에 태동한 이 폭군방벌론과 유사類似

인민주권론은 계몽시대에 민주주의·시민혁명론으로 발전한다.

 그리고 공자철학과 유교적 정치문화는 존 밀턴, 푸펜도르프, 라이프니츠, 크리스티안 볼프 등으로 대표되는 바로크·계몽시대 합리론자들의 철학에 대해 상당한 영향을 끼쳤다. 이 네 명의 철학자들은 합리주의자들임에도 모두 공자를 애호하고 중국에 열광했다. 그러는 가운데 그들은 공자의 '군자치국론'을 플라톤의 '철인치자론'으로 각색하기도 하고 라이프니츠와 볼프의 경우에는 말년에 공자와 중국의 '서술적序述的 경험론'으로 기울어지기도 했다.

 독일철학의 주도권이 공자찬양자 볼프로부터 칸트로 넘어간 18세기 말엽부터 유럽대륙에서 합리주의가 석권하면서 유럽대륙은 20세기까지 '반민주 독재'(프로이센 군국주의, 나치즘, 파시즘, 팔랑헤주의, 공산주의, 포르투갈·스페인·그리스의 극우 독재)로 치달았다. 18세기 말부터 이미 칸트는 공자와 중국 문명을 악랄하게 비방하기 시작했고, 칸트의 수강생 요한 헤르더도 한때 중국을 살아있는 "미라(Mumie)"라 조롱했다. (그러나 칸트의 합리론을 버리고 감성적 경험론자로 변신한 헤르더는 말년에 관점을 완전히 바꿔 공자와 중국문화를 죽을 때까지 예찬했다.) 칸트는 칸트주의자들이 계몽주의를 비판적으로 종합한 철학자로 '잘못' 홍보해 왔으나 실은 계몽 이념을 왜곡·변질시킴으로써 도도한 계몽의 과정을 중단시킨 대표적 반反계몽주의자, 바로 공언무실空言無實한 형이상학적 '몽마주의자(obscuratist)'였다.

 가령 계몽 이념은 본래 몽매한 세상을 밝혀 인간을 억압·빈곤·무지·미신으로부터 해방하여 인간과 인간 사회를 자유롭게 하는 객관적·세계 변혁적 인간해방 기획이었다. 그러나 칸트는 이 객관적·세계 변혁적 계몽이념을 "자기귀책적 미성년성을 탈피할 용기"라는 개인의 내심 문제로 내면화시켜 결국 모호한 주관적 흰소리로 변질시켜 몽매화했다. 이로써 그는 대륙에서 '계몽주의 혁명'을 저지하려고 했다. 물론 그의 이 반동적 기도는 성공할 수 없었다.

카를 마르크스는 『공산당선언』(1848)에서 "부르주아지의 상품의 저렴한 가격이 모든 중국장벽을 철저히 파괴하고 야만인들의 완고한 외국인 증오를 굴복으로 강요하는 중重대포다"라고 호언하면서 중국인을 '야만인'으로 취급했다. 또 막스 베버는 '서구 합리주의'를 기준으로 공자철학과 중국의 유교문화를 비판하고 중국의 자본주의 불가론을 강변했다. 그러나 웬걸 중국은 마르크스가 절대시한 기계적 '공장자본주의'나 베버가 중시한 합리적 자본회계의 '기업자본주의'(이윤율을 하락시키는 불변자본 폭증의 노동 절약적 생산방식)를 우회하여 이윤율 하락을 모르는 자본 절약적 '자호字號상인 주도의 네트워크 생산방식'(1970년대 이후 미국의 '브랜드 상인[이른바 빅 바이어]' 주도의 네트워크 생산방식'과 유사)을 통해 선진적 자본주의를 발전시켜 1920년대부터 다시 세계 4대 무역 대국으로 부상했다. 마르크스는 "부르주아지의 상품의 저렴한 가격이 모든 중국장벽을 철저히 파괴한다"고 호언장담했지만 서양 상품이 중국 상품보다 불량하고 비쌌기 때문에 중국인들은 서양 물건을 거의 사지 않았다. '중국장벽'은 건재했다.

서양 합리주의 철학들은 이렇듯 이론적 오류와 사특한 비방으로 점철되었다. 그러나 합리주의는 오류와 비방으로 그친 것이 아니라, 그릇된 정치철학으로 유럽을 실제로 멸망시키기도 했다. 서양 합리주의는 지식인·학자의 이성적으로 체계화된 지식 관점에 서서 인간의 주된 본성을 이성으로 보는 조선의 성리학과 유사한 철학이다. 그러나 세상 사람들은 이성적이기보다 감성적으로 행동하고, 운동선수는 몸으로 한다. 체육학 학자가 운동선수의 바른 신체 동작을 이성으로 이론화하더라도 체육학의 체육은 '이성의 사실'이 아니라 '육체의 사실'이다. 그러나 합리주의자들은 세상의 움직임을 이론화하고 나서 세상을 '이성의 사실'로 착각한다. 그러나 체육이 아무리 이론화되더라도 '이성의 사실'이 아니듯이 인간들의 행동으로 돌아가는 이 사회 세계도 '이성의 사실'이 아닌 것이다. 이 세계는 감성적 행동과 공감적 커뮤니케이션의 세계이고, 여기서 이성은 흄의 명제대로 감성의 노예일 뿐이다. 그러나 합리주의자들은 저런 지식인적 자기기만과 오인誤認 구조에서 반대로 생각한다. 그래서 "합리주의는 지식인의 아편"이라고 하는 것이다.

고려 말에 일어난 안향·정몽주 중심의 조선 성리학자들은 또 다른 성리학자 정도전이 도륙해 버렸다. 그러나 성리학자 집단의 나머지 절반인 정도전 중심의 성리학자 무리는 태종 이방원이 도륙해 버렸다. 이후 인조 때(1595-1649)까지 무려 250년 동안 성리학은 조선에서 중앙 정계에 발도 못 붙였고 주희가 지은 '소학'과 '근사록'조차도 조광조의 도학 정치 난동 이후 선조 즉위년까지 판금 당했다. 송시열이 효종을 끼고 비로소 중앙 정계로 끌어올린 성리학은 이후 숙종·정조·고종의 서원 탄압 속에서도 패권을 유지했다. 그러나 조선 성리학은 조선 후기 250년 동안 유교 사상을 왜곡시키고 결국 조선을 멸망시켰고 이후 스스로 친일화親日化되어 사라졌다.

조선 성리학처럼 서양 합리주의는 서양 제국諸國을 두 번이나 멸망시켰다. 합리주의는 소크라테스·플라톤의 지성주의적·반민주적·우생학적 철인치자론과 카스트 분업적 정의론, 데카르트의 단독적 철인입법자론, 칸트의 철인군주론과 사이코패스적 도덕형이상학, 헤겔의 이성국가론과 게르만지배민족론, 마르크스와 엥겔스의 '과학적' 사회주의·계급투쟁론·승자정의론·프롤레타리아독재론, 니체의 '과학적' 인종주의·철인총통론·인종전쟁론, 스탈린의 철인서기장론(아류로서 모택동의 철인주석론, 김일성의 철인수령론) 등으로 서양제국諸國을 계급독재와 파쇼독재로 왜곡시키고 서양 민주주의를 완전히 파괴했다. 반면, 공자의 '서술적 경험론'의 영향으로 탄생한 베이컨 이래의 서양 경험론, 곧 영·미의 '비판적 경험론'은 유럽대륙의 합리론 철학과 형이상학을 분쇄하고 영·미 제국諸國의 철학사상을 '경험과학'으로 격상시킨 데 이어 유럽과 동아시아를 파쇼독재와 계급독재로부터 구해내 민주화했다.

이런 민주와 반민주의 대립적 정치 사조는 상호 대립하는 경험주의 인식론과 합리주의 인식론에 기인했다. 경험주의 인식론은 대중적 경험(집단적 지식의 여론과 민심)을 합리적 지식에 앞세우는 반면, 합리주의 인식론은 대중의 경험적 인식으로서의 여론과 민심을 불합리한 '동물적 인식'으로 무시하고 철학자의 이성적 인식만을 진리로 간주하기 때문이다.

경험론은 인간의 절대지絶對知를 부정하고 "하늘조차도 우리 백성을 통해 보고 우리 백성을 통해 듣듯이(天視自我民視 天聽自我民聽)" 대중의 광범한 집단적 경험(博學·多聞多見)을 최고의 개연적 지식(probability)으로 중시하는 명제를 인식론의 금과옥조로 삼는다. 이 때문에 경험론적 정치철학은 대중의 집단적 경험으로서의 민심과 민의(국민의 집단적 지성과 견해)를 하늘처럼 받들고 따라서 본질적으로 민주주의와 친화적일 수밖에 없다. 반대로 합리론은 단독적 개인의 천재적 지성(=이성)을 금과옥조로 삼고 백성의 집단적 인식을 '동물적 인식'(라이프니츠) 또는 '이성의 가상假像'(der Schein der Vernunft, 헤겔)으로 깔본다. 이 때문에 합리론은 본질적으로 반민주적일 수밖에 없다. 여기서 주목해야 하는 것은 '민주정치론'과 '반민주 독재론'이 궁극적으로 제각기 경험론과 합리론의 대립적 '인식론'에 뿌리박고 있다는 것이다.

공자의 눈으로 서양 합리주의 인식론과 정치사상을 읽고 따지는 이 6권의 시리즈는 역사적으로 '과학적' 사회주의와 '과학적' 인종주의, 공산·파쇼독재의 이론을 산출한 서양 합리론에 대해 근본적으로 비판적일 수밖에 없다. 이 서양 합리론 시리즈는 인류를 두 번이나 세계대전으로 몰아넣고 반민주 독재체제를 통해 수많은 인명을 앗아간 합리주의의 사특한 반인간성과 반민주적 악마성을 낱낱이 드러낼 것이다. 독자들은 이 시리즈에서 독자의 목전에 전시될 적나라한 합리주의 논변과 주장 자체를 통해 여러 합리주의 철학의 공통된 반인간적 악마성과 사특한 반민주성을 여실히 명찰하게 될 것이다.

이 책은 이제 저자의 손을 떠나기 때문에 사색하는 독자를 만나 무두질당하는 일만 남았다. 독자의 새삼스런 관심과 깊은 이해를 고대한다.

끝으로, 필자의 여러 책을 정성껏 제작해 온 데에 이어 이 시리즈를 만드는 데에도 열정과 심혈을 기울여준 김영훈 '생각굽기' 출판사 사장에게 깊은 감사의 마음을 표한다.

2025년 11월 어느 날 인천 송도에서

황태연 지識.

C·O·N·T·E·N·T·S

백세시대를 위한 서양철학사 시리즈 **[전9권]**

서양 합리론과 정치철학 | 니체에서 하버마스까지 | 공자의 눈으로 읽고 따지다

16

니체의 반도덕적 권력의지와 과학적 인종주의

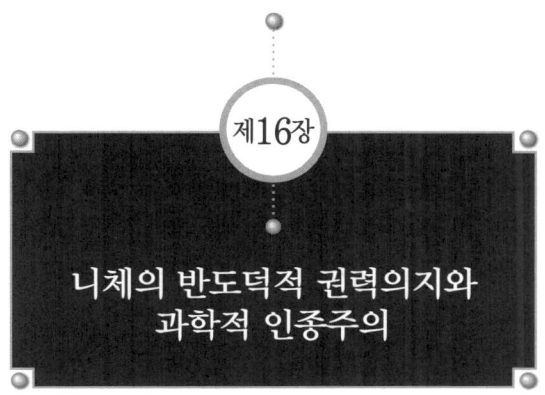

제16장

니체의 반도덕적 권력의지와 과학적 인종주의

'망치를 든 미치광이 철학자'라 불리는 프리드리히 니체(Friedrich Wilhelm Nietzsche, 1844-1900)는 서구의 전통만이 아니라 인류의 전통을 깨고 새로운 가치를 세우려는 생각에서 모든 전통 철학을 부정했지만 플라톤 철학만은 계승했다. 그는 플라톤의 철학사상 가운데 반도덕적·악마적 부분들을 골라 현대에 되살린 독일 철학자다.

니체는 쇼펜하우어를 애독자로 사숙私淑하는 것으로 출발했지만 동정심에 기반을 둔 그의 도덕철학을 비판하고 그에게 등을 돌리면서 마각을 드러내기 시작했다. 그러나 니체의 정치철학은 독일주의와 반독일주의(유럽주의), 자본주의와 반자본주의, 민주주의와 권위주의, 인종주의와 지성주의, 평화주의와 호전주의 등 다양한 대립항 사이에서의 "일의적一義的인 정치적 중의성重義性, 중의적인 정치적 일의성"을 가진, 또는 보는 각도에 따라 보는 사람에 따라 달라져 보이는 "아롱더는 사상

(schillerndes Denken)"이라 일컬어지기도 한다.[1] 이 때문에 그의 정치철학과 관련해서는 해석상의 이견이 분분하다. 하지만 일언이폐지─言以蔽之하면, 니체는 민주주의와 사회주의의 확산으로 돌이킬 수 없게 된 평등화·평준화·의미 상실(고귀성의 소멸) 경향에 맞서 '사람은 천성적으로 귀천이 따로 있다'는 인간 불평등 테제를 관철시키는 '초超정치적' 과업을 플라톤주의적 '지성의 지배' 테제의 활용으로 수행했다.

니체는 차라투스트라의 입을 통해 말한다. "너희 평등의 설교자들이여, 무기력의 참주적 광기가 너희들로부터 '평등'을 향해 걸어 나온다. 너희들은 엉큼한 참주적 쾌락을 덕이라는 말로 위장한다. (⋯) 나는 이 평등 설교자들과 섞여 혼동되고 싶지 않다. 왜냐하면 정의는 나에게 '인간들은 평등하지 않다'고 말해주기 때문이다. 그리고 평등해지지 않을 것이다."[2] 한 마디로 니체의 정치철학은 온갖 내적 모순과 황당무계한 뒤범벅에도 불구하고 "인간 간의 불평등의 확립을 위한 궁극적 해법을 향한 모색"을 뜻한다.[3]

니체는 소크라테스·플라톤·아리스토텔레스의 지성 우월주의를 탈脫형이상학화·생물학화(인종주의화)하여 우등 인종의 '큰 이성의 지배' 체제를 세웠다. 니체는 청년기에 쓴 글들에서 플라톤을 비판하는 온갖 제스처에도 불구하고 플라톤의 (정치적) 지성 우월주의와 자신의 정치철학 간의 긴밀한 연관관계를 스스로 고백하기도 했다. 청년 니체는 모름지기 국가란 플라톤의 수호자 같은 군사적·철학적·과학적·예술적 천재를 산출할 우생

---

1) Bernhard H. F. Taureck, *Nietzsche und der Faschismus* (Hamburg: Junius, 1989), 17-73쪽.
2) Friedrich Nietzsche, *Also sprach Zarathustra. Ein Buch für Alle und Keinen* (1883-1885). Zweiter Theil. "Von den Taranteln". Giorgio Colli und Mazzino Montarinari (Hg.), Nietzsche Werke. 1. Bd. v. VI. Abteilung (Berlin: Walter de Gruyter & Co, 1968), 126쪽.
3) Taureck, *Nietzsche und der Faschismus*, 10쪽.

학적 과업을 안고 있다고 생각했다. 플라톤은 이 과업을 인식했다는 것이다.

- 플라톤의 완벽한 국가는 분명, '역사학적' 학식을 갖춘 자들이 고대에 대한 두려움을 뿌리칠 때 보여주는 우스운 우월적 태도는 말할 것도 없고 플라톤 숭배자 중 온혈적溫血的인 자들이 생각하는 것보다 (…) 더 위대한 것이다. 국가의 본래적 목표, 즉 천재의 올림픽적 실존과 거듭 새로운 생산은 (…) 시인적 직관으로 발견되고 거칠게 그려졌다. (…) 그런데 플라톤이 일반 개념의 천재를 정상에 세운 것이 아니라 지혜와 지식의 천재만을 정상에 세웠다는 것, 그리하여 천재적 예술가들을 전적으로 국가로부터 배제했다는 것은 예술에 대한 소크라테스적 판단의 경직된 귀결인데, 플라톤은 이것을 자기 자신과의 싸움 속에서 자기 것으로 만들었다.[4]

그러나 니체는 "천재적 예술가들을 전적으로 국가로부터 배제한" 결함이 "플라톤적 국가의 전체 구상 속에서 국가와 천재 사이의 연관관계에 관한 심원하고 영원히 해석되어야 할 기밀 이론의 놀랍고 위대한 상형문자를 인식하는 것을 방해하지 않는다"고 말한다.[5] 그러나 니체가 지적하는 플라톤의 '결함'은 좀 부정확하다. 플라톤은 '시'와 '그림'의 '모방적' 성격에 대해서 폄하하지만, 무사(Μούσα)여신이 공히 철학과 함께 관장하는 '음악(시가)'은 철학처럼 높이 평가하기 때문이다.[6] 또한 니체가 제

---

4) Friedrich Nietzsche, "Der griechische Staat", 777-778쪽. Kritische Studienausgabe(KSA) Bd.1. Herausgegeben von Giorgio Colli und Mazzino Montinari (Berlin·New York: Walter de Gruyter, 1988).

4) Friedrich Nietzsche, "Der griechische Staat", 777-778쪽. Kritische Studienausgabe(KSA) Bd.1. Herausgegeben von Giorgio Colli und Mazzino Montinari (Berlin·New York: Walter de Gruyter, 1988).
5) Nietzsche, "Der griechische Staat", 778쪽.
6) Platon, *Der Staat*, 401d-402a. *Platon Werke*, Bd.III in Acht Bänden, herausgegeben von G. Eigler. Deutsche Übersetzung von Friedrich

일 중시하는 예술 부문도 음악이다. 따라서 플라톤의 '천재'는 거의 니체의 '천재'와 일치한다. 니체는 훗날 이 '천재'를 '초인'으로 바꿔 부른다.

또한 아리스토텔레스의 무제한적·무제약적 지성주의도 청년 니체의 '철학자' 개념 안에서 대중과의 '간격(Diatanz)'을 벌이는 '진리의 열정(Pathos der Wahrheit)'으로 고스란히 재현되고 후기에는 '간격의 열정(Pathos der Distanz)'으로 종합·정리된다. 니체는 아리스토텔레스적 지성주의를 소크라테스 이전 사상가들에게 뒤집어씌우면서 말하기를, 진정한 철학자는 "진리의 열정"에 의해 추동되는데, 이 "철학적 열정"은 필연적으로 그 시대와 세계에 대한 간격으로 귀결된다고 말한다. "철학자들의 활동은 그들을 '관중'에, 대중의 흥분 자극과 동시대인들의 환호하는 갈채에 눈독 들이도록 만들지 않는다. 고독하게 거리를 다니는 것은 철학들에게 속하는 것이다."[7] 니체의 이 '철학자'는 '고독'을 빼면 플라톤과 아리스토텔레스의 무제한적·무제약적 지성주의 철학자를 그대로 빼닮았다. 그러나 이 '고독한 철학자'는 고독을 잊으려는 심심풀이로 "사유를 위한 한 권의 책", "그 이상은 아무것도 아닌" 책, "사유가 즐거움을 만들어주는 사람들"의 살벌한 미공간 책 『권력에의 의지』를 쓴다.[8] 그리하여 후기 니체에 이르면, '철학자'의 – 대중과의 '격차'를 벌리는 – '진리의 열정'은 쉽사리 천박한 인종들과의 간격을 벌려 모든 가치를 전복하고 새로운 가치를 창조하려는 "간격의 열정", 즉 인종주의적·카스트적 '진리(지식)의 지배' 체제의 구축으로 '발전'된다.[9] 사유의 '즐거움'을 주는 니체

Schleiermacher (Darmstadt: Wissenschaftliche Buchgesellschaft, 1977).

7) Friedrich Nietzsche, *Zur Geneologie der Moral. Eine Streitschrift* [1887]. Erste Abhandlung. Nr.2 (272-274쪽). Giorgio Colli und Mazzino Montarinari (Hg.), *Nietzsche Werke*. 2. Bd. v. VI. Abteilung (Berlin: Walter de Gruyter & Co, 1968).

8) Friedrich Nietzsche, *Nachgelassene Fragmente*. Herbst 1887 bis März 1888. Nr.9 [188], 114쪽. Giorgio Colli und Mazzino Montarinari (Hg.), *Nietzsche Werke*. 2. Bd. v. Abteilung VIII (Berlin: Walter de Gruyter & Co, 1968).

9) Nietzsche, *Zur Geneologie der Moral. Eine Streitschrift* [1887]. Erste

의 이 심심풀이 철학은 훗날 미치광이 정치가와 그 추종 세력들에게서 쉽사리 나치즘과 파시즘으로 탈바꿈되었다.

Abhandlung. Nr.2 (272-274쪽). 니체 철학의 이러한 인종주의적·지식권위즈의적 악마성을 은폐하는 무비판적 소개서로는 참조: Volker Gerhardt, *Pathos und Distanz* (Stuttgart: Philipp Reclam, 1988); Wiebrecht Ries, *Nietzsche zur Einführung* (Hamburg: Junius, 2000). 니체를 잘못 애호하는 프랑스 학자들은 참조: Werner Hamacher (Hrsg.), *Nietzsche aus Frankreich. Essays von Maurice Blanchot, Jacques Derrida, Pierre Klosswski, Philippe Lacoue-Labarthe, Nancy und Bernd Pautrat* (Frankfurt am Main·Berlin: Ullstein, 1986). 공정한 비판적 니체 소개서는 참조: Taureck, *Nietzsche und der Faschismus*; Bernhard H. F. Taurek, *Nietzsche-ABC* (Leipzig: Reclam, 1999).

제1절

반도덕적·반평등주의적 초인과
인종전쟁

1.1. 육체 이성의 초인과 초인적 선민

니체는 플라톤과 아리스토텔레스가 형이상학의 출발점으로 삼은 '영혼의 불멸과 우주적 보편적 현존', 즉 객관적 '세계 이성'을 부정한다. 세계는 본질적으로 무질서한 우연 속에서 움직일 뿐이다. 신은 죽었다. 이제 유일한 이성은 주관적 '인간 이성'뿐이다. 그러나 이 인간 이성은 세계 이성의 부재, 즉 '신의 죽음'으로 허무하다. 그러나 이 허무주의적 인간이성은 여전히 형이상학적 도덕에 얽매여 감성·육체·욕망을 경멸한다. 니체는 이런 이성이 아니라, 육체와 육체적 욕망을 존중하는 어떤 다른 이성 개념을 생각한다. 니체는 『차라투스트라는 이렇게 말했다』에서 이렇게 회고한다.

- 옛날에 영혼은 육체를 경멸적으로 바라보았다. 그리고 당시에는 이러한 경멸이 최고의 것이었다. 영혼은 육체를 **빼빼** 마르고 끔찍하게 굶기려고 했다. 이렇게 해서 영혼은 육체와 땅으로부터 살그머니 달아나려고 생각했다. 오, 그런데 이 영혼 자체가 **빼빼** 마르고 끔찍했고 굶주렸다. 그리하여 잔인성이 이 영혼의 쾌락이었다.[10]

  육체를 경멸하는 이런 낡은 도덕을 그대로 답습하는 허무주의적 인간 이성은 '나' 또는 '정신'이라 불린다. 니체는 육체를 멸시하는 이 허무주의적 인간 이성, 이 '나(정신)'를 "작은 이성(kleine Vernunft)"이라 부르고, 육체를 중시하고 이 육체의 요구에 따라 저 '정신'을 이 요구의 실현 도구로 활용하는 '큰 이성(größe Vernunft)', 즉 이른바 '육체 이성(Körper-Vernunft)'을 대립시킨다. 그는 이에 대해 장광설로 설명한다.

- 육체는 나이고 영혼이다. (…) 육체는 완전히 나이고 이것 외에 아무것도 아니다. 영혼은 육체에 붙어 있는 그 어떤 것에 대한 명칭일 뿐이다. 육체는 큰 이성이고, 하나의 감각을 가진 다양성이고, 전쟁이면서도 동시에 평화이고, 가축 떼이면서 목자牧者다. 너의 육체의 도구는 (…) 네가 '정신'이라고 하는 너의 '작은 이성'이기도 하다. 그것은 '큰 이성'의 작은 도구요 장난감이다. 너는 '나(Ich)'를 말하고 이 단어에 긍지를 느낀다. 그러나 더 큰 것은 네가 믿고 싶지 않은 것이요, 너의 육신과 육신의 큰 이성이다. 이것은 '나'를 말하지 않지만, '나'를 한다. 감각이 느끼는 것, 정신이 인식하는 것은 결코 자기 안에 끝을 갖고 있지 않다. 그러나 감각과 정신은 '자기들이 만물의 끝이다'라고 너를 설복하

---

10) Nietzsche, *Also sprach Zarathustra.* Erster Theil. "Zarathustra's Vorrede" Nr.3 (9쪽).

려고 한다. 감각과 정신은 이처럼 허영심에 차 있는 것이다. 도구와 장난감은 감각과 정신이다. 그런데 이 감각과 정신의 배후에는 또 자기(Selbst)가 있다. 이 자기는 감각들의 눈으로 찾기도 하고 정신의 귀로 귀 기울여 듣기도 한다. 항상 그 자기는 듣고 찾는다. 그 자기는 비교하고 강요하고 정복하고 파괴한다. 그것은 지배하고, 또 '나'의 지배자이기도 하다. 너의 생각과 느낌의 배후에는 (…) 위력적인 통치자, 알려지지 않은 지자智者가 서 있다. 이 자의 이름은 '자기'다. 너의 육체 속에서는 이 지자가 산다, 아니 너의 육체가 바로 이 지자다. 너의 육체 속에는 너의 가장 훌륭한 지혜 속에 들어 있는 것보다 더 많은 이성이 있다. 너의 육체가 무엇 때문에 너의 가장 훌륭한 지혜를 필요로 하는지를 누가 도대체 알겠는가? 너의 '자기'는 너의 '나'와 '나'의 자랑찬 도약을 비웃는다. (…) 육체를 경멸하는 자들에게 나는 한마디 하고자 한다. 그들이 경멸한다는 것은 그들의 공경심이 만드는 것이다. 공경과 경멸, 가치와 의지를 창조한 것은 무엇인가? 창조하는 '자기'는 공경과 경멸을 창조하고 쾌락과 고통을 창조한다. 창조하는 육체는 정신을 창조하여 그의 손으로 삼는다. 너희들, 육체 경멸자들은 우매와 경멸을 품고 너희들의 '자기'에게 봉사한다. 내가 너희들에게 말해주마. 너희들의 '자기'는 스스로 죽을 것이고 삶에 등을 돌린다. 그 '자기'는 '자기'가 가장 하고 싶어 하는 것, 즉 자기를 넘어서 창조하는 것을 이제 할 수 없다. '자기'는 이것을 가장 하고 싶어 한다. 이것이야말로 '자기'의 완전한 열망이다. 그에게는 이제 그러기에 너무 늦어버렸다. 너의 '자기'는 몰락한다, 너희들 육체 경멸자들아, 너의 육체는 멸망할 것이다. 이런 까닭에 너희들이 육체 경멸자들이 되었다. 왜냐하면 너희들은 이제 더 이상 너희들을 넘어서 창조할 수 없기 때문이다. (…) 나는 너희들의 길을 가지 않는다. 너희 육체 경멸자들! 너희는 나에게

초인超人(Übermensch)으로 가는 다리가 아니다.[11]

　니체는 육체 경멸자의 전통적 이성(정신)을 '작은 이성'으로, 육체를 '큰 이성'으로 바꿔 부르고 있다. 이 '육체 이성'을 숭배하는 자는 '초인'이다. '육체 이성'은 전통적 이성과 달리 영혼 또는 정신의 논리를 따르는 것이 아니라 육체의 논리(궁극적으로는 인종적 유전자 논리)를 따르지만, 과거의 전통적 이성과 마찬가지로 감각 또는 감정(특히 동정심 같은 도덕감정)을 경멸한다. 그래서 육체의 '큰 이성'은 '감각'과 '정신'을 "허영심에 차 있는" 것으로 둘 다 매도한다. '가장 훌륭한 지혜'의 이성보다 '더 많은 이성'을 가진 육체로서의 이 '큰 이성'은 인간의 진정한 자아로서 '알려지지 않은 지자'이면서 '통치자'다. 플라톤의 철인치자가 하늘의 '선의 이데아'를 구경하는 기쁨에 따라 살고 아리스토텔레스가 하늘의 신을 흉내 내는 관상의 기쁨에 따라 사는 반면, 니체의 '큰 이성'의 지자는 "땅의 의미"를 말하는 "건전한 육체의 목소리를 듣고 따르며"[12] 산다.

　플라톤과 아리스토텔레스의 철인이 이론가 또는 '자기의식'인 반면, '육체적 이성'을 따르는 니체의 지자는 '나'를 의식하고 말하기 전에 '나'를 행하는 행위자이고 창조자이고 자기를 넘어서 창조하는 '초인'이다. 그러나 니체의 육체적 이성의 지자도 플라톤의 철인치자처럼 '지배자'고 '통치자'다. 말하자면 니체의 '큰 이성'은 하늘을 향한 '선의 이데아'를 내버리고 탈형이상학화된 '육체적(인종적) 이성'의 철인치자, 산 위의 동굴에 살다가 산 아래 도시로 내려간 땅의 철인치자다. 따라서 인간이성은 '작은 이성'과 '큰 이성'으로 갈리고, 작은 이성은 '육체경멸자들'로서 피지배자이고, 육체적 '큰 이성'은 "가장 훌륭한 지혜"가 지닌 것보다 '더 많

---

11)　Nietzsche, *Also sprach Zarathustra*. Erster Theil. "Von den Verächtern des Leibes", 35-37쪽.
12)　Nietzsche, *Also sprach Zarathustra*. Erster Theil. "Von den Hinterwelten", 34쪽.

은 이성'을 가진, 즉 천재적 '지자'요 '초인'으로서 '치자'다.

니체는 합리주의를 극복한 철학자가 아니다. 그는 합리주의자들의 '작은 이성'을 경멸함과 동시에 경험론자들이 중시하는 영혼의 다른 부분인 '감성·감정'도 경멸하는 또 다른 합리주의자, '큰 이성(육체 이성)의 합리주의자'다. 혈통과 유전자를 숭배하고 이에 따라 인종주의를 '과학적' 이론으로 중시할 수밖에 없는 초인의 '육체 이성'인 '큰 이성'의 궁극적·최종적 정체는 바로 '인종적 이성', 즉 인종주의다. 이 육체적·인종적 지자도 플라톤·아리스토텔레스의 철인과 마찬가지로 무제한적·무제약적 지혜 애호자다. "나는 슬기롭고 싶다(möchte ich klug sein). 나는 나의 뱀과 똑같이 근본적으로(von Grund aus) 슬기롭고 싶다. 그러나 불가능한 것을 나는 청원한다, 나는 나의 자부심을, 나의 자부심이 늘 나의 슬기와 함께 하기를 청원한다."[13] 이 뱀은 그 슬기로운 사탄이다. 성서의 창세기에서 사탄은 뱀으로 변신해서 몰래 에덴동산에 스며들어 이브와 아담을 꾀어 타락시킬 정도로 슬기로웠다.

니체는 플라톤의 철인과 육체적 지자의 구조적 대립성을 강조하기 위해 차라투스트라의 '산상 동굴'을 플라톤의 '지하 동굴'과 대비시킨다.[14] 이런 구조적 대립 속에서, 플라톤의 형이상학적 철인이 남에게 베푸는 정치를 내켜 하지 않으면서 마지못해 하고 아리스토텔레스의 관상적 철인이 정치에 무관심한 것과 정반대로, 니체의 '육체 이성', '큰 이성'의 철인은 신의 죽음을 잘 알고 있어 하늘에 매일 생각이 전혀 없는 까닭에 산속 은둔을 거부하고 '사람들을 사랑해서' 인간들에게 줄 선물을 가지고 기꺼이 산 아래 도시로 내려온다. 플라톤의 '철인'이 동굴 밖에서 천상의

---

13) Nietzsche, *Also sprach Zarathustra*. Erster Theil. "Zarathustra's Vorrede. 10", 21쪽.
14) Nietzsche, *Also sprach Zarathustra*. Erster Theil. "Zarathustra's Vorrede. 1", 5쪽.

'선의 이데아'를 보고 기뻐하고 나라 밖을 파수하는 '수호자'라면, 차라투스트라는 자기 안에서 스스로 깨달아 '잠든 사람들'을 지켜주는 "각성자(Erwachter)"다.[15] 차라투스트라는 이런 '각성자'로서 인간들에게 가르침을 베풀어줄 덕성이 있다. 황금이 최고의 가치를 가지는 것은 희귀하고 (스스로에게) 무익하고 빛나고 그 광채가 온화하기 때문이다. "황금은 늘 자신을 (베풀어) 준다". 금은 오직 '최고의 덕'의 '모상模像'으로서만 최고의 가치를 얻은 것이다. 사람들의 시선이 베푸는 자에게 빛나는 것은 황금과 똑같다. 그리하여 "황금의 광채가 달과 태양 간의 평화를 체결해 준다." 잠자는 대중과 각성자 간의 평화를 체결해 준다는 말이다. "최고의 덕은 희귀하다. 그것은 무익하고 빛나고 그 광채가 온화하다. 그러므로 선물하는 덕이 최고의 덕인 것이다." 이 '선물하는 덕'은 대중의 시선을 끌어 모아 빛나게 하는 정통적 권력이다. 그러나 공자의 '인仁' 개념과 유사한 듯이 보이는 니체의 이 '선물하는 덕(schenkende Tugend)'도, 소크라테스·플라톤의 덕들이 지성(지식)으로부터 본질을 부여받듯이 또는 아리스토텔레스의 신적 지덕智德이 모든 인간적·윤리적 덕목들을 능가하듯이 지식(인식)을 중시한다. 따라서 니체의 '베푸는 덕'은 지知를 지배하는 공자의 '인'과 다르다. 그것은 결국 소크라테스·플라톤의 '모든 덕은 지혜다'는 등식으로 도로 돌아가든가 아리스토텔레스의 지성우월주의로 돌아가기 때문이다. "권력은 이것, 이 새로운 덕이다. 지배권을 가진 사상은 이 덕이고, 슬기로운 영혼이 이 사상을 휘감고 있다. 금빛 태양이 있고 인식의 뱀이 이 태양을 휘감고 있다." 차라투스트라는 그의 제자들에게 말한다. "내 형제들이여, 네 덕성의 권력으로 나에게, 땅에게 충성하라. 너희들의 베푸는 덕과 너희들의 인식은 땅의 의미에 봉사한다." 그리

---

15) Nietzsche, *Also sprach Zarathustra*. Erster Theil. "Zarathustra's Vorrede. 2", 6-8쪽.

고 "육체는 알면서 순화되고, 육체는 앎으로써 시도하면서 고상해진다. 인식하는 자에게 모든 충동은 스스로를 성화聖化한다. 고상해진 자에게 영혼은 기쁘다."[16]

그러므로 차라투스트라는 "나는 인식하기 위해 살고 초인이 살도록 하기 위해 인식하려고 하는 자를 사랑한다"고 선언한다.[17] 지식(인식)은 니체에게서도 결정적인 것이다. 플라톤과 아리스토텔레스의 지성우월주의는 니체의 탈형이상학적 '육체 이성의 철학'에서도 그대로 재현된다.

니체는 말한다. 고독한 차라투스트라는 가축 떼 같은 인민의 목자가 되려는 것이 아니다. 고독한 각성자는 이 떼에게 초인의 가르침을 베풀고 제자를 길러서 이 떼에서 많은 사람들을 건져내 반려적 인종으로 만들려고 한다.

● 한 줄기 빛이 나에게 비쳐 들었다. 나는 인민에게 말하는 것이 아니라 반려자들에게 말한다. 차라투스트라는 떼의 목자, 양치기 개가 되어서는 아니 된다. 떼로부터 많은 자들을 꾀여 떼어내는 것, 이것을 위해 나는 왔다. 인민과 떼는 내게 화를 내야 한다. 차라투스트라는 목자를 강도라 부르고자 한다.[18]

이 떼로부터 분리된 자들은 이 분리로 인해 차라투스트라처럼 고독하다. 그러나 이 분리된 자들로부터 하나의 '초인적 선민選民'이 탄생한다.

---

16) Nietzsche, *Also sprach Zarathustra*. Erster Theil. "Von der schenkenden Tugend. 1, 2", 93, 95, 96쪽.

17) Nietzsche, *Also sprach Zarathustra*. Erster Theil. "Zarathustra's Vorrede. 4", 11쪽.

18) Nietzsche, *Also sprach Zarathustra*. Erster Theil. "Zarathustra's Vorrede. 9", 19-20쪽.

- 너희 오늘의 고독한 자들이어, 너희 이탈자들이어, 너희들은 언젠가 하나의 민족이 될 것이다. 너희 스스로 골라내는 너희들로부터 선민이 자라나고, 이 선민으로부터 초인이 자라날 것이다.[19]

남은 인민의 떼는 평등화·평준화·허무화 추세 속에서 현대의 획일화된 평균적 소시민(소위 '보통 사람')을 뜻하는 '종말인들'로 변한다. 그리하여 "인민의 떼(소시민=종말인) – 선민 – 초인"의 3단계 위계 체제가 만들어진다.

1.2. '종말인들'로서의 소시민적 중산층에 대한 경멸

'종말인들'은 획일화되어 사랑도, 창조도, 동경도, 가슴에 품었던 별(유토피아)도 까마득히 잊어버려서 이제 이런 것들을 마음에 담고 있지 않은 사람들이다.

- 종말인은 '사랑이 뭐지? 창조가 뭐지?, 동경이 뭐지? 별이 뭐지?'라고 묻고 눈을 깜박거린다. 그다음은 땅이 작아졌고, 이 땅 위에서, 모든 것을 작게 만드는 종말인이 깡충깡충 뛴다. 그의 종족은 땅 벼룩처럼 근절할 수 없다. 종말인은 가장 오래 산다. 종말인들은 '우리는 행복을 발명했다'라고 말하고 눈을 깜박거린다. 그들은 살기 힘든 지방을 떠났다. 사람들은 온기가 필요하기 때문이다. 사람들은 아직도 이웃을 사랑하고 이웃에 자신을 비빈다. 온기가 필요하기 때문이다. 병드는 것과 불신을 품는 것은 그들에게 죄다. 그래서 조심스럽게 걸어

---

19) Nietzsche, *Also sprach Zarathustra*. Erster Theil. "Von der schenkenden Tugend. 2", 96-97쪽.

다닌다. 돌이나 사람에 걸려 넘어지는 자는 바보 멍청이다. (…) 사람들은 노동한다. 노동이 재미이기 때문이다. 그러나 이 재미가 자신을 침해하지 않도록 신경을 쓴다. 사람들은 가난해지지도 부유해지지도 않는다. 둘 다 너무 불편하기 때문이다. 누가 다스리는가? 누가 복종하는가? 둘 다 너무 불편한 것이다. 목자는 없고 가축 떼만 있다. 모두가 동일한 것을 원한다. 모두가 다 같다. 달리 느끼는 자는 자발적으로 정신병원으로 들어간다. (…) 사람들은 슬기롭고, 일어난 만사를 다 안다. 웃음거리는 끝없다. 사람들은 싸우기도 하지만 곧 화해한다. 그렇지 않으면 위가 상하게 된다. 사람들은 낮에도 작은 기쁨, 밤에도 작은 기쁨이 있다. 그러나 건강을 소중히 여긴다.[20]

소시민적 중산층과 그들의 획일화된 무의미한 일상생활에 대한 경멸이다. 차라투스트라는 중산층의 도덕도 경멸한다. 그는 말한다. "도덕은 오늘날 유럽에서 무리 짐승(군서동물)의 도덕이다."[21]

이런 '종말인들'의 "인간적 삶은 흉측하고 아직 의미가 없는 것이다". '행복을 발명했다'고 말하는 그들의 삶은 실은 허무한 것이다. 차라투스트라는 이 인간들에게 그들의 존재 의미를 가르쳐주려고 왔다.

---

20) Nietzsche, *Also sprach Zarathustra*. Erster Theil. "Zarathustra's Vorrede. 5", 13-14쪽. 타우렉은 '종말인'이 눈을 '깜박거리는' 것을 괴테의 진리론과 관련한 것으로 풀이한다. "진리는 햇불, 엄청난 햇불이다. 이 때문에 우리는 모두 오로지 눈을 깜박거리는 것만으로 그것을 그렇게 지나치려고 시도한다. 우리를 태워버리지 않을까 하는 공포 속에서."(Johann Wolfgang Goethe, *Maximen und Reflexionen*, Nr.236). Taureck, *Nietzsche und der Faschismus*, 151쪽에서 재인용.

21) Friedrich Nietzsche, *Jenseits von Gut und Böse. Vorspiel einer Philosophie der Zukunft* [1886]. Fünftes Hauptrück: "zur Naturgeschichte der Moral". Nr.202 (126쪽). Giorgio Colli und Mazzino Montarinari (Hg.), *Nietzsche Werke*. 2. Bd. v. VI. Abteilung (Berlin: Walter de Gruyter & Co, 1968).

- 그 종말인의 존재 의미는 초인이고, 인간이라는 어두운 구름으로부터 치는 번개다.[22]

말하자면 초인적 선민은 '종말인들', 허무주의적 도시 소시민들에게 이들의 존재 의미가 된다. 종말인은 '인간에 지친' 존재론적 허무주의자이기 때문이다.

- 우리는 오늘날 더 위대해질 아무것도 보지 못하고 우리는 점점 아래로, 아래로 내려가고 더 얇은 것, 더 아늑한 것, 더 슬기로운 것, 더 편한 것, 더 평범한 것, 더 무관심한 것, 더 중국인적인 것, 더 기독교적인 것 속으로 들어간다고 예감한다. 인간은, 의심할 바 없이, 점점 '더 나아진다'. (…) 인간의 용모는 이제 더 피곤해진다. 허무주의가 이것이 아니라면 무엇인가? (…) 우리는 인간에 피곤하다.[23]

그런데 "위험 중의 위험은 모든 것이 아무런 의미를 갖지 않는 것이다". 그런데 이 시대는 "그 어떤 순수 도덕적인 가치설정이든 (…) 허무주의로 끝난다."[24] 니체는 쇼펜하우어와 달리 유교의 군자 도덕을 리메이크한 계몽주의 도덕이 어느 정도 실현된 19세기 후반 서양 사회의 점잖은 중산층에게서 "중국인적인 것"의 냄새를 예민하게 탐지해 낸다.

건강을 중시하고 아직도 이웃을 사랑하는, 가난하지도 부유하지도 않은 중산층적·평균적 소시민들은 '마지막 인간 종족'으로서 아직도 육체를

---

22) Nietzsche, *Also sprach Zarathustra*. Erster Theil. "Zarathustra's Vorrede 7", 17쪽.
23) Nietzsche, *Zur Geneologie der Moral* [1887]. Erste Abhandlung. Nr.12 (292쪽).
24) Friedrich Nietzsche, *Nachgelassene Fragmente*. Herbst 1884-Herbst 1885. Nr.2 [100], Nr.7 [64], 108, 326쪽. Giorgio Colli und Mazzino Montarinari (Hg.), *Nietzsche Werke*. 3. Bd. v. VII. Abteilung (Berlin: Walter de Gruyter & Co, 1968).

경멸하는 '작은 이성'의 소유자다. 반면, 초인적 선민은 고귀한 육체 이성의 소유자다. 그런데 육신의 이 고귀함이란 신체적 고귀함인가, 영혼적 고귀함인가? "고귀한 카스트는 시초에 늘 야만적 카스트였다. 그들의 우월성은 처음에 신체적 힘이 아니라 영혼적 힘에 있었다. - 보다 더 완전한 인간들이었다(이것은 매 발전단계마다 '더 완전한 짐승'과 같은 것을 같이 의미하는 것이다)."[25] 육체적 이성을 강조하던 니체는 고귀함을 거듭 정신적·영혼적 의미로 풀이한다. "나는 (…) 도처에서 신분적 의미에서의 '고상함', '고귀함'이 '영혼적 고귀함'을 의미하는 '훌륭함'과, '영혼적으로 높은 품성을 가짐', '영혼적으로 특권 있음'을 뜻하는 '귀함'으로부터 필연적으로 발전되어 나온 기본 개념이라는 것을 발견했다."[26] 니체는 여기서 '더 완전한 인간'의 '영혼적 힘'을 고귀한 카스트 우월성의 근거로 지목하면서 동시에 '더 완전한 짐승'을 같이 거론함으로써 이 영혼적 힘이 플라톤의 유전 생물학적 천성으로서의 '애지적愛知的' 천성을 가리킨다는 것을 시사하고 있다. 이 우월한 영혼적 천성을 가진 카스트는 생물학적으로 우수한 영혼을 가진 인종을 가리킨다. 이 우월한 영혼은 장기臟器로서의 좋은 '두뇌'를 가리키는 생물학적 영혼(좋은 지능의 머리)을 뜻하는 것이다. 니체는 플라톤의 형이상학적 영혼 개념과 천성적 영혼 개념에서 전자를 버리고 후자를 이어받았다. 생물학적 영혼은 신체적 장기로서의 두뇌에 지나지 않는 것이다. "자유로운 정신과 자유로운 가슴을 가진 자들"에게 있어 "그들의 머리는 한낱 그의 가슴의 장부臟腑에 지나지 않을 뿐이다".[27] 이로써 인종주의로의 도약을 위한 논리적 준비가 완결된다.

---

25) Nietzsche, *Jenseits von Gut und Böse* [1886], Nr.257 (216쪽).
26) Nietzsche, *Zur Genealogie der Moral*. Erste Abhandlung. Nr.4 (275쪽).
27) Nietzsche, *Also sprach Zarathustra*. Erster Theil. "Zarathustra's Vorrede. 4", 12쪽.

1.3. 권력국가에 대한 경멸과 철인총통

'육체 이성'을 대표하는 머리 좋은 인종으로서의 이 고귀한 카스트는 누가 이끄는가? 차라투스트라와 같은 "새로운 철학자", 즉 "철인총통"이 이끈다. 히틀러가 자신의 칭호로 애호했고 나치스들이 히틀러에게 붙여 준 칭호인 이 '철인총통'은 플라톤의 '철인치자'의 엽기적 버전이다.

- 민주주의 운동을 단순히 정치조직의 타락 형태로 여길 뿐 아니라 평범화와 가치하락으로 여기는 우리들, 이 우리들은 희망을 안고 무엇을 붙잡아야 하는가? '새로운 철학자'를 붙잡아야 한다. 이것 외에 다른 선택이 남아 있지 않다. 대립적 가치 평가들에 충동을 주고 "영원한 가치"를 바꿔 전도시킬 만큼 충분히 강하고 충분히 근원적인 정신 주체들을 붙잡아야 한다. 수천 년의 의지를 새로운 진로로 나가도록 강요할 강제와 매듭을 현재 속에서 맺을 선구적 사자使者, 미래의 인간을 붙잡아야 한다. 지금까지 "역사"라고 불린 부조리와 우연의 현란한 지배를 종결짓기 위해 (⋯) 인간에게 인간의 미래를 자기의 의지로서, 인간의지에 의거한 것으로서 가르치고 훈육과 품종개량의 커다란 과감성과 전체적 시도를 준비하는 것 – 이를 위해 언젠가 새로운 유형의 철학자와 명령권자가 필요하게 될 것이다. 그의 상像에 비추어보면 지상에서 숨어있고 두렵고 호의적인 정신들에 존재하는 모든 것이 빛바래고 왜소화되는 것으로 나타날 것이다. 이러한 총통(Führer)의 상이 우리 눈앞에 어른대는 것이다. (⋯) "인간" 자체가 퇴화할 전체적 위험을 볼 진귀한 눈을 가진 자, 지금까지 인간의 미래의 관점에서 유희를 한 엄청난 우연성을 우리들처럼 인식한 자, (⋯) "근대 이념"에 대한 천치 같은 믿음과 신뢰적 축복감 속에서, 더구나 전체적인 기독교적·유럽적

도덕 속에 숨겨져 있는 흉액을 간파한 자, 그는 다른 누구와도 비교할 수 없는 초조감에 고생한다. 그는 인간을 품종 개량할 힘의 유리한 축적과 증강 시에 모든 것이 무엇인지를 일견에 파악한다. 그는 그의 양심의 모든 지식으로써, 인간이 어떻게 최대의 가능성을 위해 아직 바닥나지 않았는지, 인간이라는 유형이 얼마나 자주 비밀스런 결단과 새로운 길에 서 있었는지를 안다. (…) 오늘날 사회주의적 멍청이들과 돌대가리들에게 ─ 이들의 이상으로서 ─ "미래의 인간"으로 나타나는 것으로 떨어질 때까지 인간의 총체적 퇴화, 완벽한 군서동물(또는 "자유 사회"의 인간)로의 인간의 이러한 퇴화와 왜소화, 동등한 권리와 요구를 가진 난쟁이 짐승으로의 이 인간의 동물화는 가능하고 또 의심 없다. 이 가능성을 끝까지 생각해 본 자는 나머지 인간들보다 더 많이 구역질을 알지 못한다. 아마 이것은 새로운 과업이기도 할 것이다.[28]

기존 도덕을 전복할 "새로운 유형의 철학자"는 새로운 "명령권자"로서 "총통"이다. 새로운 명령권자는 플라톤의 '철인치자'를 대체할 '철인총통'이라는 말이다. 이 '철인총통'은 미래를 이미 내다보고 퇴화·타락한 보통 사람, 마지막 인간종족(종말인 종족)을 품종개량할 우생학적 과업과 신 없이 우연에 방치된 역사를 종식시키고 세계를 철인총통의 의지로 질서 잡을 신적 대행자의 역할을 짊어진다. 그리하여 미래에는 이 철인총통이 이끄는 초인적 '선민'과 '마지막 인간 떼(종말인 무리)'가 마주서게 된다. 미래의 지배구조는 마지막 인간 떼가 '선물하는 덕'으로 빛나는 선민을 황금의 광채를 보듯이 우러러보고 선민이 다시 철인총통을 따르는 3단계 구조다.

그러나 니체는 강력한 평등화 추세에 눌려 한때 이러한 철인총통의 출

---

28) Nietzsche, *Jenseits von Gut und Böse* [1886]. Nr.203 (128-130쪽).

현을 확신하지 못한다.

- 나는 나의 무의식적 노동자와 준비자를 거론한다. 그러나 나는 어디에
  서 얼마간의 희망을 갖고 내 유형의 철학자를, 아니 적어도 새로운 철
  학자에 대한 나의 욕구를 스스로 찾을 수 있을까? 오로지 고귀한 사고
  방식, 즉 노예 상태와 다량의 예속성을 모든 높은 문화의 전제로서 믿
  는 그런 사고방식이 지배하는 곳에서만 찾을 수 있다. (…) 그러나 오
  늘날 누가 철학자를 찾고, 또 그가 찾는 것을 발견할 어떤 전망이 있는
  가? 그가 가장 좋은 디오게네스 등불을 들고 찾으면서 헛되이 밤낮으
  로 이리저리 뛰어다닐 것이 뻔하지 않을까? 시대는 거꾸로 된 본능을
  갖고 있다. 시대는 무엇보다도 그리고 제일 먼저 편안함을 원한다. 둘
  째, 시대는 공론장과 저 커다란 배우들의 소음, 즉 연중 대목장의 취향
  에 부응하는 저 커다란 쾅쾅 소리를 원한다. 셋째, 시대는 각자가 모두
  모든 거짓말 중 가장 큰 거짓말 – 이 거짓말은 '인간의 평등'이라고 한
  다 – 에 대한 가장 깊은 공순함을 안고 배를 깔고 누워 평등하게 만드
  는, 동등하게 하는 덕들만을 배타적으로 경배한다. 그러나 이로써 시
  대는 모든 순진무구함 속에서 철학자에 대해 유리하다고 믿을지라도
  철학자의 출현에 대해 근본적으로 대립적인 방향을 취하고 있다.[29]

  그도 그럴 것이 니체가 이 글을 쓴 '1884-1885년'은 제1차 세계대전 이
후 혼란기 나치즘의 득세 시점과 무려 반세기나 떨어져 있는 때였기 때문
이다. 이처럼 1890년대 이전의 시기는 초인적 철인총통의 출현을 저지하
는 대립적 사회 분위기를 보여주고 있었다. 또한 이때는 니체가 '마지막

---

29) Nietzsche, *Nachgelassene Fragmente*. Herbst 1884-Herbst 1885. Nr.37[13] (314-
   315쪽).

인간 종족'과 '선민'이 관계를 맺으면서도 뒤섞이지 않게 할 그 어떤 정치적 방안(가령 마니 법전의 카스트제도)도 아직 찾지 못했던 시기다.

따라서 니체는 당대의 아테네 중우정치를 비판하던 플라톤만큼 19세기 말의 민주정치와 중산층 국가에 노골적으로 적대감을 표명한다.

- 국가는 모든 차디찬 괴물 중에 가장 찬 괴물이다. 차갑게 거짓말도 한다. 이 거짓말은 그의 입에서 기어 나온다. '내가, 국가가 민족이다'라고. 이것은 거짓말이다. 제민족을 창조하고 제민족의 머리 위에 믿음과 사랑을 건 자들은 창조자들이다. 창조자들은 생에 봉사한다. 다중에게 함정을 놓고 자기를 국가라고 부르는 것은 파괴자. 아직 민족이 남아 있는 곳에는 민족이 국가를 이해하지 못하고 이 국가를 나쁜 시선으로써, 양속과 법에 대한 죄로서 여기고 증오한다. (…) 국가는 선과 악의 모든 혀로 거짓말을 한다. 그가 말하는 것도 거짓말이고, 그가 가지고 있는 것도 그가 훔친 것이다. 선악의 언어 혼동, 이 징표를 나는 국가의 징표로 너희들에게 준다. 진정, 이 징표는 '죽음에의 의지'를 뜻한다. 진정, 이 징표는 죽음의 설교자들에게 윙크한다. 많이 너무 많이 태어났다. 이 잉여 인간들을 위해 국가가 발명되었다. 너무 많고 많은 자들아!(die Viel-zu-Vielen!) 국가가 그들을 어떻게 꼬이는가를 보아라. 어떻게 국가가 그들을 감고 씹고 또 되씹는지를. '지상에서 나보다 위대한 것은 없다. 나는 신의 질서 잡는 손가락이다.' 이렇게 괴수怪獸는 으르렁댄다. 귀를 늘어뜨린 자들과 근시안적인 자들만이 무릎을 꿇고 주저앉는 것이 아니다. 너희들, 너희 위대한 영혼들 안에도 국가는 자기의 암울한 거짓말을 속삭인다. 국가는 기꺼이 자기를 소모할 통 큰 자들을 간파하고 있다. 국가는 너희들, 너희 옛 신을 이긴 승리자들도 간파한다. 너희들은 싸움에 지쳤고, 너희의 피곤이 새로운

우상에 봉사한다. 새로운 우상은 자기 주변에 영웅과 명사들을 세워둔다. (…) 나는 선한 자든 악한 자든 만인이 독을 마시는 자들인 곳을 국가라고 부른다. 국가는 선한 자든 악한 자든 만인이 자가 자신을 잃어버리는 곳이다. 국가는 만인의 완만한 자살을 '삶'이라 부르는 곳이다. 이 잉여 인간들을 보라. 그들은 발명가의 작품과 지자의 보물을 훔친다. 그들은 이 절취물을 '교양'이라 부른다. 모든 것이 그들에게는 병화病禍가 된다. 이 잉여 인간들을 보라. 그들은 늘 아파 있고 그들의 담즙을 토해내고 이를 '신문'이라 부른다. 그들은 서로를 삼키고 소화조차 할 수 없다. 이 잉여인간들을 보라. 그들은 부를 획득하고 그래서 더 가난해진다. 그들은 권력을 원하고 먼저 권력의 철제 지렛대인 큰돈을 원한다. ─ 이 무능력자들이! 그들이 기어오르는 것을 보라, 이 날쌘 원숭이들이! 그들은 서로 위로 기어 올라가고 진흙탕과 심연 속으로 서로를 잡아당긴다. 그들은 모든 권좌에 올라가려고 한다. 그들의 광기는 행복이 권좌에 앉아 있는 것같이 여기는 것이다! 그러나 종종 권좌에는 진흙이 앉아 있고 ─ 종종 또한 권좌가 진흙에 앉아 있다. 이들은 내 보기에 다 미치광이고 기어오르는 원숭이고 너무 달아오른 놈들이다. 그들의 우상, 이 차디찬 괴수는 나에게 악취를 풍긴다. 모두, 이 우상 숭배자들이 나에게 악취를 풍긴다."[30]

그러므로 니체는 '국가의 죽음'이 없으면 인간의 삶도 없다고 생각한다. "국가가 종말을 고하는 곳에서야 비로소 잉여적이지 않은 인간이 시작된다."[31] 이것은 계급과 계급투쟁이 종식된 뒤 먼 미래에 도래한다는 마르크스의 국가사멸 테제와 유사한 것 같지만 정반대다. 마르크스의 경

---

30) Nietzsche, *Also sprach Zarathustra*. Erster Theil. "Vom neuen Götzen", 57-59쪽.
31) Nietzsche, *Also sprach Zarathustra*. Erster Theil. "Vom neuen Götzen", 59쪽.

우에 국가사멸 뒤에는 공산주의 사회가 오지만, 니체의 경우에는 소수의 선민과 종말인 떼를 이끄는 철인총통이 오기 때문이다.

현실 정치에 대한 플라톤주의적·지성우월주의적 적대의식은 여기서 그치지 않는다. "나는 그들이 지금 지배라고 부르는 것, 권력을 부정거래하고 시장에서 사고파는 것을 보고 지배자들에게 등을 돌렸다 – 불량배들! 민중들 사이에서 나는 그들의 부정거래의 혀와 그들의 권력 장사가 나에게 낯설게 유지되도록 내 혀로 이방인처럼 말하고 귀를 막고 산다. (…) 나는 권력·문필·쾌락 불량배들과 함께 살지 않기 위해 귀먹고 눈멀고 벙어리가 된 불구자와 똑같이 산다."[32]

니체는 이미 『인간적인 것, 너무나 인간적인 것』(1878)에서부터 현실의 민족주의적 권력국가를 탄핵하며 "국가의 무시·퇴락 죽음(die Missachtung, der Verfall und der Tod des Staates), 사인私人(나는 '개인'이라고 말하는 것을 삼간다)의 고삐 풀림은 민주적 국가 개념의 귀결이고, 여기에 이 개념의 사명이 있다"고 말하며, 원시적인 힘과 참된 문화적 강력성強力性을 혼동하고 제국적 강대성強大性과 문화적 강대성을 혼동하는 비스마르크의 권력정치와 제국帝國정치를 비판했다.[33]

1.4. 인종존재론과 '과학적 인종주의'

니체는 철인총통의 출현에 대한 시대의 역행적(권력 국가적) 흐름을 민주화 과정이 해결해 줄 것을 전제로 보통 사람과 선민의 관계를 '인종존재론(Rassenontologie)'으로 정리하고, 보통 사람과 선민이 섞이지 않고

---

32) Nietzsche, *Also sprach Zarathustra*. Zweiter Theil. "Vom Gesindel", 121쪽.

33) Friedrich Nietzsche, *Menschliches, Allzumenschliches*. Erster Band [1878]. Nr. 477, 481 (321-322, 324-325쪽). Giorgio Colli und Mazzino Montarinari (Hg.), *Nietzsche Werke*. 2.Bd. v. IV. Abteilung (Berlin: Walter de Gruyter & Co, 1967).

관계해야 하는 난제를 카스트제도와 마키아벨리즘적 기만술로 해결한
다.

니체는 『차라투스트라는 이렇게 말했다』을 출간한 지 6년 뒤 마침내
"어떻게 망치를 들고 철학하는가(*Wie man mit dem Hammer philoso-
phirt*)"라는 부제를 단 『우상의 황혼(*Götzen-Dämmerung*)』(1889)의 '반
反본성으로서의 도덕(Moral als Widernatur)' 절에서 '육체 이성'의 이상
과 자연 본성에 의해 규정된 근원적 인종 관계의 이상을 천명한다. 유전
생물학주의를 뜻하는 그의 윤리적·정치적 "자연주의"가 그것이다.

- 나는 하나의 원칙을 공식으로 표현할 것이다. 도덕에서의 어떤 자연주
  의든 그것은 모든 건강한 도덕으로서, 생의 본능에 의해 지배된다.[34]

니체는 또한 저 악취 나는 '국가'를 대체할 카스트제도를 "어떤 자의도,
어떤 근대 이념도 권력을 미치지 못할 자연적 질서"로서 제안한다.[35] 인
간 이성을 육체적 '큰 이성'과 허무적 '작은 이성'으로 양분하는 니체의
이성철학은 여기서 그의 정치적 인종존재론을 확증한다.[36]

니체는 "인종 이론은 과학적이다(Rassentheorie ist wissenschaftlich)"
라고 확신했다. 그는 인종학을 "정신적 지질학"으로 규정한 고비노
(Josephe-Arthur Gaubineau, 1816-1881)의 소위 '과학적 인종주의'를 적
극 수용·변형·발전시킨다. 고비노의 주장은 다음 네 가지로 정리된다.

---

34) Friedrich Nietzsche, *Götzen-Dämmerung. Wie man mit dem Hammer
philosophirt* [1889]. "Moral als Widernatur". Nr.4 (79쪽). Giorgio Colli und
Mazzino Montarinari (Hg.), Nietzsche Werke. 3. Bd. v. VI. Abteilung (Berlin:
Walter de Gruyter & Co, 1968).
35) Friedrich Nietzsche, *Der Antichrist. Fluch auf das Christenthum* [1888-1889].
Nr.57 (240쪽). Giorgio Colli und Mazzino Montarinari (Hg.), *Nietzsche Werke*. 3.
Bd. v. VI. Abteilung (Berlin: Walter de Gruyter & Co, 1968).
36) Taureck, *Nietzsche und der Faschismus*, 146쪽.

첫째, 사회적 계급 차이가 아니라 최종적으로 인종 차이가 사회를 규정한다. 둘째, 백인·황인·흑인의 세 인종은 등가적이지 않다. 강한 인종과 취약한 인종 간에 격차가 존재한다. 백인종, 특히 아리안 종족은 나머지 인종들에 대해 우월하다. 셋째, 인종학은 '엄정 과학'이다. 넷째, 인종학은 역사 세계의 비밀을 해명하는 열쇠일 뿐만 아니라 정치에 튼튼한 절대적 토대를 제공한다. 고비노는 "인종의 불평등과 유일 인종의 우월성을 확증하는 것"에 "금강석만큼이나 불멸적인" 증거를 제공하고자 했다.[37]

니체는 1886년 이미 『선악의 피안』에서 고비노의 이 소위 '과학적 인종주의'를 그대로 따라서 이렇게 중얼댄다.

- 인간의 영혼으로부터는 그 선조가 가장 애호하며 가장 끈질기게 했던 것을 지워버릴 수 없다. (…) 한 인간이 그 부모와 선조들의 성격과 태생적 사랑을 육체 속에 보유하고 있지 않다는 것은 눈에 들어오는 허상이 아무리 반대로 말하더라도 전혀 가능하지 않다. 이것은 인종의 문제다.[38]

니체는 예禮의 교화를 통한 '하이夏夷' 경계의 변화를 주장한 공자와 정반대로 이 인종적 차이는 교육과 자기훈련으로 극복할 수 없고 다만 기만할 수 있다고 말한다.

- 그 어떤 역겨운 무절제, 그 어떤 날카로운 질투심, 그 어떤 졸렬한 제멋대로주의 - 이 세 가지 것이 합쳐서 모든 시대에 본래적인 천민 유형을

---

37) Josephe-Arthur Gaubineau, *Versuch über die Ungleichheit der Menschenrassen*, 1. Bd. v. 5 Bde. (Stuttgart: 1939), 278, 241, 267쪽. *Taureck, Nietzsche und der Faschismus*, 30-31쪽에서 재인용.
38) Nietzsche, *Jenseits von Gut und Böse* [1886], Nr.264 (228쪽).

이루었듯이 - 등과 같은 것은 유전된 피처럼 확실하게 자녀에게 이전되지 않을 수 없다. 최선의 교육과 교양의 껍데기로써는 기껏 이러한 유전을 기만하는 데까지 도달할 것이다. 그리고 오늘날 교육과 교양이 다른 무엇을 바란단 말인가! 우리의 아주 민중적인, 말하자면 천민적인 시대에 '교육'과 '교양'은 본질적으로 기만하는 기술, 말하자면 출신, 즉 육체와 영혼 속의 유전된 천민에 관해 기만하는 기술이지 않을 수 없다.[39]

아둔한 자에 대한 교육과 자기 훈련의 진정한 인간 개발 효과를 부정하는 니체의 이 사상은 그야말로 지극히 플라톤적인 것이다. 플라톤은 기억력이 없어서 "배우기 힘들고" 잘 잊어버려 "머릿속에 망각으로 가득 찬" 사람들은 "아주 많은 수고를 하고도 성취하는 것이 적어" 헛수고를 하게 되면 "배움을 싫어하여" 애지愛知할(철학 할) 수 없다고 말했다. 그러므로 "대중이 애지하는 것은 불가능한 것이다"라고 못 박았다.[40] 그러나 이런 교육철학은 "남이 한 번에 할 수 있으면 나는 백 번을 하고, 남이 열 번에 하면 나는 천 번을 해야 하고, 과연 이 도에 능하면 비록 어리석어도 꼭 밝아지고 비록 유약해도 굳세어진다"고 가르친 공자의 교육철학과[41] 정면으로 어긋나는 생물학주의적·지능결정론적 반反교육론이다.

그런데 니체는 눈을 유럽으로 돌려도 저 천민 같은 인종들이 우세한 경향을 보인다고 말한다.

● '말루스(malus)'라는 라틴어에서는 (…) 어둔 피부색, 특히 검은 머리

---

39)   Nietzsche, *Jenseits von Gut und Böse* [1886], Nr.264 (228-229쪽).
40)   Plato, *Der Staat*, 456d, 486c·d, 494a.
41)   『禮記』「中庸 第三十一」(20章). "人一能之 己百之 人十能之 己千之. 果能此道矣 雖愚必明 雖柔必强.".

카락을 가진 천민이 특징지어진다 (…) 이탈리아 땅의 이 아리안 이전 토착민들은 지배자가 된 금발의 아리안 정복 인종과 피부색에서 가장 선명하게 구별되었다. (…) 동일한 것은 유럽 전체에도 타당하다. 본질적으로 피정복 인종이 결과적으로 이 전 유럽 자체에서 다시 우세를 점했다. 피부색, 두개골의 짧음, 아마도 심지어 지적·사회적 본능에서도 우세를 점한 것이다. 근대 민주주의, 또 근대적 무정부주의와 소위 '코뮌'에의 성벽性癖, 즉 유럽의 모든 사회주의자들에게 지금 공유되는 가장 원시적인 사회에의 성벽이 엄청난 강세를 가지고 있지 않은가? 또 정복·지배 인종, 아리안 인종이 생리학적으로도 열등 상태에 처해 있다는 것을 누가 옹호하겠는가?[42]

민주주의와 사회주의는 인종에 대한 위협이다. 어떻게 하면 왜곡되지 않은 인종을 온전하게 유지할 것인가? 이런 왜곡을 극복한 새로운 지배 체제는 어떻게 가능한가? 이것은 니체 정치철학의 문제였다. 니체는 "고귀한 인종"은 "살인·방화·능욕·고문의 연쇄"의 자연 상태에서 등장한다고 내지른다.[43] 이것이 인종들의 근원적 생의 현상학이라는 것이다. 물론 이것은 단순한 서술이 아니라 가치평가를 담고 있다. 인종의 삶이 근원적이라면, 그것은 자연적인 것이고 선을 뜻하기도 한다. 니체는 선(훌륭한 것)을 인종적 고귀성과 달리 파악하려는 어떤 시도든 좌초할 수밖에 없다고 주장하는 셈이다.

기독교적 가치관은 모든 병든 것과 고통받는 것을 끌어안고 강자의 자존심을 파괴함으로써"인간과 인간 사이의 밑도 끝도 없이 상이한 지위 체제와 지위 격차"를 무시하고 "유럽인종의 악화"를 작동시켰다.[44] 교회

---

42) Nietzsche, *Zur Genealogie der Moral.* Erste Abhandlung. Nr.5 (277-278쪽).
43) Nietzsche, *Zur Genealogie der Moral.* Erste Abhandlung. Nr.11 (289쪽).
44) Nietzsche, *Jenseits von Gut und Böse* [1886]. Nr.62 (80쪽).

는 중세 초에 '금발의 짐승'(아리안·게르만 족)을 붙잡아 죄인으로 만들었다. "게르만은 이제 병들고 비참하고 자기 자신에게 악의적이 되었다. 생충동에 대한 증오로 가득 찼다. (…) 짐승과의 투쟁에서는 병들게 하는 것이 짐승을 약하게 만들 유일한 방법일 수 있다."[45] 지금까지 주제는 고귀한 인종의 근원적·자연적 생활 영위 및 약자의 세계 지배의 해독害毒에 관한 것이었고, 이 해독은 비교할 바 없이 엄청나다는 것이다.

　여기서부터 니체의 인종 전쟁의 선전포고가 시작된다. 정치적 대안은 '소수인의 지배'다. 희망은 인종의 순화를 통해 '새로운 순수한 유럽인종'의 산출에 있다.

● 아마 어떤 순수한 인종도 없고 오로지 순수해지는 인종만이 있다. 그런데 이 후자는 아주 진귀한 일이다. (…) 순수성은 수 없는 적응·흡수·배출의 최종적 소산이고, 순수성으로의 진보는 한 인종 안에 존재하는 힘이 이전에 너무 많이 그리고 너무 자주 모순적인 것을 신경 써야 했던 반면, 이 힘이 점점 개개인의 선별된 기능에 국한되게 되는 데서 나타난다. (…) 그러나 마침내 순화 과정이 성공하면 이전에 부조화 성향들의 투쟁 속에서 사라져 버린 그 모든 힘이 전체 유기체에 쓰일 수 있게 된다. 이런 까닭에 순수해지는 인종들은 더 강해지고 더 아름다워졌다. 그리스인들은 우리에게 순수해지는 인종과 문화의 모델을 제공한다. 바라건대 순수한 유럽인종과 문화가 언젠가 한 번 성공할 것이다.[46]

이를 위해 먼저 해야 할 일로 니체는 타락한 인종들의 섬멸과 지배 인

---

45)　Nietzsche, *Götzen-Dämmerung*. "Die 'Verbesserer der Menschheit". Nr.2 (93쪽).
46)　Friedrich Nietzsche, *Morgenröte. Gedanken über die moralischen Verurtheile* [1881]. Nr.7272 (215-216쪽). Giorgio Colli und Mazzino Montarinari (Hg.), *Nietzsche Werke*. 1. Bd. v. V. Abteilung (Berlin: Walter de Gruyter & Co, 1968).

종의 인위적 육성을 기획한다. 그는 1884년 봄-가을 쓴 유고에서 이런 광언을 쏟아 놓고 있다.

- 사육적(품종 개량적)으로, 즉 강한 자들에게 더욱 강하게 하고 세상에 피로한 자들에게는 절름거리게 하고 파괴적으로 작용하기에 충분히 강력한 학설이 필요하다. 타락한 인종들의 섬멸. (…) 노예적 가치관의 섬멸. 더 높은 유형의 산출을 위한 수단으로써의 땅의 지배. '도덕'으로 불리는 위선의 섬멸, (…) 보통선거의 섬멸, 즉 가장 저급한 자연 존재들이 고급 자연 존재들에게 법으로 자신을 처분하는 체계의 섬멸. 평범성과 그 타당성의 섬멸.[47]

여기서 니체는 네 번의 '섬멸'을 단숨에 적어 놓고 있다. 그리고 3년 뒤 그는 죽음을 찬양한다.

- 죽음은 진보가 더 큰 권력에의 의지와 길의 어떤 형태로 나타나든, 또 더 권력들의 사소한 비용을 치르고 어떤 것으로 관철되든 현실적 진보의 조건에 속한다. '진보'의 크기는 이 진보를 위해 희생되는 모든 것의 규모로 측정된다. 인류가 더 강한 개별 인종의 번영을 위해 대규모로 희생되는 것, 이것이 진보일 것이다.[48]

강한 인정을 위해 나머지 인류의 희생이 클수록 더 큰 진보라는 것이다. 니체는 미치광이가 되었다.

---

47) Friedrich Nietzsche, *Nachgelassene Fragmente*. Frühjahr - Herbst 1884. Nr.25 [211], 65쪽. Giorgio Colli und Mazzino Montarinari (Hg.), *Nietzsche Werke*. 2. Bd. v. VII. Abteilung (Berlin: Walter de Gruyter & Co, 1968).
48) Nietzsche, *Zur Geneologie der Moral* [1887]. Zweite Abhandlung. Nr.12 (331쪽).

미래 인간의 인위적 육성과 영락자들의 섬멸은 맞물린 과업이다. "한편으로 육성을 통해, 다른 한편으로 수백만 영락자들의 섬멸을 통해 미래 인간을 창출하고 보통 사람들이 만드는 고통에 몰락하지 않도록 하기 위해 저 엄청난 크기의 에너지를 얻는 것, 그리고 이와 같은 것은 아직 없었다!"[49] 그리고 1888년 10월에는 잉여 인간의 제거를 더욱 강하게 주문한다.

- 성경의 금지 계율 '너는 살인해서는 아니 된다'는 것은 '너는 생식해서는 아니 된다'는 타락자들에 대한 나의 금지와 비교하여 순진하다. 그것은 더 지독하다, 그것은 나에 대한 반대다. (…) 생의 최고의 법칙은, 차라투스트라가 처음 정식화했던바, 생의 모든 잉여와 쓰레기에 대해 동정심이 없을 것을, 사람들이 흥하는 생에 대해 장애, 독, 음모, 음험한 적대가 될 것을 섬멸할 것을 요구한다. (…) 생의 잉여와 쓰레기에 대해서는 오로지 섬멸시키는 하나의 의무만 있을 뿐이다. (…) 생의 잉여와 쓰레기에 대해서는 어떤 연대도 인정하지 않을 의무만이 있을 뿐이다. 여기서 '인간적'임, 여기서 동등권을 명하는 것은 반反자연(반본성)의 최고 형태일 것이다. 반본성, 생 자체의 부인이다. 생 자체는 유기체의 건강한 지절과 타락한 지절 간의 어떤 연대도 인정치 않는다. 후자는 생이 잘라내야 한다, 그렇지 않으면 전체가 몰락한다.[50]

니체의 인간 본성에는 본성적 감정과 도덕감정·도덕감각의 본성이 없고 한낱 생명욕뿐이다. 따라서 그의 "반자연, 반본성"은 생명의 부정으로

49) Nietzsche, *Nachgelassene Fragmente*. Frühjahr - Herbst 1884. Nr.25[335] (94쪽).
50) Friedrich Nietzsche, *Nachgelassene Fragmente*. Anfang 1888 bis Anfang Januar 1889. Nr. 23 [9] (421-422쪽). Giorgio Colli und Mazzino Montarinari (Hg.), *Nietzsche Werke*. 3. Bd. v. VIII. Abteilung (Berlin: Walter de Gruyter & Co, 1968).

직통한다. 한편, '너는 생식해서는 아니 된다'는 타락자들에 대한 니체의 금지는 나치 시대에 정신지체아와 공산주의자들에게 시행되었다. 니체는 이처럼 잉여인간·타락자의 근절과 "더 강한 인종의 육성(품종개량)"을 간절히 바란다. 이 인종은 다스릴 뿐 아니라 "자기의 고유한 생활영역을 가진, 미·용기·문화·태도 및 가장 정신적인 것에 이르기까지 과잉의 힘을 갖춘 인종", "스스로에게 모든 커다란 사치를 베풀어도 되고 (…) 덕성이 내리는 명령의 횡포를 필요로 하지 않을 만큼 충분히 강하고 절약과 꼼꼼함을 필요로 하지 않을 만큼 충분히 부유하고 선악의 피안에 있는 긍정의 인종"을 형성해야 한다. "특이하고 엄선된 식물들을 위한 온실"이 필요하다.[51] 이 구절은 『차라투스트라는 이렇게 말했다』에서 강조된 플라톤적 안빈낙도 원칙("진정 적게 소유하는 자는 그만큼 적게 소유 당한다. 작은 빈곤을 찬미하자")에[52] 어긋나게도 지배와 지배 집단의 자기향락을 양립할 수 있는 것으로 간주하고 있다.

따라서 이 지배 인종의 사치와 풍요를 위해 획일화된 저급한 유럽인종이 다 섬멸되는 것이 아니라 섬멸이 적당한 선에서 멈추고 일브 저급한 인종의 존재는 더 강한 인종의 지배를 위해 정당화된다.

● 유럽적 인간의 획일화는 제동을 걸 수 없는 거대한 과정이다. 이것을 가속화시켜야 한다. 격차 벌리기, 간격, 서열 체계 등을 위한 필연성은 이로써 주어진다. 저 과정을 늦출 필연성이 아니다. 이 획일화된 인종은 획일화가 달성되자마자 정당화를 필요로 한다. 이 인종은 그들 위에 서 있고 그들 위에서야 비로소 자기들의 과업을 향해 일어날 수 있

---

51)   Friedrich Nietzsche, *Nachgelassene Fragmente*. Herbst 1887 bis März 1888. Nr. 9 [153] (89-90쪽).
52)   Nietzsche, *Also sprach Zarathustra*. Erster Theil. "Vom neuen Götzen", 59쪽.

는 보다 높은 주권 인종에 대한 봉사에 임한다.[53]

니체는 슬그머니 유럽적 인종들을 혼합하고 획일화하여 피지배 인종을 창출하고 지배 인종은 이 유럽적 인종 위에 군림하는 유럽적 인종 지배체제를 기획하고 있다. 고비노는 아리안 백인종의 타락의 위험 원인을 육체적 진력을 초래하는 인종 혼합으로 본다. 그런데 니체는 고비노의 타락 진단을 고비노를 넘어서는 의미에서 역이용하고자 한다. 사실적 인종 혼합, 즉 획일화의 경향은 다중의 무력화의 기회를 제공하기 때문에 촉진되어야 한다. 평균적 인간이 도달되면, 인간을 정당화해주는 '보다 고차적인 유형'에 대한 요청·소원·욕망이 생겨난다. 인종 타락은 대중 허무주의를 매개로 모범적 인간들의 '품종개량'에 대한 대중의 욕구를 산출한다. 니체는 고비노의 정학靜學을 지배 인종의 양육의 기회를 열어주는 탓할 수 없는 인종 획일화의 동학으로 옮기기 위해 인종 이론을 필요로 한다. 인종 혼합의 평가 전환을 포함한 – 원래 정태적으로 구상된 – 인종 이론의 동학화動學化는 존재론적 차원에서 니체가 칭하는 '정치'의 중핵이다.[54]

정태적 인종들의 동학적 혼합과 이로부터의 지배 인종의 탄생에 관한 기술은 도처에서 확인된다. "미래 유럽인의 전체적 모습. 가장 지능적인 노예 짐승으로서, 아주 근면하고, 근본적으로 아주 겸손하고, 지나칠 정도로 호기심 많고, 다측면적이고, 부드럽고, 의지박약하고 – 세계시민적 애착 및 지성 혼돈이다. 이로부터 어떻게 더 강한 인종이 부상하나? (…) 문제는 어디에 20세기의 야만인이 있느냐 하는 것이다. 이 야만인은 분

---

53) Nietzsche, *Nachgelassene Fragmente*. Herbst 1887 bis März 1888. Nr. 9 [153], 89-90쪽.
54) Taureck, *Nietzsche und der Faschismus*, 36쪽.

명 엄청난 사회주의 위기 이후에 비로소 가시화되고 공고화될 것이다."[55] 상론했듯이 이를 위해서는 먼저 철인총통이 출현해야 한다. 그러나 이때가 오기까지는 저급한 인종의 보편적 도덕 때문에 보다 높은 인종에게도 니힐리즘(허무주의)이 야기된다.

● 니힐리즘의 원인: 1. 보다 높은 인종, 즉 인간에 대한 믿음을 곧추세워 유지할, 다할 수 없는 성과 능력과 권력을 가진 인종이 부재하다. (…) 2. 저급한 인종 '무리', '대중', '사회'가 겸손을 잘못 배워 그 욕구를 우주론적·형이상학적 가치로까지 과장한다. 이로 인해 삶 전체가 속류화된다. 대중이 지배하는 한에서 대중은 예외적 인물들에게 횡포를 가해 이 인물들이 자신에 대한 믿음을 잃고 니힐리스트가 된다. (…) 그 결과로써, 보다 고차적인 인물 유형들에 대한 저항이 나타난다. 므든 보다 고차적인 인물 유형들의 몰락과 불확실성. (…) 철학자가 결여되고, 변용시인變容詩人만이 아니라 행위의 해석자도 결여되어 있다.[56]

이런 유럽적 피지배 인종의 인종 혼합과 평준화, 그리고 예외 인간, 강한 인간의 산출은 민주주의·사회주의·무정부주의 운동이 대행해 준다.

● 그것을 지금 유럽인들의 특징적 지칭이 구해지는 '문명'과 '인간화' 또는 '진보'로 부른다면, 간단히 칭찬하지도, 탓하지도 않고 정치적 공식으로 유럽의 민주운동이라 부른다면, 이러한 공식으로 시사되는 도덕적·정치적 간판 뒤에서 점점 더 강으로 유입되는 엄청난 생리적 과정,

---

55) Nietzsche, *Nachgelassene Fragmente*. Herbst 1887 bis März 1888. Nr. 11[31] (259-260쪽).
56) Nietzsche, *Nachgelassene Fragmente*. Herbst 1887 bis März 1888. Nr. 9[44] (221-222쪽).

유럽인들의 유사화類似化의 과정, 기후적·신분적으로 구속된 인종들의 발생하는 조건으로부터의 유럽인들의 점진적 이탈, 영혼과 육체 속으로 동일한 요구들로써 수 세기 동안 기입해 들어간 그 어떤 특정한 환경으로부터의 그들의 독립, 따라서 생리적으로 말하면 유형적 특징으로서 최대의 적응 기술·능력을 보유하는 본질적으로 초超민족적이고 유목적인 유형의 인간의 완만한 출현이 벌어진다. 큰 후퇴로 인해 속도에서 지연될 수 있지만 아마 바로 이로써 맹렬성과 깊이를 더하고 증대시키는 이 유럽인 생성과정은 - '민족감정'의 지금도 아직 성난 질풍노도도 이 과정에 속한다. 동시에 방금 일어나고 있는 무정부주의도 이에 속한다 - 이 과정은 그의 순진한 촉진자와 찬양자, '근대 이념'의 사도使徒들이 거의 계산할 수 없는 결과로 귀착될 것으로 보인다. 평균적으로 인간의 획일화와 평준화가 이루어지는 - 유익하고 근면하고, 다측면적으로 쓸모 있고 고분고분한 무리 짐승 인간이 출현하는 - 동일한 조건은 가장 위험하고 가장 매력적인 자질을 가진 예외 인간에 출현 기원을 주기에 최고로 적합하다.[57]

니체는 말한다. "민주적 수평화 체계에 대한 증오는 다만 간판일 뿐이다. 실은 그(차라투스트라)는 이것이 이렇게 광범한 것을 아주 기뻐한다. 이제 그는 그의 과업을 해결할 수 있다."[58] 유럽의 순종적 노동자 집단과 강력한 유럽 참주 집단의 출현은 유럽적 민주화 과정의 양면적 현상이다.

● 이러한 미래 유럽인의 전체 인상은 주인, 명령자를 매일의 **빵**처럼 필요로 하는, 다방면으로 수다스럽고 의지박약하고 지극히 고분고분한

---

57) Nietzsche, *Jenseits von Gut und Böse* [1886]. Nr. 242 (190-191쪽).
58) Nietzsche, *Nachgelassene Fragmente*. Herbst 1884-Herbst 1885. Nr. 39[3] (350쪽).

노동자들인 반면, 따라서 유럽의 민주화가 가장 세련된 의미의 노예화를 위해 준비된 인간 유형의 산출로 귀결되는 반면, 개별·예외 사례에서 강한 인간은 이전에 그랬던 것보다 더 강하고 더 부유해져야 할 것이다. 그의 훈육의 편견 없음 덕택에, 연습·기술·마스크의 엄청난 다양성 덕택에 그렇게 되어야 할 것이다. 유럽의 민주화는 동시에 말의 모든 의미에서 이해된, 또한 가장 정신적인 의미에서도 이해된 참주의 육성을 위한 의도치 않은 비자발적 거행인 것이다.[59]

　민주화로부터 '자유로부터의 도피' 현상처럼 예속에의 강한 욕구가 생겨나고, 의지박약한 노동자 대중은 민주화되면 민주화될수록 주인을 '빵처럼' 갈구하며 강자를 자기들의 참주로 모시게 된다는 말이다. 그리하여 육체적 '큰 이성'을 가진 참주는 허무주의적 '작은 이성'을 가진 '종말인' 집단을 지배하는 것이다.

　그러나 이런 강한 참주는 대중들에 의해 병든 사람으로 만들어지면 범죄자가 된다. "인간은 비동물非動物이면서 초동물超動物이다. 보다 고차적인 인간은 비인간이면서 초인이다. 이렇게 함께 속한다. 인간의 위대성과 고귀성이 성장하는 것처럼 깊이와 가공스런 것에서도 성장한다. 저것 없이는 이것도 원하지 말아야 한다. – 오히려 하나를 근본적으로 원하면 원할수록 다른 것을 더 근본적으로 원하고 되는 것이다."[60] 비인간은 여기서 범죄자다. 보다 고차적인 인간은 완벽한 인간으로서의 초인이면서 범죄자인 것이다. "예외적 인물을 범죄자로 취급하고 억압하기 위한 – 이들이 예외성 때문에 병들어 있도록 이들 자신에게 양심의 가책을 주기 위한 종교재판·불신·불인不忍의 정도. 도덕은 본질적으로 방위로서, 방어

59)　Nietzsche, *Jenseits von Gut und Böse* [1886], Nr.242 (191쪽).
60)　Nietzsche, *Nachgelassene Fragmente. Herbst 1887 bis März 1888*, Nr. 9 [154] (90쪽).

수단으로서 이해된다. 이런 한에서 완전히 자라지 못한 인간의 징표다. (⋯) 완전히 자란 인간은 무엇보다도 무기를 갖는다, 그는 공격적이다. 종합: 도덕은 지상의 다른 일들만큼이나 그렇게 '비도덕적'이다. 도덕성은 비도덕성의 형식이다."[61]

따라서 범죄성과 완벽성의 결합이 가능한 것이고, 보통 인간과 보다 높은 인간에게 따로 적용되는 두 개의 도덕이 존재할 수 있는 것이다. 이 범죄적인 것은 니체에게 조금도 꺼림칙하지 않다. 문명적 세계에서 나타나는 범죄자는 "생장이 위축된", "실패로 끝난 유형의 범죄자"다. 말하자면 범죄자는 "병들게 만들어진 강력한 인간"이다.[62] 니체의 이 사고방식도 플라톤의 『국가론』으로 거슬러 올라가는 것이다.

● 나(소크라테스)는 가장 고귀한 천성도 아주 맞지 않는 양육을 받을 시에 더 평범한 천성보다 더 못한 결과를 낼 수 있다고 생각한다. 그렇습니다. 그렇다면, 오 아데이만토스, 나는 말했다. 우리가 천성상 지극히 고귀한 영혼도 나쁜 교육을 받게 되면 유별나게 못되게 될 것이라고 말하고자 하는가? 아니면 취약한 천성이란 선이든 악이든 큰일을 일으킬 수 없는데도 큰 범죄와 순수한 잘못이, 풍부하게 갖췄으되 교육에 의해 타락한 천성에서 나오지 않고 평범한 천성에서 나온다고 생각하는가? 그는 '아닙니다'라고 말했다."[63]

니체의 플라톤 계승은 니체의 현란한 플라톤 비판의 제스처에 의해 가려질 수 없을 정도로 결정적이다. 전체가 역설적 플라톤주의다. 니체 철

---

61) Nietzsche, *Nachgelassene Fragmente. Herbst 1887 bis März 1888*, Nr. 9 [140] (79 쪽).
62) Nietzsche, *Götzen-Dämmerung*, "Streifzüge ⋯". Nr. 45 (140쪽).
63) Platon, *Der Staat*, 491e.

학은 이데아론 없는, 절대적 진리 없는, 플라톤의 태양 같은 진리 원천 없는, 영원한 존재자 없는, 하늘 없는, 국가 저편의 진리의 천상적 스재지 없는 플라톤주의다. 국가는 천재를, 자비롭고 특별하고 대체할 수 없는 인간을 산출해야 한다는 것이다.[64] 니체도 쇼펜하우어가 플라톤의 철인치자와 비교한 에피쿠로스의 신개념에 매료되었다. 에피쿠로스는 "축복받는 불멸적 존재는 노고도 호의도 입지 않는다. 이 모든 것은 약자에게만 존재하는 것이기 때문이다"고 말했다.[65] 니체는 쇼펜하우어의 플라톤 해석에 의해 영향받고 이 에피쿠로스적 신개념을 미래의 정치를 위해 이용하려고 시도했다. 그는 플라톤적 '철인치자'를 뜻하는 초기의 정치적 '천재' 개념을 후기 철학에서 '초인'으로 표현한 것이다. 니체는 스스로 "초인이 살아야 하는 유형은 에피쿠로스의 신과 같은 것이다"라고 말한다.[66] 말하자면 니체의 초인은 플라톤의 철인치자다.

1.5. 신의 죽음과 반도덕적 권력의지

니체는 정치공동체의 의미와 관련해서도 단순한 존립을 넘어서는 훌륭한 삶(행복)을 위한 공동체라는 플라톤적·아리스토텔레스적 국가 모티브를 따른다. 니체는 이런 관점에서 시저와 그리스도를 엽기적으로 통합하려고 한다. 즉, "그리스도의 영혼을 가진 로마 카이사르"다.[67] 대외적 권력·세계 지배와 지배자의 대내적인 초정치적 완벽성의 엽기적 결합이

---

64) Taureck, *Nietzsche und der Faschismus*, 62쪽.
65) Diogenes Laertius, *The Lives and Opinions of Eminent Philosophers* (1853) (Davers, MA: General Books LLC, 2009), X, No.139, 1.
66) Friedrich Nietzsche, *Nachgelassene Fragmente* 1882-1884, Nr.16 [85] (529쪽). KSA. Bd.10.
67) Nietzsche, *Nachgelassene Fragmente*. Frühjahr - Herbst 1884. Nr.27 [60] (287쪽).

다. 예수는 도덕 극복의 인물형으로 투입된다. "예수는 유대인들에게 말한다. '계율은 노예를 위한 것이다. 내가 그 아들로서 신을 사랑하듯이 신을 사랑하라! 신의 아들인 우리에게 도덕이 무슨 상관이란 말이냐!"[68] 예수는 니체에게 보편주의적 도덕을 떠나보내는 사랑을 체현하고 있다. 시저와 예수의 저 엽기적 통합이 만들어내는 공동성은 보편적 도덕에 의해 왜곡된 사랑에 대한 비판, 이웃사랑에 대한 비판이다. 니체가 말하는 사랑은 창조를 가능케 하는 완벽성과 옳음에 대한 믿음이다. 이 사랑은 미래의 창조에 관한 사랑이다. 플라톤의 철학자가 지혜를 사랑하듯이, 궁극적으로 천상의 '선의 이데아'를 사랑하듯이 초인은 먼 미래를 사랑한다. "나는 너희들에게 이웃사랑을 권하는가? 차라리 나는 너희에게 원교근피遠交近避의 사랑을 권하리라! 이웃사랑보다 더 높은 것은 가장 먼 인간, 미래 인간에 대한 사랑이다. 인간에 대한 사랑보다 더 높은 것은 일과 유령에 대한 사랑이다. 네 앞에서 뛰어다니는 이 유령은 너보다 아름답다. 너는 왜 이것에 뼈와 살을 주지 않느냐? 그러나 너는 너를 두려워하여 너의 이웃으로 달려간다."[69] 따라서 도덕적 이웃들은 미래 인간을 사랑하는 초인을 제거하려고 한다. "선한 사람들은 자기의 고유한 덕을 고안한 사람을 십자가에 매달아야 한다. (…) 그들은 창조자를 가장 싫어한다. 칠판을 부수고 옛 가치들을 부수는 자, 파괴자, 이 범죄자를 그들은 증오한다. 선한 자들 – 이들은 창조할 수 없다. 그들은 늘 종말의 시작이다. 그들은 새로운 가치를 새로운 칠판에 쓰는 자들 십자가에 매단다. 그들은 미래를 희생시킨다. – 그들은 모든 미래의 인간들을 십자가에 매단다."[70]

그러나 먼 곳의 미래 인간에 대한 사랑으로서의 니체적 창작 의지는 예

---

68) Nietzsche, *Jenseits von Gut und Böse* [1886], Nr.164.

69) Nietzsche, *Also sprach Zarathustra*. Erster Theil. "Vom der Nächstenliebe", 73쪽.

70) Nietzsche, *Also sprach Zarathustra*. Drittter Theil. "Vom alten und neuen Tafeln". Nr.26 (261쪽).

술적이면서 정치적이다.[71] 그것은 '권력에의 의지'다. '권력에의 의지'는 인식적이다. 권력의지로서의 창조 의지는 결국 플라톤의 철인치자론과 칸트의 인식론적 구성설에서와 같이 '진리에의 의지'에서 나온다. 니체의 인식론적 '진리에의 의지'는 플라톤·아리스토텔레스의 무제약적·무제한적 지성주의(이성주의)를 끝까지 밀어붙여 인간을 위해 신을 죽인 근대 휴머니즘과 인간해방 이념을 그대로 따르고 있다. '죽은 신' 대신 '초인'이다.

- 신은 하나의 억측이다. 그러나 나는 너희들의 이 억측이 너희들의 창조의지보다 더 멀리 다다르지 않기를 바란다. 너희가 신을 창조할 수 있느냐? (없다.) - 그렇다면 내게 신들에 대해 침묵하라. 그러나 물론 너희는 초인을 창조할 수 있다. 너희들은 아마 스스로 살 수 없을지 모르겠다. 형제들이여! 그러나 너희는 너희 자신을 초인의 아비나 선조로 창조·전환할 수 있다. 이것이 너희의 가장 훌륭한 창조다. 신은 억측이다. 그러나 나는 너희의 이 억측이 사유 가능성 속에 한계 지어져 있기를 바란다. 그런데 너희는 신을 사유할 수 있는가? - 그러나 이 신을 사유함은 만물을 인간이 사유할 수 있는 것으로, 인간이 블 수 있는 것으로, 인간이 느낄 수 있는 것으로 바꾸는 '진리에의 의지'를 뜻한다. 너희는 너희의 고유한 감각들을 끝까지 사유해야 한다. 그리고 너희가 세계라고 부르는 것은 너희에 의해 비로소 창조되어야 한다. 너희의 이성, 너희의 이미지, 너희의 의지, 너희의 사랑이 세계 자체가 되어야 한다. 진정, 너희의 축복을 위하여, 너희 인식자들이여! (…) 의

---

71) 타우렉은 창작의지를 예술적 의지로 풀이하고 있다. Taureck, *Nietzsche und der Faschismus*, 64쪽. 물론 예술은 플라톤에서보다 니체에게서 더 큰 비중을 차지한다. 그러나 정치적 '창작'은 권력에의 의지이고 '권력에의 의지'는 '진리에의 의지'인 한에서 일단 예술적이기보다 인식적이다.

욕은 해방한다. 이것이 의지와 자유의 참된 학설이다. 차라투스트라는 너희에게 이 학설을 가르친다. (…) 인식 속에서도 나는 나의 의지의 생식·생성의 쾌락만을 느낀다. 나의 인식 속에 순진무구함이 들어있다면, 이는 '생식에의 의지'가 이 인식 속에 들어 있기 때문에 발생하는 것이다. 이 생식에의 의지가 나를 신과 신들로부터 꾀어 떼어낸다. 신들이 실제 있다면, 창조하는 것은 도대체 무엇이겠는가? 그러나 이 생식에의 의지는 나를 새로이 인간으로 몰아간다, 나의 열렬한 창조 의지가.[72]

여기서 '인식에의 의지', '진리에의 의지'는 주관적 관념과 객체의 사실성이 일치하는 합리론적 '절대진리에의 의지'가 아니다. 니체는 플라톤·데카르트식 신감도神瞰圖(god's-eye view)의 합리주의적 진리 개념을 부정하기 때문이다. 신감도식의 '적합한' 표현 양식에 대한 요구는 무의미하고 모든 형이상학적 관점은 우리의 언어의 문법적 구조의 산물일 뿐이기 때문이다. 니체가 볼 때, 세계는 우리가 세계를 논리적으로 만들기 때문에 논리적으로 현상할 따름이다. 진리는 대상의 지각을 통해 인식하는 것이 아니라 '만드는' 것이다. 따라서 창조 없는 주어진 것에 대한 바른 인식으로 얻어지는 '진리'가 관심거리가 아니라, '내가 자유의지로 창조한 진리를 다시 보고 싶은 의지', 즉 '진리를 창조하는 의지'가 목표다. 세계를 '나'와 '우리'의 구상대로 자유롭게 기획하고 건설하는 것, 즉 대상 세계를 내 생식·확장 욕망과 권력의지에 맞추는 방식의 진리의 창조다. '진리에의 의지'에서 합리적 인식은 추방되고 '자유의지'만이 존중된다. 니체는 데카르트주의적 합리주의에 대해 봉기를 주도하면서도 데카르트

---

72) Nietzsche, *Also sprach Zarathustra*. Zweiter Theil. "Auf den glückseligen Inseln", 107쪽. 괄호는 인용자.

가 아우구스티누스로부터 계승해 근대화한 '자유의지'를 더욱 강화된 형태로 물려받았다.[73] 따라서 세계를 나의 권력욕의 기획에 맞추는 '진리에의 의지'는 실은 생식·창조 의지요, 이미 '권력에의 의지'다. 초인은 '어떤 객관적 세계질서도 주어져 있지 않다'는 것을 안다.[74] 그는 그 자신의 의지로부터 객관적 세계질서를 창출해야 한다. "진리에의 의지"는 인간을 "충동질하고 열렬하게 만드는 것"이다. 그것은 "모든 존재자의 사유 가능성에의 의지", 즉 "모든 존재자를 비로소 사유할 수 있게 만들고자 하는" 의지다. "최고의 지자들"의 '진리에의 의지'는 "모든 존재자가 그대들에게 순응하고 굴복하기"를 원한다. "모든 존재자가 납작 엎드려 정신의 거울과 반영상으로서 정신에 예속되어야 한다. 최고의 지자들이여, 이것이 '권력에의 의지'로서 너희들의 전체적 의지다." 이 의지 앞에서 인민은 낡은 가치관에 묶인 무식자다. "지혜롭지 않은 자들, 물론 인민은 한 척의 나룻배가 떠 있는 강물과 같은 것이다. 이 나룻배에는 엄숙하게 변장을 한 채 가치관들이 앉아 있다. (…) 살아 있는 것을 발견한 곳에서는 권력에의 의지를 발견한다. 봉사하는 자의 의지 속에서도 주인이려고 하는 의지를 나는 발견한다. (…) 보다 작은 자가 가장 작은 자에게서 기쁨과 권력을 갖기 위해 보다 큰 자에게 헌신하듯이 가장 큰 자도 헌신하고 권력을 위해 생을 건다. 이것이 가장 큰 자의 헌신이다, 과감한 모험, 위험, 죽음을 건 주사위 던지기인 것이다. 희생과 봉사 그리고 사랑의 눈길이 있는 곳에서도 주인이려고 하는 의지가 있다. 상대적 약자는 뒤안길로 강자의 요새 안으로, 아니 마음속까지 기어들어 가 권력을 훔친다. 생 차

---

73) 참조: William T. Bluhm, "Political Theory and Ethics", 306쪽. René Descartes, *Discourse on Method and Meditations on First Philosophy*, edited by David Weissman, with Essays by William T. Blum, Lou Massa, Thomas Pavel, John F. Post, Stephen Toulmin, David Weissman(New Haven·London: Yale University Press, 1996).

74) 참조: Bluhm, "Political Theory and Ethics", 326쪽.

체가 나에게 이 비밀을 말해 준다. 보라, 생은 말한다. 나는 늘 극기해야 하는 것이다. 너희는 그것을 생식에의 의지 또는 목적에의, 보다 고차적인 것, 더 먼 것, 더 다측면적인 것의 충동이다. 이 모든 것은 하나고, 하나의 비밀이다. (…) 이 인식하는 자, 당신은 나의 의지의 소로小路와 발자국에 지나지 않는다. 진정, 나의 '권력에의 의지'는 너의 '진리에의 의지'의 발 위에서도 변한다. 진리를 향해 '생존에의 의지'라는 말을 던진 자는 물론 진리를 맞추지 못한다. 이런 의지는 존재하지 않는다. 존재하지 않는 것은 의욕할 수 없기 때문이다. 그러나 실제 현존하는 것이 어떻게 현존을 위해 의욕할 수 있겠는가! 생이 있는 곳에만 의지가 있다. 그러나 생에의 의지가 아니라 – 나는 너에게 가르친다 – 권력에의 의지다. 살아 있는 자에게는 많은 것이 생 자체보다 높이 평가된다. 하지만 이 평가로부터 권력에의 의지가 발언한다." 이 권력에의 의지는 선악의 피안에 있다. 권력에의 의지는 반도덕적이다. "불멸의 선과 악 같은 그런 것은 존재하지 않는다. 선악은 늘 거듭 자기 자신으로부터 자신을 극복해야 한다. (…) 선악 속에서 창조자이어야 하는 자, 진정, 그는 비로소 파괴자이어야 하고 가치들을 분쇄해야 한다. 이 최고로 악한 짓은 최고선에 속한다. 이 최고선이란 창조적 선이다."[75] '진리에의 의지'가 곧 '권력에의 의지'라는 것은 플라톤식으로 표현하면 '이데아'를 자기 자신으로부터 표출해 내는 철인만이 권력자가 된다는 말과 같다.

이쯤에서 플라톤과 니체의 관계를 종합적으로 정리해 보자. 니체는 플라톤의 '철인' 개념의 두 측면(애지자와 유전 생물학적 의미의 천성적 천재)에서 애지자 측면을 버리고 천재라는 유전 생물학적 측면만을 계승했다. 따라서 애지자 개념이 전제하는 경신敬神의 의미가 사라지고 '선의 이데

---

75) Nietzsche, *Also sprach Zarathustra*. Zweiter Theil. "Von den Selbst-Ueberwinden", 142-145쪽.

아'를 보는 형이상학적 지식도 사라졌다. 이로 인해 니체의 '지자' 또는 '철인'은 불경·오만하며 탈형이상학적, 생물학적, 인종적이다. 이것은 플라톤과의 첫 번째 차이점이다. 플라톤의 철인은 하늘에서 지상으로 내려오기 싫어서 권력을 잡는 것을 내켜 하지 않는 반면, 니체의 철인은 권력욕에 불탄다. "유혹하면서 순수한 자들과 고독한 자들에게로, 자족적인 높은 곳으로 올라가는 지배욕은 자줏빛 축복을 꾀면서 지상 천국을 그리는 사랑처럼 불탄다. 높은 자가 아래로 권력을 향해 내려가려고 한다면 지배욕을 욕심이라 누가 부르겠는가? 진정, 이러한 욕망과 하산에는 얕은 것이나 탐욕스런 것이 조금도 없다! 고독한 고지는 자신을 영원히 고독하게 만들어 자족하지 않는다는 것, 산이 골짜기로 오고 고지의 바람이 저지로 오는 것. 오, 이러한 동경을 나타내는 세례명이나 덕목 명칭을 누가 발견했는가! '선물하는 덕' – 차라투스트라가 이름 부를 수 없는 것을 일찍이 이렇게 이름 불렀다."[76]

신이 죽었다. 그렇기 때문에 천상으로부터 해방되어 고독한 산상山上 생활을 통해 깨달음을 얻은 뒤에 지상으로 자유롭게 하산할 수 있는 탈형이상학적 철인의 지배욕 또는 지상에의 동경은 인간에 대한 근대적·휴머니즘적 믿음으로서 '선물하는 덕'의 이명異名인 것이다. 이것이 두 번째 차이점이다.

그러나 기타 측면에서는 플라톤과 니체 간의 커다란 유사성이 부각된다. 첫째, 플라톤에서 "무사(Μοῦσα, 철학)가 나라를 장악한다." 철학자는 일단 나라를 장악하면 나라와 사람들을 '칠판'처럼 깨끗이 만들고 새로 "아름다운 그림"을 그려 넣는다.[77] 그래서 니체도 플라톤을 따라서 "옛 칠판과 새 칠판"을 말하는 것이다. 둘째, 플라톤이 광장의 '대중'을 "괴

---

76) Nietzsche, *Also sprach Zarathustra.* Dritter Theil. "Von den drei Bösen", Nr.2 (234쪽).
77) Platon, *Der Staat,* 499d, 501a·e.

물" 또는 "커다란 짐승"으로 여기듯이,[78] 니체도 민족국가를 '괴수' 또는 '괴물'로 묘사한다. 셋째, 니체도 플라톤처럼 현실 정치를 맹박한다. 넷째, 플라톤에게서 국가가 단순한 생존을 위한 조직이 아니라 훌륭한 삶을 위한 조직이기 때문에 철인치자가 정치보다 더 좋은 철학적 삶을 알고자 하듯이, 니체의 철인총통도 고귀한 삶을 알고 보통 인간의 허무주의적 도덕·이성과 다르고 새로운 도덕을 가진 별도의 생활영역을 갖고 있다.[79]

니체는 이 탈형이상학적·유전 생물학적 플라톤주의를 인종주의적으로 변용變容하여 유럽적 차원에서 국내외 정치를 기획한다. 미완으로 끝난 『권력에의 의지』라는 이름의 책의 구상과 관련하여 스스로 니체는 이러한 끔찍하고 무서운 기획이 플라톤·아리스토텔레스의 무제한적·무제약적 지성주의를 따라 칸트·피히테·헤겔·쇼펜하우어·하이데거 등 니체 전후前後의 서구 철학자들이 다 그랬던 것처럼 단지 '지적 희열'을 위한 것일 뿐이라고 토로한다. "사유를 위한 한 권의 책, 그 이상은 아무것도 아니다. 이 책은 사유가 즐거움을 만들어주는 사람들의 것이다. 그 이상은 아무것도 아니다."[80] 새로운 획일화된 유럽(세계)인종과 이를 지배하는 새로운 지배 인종, 또 이를 이끄는 철인총통의 3단계 구조는 플라톤『국가론』의 상공 신분·수호자 집단·철인치자의 3단계 구조와 같다. 니체가 30-40년 뒤의 나치스들처럼 유럽·세계 차원에서 사유하기 때문에 협소한 낭만주의적·헤겔주의적 민족주의와 민족국가 및 당대 독일의 대중적 반유대주의는 니체의 유럽적 인종 국가 구상과는 상치되는 것이다.

당시의 정치를 경멸하는 반反정치적 철학자로서 니체는 1889년『이 사람을 보라(Ecce homo)』에서[81] 전대미문의 전쟁을 예고한다.

---

78)　Platon, *Der Staat*, 492a-c.
79)　참조: Taureck, *Nietzsche und der Faschismus*, 67쪽.
80)　Nietzsche, *Nachgelassene Fragmente*. Herbst 1887 bis März 1888. Nr.9[188] (114쪽).
81)　'에케 호모'는 요한복음(19:5)에 나오는 라틴어 어구인데, 폰티우스 필라투스가 예수

● 나는 처음으로 거짓을 거짓으로 느낌으로써 비로소 진리를 발견했다. (…) 나는 모든 것과 더불어 필연적으로 액운의 인간이다. 진리가 수천 년의 거짓과 싸움에 들어간다면, 우리는 동요를, 지진의 투쟁을, 꿈꾸어 본 적도 없는 산과 골짜기의 뒤바뀜을 겪게 될 것이기 때문이다. 정치라는 개념은 완전히 사상 전쟁 속으로 함몰되고 옛 사회의 모든 권력구조물들이 공중으로 폭파될 것이다 - 이 권력구조물들은 몽땅 다 거짓에 근거해 있다. 아직 지상에서 있어 본 적이 없는 전쟁이 있을 것이다. 비로소 나로부터야 지상에서 대정치大政治가 있다.[82]

"아직 지상에서 있어 본 적이 없는 전쟁이 있을 것"이고 "비로소 나로부터야 지상에서 대정치가 있다"는 니체의 과대망상적 장담을 다라서 히틀러와 무솔리니, 나치스와 파시스트들은 무지막지한 대살육전, 제2차 세계대전을 일으켰다.

진리에 의해 수행되는 이 전대미문의 '전쟁'은 어떤 전쟁이고, '대정치'란 어떤 정치인가? 진리의 전쟁, 진리의 정치! 지극히 지성 우월주의적인 무제한 전쟁이고 무제한 정치다. 이 전쟁과 정치는 지금까지의 도덕에 관한 비판과 진리의 이름으로 요구된다. 종래 도덕은 약자와 노예의 도덕이었다. 그러나 약자와 노예는 천성상 치국에 소임을 둔 자들이 아니다. 따라서 미래의 전쟁은 기존의 가치 질서를 전복해야 한다. 이 과정에서 영락자와 약자는 제거되어야 한다. 권력의지가 반도덕적이기보다는 차라리 권력의지 자체가 선이다. 니체는 『적敵그리스도: 기독교에 대한 저주』(1888-1889)에서 이렇게 권력의지 자체 또는 권력 증대 자체를 '선'으로

────────

를 채찍질하고 머리에 가시관을 씌운 뒤 성난 무리 앞에서 예수를 가리키면서 말한 대사다. 의미는 '이 사람을 보라'이다.

82) Friedrich Nietzsche, *Ecce homo* [1889]. "Warum ich ein Schicksal". Nr.1 (364 쪽). Giorgio Colli und Mazzino Montarinari (Hg.), *Nietzsche Werke*. 3. Ed. v. VI. Abteilung (Berlin: Walter de Gruyter & Co, 1968).

선언하고, 약자와 영락자에 대한 실천적 동정을 최대의 '악덕'으로 둔갑시킨다.

- 무엇이 선인가? 권력의 느낌, 권력에의 의지, 인간 안에서의 권력 자체를 높여주는 모든 것이다. (…) 무엇이 행복인가? 권력이 증강되는 것, 저항이 극복되었다는 것에 대한 느낌이다. 만족이 아니라 더 많은 권력, 평화 일반이 아니라 전쟁, 덕이 아니라 유능함이다. (…) 약자와 영락자들은 몰락해야 한다. 우리의 인간 사랑의 첫 명제다. 그리고 우리는 그들이 그렇게 되도록 도와주어야 한다. 그 어떤 악덕보다 더 해로운 것은 무엇인가? 모든 영락자들과 약자들에 대해 행동으로 동정하는 것이다. – 기독교다.[83]

니체의 전쟁은 약자와 영락자와 이들의 도덕적 선善관념의 섬멸전인 것이다. 이 전쟁은 약자와 영락자들을 몰락시키는 반도덕적 권력 증강이다.

1.6. 독일인·유대인의 인종혼합과 새 지배인종의 창출

이를 통해 새로운 유럽을 만들고 이 새 유럽을 다스릴 '새로운 지배 카스트'를 만든다. 이 목적을 달성하기 위해 니체는 독일인의 유대인관觀을 바꿔 '독일인과 유대인의 인종 혼합'을 통한 새로운 유럽 지배 카스트의 형성을 기안한다.

(1) 반反유대주의는 반反프랑스·반폴란드 정서와 마찬가지로 "어리석은 짓(eine Dummheit)"이다. 반유대주의는 강력함의 표현이 아니라 열

---

83) Nietzsche, *Der Antichrist* [1889-1889], Nr.2 (168쪽).

등성과 복수심의 표현이기 때문이다. 그러나 "나는 유대인들에게 호의적인 독일인을 아직 만나보지 못했다. 모든 주의 깊은 자들과 정치적인 자들 쪽에서 본래적 반유대주의를 거부하는 것이 아주 필수적일지라도, 이 주의와 정치는 이런 유류類의 감정 자체가 아니라 이 정서의 위험한 무절제, 특히 이 무절제한 감정의 밥맛 떨어지는 치욕적 표출을 겨냥하고 있다".[84] 반유대주의를 거부하는 정치인들의 태도가 미온적이라는 것이다. "반유대주의자들은 유대인들이 '정신'과 돈을 가지고 있는 것에 대해 유대인들을 용서하지 않는다. 반유대주의는 '못난 놈들'의 이름이다."[85]

(2) 한편, "독일은 유대인이 충분히 많다는 것, 이탈리아인, 프랑스인, 영국인이 보다 강한 소화력 덕택에 유대인을 처리했듯이 독일 위장胃臟이 이런 분량의 '유대인'만을 처리하기 위해 독일 피를 필요로 한다는 것 (오랫동안 필요로 한다는 것)은 사람들이 듣고 행동하는 데 기준으로 삼는 일반적 본능의 뚜렷한 언명과 언술이다." 그리하여 유대인의 유입을 차단하라는 "민중 본능"의 요구가 높다. 그러나 이 '본능'은 "아직 약하고 무규정적이어서 그런 언명과 언술은 쉬 지워지고 보다 강한 인종에 의해 쉬 소멸될 수 있다."[86]

(3) 그러나 유대인은 유럽에서 가장 강한 인종으로서 유럽을 지배할 능력을 이미 갖췄다. 그러므로 반유대주의를 쓸어내야 한다. "유대인은 의심할 바 없이 지금 유럽에 살고 있는 인종들 중 가장 강하고 가장 끈질기고 가장 순수한 인종이다. 유대인은 오늘날 사람들이 악덕으로 낙인찍고 싶어 하는 그 미덕의 힘으로 가장 열악한 조건에서도 (유리한 조건에서보다 더 잘) 자신들을 관철시킬 줄 안다. 무엇보다도, '근대 이념' 앞에서도

---

84) Nietzsche, *Jenseits von Gut und Böse* [1886], Nr.251.
85) Nietzsche, *Nachgelassene Fragmente*. Anfang 1888 bis Anfang Januar 1889. Nr.14 [182] (157쪽).
86) Nietzsche, *Jenseits von Gut und Böse* [1886], Nr.251.

부끄러워할 필요가 없는 단호한 믿음 덕분에 그렇다. 늘 그들은 변한다면 러시아인이 정복 사업을 하는 것만큼만 (…) '될 수 있는 한 천천히'라는 원칙에 따라 변한다." 따라서 "유대인들은 그들이 원한다면 – 또는 반유대주의자들이 강요하려고 하는 것처럼 보이듯이 사람들이 그들을 그렇게 하도록 강요한다면 – 지금 이미 우위를, 아주 말 그대로 유럽에 대한 지배권을 지닐 수 있다는 것은 확실하다. 그들의 그것을 노리고 작업하고 계획을 꾸미고 있지 않다는 것도 마찬가지로 확실하다. 오히려 유대인들은 약간 넉살 좋게 언젠가 유럽에서 유럽에 의해 흡수되려고 하고 그러기를 원한다. 그들은 마침내 그 어디에선가 확고하게 터 잡고 허용되고 존중받고 유목 생활, '영원한 유대인'을 청산하기를 갈구한다. 우리는 물론 (아마 그 자체가 유대적 본능의 완화를 표현하는) 이 행진과 돌입을 주목하고 환영해야 한다. 이를 위해서 나라의 반유대주의적 소리꾼들을 몰아내는 것이 아마 유익하고 마땅할 것이다. 아주 주의 깊게, 거의 영국 귀족이 하듯이 엄선과 함께 환영해야 한다."[87] 니체는 유대교의 보편 도덕을 비판하는 도덕 이론적 반유대교론자였지만, 인종론적으로는 친유대주의자였다.

(4) 유럽의 미래를 위해 유대인과 같이 해야 한다. "유럽의 미래를 자기 마음에 품은 사상가는 그가 미래에 대해 세우는 모든 기획에서 러시아인처럼 유대인을 세력들의 커다란 작동과 투쟁 속에서의 가장 확실하고 가장 그럴싸한 요소로 고려해야 한다."[88]

(5) 민족주의는 적대를 야기하므로 주의해야 한다. "오늘날 유럽에서 '민족'이라고 부르는 것은 … 아무튼 생성되는 것, 젊은 것, 쉬 밀릴 수 있는 것이지, 유대 인종과 같은 그런 영구적 공기이기는커녕 아직 인종이

---

87) Nietzsche, *Jenseits von Gut und Böse* [1886], Nr.251.
88) Nietzsche, *Jenseits von Gut und Böse* [1886], Nr.251.

아니다. 하지만 이 '민족들'은 그 어떤 성급한 경쟁과 적대든 세심하게 주의해야 한다."[89]

(6) 명령과 복종의 정치 능력이 뛰어난 독일인과 정신적(철학적) 능력이 뛰어난 유대인을 인종적으로 혼합해서 새로운 '선민 인종'을 만듦으로써 새로운 유럽 지배 카스트를 형성해야 한다. "보다 더 강하고 이미 더 확고하게 주조된 유형의 새로운 독일인, 가령 마크(브란덴부르크) 출신 귀족 장교가 가장 거리낌 없이 유대인들과 교류할 수 있다는 것은 명백하다. 명령과 복종의 유전적 기능 – 이 둘 다에서 이 언급되는 나라(독일)는 오늘날 고전적이다 – 에 돈과 참을성의 천재(와 특히, 이 언급된 곳에서 아주 많이 결여한 가령 정신과 정신성)를 더하고 추가로 양육될 수 있지 않을까 하는 것은 다각적인 관심거리다. 하지만 여기서 나의 유쾌한 독일 근성과 축하 연설을 중단하는 것이 적합하다. 왜냐하면 나는 이미 나의 진지성, '유럽 문제'와, 내가 이해하고 있는 것처럼 새로운 카스트, 유럽을 지배하는 카스트의 양육과 접하고 있기 때문이다."[90]

헤겔은 게르만 민족이 북방 원리의 철학적 '내면성'을 지닌 세계사적 지배 민족이라고 생각했지만, 니체는 독일인을 유대인만큼 철학적이라고 생각지 않고 오히려 '명령과 복종'의 정치 능력에서 가장 뛰어나다고 생각한다. 니체가 보기에 영국인은 물론 철학적이지 않다. "그들은, 이 영국인들은 철학적 인종이 아니다. 베이컨은 철학적 정신 일반에 대한 공격을 뜻하고, 홉스·흄·로크는 1세기 이상 동안 '철학자' 개념의 저하와 가치 축소를 뜻한다. 칸트는 흄에 대해 저항했고 맞섰다. 로크는 셸링이 그에 대해 '나는 로크를 경멸한다(je méprise Locke)'라고 말한 자다. 영국적·기계론적 세계의 우둔화에 대한 투쟁에서 헤겔과 쇼펜하우어는 괴테와

---

89) Nietzsche, *Jenseits von Gut und Böse* [1886], Nr.251.
90) Nietzsche, *Jenseits von Gut und Böse* [1886], Nr.251.

함께) 의견일치였다. (…) 영국은 정신성의 본래적 권력, 정신적 신선함의 본래적 깊이, 간단히 철학이 결여되고 늘 결여되었다."[91]

하지만 칸트·셸링·쇼펜하우어·헤겔 등이 사라진 독일에도 이제 사상가가 없다. "오늘날의 독일인들은 더 이상 사상가가 아니다. 이들에게는 다른 것이 즐거움과 걱정을 만들어 준다. 원리로서의 '권력에의 의지'는 그들에게 이해하기 어렵다."[92] 따라서 독일인의 입장에서는 유대인과의 인종 혼합이 필수적인 것이다. "대립들의 짝짓기를 통해 자연의 충만성을 추구하는" 사상, "인종 혼합"을 통한 지배 인종의 형성에 관한 이런 사상은 1884년에 이미 시사된 바 있다.[93] 이로써 유럽 차원에서 국경을 넘어 혼합된 평균적·허무주의적 피지배 인종과 철인치자적 지배인종(독일-유대 혼합 인종)의 이중구조가 갱신되어 이론적으로 새로이 완성되었다.

1.7. 인도 마누법전과 카스트제도의 도입

이제 문제는 상하의 두 유럽인종이 유럽 차원에서 지배-피지배의 정치적 '관계'를 맺으면서도 신체·성·음식 등의 측면에서 '접촉'하지 않게 하는 제도가 가능한가? 니체는 이 문제를 인도의 힌두교적 카스트제도의 도입으로 해결한다. 이런 까닭에 그가 유럽적 지배 인종을 종종 유럽적 지배'카스트'로 표현하는 것이다. 인도의 카스트 간에는 시선 교차·육체 접촉·혼인·동침·공동 식사·음식 나눠 먹기 등이 모조리 배제되고, 각 카스트는 제각기 서로 다른 도덕률을 따라 산다. 니체는 '카스트'를 '생물학적' 의미로 이해하여 인도의 마누(Manu)법전을 "자연(본성)을 도덕으로

---

91) Nietzsche, *Jenseits von Gut und Böse* [1886], Nr.252.
92) Nietzsche, *Nachgelassene Fragmente.* Herbst 1887 - März 1888. Nr.9 [188] (114 쪽).
93) Nietzsche, *Nachgelassene Fragmente.* Frühjahr - Herbst 1884. Nr.25 [211] (65 쪽).

환원한 것"으로 해석한다.[94] 이에 따라 니체는 서로 간에 혼인을 배제하는 플라톤의 수호자 집단과 상공업자 집단의 이상국가처럼 '카스트 국가'를 기획한다. 마르크스는 "플라톤의『국가론』은 그 안에서 분업을 국가의 구성원리로 간주하고 있는 한에서 한낱 이집트 카스트제도의 고대 아테네적 이상화일 뿐이다"라고 폭로한 바 있다.[95]

따라서 니체가 인도 '마누법전'을 마치 처음 발견한 것처럼 활용하고 있는 것은 플라톤으로부터의 이탈이 아니라 인도를 우회한 플라톤으로의 회귀인 것이다. 인도 카스트제도 – 이집트 고대국가 – 플라톤 이상국가의 이 연관성을 니체는 스스로 언급한다.

● 사람들은 신약성서의 셈족적 정신에 대해 많이 이야기한다. 그러나 사람들이 그렇게 부르는 것은 단순히 사제적인 것이다. 그리고 아리안 법전, 마누 안에서는 이런 유형의 셈족주의, 즉 사제 정신은 그 어디에서보다 더 지독하다. 유대 사제 국가의 발전은 독창적인 것이 아니다. 유대인들은 바빌론에서 그 도식을 배워 알았다. 동일한 것이 나중에 게르만 피의 우위 아래서 유럽에서 지배했다면, 이것은 지바 인종의 정신에 입각한 것이다. 커다란 돌연변이다. 게르만적 중세는 다리안적 카스트제도의 복원을 지향했다. (…) 공동체의 정상에 사제를 가진 불변적 공동체의 도식, 조직 영역에서의 아시아의 이 가장 오래된 커다란 문화 산물은 사람들에게 자연스럽게 모든 관점에서 숙고하고 모방하도록 촉구했음에 틀림없다. 플라톤에게도 그랬고, 무엇보다도 이집트인들에게도 그랬다.[96]

---

94) Nietzsche, *Nachgelassene Fragmente*. Anfang 1888 bis Anfang Januar 1889. Nr. 14 [203] (177쪽).

95) Karl Marx, *Das Kapital I*, 388쪽. *MEW* 23 [*Marx Engels Werke*, Band 23] (Berlin: Dietz Verlag, 1982).

96) Nietzsche, *Nachgelassene Fragmente*. Anfang 1888 bis Anfang Januar 1889,

카스트제도는 인간적 충동을 '처벌에 대한 공포'와 '대가에 대한 희망'으로 환원하는데 이 양자를 손에 틀어쥔 마누법전 앞에서 그렇다.

- 사람들은 절대적으로 이 법전에 순응해 살아야 한다. 이성적 일은 명령되기 때문에 수행되고, 자연스런 본능은 법이 규정했기 때문에 충족된다. 이것은 우민화의 학교다. 이러한 '신학자 부화 시설' 안에서는 찬달라(카스트 밖의 천민)들은 자기만의 지성과 흥미로운 일을 별도로 가졌음이 틀림없다. 이 찬달라는 지식의 참된 원천인 경험에 접근했던 유일한 자들이다. (…) 카스트의 근친 혼인이 추가로 고려되어야 한다.[97]

따라서 니체는 마누법전에 "자연, 기술, 역사, 예술, 과학이 결여되어 있다"고 비판한다.[98] 니체의 카스트 국가는 이런 비판을 전제로 기획된 것이다. 카스트제도 안에서 지배 카스트는 피지배 카스트에게 자기의 의지를 강요할 필요가 없다. 각 카스트가 자기의 천직을 각자의 도덕률에 따라 수행하면 되기 때문이다. 니체는 말한다.

- 지배? 내 유형을 타인에게 강요하는 것? 소름 끼친다. 나의 행복은 바로 많은 타인들의 관상觀賞이 아닌가?[99]

니체의 이 '공자님 같은' 말도 따라서 역할·도덕의 카스트적 분리를 전

Nr. 14 [204] (178쪽).

97) Nietzsche, *Nachgelassene Fragmente. Anfang 1888 bis Anfang Januar 1889*, Nr. 14 [203] (177-178쪽).

98) Nietzsche, *Nachgelassene Fragmente. Anfang 1888 bis Anfang Januar 1889*, Nr. 14 [203] (177-178쪽).

99) Nietzsche, *Nachgelassene Fragmente 1882-1884*, Nr. 16 [86] (529쪽). KSA, Bd. 10.

제하는 한에서 치명적 독을 담고 있는 것이다.

20세기 개명천지에 이런 카스트제도를 민주적 대중에 대해서 관철시키는 것은 어려울 것이다. 이 때문에 니체는 이 카스트제도를 철저한 민주주의로 위장하는 '기만전술'의 마키아벨리즘을 활용한다. 니체는 신이 죽은 마당에라도 종교적 환상(허위의식)을 새로 만들어 쓰고, 정치적 거짓말과 속임수도 불사할 것을 요구한다.

- 그(차라투스트라)의 가르침은 지금까지 미래의 지배자 카스트만을 겨냥했던 것이다. 이 땅의 주인들은 이제 신을 대신하고, 피지배자들의 깊은 무조건적 신뢰를 창출해야 한다. 먼저 그들의 새로운 신성성神聖性 및 행복과 안락에 대한 포기다. 그들은 스스로에게가 아니라 낮은 사람들에게 행복에 대한 승계권을 넘겨준다. 그들은 영락자들을 '빠른 죽음'의 가르침으로 구원하고 서열 질서에 따라 종교와 체계를 제공한다.[100]

니체의 이 신 없는 사기스런 종교는 마키아벨리적·기만적 지배 수단이다.

- 우리가, 자유정신의 우리가 이해하는 철학자는 인간의 전체적 발전에 대한 양심적 의식을 가진 가장 포괄적인 책임의 인간이다. 이 철학자는 인간의 양육·교육사업을 위해 그때그때의 정치적·경제적 상태를 이용하듯이 종교를 이용한다. 치자 인종의 이성과 예술을 육화肉化한 강자, 독립인, 명령하는 일에 준비·예정된 자에게는 종교가 지태자와 피

---

100) Nietzsche, *Nachgelassene Fragmente*. Herbst 1884-Herbst 1885, Nr 39[3] (350쪽).

지배자를 공통으로 묶고 – 기꺼이 복종을 벗어나 저 지배자를 배반하고 떠넘기는 – 피지배자들의 양심적 내면, 감춰진, 가장 내면적인 것을 묶어 두는 끈으로서, 저항을 극복하고 지배를 할 수 있는 하나 이상의 수단이다.[101]

그러나 이런 종교적 기만은 선악·진위를 초월해 있는 지배 카스트에게 다 문제가 되지 않는다. 선악·진위의 초월 및 이를 통한 반도덕적·허위 의식적(이데올로기적) 세계 창조와 더 높은 인간의 양성은 새로운 계몽이다. 이와 관련하여 니체는 진보사관을 폐기하는 '절대 지금'의 '영겁회귀'를 예언한다. "새로운 계몽이다. 옛 계몽은 민주적 무리의 의미, 만인의 평등화의 의미에서 계몽이었다. 새로운 계몽은 지배적 본성들에게 길을 열어줄 것이다. 이들에게는 군서적 존재자들에게 금지된 모든 것이 허용되어 있는 한에서. ① 살아있는 것에서의 '진리와 허위'에 관한 계몽. ② '선과 악'에 관한 계몽. ③ 창작하고 변혁하는 세력들(숨은 예술가)에 관한 계몽. ④ 인간의 자기극복(더 높은 인간의 교육). ⑥ 가장 강력한 인간들의 손에 쥐어진 망치로서의 영겁회귀(die ewige Wiederkunft)의 가르침." 이런 관점에서 그는 기획된 새 저서 『트락타투스 폴리티쿠스(Tractatus politicus)』에서 마키아벨리즘을 초인 사상으로 외친다.

● 『트락타투스 폴리티쿠스』(정치론). 프리드리히 니체 지음. 서설. 이 트락타투스 폴리티쿠스는 만인의 귀를 위한 것이 아니다. 이것은 덕의 정치를 다룬다. (…) 이 정치론은 이 정치의 이상을 설정하고, 이 땅에서 무엇인가 완벽할 수 있다면 정치가 어떠해야 하는가에 따라 정치를 기술한다. 이제 어떤 철학자도 정치에서 완벽성의 유형이 무엇인지에

---

101) Nietzsche, *Jenseits von Gut und Böse*, Nr.61 (77쪽).

대해, 말하자면 마키아벨리즘에 대하여 의심하지 않을 것이다. 그러나 전체적 힘에서, 전체적 엄격성에서 순수하고 섞이지 않은 조야한 청소년적 마키아벨리즘은 초인적·신적·초월적이다. 그것은 인간들에 의해 도달된 적이 없고, 기껏해야 스쳤을 뿐이다. (…) 덕의 정치, 즉 덕치인 이 좁은 유형의 정치에서도 이상은 도달된 것이 없는 것처럼 보인다. 플라톤도 이 이상을 스쳤을 뿐이다. (…) 무엇보다 큰 도덕주의자는 필연적으로 큰 배우다. 그의 존재와 그의 행위(sein esse und sein operari)를 신적 방식으로 분리시켜 유지하는 것이 그의 이상인 것처럼 그의 위험은 그의 위장僞裝이 부지중에 천성으로 바뀌는 것이다. 그가 행하는 모든 일을 그는 선의 외양으로(sub specie boni) 해야 한다. 그의 높고 먼, 까다로운 이상! 신적 이상! (…) 그리고 실은 저 도덕주의자가 신 자체보다 더 적은 모범상을 모방하지 않았다는 말이 타당하다. 신, 존재하는 이 '행위의 최대 비도덕주의자'는 그러나 그럼에도 불구하고 그의 본질(was er ist)로, 즉 선한 신으로 여전히 남아 있을 줄 안다.[102]

마키아벨리즘은 선한 하나님 여호와처럼 '행위의 비도덕성'과 '존재의 도덕성'을 통합하는 것이다. 여호와는 자신이 요셉의 아내 마리아를 간음했으면서도 간음을 계명誡命으로 금하고 "복수는 나의 것"이라며 자신은 복수를 하면서도 인간들에게 복수를 금했다. 이것이 '행위의 비도덕성'과 '존재의 도덕성'의 통합인 것이다.

● 신은 자기가 존재하기 위해 자기의 행위를 숨긴다. 아니면 신은 도덕

---

102) Nietzsche, *Nachgelassene Fragmente*. Herbst 1887 bis März 1888. Nr.11 [54] (266-8쪽).

적으로 비난받을 일을 저지름으로써 선한 존재로 존재한다.[103]

니체는 이미 『차라투스트라는 이렇게 말했다』에서 죽은 신을 이처럼 패러디한다.

- 훌륭한 시종은 모든 것을 알고 많은 종들은 그의 주인이 자기 자신에게 숨긴 것도 안다. 비밀로 가득 찬 숨은 신이 있었다. 진정 그는 뒤안길로 몰래 가는 것과 다르게 아들을 얻은 것이 아니다. 신에 대한 믿음의 문門에는 간음이 있다.[104]

이 예는 단순한 패러디 같지만 니체에게는 패러디 이상의 의미를 가진다. 예수가 요셉의 자식이 아니고 진짜 신의 자식이라면 예수는 신이 유부녀 마리아와 간음해서 낳은 것이다. 신은 십계명으로 금지된 간음을 저질러 예수를 낳은 것이다. '선악의 저편'이 아니라 그야말로 '선악의 통일'이다.

니체는 플라톤도 도덕과 비도덕, 참말과 거짓말을 신적으로 일치시키는 마키아벨리즘적 정치 이상을 단지 '스쳤을 뿐'이라고 하면서, 정치적 '거짓'에 관한 한, 마키아벨리즘을 플라톤보다 더 플라톤적인 것으로 간주하고 있다. 물론 니체도 플라톤의 거짓말 정치를 잘 알고 있었다. "진솔한 거짓말, 진실한 거짓말은 (사람들은 이 거짓말의 가치에 대해 플라톤으로부터 들을 수 있다) 그들(오늘날의 식자들)에게 아주 너무 엄하고 너무 강한 것일 것이다."[105] 플라톤은 『국가론』에서 이른바 '진실한 거짓말(겐나이오스 프세우도스γενναίος ψευδος)'로서의 건국 신화의 필요성을 역설

---

103) Taureck, *Nietzsche und der Faschismus*. 172쪽.
104) Nietzsche, *Also sprach Zarathustra*. Vierter Theil. "Asser Dienst", 319쪽.
105) Nietzsche, *Zur Geneologie der Moral*. Dritte Abhandlung. Nr.19 (404쪽).

한다.[106) 또한 플라톤은 공동선을 위한 치자의 거짓말의 필요성을 강조한다. "나라의 이익을 위해 적敵이나 시민들 때문에 거짓말을 하는 것이 허용되는 사람들이 있다면 그들은 바로 나라의 치자들이다."[107) 결국 니체는 진실한 거짓말 정치 또는 기만 정치의 문제에서도 플라톤보다 더 플라톤적인 마키아벨리즘을 통해 다시 플라톤으로 돌아온 것이다. 니체에게서 진정 새로운 것은 없다. 니체의 정치철학은 탈형이상학적으로 극화된 버전의 플라톤주의일 뿐이다.

칸트의 거짓말 절대금지론은 사이코패스가 거짓말을 밥 먹듯이 하는 자신의 본모습을 감추기 위한 위장僞裝 도덕이었다. 이것은 겁먹은 약한 사이코패스의 비겁한 행동이다. 그러나 니체는 칸트와 반대로 나가고 있다. 권력의지로 충만한 이 사이코패스는 마키아벨리와 플라톤을 들먹이며 거짓말을 밥 먹듯이 하는 '강한 사이코패스'답게 겁 대가리 없이 거짓말 정치 또는 정치적 거짓말을 당당하게 자행한다.

이런 정치적 거짓말과 기만으로 카스트제도와 지배 카스트의 존재를 숨긴다. 따라서 초인적 철인총통의 '큰 이성', '육체 이성'은 폭력 대신 기만과 거짓을 활용하기 때문에 기본적으로 평화적이다. 그러나 지배권이 주어질 때만 평화적이다. 그러나 이 지배권을 확보하기 전까지는 전쟁을 환영한다. '육체 이성'은 평화적이기는 하지만 이를 위해서 지태의 지위를 필요로 한다. 대전大戰들은 지금까지의 약자 지배로 설명되고 폭발적 미래로서 예견된다. 소수 강자의 육체적 이성은 정확히 초절대즈의적 지배 전권을 갖춘 경우에 평화적이다. 그러므로 니체의 평화주의는 비非허무주의적 한에서 정치로부터 떨어져 나온 자들에만 있는 것이 아니다. 그것은 지금까지 범죄자로 낙인찍힌 강자를 권좌에 올리는 그와 같은 가치

---

106) Platon, *Der Staat*, 414b-415c.
107) Platon, *Der Staat*, 389b.

전복의 귀결이기도 하다.[108]

따라서『인간적인 것, 너무나 인간적인 것』의 II권의 제2부로 단독 출판된『방랑자와 그의 그림자』(1888)에서 선보이는 중기 니체의 다음과 같은 평화주의적 발언에도 역시 예고된 치명적 선전포고 또는 전쟁 후 초인의 지배 관점에서 음미해야 한다.

● 진정한 평화를 위한 수단. 지금 어떤 정부도 수시로 정복욕을 충족시킬 군대를 유지하는 것을 허용하지 않는 것이다. 군대는 방어에 복무해야 한다. 그런데 정당방위를 정당화하는 저 도덕이 그것의 옹호자로 불러와진다. 그러나 이것은 자신에게 도덕성을, 이웃에게는 비도덕성을 유보하는 것을 뜻한다. 왜냐하면 우리나라가 필연적으로 정당방위의 수단을 생각해야 한다면, 이웃 나라는 침략·정복욕이 있는 것으로 간주될 수밖에 없기 때문이다. (⋯) 정당방위의 수단으로서의 군대라는 학설을 정복욕과 마찬가지로 철저히 부정해야 한다. 그리고 아마, 전쟁과 승리에 의해, 군사제도와 지성의 가장 높은 형성에 의해 빼어난, 그리고 이것들을 가장 가혹하게 희생시키는 데 익숙한 어느 민족이 자발적으로 '우리는 칼을 부러뜨린다'라고 외치고 전체 군대 제도를 그 마지막 기초까지 파괴하는 위대한 날이 올 것이다. 느낌의 고지高地에서, 다른 사람은 가장 방어적인 때 자신을 방어 없이 만드는 것, – 이것이 늘 심조心操의 평화에 근거한 진정한 평화를 위한 수단이다. 반면, 지금 모든 나라에서 시행되는 소위 무장평화는 자기와 이웃을 신뢰하지 않고 반은 미움에서, 반은 두려움에서 무기를 내려놓지 못하는 심조의 비평화다. 미워하고 두려워하느니 차라리 몰락하는 것, 미워하고 두려워하느니 차라리 두 번 몰락하는 것, – 이것이 언젠가 모든

---

108) Taureck, *Nietzsche und der Faschismus*, 172쪽.

개별적인 국가 사회의 최고 격률이 되어야 할 것이다.[109]

이 평화 선언은 '전쟁과 승리에 의해 **빼어난**' 민족, 즉 예정된 전쟁에서 승리한 민족이 승자로서 자발적으로 취할 평화주의다. 따라서 이 평화 선언은 『인간적인 것, 너무나 인간적인 것』 I권(1878)의 다음과 같은 말과 대구를 이루고 있는 것이다.

● 전쟁은 필수 불가결하다. – 인류가 전쟁하는 나쁜 버릇을 잘못 배웠다면, 인류에게서 많은 것을 (또는 심지어 제대로 많은 것을) 기대하는 것은 허영스런 열광이고 영혼 미화다. 한동안 우리는 무미건조해지는 민족들에게 야전 병영의 저 거친 에너지, 저 깊은 비인격적 증오, 선한 양심을 가진 살인자 같은 냉혈성, 적의 섬멸 속에서의 공동적·조직적 격정, 큰 손실, 그리고 자기와 아군의 생존에 대한 자부심 찬 무관심, 영혼의 저 둔한, 지진 같은 뒤흔듦을 모든 대大 전쟁이 그렇듯이 그만큼 강렬하게, 확실하게 전달할 어떤 다른 수단도 모른다. (…) 문화는 정열, 악덕, 악의를 결여할 수 없다. – 제정帝政으로 들어선 로마인들이 전쟁에 얼마간 피로해졌을 때, 그들은 동물 약 오르기, 검투사 결투, 기독교도 박해로부터 새로운 힘을 얻으려고 시도했다. 전처적으로 전쟁도 거부한 것처럼 보이는 지금의 영국인들은 소멸하는 힘을 새로이 산출하러 다른 수단에 손을 뻗치고 있다. 저 탐험 여행, 횡단 항해 (…) 등이 그것이다. 사람들은 이처럼 많은 전쟁 대용물들을 고안해 냈으나, 지금의 유럽인처럼 높이 문명화되고 따라서 필연적으로 무미건조

109) Friedrich Nietzsche, *Der Wanderer und sein Schatten* [1880], Nr.284 (316-317 쪽). Giorgio Colli und Mazzino Montarinari (Hg.), *Nietzsche Werke*. 3. Bd. v. IV. Abteilung. Menschliches, Allzumenschliches. Zweiter Band (Berlin: Walter de Gruyter & Co, 1968).

한 인류가 전쟁을 필요로 할 뿐만 아니라 가장 크고 가장 공포스런 전쟁들 - 야만으로의 일시적 퇴락 - 을 필요로 하고 그리하여 문화의 수단 때문에 문화와 생존 자체를 상실하게 된다는 사실을 아마 이 대용물들을 통해 점점 더 많이 통찰하게 될 것이다.[110]

따라서 일각에서 니체를 순수한 "평화의 철학자"로 재발견할 것을 주장하면서 중시하는[111] 중기 니체의 『인간적인 것, 너무나 인간적인 것』과 관련된 여러 구절도 다 완성된 후기 사상의 구조 속에 배치해 가며 읽혀야 할 단편들일 뿐이다.

그리하여 저지할 수 없는 시대적 추세로서의 '유럽의 민주화'와 왕의 "아름다운 잉여물"로의 전락에 대한 예견, "검劍으로 그어진 국경"이 아니라 "근거와 유용성으로 그어진 국경"을 전제로 한 "유럽국제연합(europäischer Völkerbund)", "누진세"를 통한 "중산층의 점진적 창출", "미래를 희생하는 약탈" 또는 "하나의 우둔성"으로서의 "노동자의 착취"에 대한 비판 등도[112] 모두 다 대전쟁과 약자·영락자·타락 인종들의 섬멸·근절을 수반하며 초인적 철인총통과 지배 인종의 양성을 준비하는 평준화 과정 또는 이들의 전후 지배 단계로 읽어야 할 것이다. 『인간적인 것, 너무나 인간적인 것』의 단계에서도 대전쟁을 환호하며 이 대전쟁의 필수불가결성을 말하고 있기 때문이다. 또한 니체가 바라는 민주주의는 진짜 부자들뿐만 아니라 무산자계급과 그들의 정당들까지 몽땅 제거하는 이

---

110) Nietzsche, *Menschliches, Allzumenschliches*. Erster Band [1878]. Nr.477(321-322쪽).

111) Hennig Ottmann, *Philosophie und Politik bei Nietzsche* (Berlin/New York: Walter de Gruyter & Co, 1987), 127쪽.

112) Nietzsche, *Der Wanderer und sein Schatten*. Nr.281 (314쪽), Nr. 285 (319쪽: 노고 없는 치부와 갑작스런 치부 저지, 소자산 형성 개방), Nr.286 (320쪽: 노동착취 비판), Nr.292 (322쪽: 누진세·중산층창출, 유럽국제연합).

상한 민주주의이기 때문이다.

- 민주주의는 가능한 한 많은 이들에게 의견의 독립성, 생활양식의 독립성, 생계 활동의 독립성 등 독립성을 창출하고 보장해 줄 것이다. 이를 위해서는 허용되지 않는 두 인간 계급들로서의 무산자와 진정한 부자들로부터 정치적 투표권을 박탈할 필요가 있다. 민주주의는 이들의 제거를 위해 끊임없이 작용해야 한다. 이 계급들은 민주주의의 과업을 거듭거듭 의문에 빠뜨리기 때문이다. 마찬가지로 민주주의는 항상 정당의 조직화를 목표로 삼는 모든 것을 저지해야 한다. 저 3중적 의미에서의 독립성의 큰 적은 무산자·부자·정당이기 때문이다. 나는 앞으로 올 것으로서의 민주주의를 말하고 있다.[113]

니체의 철학은 그의 탈형이상학·생물학주의·자연주의·인종주의 때문에 언뜻 보면 서양철학 중 플라톤·아리스토텔레스의 지성 우월주의와 가장 거리가 먼 외양을 취하고 있다. 그러나 결론적으로 말하면, 니체의 정통 파시즘 정치철학은, 어떤 철학보다 더 현란하게 반反플라톤적·반기독교적 가치 전복을 위해 몸부림칠지라도, '지식을 위한 지식' 추구 또는 지적 희열만을 위해 사고하는 아리스토텔레스의 무제한적 지성주의와 결합된 지성 우월주의적 플라톤주의의 '가장 사악한 현대적 버전'이라는 것이다.[114] 지성우월주의를 "과학적 인종주의"로 추구한 니체의 정치철학은 그 자체가 나치즘·파시즘 이데올로기다. 니체와 히틀러, 니체의 '과학적 인종주의' 정치철학과 나치즘 사이에 차이가 있다면, 그것은 유대인을 절멸시키는 전략상의 차이뿐이다. 니체의 전략은 유대인을 우월한 인종

---

113) Nietzsche, *Der Wanderer und sein Schatten*. Nr.293 (325쪽).
114) 결한 니체 옹호자 오트만도 니체철학을 "현대화된 플라톤주의"도 인정한다. 참조: Ottmann, *Philosophie und Politik bei Nietzsche*, 147-150, 276-281쪽.

으로 보고 독일인과 혼합하여 독립 인종으로서 절멸시키는 것이고, 히틀러는 유대인을 열등한 인종으로 몰아 물리적으로 제거하는 것이었다.

니체의 전략은 유대 인종을 수천 년 유지시켜온 유대교를 '안락사'시킴으로써 유대 인종을 절멸시키려고 한 칸트의 전략과 유사하다. 칸트는 유대인을 유럽 사회의 뱀파이어로 보고 "유대교의 안락사"를 통해 유대 인종의 소멸을 의도했다. 칸트는 유대인들을 "사기꾼 민족"이라 부르고 유대교를 "고대적 미신"으로 비하했다.[115] 그리고 칸트는 어떤 전언에 의하면 유대인을 이렇게 '사회의 뱀파이어'로 비하했다고 한다. "유대인은 유대인이고, 할례를 받는 한 그들은 시민사회 안에서 결코 해로운 것보다 더 유용해지지 않을 것이다. 이제 그들은 사회 안에서 뱀파이어다."[116] 칸트는 유대인과 유대교를 이렇게 흑칠한 다음 최후의 저서 『학부들의 갈등(Der Streit der Facultäten)』에서 이들을 조용히 없애기 위해 유대교를 기독교 속으로 흡수하는 '유대교의 안락사'를 요청한다. "유대교의 안락사(Euthanasie des Judenthums)는 모든 옛 정관의 가르침을 떠난 순수한 도덕적 종교다. 하지만 이 정관의 가르침 중 몇 가지는 (메시아 종교로서의) 기독교 안에 남아있어야 할 것이다. 그러나 그러한 종파 구분도 마침내 사라져야 하고, 그리하여 지상에서 일어난 종교 변경의 거대한 드라마의 결정이라 부르는 것(만물의 반환)이 적어도 정신 속에서 일어난다. 왜냐하면 이제 한 명의 목자와 한 무리의 양떼만 존재하기 때문이다."[117] 칸트는 유대인들을 기독교 속으로 동화시키려고 "유대교의 안락사"를

---

115) Immanuel Kant, *Anthropologie in pragmatischer Hinsicht* [1798], B130 Amerkung(517-518쪽). *Kant Werke*, Bd.10 (Darmstadt: Wissenschaftliche Buchgesellschaft, 1983).

116) Walter Kaufmann, *Goethe, Kant, and Hegel: Discovering the Mind*, with a new introduction by. Ivan Soll, vol.1 (New Brunswick, NJ: Transaction; Cambridge: Cambridge University Press, 2009), 124쪽.

117) Immanuel Kant, *Der Streit der Facultäten*, A81쪽. Kant Werke, Bd.9 (Darmstadt: Wissenschaftliche Buchgesellschaft, 1983).

획책한 것이다. 유대교의 해체는 유대민족의 소멸이기 때문이다. '유대교의 안락사'는 곧 '유대민족의 소멸'이다. 유대인을 독일인과 혼인시켜 유대 인종을 거대한 독일 민족으로 동화시켜 유대민족을 소멸시키려는 니체의 전략은 칸트의 "유대교의 안락사" 조치와 흡사하다. 니체는 유대 인종의 해체와 유럽 지배 인종의 육성을 독일인과 유대인의 인종 혼합으로 달성하려는 칸트주의적 전략을 취한 셈이다. 반면, 히틀러는 칸트의 '유대교의 안락사' 요청을 '유대인의 안락사'의 '최종 해법(Endlösung)'으로 변경하여 유대인을 유럽에서 싹 다 없애버리고 순수한 게르만·아리안 인종을 유럽의 지배 인종으로 만든 초超칸트주의적 전략을 취했다.

그런데 '유대인의 안락사'로서의 히틀러의 '최종 해법'은 전 세계 파시즘 안에서도 예외 사례였다. 20세기 초에 니체를 다투어 인용하며 각자의 이데올로기를 구축하던 유럽과 세계 각국의 파시즘 세력들 속에서 반유대주의는 결코 보편적 현상이 아니었기 때문이다. 헝가리·루마니아·독일의 나치즘·파시즘 안에서만 처음부터 반유대주의적 인종주의를 내포하고 있었다. 이탈리아에서 무솔리니는 일찍이 인종주의적 세계관을 대변했지만, 니체에 충실하게 반유대주의를 삼갔고, 반유대주의는 1936년부터야 히틀러의 강요에 의해 뒤늦게 도입했다. 심지어 스페인의 팔랑헤주의자들에게서는 십자군원정 정서 때문에 애당초 반유대주의는 나타난 적이 없었다.[118] 하지만 니체와 히틀러의 궁극 목표는 공히 영락자·약자·잉여 인간·쓰레기·타락 인종의 절멸 및 철인총통과 지배 인종이 다스리는 인종주의적 유럽연방 국가의 수립인 점에서 완전히 일치했다.

---

118) Taureck, *Nietzsche und der Faschismus*, 27-28쪽.

제2절

동정심 매도와 초인의 정체:
사이코패스

2.1. 니체의 칸트주의적 동정심 매도와 불구자제거론

니체는 칸트의 도덕법칙적 의무도덕론에 대해 불만을 터트리며 도덕
법칙적 의무도덕을 제거하지만, 동정심 매도와 불구자제거론을 펴면서
는 오히려 칸트를 응원군으로 활용한다. 니체는 1880년 『방랑자와 그의
그림자』에서부터 이미 동정심 매도의 첫발을 내딛었다. 이 책의 "무절제
한 자들의 입에서 언급되는 동정심의 도덕"이라는 소제목 아래 그는 이
런 망언들을 쏟아 놓는다.

● 도덕성을 (⋯) 항구적 자제와 극기로 알지 못하는 모든 이들은 본의 아
  니게 선량한 동정적·인애적 충동, 즉 저 본능적 도덕성의 예찬자들이
  되는데, 이들은 머리가 없고 단지 가슴과 돕는 손들로만 된 것으로 보

인다.[119]

그러면서 니체는 칸트의 합리론적 도덕형이상학의 관점에서 "이성의 도덕성을 의심하고 저 다른 도덕성을 유일한 도덕성으로 만드는 것이 그들의 관심인 것이다"라고 동정적 사람들을 비웃는다.[120] 그리고 "동정심을 표명하는 것은 누군가에게 동정심이 표해지자마자 이 사람이 '두려움'의 대상이기를 그쳤기 때문에 경멸의 표시로 느껴진다"고 덧붙인다.[121] 니체는 이 사이코패스적 동정심 매도에서 자신이 '허무주의적 데카당스 철학자'로 비난한 칸트와 벗한 것이다.

『차라투스트라는 이렇게 말했다』(1883)에서도 니체는 도덕의 한 단초인 '동정심'을 어디서 본 듯한 논법으로 이렇게 부드럽게, 그러나 이렇게 통 크게 매도한다.

● 진실로 나는 그들을, 동정 속에서 행복해하는 마음 따뜻한 사람들을 좋아하지 않는다. 그들은 너무 수치심이 없다. 나는 동정해야 하더라도 나는 동정하는 자라 불리고 싶지 않다. 내가 동정한다면, 기꺼이 멀리서 그러고 싶다. 나는 내가 인지되기 전에 머리를 감싸고 그곳으로부터 도망가고 싶다. 그리고 나는 너희들에게 그렇게 하라고 명한다. 나의 벗들이여! (…) 이런 까닭에 나는 고통받는 자를 도와준 손을 씻는다. 이 때문에 나는 영혼도 씻어낸다. 왜냐하면 나는 내가 고통받는 자를 고통스럽게 보았다는 사실을 그의 수치심으로 인해 수치스러워하기 때문이다. 내가 그를 도왔을 때, 나는 그의 자부심에 가혹한 폭행을 가했다. 큰 은혜는 감사함이 아니라 복수심을 불러일으킨다. 작은 자

---

119) Nietzsche, *Der Wanderer und sein Schatten* [1880], §45.
120) Nietzsche, *Der Wanderer und sein Schatten* [1880], §50.
121) Nietzsche, *Der Wanderer und sein Schatten*, §50.

선이 잊히지 않는다면, 그것은 갉는 벌레가 된다. 나는 "받는 것에 시치미 떼라! 이로써 너희들이 받는다는 사실을 눈에 띄지 않게 하라"고 줄 것이 없는 자들에게 조언한다. 그러나 나는 기부자다. 나는 기꺼이 친구로서 친구들에게 기부한다. 그러나 낯선 자들과 가난한 자들은 나의 나무에서 손수 열매를 따가도 된다. 그러면 이것은 덜 수치스럽게 할 것이다. 그러나 거지를 완전히 폐지해야 한다. 참으로 사람들은 거지들에게 주어도 화나고 그들에게 주지 않아도 화난다.[122]

소소한 인간관계에서 도움이 그리 필요치 않거나 도움을 원치 않는 사람을 동정심에서 도와주면 자존심을 상해하는 것은 사실이다. 니체도 칸트처럼 걸인들에게 동정을 베푸는 것을 싫어한다. 그러나 그는 동정과 도움을 받는 것을 "수치스러워"하거나 "자부심" 타령을 할 겨를이 없이 진정으로 남의 도움을 간절히 갈구하는 사활적 곤경에 처한 사람들(사고당한 사람, 부상자, 기민飢民, 극빈자, 추락·영락·절명·피살·아사 위기에 처한 사람들 등)을 알지 못하는 것 같다. 그렇기 때문에 그는 저런 소소한 심사에 대해 쓸데없는 말을 부질없이 늘어놓고 있는 것이다. 이런 니체가 "나는 동정해야 하더라도 나는 동정하는 자로 불리고 싶지 않다"느니, "나는 기꺼이 친구로서 친구들에게 기부한다"느니, "낯선 자들과 가난한 자들은 나의 나무에서 손수 열매를 따가도록" 한다느니 하는 인자仁者를 가장假裝하는 말들은 전혀 신뢰할 수 없다. 그의 저 친절한 말들은 "마음 따뜻한 사람들을 좋아하지 않는다"는 말, 잊히지 않는 "작은 자선은 갉는 벌레가 된다"는 말, 정작 도움을 간절히 원하는 "거지를 완전히 폐지해야 한다"는 말 때문에 신뢰할 수 없는 거짓인 것이다. 거지에 대한 적대감은 칸트도 니체 못지않았다.

---

122) Nietzsche, *Also sprach Zarathustra* (1883), 109-110쪽.

니체는『차라투스트라는 이렇게 말했다』에서 동정적 도움을 간절히 필요로 하는 사람의 심정을 전혀 고려치 않는 "큰 사랑"의 이름으로 동정심을 전적으로 부정하고 동정하는 자를 저주한다.

- 모든 큰 사랑은 이렇게 말한다. "큰 사랑은 용서와 동정심도 극복한다." 사람들은 자신의 마음을 꽉 붙잡아야 한다. 마음을 그냥 두면 얼마나 빨리 사람의 머리를 파고들어 가겠는가! 동정자들에게서보다 더 큰 우행이 벌어지는 곳이 세상 어디에 있겠는가? 그리고 세상에서 무엇이 동정자의 우행보다 더 큰 고통을 야기하겠는가? 동정심 위에 있는 높은 위치를 갖지 않는 모든 사랑하는 자들에게 화 있을진저! 악마는 나에게 언젠가 이렇게 말했다. "신도 지옥이 있다. 그것은 인간에 대한 그의 사랑이다." 그리고 최근에 나는 그 악마가 "신은 죽었다. 인간들에 대한 그의 동정심 때문에 죽어버렸다"고 하는 말을 들었다. 그러므로 내게 동정심에 대해 경고하라. (…) 그러나 이 말을 새겨라. "모든 큰 사랑은 모든 동정보다 훨씬 위에 있다. 왜냐하면 큰 사랑은 사랑받는 자를 창조·창작하고 싶기 때문이다." 모든 창조자에게 이 말이 통한다. "나는 나 자신을 나의 사랑에 바치고 나와 같이 이웃도 바친다." 모든 창조자는 인정머리 없다.[123]

여기서 니체는 과대망상적 '큰 사랑'의 이름으로 동정심을 부정하고 동정심만 가진 "모든 사랑하는 자들"을 저주하기까지 하고 있다. 그리고 도움이 필요한 사람들에게 "큰 사랑"을 주는 대가로 이 사랑을 받는 자를 멋대로 "창조"하려고 한다. 그는 아담과 이브를 자신의 사랑을 받는 자로 창조하고 자기 자신과 함께 이들을 자신의 사랑에 바친 창조주 여호와의

---

123) Nietzsche, *Also sprach Zarathustra*, 111-112쪽.

흉내를 내면서 동시에 이 야호와보다 더 큰 사랑을 하려고 하고 있다. 여호와는 인간을 '내리사랑'하는 동정을 하다가 죽었는데, 차라투스트라 자신은 이 같은 작은 사랑(인간다운 동정)을 하지 않겠다는 것이다. 다른 인간을 제멋대로 만들려는 '큰 사랑' 대가로 동정심을 격하·저주·배격하는 이 모든 언설은 그대로 사이코패스적 궤변이다.

니체는 1885-1887년의 메모에서 동정심을 더욱 격하게 비난한다. 그의 이 비난들은 거의 다 칸트의 '동정심 매도'를 반복하고 있다.

● 동정심은 느낌의 낭비, 도덕적 건강을 해치는 기생충이다. "세계 속에 불행을 늘릴 의무는 있을 수 없다". 동정심에서 선행을 한다면, 본래적으로 남에게가 아니라 자기 자신에게 선행을 하는 것이다. 동정심은 준칙에 근거한 것이 아니라, 감정에 근거한 것이다. 그것은 병리적이다. 남의 고통이 우리에게 전염되는데, 동정심은 전염이다.[124]

"세계 속에 불행을 늘릴 의무는 있을 수 없다"는 구절은 우리가 칸트의 『덕성론의 형이상학적 시발 근거』의 한 구절이다. 이 글의 전체적 사고방식은 칸트의 동정심 매도와 적대의 재탕이다. 그러나 니체는 칸트처럼 동정심을 보편타당한 공적 도덕법칙으로 대체하기 위해서가 아니라, '선악의 피안', 아니 '인간적·도덕적 동정심의 피안'에서 자기가 자기를 위해 '발명'한 '큰 사랑'으로 동정심의 도덕감정을 대체한다.

1885-1887년의 이 메모보다 뒤에 쓰인 1888-1889년의 『안티크리스트(Der Antichrist)』에서 니체는 칸트의 견지에서 동정심을 비난하기 전에 칸트와 무관한 것처럼 칸트를 강도 높게 비판하는 제스처를 보인다. 그러

---

124) Friedrich Nietzsche, *Nachgelassene Fragmente. Herbst 1885 bis Herbst 1887*, 276쪽(7-4). G. Colli u. M. Montinari(Hg.), Nietzsche Werke, VIII-1 (Berlin/New York: Walter de Gruyter & Co, 1974).

나 비판은 목청만 크지 내용 없이 부실하고 그릇되다.

- 덕성은 '우리의' 발명품, '우리의' 가장 개인적인 정당방위이자 긴급
갈망이어야 한다. 이것 외의 어떤 의미에서든 덕성은 단지 위험에 지
나지 않는다. 우리의 생이 낳지 않은 것은 우리의 생에 해를 끼친다. 칸
트가 바랐던 것처럼 단순히 '덕성' 개념에 대한 존경 감정에서 생겨난
덕성은 해로운 것이다. '덕성', '의무', '선 자체', 비인격성과 보편 타당
성의 성격을 가진 선은 몰락, 생의 최종적 무력화, 쾨니히스베르크의
중국인 성향이 표현되는 망념들이다.[125]

중국인과 정면으로 상반되고 중국과 효도·충성 등 유교적 덕목을 맹
렬히 비난한 칸트를[126] 중국인과 등치시키는 니체의 '엽기적' 칸트 비판
은 실로 '가소롭기'까지 하다. 선은 본성적이지만 덕성은 오랜 습관적 체
득을 통해 후천적으로 얻어진다. 이 덕성은 "우리의 생이 낳지 않은 것"
임에도 "우리의 생에 해를 끼치는 것"이 아니라, "우리의 생"을 순조롭게
한다. 따라서 "우리의 생이 낳지 않은 것은 우리의 생에 해를 끼친다"는
니체의 주장은 그야말로 망언이다.

칸트의 덕성과 반대되는 덕성은 "누구나가 '자기의' 덕성, '자기의' 정
언명령을 스스로에게 발명한다"는 "가장 심오한 보존·성장 법칙"에 의해
마련된다. 이런 칸트 비판 속에서 니체는 덕성의 단초를 인간의 본성으로

---

125) Nietzsche, *Antichrist*, §11.
126) Immanuell Kant, *Physische Geogarphie* [Vorlesungs-Manuskripte zwischen
1756-1796]. Lee Eun-Jeong, *Anti-Europa: Die Geschichte der Rezeption
des Konfuzianismus und der konfuzialnischen Gesellscjaft seit der frühen
Aufklärung* (Münster: Lit Verlag, 2003), 270-271쪽; 다음 글들도 참조: 황태연, 『공
자철학과 서구 계몽주의의 기원』 (파주: 청계, 2019), 109-110쪽; Martin Schönfeld,
"From Socrates to Kant - The Question of Information Transfer", *Journal of
Chinese Philosophy* 67-69 (2006), 33쪽.

보는 것이 아니라, 덕성을 각자가 '발명'하는 것으로 거듭 말하고 있다. 이 덕성발명론의 사고방식은 이성에 의해 도덕을 '제정'하려고 한 칸트의 실천이성적 도덕 제정·입법론을 자기도 모르게 재탕하고 있는 것이다.

니체의 칸트 비판은 칸트 도덕론의 개념론적 추상성에만 초점이 맞춰져 있다. "한 백성은 자신의 의무를 의무 개념 일반과 혼동하면 몰락한다. '비인격적' 의무, 추상의 몰록(Moloch; 사람을 제물로 잡아먹는 페니키아 화신火神)보다 더 깊이, 더 내밀하게 파멸하는 것은 없을 것이다." 그런데 "사람들은 칸트의 정언명령을 '생에 위험한 것'으로 느끼지 않았다! 신학자적 본능만이 그를 보호했다. (그러나) 생의 본능이 강제하는 행위는 '바른' 행위라는 증명을 우리는 쾌락 속에서 얻는다." 하지만 "기독교리적 내장을 가진 저 허무주의자(칸트)는 쾌락을 '말썽(Einwand)'으로 이해했다".[127] 니체는 여기서 스스로 전도된 쾌락주의적 공리주의자의 자기모습을 드러내고 있다. 그는 "내적 필요 없이, 깊은 개인적 선택 없이, '쾌락' 없이 노동하는 것보다 더 신속하게 파괴하는 것이 있을까?"라고 자문한다. "그것은 바로 데카당스의 처방, 그 자체가 천치성의 처방이다". 이래서 결국 "칸트는 천치가 되어버렸다"는 것이다. 그는 "괴테의 동시대인이었음"에도 천치가 되고 만 것이다. 니체는 그런데도 "거미의 이 불운한 운명이 '독일' 철학자로 통했고, 아직도 통하고 있다"고 통탄해한다.[128]

이어서 니체는 독일철학의 도착적 타락상이 '프랑스혁명'을 '인간의 본성의 발현'으로 본 칸트로 대변된다는 괴기스런 명제를 내놓는다.

● 칸트가 프랑스혁명을 국가의 비유기적 형태로부터 유기적 형태로의 이행으로 여기지 않았던가? 그가 단연코 '인간성의 선善 성향'을 '증

---

127) Nietzsche, *Antichrist*, §11.
128) Nietzsche, *Antichrist*, §11.

명할' 정도로 인간성의 도덕적 자질을 통해서만 설명될 수 있는 어떤 사건이 있는지 묻지 않았던가? 칸트의 대답은 "그것은 혁명이다"다. 만물만사에서 일 처리를 잘못하는 본능, 본능으로서의 반反본성, 철학으로서의 독일적 데카당스, "이것이 칸트다"![129]

기독교의 원죄적 성악설을 신봉해 덕성을 '투쟁 속의 심지'로 규정했던 칸트가 이런 자문자답을 했는지 모를 일이지만, 만약 그가 이렇게 자문자답했다면, '혁명은 인간성의 도덕적 자질을 통해서만 설명될 수 있는 어떤 사건이다'라는 자답은 어찌 보면 그의 도덕 관련 언술 중에서 유일하게 옳은 말로 보인다. 그러나 기이하게도 니체는 이 대답을 '독일적 데카당스'의 표징으로 몰고 있다. 그야말로 엽기의 극치다!

니체는 상론했듯이 같은 책 『안티크리스트』에서 제멋대로 '선善'을, 모든 균형과 조화(중도와 중화)를 깨부수는 '더 많은 권력에의 의지'로, '전쟁에의 의지'로 정의한다. 그리고 이런 선 개념을 전제로 "만족이 아니라 더 많은 권력, 평화 일반이 아니라 전쟁, 덕성(Tugend)이 아니라 유능(르네상스 스타일의 덕성 virtù, 도덕 없는 덕성)"을 "행복"으로 규정하고 천부적 도덕감정 "동정심"과, 이를 대변하는 기독교를 같이 매도하면서 소크라테스와 플라톤처럼 허약자와 불구자들의 제거를 요구한다. "허약한 자들과 불구자들은 몰락해야 한다. 이것이 '우리의' 인간애의 첫 번째 명제다. 그리고 그들이 몰락하도록 도와야 한다. 그 어떤 악덕보다도 더 해로운 것은 무엇일까? 그것은 불구자들과 허약한 자들에 대한 동정의 행동, 즉 기독교다.[130]

찰스 다윈은 "미개인들은 허약자들을 제거하는 반면, 우리 문명인들

---

129) Nietzsche, *Antichrist*, §11.
130) Nietzsche, *Antichrist*, §2.

은 제거 과정을 억제하기 위해 우리의 최선을 다한다"고 말한다.[131] 니체는 유럽의 19세기 문명인들을 미개인으로 퇴락시키고자 궤변을 떨어대고 있다. 그리고 니체는 "권력에의 의지", 즉 권력욕이라는 단순한 욕망을 제멋대로 '선'으로 전도시키고, 권력의 무한 증대와 "전쟁" 범죄를 '행복'으로 전도시키고, 윤리적 Virtue(덕)의 개념도 비윤리적 권력으로 전도시킨다. "덕성이 아니라 유능이 행복이다"고 하면서 "르네상스 스타일의 덕성 virtù"을 말한다. 라틴어 'virtù'는 원래 비윤리적 힘(권력), 또는 능력을 뜻하기 때문에 독일어 Tugend(덕성)도 싸잡아 "도덕 없는 덕성"으로 전도시키고 있다. 라틴어 'virtù'가 고대 그리스어 '아레테($\alpha\rho\epsilon\tau\acute{\eta}$)'나 한자 '덕德'도 '무덕武德'이나 '학덕學德'처럼 비윤리적·비도덕적 탁월성의 뜻으로도 쓰이는 것을 '악용'한 것이다. 이런 사악한 궤변의 최종적 결론은 "허약한 자들과 불구자들"의 "몰락"을 "도와야 한다"는 것, 즉 모든 심신 허약자와 신체적·지적 장애인의 플라톤적·우생학적 제거다. 이와 반대로 하는 것은 기독교다!

니체의 스승 쇼펜하우어에 의하면, 기독교 속에 등장하는 사랑 또는 동정심은 그 기원을 아시아 정신에 두고 있다. 따라서 '더 많은 권력에의 의지'라는 '악마적 선'의 관점에서 기독교를 동정심 때문에 비판한다면, 그것은 아시아 정신에 대한 비판이다. 이 비판은 당연히 루소의 동정심, 유교적 '인仁', 불교적 자비심을 도덕의 단초로 신봉한 불자佛者 쇼펜하우어에 대한 비판으로 이어진다.

● 사람들은 기독교를 동정심의 종교라고 부른다. 동정심은 생명감의 기운을 높이는 강장強壯한 감정들과 대립한다. 그것은 침울하게 작용한

---

131) Charles Darwin, *The Descent of Man, and Selection in Relation to Sex* [1871·1874] (London: John Murray, 2nd edition 1874), 133쪽.

다. 사람들은 동정하면 힘을 잃는다. 동정으로 인해, 고통이 이미 생에 즉자적으로 초래하는 힘의 상실은 배가되고 다각화된다. 고통 자체는 동정 작용에 의해 전염성을 띠게 된다. 사정에 따라서는 동정으로써 생과 생기의 총체적 상실이 일어날 수도 있고, 이 상실은 원인의 양에 대해 황당한 비례를 보인다(나자레파 화가들의 죽음). 이것이 첫 번째 시각이다. 그러나 더 중요한 시각이 하나 더 있다. 동정심을 그것이 통상 산출하는 반응들의 가치에 따라 측정한다고 가정하면, 동정심의 '생에 위험한' 성격은 훨씬 더 밝은 빛 속에서 드러난다. 동정은 대체적으로 '선택'의 법칙인 진화의 법칙을 상쇄시킨다. 동정은 몰락에 다다른 것을 보존하고 생의 폐적자/廢嫡者와 죽음을 선고받은 자를 보호하고, 동정심이 꽉 붙들고 살아있게 하는 온갖 불구자들이 가득해서 생 자체에 암울하고 미심쩍은 관점을 제공한다. 사람들은 감히 동정심을 하나의 덕목이라고 부른다. (어떤 '탁절한' 도덕에서든 동정심은 허약성으로 통한다.) 사람들은 더 나아가 동정심을 덕성으로, 모든 덕목의 토대와 출처로 만들었다.[132]

대가 없이 약자를 돕는 인간의 동정심은 선택의 진화 법칙을 "상쇄시키는" 것이 아니라, 자연·인간 선택의 법칙에 따른 30만 년의 진화 과정을 통해 형성된 DNA다. 그러나 이에 대해 전혀 아는 게 없는 '무식한' 니체는 다윈의 진화론에 대한 얄팍한 이해 속에서 동정심을 "대체적으로 '선택'의 법칙인 진화의 법칙을 상쇄시키는" 요소라고 반대로 말하고 있다. 그리고 동정심으로 창설되는 연대 의식과 연대적 즐거움 속에서 고통을 견디고 끝내 극복한다는 것, 그리고 자기의 존재 자체를 끝장낼 정도로까지 동정심을 베푸는 살신성인의 인간들, 애국애족의 고귀한 동포

132) Nietzsche, *Antichrist*, §7 (171쪽).

애 속에서 자신의 생명까지도 던지는 사람들이 성인과 영웅이 아니더라도 대중적으로 존재함으로써 종족과 부족, 민족과 인류가 번영해 왔다는 사실을 몰각하는 니체의 칸트주의적 동정심 매도와 소크라테스적·플라톤적 장애인제거론은 굳이 비판할 가치가 없다. 니체는 진화른의 창시자 다윈이 『종의 기원』보다 몇 배 두꺼운 책 『인간의 유래(*The Descent of Man*)』(1871)에서 "우리 본성의 가장 고귀한 부분"으로 취급한 동정심에 대한 그의 논변을 읽지도 않고 엉터리 '진화의 이념'을 그야말로 무식하게 '작화作話'하고 있다.

1859년의 『종의 기원』보다 3-4배 더 두꺼운 저작 『인간의 유래』(1871)에서 다윈은 "동정이 선택의 법칙인 진화의 법칙을 상쇄시킨다"는 '사이코 안다니' 니체의 사고방식을 선취적으로 완전히 분쇄하고 있다.

● 원시적 인간, 또는 유인원 같은 인간 조상은 사회적이 되기 위해 (…) 자기들이 얼마간의 사랑을 느꼈을 동료들과 분리되면 상심하게 느끼고, 서로에 대해 위험을 경고해 주었을 것이고, 공격과 방어에서 상호부조를 주었을 것이다. 이 모든 것은 얼마만 한 정도의 동정심, 충성심, 용기를 포함한다. 이러한 사회적 자질들은 – 하등동물들에게 이 자질들의 중요성은 아무도 논란하지 않는바 – 의심할 바 없이 인간 조상들에 의해 유사한 방식으로, 즉 유전된 습관의 도움을 받은 자연선택에 의해 획득되었다. 원시적 인간의 두 부족이 동일한 고장에 살며 경쟁에 들어갔을 때, 한 부족이 언제나 서로에 대해 위험을 경고해 주고 서로를 돕고 방어할 태세가 되어 있는 용기 있고 동정적이고 충성스런 구성원들의 수를 더 많이 포함하고 있다면, 이 부족은 의심할 바 없이 가장 잘 성공해 다른 부족을 정복할 것이다. (…) 위의 자질들을 높은 정도로 보유하는 부족은 확산되고 다른 부족들에 대해 개선凱旋

할 것이다.[133]

　다윈은 동정심이라는 사회적 도덕감정을 충성심과 함께 '집단 진화' 차원에서 숙고함으로써 동정심이라는 사회적 자질을 더 많이 갖춘 부족이 진화론적으로 동정적이지 않은 부족에 비해 적응성이 높고 우월한 유전자를 가지게 된다고 논증하고 있다. 개체의 자연선택에만 집착하는 '옹졸한' 진화생물학자들이 한때 '집단선택'에 대한 다윈의 이 설명을 다윈의 애석한 실수로 간주했을지라도,[134] 최근의 연구들은 다윈이 옳았음을 증명하고 있다.[135] 자연선택이 집단 안에서 다른 개체들에 대해 이타적 개체들을 이롭게 하도록 작용하듯이, 집단 간에도 자연선택은 다른 집단들에 대해 이타주의자들이 더 많은 집단을 더 이롭게 하도록 작용하는 것이다. 집단선택은 집단들 간의 자연선택이 집단 내에서의 자연선택보다 더 치열한 그런 상황에서 일어난다. 이런 경우에 집단들 자체가 진화적 '복제자들'인 유전자들의 진화적 '운반수단'일 수 있다.[136] 대부분의 인간 진화 역사를 관통해 인간은 거대(초대형) 동물 수렵 집단 안에서 살았고, 거대 동물 수렵은 집단 안에서 평등주의적 협동심과 사냥한 고기의 평등주의적 분배를 강제해서 유전자화했다. 그리하여 집단의 이익과 배치되는 이기적 이익을 위해 행동한 개체들은 처벌로 배척되었다. 이런 상황에서 자연선택은 개체들이 다른 집단들과의 경쟁에서 자기 집단의 복리를

---

133) Darwin, *The Descent of Man*, 129-130쪽.
134) 가령 이런 학자들을 참조: George C. Williams, *Adaptation and Natural Selection* (Princeton: Princeton University Press, 1966); Richard Dawkins, *The Selfish Gene* (Oxford: Oxford University Press, 1976).
135) 가령 참조: Irenäus Eibl-Eibesfeldt, *Human Ethology* (New York: De Gruyter, 1989); Elliott Sober, *Philosophy of Biology* (Boulder: Westview Press, 1993); David S. Wilson & Elliott Sober, "Reintroducing Group Selection to the Human Behavioral Sciences", *Behavioral and Brain Sciences* 17 (1994) [585-654쪽].
136) Eibl-Eibesfeldt, *Human Ethology*, 90-103쪽; Elliott Sober, *Philosophy of Biology*, 88-117쪽.

위해 행동하고 싶어 할 협동적 자질을 촉진하도록 집단 차원에서 작용한 다.[137]

오늘날 오히려 더 구체적으로 입증되는 이 '집단적 자연선택'의 진화에 이어 다윈은 동정적 인간들이 '개체 진화'의 차원에서도 사회적 적응성을 획득한다는 논변을 이어간다. 일단 그가 수사적으로 자문한 물음은 "동 일한 부족의 경계 안에서 대다수의 구성원이 어떻게 처음에 이 사회적·도 덕적 자질을 부여받게 될까?", 그리고 "탁월성의 기준이 어떻게 제고되 었는가?"다. "보다 동정적이고 보다 인애로운 부모의 새끼나 자기의 전 우들에게 가장 충직한 사람들의 새끼가 동일한 부족에 속한 이기적이고 배반적인 부모들의 자식들보다 더 큰 수로 키워질지 극히 의심스럽다"는 것이다. 많은 미개인이 그렇듯이, 자신의 동료를 배반하기보다 자신의 생 명을 희생할 각오가 된 사람은 종종 그의 고귀한 성질을 유전 받을 새끼 를 전혀 남기지 못할 것이기 때문이다. 전쟁 중에 언제나 맨 앞으로 나가 려고 할 가장 용감한 사람들은 평균적으로 다른 사람들보다 더 큰 수가 소멸될 것이다. 그러므로 이러한 덕목들을 품부 받은 사람들의 수나, 그 들의 탁월성의 기준이 "자연선택"에 의해, 즉 "적자생존"에 의해 "상승 된다"는 것은 "거의 개연성이 없어 보인다". 왜냐하면 우리는 "여기서 저 부족에 대한 이 부족의 승리에 대해 말하고 있는 것이 아니라", '개체 진 화'를 말하고 있기 때문이다. 이런 자문自問에 대한 다윈의 자답을 들어 보자.

- 동일한 부족 내에서 이렇게 재능을 부여받은 사람들의 수가 증가하게 되는 상황이 너무 복잡해 명확하게 따라갈 수 없을지라도, 으리는 몇

---

137) Larry Arnhart, *Darwinian Natural Right: the Biological Ethics of Human Nature* (Albany, NY: State University of New York Press, 1998), 77쪽.

몇 개연적 단계를 추적할 수 있다. 첫째, 구성원들의 추리력과 예견력이 향상되는 만큼, 각 인간은 곧 그가 그의 동료 인간들을 돕는다면 그가 보통 도움을 다시 받을 것이라는 사실을 경험으로부터 곧 알게 될 것이다. 이 저급한 동기로부터 그는 그의 동료를 돕는 습관을 획득하게 되고, 인애행위를 수행하는 습관은 확실히, 인애 행위에 첫 충동을 주는 동정심의 느낌들을 강화해 준다. 더구나 습관은 여러 세대에 의해 추종되면서 유전되는 경향이 있다. 그러나 사회적 덕성들의 발전에 대한 훨씬 더 강력한 또 다른 자극, 즉 우리의 동료 인간들의 칭찬과 비난이 있다. 동조감의 애호와 악평의 두려움만이 아니라 칭찬과 비난의 부여는 (…) 일차적으로 공감 본능에 기인한다. 그리고 이 공감 본능은 의심할 바 없이 원천적으로 다른 모든 사회적 본능처럼 자연선택을 통해 획득되었다. (…) 개들도 격려와 칭찬과 비난을 인식하는 것으로 보인다. 가장 조야한 미개인들은 용맹의 트로피를 보관함으로써, 지나치게 뽐내는 습관에 의해, 그리고 심지어 본인의 외양과 장식을 배려하는 극단적 관심에 의해서도 보여주듯이 영광의 감정을 느낀다. 왜냐하면 그들이 동료들의 의견을 중시하지 않는다면, 이러한 습관은 무의미하기 때문이다. (…) 그러므로 우리는 아주 먼 시기에 원시적 인간은 그의 동료들의 칭찬과 비난에 의해 영향을 받았을 것이라고 결론지어도 된다. 같은 부족의 구성원들이 그들에게 일반 복리를 위한 것으로 보이는 행위에 대해 동조감을 표하고 악으로 보이는 행위를 비난할 것이라는 것은 명백하다.[138]

다윈은 동정심 많은 이타적 용자勇者의 개체 진화적 생존과 번창이 다시 공감, 동정심, 동조감(칭찬과 비난)에 의해 보장될 것이라고 자답하고

---

138) Darwin, *The Descent of Man*, 130-132쪽.

있다. 다윈의 이 자답은 "동정하는 자는 복이 있나니 그들이 동정을 받을 것이다"라는 예수의 말(마태 5:7)을 다시 생각나게 한다. 그러나 다윈의 이 대가적 설명은 대가를 기대하지 않고 무조건적으로 발동되는 인간의 보편적 동정심을 다 설명하지 못한다.

따라서 다윈의 저 설명은 약자와 불구자에 대한 동정심이 개체와 사회집단의 생존에 어떤 기여를 하는지에 대한 답으로 불충분하다. 그런데 다윈은 이 문제에 대해서도 답을 주려고 시도한다.

- 미개인들의 경우에 허약자들은 제거된다. (…) 반면, 우리 문명인들은 제거 과정을 억제하기 위해 우리의 최선을 다한다. 우리는 저능아, 불구자, 병자들을 위한 요양원들을 짓는다. 우리는 빈민구제법을 제도화하고, 우리의 의료인들은 모든 개개인의 생명을 구하기 위해 마지막 순간까지 최대한의 기술을 다 발휘한다. 백신이 허약체질로 인해 이전에 천연두로 쓰러졌을 수천 명을 살렸다고 믿을 만한 이유가 있다. 이와 같이 문명사회의 허약한 구성원들은 그들의 종자를 퍼트린다. 가축의 사육을 맡아본 어떤 사람도 이것이 인간의 종족에 고도로 해로움이 틀림없다는 것을 의심하지 않을 것이다. (…) 우리가 주도록 강요받는 것으로 느끼며 의지가지없는 무력자들에게 부여하는 도움은 주로 원천적으로 사회적 본능들의 일부로 얻어져서 그 뒤에 상술된 방법으로 더 애정어리게 만들어지고 더 널리 확산된 동정심 본능의 우연적 결과다. 또한 우리는 냉혹한 이성이 그토록 죄어친다고 해서 우리의 동정심을 억제하면 반드시 우리 본성의 가장 고귀한 부분을 악화시키게 될 것이다. 외과의사는 환자의 복리를 위해 행동하고 있음을 알기에 수술을 시술하는 동안 냉혹해져도 된다. 그러나 우리가 의도적으로 허약자들과 의지가지없는 무력자들을 버린다면, 그것은 단지 우연적 이익을

위한 것일 수 있을 뿐이고, 결국 확실하고 커다란 현재적 해악을 가져올 것이다. 따라서 우리는 살아남아서 그들 같은 종자를 퍼트리는 의심할 바 없이 나쁜 효과를 불평 없이 감내하는 것이다.[139]

다윈의 이 해명은 "우리 본성의 가장 고귀한 부분"인 동정심에 대한 설명으로서 불충분하게 느껴지고, 또 동정심이 마치 숙명인 양 읽힌다. 그리고 일관성이 없는 것 같기도 하다. 왜냐하면 가축 사육자들의 견지에서 동정심이 "인간의 종족에 고도로 해롭다"고 하면서도 이와 모순되게 "의도적으로 허약자들과 의지가지없는 무력자들을 버리는 것"은 "확실하고 커다란 현재적 해악을 가져올 것"이라고 말하고 있기 때문이다.

차라리 이런 설명이 더 나을 것이다. 4-5만 년 전까지 거대(초대형) 동물 수렵 시기에 유전자로 착근된 인간의 동정심은 대가나 대가에 대한 바람 없이 작동한다. 따라서 어리고 약한 것에 대한 인간의 동정심은 인간에 국한되지 않고 굶주리거나 다친 동물이나 동물 새끼들에까지 미치고, 심지어 한창 자라는 나무나 어린 새싹에까지 미친다. 그러나 인간이 동정심을 발휘하는 우선순위에서 인간은 동식물보다 먼저다. 그런데 인간은 누구나 현재적·잠재적 약자나 불구자(장애인)다. 왜냐하면 인간은 현재 대다수가 유아, 미성년자, 여성, 사회적 약자, 노약자, 부상자, 병자, 불구자이고, 또 그렇지 않은 인간도 언젠가 부상자, 병자, 불구자, 사회적 약자, 노약자가 될 운명과 위험 속에서 살고 있기 때문이다. 그런 까닭에 인간은 서로 대등하게 사랑하는 것을 넘어 제각기 약자로서 의식적·무의식적으로 서로를 동정하지 않을 수 없다. 사회는 근본적으로 현재적·잠재적 곤경과 위험에 대한 협력적 대처를 위해 현재적·잠재적 약자들을 상호 지원支援하는 동정적·모성애적 '복지' 조직이지 않을 수 없다. 나아가 사

---

139) Darwin, *The Descent of Man*, 133-134쪽.

회는 이 동정과 사랑의 서로 어울림과 공리적·유희적·예술적·드덕적 행위의 직조를 통해 잠재적 약자 일반의 '쾌락적·유희적·미학적·드덕적 즐거움'을 보장하고 증진하기 위한 모성애적 '행복' 조직이다. 그러므로 동정심은 신체적·사회적 '약자'이자 '사회적 존재자'로서의 '인간'의 본성이고, 현재적·잠재적 약자들이 모인 '사회'에 본질적으로 필요한 자질인 것이다. 따라서 목적론적 관점에서 보면, '사회는 약자들을 위한, 약자에 의한, 약자들의 조직'이고, 존재론적 관점에서 보면, 사회는 본질적으로 '동정을 위한, 동정에 의한, 동정의 조직', 환언하면 '사랑을 위한, 사랑에 의한, 사랑의 조직'인 것이다. 다윈은 "인간 조상이 사회적이 되기" 위해 "자기들이 얼마간의 사랑을 느꼈을 동료들과 분리되면 상심하게 느끼고, 서로에 대해 위험을 경고해 주었을 것이고, 공격과 방어에서 상호부조를 주는" 오랜 과정에서 "유전된 습관의 도움을 받은 자연선택"으로 획득한 "사회적 자질들"로서의 "얼마만 한 정도의 동정심, 충성심, 용기"를 갖췄다고 말하고 있다. 따라서 '동정적 인간'은 '사회적 인간'과 동의어다. 따라서 동정심의 제거는 인간의 제거와 동의어인 것이다.

　이것을 전제로 삼아 여기서부터 다윈을 살리는 방향으로 해석해 보자. 다윈은 '냉혹한 이성'으로 계산하면, 저능아·불구자·병자·빈자 등 약자들에 대한 구제는 '우연적 이익'의 관점에서 "인간의 종족에 고도로 해롭다"는 것은 의심할 바 없이 "틀림없다"고 하더라도, 니체가 '냉혹한 이성'에 따라 주장하듯이 '미개인들'처럼 동정심을 없애고 약자들을 제거하면, "반드시 우리 본성의 가장 고귀한 부분", 즉 사회적 본성을 "악화시키게 될 것"이라고 말한 것이다. "의도적으로 허약자들과 의지가지없는 무력자들을 버린다면", 이 짓이 전쟁터 같은 예외 상황에서라면 '우연적 이익'을 가져다줄지 몰라도 "결국" 인간 사회가 해체되는 "확실하고 커다란 현재적 해악"을 초래할 것이라고 논변한 것이다. (다윈이 동정심을 "우리 본성의 고귀한 부분"이라고 표현하면서도 동정심에서 부여하는 "도움"을 "널리 확산된 동정심의 본능의 우연적 결과"로 이해하는 것은 물론 자가당착이다.) '사회적 인간'이 '동정적 인간'과 동의어이고 '사회가 동정을 위한, 동정에 의한, 동정심의 조직'인 한에서, 동정심의 제거는 곧 인간 자체와 인간 사회의 동시적 제거 또는 해체를 뜻한다는 말이다. 다윈의 이 진화론적 판단은 흄의 이 논변으로 뒷받침된다. 흄은 말한다. "이 도덕성의 감정은 인간 정신을 질병이나 광기로 완전히 혼란시키지 않고는 이 감정을 뿌리 뽑거나 파괴하는 것이 불가능할 정도로 우리의 만듦새와 성정 속에 깊이 뿌리박고 있다."[140]

물론 다윈의 다른 논변에도 사실 기술에서 상당한 결함이 있다. "미개인들의 경우에 심신 허약자들은 제거된다"는 그의 말은 거의 완전히 그릇된 말이기 때문이다. 동족의 약자를 제거하는 일은 전시·기아 상태·흉년 같은 어려운 상황이 아니라면 '미개인들'도, 심지어 일부 동물들도 좀처럼 자행하지 않는다. 크로포트킨의 보고에 의하면, 어려운 시기에 유아살해나 노인 유기를 자행하는 일부 미개인 부류도 있지만 대부분의 미개인 종족들은 난국과 위기 상황에서도 노인·병자·부상자와 기타 약자들을 결코 유기하지 않고 끝까지 보호하고 보살펴준다. 또 공감과 동정심이 발달된 수많은 종류의 크고 작은 동물들도 부상당하거나 불구화된 동료를 버리지 않고 끝까지 돌봐준다.[141] 미개한 원시사회에서도 유아 살해가 결

---

140) David Hume, A Treatise of Human Nature, Book 3. *Of Morals*, edited by David Fate Norton and Mary J. Norton, with Editor's Introduction by David Fate Norton (Oxford·New York·Melbourne etc.: Oxford University Press, 2001·2007), 305쪽.

141) Pyotr A. Kropotkin, *Mutual Aid: A Factor of Evolution* (London: William Heinemann, 1902·1919), 72-82쪽(부상자·병자·노인을 절대로 버리지 않는 부시맨, 오스트리아 원주민, 파푸아족 등의 강한 인애심과 동정심). 그리고 45-46쪽(다양한 종의 원숭이들이 부상당한 동료를 끔찍하게 보살피고 동료의 사체를 되찾으려고 맹렬하게 노력하는 것 등), 51쪽(동물들의 동정심 사례: 족제비의 부상당한 동료 족제비 간호, 눈먼 사다새에 대한 동료 새의 부양), 51쪽 각주 1(눈먼 쥐에 대한 동료 쥐의 부

코 통상적인 것이 아니고 아주 드문 일이라는 것은 최근의 연구로도 재확인된다.[142]

따라서 더 폭넓게 보면, '동정심 많은 개체'의 진화적 적응성, 같은 말이지만 덕자德者의 생존 가능성은 다윈의 복잡한 방법보다 더 간단한 공맹의 논법으로 논증될 수 있을지도 모른다. 즉, "덕은 외롭지 않으니 반드시 이웃들이 있기(德不孤 必有鄰)"[143] 때문에 평시에 동정심 많은 자는 그렇지 않은 자들보다 벗이 더 많고 이성異性 상대자도 더 많을 것이다. 인자는 동정심이 많은 만큼 추종자·지지자·애인·붕우가 많고, 이어 따라 필연적으로 그에게 권력이 집중된다. 그리하여 동정심 많은 인자는 원치 않아도 적이 없어질 정도로 권력을 자기에 집중시킨다. "인자무적仁者無敵"![144] 그러므로 동정심 많은 인자는 아이를 만들 기회도 많고 그 자손의 생존율도 훨씬 높을 것이고, 이런 식으로 세대가 반복되면 동정심 많은 개체들의 인구가 다수를 이룰 것이다. 한편, 용감한 개체의 자손이 생존할 확률은 비겁한 개체의 자손이 생존할 확률보다 월등하게 높을 것이다. 왜냐하면 "사즉생死則生 생즉사生則死"의 실제 전장에서는 용자가 비겁자보다 생존율이 월등하게 더 높고, 따르는 졸병들이 많아 더 안전하기 때문이다. 따라서 "전쟁 중에 언제나 맨 앞으로 나가려고 할 가장 용감

양, 인디언 까마귀의 장님 까마귀 보살핌) 등.

142) 112개 전(前)산업 사회를 연구한 데일과 해리스의 연구에 의하면, 이 중 3분의 1의 사회(37개 사회)에서만 유아 살해가 '통상적'이었다. W. T. Divale & M. Harris, "Population, Warfare and the Male Supremacist Complex", *American Anthropologist* No. 78, 1976 [521-538쪽]. 그러나 이에 대해서도 제임스 윌슨은 "이 '통상적'이라는 단어는 정의되지 않았고, 또한 어떤 사람도 사회 안에서 유아 살해가 얼마나 많이 발생하는지를 알지 못한다"고 평하고 있다. James Q. Wilson, "The Moral Sense", *Presidential Address 1992 of American Political Science, American Political Science Review*, Vol. 87 (No.1 March 1993), 3쪽.

143) 『論語』「里仁」(4-25).

144) 『孟子』「梁惠王上」(1-5);「公孫丑上」(3-5);「離婁上」(7-7);「盡心下」(14-3);「盡心下」(14-4).

한 사람들은 평균적으로 다른 사람들보다 더 큰 수가 소멸될 것이다"라는 다윈의 추정은 그릇된 것이다. 또 용자는 평시에도 영웅으로 인기를 모을 것이기에 튼튼한 배우자들과 많은 자손을 얻을 확률이 훨씬 더 높을 것이다. 게다가 25만 년 전 거대 동물 수렵시대 이래 호모사피엔스사피엔스의 진화 과정에서 전쟁은 거의 예외 현상일 정도로 진화적 규정성이 없었다. 따라서 용기는 전장에서가 아니라 사냥터에서 쓰였다. 당연히 수렵 현장에서 용자는 더 큰 공을 세웠을 것이고 수렵 후 존경과 함께 풍족한 고기를 보상받았을 것이다. 당연히 이것은 용자의 진화적 적응성을 높였을 것이다. 이 설명이 아마 더 간단하고 사실적인 진화론적 설명이 아닌가?

2.2. 동정심 없는 '초인'과 사이코패스 도덕

니체가 반反동정심적 '권력의지의 반도덕'에서 찬미하는 '초인'은 하등 동물 수준의 단순감정과 인간 수준의 '냉혹한 이성'만 남기고 공감 능력과 동정심을 비롯한 모든 도덕적 공감 감정을 벗어던진 인간이다. 그런데 이 '냉혹한 이성을 가진 짐승'은 사이코패스적 '괴물' 또는 '악마'다. 니체는 '선악의 피안'에서, 아니 '동정심의 피안'에서 초연하게 자유분방한 삶을 구가하는 악마적 '초인', 즉 "인간도 아니고, 가장 가까운 이웃도 아니고, 가장 가난한 자도 아니고, 가장 고통받는 자도 아니고, 가장 훌륭한 자도 아닌 초인"을,[145] 즉 악마 같은 괴물을 "소인들(kleine Leute)"로 이루어진 "떼거리잡탕들(Pöbel-Mischmasch)"의 새로운 "지배자"로서, '죽은 신'을 대신할 "고차적 인간(höherer Mensch)"으로 꿈꾼다.[146] 한 마디

---

145) Nietzsche, *Also sprach Zarathustra*, 353쪽.
146) Nietzsche, *Also sprach Zarathustra*, 353-354쪽.

로, 니체는 "자연과 하나가 되어 정글의 야수처럼 자유롭고 싶은" 자신의 "이상"을 태연자약하게 고백하는 '사이코패스'의 욕망을 정열적으로 대변하는 '사이코패스 철학자'인 것이다.

니체는 '권력에의 의지', '전쟁에의 의지'로서의 '초인적 욕망과 사이코패스 도덕'을, 한편으로 쇼펜하우어의 약점을 파고듦으로써, 다른 한편으로는 아리스토텔레스의 비극 이론의 변조를 통해 정당화하려고 시도한다.

● 물론 동정을 모든 덕목의 토대와 출처로 만드는 것은 '생의 부정'을 그 간판에 써놓았던 허무주의 철학의 관점에서 항상 시야에서 놓치지 않아야 하는 것이다. 쇼펜하우어는 그럴 만한 권리가 있었다. 동정으로 생은 부정되고, '부정될 만한 가치가 있는 것'으로 만들어진다. 동정은 허무주의의 '실천'이다. 다시 말하면, 이 침울한 전염성 본능은 생의 보존과 가치 향상을 겨냥한 저 본능을 상쇄시킨다. 저 본능은 모든 궁핍의 '보존자'이자 궁핍의 '증폭자'로서 데카당스의 상승을 위한 주요 도구다. 동정은 '무'를 설복한다. (…) 그러나) 사람들은 "무"라고 말하지 않는다. 그 대신에 "피안"이나 "신", 또는 "'참된' 생", 또는 열반·구원·극락이라고 말한다. 종교적·도덕적 특이 성벽에서 나온 이 무구한 수사는 여기서 숭고한 단어들의 외투를 둘러싸고 있는 정조, 즉 '생에 적대적인' 정조를 파악한다면 즉각 훨씬 덜 무구한 것으로 현상한다. 쇼펜하우어는 생에 적대적이었다. '이런 까닭에' 그는 동정심을 덕성으로 만들었다.[147]

니체는 쇼펜하우어를 이렇게 제멋대로 처분하고, 아리스토텔레스는

---

147) Nietzsche, *Antichrist*, §7 (171쪽).

그의 비극을 동정심 유발 연극으로, 그리하여 비극의 카타르시스 기능을 '설사약'으로 격하시킨다.

- (…) 아리스토텔레스는 주지하다시피 동정심을 여기저기서 관장하제 灌腸下劑를 통해 처리해야 하는 위험한 병적 상태로 보았다. 그는 비극을 관장하제로 본 것이다. 생의 본능으로부터 사람들은 쇼펜하우어 (와 안타깝게도 상트페테르부르크에서 파리까지, 톨스토이에서 바그너까지의 우리의 전 문예·예술적 데카당스)의 경우가 묘사해 주는 바대로 동정심의 이러한 위험한 병적 부풂에 칼집을 내어 '터트리는' 어떤 수단을 행동 속에서 찾아야 할 것이다. (…) 우리의 불건전한 근대성의 한복판에서 기독교적 동정심보다 더 불건전한 것은 아무것도 없다. '여기서' 의사임, '여기서' 가차 없음, '여기서' 칼을 씀, 이것은 '우리'에게 속하고, 이것은 '우리' 종류의 인간애다. 그래서 '우리는' 철학자다, 그래서 우리는 햇볕과 풍요의 땅에 사는 사람들(Hyperboreer)이다.[148]

쇼펜하우어는 힌두이즘과 불교의 영향 아래서 생의 과정을 '고해苦海'로 보았다. 이 때문에 그의 철학은 언뜻 염세적이고 허무적인 것으로 보인다. 그리고 그가 동정심 또는 사랑을 성인적·영웅적 죽음의 헌신으로 끝나는 비이기적 희생으로 극화시킨 것도 사실이다. 그는 개체성의 자기 말살, 초극, '체념'을 통해 타자와 하나가 되는 '타자 속으로 흡수되는' 동일화 논리에 사로잡혔다. 그러나 공감과 도덕적 공감 감정은, 따라서 '동정심'도 자타 분리를 전제로 하기 때문에 개체화 원리를 무력화시키고 자기 말살 방식으로 자아와 타아를 일체화하는 쇼펜하우어의 형이상학적 동일화 요구를 충족시켜 줄 수도 없고, 충족시켜 줄 필요도 없다. 그러나

---

148) Nietzsche, *Antichrist*, §7 (171-172쪽).

동정심을 말하는 모든 철학이 다 이렇게 허무주의적 자기 말살과 체념을 추구하는 것이 아니기 때문에 니체의 정당화 논리에 문제가 있는 것이다. 상술했듯이 가령 루소만 하더라도 '자애심(amour-propre)'을 포기하거나 비하시키지 않으면서 이 '자애심'과 '동정심'의 교차·직조를 모든 도덕 원리의 원천으로 논변한다. 이것은 "상트페테르부르크에서 파리까지의" 문예·예술가들도 마찬가지였을 것이다. 이들까지 몽땅 쇼펜하우어와 동일시해 허무주의자로 모는 것은 논리의 '악마적' 비약일 것이다.

또한 『시학』에서 딱 한 번 등장하는, 비극의 '카타르시스', 즉 '정화淨化' 효과에 관한 아리스토텔레스의 언급은 동정심을 격하시키기는커녕 동정심을 격상시키는 언술이다. 아리스토텔레스는 비극이 비애의 미학적 묘사로 유발하는 동정심과 공포심을 통해 이 감정들과 기타 감정들에다 카타르시스 효과를 부여한다고 논변한다.

- 비극은 동정심과 공포심을 통해 이 비애 감정과 유사 감정들에다 카타르시스($\kappa\acute{\alpha}\theta\alpha\rho\sigma\iota\varsigma$)를 준다.[149]

아리스토텔레스는 우리가 비극에 의해 예술적으로 유발되는 동정심과 공포심으로부터 이 동정심과 공포심 자체를 카타르시스(정화) 할 수 있는 능력을 얻고, 이 예술적 카타르시스 작용에 의해 "동정심과 공포심을 느끼는 것"에서 "쾌락"을 얻는다고 말한다.[150] 그는 그 어디에서도 비극이 묘사하는 극중인물의 비애에 대한 관객의 미학적 "동정"을 "관장하제"를 통해 처리해야 하는 "위험한 병적 상태"로 본 적이 없다. 그리고 그

---

149) Aristotle, *Poetics*. Aristotle, *The Poetics, "Longinus" on the Sublime, Demetrius on Style* (Cambridge, Massachusetts: Harvard University Press, 1965), 1449b 6.2.
150) Aristotle, *Poetics*, 1449b 6.3.

는 비극을 '하제'로 본 것이 아니라, 미학적으로 성공적인 비극이 유발·고조시키는 두 전형적 감정(동정심과 공포심) 중의 하나인 '동정심'을 '정원淨源'으로 본 것이다. 또한 니체가 '관장하제(Purgativ)'로 잘못 옮긴 '카타르시스'는 소크라테스·플라톤의 3대 힌두·불교 용어 세트 '팔린게네시스($\pi\alpha\lambda\iota\nu\gamma\acute{\epsilon}\sigma\iota\varsigma$; 윤회), 뤼시스($\lambda\acute{\upsilon}\sigma\iota\varsigma$; 해탈), 카타르모스($\kappa\alpha\theta\alpha\rho\mu\acute{o}\varsigma$; 정화)와[151] 관련된 개념이다. 따라서 '카타르시스'는 방출용 '하제'가 아니라, 마음을 정결히 하는, 즉 자기의식을 청정하게 미화하는 '정화' 작용이다. 실제에서도 남의 슬픔에 대한 '동정'은 먼저 동정받는 사람에게 위로를 주어 비애를 견디는 데 도움을 주지만, 그 다음은 동정하는 사람의 마음을 '정화'시켜주는 '정원'이 되기도 한다. 정화는 이처럼 적절한 슬픔과 이에 대한 동정의 표출 시에도 주어지지만, 미학적으로 잘 만들어진 비극도 슬픈 신문 기사와 다른 '미적' 정화 효과를 준다. 따라서 예술적으로 잘 그려진 비극이 유발하는 극중 인물에 대한 관객의 동정심은 실제적 동정심과 마찬가지로 결코 하제를 통해 방출되어야 할 "위험한 병적 상태"가 아니라, '미적 정화의 원천', 즉 '미적 정원'이 되기도 한 것이다. 물론 슬픈 연극영화가 아무리 잘 만들어졌더라도 이 연극영화 속의 가공적 등장인물들은 관객으로부터 결코 실제로 동정적 위로와 도움을 받을 수 없다. 그러나 연극영화는 이 동정적 위로·도움 기능을 도외시하고 관객의 저 미적 정화의 기능을 증폭시킴으로써 관객의 마음을 '청정하게 미화'시켜 준다. 물론, 가령 처참한 죽음이나 참담한 패배의 비참함을 '절제의 미학' 속에서 어떤 높은 가치와 처절할 정도로 아름답게 연결시키는 데 실패한 비극은 슬픈 사건에 관한 정확한 뉴스 기사보다도 못하고, 카타르시스와

---

151) Platon, *Phaidon*, 70c, 71a-e, 72e-73a, 73c-76a, 82c, 83a-c. 윤회에 대해서는 다음도 참조: Platon, *Phaidros*, 245b-e, 246a-249d, 249d-251b; Platon, *Der Staat*, 611a-621d. 이에 대한 좋은 주석은 참조: C. J. Rowe (trans. and comment.), *Plato. Phaedrus* (Oxford: Oxbow Books, 1988), 174쪽.

미학적 즐거움(동정적 비장미)을 주기는커녕 우리를 짜증 나기 할 것이다. 그러나 슬픈 뉴스 기사보다 나은 아름다운 비극이 일으키는 어떤 동정심이든 '칼집'을 내어 방출시켜야 할 '위험한 병적 감정'이 아니라, '미적 카타르시스의 원천'일 것이다.

그러므로 니체는 쇼펜하우어의 약점을 파고듦으로써 '권력에의 의지'로서의 '초인적 사이코패스 도덕'을 정당화하려는 시도에도 실패했지만, 아리스토텔레스의 비극 이론의 변조를 통해 이 '사이코패스 도덕'을 정당화하려는 시도에도 실패했다.

제12장에서 분석한 바와 같이 인간의 고귀한 도덕감정인 동정심을 매도·배격하는 칸트는 동정심이 없거나 부족한 사이코패스형 인물이었다. 니체도 동정심이 없으면서도 이성 능력은 남다르게 비상한 사이코패스 같은 유형의 천재를 '초인'으로 추켜세우는 것에서 명확하게 드러나듯이 사이코패스였음이 틀림없다. 왜냐하면 니체 자신이 사이코패스가 아니라면 그토록 사이코패스와 동일한 인물을 식별해 내서 '초인'으로 격상시키고 싶은 마음이 일지 않았을 것이기 때문이다. 니체가 동정심을 보통 사람의 절반이라도 가지고 있는 사람들이었다면, 그들은 아마 동정심을 저렇게까지 무자비하게 짓밟지 않았을 것이다. 동정심에 대한 매도가 곧 자기에 대한 매도가 되었을 것이기 때문이다. 확신하는바, 니체는 공감 능력도, 동정심도 없는, 또는 동정적 감정에 큰 결함이나 하자가 있는 사람이었을 것이다.

주지하다시피 까마득히 더 먼 옛날에 공자는 사이코패스를 '불인자不仁者'라 부르고 그들의 집권을 막고 '안인자安仁者'를 치자로 삼아야 한다고 주장했고, 맹자는 "측은지심은 사람이 다 가지고 있는 바(惻隱之心人皆有之)",[152] "측은지심이 없으면 사람이 아니다(無惻隱之心 非人也)"라

---

152) 『孟子』 「告子上」(11-6).

고 갈파하고,[153] 공자처럼 '불인자'라 불렀다. 다윈은 동정심이 없는 인간을 "부자연스런 괴물"이라고[154] 천명했고, 쇼펜하우어는 "인간애라는 말이 종종 동정심의 동의어로 사용되는 것처럼, 사람들은 동정심을 결한 것 같은 사람을 비인간(Unmensch)이라 부른다"고[155] 단언했다. 공맹의 '불인자不仁者', 쇼펜하우어의 '비인간', 다윈의 '괴물'을 오늘날 '사이코패스'라 부른다. 니체는 국가덕성론에서 사랑(동정심)을 배제하고 허약자·장애자의 제거 및 우생학적 영아유기 살해를 기획한 플라톤을 계승해서 동정심을 더욱 분명하게, 더욱 격렬하게 공격하며 허약자와 불구자의 제거도 공공연하게 주장하는 사상적·합리적 잔학행위를 '감행'했다. 니체는 이것을 실행에 옮긴 무솔리니·히틀러 및 광적 추종자들과 더불어 이런 사이코패스 혐의를 충분히 받을 만하다.

니체의 사이코패스 혐의는 '사회적 인격장애 증세', 즉 사이코패시(psychopathy)에 대한 최근의 연구 보고들에 의해 더욱 강력하게 뒷받침된다. 공감 능력과 도덕감정을 결하지만 지능적으로 정상적이고 오히려 지능이 보통을 넘는 사이코패스들의 정신상태에 대한 '의학적' 소견과 '법적' 판단은 그들이 '멀쩡하다(sane)'는 것이다. 이들은 신경증이나 정신병을 앓는 사람들의 환각 증세를 전혀 보이지 않기 때문이다. 하지만 이들은 사랑·동정심·죄책감·수치심·후회와 같은 도덕적 공감 감정을 느끼지 못하고, 이런 까닭에 타인들의 고통에 대한 아무런 걱정도, 공감적 인지도 없이 타인들을 해치고, 다짜고짜 조종하려고 든다. 사이코패스들은 사회가 요구한다고 느낀 반응들을 관찰하고 그 자신에 의해 이 방향으로 합리적으로 프로그램된 '인간로봇'이다. 사이코패스는 도둑이 될 수도

---

153) 『孟子』「公孫丑上」(3-6).
154) Darwin, *The Descent of Man*, 112쪽.
155) Arthur Schopenhauer, Arthur, *Preisschrift über die Grundlage der Moral* [1841·개정판 1860], §17 (745쪽). Arthur Schopenhauer, *Kleine Schriften. Sämtliche Werke*, Bd.III (Frankfurt am Man: Suhrkamp, 1986).

있지만, 돈에 대한 강렬한 욕구는 없다. 수백 명의 여성을 유혹하지만, 어떤 여성에 대해서도 강렬한 욕구도 사랑도 보이지 않는다. '정신적 건강(saneness)'의 마스크 뒤에는 어떤 강렬한 욕구에 의해서도 동하지 않는 천박한 영혼이 들어앉아 있다.[156]

나중에 상론하겠지만, 니체가 이상화하는 육체 이성(큰 이성)의 초인은 정상인과 가까운 것이 아니라, 선천성·후천성 사이코패스와 가깝다는 사실과 함께 니체의 육체 이성적 도덕철학의 파탄성이 잘 드러난다. 정치철학자 래리 안하트(Larry Arnhart)는 사이코패스의 부도덕성을 '이성'의 결여가 아니라 동정심 같은 도덕감정의 결여에 기인한다고 단언한다. "칸트와 같은 철학자들은 도덕성이 어떤 감정이나 욕구로부터도 자유로운 보편 규칙들의 순수한 합리적 논리를 필요로 한다고 종종 주장한다. 사이코패스들은 이 주장이 참일 수 없다는 것을 보여준다. (…) 그들의 부도덕성은 추상적 이성의 결여로부터 생기는 것이 아니라, 그들의 감정 빈곤으로부터 생겨난다. 그들은 도덕적 행위를 지탱해 주는 – 동정심, 죄책감, 수치심과 같은 – 사회적 감정들을 결여하기 때문에 도덕적일 수 없는 것이다."[157] 안하트는 보통 사람들의 도덕성은 이성이 아니라 동정심·죄책감·수치심과 같은 도덕감정에 기인하고 사이코패스들의 부도덕성은 이성의 결여가 아니라 이런 도덕감정의 결여에 기인한다고 갈파하고 있다. 니체가 묘사한 반도덕적 '초인'은 거의 그대로 '사이코패스'의 복제인간이다.

---

156) Arnhart, *Darwinian Natural Right*, 215-216쪽.
157) Arnhart, *Darwinian Natural Right*, 229쪽.

제3절

사이코패스의
인종주의적 정의국가

3.1. 니체의 관점주의와 트라시마코스적 정의론

니체의 국가는 플라톤의 카스트적 정의국가와 홉스의 트라시마코스적 정의국가를 인종주의적으로 혼합한 인종카스트적·트라시마코스적·사이코패스적 정의국가다. 상론했듯이 니체의 선善은 강자의 권력의지이고, 그의 정의는 열등인종과의 교접과 혼인이 배제된 신성한 '지배적 카스트'로 등극한 우월한 인종의 이익이다. 니체의 국가론에서는 헤겔의 이성국가론과 지배민족론의 냄새도 난다. 다만 헤겔의 이성은 니체가 '작은 이성'이라 부르는 작은 두뇌의 '이지적 이성'인 반면, 니체의 이성은 그가 '큰 이성'이라 부르는 '육체 이성'일 따름이다. 그리고 니체의 "지배인종"은 헤겔의 "지배민족"의 인종카스트적 변형에 지나지 않는다.

해석학에서의 '해석(Deutung)'은 인간적 자아의 존재·행위·작품 등의

– 속성(qualities)이 아니라 – 의미(sense)를 이해할(verstehen) 뿐만 아니라 의미들의 연관을 분석해서 아는 것을 뜻한다. 인간적 '의미'를 대상으로 삼는 해석학의 이 '이해'와 '해석'은 사물의 '속성'을 알려는 인식(Erkennen)과 설명(Erklären)에 대한 대칭어다. 또 일상어적으로는 사실을 알기 쉽게 풀이한다는 뜻으로도 '해석'이라는 말을 사용한다. 그런데 이 해석학적 해석과 이 일상어적 해석 개념 외에 일부 학자들은 속되게 무엇인가를 어떤 '관점(Perspektive)'에서 설명한다는 뜻으로도 이 '해석'이라는 말을 쓴다. 니체의 '해석' 개념은 바로 이 속된 개념의 '해석'이다.

'관점'은 여러 가지가 있다. 가령 너나 나의 개인적 관점, 집단적 관점, 계급적 관점, 한 때 또는 한 곳에서, 아니면 한 언어권에서 통용되는 사고방식의 관점, 이론적 패러다임의 관점 등이 그것들이다. 이런 여러 관점 중에서 하나의 관점을 택해 이 관점에서 속성들의 연결을 인식하는 것을 니체는 '관점주의적 설명'이라 한다. 이 '관점주의적 설명'은 그릇된 설명이다. 그런데 저 속된 '해석' 개념의 견지에서는 이런 '관점주의적 설명'을 유일하게 타당한 '해석'으로 추켜세우며 그 관점주의적 설명의 진위나 시비에 대한 논란을 또 하나의 '관점주의'에 불과하다고 하여 이 진위·시비 논란들을 모조리 상대화시켜 봉쇄해 버린다.

'해석' 개념을 이런 천박한 관점주의적 설명의 뜻으로 가장 철저하게 오용한 철학자는 니체다. 그는 '관점'을 인간이 초월할 수 없는 지식의 본질로 여긴다. 그는 1885-1887년간에 쓴 단편 유고에서 이렇게 논단한다.

● 근본적 물음은 '관점적인 것은 본질에 속하는가?'와, 관찰 형식, 즉 '상이한 존재자 간의 관계에 지나지 않는가?'다. 이 관계들이 지각의 광학에 구속될 정도로 상이한 힘들의 관계 속에 들어 있는가? 이것은 모

든 존재가 '본질적으로' 지각하는 어떤 것이라면 가능할 것이다.[158)

　"모든 존재"를 무엇보다도 본질적으로 "지각하는" 존재로만 본다는 것은 쇼펜하우어처럼 존재 세계를 '표상으로서의 세계'로만 본다는 말이다. 쇼펜하우어처럼 세계를 표상으로만 간주하는 니체는 "관점"이란 단순히 "관찰 형식(상이한 존재자 간의 관계)"이 아니라, "본질에 속하는" 것, "지각의 광학에 구속될 정도로 상이한 힘들의 관계 속에 들어 있는 것"이라고 언명하고 있다. 즉, 그는 '관점'을 지식의 본질적 요소로 간주하는 관점주의를 옹호하고 있다. 그러나 인식론적·해석학적 차원에서 세계가 '표상으로서의 세계'일지라도 관점주의를 초월해 설명하고 해석할 수 있는 '경험과학적 객관성'을 확보할 가능성이 있다. 가령 다문다견의 관점, 다중의 관점, 아니 통시적·공시적·공론적으로 종합된 만인·만백성·전全인류의 관점들이 있을 수 있고, 그런 만큼 경험과학적 객관성의 확보 가능성이 존재하는 것이다. 그러나 니체는 이 과학적 객관성의 가능성을 언어유희로 없애버리는 '트릭'을 부리면서 관점주의를 수립하고 있다.

　언어 유희적 '트릭' 차원에서 니체는 모든 인식과 이해를 모조리 '관점주의적 해석'으로 일반화한다.

● '사실들만이 있을 뿐'이라는 투로 현상에 멈춰 서있는 실증주의에 맞서 나는 '아니다, 바로 그 사실이라는 것은 없고, 오직 해석들(Interpretationen)만이 있을 뿐'이라고 말하겠다. 우리는 어떤 사실 '자체'(Faktum 'an sich')도 확언할 수 없다. 아마 그러한 어떤 것을 바라는 것이 터무니없는 헛소리일 게다. 너희들은 '모든 것은 주관적이

---

158) Nietzsche, *Nachgelassene Fragmente. Herbst 1885 bis Herbst 1887*, 192쪽(5-11).

다'라고 말하지만, 그것도 이미 해석(Auslegung)이다. '주제'는 주어진 어떤 것이 아니라, 덧붙여 날조된 어떤 것, 그 뒤에 숨겨진 어떤 것이다. 결국 해석자를 해석들의 배후로 더 밀어 넣을 필요가 있는가? 이미 이것도 창작이고, 가설이다. 무릇 '인식'이라는 단어가 의미 있는 한에서, 세계는 인식할 수 있다. 그러나 세계는 달리 해석될 수도 있다. 세계는 자기 배후에 어떤 의미를 가지고 있는 것이 아니라, 셀 수 없는 의미들, '관점주의(Perspektivismus)'를 가지고 있다. 세계를 해석하고 싶은 것은 우리의 욕구들, 우리의 충동들과 이 충동들의 대립이다. 모든 충동은 일종의 지배이고, 각각의 충동은 나머지 모든 충동에다 규범으로 강요하고 싶은 자기의 관점(Perspektive)을 제각기 가지고 있다.[159]

니체는 여기서 "모든 것은 주관적이다"는 비판에 대해 이 비판 자체가 "이미 해석"이라고 반박함으로써 '관점주의적 설명'을 '해석'이라고 우격다짐하고 있다. 그리고 관점주의를 자기 관점에서 "세계를 해석하고 싶은" "욕구", "충동", "충동들의 대립", "자기의 관점"을 "나머지 모든 충동에다 규범으로 강요하고 싶은 충동, 결국 지배"의 충동으로 규정하고 있다. 관점주의 차원에서 인식은 곧바로 자기의 세계관을 "규범"으로 강요하려는 충동, 지배의 충동이다. 이로써 니체는 모든 인식과 설명에다 인식론적·해석학적 상대주의를 관철시키고 있다.

이렇게 모든 인식을 관점주의로 규정하는 언어 유희적 '행패'의 차원에서는 모든 이성적 사유와 지식도 모조리 일종의 '해석'으로 전락한다. "이성적 사유는 우리가 내던질 수 없는 도식에 따라 하나의 해석이기"[160] 때

---

159) Nietzsche, *Nachgelassene Fragmente - Herbst 1885 bis Herbst 1887*, 323쪽(7-59).
160) Nietzsche, *Nachgelassene Fragmente - Herbst 1885 bis Herbst 1887*, 198쪽(5-22).

문이다.

니체는 심지어 '수량적數量的 인식'조차도 관점주의를 벗어날 수 없는 것으로 단정한다.

- 우리의 '인식'은 양量들을 확정하는 것에 한정된다. 즉, 우리는 어떤 것에 의해서도 이 양적 차이들을 양으로 느끼는 것을 방해할 수 없다. 양은 우리들에 대한 관점적 진리다. 우리들의 감각들은 이것들이 기능하는 중간으로서의 일정한 양을 가진다. 즉, 우리는 우리의 실존의 조건에 비례해 크게, 그리고 작게 느낀다. 우리가 우리의 감각들을 열 배예리하게 하거나 무디게 한다면, 우리는 망가질 것이다. 즉, 우리는 우리의 실존을 가능하게 하는 것과의 관계 속에서의 크기 비례도 양으로 느낀다.[161]

여기서 니체가 "우리가 우리의 실존의 조건에 비례해 크게, 그리고 작게 느낀다"라고 말하는 것은 우리의 신체를 기준으로 크고 작게, 많고 적게 느낀다는 것을 뜻한다. '비교'는 인간과 유인원의 공통된 본능이지만, 우리의 몸집과 비교해서만 크기의 평가가 달라지는 것이 아니다. 우리는 어떤 인식 대상을 우리의 몸집이 아니라 다른 사물들과 비교해서 크다, 작다, 많다, 적다고 인식한다. 물론 이 모든 평가는 '비교적, 상대적'인 것이다. 그러나 이것은 우리 몸집의 '관점'에만 매달린 '상대주의적인 것'이 아니다. 일찍이 플라톤은『국가론』에서 손가락의 예증을 통해 같은 손가락(가령 검지)이 다른 손가락들(소지와 중지)에 비해 크기도 작기도 한 비교적 상대성을 '계산과 지성의 앎'에 의해 중지의 절대적 크기(가령 5cm)

---

161) Nietzsche, *Nachgelassene Fragmente - Herbst 1885 bis Herbst 1887*, 201쪽(5-36).

를 앎으로써 해소한다.[162] 5cm 검지는 당연히 4cm 소지에 비해 1cm 더 크고, 6cm 중지에 비해 1cm 더 작은 것이지만, 검지는 5cm라는 불변적 크기를 가지고 있기 때문이다. 이 5cm는 상대적인 것이 아니라 절대적이다. 니체는 플라톤의 논변을 거꾸로 뒤집어 관점주의의 상대주의적 궤변을 늘어놓고 있다. 그러나 나의 "실존의 조건", 가령 나의 키에 "비례해" 내가 너를 '작게' 느끼면 나를 '크게' 느끼는 반면, 너를 '크게' 느끼면 나를 '작게' 느끼겠지만, 내 키는 170cm의 절대적 크기를 가진 것이 분명하다. 이처럼 비교 평가도 측정치의 '절대성'을 부정하는 것도 아니고 인간 간에 또는 유인원까지 포함해서 적어도 유인원적 '보편성'을 부정하는 것도 아닌 것이다. 니체는 슬쩍 보편성과 절대성을 말하지 않는 술수를 부려 비교성과 상대성을 상대주의로 둔갑시키는 궤변을 농하고 있다.

니체는 지금까지 속성의 '인식'과 관련된 관점주의를 의미의 '해석'으로도 확장한다. 일단 그는 의미 해석적 견지에서도 세계를 표상 또는 가상으로 본다. "우리와 뭔가 관계되는 세계는 가상적인 것에 지나지 않는다, 즉 비현실적이다. 그러나 '현실적이다, 참으로 현존한다'는 개념을 우리는 '우리와 관계된다'는 것으로부터 비로소 끌어냈다. 우리가 우리의 이해利害 관계 속에서 더 많이 접촉되면 될수록, 우리는 그만큼 더 많이 어떤 사물이나 존재자의 '실재성'을 믿는다. '그것이 실존한다'는 것은 그것에서 나를 내가 실존하는 것으로서 느낀다는 것을 뜻한다 – 이율배반이다."[163] 니체는 이미 '이해, 이익'이라는 쾌통감각의 평가적 의미를 사용하면서 이 이익이 아무런 객관성도 없는 것처럼 '의미를 집어넣는다'는 말장난을 한다. 그러나 인간의 쾌통감각, 재미감각, 미추감각, 도덕감각도 개인차가 있을지언정 온 인류에 걸쳐 유사하고 보편적이라서 주관주

---

162) Platon, *Der Staat*, 523c-524b.
163) Nietzsche, *Nachgelassene Fragmente - Herbst 1885 bis Herbst 1887*, 195-196쪽 (5-19).

의적 관점주의와 상대주의가 들어 설 틈을 허용치 않는다.

그럼에도 불구하고 니체는 의미의 해석을 종합해 이렇게 자의적으로 단정한다.

● 생生이 저 느낌으로부터 느끼는 만큼만 오는 것처럼, 우리는 그만큼 많은 의미를 우리가 이 감동의 원인이라고 생각하는 것 속으로 집어 넣는다. 다시 말하면 '존재자'는 우리들에 의해, 우리에게 작용을 가하 는 것으로, 그것의 작용을 통해 스스로를 증명하는 것으로 파악된다. – '비현실적이다', '가상적이다'는 작용을 산출할 수 있는 것이 아니라 작용을 산출하는 것처럼 보이는 것일 게다. 그러나 우리가 사물들 속 으로 일정한 가치들을 집어넣는다는 것이 전제되면, 우리가 수여자였 다는 사실을 망각한 뒤에 이 가치들은 우리에게 역작용한다. 내가 누 군가를 나의 아버지로 여긴다는 것을 전제하면, 이것으로부터 나에 대 한 그의 표현들의 각각에 수많은 것들이 따라 나온다. 이 표현들은 달 리 해석되는 것이다. – 따라서 사물들에 대한 우리들의 파악과 해명, 사물들에 대한 우리의 해석들이 주어지면, 결과적으로 우리들에 대한 이 사물들의 모든 '현실적인' 작용들이 그것에 따라 달리 현상하고 새 로이 해석된다, 간단히 달리 작용을 가하게 되는 것이다. 사물들의 모 든 파악이 거짓이라면, 결론은 우리들에 대한 사물들의 모든 영향은 거짓된 인과성에 따라 느껴지고 해석된다는 것이다. 간단히, 우리가 가치의 유무, 이익과 손실을 오류에 맞춰 측정하게 된다는 것이다. 우 리와 뭔가 관계되는 세계가 거짓되게 된다는 것이다.[164]

그러나 '의미'는 우리의 감각과 감정이고, 따라서 인류에게, 때에 따라

---

164) Nietzsche, *Nachgelassene Fragmente - Herbst 1885 bis Herbst 1887*, 19€쪽(5-19).

동물들과의 공감 관계 속에서 동물의 세계로까지 확대될 정도로 유사하고 보편적이고, 또 대상의 일부가 아닐지라도 대상에 조응하는 객관성이 있다. 그런 만큼 가치의 유무와 손익에 대한 측정은 결코 '오류에 맞추는' 것이 아니다. 가령 사과는 인간도 맛있게 느끼지만 침팬지·원숭이·개·까치 등의 동물들도 보편적으로 맛있게 먹는다. 이런 까닭에 우리는 바나나를 두고 원숭이와 경쟁하고 사과나무와 감나무를 두고 심지어 까마귀와도 경쟁하는 것이다. 우리는 쾌통(손익)·재미·미추·시비 감각 등 인간의 네 가지 감각적 판단력의 보편성과 '주객관성'을 다 면밀히 살펴보고 논증했다. 따라서 우리는 니체의 저따위 궤변에 속아 넘어갈 수 없다.

니체의 해석 개념의 이런 오류성과 천박성은 각종 우상에 사로잡힌 '관점주의적 인식·설명'과, 심지어 관점주의적 '이해·해석'까지도, 말하자면 '그릇된' 설명과 '그릇된' 해석을 정상적 '해석' 일반으로 둔갑시키고 여기에 상대주의적 정당성의 가상을 부여하고, 역으로 정상적 '해석' 일반을 '거짓된' 것으로 전도시키는 데 있다. 특히 자연과학과 관련된 계량적 '크기'나 '양'까지도 그 절대치를 몰각하고 "우리의 실존"과의 "관계" 속에서 나타나는 상대적 "느낌"으로 간주하는 것, 즉 측정가능하고 따라서 절대적 측정치로 고정가능한 "양"을 "우리들에 대한 관점적 진리"로 보는 것에서는 그가 수량적 설명도 관점주의에 사로잡힌 설명으로 간주하고 또 이 '관점주의적 설명'을 '해석'으로 착각하는 그의 '해석' 개념의 천박성과 수학적·자연과학적 무식이 극적으로 표명되고 있다. 그러나 분명히 말하지만, 이 '관점주의적 설명'은 '해석'이 아니라, 자멸적(self-defeating) '인식 오류'라는 사실이다. 니체식의 관점주의와 상대주의는 모든 명제의 진리성·객관성·일반성을 부정하고, 따라서 관점주의적 명제 자체의 진리성·객관성·일반성마저도 부정하기에 이르는 '자멸'로 귀착된

다. 모든 관점주의와 상대주의는 이런 '자멸적 오류'로 비판될 수 있다.[165]

　베이컨은 일찍이 니체의 이 모든 그릇된 관점주의 논변을 분쇄할 수 있는 인식 방법을 근대과학의 기본전제로 제시한 바 있다. 베이컨은 주지하다시피 우리의 인식을 뒤트는 관점주의를 '우상'이라 부르고 '동굴의 우상', '종족의 우상', '시장의 우상', '극장의 우상' 등 네 가지 우상을 열거했다.[166] '동굴의 우상'은 개인적 관점을 절대화하는 '개인적 관점주의'이고, '종족의 우상'은 인간 종족의 관점을 인간 파시즘적으로 절대화하는 '인간 종족적 관점주의'이고, '시장의 우상'은 어느 한때 또는 어느 한 곳에서, 아니면 어느 한 언어권에서 통용되는 사고방식을 절대화하는 '시대적·문화권적·언어 관념적 관점주의'이고, '극장의 우상'은 누군가 지어낸 극장의 연극시나리오 같은 '부지이작不知而作'의 형이상학 또는 이론을 절대화하는 '이론 패러다임의 관점주의'다.

　개인의 사적 편견 또는 개인의 경험적 습관과 기질을 척도로 절대화하는 개인의 그릇된 '동굴의 우상'은 인간이 모두 '개인'인 한에서 개인의 관점에만 갇혀 있으면 피할 수 없는 본유적 우상이다. 베이컨은 '종합과 분리의 지배나 과잉 또는 박물지적 기록 기간의 부분성 또는 크고 작은 대상들에 그 기원을 두고 있는" 이 '동굴의 우상'을 만인의 '모든 관점'에서 얻어진 주유천하의 경험 지식과 전 세계적 박물지의 구축으로 극복하고 "지식을 더 커다란, 또는 공동적인 세계 속에서 찾고",[167] 그리하여 지성을 "침투적이면서 또한 포괄적이게 양면적으로 만들"[168] 수 있다고 생

---

165)　참조: Brian Fay, *Contemporary Philosophy of Social Science* (Oxford: Blackwell, 1996), 2-5쪽.

166)　Francis Bacon, *The New Organon* [1620], edited by Lisa Jardine and Michael Silverthorne (Cambridge: Cambridge University Press, 2000), Book I, XXXIX (39).

167)　Bacon, *The New Organon*. Book I, XLII(42).

168)　Bacon, *The New Organon*. Book I, LVII(57).

각했다. 동굴의 본유적 우상을 파괴하는 '만인'의 보편적 관점에서 얻은 주유천하의 경험 지식, 즉 "더 커다란 세계", "공동적 세계" 속에서 찾은 "침투적·포괄적" 지식의 획득에 관한 이 경험주의 방법론은 베이컨이 공자철학과 중국의 경험적 과학기술로부터 도입한 것이다.[169] 일찍이 공자는 주지하다시피 모든 관점에서 '다문다견'해 '박학심문'하고 '삼인행' 속에서도 자기의 스승을 찾고, 『서경』에 "하늘은 우리의 백성이 보는 것을 통해 보고 우리의 백성이 듣는 것을 통해 듣는다(天視自我民視 天聽自我民聽)"고 했듯이, 하늘처럼 천하의 어디에서든지 '민시민청民視民聽'을 기준으로 삼아 천하의 백성이 보고 듣는 경험적 박학을 모음으로써 애당초 '동굴의 우상'이 들어설 자리를 두지 않았다.

나아가 인간을 만물의 척도로 보고 자연과 우주의 주인으로 여기거나 인간의 감각적·이성적 본성의 이른바 '본유관념'을 특권으로 삼아 인간을 특별한 존재로 격상시키는 온갖 사고방식으로서의 '종족의 우상'을 베이컨은 이렇게 비판한다. "인간 감각이 사물들의 척도라는 주장은 그릇된 것이다. 감각이든 정신이든 이 양자의 모든 지각(인식)은 우주와 관련된 것이 아니라, 인간과 관련된 것이다. 인간 지성은 사물들로부터 광선을 받아들여 자신의 고유한 본성을 자연의 본성과 뒤섞는, 이로써 자연 본성을 뒤틀고 망가뜨리는 난면경과 같은 것이다." 이러한 '종족의 우상'은 "인간적 영령 실체의 규칙성 또는 그 편견 또는 그 한계 또는 그 쉴 새 없는 운동"에 기원을 두거나, 인간 고유의 "감정의 영향 또는 감각의 한정된 능력 또는 인상의 양상에 그 기원을 두는 것들"이기 때문이다.[170] 인식론적 '종족의 우상'의 플라톤적 표현은 이데아론이고, 아리스토텔레스

---

169) 베이컨의 경험주의 방법론에 대한 상론은 참조: 황태연, 『근대 영국의 공자숭배와 모럴리스트들』(서울: 한국문화사, 2023), 443-497쪽; 황태연, 『도덕의 일반이론(상)』(서울: 한국문화사, 2024).

170) Bacon, *The New Organon*. Book I, XLI(41); 52(LII).

적 표현은 아르케(제1원리)에 대한 '이성적 직관'의 전지론全知論, 즉 득도론得道論이고, 에피쿠리언적·홉스적 표현은 '인간 감각'을 '진리의 척도' 또는 '사물의 척도'로 보는 감성적 전지론, 즉 소박경험론적 득도론이고, 근대적 표현은 데카르트의 본유관념론과 칸트의 선험적 범주론이다. 반면, 공자는 베이컨처럼 하늘에서 만드는 '사이불학思而不學'의 본유'관념'을 부정했으나 인간의 본유'인상'(在天成象)을 인정함으로써 지식의 인간적 제한성을 인정했고, '득도'(절대 진리의 획득) 또는 – '아침에 도를 들으면 저녁에 죽어도 좋다'는 "조문도석사가의朝聞道夕死可矣"의 – '문도聞道'(득도자로부터 절대 진리를 듣는 것)를 부정하고『대학』의 '지소선후知所先後 즉근도의則近道矣' 명제의 '근도近道', 즉 개연적 지식만을 인정했다. 그리고 공자는 인도人道를 천도天道에 근본을 두고 지도地道를 본받는 것으로 주장함으로써 애당초, 인간을 '만물의 영장'으로 특대하는 인식론적·도덕론적 '종족의 우상', 또는 이성이 없는 동물에게 부정되는 '합리주의적 도덕(실천이성)'이나 자연정복적 '인간 파시즘'으로서의 '휴머니즘'이 들어설 자리를 만들지 않는다. '인도가 천도에 근본을 둔다'는 것은 인간의 도덕과 사회질서를 하늘이 인간(과 동식물)에게 명한 본성, 즉 도덕적 사단지심과 칠정의 천성에 따라 스스로를 굳세게 하여 불멸하는 '자강불식自强不息'의 '천행天行'에 근본을 둔다는 것이고, '지도를 본받는다'는 것은 두터운 덕으로 만물을 실어주는 '후덕재물厚德載物'의 '지세地勢', 즉 하늘로부터 천성을 받은 모든 동식물과 인간을 실어 키워주는 자연 세계의 후덕한 지세를 본받고 받든다는 뜻이기 때문이다.

한때 상호연대 속에서 통용되는 가치관 또는 같은 언어를 쓰는 사람들 사이에 통용되는 언어의 우상으로서의 '시장의 우상'은 신·천사·천국·실체라는 언어나, 가령 (젖은 수건, 젖은 불길, 젖은 유리, 젖은 눈초리 등) 아무 데나 쓰는 영어 'wet'라는 말과 같은 언어적 개념과 어법의 통용되는 관행적 부정확성과 허구성에 기초한다. 베이컨은 이 언어의 우상을 해소하기 위해 "(수학자들의 현명한 방식으로) 말과 이름의 논쟁으로 시작해 정의에 의해 이것들을 질서 잡는 것이 더 지혜로울 것"이지만, "정의 자체가 말로 되어 있고 말이 말을 낳기" 때문에 "자연의 사물들과 물질에서는 이 정의도 이러한 결함을 치유할 수 없다"고 보고 "특수한 사례와 그 연관 계열과 순서에 호소하는 것이 필요하다"고 주장한다.[171] 따라서 공자는 상술했듯이 2500년 전에 이미 '입상진의立象盡意', 즉 관념(意)을 실재의 대상에 진실하게 합치시켜 의식을 완전하게 하는 것을 주장했던 것이다. 또한 공자는 언어의 우상을 언어의 진의적盡意的 정교화를 통해서만 해소하려고 한 것이 아니라, 언어 외적 상징체계를 구축함으로써 언어의 한계를 극복하려고 했다. '말의 우상'은 인간이 '말하는 동물'인 한에서 본유적 우상이기 때문이다. 공자는 말과 글이 사람과 사물의 뜻을 다 하지 못하고 왜곡시키는 한계를 가진 것을 알고 이 '말의 우상'의 희생양이 되지 않는 길을 말한다. 『역경』「계사상전」에서 공자는 "글은 말을 다 하지 못하고 말은 뜻을 다 하지 못한다. 그렇다면 성인의 뜻은 나타낼 수 없는 것인가?"라고 자문한 뒤, 이어서 "성인은 심상을 세워 의미를 다 하고, 괘卦를 펴서 감정과 꾸밈을 다 하고, 상사象辭(심상의 상징적 언사)를 묶어 그 말씀을 다 하고, 이것을 변통해 조화를 다 하고, 이것을 부추기고 춤추게 하여 정신을 다 하는 것이다"라고 자답한다.[172] 이것은 심상과 뜻을 감추고 왜곡시키는 글자 그대로의 '글'과 말 그대로의 '말'을 우상화하지 않고 가령 『주역』의 상징적 언어 세계에서처럼 관행적 언어를 넘어 언어 행위 아래의 감성적 심상(인상)들의 세계로 들어감으로써 관념·감정·꾸밈·의미 심상을 제대로, 완전하게 이해한다는 말이다. 언어의 한계와 부정확

---

171) Bacon, *The New Organon*. Book I, LIX(59).

172) 『易經』「繫辭上傳」, §12. "子曰 書不盡言 言不盡意. 然則聖人之意其不可見乎 子曰 聖人立象以盡意 設卦以盡情僞 繫辭焉以盡其言 變而通之以盡利 鼓之舞之以盡神."

성으로 인한 민족 언어적·민족 문화적 관점주의, 즉 자문화중심주의는 언어 이전의 감성적 심상들의 파악으로 극복한다는 뜻이다. 가령 실재하는 사과를 알려면 우리는 실재하는 사과에 대한 '입상적立象的' 경험을 통해 – 즉, 실재하는 사과를 눈으로 관찰하고 손으로 만지고 먹어보거나 이 경험을 기억해 내어 – '사과'라는 언어적 관념을 실재하는 사과의 감각적 지각 심상들로 환원시켜 이에 조응케 함으로써 현실적 사과의 '심상들'을 '실감'하고 '사과'라는 언어적 관념을 넘어서는 것이다.

알지도 못하면서 지어낸(不知而作), 그러나 객관적으로 입증될 수 없는 허튼 '이론'의 우상, 즉 '극장의 우상'은 "단지 현재 유행하는 철학과 종파의 우상만을 말하고 있는 것이 아니라, 고대 철학과 종파의 우상", 그리고 "지어내고 날조된" 모든 형이상학적 이론, 즉 "보편 철학의 우상"만이 아니라, "전통·신념·타성으로부터 세차게 성장해 온 과학의 많은 원리와 공리들의 우상", 즉 이데올로기 이론을 가리킨다.[173] "경험적 브랜드"의 이데올로기는, "한 줌의 실험의 협소하고 불명확한 토대에 기초하기 때문에 소피스트적 또는 합리적 유형의 철학보다 더 왜곡되고 기형적인 교리를 산출한다". 따라서 이런 이론의 우상은 "어느 정도 보편적이고 많은 사물과 관련된" 개념들의 빛, 즉 "통상적 개념들의 빛(light of common notions)"에 기초하게 함으로써 해소할 수 있다.[174] 이런 이론들은 "많은 것이 경시되거나, 적은 것이 중시되어서, 두 가지 경우에 철학이 지나치게 협소한 기초의 경험과 자연박물지 위에 수립되어 있고, 그 진술들을 적절한 것보다 더 적은 사례 위에 기초하기" 때문에[175] 상술했듯이 광범한 경험과 세계적 자연박물지, 즉 다문다견의 박학과 민시민청의 경험 지식의 구축을 통해 해소해야 한다. 또한 허구적 이론의 우상은 잘못된 증

---

173) Bacon, *The New Organon*. Book I, XLIV(44).
174) Bacon, *The New Organon*. Book I, LXIV(64).
175) Bacon, *The New Organon*. Book I, LXII(62).

명규칙에 의해 생겨나는 경우도 있는데, 이런 유형의 이론적 우상을 베이컨은 "개인적 재능의 예리성과 강력성"에 할 일을 "많이 맡기지 않는" 방법으로써 "재능들과 지성들을 다소간에 평등화해서" 해소한다. 그는 공자가 곡척을 예로 들듯이 자나 컴퍼스의 예를 들어, 직선이나 완전한 원을 그리려면 손이 타고난 재능으로 한결같고 숙련되어 있어야 하지만 자나 컴퍼스를 쓰면 이런 숙련도가 필요 없다고 예증한다. 그리고 그는 자신의 광범한 관찰·실험·경험의 박물지적 자연 인식 방법을 정확히 이와 동일한 도구로 비유한다.[176]

요약하면, 모든 관점주의적 설명은 바른 경험·실험·관찰 방법, 광범한 경험적 박학과 상징체계의 구축으로 해소해 나갈 수 있다. 또한 베이컨에 의하면, 니체의 '해석', 즉 관점주의적 설명은 네 가지 우상의 난동을 특허하는, 우상의 광란에 사로잡힌 설명, 따라서 바른 인식 방법에 의해 해소되어야 할 '그릇된 설명'이다. 니체의 천박한 '해석' 개념의 오류성은 관점주의에 사로잡힌 '그릇된 설명'을 기만적으로 '해석'이라는 말로 포장해 '상대주의'로 변용變容하고 이를 핑계로 모든 상대주의를 '자멸적으로' 정당화한다는 데 있다.

그리하여 니체는 기존의 진리와 충돌하는 어떤 명제라도 어떤 개인의 이익 관점에서 힘으로 관철시키면 새로운 세계가 열리고 이 명제가 새로운 진리로 확립된다는 관점주의를 강력 옹호한다. 그리고 이 관점주의로 나머지 모든 진리를 상대화시킨다. 니체 의하면, 진리는 참주적 강자가 자기의 이익 관점에서 힘으로 새로운 세계를 열고 이 세계의 세력장 안에 사는 사람들로 하여금 확신하도록 관철시킨 인간관·사회관·역사관이다. 이 관점주의적 진리론은 곧 '트라시마코스적 진리론'이다.

주지하다시피 니체는 강자의 관점주의 또는 트라시마코스의 강자 정

---

176) Bacon, *The New Organon*. Book I, LXI(61).

의론의 견지에서 '권력에의 의지'를 '선'으로 선언하고 장애인의 제거를 요구했다. 니체는 허약자와 불구자의 제거를 "인간애"의 조치라 부르고, "불구자와 허약자에 대한 동정의 행동"을 "그 어떤 악덕보다도 더 해로운 것"이라고 사이코패스적 광언을 늘어놓았다.[177]

"권력의지"와 "권력 그 자체를 높이는 모든 것"을 "선"으로, 그리고 "허약성으로부터 유래하는 모든 것"을 "악"으로 선포한 사이코패스적 견폐성犬吠聲은 정의를 강자의 이익으로 보는 트라시마코스적 정의도덕론, 강자의 관점주의적 정의도덕론이다. 여기서 '강자의 이익'은 강한 자가 끊임없이 더 강해지려는 강자의 '더 큰 권력에의 의지', 권력을 더 증강하려는 권력욕이다.

나아가 니체는『차라투스트라는 이렇게 말했다』에서 아예 '권력' 자체를 '새로운 덕성'이라 선언한다. "권력은 이것, 이 새로운 덕성이다. 지배권을 가진 사상은 이 덕성이고, 슬기로운 영혼이 이 사상을 휘감고 있다. 금빛 태양이 있고, 인식의 뱀이 이 태양을 휘감고 있다."[178] 이것은 지성주의로 감싸진 트라시마코스적 권력=덕성론이다. 니체에게서 이 트라시마코스적 덕성론은 트라시마코스적 진리론, 트라시마코스적 정의론과 함께 삼자동행으로 줄곧 출몰한다.

이제 '인종 카스트적·트라시마코스적 정의국가'로 가기 위해 남은 일은 '권력에의 의지'로 뭉친 개인 강자들을 '인종' 범주 속에 쓸어 담아 인종적 강자, '지배 인종 카스트'를 만들어 내는 것이다. 니체의 정치철학은 독일주의와 반독일주의(유럽주의), 자본주의와 반자본주의, 민주주의와 권위주의, 인종주의와 지성주의, 평화주의와 호전주의 등 다양한 대립항 사이에서의 "일의적一義的인 정치적 중의성重義性, 중의적인 정치적

---

177) Nietzsche, *Der Antichrist*, §2. .
178) Nietzsche, *Also sprach Zarathustra*. Erster Theil. "Von der scherkenden Tugend. 1, 2", 93쪽.

일의성"을 가진, 또는 보는 각도에 따라 보는 사람에 따라 달라져 보이는 "아롱대는 사상(schillerndes Denken)"이다.[179] 이 때문에 그의 정치철학과 관련해서는 해석상의 이견이 분분하지만, 일언이폐지一言以蔽之하면 니체는 민주주의와 사회주의의 확산으로 돌이킬 수 없게 된 평등화·평준화·의미 상실(귀족성의 소멸) 경향에 맞서 '사람은 천성적으로 귀천이 따로 있다'는 인간 불평등 테제를 관철시키는 '초超정치적' 과업을 플라톤주의적 '지성의 지배', '철인 지배' 테제의 활용으로 수행했다.

3.2. 인종 카스트 정의국가와 인종 전쟁

상론했듯이 '관점주의적' 견지에서 니체는 차라투스트의 입으로 "'너희 평등의 설교자들이여, 무기력의 참주적 광기가 너희들로부터 '평등'을 향해 걸어 나오는데" "너희들의 엉큼한 참주적 쾌락은 덕이라는 말로 위장한다"고 말한다. 그의 "정의"는 "인간들이란 평등하지 않고, 또 평등해지지 않을 것"이라고 말해준다는 것이다.[180] 니체의 정의는 강자 관점의 정의이기 때문에 불평등하고, 그의 국가는 강자의 불평등한 관점주의적 정의국가일 수밖에 없다.

한마디로, 니체의 정치철학은 온갖 내적 모순에도 불구하고 "인간 간의 불평등의 확립을 위한 궁극적 해법을 향한 모색"을 뜻한다.[181] 그는 플라톤의 지성 우월주의를 탈脫형이상학화·생물학화(인종주의화)해서 우수 인종의 탈형이상학적·트라시마코스적 '진리와 육체 이성의 불평등 지배 체제'를 수립하려는 철학이다. 젊은 니체는 온갖 플라톤 비판에도 불구하고 플라톤의 (정치적) 지성 우월주의와 자신의 정치철학 간의 긴밀한 연

---

179) Taureck, *Nietzsche und der Faschismus*, 17-73쪽.
180) Nietzsche, *Also sprach Zarathustra*, "Von den Taranteln" (126쪽).
181) Taureck, *Nietzsche und der Faschismus*, 10쪽.

관관계를 스스로 고백한다. 청년 니체는 모름지기 국가란 플라톤의 '수호자' 계급과 같은 군사적·철학적·과학적·예술적 천재를 산출할 과업을 안고 있다고 생각한다. 플라톤은 이 과업을 인식했다는 것이다.[132] "지혜와 지식의 천재만을 정상에 세우고 천재적 예술가들을 전적으로 국가로부터 배제한" 것은 소크라테스·플라톤의 이론적 결함 또는 오류이지만, 이 이론적 결함은 "플라톤적 국가의 전체 구상 속에서 국가와 천재 사이의 연관관계에 관한 심원하고 영원히 해석되어야 할 기밀 이론의 놀랍고 위대한 상형문자를 인식하는 것을 방해하지 않는다"는 것이다.[183]

하지만 소크라테스와 플라톤이 "천재적 예술가들을 전적으로 국가로부터 배제했다"는 니체의 비판적 지적은 그릇된 것이다. 플라톤은 미메시스적(모방적) '시가'와 '그림'을 폄하했지만, 미메시스적이지 않은 직설·상징·은유·환유의 '시가'는 철학처럼 높이 평가하고 그의 이상국가에 입국을 허용했기 때문이다.[184] 예술은 미메시스적 유희 요소가 증가할수록 재미있어지지만 통속화되는 반면, 이 유희적 미메시스 요소가 줄고 직설·상징·은유·환유의 미학적 요소가 증가할수록 예술은 재미없어지고 순수해지고 아름다워진다. 플라톤은 미메시스적 유희의 '재미'와 순수예술의 '아름다움'을 구분함으로써 순수예술과 통속예술을 차별하고 이상국가의 예술을 순수예술로 채우려고 했을 뿐이므로 "천재적 예술가들을 전적으로 국가로부터 배제했다"는 니체의 비판은 순전한 오독의 소산이다.

상론했듯이 니체는 플라톤과 아리스토텔레스가 형이상학의 출발점으로 삼은 자연적·객관적 '세계 이성', 즉 '영혼의 불멸과 우주적 편재遍在'를 부정한다. 세계는 본질적으로 무질서한 우연 속에서 움직일 뿐이다. 신의 죽음 뒤에 유일한 이성은 '주관적' 이성이다. 그러나 이 주관

---

182) Nietzsche, "*Der griechische Staat*", 777-778쪽.
183) Nietzsche, "*Der griechische Staat*", 778쪽.
184) Platon, *Der Staat*, 401d-402a.

적 인간 이성은 세계 이성의 부재, 즉 '신의 죽음'으로 인해 공허하고 허무하다. 그러나 이 허무적 인간이성은 여전히 형이상학적 도덕에 얽매여 감성·육체·욕망을 경멸한다.[185] 육체를 경멸하는 이런 낡은 도덕을 그대로 답습하는 허무주의적 인간 이성은 '나' 또는 '정신'이라 불린다. 상술했듯이 육체를 멸시하는 이 허무주의적 인간 이성, 이 '나(정신)'를 "작은 이성(kleine Vernunft)"이고, 육체를 중시하고 이 육체의 요구에 따라 저 '정신'을 이 요구의 실현 도구로 활용하는 이른바 '육체 이성(Körper-Vernunft)'은 '큰 이성(größe Vernunft)'이다. 육체경멸자들은 "초인超人(Übermensch)으로 가는 다리가 아니다."[186] 니체는 육체 경멸자의 이성(정신)은 두뇌 속 영혼의 '작은 이성'이고, 육체는 '큰 이성'이다. 이 '육체 이성'은 전통적 '작은 이성'과 달리 영혼 또는 정신의 논리를 따르는 것이 아니라 육체의 유전자 논리를 따른다. 하지만 '육체 이성'은 과거의 전통적 '작은 이성'과 마찬가지로 감각 또는 감성(감정)을 경멸한다. 그래서 육체의 '큰 이성'은 '감각'과 '정신'을 "허영심에 차 있는" 것으로 둘 다 매도하는 것이다. '가장 훌륭한 지혜'의 이성보다 '더 많은 이성'을 가진 육체로서의 이 '큰 이성'은 인간의 진정한 자아로서 '알려지지 않은 지자'이면서 '통치자'다. 니체의 '큰 이성'의 지자智者는 "땅의 의미"를 말하는 "건전한 육체의 목소리를 듣고 따른다.[187]

'육체 이성'의 지자는 '나'를 의식하고 말하기 전에 '나'를 행하는 행위자이고 창조자이고 자기를 넘어서 창조하는 '초인'이다. 그러나 플라톤의 철인치자처럼 니체의 육체적 이성의 지자도 '지배자'이고 '통치자다'. 말하자면 니체의 '큰 이성'은 하늘을 향한 '선의 이데아'를 버리고 탈脫형이

---

185) Nietzsche, *Also sprach Zarathustra*. Erster Theil. "Zarathustra's Vorrede" Nr.3 (9쪽).
186) Nietzsche, *Also sprach Zarathustra*. Erster Theil. "Von den Verächtern des Leibes", 35-37쪽.
187) Nietzsche, *Also sprach Zarathustra*. Erster Theil. "Von den Hinterwelten", 34쪽.

상학화된 '육체적(인종적) 이성'의 철인치자, 산 위에서 산 아래 도시로 내려간 지상의 철인치자, 즉 플라톤적 철인치자를 뒤집는 패러디로서 위에서 아래로 내려오는 철인치자다. 따라서 인간 이성은 작은 두뇌 속의 허무한 '작은 이성'과 육체적 '큰 이성'으로 갈리고, 작은 이성은 '육체 경멸자들'로서 피지배자인 반면, 육체적 '큰 이성'은 "가장 훌륭한 지혜'보다 '더 많은 이성'을 가진 천재적 '지자'요 '초인'으로서의 '치자'다. 혈통과 유전자를 숭배할 수밖에 없는 초인의 이 '육체 이성'인 '큰 이성'의 정체는 바로 '유전자적·인종적 이성', 즉 인종주의다. 이 육체적·인종적 지자는 무제한적·무제약적 지혜 애호자다.[188]

그리하여 니체는 여기서 이 새로운 지성주의적 덕성을 '권력'으로 만든다. 앞서 말했듯이 "지배권을 가진 사상은 이 덕성이고, 슬기로운 영혼이 이 사상을 휘감고 있다"는 테제는[189] 권력의 관점에서 본 관점주의적 사상, 즉 이데올로기다. 따라서 이 '새로운 덕성', 지배권을 가진 사상은 허위의식일지라도 아담과 이브를 속인 뱀 같이 슬기롭다. "금빛 태양이 있고, 인식의 뱀이 이 태양을 휘감고 있다."[190]

따라서 이 슬기로운 사상, 이 지성주의는 객관적 진리에의 열정이 아니라, '트라시마코스적 진리'에 대한 열정일 수밖에 없다. 차라투스트라는 이 트라시마코스적 지성주의의 설교를 그의 제자들에게 쏟아붓는다.[191] 차라투스트라는 "인식하기 위해 살고, 초인을 살도록 하기 위해 인식하

188) Nietzsche, *Also sprach Zarathustra*. Erster Theil. "Zarathustra's Vorrede. 10", 21쪽.
189) Nietzsche, *Also sprach Zarathustra*. Erster Theil. "Von der schenkenden Tugend. 1, 2", 93쪽.
190) Nietzsche, *Also sprach Zarathustra*. Erster Theil. "Von der schenkenden Tugend. 1, 2", 93쪽.
191) Nietzsche, *Also sprach Zarathustra*. Erster Theil. "Von der schenkenden Tugend. 1, 2", 95, 96쪽.

려고 하는 자를 사랑한다."[192] 지식(인식)은 니체에게도 결정적인 것이다. 니체의 탈형이상학적 '육체 이성의 철학'에서도 플라톤과 아리스토텔레스의 지성 우월주의는 관점주의적 허위의식으로 뒤틀린 채 답습된다.

니체는 고독한 차라투스트라를 가축 떼의 목자, 인민의 목자로 만들지 않는다. 고독한 각성자는 이 가축 떼에게 초인의 가르침을 베풀고 제자를 길러서 이 떼에서 많은 사람들을 건져내 반려적 인종으로 만들려고 한다.[193] 니체는 여기서 예수와 기독교도들에게 독설을 퍼붓고 있다. 기독교에서는 예수를 '목자'로 비유하고 그를 따르는 교도들을 '양 떼'로 비유한다. 따라서 "목자를 강도라 부르는" 것은 예수를, 양을 빼앗는 '강도'라 부르는 것이다. 그러니까 니체는 기독교도 양 떼들이 "나에게 화내야 한다"고 비아냥거리고 있다.

니체는 이 떼로부터 분리된 자들도 이 분리로 인해 차라투스트라처럼 고독하다고 말한다. 그러나 기독교도에서 떨어져 나와 차라투스트라를 따르는 이 탈脫기독교인들로부터 하나의 초인적 "선민選民"이 탄생한다.[194] 가축 떼를 벗어난 탈脫기독교인을 초인으로 만들려는 이 대목을 음미해 보면 니체의 의식은 근대적 사상사 지식의 부족으로 인해 아직 18세기 초에 머물러 있다는 것을 알 수 있다. 16세기 중반부터 쇄도해 온 중국 문화와 공자철학의 영향 속에서 18세기 초부터 헤브라이즘(기독교 사상)과 헬레니즘(그리스 사상)으로부터 탈피하기 위해 반反헤브라이즘·반헬레니즘적 투쟁을 벌여 계몽주의를 흥기·확산시켰고, 18세기 말엽에는 이 계몽주의를 급진적 이념으로 발전시켜 미국 혁명과 프랑스혁명을 일

---

192) Nietzsche, *Also sprach Zarathustra*. Erster Theil. "Zarathustra's Vorrede. 4", 11쪽.
193) Nietzsche, *Also sprach Zarathustra*. Erster Theil. "Zarathustra's Vorrede. 9", 19-20쪽.
194) Nietzsche, *Also sprach Zarathustra*. Erster Theil. "Von der schenkenden Tugend. 2", 96-97쪽.

으키고 이로써 서양을 근대화했다. 따라서 차라투스트라를 따르는 탈脫기독교인들을 '초인'이라 부르는 니체의 관점에서 보면, 18세기 말 이후 탈脫기독교화된 서양인들, 특히 서양 지식인들은 대부분 이미 '초인'이었다. 그리고 기독교적 가축 떼를 벗어났다면 그것은 이미 인간을 뛰어넘은 '초인(Übermensch)'이 아니라, 겨우 가축을 뛰어넘은 '인간(Mensch)'일 뿐이다. 그래서 서양의 탈脫기독교화·탈주술화를 근대화·인간화라 부르는 것이다. 니체의 의식이 이렇게 18세기의 반기독교 투쟁 시기에 머물러 있으니, 그의 시계는 100년 늦게 가고 있는 셈이다. 그렇기 때문에 그는 뒤에서 자기를 따르지 않는 근대인들을 '종말인(Letzter Mensch)'이라 부르고, 더 이상 천국 가기를 바라지 않고 지상에서 오순도순 벗들과 행복을 나누는 근대 중산층을 '땅 벼룩'이라며 경멸하는 엄청난 시대착오에 빠져들었던 것이다.

아무튼 니체와 차라투스트라의 "선물하는 덕성"은 약자를 도와 인간 간의 평등을 가져오는 것이 아니다. 이 "선물하는(베푸는) 덕성"은 실은 미끼다. 그것은 "떼로부터 많은 자들을 꾀여 떼어내는" 미끼다. 이 "선물하는 덕성"은 평등을 이루는 것이 아니라, '불평등의 정의'를 설정하는 미끼다. 말하자면, 이 "선물하는 덕성"은 가축 떼와 같은 인간 군중들로부터 떨어져 나오도록 유인당해 '덕자'로서의 '권력자'를 '스승 겸 지도자'로 따르는 '초인적 선민'과 '나머지 인민의 떼'를 갈라치기해 차별하는 정치 사회적 '불평등 정의正義'와 불평등한 트라시마코스적·신분제적 정의국가의 기반을 만드는 데 쓰인다. 이 신분제적 정의국가는 100년 늦은 니체의 의식만큼이나 시대착오적이다.

그러나 뒤에 니체는 이 신분제 국가를 '과학적 인종' 개념으로 덧칠해 '새로운 국가형태'인 양 제시한다. 선물하고 베푸는 '덕자'는 고대 페르시아 배화교의 차라투스트라(조로아스터)처럼 "권력"과 동일시되는 "새로운 덕성"을 갖추고 때와 유리된 고독한 "초인적 선민들"에게 이 "선민들"을 이끄는 권력자로서 '육체 이성'의 가르침을 베푸는 '총통(Führer)'이다. 따라서 이 '총통'도 엄청나게 시대착오적인 권력자다. 그러나 니체는 지도자의 이 시대착오성을 탈종교적 지성주의 철학과 예술과 인종주의로 은폐해 '신상품'으로 탈바꿈시킨다.

니체는 군중으로 남은 '나머지 인민의 떼', '중산층'을 "종말인들(Letzte Menschen)"이라 칭하며 경멸한다. '종말인'은 평등화·평준화·허무화 추세 속에서 현대의 획일화된 평균적 소시민(소위 '보통 사람')을 가리킨다. 중산층적 '종말인'은 획일화되어 사랑도, 창조도, 동경도, 가슴에 품은 별(유토피아)도 까마득히 잊어버려서 이제 이런 것들을 마음에 담고 있지 않은 사람들이다. 차라투스트라는 종말인을 경멸하며 마음껏 풍자한다.[195] "도덕은 오늘날 유럽에서 군서동물의 도덕이다."[196] 그러나 이런 종말인들의 "인간적 삶은 흉측하고 아직 의미가 없는 것이다". '행복을 발명했다'고 말하는 그들의 삶은 실은 허무한 것이다.

니체는 근대적 상황을 완전히 왜곡시키고 있다. 일단 그는 이웃사랑을 기독교적인 것으로 이해하고, 이 "이웃사랑"으로 중산층들을 다 기독교도로 시사하는 환유법을 구사하고 있다. 그러나 19세기 말 서양 중산층은 기독교를 믿지 않거나 믿는 척하는 근대인들이었고, '이웃사랑'은 기독교만의 가르침이 아니라, 유학(인仁)과 불교(자비)의 가르침이기도 했다. 근대 중산층은 "행복을 발명한" 것이 아니라, 하늘의 신에 대한 사랑으로부터 지상의 사람 사랑으로 시선을 돌려 땅 위에 더불어 사는 벗들과 어울리는 즐거움 속에서 비로소 '인간다운 행복'을 찾았던 것이다. 따라

---

195) Nietzsche, *Also sprach Zarathustra*. Erster Theil. "Zarathustra's Vorrede. 5", 13-14쪽.
196) Nietzsche, *Jenseits von Gut und Böse*, Fünftes Hauptsrück: "zur Naturgeschichte der Moral". Nr.202 (126쪽).

서 19세기 말의 '허무주의'는 18세기 계몽주의와 사회혁명 속에서 일찍이 신을 여읜 중산층의 망념이 아니라, 19세기 말에야 갑자기 '신의 죽음'을 깨닫는 식으로 100년 지각한 귀족주의적 지식인들의 망념이었던 것이다. 헤겔은 1807년 이미 『정신현상학』에서 "신은 죽었다(Der Gott ist gestorben)"고 확언했었기 때문이다. 그러나 니체는 76년 뒤인 1883년에야 문득 "신이 죽었다(Der Gott ist tot)"는 것을 확인한다. '신의 죽음'에 대한 의식에서도 그는 지각한 것이다.

그럼에도 차라투스트라는 '종말인'을 허무한 존재로 보고 마치 선지자처럼 이 인간들에게 그들의 존재의 의미를 가르쳐주려고 벼른다.[197] 초인적 선민 자체는 허무한 종말인들, 허무주의적 도시 소시민들에게 그들의 존재 의미가 된다. 종말인은 '인간에 지친' 존재론적 허무주의자이기 때문이다.[198] 종말인들은 "인간이 (…) 점점 '더 나아진다'"고 한다. 이 말은 진정 독일적이다. 근대화·자본주의화되면서 모든 자본주의 국가들은 중세 성당의 높이와 크기를 한참 초월하는 자유의 여신상(1884)도 세우고, 에펠탑(1889)도 세우고, 19세기 말 100-150미터 높이를 상회하는 100층 이상의 마천루들, 즉 맨해튼과 시카고의 마천루 군락과 고층 아파트, 오스트레일리아 멜버른의 마천루 군락도 지었다. 그러나 독일은 20세기 중반까지도 중세 때 지어진 쾰른 성당 외에 고층 건물이 없었고, 유독 속물적이었던 독일 중산층은 교외에 코딱지만 한 주말농장 '클라인가르텐(Kleingarten)'을 하나 장만하면 무척 행복해했다. (독일 소시민들은 오늘날도 그렇다.) 따라서 이런 특이한 독일적 생활 체험 속에서 니체는 '중산층 종말인들'이 비용을 아끼려고 중세 건물에 비해 더 작은 건물들만 짓

---

197) Nietzsche, *Also sprach Zarathustra*. Erster Theil. "Zarathustra's Vorrede. 7", 17.
198) Nietzsche, *Zur Geneologie der Moral*. Eine Streitschrift. Erste Abhandlung. Nr.12 (292쪽).

고 물건들을 점점 작아지는 소책자처럼 축소하기만 한다고 착각하며 세계적으로 확대·일반화한 것이다.

니체는 이것보다 종말인의 '허무'를 걱정한다. "위험 중의 위험은 모든 것이 아무런 의미를 갖지 않는 것이다".[199] 니체는 2500년 동안 수신·수덕의 낙도樂道 속에서 허무주의를 알지 못하는 중국의 문화를 "중국인적인 것"이라고 하면서 이것을 "기독교적인 것"과 나란히 놓고 등치시킨다. 가관이다. 왜냐하면 19세기 말 서양 중산층의 교양인들은 기독교 신앙도 벗어나 있었고, 18세기 공자숭배와 중국 열광으로부터도 벗어나 새로운 과학과 도덕철학의 교양을 갖추고 있었기 때문이다.

종말인들은 육체를 경멸하는 '작은 이성'의 소유자인 반면, 초인적 선민은 고귀한 '육체 이성', '큰 이성'의 소유자다. 그런데 육신의 이 '고귀성'이란 신체적 고귀성인가, 영혼적 고귀성인가? 그것은 '야만적 카스트의 고귀성'인데, 그는 갑자기 그것을 '영혼적 고귀성'으로 규정하고 고귀한 카스트의 '초인들'을 '더 완전한 인간'이라 칭하는, 나아가 '더 완전한 짐승'이라 칭하는 광기어린 개념적 변덕을 부린다.[200] 이 광적 변덕은 "육체는 나이고 영혼이고, 육체는 완전히 나이고 이것 외에 아무것도 아니며, 영혼은 육체에 붙어 있는 그 어떤 것에 대한 명칭일 뿐이고, 육체는 '큰 이성'이다"는 앞선 '육체와 영혼의 동일시' 명제를 상기하면 이해할 수 있을 듯하다. 상론했듯이 그는 카스트 개념을 선민 계급의 순수성을 유지하려고 도입했다. 카스트는 종말인들과의 혼인과 교접을 배제함으로써 초인적 선민의 고귀한 피를 종말인들과 섞이지 않도록 하려는 장치다.

'큰 이성'을 '육체 이성'으로 강조하는 니체는 '육체와 영혼의 동일시'

---

199) Friedrich Nietzsche, *Nachgelassene Fragmente*. Herbst 1884-Herbst 1885. Nr.2 [00], Nr.7 [64], 108, 326쪽.

200) Nietzsche, *Jenseits von Gut und Böse*. Nr. 257 (216쪽).

관점에서 카스트 신분적 '고귀성'을 정신적·영혼적 의미의 고귀성으로 풀이하고 또 거듭 강조한다.[201] 그러나 정신적·영혼적 의미의 고귀성은 카스트 신분적 고귀성으로 한정되고, 따라서 이 고귀성은 "영혼적 높음", "특권" 등과 직결되어 있다. 니체는 '더 완전한 인간'의 '영혼적 힘'을 고귀한 카스트의 우월성의 근거로 지목하면서 동시에 '더 완전한 짐승'을 같이 거론함으로써 이 영혼적 힘이 플라톤의 유전 생물학적 천성으로서의 '애지적愛知的' 천성을 가리킨다는 것을 환유적으로 암시하고 있다. 이 높은(우월한) 영혼적 천성을 가진 카스트는 생물학적으로 우수한 영혼을 가진 인종을 가리킨다. 이 우월한 영혼은 신체 기관器官으로서의 좋은 '두뇌'를 가리키는 생물학적 영혼(좋은 지능의 머리)을 뜻하는 것이다. 생물학적 영혼은 신체 기관으로서의 두뇌에 지나지 않는다. "자유로운 정신과 자유로운 가슴을 가진 자들"의 "머리"는 "한낱 가슴의 장부臟腑에 지나지 않을 뿐이다".[202] 이로써 고귀한 영혼으로서의 좋은 두뇌의 높은 카스트를 인종적 카스트로 탈바꿈시킬 논리적 준비가 완결된다.

육체 이성을 대표하는 머리 좋은 인종으로서의 이 고귀한 카스트는 차라투스트라와 같은 "새로운 철학자", 즉 '철인총통'이 이끈다. '철인총통'은 플라톤의 '철인치자'를 차라투스트라의 엽기적 모습으로 변형시킨 것이다. 『차라투스투라는 이렇게 말했다』(1883)를 해설한 책 『선악의 피안』(1886)에서 니체는 그가 비판해 마지않은 소위 "독일 정신(Deutscher Geist)"의 반동적 낭만성을 은근슬쩍 흉내 내는 듯한 야릇한 반근대적·반동적 정서 속에서 민주주의와 사회주의를 폄하하며 새로운 명령권자 철인으로 "총통(Führer)"을 거론한다.[203] 니체의 눈앞에 "이러한 총통

---

201) Nietzsche, *Zur Geneologie der Moral.* Erste Abhandlung. Nr. 4 (275쪽).
202) Nietzsche, *Also sprach Zarathustra.* Erster Theil. "Zarathustra's Vorrede. 4.", 12쪽.
203) Nietzsche, *Jenseits von Gut und Böse.* Nr. 203 (128-130쪽).

(Führer)의 상이 우리 눈앞에 어른대는 것이다." 이 "총통"은 '철인철통'이다. 그것도 '예술가적 철인총통'이다. 상론한 바와 같이 니체가 플라톤의 철인치자를 잘못 비판하면서 말했듯이 국가의 통치자가 '철학 천재'이면서 '예술 천재'이어야 하기 때문이다. "총통"은 훗날 히틀러의 법적 칭호가 되고, 히틀러는 자신을 '천재적 철학자'이자 '천재적 예술가', '철인총통'이라고 자부한다.

"인간에게 인간의 미래를 (…) 인간 의지에 의거한 것으로서 가르친다"는 말은 인간들에서 인간이 미래를 자기의 의지대로 주조할 수 있다, 같은 말이지만, 인간 의지에 의해 역사적 '우연'을 '필연'으로 만들 수 있다는 탈脫운명론적·탈脫섭리론적 무신론 도그마를 가르친다는 것이다. "선구적 사자使者, 미래의 인간", "인간의 미래"를 "인간 의지에 의거한 것"으로서 가르치고 "훈육과 품종개량의 커다란 과감성과 전체적 시도"를 준비할 "새로운 유형의 철학자 겸 통수권자"로서의 '철인총통'을 기다리는 니체에게 동정심이 많으면서도 투지에 넘치는 사회주의자들은 가장 위험한, 따라서 가장 경멸스런 적수, 인간을 '난쟁이'로 '동물화'시키려는 "멍청이들과 돌대가리들"이다.[204] "사회주의적 멍청이들과 돌대가리들"에게 이상적 인간, "미래의 인간"은 사회주의적 도덕을 갖춘 인간이다. "새로운 유형의 철학자 겸 통수권자"는 미래를 내다보고 퇴화·타락한 보통 사람, 종말인 종족을 가축처럼 "품종 개량할" 우생학적 과업과, 신이 죽은 뒤 우연에 방치된 역사를 종식시키고 세계를 철인총통의 의지로 질서 잡는 신적 대행자의 과업을 수행한다. 그리하여 미래에는 이 철인총통이 이끄는 초인적 '선민'과 '종말인'의 떼가 두 개의 인종으로 상하관계로 정립된다. 선민은 베푸는 덕으로 빛나고 종말인의 떼는 황금의 광채를 보듯이 선민을 우러러보고, 선민은 다시 철인총통을 따른다.

---

204) Nietzsche, *Jenseits von Gut und Böse*. Nr. 203 (130쪽).

그러나 상술했듯이 니체는 당대의 강력한 평등화 추세에 눌려 한때 니체가 원하는 "새로운 유형의 철학자 겸 통수권자"로서의 '철인총통'의 출현을 확신하지 못한다.[205] 이처럼 시대는 초인적 철인총통의 출현을 촉진하는 것과 반대 방향으로 흐르고 있었다. 민주국가와 "잉여 인간"으로서의 '종말인'에 대한 니체의 욕설은 걷잡을 수 없다. 욕설은 마르크스의 '국가사멸' 테제를 상기시킬 만큼 쩡쩡하다.[206] 니체의 결론은 '국가의 죽음'이 없으면 진짜 인간의 삶도 없다는 것이다. "국가가 종말을 고하는 곳에서야 비로소 잉여적이지 않은 인간이 시작되기"[207] 때문이다. 니체가 자기의 입으로 "국가의 종말"을 말하지만, 그의 눈앞에 어른댄 "새로운 유형의 철학자 겸 통수권자"로서의 '예술가적 철인총통'이 이끌 새로운 나라가 오히려 "차디찬 괴수"로서 그의 눈앞에 어른댔을 것으로 보인다. '예술가적 철인총통', 이 "차디찬 괴수"는 실은 새로운 나라가 아니라, 실은 나치스나 파시스트와 같은 사이코패스들의 관점주의에 따라 침략전쟁을 통해 "인간의 미래"를 마음대로 파괴하고 가축의 품종을 개량하듯이 '종말인들'에게 "훈육과 품종개량"의 우생학적 정책을 아주 과감하게 실행한 사이코패스적 냉혈한의 참주정체, 즉 300년 전 홉스 원작의 '리바이어던'이었다.

현실 정치에 대한 플라톤주의적·지성 우월주의적·사이코패스적 경멸감은 이것을 넘어 계속 분출된다.[208] 니체는 이미 5년 전(1878)『인간적인 것, 너무나 인간적인 것』에서부터 현실의 민족적 권력국가를 탄핵하며, "국가의 죽음"을 언급했었다.[209] 그러나 그는 방향을 돌려 트라시마코스

---

205) Nietzsche, *Nachgelassene Fragmente. Herbst 1884-Herbst 1885*. Nr 37『|(314-5 쪽).
206) Nietzsche, *Also sprach Zarathustra*. Erster Theil. "Vom neuen Götzen", 57-59쪽.
207) Nietzsche, *Also sprach Zarathustra*. Erster Theil. "Vom neuen Götzen", 59쪽.
208) Nietzsche, *Also sprach Zarathustra*. Zweiter Theil. "Vom Gesindel", 121쪽.
209) Nietzsche, *Menschliches, Allzumenschliches*. Erster Band [878]. Nr. 477, 481.

적 인종 카스트 정의국가가 벌일 인종 전쟁을 선동한다.

니체는 저 악취 나는 '국가'를 대체할 카스트제도를 "어떤 자의도, 어떤 근대 이념도 권력을 뻗치지 못할 자연적 질서"로서 제안한다.[210] 인도의 카스트제도는 여러 정복 민족이 피정복 민족과 섞이지 않도록 상하로 차곡차곡 누적되고, 이 민족들이 다시 직업에 따라 갈리고, 전염병과 유전병의 예방을 위해 상하 신분 간의 혼혈과 음식 나누기를 방지하려는 고려 속에서 공고화된 특수한 신분제다. 그러나 니체는 이 카스트제도를 우열 인종 간의 혼혈을 방지하는 데 이용한다. 니체는 앞서 인간 이성을 육체의 '큰 이성'과 두뇌의 지성적·허무적 '작은 이성'으로 양분했던 사이비 '이성 철학'을 카스트제도에 의해 정치적 인종 존재론으로 만든다.[211] 니체는 고비노의 이 사이비 인종 과학을 진짜 '과학'으로 확신했다.[212] "우리의 아주 민중적인, 말하자면 아주 천민적인 시대에 '교육'과 '교양'은 본질적으로 기만하는 기술, 말하자면 출신, 즉 육체와 영혼 속의 유전된 천민에 관해 기만하는 기술이지 않을 수 없다."[213] 니체는 이 주장을 확신에 차서 설파하는 자신이 "역겨운 무절제, 날카로운 질투심, 졸렬한 제멋대로 주의"를 합쳐서 이루어진 "천민 유형"이라는 것을 결코 깨닫지 못하고 있다.

니체는 이처럼 "지배 인종"을 형성할 수 있도록 잉여 인간·타락자를 근절하고 "더 강한 인종"을 "육성(품종개량)"할 것을 간절히 원한다. "선악의 피안에 있는 긍정의 인종"을 형성해야 한다. "특이하고 엄선된 식물들을 위한 온실"이 필요하고 지배 인종에게는 "커다란 사치"를 허용한다.[214] 그러나 이것은 『차라투스트라는 이렇게 말했다』에서 강조된 플라

---

210) Nietzsche, *Der Antichrist*, Nr. 57 (240쪽).
211) 참조: Taureck, *Nietzsche und der Faschismus*, 146.
212) Nietzsche, *Jenseits von Gut und Böse*. Nr. 264 (228-9쪽).
213) Nietzsche, *Jenseits von Gut und Böse*. Nr. 264 (228-9쪽).
214) Friedrich Nietzsche, *Nachgelassene Fragmente. Herbst 1887 bis März 1888*. Nr.

톤적 안빈安貧원칙("진정 적게 소유하는 자는 그만큼 적게 소유 당한다. 작은 빈곤을 찬미하자")에[215] 어긋난다.

니체는 방향을 바꿔 이 지배 인종의 사치와 풍요를 위해 획일화된 저급한 유럽인종을 다 섬멸하는 것이 아니라, 일부는 지배 인종에 봉사하도록 그 존재를 인정한다.[216] 니체는 슬그머니 유럽적 인종들을 혼합하고 획일화해 피지배 인종을 창출하고 지배 인종은 이 유럽적 인종 위에 군림하는 유럽적 지배 인종 체제를 기획하고 있다. 고비노는 아리안 백인종의 타락의 위험 원인을 '육체적 진력'이 초래되는 인종 혼합으로 본다. 그런데 니체는 고비노의 타락 진단을 고비노를 넘어서는 의미에서 역이용한다. 니체는 사실적 인종 혼합, 즉 획일화의 경향을 오히려 다중의 무력화의 기회를 제공하기 때문에 촉진해야 한다고 생각한 것이다. 그는 평균적 인간이 달성되면, 인간을 정당화해 주는 '보다 고차적인 유형'에 대한 요청·소원·욕망이 생겨날 것이라고 상상한다. 인종 타락은 대중 허무주의를 매개로 모범적 인간들의 '품종개량'에 대한 대중의 욕구를 산출한다는 것이다. 니체는 고비노의 정학靜學을 지배 인종을 양육할 기회를 열어주는 철저한 인종 획일화의 동학動學으로 바꿔놓았다.[217]

정태적 인종들의 동학적 혼합과 이로부터 지배 인종을 "20세기의 야만인"으로 육성하는 기술은 도처에서 확인된다.[218] "20세기의 야만인"은 "지능적" 야만인으로서 개념에 적확한 사이코패스다. 이래저래 니체는 자신이 사이코패스임을 노정하고 있다. 니체는 양육을 통해 부상할 지배

9 [53] (89-90쪽).

215) Nietzsche, *Also sprach Zarathustra*. Erster Theil. "Vom neuen Götzen", 59쪽.

216) Nietzsche, *Nachgelassene Fragmente. Herbst 1887 bis März 1888*. Nr. 9 [53], 89-90쪽.

217) 참조: Taureck, *Nietzsche und der Faschismus*, 36쪽.

218) Nietzsche, *Nachgelassene Fragmente. Herbst 1887 bis März 1888*. Nr. 1 [31] (259-60쪽).

인종을 "20세기의 야만인"이라 부름으로써 지배 인종이 사이코패스 인종임도 스스로 밝히고 있다.

상론했듯이 이 사이코패스 지배 인종을 육성하기 위해서는 먼저 더 사이코패스적인 철인총통이 출현해야 한다. 그러나 이때가 오기까지는 저급한 인종의 보편 도덕 때문에 보다 고차적인 지배 인종에게도 허무주의를 야기한다.[219] 니체는 역설적으로 유럽적 피지배 인종의 인종 혼합과 평준화, 그리고 예외적 인간, 강한 인간의 산출을 민주주의·사회주의·무정부주의 운동이 대행해 줄 것이라고 믿는다.[220] 니체는 따라서 앞에 전개한 민주주의적·평등주의적 수평화 추이에 대한 자신의 저주와 비난을 단순한 겉치레 말로 치부한다.[221] 니체는 유럽의 순종적 노동자 인종과 강력한 참주 인종의 "유성"과 출현을 유럽적 민주화 과정의 양면적 현상으로 간주한다.[222] 니체의 입에서 내뱉어진 "참주의 육성"이라는 말에서도 그의 "지배 인종(Herren-Rasse)"이 '사이코패스적 참주 인종'임이 드러난다. 그는 '자유로부터의 도피' 현상처럼 민주화로부터 예속에 대한 강한 욕구가 생겨나고, 의지박약한 노동자 대중은 민주화되면 민주화될수록 주인을 '빵처럼' 갈구하며 강자를 자기들의 참주로 모시게 된다고 장담한다. 그리하여 육체의 '큰 이성'을 지닌 사이코패스 참주는 허무주의적 '작은 이성'을 가진 '종말인' 집단을 다스리는 지배 인종으로 등극한다. 그러나 사회주의 혁명의 역사는 '검은' 사이코패스적 '참주 인종'이 아니라, 한때 강했다가 사라진 서기장, 제1서기, 주석 등 '붉은' 이데올로기적 '참주들'만을 산출했을 뿐인 반면, 나치스 참주 인종은 12년 만에 타

---

219) Nietzsche, *Nachgelassene Fragmente. Herbst 1887 bis März 1888*. Nr.9 [44] (221-20쪽).

220) Nietzsche, *Jenseits von Gut und Böse*, Nr.242 (190-1쪽).

221) Nietzsche, *Nachgelassene Fragmente. Herbst 1884-Herbst 1885,* Nr.39[3] (350쪽).

222) Nietzsche, *Jenseits von Gut und Böse*. Nr.242 (191쪽).

도·섬멸되었다.

니체는 강한 참주로서 '초인'도 대중들에 의해 '병든 사람'으로 만들어지면 범죄자가 된다고 주장했다.[223] 동정심의 본성을 결한 이 "가공스런" "비非동물"·"초超동물"로서의 고차적 인간은 동시에 "비인간"이다. 상론했듯이 쇼펜하우어는 동정심을 결한 가공스런 사이코패스를 "비인간(Unmensch)"이라 불렀고, 다윈은 동정심이 없는 자를 "부자연스런 괴물(unnatural monster)"이라 불렀다. 둘 다 사이코패스를 가리킨 것이다. 니체가 싸고도는 초인적·초동물적 비인간은 실은 정확히 니체처럼 사이코패스다. 이 사이코패스적 "비인간"은 여기서 범죄자다. 보다 고차적인 인간은 완벽한 인간으로서의 초인이면서 범죄자인 것이다.[224] 니체가 되뇌는 "도덕성은 비도덕성의 형식이다"는 명제는 '인간의 도덕성은 사이코패스에게 비도덕성이다', 거꾸로 '사이코패스의 도덕성은 인간에게 비도덕성이다'는 명제로 들린다. 사이코패스에게서 범죄성과 완벽성의 결합은 가능한 것이고, 보통 인간과 보다 높은 인간에게 따로 적용되는 두 개의 도덕이 존재할 수 있는 것이다. 이것이 새로운 정의다. 범죄적인 것은 니체에게 조금도 꺼림칙하지 않다. 문명적 세계에서 나타나는 "생장이 위축된", "실패로 끝난 유형의 범죄자"는 모두 "병들게 만들어진 강력한 인간"이다.[225] 앞서 지적했듯이 니체의 이 사이코패스적 사고방식도 플라톤의『국가론』으로 거슬러 올라가는 것이다.[226]

니체는 정치적 기만과 거짓말로 카스트제도와 지배 카스트의 존재를 숨기고 확립하고자 했다. 그는 초인적 철인총통의 '육체 이성'은 폭력 대

---

223) Nietzsche, *Nachgelassene Fragmente. Herbst 1887 bis März 1888*. Nr.9 [54] (90쪽).
224) Nietzsche, *Nachgelassene Fragmente. Herbst 1887 bis März 1888*. Nr.9 [40] (79쪽).
225) Nietzsche, *Götzen-Dämmerung*. "Streifzüge …". Nr.45 (140쪽).
226) Platon, *Der Staat,* 491e.

신 기만과 거짓을 활용하기 때문에 기본적으로 '평화적'이라고 생각한다. 그러나 지배권이 주어질 때만 평화적이다. 그러나 이 지배권이 확보되기 전까지 전쟁은 환영받는다. 육체 이성은 평화적이기는 하지만 이를 위해서 지배의 지위를 필요로 한다. 대大전쟁들은 지금까지의 약자 지배 때문에 일어난 것으로 설명되고 폭발적 미래로서 예견된다. 소수 강자들의 육체 이성은 정확히 초절대주의적 지배 전권을 장악한 경우에(만) 평화적이다. 그러므로 니체의 평화주의는 정치로부터 떨어져 나온 비非허무주의자들에게만 있는 것이 아니다. 그것은 지금까지 범죄자로 낙인찍힌 강자를 권좌에 올리는 그와 같은 가치 전복의 귀결이기도 하다.[227]

따라서 『방랑자와 그의 그림자』(1888)에서 선보이는 중기 니체의 다음과 같은 평화주의적 발언에도 역시 예고된 치명적 섬멸 전쟁의 선전포고, 또는 초인의 전후戰後 지배의 관점에서 음미해야 한다.

- 진정한 평화를 위한 수단. 지금 어떤 정부도 수시로 정복욕을 충족시킬 군대를 유지하는 것을 허용하지 않는 것이다. 군대는 방어에 복무해야 한다. 그런데 정당방위를 정당화하는 저 도덕이 그것의 옹호자로 불려 온다. 그러나 이것은 자신에게 도덕성을, 이웃에게는 비도덕성을 유보하는 것을 뜻한다. 왜냐하면 우리나라가 필연적으로 정당방위의 수단을 생각해야 한다면, 이웃 나라는 침략·정복욕이 있는 것으로 간주될 수밖에 없기 때문이다. (…) 정당방위의 수단으로서의 군대라는 학설을 정복욕과 마찬가지로 철저히 부정해야 한다. 그리고 아마, 전쟁과 승리에 의해, 군사제도와 지성의 가장 높은 형성에 의해 빼어난, 그리고 이것들을 가장 가혹하게 희생시키는 데 익숙한 어느 민족이 자발적으로 "우리는 칼을 부러뜨린다"고 외치고 전체 군대 제도를 그 마

---

227) 참조: Taureck, *Nietzsche und der Faschismus*, 172쪽.

지막 기초까지 파괴하는 위대한 날이 올 것이다. 다른 사람이 가장 방어적인 때 느낌의 고지高地에서 자신을 방어 없이 만드는 것, – 이것이 늘 심정의 평화에 근거한 진정한 평화를 위한 수단이다. 반면, 지금 모든 나라에서 시행되는 소위 무장평화는 자기와 이웃을 신뢰하지 않고 반은 미움에서, 반은 두려움에서 무기를 내려놓지 못하는 심정의 비평화다. 미워하고 두려워하느니 차라리 몰락하는 것, 미워하고 두려워하느니 차라리 두 번 몰락하는 것, – 이것이 언젠가 모든 개별적 국가 사회의 최고 격률이 되어야 할 것이다.[228]

이 평화는 "전쟁과 승리에 의해 (⋯) 빼어난" 민족, 즉 예정된 전쟁에서 승리한 민족이 승자로서 자발적으로 베풀 평화다. 따라서 이 평화 선언은 『인간적인 것, 너무나 인간적인 것』I권(1878)에 쓰인 살벌한 섬멸 전쟁의 선전포고와 대구를 이루고 있는 것이다.[229] 니체 궁극 목표는 공히 영락자·허약자·잉여 인간·쓰레기·타락 인종의 선별·격리·근절 및 철인총통과 지배 인종이 다스리는 인종주의적 유럽연방 국가의 수립이었다. 그런데 히틀러의 궁극 목표는 이와 완전히 일치했다.

니체의 트라시마코스적·인종 카스트적 정의국가론은 플라톤주의 국가론과 홉스주의 국가론을 교묘하게 종합하고 야릇하게 전도·변환시킨 국가론이다. 니체는 플라톤의 '철인' 개념의 두 측면(애지자와 유전 생물학적 의미에서의 천부적 천재)에서 애지자 측면과 천재라는 유전 생물학적 측면을 제멋대로 변형시켜 활용했다. 가령 애지자(철학자) 개념에서는 '선의 이데아'를 관상하는 형이상학적 지식욕도 내버렸고, 이 개념이 전제하는 경신敬神의 의미를 내버렸다. 이로 인해 니체의 '지자' 또는 '철인'은

228) Nietzsche, *Der Wanderer und sein Schatten* [1880], Nr. 284, 316–317쪽.
229) Nietzsche, *Menschliches, Allzumenschliches*. Erster Band (1878). Nr. 477(321–322쪽).

불경·오만하며 탈脫형이상학적이고 생물학주의적·인종주의적일 수 있게
된다.

플라톤의 정의는 분업적 정의이고, 그의 국가는 분업적 카스트 정의국
가였다. 니체의 정의는 플라톤이 비판해 마지않은 트라시마코스적·관점
주의적 정의이고, 그의 국가는 마찬가지로 카스트국가이지만 인종카스
트의 트라시마코스적·관점주의적 정의국가다. 카스트국가 측면은 플라
톤적이고, 트라마시코스적·관점주의적 정의국가 측면은 홉스의 참주적
리바이어던의 재현이다. 지배인종육성론은 플라톤의 우생학적 수호자양
육론과 고비노의 인종이론을 종합한 것이다. 이런 까닭에 니체의 카스트
적 정의국가는 '인종카스트적 정의국가'가 되었다.

이 카스트국가가 뭔가 '정의로운' 국가라면, 그것은 지배인종의 '관점'
에서만 정의로운 국가, 따라서 정의를 지배인종의 이익으로 내거는 트라
시마코스적 정의국가다. 그러므로 이 국가는 관점주의적 정의국가 중 가
장 저급한 관점의 정의국가다. 이 정의국가의 정의는 가령 덕성의 도덕적
관점이나 구성원들의 비례적·양적 평등 관점에서의 정의가 아니라, 가장
저열한 인종주의적(생물학적) 강자의 관점에서의 이익과 등치된 정의이
기 때문이다.

1914년 제1차 세계대전이 발발했을 때 당시 사람들은 이 세계대전을
"행동하는 니체(Nietzsche in action)"라 불렀고, 동시에 민족주의 감정
이 사회주의적·기독교적 이상을 유린한 "유럽-니체 전쟁"이나 "앵글로-
니체 전쟁(Euro-Nietzschean or Anglo-Nietzschean war)"이라 불렀었
다.[230] 그러나 이 전쟁은 실은 다른 독점자본주의적 국제경쟁 때문에 일
어난 제국주의 세계대전이었다. 저런 전쟁 호칭들은 전쟁도발자들이 의

---

230) William Mackintire Salter, "Nietzsche and the War", *International Journal of Ethics*, 27-3(1917), 357-379쪽.

도하지 않은, 단지 호사가들이 붙인 명칭에 불과했다.

그러나 제2차 세계대전은 무솔리니와 히틀러, 특히 히틀러가 니체의 트라시마코스적 인종 카스트 정의국가론에 따라 그런 지배적 인종 카스트의 관점주의적 정의국가를 세우고, 니체의 선동에 따라 일으킨 바로 그 세계적 차원의 인종 전쟁이었다. 전쟁 기간에 히틀러는 니체의 플라톤적·우생학적 인종 육성·장애인 제거 정책에 따라 100만 명에 달하는 독일인 불구자와 허약자를 소위 '안락사'로 제거하거나 거세했다. 그리고 '인종주의적 정의'에 따라 800만여 명의 유대인과 100만여 명의 집시·폴란드인을 가스실 등에서 살해·소각·매장했다.

독일의 나치스 정권과 이탈리아의 파시스트 정권은 열성적으로 니체의 사상에 대한 소유권을 주장하면서 자기들의 정권을 니체의 사상으로부터 영감을 얻은 정권으로 위치 지었다. 1932년 아돌프 히틀러는 영화 '베니토 무솔리니의 100일'을 독일에서 특별 개봉한 기간에 니체의 여동생 엘리자베트 피르스터-니체(Elisabeth Förster-Nietzsche)에게 장미꽃 다발을 보냈고, 1934년에는 개인적으로 "한 위대한 전사에게(Zu Einem Größen Kämpfer)"라고 쓴 니체 묘지용 화환을 그녀에게 선물했다. 그녀도 니체의 애용하던 지팡이를 히틀러에게 선물했고, 히틀러는 니체의 하얀 대리석 반신상을 바라보는 자신의 모습을 찍은 사진을 공개했다.

1938년 거의 50만 부가 팔려나간 하인리히 호프만(Heinrich Hoffmann)의 히틀러 전기 *Hitler als Niemand Wissen Ihm*(아무도 모르는 히틀러)은[231] "두 개의 위대한 대중운동, 독일의 민족사회주의 운동과 이탈리아의 파시스트 운동을 낳은 사상을 창안한 독일 철학자의 반신상 앞의 총통"이라고 쓴 표제어와 함께 이 사진을 크게 실었다.[232] 프랑스 파시스트

---

231) 사이코패스의 속마음은 아무도 모른다. 책 제목이 부지불식간에 히틀러가 사이코패스임을 알려주고 있다.
232) Hans D. Sluga, *Heidegger's Crisis: Philosophy and Politics in Nazi Germany*

들은 니체철학을 보다 더 교조적인 충실성을 가지고 추종했다. "'파시스트' 니체는 무엇보다도 계몽주의의 괴저성壞疽性 '합리성'에 대한 영웅적 반대자이자, 쥐 떼들 같은 점원들의 시대에 전쟁과 폭력을 영광화 하고 내전 시기의 반反마르크스주의적 혁명을 고취한 일종의 영적 활력자로 여겨졌다. 프랑스 파시스트 라 로쉘(Pierre Drieu La Rochelle)에 의하면, 자기의 전우들의 신비적 자원自願의식과 정치적 행동주의를 고취한 것은 의지의 자기 목적적 힘에 대한 니체의 강조였다. 이러한 정치화된 니체 독해는 다른 프랑스 필객인 사회주의·공산주의적 무정부주의자 조르주 바타유(Georges Bataille)로부터 격한 반비판을 받았다. 바타유는 1930년대에 (대중정치를 혐오한 사상가로서의) 니체와 '파시스트 반동분자들' 간의 '근본적 양립불가능성'을 확증하려고 했다. 그는 나치스의 범汎게르만주의, 인종주의, 군국주의, 반유대주의보다 니체에게 낯선 것이 없고 다만 나치스들이 이 독일 철학자를 그들의 용도에 밀어 넣었다고 주장했다."[233] 그러나 바타유의 반박은 니체의 수많은 공간·미공간 저작들에 대한 풍부하고 정교한 지식도 없이 반토막 진리들을 짜맞춘 것에 불과했다.

마르틴 하이데거는 나치당의 활동적 당원으로서 그 시대에 모두 니체가 "지구의 지배의 본질에 관해 성찰하라는 명령"을 들었다고 주장하면서도 그의 철학에 대해 찬반이 갈렸다고 기록했다. 여기서 무서운 사실은 당시 지식인들이 '니체에 대한 찬반의 관점에서만' 사고했다는 것이다. 그리고 또 무서운 사실은 하이데거가 나치스보다 너무나 더 나치즘적이어서 나치당에서 출당되었다는 것이다.

(Boston: Harvard University Press, 1993), 179쪽.

233) Jacob Golomb and Robert S. Wistrich, *Nietzsche, Godfather of Fascism?: On The Uses and Abuses of a Philosophy* (Princeton, New Jersey: Princeton University Press, 2002), 162쪽.

나치스 운동은 인민적·민중주의적 사회주의와 민족주의에 대한 니체의 격렬한 증오에도 불구하고 "민족사회주의(Nationalsozialisus; 나치즘)" 깃발 아래 민주주의·평등주의·공산주의·사회주의·기독교·의회주의 등에 대한 맹렬한 공격을 포함한 여러 아이디어를 니체로부터 수용해 학습했다. 『권력에의 의지』에서 니체는 전쟁과 전사들의 숭고함을 찬양하고, 마치 시대의 전령인 양 "지구의 지배자들"로 부상할 '국제적 지배 인종'의 도래를 예고했다. 여기서 그는 유대인을 인종 혼합 정책으로 동화해 소멸시키는 식으로 유대인까지 포함하는 카이사르주의 유형의 범汎유럽주의를 표방했다. 이것은 게르만 지배 인종이 아니라 '인간성'에 대한 문화적으로 세련된 "재평가자들"로 구성된 신新제국주의적 엘리트 인종이다.

그리고 나치들은 니체의 극히 낡아빠진 반半봉건적 여성관으로부터도 영감을 얻어 수용했다. 니체는 민주주의·사회주의와 더불어 근대적 페미니즘을 단순한 허무주의의 평등주의적 수평화 운동에 불과한 것으로 경멸했다. 니체는 "인간은 전쟁을 위해 훈련되고 여성은 전사의 출산을 위해 훈련되어야 하고 그 밖의 것의 어떤 것이든 어리석음이다"고 직설적으로 천명하고 있다. 이 광언은 나치의 세계관에 완전히 반영되었다. 나치들은 "여성들은 부엌에 박혀있어야 하고 생에서 그녀들의 주요 역할은 독일 전사들을 위해 자식을 낳는 것이다"고 가르쳤기 때문이다.[234] 나치들은 니체의 "귀족주의적 과격주의" 정치를 그대로 수용한 것이다.

양차 대전 사이에 알프레드 보위믈러(Alfred Bäumler)라는 나치당원은 니체의 반反사회주의·반민족주의 글귀들을 빼고 니체의 저작 『권력에의 의지』를 선택적으로 편집해서 그들의 이데올로기를 만들어냈다. 세

---

234) William Lawrence Shirer, *The Rise and Fall of the Third Reich: A History of Nazi Germany* (New York: Simon and Schuster, 1960), 99-101쪽.

월이 갈수록 변덕스럽게 변해간 니체의 잡다한 상호모순적·자가당착적 논고들은 이런 선택적 편집 없이 사용하기 곤란했기 때문이다. 나치 집권 시기인 1933년부터 1945년까지 12년 동안에 나치정부는 니체의 저작들을 독일과 오스트리아 대학교와 예하 학교들에서 교재로 광범하게 학습시켰다. 그리하여 나치스 서클들 안에서 '권력에의 의지'는 흔한 표어가 되었다. 나치스들 사이에서 광범하게 퍼진 니체의 인기는 부분적으로 1889년 이후 니체의 저작들을 일반인들이 놀라지 않게, 그리고 나치당의 민족 사회주의적·극우민족주의적 노선과 모순되지 않게 군데군데 손보거나 선택적으로 편집해 출판한 엘리자베트 푀르스터-니체의 노력 덕택이기도 했다.

니체와 나치스의 사소한 전술적 차이를 강조함으로써 니체를 나치즘으로부터 구해내려고 하는 노력은 마르크스와 마르크스주의 차이를 강조함으로써 마르크스를 구해내려고 하는 시도만큼이나 실천적으로 무의미한 것이다. 모든 이론은 이 이론을 현실로 옮기는 실천 과정에서 삭감되고 보태지고 악화되고 변질되는 통에 이론의 실현태는 이론 자체와 다소간의 차이를 보이기 마련이기 때문이다. 그러나 이론과 실현태는 그 핵심적 취지에서 '대동소이'하다고 말할 수 있다.

가령 히틀러는 불구자와 허약자를 제거하고 지배 인종을 양육하는 니체의 우생학적 이론 기획과 대동소이한 수준에서 장애인 제거 정책을 지배 인종의 관점에서 '정의롭게' 관철시켰다. 히틀러는 니체의 불구자·허약자 제거 요청에 입각해 수립된 소위 "Aktion T4" 정책을 집행함으로써 1939년 한 해 동안에 독일 인구 가운데 장애인 30만 명을 소위 '안락사' 방식으로 살해했고, 지적 장애인 40만 명을 거세했다. 그리고 공산주의자들도 거세했다.

반면, 무솔리니는 장애인 제거 정책을 '징그럽게' 여겨 수립하지도, 시행하지도 않았다. 이것은 니체의 노선과 어긋난 것이다. 그러나 그는 니체에 충실하게 반反유대주의에 반대했다. 이것은 반유대주의를 비판하고 유대인과의 혼인을 통해 유대인 혈통을 없애버리는 니체의 계획과 부딪치지 않는 정책이었다. 그러나 무솔리니는 1936년 이후 내키지 않게 히틀러의 요청대로 반유대주의를 표방했고, 히틀러가 강력히 제기한 사이코패스적 유대인 체포·압송 요구에 마지못해 응했다. 하지만 그는 반유대주의와 유대인 압송을 둘 다 시행하는 척하다가 흐지부지해 버렸다. 무솔리니는 개인적 천성이 사이코패스가 아니라 '허풍쟁이 소양인'이었기 때문이다.

제4절

니체의 사이비 미학:
예술과 놀이의 혼동

니체의 안목에는 자연미가 없다. 그는 예술미도 제대로 이해하지 못했다. 그는 예술미를 유희적 재미와 혼동하고 예술과 놀이를 구분하지 못했다. 그는 인간의 현존재를 예술에 의해 가능케 하기 위해 백성을 '작품 재료'나 '장간감 소품'으로 삼아 유희적 예술 작품으로 빚어내려는 소위 '사이비 실존미학'과 '정치미학'을 말한다. 니체의 미학은 두 측면을 갖는다. 한 측면은 예술을 놀이로, 미를 재미로 착각하는 '유희적 사이비 미학'이고, 다른 한 측면은 백성을 재료로 삼아 '사이비 예술 작품'을 빚어내려는 '예술로서의 정치', 또는 '정치미학'이다. 전자는 철저히 아리스토텔레스·칸트답고, 후자는 상당히 네로답다. 니체의 이 '사이비 미학 정치론'은 아름다운 밤을 위해 로마에 불을 지르는 살벌하고 악랄한 정치 명령을 내린 네로처럼 정치를 "불가능의 예술"로 여긴 무솔리니와 히틀러의 황당무계한 과대망상 정치론과 "절망하지 않기 위해 절망하는" 미학적 허무주의 정치론에 결정적 영향을 미쳤다.

4.1 플라톤의 순수예술론에 대한 니체의 오해

니체는 놀이와 예술을 구분하지 못하고 재미와 미美를 구분하지 못하여 놀이를 예술로 착각하고 재미를 미와 혼동한다. 놀이와 예술, 재미와 미에 대한 그의 혼동과 착각은 '유희적 사이비 미학'을 낳는다.

니체의 이러한 혼동과 착각은 근원적으로 플라톤의 순수예술론에 대한 그의 오해를 초래한다. 앞서 살펴봤듯이 니체는 청년기 저작 「그리스 국가」에서 플라톤의 국가론을 평가하면서 "플라톤이 일반 개념의 천재를 정상에 세운 것이 아니라 지혜와 지식의 천재만을 정상에 세웠다는 것, 그리하여 천재적 예술가들을 전적으로 국가로부터 배제했다는 것은 예술에 대한 소크라테스적 판단의 경직된 귀결이다"라고 말한다.[235] 그런데 바로 소크라테스와 플라톤이 "천재적 예술가들을 전적으로 국가로부터 배제했다"는 니체의 이 비판은 그릇된 것이다. 플라톤은 미메시즈적(모방적) '시가'와 '그림'을 폄하했지만, 무사(Μούσα) 여신이 공히 철학과 함께 관장하는 미메시스적이지 않은 직설·상징·은유·환유의 '시가'는 철학처럼 높이 평가하고 그의 이상국가에 입국을 허용했기 때문이다.[236] 예술은 미메시스적 유희 요소가 증가할수록 재미있어지지만 통속화되는 반면, 이 유희적 미메시스 요소가 줄고 직설·상징·은유·환유의 미학적 요소가 증가할수록 예술은 재미없어지고 순수해지고 아름다워진다. 플라톤은 미메시스적 유희의 '재미'와 순수예술의 '아름다움'을 구분함으로써 순수예술과 통속예술을 차별하고 이상국가에서 '통속예술'을 추방하

---

235) Nietzsche, "Der griechische Staat", 777-778쪽.
236) Platon, *Der Staat*, 401d-402a.

고 '순수예술'만 육성하려고 했다.

플라톤은 모방(미메시스)이 예술의 기법이 아니라 놀이의 요소라는 것을 알았다. 또한 그는 재미(흥미)만을 좇아 미메시스(모방)를 남발하는 재미있는 대중예술이 미의 세계를 지배하면, 순수예술은 점점 소퇴한다는 것도 알았다. 통속 시가와 통속예술은 사회의 말초 신경적 유흥문화와 소피스트적 영혼을 지나치게 부추기는 경향이 있다. 미메시스적 통속예술이 순수예술을 압도·추방하는 추세가 지배하게 되면 사회 기강은 서서히 무너지고 국가도 자연히 위태로워진다. 그러나 니체는 아리스토텔레스처럼 미메시스를 예술 기법으로 오인하고 순수예술과 통속예술의 차이를 몰각한 것이다.

플라톤은 철학사상 최초로 미메시스 예술의 이러한 통속성 문제를 통찰하고 직설·상징·은유·환유의 기법을 주로 쓰는 '순수예술'을 격상시키려고 고투했다. 이런 까닭에 그는 재미와 미美를 구분하고 '미메시스 문예물들'을 재미 위주의 '통속예술'로 거듭 비판하고 있다. 그는 세 번에 걸쳐 모방예술을 통렬하게 탄핵하는데, 두 번의 비판은『국가론』에서 나타나고, 나머지 한 번은『법률』에서 등장한다.

먼저『국가론』에서 플라톤은 '세 가지 침상寢牀'을 화두로 '미메시스 미학'을 비판한다. 세 가지 침상 중 하나는 '본성에서 침상인 것'이고 이것은 신이 만드는 것이다. 즉, 침상의 이데아다. 다른 하나는 목수가 이 이데아를 본떠 만드는 침상이다. 세 번째 침상은 화가가 목수의 침상을 모방해 그린 것이다. 여기서 '미메시스', '모방'은 본래적 의미에서의 '묘사描寫', 즉 '베껴 그리고 본뜨는 것'이라는 말과 같다. 화가는 대표적 '모방자'다. "본질로부터 세 번째인 산물의 제작자"다.[237] 이 화가의 모방적 그림이 예술이라면, 플라톤은 '거울'을 가지고 이 화가의 모방물보다 더 정

---

237) Platon, *Der Staat*, 597b-e.

확한 모방물을 얼마든지 만들 수 있다고 말한다. "만약 네가 거울을 들고 아무 데나 돌아다니기만 한다면 아마 가장 신속하게 너는 그것을 만들어낼 수 있다. 곧바로 해와 천상의 것들을 만들어내고 곧바로 땅과 너 자신, 여느 동물들과 도구들, 초목들, 그리고 그밖에 모든 것을 만들어낼 것이다." 그러나 이렇게 만들어낸 것들은 "존재하는 것들"이 아니라, "현상들"일 뿐이다.[238] 플라톤은 19세기 사진기가 모방예술의 미학적 무의미성을 증명했듯이 사진기 대신 '거울'을 가지고 이미 고대에 동일한 증명을 하고 있다. 플라톤은 화가만이 아니라, 비극 작가도, 시인도 통속적 모방 예술가들(대중예술가)로 간주한다.

플라톤은 모방을 참된 것과 거리가 먼 일종의 마술 같은 속임수로 간주했다.

- 모방술은 참된 것으로부터 어쩌면 멀리 떨어져 있어서 이 때문에 모든 것을 만들어내게 되는 것 같다. 모방술은 각각의 작은 부분을 건드릴 뿐인 데다 이것마저도 모상模像이기 때문이다. 우리는 화가가 제화공과 목수 그리고 다른 장인들을 우리에게 그려주지만, 이 기술들 가운데 어느 것에도 정통하지 못하다고 말한다. 하지만 그럼에도 그 화가는 훌륭한 것 같으면 목수를 그린 다음 멀리서 보여주어 진짜 목수인 것처럼 여기게 함으로써 아이들과 생각 없는 사람들이 속아 넘어가게 한다.[239]

이런 사람들은 "그 자신이 지식과 무지한 모방을 가릴 수 없게 된" 자들이다. 호메로스와 같은 시인도 "훌륭한 시인"이라면, 그리고 자신이 지

---

238) Platon, *Der Staat*, 596d-e.
239) Platon, *Der Staat*, 598b-599a.

을 시와 관련해 정녕 "훌륭하게" 시작詩作을 하게 되려면 "알고서" 시작을 해야 한다. 알고 하지 못할 것 같으면 시작을 하지 말아야 한다. 그러나 통속 시인들이 모든 기술과 인간사의 선덕과 악덕, 그리고 신들의 일까지 다 안다고 생각하는 사람들은 이 모방자들에게 "속아 넘어가서" 이들의 작품들이 "실재에서 세 단계나 떨어져 있는 것들이라는 것"을 깨닫지 못한다.[240) 그렇다면 "호메로스를 비롯한 모든 시인은 덕성의 모상들의 모방자들이고 그들이 관련지어 짓고 있는 그 밖의 다른 것들의 모방자들이지, 진리를 포착하는 것은 아니다". 화가처럼 "시인도 각 기술의 몇 가지 색깔을 낱말들과 구절을 이용해 채색하는" 셈이다. 그러나 시인이 한 말을 갖고 판단하는 사람들은 시인이 제화製靴에 관해서 운율과 리듬, 그리고 화성법에 맞춰 말할 경우에 아주 잘 말한 것으로 여긴다. 이것은 군사전략이나 그 밖의 것에 관해 말할 경우에도 마찬가지다. 이 달들은 본성적으로 이처럼 일종의 큰 마력을 갖고 있다." 시인들의 이 작품들이 그 "음악적 색깔들"을 빼앗기고 나서 그것들 자체로만 표현되었을 때 그것들은 "한창나이인 젊은이들의 얼굴이 꽃다움을 잃었을 때 보이는 그 모습 같을" 것이다.[241)

플라톤은 "모방자", 즉 통속문학·예술가들은 "자기가 만든 모방물들의 아름다움과 나쁨에 관해 알지도 못하고 옳게 판단하지도 못한다"고 말한다. 그러나 "그들이 모방하려고 하는 것은 무식한 대중들에게 아름다운 것으로 보이는 것일 것이다".[242) 여기서 플라톤이 의미하는 모방자의 개념이 통속 시가, 통속소설, 통속 드라마, 통속 회화 등을 만드는 '통속적 대중예술가'라는 것이 분명히 드러나고 있다. 그리하여 플라톤의 '모방 시가'는 '통속 시가'와 같은 말이고, 그의 '모방 소설'은 '통속소설'과 같은

---

240) Platon, *Der Staat*, 598b-599a.
241) Platon, *Der Staat*, 600e-601b.
242) Platon, *Der Staat*, 602b.

말이고, 그의 '모방 드라마'는 '통속 드라마'와 같은 말이고, '모방 회화'는 '통속 회화'와 같은 말이고, 그의 '모방예술'은 '통속예술'과 같은 말이다.

'모방자가 모방하려고 하는 것'과 '무식한 대중들에게 아름다운 것으로 보이는 것'이 일치한다면, 이 모방자는 통속작가이기 때문이다. 여기에 플라톤은 결정적 논변을 하나 달아두고 있다. "모방자는 그가 모방하는 것들에 관해 언급할 가치가 있는 것을 아무것도 모른다. 모방은 일종의 '파이디아($\pi\alpha\iota\delta\iota\dot{\alpha}$; 놀이)'이고, 심각하게 받아들여질 것이 못 된다". 그리고 "비극 시가를 시도하는 사람들"은 "모두가 모방자들이다".[243] 여기서 플라톤은 예술과 놀이를 구분하면서 비극 작가들은 "모두가 모방자들이다"는 말로써 그들을 모두 다 통속 작가들로 간주하고 있다.

플라톤의 미메시스 예술 비판에 오류가 있다면 그것은 모든 미메시스를 유희로 본 점에 있다.[244] 모든 미메시스(모방·흉내)가 유희인 것이 아니기 때문이다. '모든' 미메시스가 유희라면 '표절'도, '산업스파이 행위'도 범죄가 아니라 유희일 것이다. 미메시스는 그렇다고 미학적 요소도 아니다. 그러나 자연과 사회현실의 미메시스는 회화 예술이나 시문·소설 등에서 보듯이 하나의 기법으로 활용될 수 있고 활용되고 있다. 물론 미메시스를 예술의 이런 기법으로 활용하는 것을 넘어 게임 같은 유희적 요소들(긴장, 서스펜스, 스릴, 불확실성, 운, 우연 등)을 너무 많이 사용하는 것은 예술을 통속화시키는 것이 사실이다. 그러나 '모든' 미메시스가 유희가 아니기 때문에 미메시스를 예술에서 하나의 형상적 표현 기법으로 투입한다고 해서 이 예술 작품이 몽땅 유희, 또는 유희적 통속예술로 전락하는 것은 아니다. 이런 까닭에 유희로서의 미메시스(흉내)를 "다른 사람과 동물의 '고유한' 겉모습이나 고유한 행동, 고유한 음성 등 '외감적 양태'를

---

243) Platon, *Der Staat*, 602b.
244) 참조: 황태연, 『놀이하는 인간』 (서울: 지식산업사, 2023), 154-161쪽.

의식적으로 모방하는 것"으로 한정해서 정의하는 것이 옳을 것이다.[245]

따라서 모든 예술 작품에서 모든 미메시스를 추방하려고 한 플라톤의 시도에도 무리와 오류가 있는 것이다. 고대 그리스에서 '비극'은 영웅적 인물을 묘사적으로 모방하는 시가를 뜻했던 반면, '희극'은 자기보다 못한 사람들을 모방하는 시가를 뜻했다. 플라톤은 특히 자기보다 못한 사람들의 모방, 즉 희극적 모방의 경우에 '중도적 인간'의 정신은 "이런 것(자기보다 못한 인물들의 모방)을 놀이나 장난이 아니라면 경멸한다"고 말한다.[246] 즉, 모든 모방은 놀이나 장난이지만, 특히 자기보다 못한 인물들을 모방하는 희극적 문예예술은 더욱 놀이나 장난의 개그 기술이라는 말이다. 플라톤은 『에피노미스』에서 놀이(유희)의 대부분을 '미메시스'로 본다. "파이디아($\pi\alpha\iota\delta\iota\alpha$; 놀이)는 그 대부분이 모방 기술이지, 어떤 식으로든 심각한 것이 아니다. 모방함은 많은 도구들을 쓰기도 하지만, 몸 전체의 썩 우아하지 않은 모방적 몸짓에 의해서도 모방을 행한다. 또 말로도 모방하고 온갖 음악으로도 모방을 행한다. 또한 모방에는 물감을 이용하거나 물감을 이용하지 않는 것, 많은 종류의 온갖 다양한 형태로 이루어지는 것들, 이 수많은 것들의 어머니 노릇을 하는 회화도 있다. 이런 모방술들은 제아무리 열성을 쏟더라도 그 어떤 점에서도, 그리고 어떤 사람도 지혜롭게 만들어주지 않는다."[247] 미메시스를 예술이 아니라 정확히 생계를 위한 돈벌이와 정치의 관점에서 볼 때 심각하지 않은 '놀이'에 귀속시키고 예술적 미감을 표현하는 것도 없이 모방하기만 하는 작품들을 일종의 유희 작품으로 규정하는 플라톤의 이 논변은 정확한 말이다. 물론 이 '정확하다'는 평가는 어린이들이 처음에 모방을 통해 배우기도 하기

---

245) 참조: 황태연, 『놀이하는 인간』, 108–116쪽.

246) Platon, *Der Staat*, 396e.

247) Plato, *Epinomis*, 975d. *Plato*, vol.12 in twelve volumes (Cambridge, Massachusetts: Harvard University Press, 1975). 플라톤, 『에피노미스』, 플라톤(박종현 역주), 『법률』의 부록 (파주: 서광사, 2009).

때문에 "어떤 사람도 지혜롭게 만들어주지 않는다"는 그릇된 마지막 구절을 빼고 내린 평가다.

모방 또는 흉내는 재미있는 것이지만, 아름다운 것은 아니라는 것이 플라톤 주장의 핵심 요지다. 정치철학 교수가 어느 날 여장을 하고 강의실에 나타나면 학생들이 얼마나 재미있게 웃어대겠는가? 그러나 이 재미있는 정치학 교수의 장난스런 여장 행동은 재미있을망정 교수의 품위를 크게 추락시킬 만큼 아주 '추하고 비속하다'. 그래서 플라톤은 시가 안에 유희의 한 종류인 이 '모방'을 너무 많이 쓰는 당대의 희·비극 작가들을 모두 '통속작가'로 본 것이다. "모방술은 강요된 행위 또는 자발적 행위들을 하는 인간들을 모방하고, 이들이 이 행위를 통해 자신들이 훌륭하게 행했다거나 잘못했다고 생각하고 이 모든 것에서 괴로워하거나 기뻐하는 것을 모방한다".[248] 우리 영혼의 "조바심치는 부분"은 "많은 다양한 모방 기회들을 제공하는" 반면, "지성적이고 정심적正心的인 성향은 언제나 거의 동일한 것으로 남아 있어서 흉내 내기에 쉽지도 않고, 흉내 낼 때 이해하기도 쉽지 않은데, 극장에 모인 특징 없는 사람들에 의해서는 특히 이해하기 쉽지 않다". 왜냐하면 "모방이 그들에게 생소한 이질적 유형을 대하기" 때문이다. "모방적 시인", 즉 통속작가는 "군중의 인기를 얻어야 한다면 그의 본성이 영혼의 더 나은 부분과 관계하고 그의 지혜가 이 부분을 만족시키도록 틀지어져 있는 것이 아니라, 조바심치고 복잡한 성격 유형이 흉내 내기에 쉽기에 이 성격 유형에 바쳐져 있는 것이 확실하다". 따라서 모방적 시인도 모방적 화가와 같이 취급해도 상관없다. 모방적 시인도 "그의 창조물이 실재성의 관점에서 열등한 점에서 화가를 닮았다". 그리고 "그의 관심이 그가 영혼의 최선 부분이 아니라 열등한 부분을 향하

---

248) Platon, *Der Staat*, 603c.

고 있다는 사실은 또 다른 닮은 점이다".[249]

따라서 플라톤은 "모방적 시인이 잘 질서 잡힌 나라로 입국하는 것을 허용하지 않아야" 할 것이라고 주장한다. 왜냐하면 그가 "어떤 상태에서 누군가가 나쁜 사람을 권좌에 앉히고 나라를 그들에게 넘겨 보다 선한 종자들을 파멸시킬 때처럼 영혼 속에서 열등한 요소를 자극하고 키워 이것을 강화함으로써 이성적 부분을 파괴하는 경향을 보이기" 때문이다.[250] 모방 시가의 최대 문제점은 그것이 "선량한 사람들까지도", 가령 영웅까지도 슬픔에 잠겨 있거나 비탄 속에 긴 사설을 늘어놓는 장면 같은 좋지 않은 점들을 골라서 모방적으로 묘사함으로써 능히 "수치스럽게" 만들 수 있다는 점이다. 모방은 "괴로운 것과 즐거운 것들을 말려야 하는 데도 이것들에 물을 주어 키운다". 이것은 "희극적 모방"에서도 마찬가지다.[251]

이런 까닭에 플라톤은 "철학과 시가 사이에는 옛날부터 불화가 있다"고 말한다.[252] 그는 모방적 시가, 즉 통속 문예물과 대립되는 비非모방적 순수 문예 작품으로 "시인 자신의 설명"을 주로 "쓰는 종류의 시가와 이야기",[253] 즉 "신들의 찬송가들과 선인善人들의 찬가"를 들고 이 시가들만을 이상국가에 받아들여야 한다고[254] 주장한다. 하지만 여기에 더해 플라톤은 모방적 대중 문예물 중에서도 이상국가에 받아들일 이유가 있는 '아주 매력적이고 감미로운 대중 문예물들'은 입국을 허용한다. "감미로운 모방적 시가가 잘 질서 잡힌 나라 안에 존재할 어떤 이유를 보여준다면, 우리는 기쁘게 이 시가를 받아들일 것이다". 왜냐하면 "우리 자신이

---

249) Platon, *Der Staat*, 606c-d.
250) Platon, *Der Staat*, 604e-605b.
251) Platon, *Der Staat*, 606c-d.
252) Platon, *Der Staat*, 607b.
253) Platon, *Der Staat*, 394c.
254) Platon, *Der Staat*, 607a.

이 시가의 매력을 아주 자각하기" 때문이다. "그래도 우리가 진리라고 믿는 것을 배신하는 것은 불경할 것이다". 하지만 우리 자신은 "이 시가의 마력을 느낀다". 특히 "호머가 시가의 해석자일 때"는 이 마력을 느낀다. 따라서 그 밖의 모든 모방적 시가, 즉 통속 문예들을 이상국가에서 받아들이지 않고 퇴출해야 한다고 주장한다.[255]

플라톤이 처음에 "시가들 가운데서 모방적인 시가는 어떤 식으로든 받아들이지 않는다"고 말하는 것으로 보면[256] 그가 '모든' 모방적 시가를 '통속 문예', '대중 문예'로 이해하고 있음이 분명해진다. (물론 이것은 앞서 지적했듯이 오류이고 무리다.) 그리고 플라톤이 "전적으로 모방을 통해 작업하는 종류의 시가들과 이야기들, 즉 비극과 희극이 있고", 또 디티람보스(디오니소스를 기리는 제의祭儀 가무)와 같이 "시인 자신의 해설을 쓰는 종류의 시가와 이야기"가 있고, "서사적 시가에서, 그리고 많은 다른 곳에서 둘 다를 쓰는 또 다른 종류의 시가와 이야기가 있다"고 말하는 것을 보면,[257] 고대 그리스의 비극과 희극은 거의 다 모방적 시가, 즉 통속문예물이었던 것이 틀림없다. 플라톤은 '시인 자신의 설명을 쓰는 종류의 시가와 이야기'를 순수문예로 분류·대우하고 '둘 다(시인 자신의 해설과 모방)를 쓰는 시가'를 용인할 만한 종류로 인정하고 이것들을 "참으로 선하고 참된 사람들이 그가 말해야 했던 어떤 것이든 들려줄 설명과 이야기의 형태"로 제시한다. "중도적(μέτριος) 인간은 그의 이야기 과정 속에서 어떤 말이나 행동에 이르게 될 때 이것을 보고하면서 타인을 기꺼이 가장假裝할 것이고, 이런 종류의 흉내에 대해 어떤 수치심도 느끼지 않을 것이다. 선한 사람이 꿋꿋하게 그리고 지각 있게 행동할 때 좋아서 그를 모방하고, 그가 질병이나 사랑 또는 주취酒醉나 어떤 다른 작은 불행에 의해

---

255) Platon, *Der Staat*, 607b-d.
256) Platon, *Der Staat*, 595a.
257) Platon, *Der Staat*, 394b-c.

뒤집어져 있을 때는 덜 모방하고 더 거리끼며 모방할 것이다. 반면, 자기보다 못한 어떤 사람에 이를 때 그는 그가 선한 일을 하고 있는 스수의 경우를 빼면 열등한 사람을 진심으로 닮기를 원하는 것이 아니라, 이러한 인물들의 모방에 익숙지 않기 때문에, 또한 더 천박한 것들의 우형들에 맞춰 자신을 꼴 짓는 것을 혐오감 속에서 꺼리기 때문에 당황스러워할 것이다. 그의 정신은 이런 모방을 놀이나 장난이 아니라면 경멸한다."[258] 플라톤은 취사 선택적 모방을 말하고 있다. '중도적 인간'은 선인善人의 꿋꿋하고 지각 있는 언행을 기꺼이 모방한다. 플라톤이 '참으로 선하고 참된 사람들'의 선행의 모방을 강조하는 것은 이 모방이 엄청난 교화 효과를 갖기 때문이다. 여기서 플라톤은 부지불식간에 유희가 아닌 교화용 미메시스를 인정하고 있다.

이 취사 선택적 이야기는 실은 '중도적' 이야기다. 이 '중도적' 이야기를 통해 플라톤은 미美의 본질을 '중도' 또는 '중화'로 시사하고 있다. "가장 훌륭한 시가를 찾는 사람들은 재미있는 것을 찾는 것이 아니라 바른 것을 찾아야 한다. 모방의 바름은 실물 자체의 적절한 양과 질 측면에서의 실물의 모방에 있다."[259] 이것을 보면 플라톤은 시가의 '아름다움'이 '작가 자신의 비모방적 해설'과 '실물 자체의 질적·양적으로 적절한 모방' 간의 중화(균형과 조화)에 있다고 생각한 것으로 짐작된다. 극중인물이나 이야기 속의 인물은 '중용적 작가'가 조화로운 취사 선택적 모방을 통한 묘사와 비모방적·직설적 서술에 의해 만들어내야 할 예술적 '창조물'이다. 취사선택 없는 일률적 모방, 특히 자기보다 못한 인물의 충실한 모방적 묘사는 예술이 아니라 어디까지나 성대모사와 같은 개그 유희에 불과한 것이다. 그것이 예술이기를 주장한다면 그것은 '통속예술'이다.

---

258) Platon, *Der Staat*, 396c-e. 다음도 보라: Platon, *Gesetze*, 669b-d. *Platon Werke* (Darmstadt: Wissenschaftliche Buchgesellschaft, 1977).

259) Platon, Gesetze, 668b.

이어서 플라톤은 호메로스의 시가를 시인 자신의 비모방적 해설 화법과 모방 화법이 혼용되는 것으로 분석한다.[260] 중용적 인간이 채택할 화법은 "우리가 방금 호메로스의 시구들로 예시한 종류일 것"이다. "그의 이야기는 양자, 즉 모방과 단순 해설을 둘 다 공유할 것이지만, 긴 서술 속에서 모방은 적은 양일 것이다". 반면, 중도적이지 않은 인간은 천박하면 천박할수록 이야기 속에 온갖 것을 다 모방(묘사)하고 자기보다 못한 것은 아무것도 없다고 생각해 천둥소리, 바람이나 우박 소리, 차축이나 도르래 등의 소음, 나팔이나 목관악기, 피리, 기타 온갖 악기들의 소리, 개·고양이·새 등이 울고 짖는 소리 등 갖가지 것들을 '진지하게', 그것도 '군중의 면전에서' 모방할 것이다. 이 사람의 화법은 거의 다 갖가지 소리와 몸짓의 모방으로 이루어지고 작가 자신의 해설적 이야기 분량은 조금뿐이다.[261] 상술했듯이 이 두 유형 외에 일체의 모방을 쓰지 않는 순수 예술적 시가와 이야기 종류도 있다.

플라톤은 이 가운데 너무 모방적 작가는 "우리나라에 그런 사람이 없기도 하지만 그런 사람이 생기는 것이 합당치 않다"고 말해주고서 다른 나라로 보내버리는 반면, 이 비모방적 순수 문예와 중도적 인간의 혼합화법의 문예만을 이상국가에 인정하고자 한다. "우리 자신은 우리 영혼의 이로움을 위해서, 선인의 이야기를 모방하고 우리가 우리의 군인들을 교육시키려고 할 때 처음에 규정한 방식으로 그의 이야기를 들려주는 더 꾸밈없고 덜 재미있는 시인과 이야기 작가를 계속 채용할 것이다."[262] 따라서 앞뒤를 종합하자면 플라톤의 이상국가에서 허용되는 문예물은 다음 세 가지다. 1) 비모방적 순수 문예: "시인 자신의 설명"을 주로 "쓰는 종류의 시가와 이야기", 가령 "신들의 찬송가들과 선인善人들의 찬가"(디

---

260) 참조 Platon, *Der Staat*, 392d-393d.
261) Platon, *Der Staat*, 396e-397b.
262) Platon, *Der Staat*, 397e-398b.

티람보스와 같이 "시인 자신의 해설을 쓰는 종류의 시가와 이야기",. 2) 중도적 인간의 혼합화법의 문예물. 3) 이상국가 안에 존재할 이유를 브여줄 만큼 "감미로운 모방적 시가들". 이 마지막 범주의 '감미로운' 대중 문예물은 그야말로 '아주 매력적인 재미' 때문에 허용되는 것이다. 결론적으로, 플라톤의 이상국가에서는 그리 큰 재미도 없으면서 모방과 흉내를 남발하는 '저질 통속 문예물들'만이 입국이 불허된다.

재미는 모방이 증가할수록 증가하고 모방이 줄어들수록 줄어든다. "선인의 비혼합형 모방자"의 시가와 이야기는 선인을 모방하더라도 그가 좋지 않을 처지에 있을 때를 빼고 좋은 처지에 있을 때만 모방하고, 또 악인과 보통 사람을 전혀 모방하지 않기 때문에 모방이 가장 적고, 따라서 가장 재미없지만, 가장 아름답다. 선인에 대한 직설적 해설로만 된 '순수시가'는 교화적이고 아름답지만, 재미없다. 선인에 대한 직설적 해설에 선인의 모방도 조금씩 섞는 혼합형 모방자는 "재미있다(헤뒤스 ἡδύς)". 그리고 모든 것을 가리지 않고 모방하는 작가의 문예물은 "소년들과 이들의 가정교사, 그리고 거대한 우중愚衆에게 단연 가장 재미있다(헤디스토스 ἥδιστος)".[263] 하지만 명작들에서 문예의 아름다움은 대개 재미와 반비례할 것이다. 가장 재미없는 비혼합형 시가가 가장 아름답고, 혼합형 시가가 중간 정도로 재미있고 또 중간 정도로 아름다울 것이고, 무차별적으로 모방하는 시가는 가장 재미있지만 동시에 가장 추할 것이다. 따라서 플라톤은 『법률』에서 누군가를 향해서 이렇게 외친다. "재미가 시가의 평가 기준이라고 누군가가 진술할 때, 그때마다 우리는 이런 진술을 단호하게 기각해야 할 것이다. 그리고 우리는 이러한 (모방적) 시가를 (진정 모든 시가가 중요하다면) 모든 시가들 중 가장 중요치 않은 시가로 간주하고, 아름다운 것의 모방에서 은유(상징적 표현)를 지닌 시가를 선호해야 할 것

---

263) Platon, *Der Staat*, 397d.

이다."[264] 여기서 "누군가"가 일반인을 가리키는지, 아니면 자기의 제자 아리스토텔레스를 가리키는지 분명치 않지만, 의미 맥락에서는 미메시스(모방과 흉내)를 재미있는 유희의 한 종류가 아니라 아름다움의 본질로 내세우는 아리스토텔레스를 가리키는 것으로 보인다.

플라톤은 철학의 격상을 위해 문예를 격하시키거나 탄압하고 있는 것이 아니라, 모방을 '미의 요소'가 아닌 '놀이의 요소', '재미의 요소'로 규명함으로써 예술과 놀이, 미와 재미를 구분하고, 모방적 예술을 '대중적 통속예술'로 분리시키고 모방의 중도적 축소와 한정을 통해 예술을 가급적 모방으로부터 순화하고 모방이 없거나 모방이 적은 예술, 즉 순수예술을 고유한 예술적 기법에 의해 아름답게 만들 것을 촉구하고 있다. 따라서 '지나친' 미메시스 미학만이 단속·추방되는 것이다. 미메시스는 아름다움을 만드는 예술 기법이 아니라 재미를 만드는 유희기법일 뿐이고, 예술에 속하는 것이 아니기 때문이다. 미메시스, 즉 흉내와 모방은 내기나 게임과 함께 놀이의 한 종류다.[265]

플라톤은 재미와 본질적으로 다른 '아름다움'의 고유한 '근거'를 별도로 제시하고 있다. 그는 상술했듯이 『필레보스』에서 아름다움의 근거를 중화로 밝혔다. '아름다움'은 '균형, 완전성, 충족성'과 더불어 두 번째 선이고,[266] 또 "중도와 균형"은 "모든 경우에 아름다움"이 된다.[267] '중화中和'가 아름다움의 원인이라는 말이다. 종합하면, 플라톤은 미메시스를 재미의 원인으로 본 반면, 중화는 아름다움의 원인으로 본 것이다.

종합하면, 플라톤은 모방예술에 대한 비판으로써 그간 '미학적 요소'로 오해되어 온 미메시스를 '유희 기술적 요소'로 해명하고, 동시에 오늘

---

264) Platon, *Gesetze*, 668a-b.
265) 참조: 황태연, 『놀이하는 인간』, 108-113쪽.
266) Platon, *Philebos*, 66a-b.
267) Platon, *Philebos*, 64d-e.

날의 용어로 표현하면 재미(흥미) 위주의 '모방'을 오용·남용·악용하는 대중예술로서의 '통속예술'을 비모방적 '순수예술'과 구별하고, 이 '순수예술'을 진정한 예술로 자리매김한 것이다. 미메시스가 유희로 쓰일 경우는 "다른 사람과 동물의 '고유한' 겉모습이나 고유한 행동, 고유한 음성 등 '외감적 양태'를 의식적으로 모방하는" 케이스뿐이다.

플라톤의 미메시스 비판적 예술론에 약간의 오류가 있는 것이 사실이지만 플라톤이 그의 이상국가에서 모든 예술 또는 예술 자체를 추방하거나 탄압하려고 했다는 니체의 비난은 큰 오해이고 몰지각이다. 플라톤 미학에 대한 니체의 이 오해와 오독에는 그가 예술과 놀이, 미와 재미를 구분하지 못했다는 것이 숨겨져 있다. 그가 놀이를 예술로, 재미를 미로 착각·혼동한 것은 그가 나중에 '놀이를 예술로 착각하는 사이비 미학'을 미학이랍시고 주장하게 되는 근본 원인이다.

그간 서양 철학자들은 플라톤의 예술론에 대한 서양 최고의 문헌학자 니체의 이런 오해와 실언 때문에 플라톤의 미메시스 문예 비판을 '예술탄압'으로 오독해왔다. 가령 요한 하위징아는 플라톤의 모방예술 비판의 참뜻을 끝내 이해하지 못한 채 아예 "명확하게 밝힐 수 없는 것"으로 제쳐놓음으로써 미메시스 비판에 대한 이해를 포기했다.[268] 또 한스-게오르크 가다머는 플라톤을 "철학사가 아는, 예술의 존재 지위의 가장 과격한 비판자"로 낙인찍었다.[269] 심지어 오늘날도 니체주의자 헨니히 오트만도 니체를 추종해 플라톤이 예술가를 이상국가에서 추방하려고 한 것

---

268) 하위징아는 말한다. "우리는 (플라톤에 의한) 창조 작업의 이 다소 깔보는 정의가 무엇을 의미하는지에 대한 물음을 제쳐두어야 한다. 이 정의는 완전히 명확한 것이 아니다." Johan Huizinga, *Homo Ludens: A Study of the Play - Element in Culture* (Boston: The Beacon Press, 1950·1955), 162쪽.

269) Hans-Georg Gadamer, *Wahrheit und Methode, Grundzüge einer philosophischen Hermeneutik.* Gadamer, Gesammelte Werke Bd.1, Hermeneutik I (Tübingen: J. C. B. Mohr, 1960·1986), 117쪽.

으로[270] 오해하고 있다. 또한 한국철학계에서도 플라톤이 철학의 지위를 높이기 위해 예술 '일반'을 평가절하한 것으로 오해한다. 가령 박종현은 "이런 언급은 그동안 헬라스인들의 교육과 관련해 시가 누려온 독점적 지위를 차츰 철학이 빼앗아 가게 되는 데 따른 두 분야 사이의 갈등에 대한 철학 쪽의 해명인 셈이다"라고 말한다.[271] 미메시스 예술에 대한 플라톤의 비판을 예술 탄압으로 보는 몰지각은 지금도 변함없이 이어지고 있다. 데니스 더튼은 플라톤이 "최악의 형태의 예술"을 "영혼의 가장 상스런 요소들을 사로잡고 보상하기" 때문에 "영혼에 나쁜" 것으로 탄압하려고 했다고 해석한다.[272] 이런 플라톤 해석들은 모조리 다 그릇된 것이다.

이 오해의 주범은 니체였다. 이것으로써 그가 재미를 미로, 놀이를 예술로 착각했다는 것을 알 수 있다. 이 단계에서야 밝혀지는 것이지만 그의 이 오해와 착각은 바로 그의 사이비 미학의 출발점이었다.

4.2. 놀이를 예술로 착각하는 사이비 미학

니체는 칸트 이래 "예술·미·인식·지혜에 관한 모든 말씀은 '이익 관심 없이'라는 개념에 의해 섞여 망가지고 더렵혀져 있다"라며[273] 칸트의 미감 개념을 싸잡아 비판하는 척한다. 하지만 그는 실은 칸트의 이 '이익 관심 없는' 미 개념에 매우 충실하다. 니체는 『차라투스트라는 이렇게 말했다』에서 아름다움의 조건에 대해 이렇게 말한다.

● 숭고한 자는 자신의 영웅적 의지도 잊어야 한다. 그는 내게 숭고한 자

---

270) Ottmann, *Philosophie und Politik bei Nietzsche*, 45쪽.
271) 플라톤 지음, 박종현 역주, 『국가』(파주: 서광사, 1997·2007), 609쪽 주해.
272) Denis Dutton, *The Art Instinct: Beauty, Pleasure, and Human Evolution* (New York: Bloomsbury Press, 2009·2010), 31-32쪽.
273) Taureck, *Nietzsche - ABC*, 24쪽에서 재인용.

만이 아니라 정중한 자가 되어야 한다. 이 '정중한 자'란 무엇인가? 숭고한 자의 인식은 미소 짓는 것을 배우지 않았고 시기심이 없는 것도 배우지 않았다. 질풍 같은 그의 열정은 아직 아름다움 속에서 고요해지지 않았다. 진정, 그의 욕망이 침묵하고 가라앉는 것은 포식 상태에서가 아니라 아름다움 속에서다. 우아함은 큰마음을 가진 자의 아량에서 나온다. 그러나 바로 영웅에게는 아름다운 것이 모든 것들 중 가장 어려운 것이다. 아름다운 것은 모든 격한 의지에게 획득 불가능한 것이다. 근육을 풀어놓고 마구馬具를 풀어놓은 의지로 서 있는 것, 이것은 여기서 너희 모두에게, 너희 숭고한 자들에게 가장 어려운 것이기 때문이다. 그렇다면 무엇이 아름다움인가? 권력이 겸손해지고 볼 수 있는 곳으로 내려온다면, 나는 이런 '내려옴'을 아름다움이라 부른다. 그리고 너 강자여, 너 외에 아무에게도 바로 이 아름다움을 바라지 않을 것이다.[274]

근육도, 마구馬具도 풀어 놓고, 권력 이익도 내려놓은 자, 모든 이익을 초월해 자신을 볼 수 있게 생명력('열정')을 고요하게 표현하는 자에게 아름다움이 있다는 니체의 이 관념은 이익 관심 없는 생명력 발휘의 "쾌감", 즉 '재미'로서의 칸트의 '사이비 미' 개념과 잘 부합된다. 생명력 발휘의 "쾌감"이 실은 '쾌감'이 아니라 '재미'인 것은 유희의 정의는 이익이나 도덕성 등의 가치로부터 자유로운 생명력과 심신 능력의 자유분방한 발휘 또는 표출이고, 이 유희로부터 나오는 '기분 좋음'이 바로 '재미'이기 때문이다. 욕구 충족에서 나오는 '쾌락'(기쁨)은 재미를 추구하는 '유희적 행위'에서 나오는 것이 아니라, 이익을 얻거나 창출해 욕구를 만족시

---

274) Nietzsche, *Also sprach Zarathustra*, "Von den Erhabenen", 147-148쪽.

키는 '공리적 행위'에서 나온다.[275]

　이익을 초월해 아름다움을 느끼는 자에게는 이제 이런 미감이 사활적인 중요성을 갖는다. 『차라투스트라는 이렇게 말했다』에서 니체는 또 덧붙여 말한다.

● 너희 숭고한 자들은 내게 미감美感과 미각味覺에 대해 다투지 않아야한다고 말하는가? 그러나 일체의 생은 미감과 미각을 위한 투쟁이다. 미감, 그것은 저울추이고 동시에 저울판이고 저울이다. 미감과 저울판과 저울을 위한 투쟁 없이 살려고 하는 모든 살아있는 자들은 불쌍하도다! 이 숭고한 자가 자신의 숭고성에 피로해진다면야, 비로소 그의아름다움이 시작되고, 비로소 나는 그를 맛이 우러나고 또 풍미 있는것으로 느낄 것이다.[276]

　'살아있는 자들'은 이익 관심 없이 자기의 생명을 표출하는 쾌감을 느끼고 측정하는 미감의 저울을 가져야 한다. 상술했듯이 칸트에게 미학적감정, 즉 아름다운 것에 대한 쾌감은 모든 생명력의 '활력화'만이 아니라, 어떻게 '자기 자신을 느끼는지'를 지각하는 '생명감'과 긴밀한 관계에 있다.[277]

　상술했듯이 칸트의 미 개념은 유희적 '재미'와 미분화되어 있을 뿐만아니라, 미적 쾌감이 생명력의 활력화에서 나온다고 주장하는 한에서 이것은 '미美'가 아니라 유희적 '재미'에 지나지 않는다. 궁극적으로 칸트미학은 '재미'를 '미'로 착각했고 또 착각하게 만드는 사이비 미학이었다.

---

275) 참조: 황태연, 『놀이하는 인간』, 74-80쪽.
276) Nietzsche, *Also sprach Zarathustra*, "Von den Erhabenen", 146-147쪽.
277) 니체를 칸트와 연결시키면 니체를 구제할 수 있다고 착각하는 니체추종자들도 이 연관에 주목한다. 가령 참조: Volker Gerhardt, "Nieztsches ästhetische Revolution", 33쪽. Volker Gerhardt, *Pathos und Distanz* (Stuttgart: Philipp Reclam, 1988).

궁극적으로 '재미'와 통하는 칸트의 이 펑퍼짐한 사이비 미감 개념에 기대어 니체는 생명력의 유희적 표현의 재미를 '아름다움'으로 철저히 착각한다. 이렇게 하여 니체의 칸트주의적 '사이비 미학'이 탄생한다. 플라톤이 들으면 경기驚氣를 할 일이다.

멀리 플라톤 예술론에 대한 착각으로까지 거슬러 올라가는 이런 사이비 미학적 착각에서 니체는 예술을 생生과 관련시킨다. 아니, 예술이 우리의 생에 의미를 줄 뿐만 아니라, 아예 '생' 또는 '실존'이 예술기이어야 한다. 이것이 이른바 '실존미학'이다. 생적 실존 자체는 활동 또는 행동인까닭에 '유형적有形的 대상성'이 없고, 따라서 유형적 객관성이 없다. 문학이나 연극·영화 형태의 예술이 어떤 사람의 인생 역정에서 펼쳐지는 장면 장면을 유형적으로 형상화·객관화할 수 있을지라도, 이 사람의 실존'자체', 또는 행동 자체는 결코 유형화될 수 없고, 따라서 그 자체가 예술일 수는 없는 법이다. 인간의 육체적 '동작'은 예술화할 수 있`만, 감정적 '의미'의 표현인 '행위'는 예술이 될 수 없는 것이다. 행위도 약간의 동작과 태도를 포함하지만, 행위 속의 이 동작과 태도를 멋지게 하려다가는 '행위'를 망친다. 가령 군대에서의 사회적 '행위'로서 상관에 대한 거수경례는 '멋지게' 하다가는 지적을 면치 못할 것이다.

칸트의 미 개념은 유형적 객관성이 없는, 또는 유형적 객관성을 몰각하는 몽환 같은 '주관적 일반성'만을 갖는다. 따라서 여기에 기대어 니체는 생을 예술로 규정한다. 칸트의 사이비 미학에서 재미와 유희로 오해된 '미'와 예술은 모든 예술 작품에 요청되는 유형적 객관성을 갖출 필요가 없기 때문이다. 그래서 예술과 예술가에게 객관성 없는 어떤 말이나 관념들의 활용, 즉 '거짓말'도 얼마든지 허용된다. 아니, 니체에 의하면 거짓말이 예술의 본질이다. 어떤 식의 거짓말이라도 인간들 사이에서 '끼리끼리' 전하는 칸트의 상호 착각적 '공통감각'에 의해 얼마든지 수용되고 전달되고 통용된다.

생명력과 심신 능력의 자유분방한 표현은 유희이지,[278] 예술이 아니다. 그러나 니체에 의하면, 충동과 욕망으로 표현되는 생명력은 예술의 추동력이다. 아니, 예술은 생명 충동이다. 니체는 주장한다.

- 과학은 보여줄 뿐이고 명령하지 못한다. (그러나 '어느 방향으로?'에 대해 일반적 명령이 주어지면 과학은 수단을 제시할 수 있다.) 과학은 일반적 방향의 명령을 줄 수 없다! 과학이 하는 것은 사진 찍기에 불과하다. 그러나 명령을 주는 것은 창작하는 예술가들을 필요로 한다. 예술은 충동이다.[279]

나아가 니체는 삶의 방향을 주는 충동으로서의 '예술'과 '미학적 상태'를 축제 행위 및 축제적 쾌락과 연결시킨다. "미학적 상태"는 일단 "우리가 우리 자신의 충만성과 생적 쾌락을 반영하기까지 변용變容과 충만을 사물들 속에 집어넣고 이 사물들에 붙여 시작詩作을 하려는 상태"다. 그리고 그는 부연한다.

- 성욕, 도취, 식사 시간, 봄, 적에 대한 승리와 경멸, 교묘한 책략, 잔학성, 종교적 감정의 황홀경, 이 가운데 성욕·도취·잔학성, 이 세 가지가 특출하다. 모두 다 인간의 가장 오래된 축제 쾌락에 속하는 것들이고, 동시에 모두 다 초창기 예술가 안에서 우세한 것들이다. 거꾸로 이 변용과 충만성을 보여주는 사물들이 우리에게 다가온다면, 동물적 현존

---

278) 생명력과 심신능력의 자유분방한 표현으로서의 유희적 행위의 정의에 대해서는 참조: 황태연, 『놀이하는 인간』, 96-102쪽.

279) Friedrich Nietzsche, *Nachgelassene Fragmente - Anfang 1880 bis Frühjahr 1881*, 687쪽 (7-179). Nietzsche Werke, V1, hg. v. G. Colli u. M. Montinari (Berlin: Walter de Gruyter & Co, 1974).

재가 저 모든 쾌락 상태가 제 자리를 갖는 저 영역의 흥분으로 응대한다. 이 동물적 쾌감과 욕구들의 이 아주 부드러운 뉘앙스들의 혼합이 미학적 상태다.[280]

성 충동, 축제, 동물적 쾌감까지 등장하는 니체의 이 '예술ᆯ 미' 관념은 전혀 미학적이지 않고 유희적이다. 앞서 시사했듯이 유희(놀이)는 물적 욕망을 충족시키는 쾌락·이익 추구 또는 미와 도덕성의 추구로부터 자유로운 절대 질서 또는 순수 공간에서 생명력과 심신 능력의 자유분방한 분출과 표현을 향유하는 행위로, 또 재미를 유희 행위의 중화성(균형성과 조화성)으로부터 느껴지는 좋은 기분으로 정의된다. 이렇게 볼 때 니체가 생명 충동의 분출과 표현으로 간주하는 예술은 실은 '유희'에 불과하고, 그가 말하는 '예술적' 쾌감은 실은 황홀하고 도취경까지 극화된 광적狂的 '재미'에 지나지 않는다.

아름다움을 유형적 대상의 외적 구성·배열·색상·소리·움직임(동세)에서 감지되는 객관적 중화성에 대한 호감이라는 미美 개념을 상기하면, 유형적 형상으로 객관화될 수 없는 인간의 심신적 생명력과 충동적 능력들의 분출과 표현을 향유하는 희열감은 유형적·객관적 '미'로 감지될 수 없고, 오로지 '재미'로서만 감지된다. 따라서 가령 성 충동의 분출과 만끽을 두고 '성적 유희'와 '재미', 그리고 ('성욕의 충족'으로서의) '쾌락'을 거론할 수는 있어도, '예술'이나 '미'를 거론할 수는 없는 것이다. 니체는 지금 유형적 객관성이 없는 칸트의 주관주의적 미학의 약점을 맘껏 남용해 자신의 (자기)기만적 사이비 미학을 전개하고 있다. 따라서 니체는 말한다.

● 저 미학적 상태는 육체적 생기의 저 분출하고 흘러넘치는 충만성을 무

---

280) Nietzsche, *Nachgelassene Fragmente - Herbst 1887 bis März 1888*, 57쪽 (9-102).

릇 감당할 수 있는 자연본성들에서만 등장한다. 이 생기 속에 언제나 주요 동력이 들어 있다. 깨어있고 피곤하고 기진맥진하고 무미건조한 자(가령 학자)는 예술로부터 절대 아무것도 받을 수 없다. 그는 예술적인 원초적 힘, 충만감의 힘이 없기 때문이다. 줄 수 없는 자는 또한 아무것도 받을 수 없다. "완벽성", (특히 성애性愛 등의 경우에) 저 상태 속에서 가장 심오한 본능이 무엇을 고차적인 것, 바랄만한 것, 유가치한 것으로, 무릇 자기 유형의 상향 운동으로 인정하는지, 동시에 이 본능이 어떤 지위를 추구하는지가 순박하게 드러난다. 완벽성, 그것은 이 가장 심오한 본능이 지닌 권력 감각의 비상한 확대, 풍부, 모든 가장자리 너머로 넘쳐흐르는 필연적 거품 넘침이다. (…) 예술은 우리에게 동물적 생기의 상태를 상기시켜 준다. 예술은 한편으로 심상과 소망의 세계 속으로의 꽃피는 육체성의 넘침과 분출이다. 다른 한편, 예술은 상승적 생명의 심상들과 소망들에 의한 동물적 기능의 자극, 생명감의 높임, 생명감의 자극이다.[281]

이와 같이 갈수록 니체의 미학은 생명 유희의 '재미'를 '아름다움'으로 착각하는 유희적 사이비 미학을 향해 전력 질주한다.

니체는 '예술의 기원'을 아예 성 충동의 성희적性戱的 황홀경으로 본다. 그는 한편으로 "성적 힘들이 실린 대뇌 시스템에 고유한 저 완벽화, 완벽하게 봄(애인과 함께하는 밤, 사소한 우연들이 변용된다, 숭고한 사물들의 연쇄, '불행하게 사랑하는 자의 불행은 그 어떤 것보다 더 가치 있다')"를 거론한다. 다른 한편으로 "모든 완벽한 것과 아름다운 것은 저 사랑에 빠진 상태와 이 상태의 방식의 무의식적 상기로 작용한다. 사물들의 모든

---

281) Nietzsche, *Nachgelassene Fragmente - Herbst 1887 bis März 1888*, 57-58쪽 (9-102).

완벽성, 완전한 아름다움은 근접성을 통해 아프로디테의 행복을 다시 깨운다." 생리학적으로 볼 때 "예술가의 창작 본능과 혈액 속으로의 정액의 분배적 주입"은 연관되어 있다. "예술과 아름다움에 대한 욕망은 성 충동의 황홀경에 대한 간접적 욕망"이다.[282]

니체가 말하는 예술이 실은 예술이 아니라 놀이(유희)라는 것, 그것도 성적 유희라는 것, 또는 그가 말하는 예술적 쾌락이 '미'가 아니라 성적 유희 행위의 '재미'라는 것은 한편으로 그가 모든 예술을 아리스토텔레스처럼 미메시스(모방)와 동일시하는 것에서, 다른 한편으로는 인간 사회에서 가장 큰 유희인 축제와 스포츠 경기를 '예술'로 착각하는 것에서 다시 그리고 더욱 분명해진다. 먼저 『비극의 탄생』에서 그는 아폴론적인 것과 디오니소스적인 것을 인간의 본성적 예술 충동에서 나온 "몽상과 도취의 분리된 예술"로 규정하고[283] 모든 예술가를 본성의 아폴론적·디오니소스적 예술 상태의 '모방자'로 규정한다.

- 우리는 지금까지 아폴론적인 것과 이것의 대립물 디오니소스적인 것을, 본성 자체로부터 인간적 예술가의 매개 없이 분출되어 나오는, 그리고 본성의 예술 충동들이 맨 먼저, 그리고 직접적 방도로 충족되는 예술적 권력들로 간주했다. 전자의 예술적 권력은 지성적 높이나 개별자의 예술적 도야와 일절 관련이 없는 완벽성을 가진 이 몽상의 심상 세계로 분출되고, 후자의 예술적 권력은 다시 개별자의 현실을 존중하는 것이 아니라, 심지어 개인을 파괴하고 신화적 통일감을 구원하려고 하는 도취적 현실로 분출된다. 모든 예술가는 본성의 이 직접적 예술 상태의 "모방자들"인데, 그것도 아폴론적 몽상 예술가나 디오니소스

---

282) Nietzsche, *Nachgelassene Fragmente - Herbst 1885 bis Herbst 1887*, 335-336쪽.
283) Friedrich Nietzsche, Die Geburt der Tragödie [1872], 22쪽 (§1). *Nietzsche Werke*, III1, hg. v. G. Colli u. M. Montarinari (Berlin: Walter de Gruyter & Co, 1972).

적 도취 예술가, 또는 – 가령 그리스적 비극 안에서처럼 – 도취와 몽상의 동시 예술가다. 가령 이런 예술가가 열광적인 합창 가무단과 따로 떨어져 고독하게 디오니소스적 주취酒醉와 신비적 자기외화 속에 침잠하듯이, 그리고 이번에는 아폴론적 몽상의 영향을 통해 예술가에게 그 자신의 상태, 즉 그와 세계의 가장 내면적인 근거 간의 통일성이 하나의 비유적 몽상 심상 속에서 계시 되는 것처럼, 우리는 우리를 이런 예술가로 생각해야 한다.[284]

플라톤이 갈파했듯이 모방 또는 흉내가 예술미의 본질이 아니라 유희의 한 종류에 불과한 한에서,[285] 본성의 예술 상태의 모방은 '미'가 아니라, 기껏해야 '재미'를 낳을 뿐이다. 그리고 니체는 "고독하게 디오니소스적 주취와 신비적 자기외화"과 "아폴론적 몽상" 및 "몽상 심상" 등을 예술적인 것으로 보는 점에서 칸트의 몽환적 주관주의 미학을 과장된 형태로 계승하고 있다. 종합하면, 니체는 아리스토텔레스·칸트적 사이비 미학 속에서 '미학적 만행'을 마음껏 자행하고 있다.

다른 한편으로 니체가 올림픽 운동 경기대회와 축제를 예술로 평가하는 것도 그의 미학이 유희론이라는 것을 입증해 준다. 운동경기와 축제는 인간 사회에서 가장 흔한 유희이기 때문이다. 『비극의 탄생』에서 니체는 이렇게 말한다. "예술이 생 속으로 불러들이는 것과 동일한 충동(본성적 예술 충동 – 인용자)은 더 살아가도록 유혹하는 현존재의 보충과 완성으로서, 헬레나의 '의지'가 자신 앞에 변용變容하는 거울을 들이대는 올림픽 세계를 생겨나게 하기도 했다."[286] 그리고 『즐거운 과학』에서는 축제의

---

284) Nietzsche, *Die Geburt der Tragödie*, 26-27쪽 (§2).
285) 유희의 한 종류로서의 미메시스(흉내)에 대해서는 참조: 황태연, 『놀이하는 인간』, 108-113쪽.
286) Nietzsche, *Die Geburt der Tragödie*, 32쪽 (§3).

예술을 모든 예술 중 '최고의 예술'로 평가한다. 예술가들은 "자신이 행복과 행복한 것의 평가자들이 아니지만 자기들의 평가를 즉각 이용하려는 가장 큰 호기심과 재미를 갖고 이 평가자들과 언제나 가까웁진다."[287] 이런 사고방식에서 그는 예술 작품들을 "인류의 큰 축제 가로街路"에 펼쳐진 "기억 기호와 기념비들"로 분류한다.[288] 니체는 '인식하는 자'인 자기도 자기의 춤을 춤추는 댄서이고, 또 인식하는 자는 "이승의 춤을 길게 늘리는 수단이고 이런 한에서 현존재의 축제 운영자에 속한다"고 말한다.[289] 모든 예술을 미메시스로 오인하고 운동 경기대회와 축제 잔치를 최고의 예술로, 도취와 엑스터시를 '아름다움'으로 오인하는 니체의 망상적 착각과 망언은 바로 아름다움의 미학이 아니라 유희(론)적 재미의 사이비 미학이라는 것을 입증해 준다.

나아가 니체는 생의 과정과 예술 생산을 동일시한다. 그는 일체의 생을 언제나 새로 수행되는 창작으로 간주한다. 인간은 동물과 초인 사이의 줄을 타는 줄타기 곡예사다.[290] 차라투스트라도 '곡예사'다.[291] 예술만 유희로 전락하는 것이 아니라, 인간의 생 자체가 유희로, 심지어 곡예로 변한다. 니체 미학의 유희적 본질, 즉 니체 미학의 사이비성은 미와 추를 '생명력의 활력화와 무력화'로 대비시키는 대목에서 극적으로 선명하게 드러난다.

- 모든 예술은 강장적強壯的이고, 힘을 늘리고, 쾌락(힘의 느낌)에 불붙

---

287) Friedrich Nietzsche, *Fröhliche Wissenschaft* [1882], §85. *Nietzsche Werke*, V2, hg. v. G. Colli u. M. Montarinari (Berlin: Walter de Gruyter & Co, 1973).

288) Nietzsche, *Fröhliche Wissenschaft*, §89.

289) Nietzsche, *Fröhliche Wissenschaft*, §54.

290) 참조: Nietzsche, *Also sprach Zarathustra*, Vorrede, §4 (10쪽).

291) 참조: Nietzsche, *Also sprach Zarathustra*, "Vom höheren Menschen", 362쪽 (§ 18).

이고, 도취의 보다 섬세한 모든 기억을 동動하게 한다. 이런 상태 속으로 내려오는 자기의 기억이 있다. 감각의 멀고 휘발적인 세계가 다시 돌아온다. (…) 추한 것, 즉 예술과의 모순, 예술로부터 배제되는 것, 예술의 부정 - 몰락, 생의 궁핍화, 무기력, 해체, 먼 곳의 썩어 문드러짐만이 불러일으켜질 때마다, 미학적 인간은 부정으로 반응한다. 추한 것은 침울하게 작용한다. 그것은 침체의 표현이다. 그것은 힘을 **빼앗**고, 궁핍화시키고, 억누른다. (…) 추한 것은 추한 것을 암시한다. 사람들은 자신들의 건강 상태에 붙여 불건재不健在가 얼마나 다르게 추한 것의 상상 능력도 높여주는지를 시험할 수 있다. (…) 논리적인 것 속에도 추한 것과 가장 가까운 상태가 있다. 어려움, 답답함이 그것이다. (…) 여기에는 자동으로 요점이 없다. 추한 것은 절름거리고, 추한 것은 비트적 거리다가 실수한다. 춤추는 자의 신적 경쾌함과 반대다.[292]

생명력을 늘려주고 '쾌락'을 주는 도취적 강장제로서의 예술미와, 생명력을 빼앗고 궁핍화시키는 예술적 추함은 실은 예술적 미와 추가 아니라, 유희적 재미와 무無 재미일 뿐이다. 만약 천하박색의 추녀를 아름답게 묘사하는 데 성공한 예술적 영화 작품이 있다면, 이 작품은 이 작품을 본 관객들의 생명력을 궁핍화시키지도, 고조시키지도 않을 것이다. 관객들은 다만 영화의 예술미를 즐길 뿐이다. 에베르트 산의 멋진 절경을 그린 명화는 우리를 강장하게 하지도, 무력화하지도 않고 다만 숙연하게 할 것이다. 그러나 아마 흥청거리는 유흥음식점을 그린 어떤 야한 '싸구려' 영화는 야한 고객들에게서 성욕과 생명감을 불러일으켜 그들을 유희적 도취경 속에 빠뜨릴지도 모르겠다. 니체는 바로 이 야한 생명 유희적 도취경

---

292) Nietzsche, *Nachgelassene Fragmente, Anfang 1888 bis Anfang Januar 1889*, 88쪽 (14-119).

을 말하고 싶었던 것 같다.

니체가 말하는 예술은 생의 힘들의 자유로운 분출과 강화인 한에서 실은 예술이 아니라 '유희'다. 또는 그것은 사이비 예술이다. 이 '사이비 예술'에 의해 니체는 그 생명 유희적 힘을 극적으로 표현함으로써 인생의 재미를 도취적으로 극대화시키려고 하고 있는 것으로 보인다. 그러나 그에게서 예술은 생명력의 유희에서 얻는 황홀한 도취적 재미의 획득으로 그치지 않는다. 예술은 생을 정당화하고 가능하게 하는 유희다. 생은 기쁨과 고통, 영욕, 전쟁과 참상이 교차하는 불안한 과정이다. 이 과정의 진실을 보고 아는 것은 그 자체가 고통이고 불행이다. "예술가가 없이 가령 육체로서, 조직으로(프로이센 장교단, 예수회로) 현상하는 예술 작품"이 있다. "예술가가 어느 정도로 전 단계일까? 주체는 무엇을 뜻할까?" 예술가가 창작하기 이전 단계로부터 세계는 예술이다. "세계는 자기 자신을 낳는 예술 작품으로서 존재한다."[293] 그렇지 않으면 고통과 불행의 세계에서 인간은 살 수 없다. "세계의 현존재"는 "미적 현상으로서만 (영원히) 정당화된다". 왜냐하면 "가장 고통스런 자, 대립적인 자, 부조리한 자"는 "오직 가상假像 속에서만 자신을 구원할 줄 알기" 때문이다.[294] 예술은 "형이상학적 위로", "이승적 위로"다.[295] 또한 예술은 이런 생의 불행에 대한 "대항 운동"이다. "모든 예술은 원천적으로 순진한 예술가들에게서 활동하는 근육들과 감각들에 대한 암시로서 작용하다. 예술은 언제나 예술가들에게 말하고, 육체의 이런 종류의 자극성에 대고 말한다. '문외한' 개념은 오류 개념이다. 벙어리는 총명한 청자의 종자가 아니다."[296] 불행

---

293) Nietzsche, *Nachgelassene Fragmente, Herbst 1885 bis Herbst 1887*, 115-117쪽 (2-114).

294) Nietsche, *Die Geburt der Tragödie*, "Versuch einer Selbstkritik", 13쪽 (§5), 43쪽 (§5).

295) Nietsche, *Die Geburt der Tragödie*, "Versuch einer Selbstkritik", 16쪽 (§7).

296) Nietzsche, *Nachgelassene Fragmente, Anfang 1888 bis Anfang Januar 1889*, 88

한 세계를 인식적 관점에서 보거나 도덕적 관점에서 보는 것은 불행을 자초하는 것이다. 따라서 세계는 '예술적' 관점에서만 보아야 한다.

예술가는 예술을 진위도, 선악도 초월해 미추의 관점에서만 본다. 유희인은 놀이를 오직 재미의 관점에서만 본다. 이런 의미에서 니체가 예술가로 착각하는 유희인은 도덕적·인식적 허무주의자다. 니체는 말한다.

● 우리는 자연이 우리의 감각과 상상력을 동하게 하는 곳으로, 우리가 아무것도 사랑할 필요가 없는 곳으로, 우리가 이 북방적 본성의 도덕적 허식과 까다로움을 기억하지 않는 곳으로 달아난다. 우리는 예술 속에서도 그렇다. 우리는 우리에게 선악을 기억하게 하지 않는 것을 선호한다. 우리의 도덕적 자극 가능성과 고통 능력은 풍요롭고 행복한 본성 속에서, 감각들과 힘들의 숙명론 속에서 구원받은 것 같다. 선 없는 생. 잘 행하는 것(Wohlthat)은 선악에 대한 본성의 거대한 무관심의 직시에 있다. 역사 속에는 어떤 정의도 없고, 본성 속에는 어떤 선도 없다. 이런 까닭에 비관주의자는 그가 예술가라면 역사 속에서 정의의 부재가 아직 아주 순진하게 현시되는 곳으로, 바로 완벽성이 표현되는 곳으로 간다. 동시에 본성 속에서는 악하고 무관심한 성격이 감춰지지 않는 곳으로, 본성이 완벽성의 성격을 보여주는 곳으로 간다. 허무주의적 예술가는 냉소적 역사, 냉소적 본성의 의지와 우월성 속에서 나타난다.[297]

예술이 냉소적 역사와 본성의 의지와 우월성의 유희적 표출이 되어 버렸다. 생명력의 자기현시는 예술이 아니라 유희다. 따라서 니체가 말하

쪽 (14-119).
297) Nietzsche, *Nachgelassene Fragmente, Herbst 1887 bis März 1888*, 147쪽 (10-52).

는 '예술'은 단순한 '유희'에 불과하다는 것, 그리고 니체의 '미'는 단순한 '재미'에 불과하다는 것은 니체 옹호자 폴커 게르하르트도 부지불식간에 인정하는 바다. 그는 「니체의 미학 혁명(Nieztsches Ästhethische Revolution)」에서 이렇게 말한다. "다함 없는 가능성들의 유희적 연출, 즉 생명성의 자발적 자기현시는 '아름답다'는 칭호를 얻는다."[298] 니체처럼 유희와 예술, 재미와 미를 혼동하는 게르하르트는 "가능성과 생명성의 유희적 연출"에다 "아름답다는 칭호"를 붙여주고 있다.

따라서 '세계로서의 예술'이나 '예술가'는 얼마든지 예술적 거짓말로 세계를 만들 수 있다.

● 여기에는 참된 세계와 가상 세계의 대립이 없다. 오직 하나의 세계가 존재하고, 이 세계는 그릇되고, 잔학하고, 모순적이고, 오도적이고, 무의미하다. (…) 이렇게 되어 먹은 세계가 참된 세계다. 우리는 이 실재, 이 '진리'에 대해 승리하기 위해, 즉 살기 위해 거짓말을 필요로 한다. 살기 위해 거짓말을 필요로 한다는 것은 그 자체가 현존재의 이 가공스럽고 미심쩍은 성격에 같이 속하는 것이다. 형이상학, 도덕, 종교, 과학, 이런 것들은 이 책에서 오직 거짓말의 여러 상이한 형태로만 인용된다. 이런 것들의 도움으로 우리는 생을 믿는다. 생은 신뢰를 불어넣어야 한다. 이렇게 제기된 과제는 엄청나다. 이 과제를 해결하기 위해 인간은 천성적으로 이미 거짓말쟁이어야 한다. 인간은 다른 무엇보다도 예술가이어야 하는 것이다. (…) 형이상학, 도덕, 종교, 과학 – 이 모든 것은 예술에의 인간의 의지, 거짓말에의 의지, '진리'로부터의 도주에의 의지, '진리'의 부정에의 인간의 의지의 소산들이다. 인간이 실재성을 거짓말에 의해 폭행할 때 쓰는 이 능력은 인간의 예술가 능력

---

298) Gerhart, "Nieztsches Ästhethische Revolution", 33쪽.

자체다.[299)]

니체는 다만 유형적 대상성도, 외형적 중화성도 없는 칸트적 '몽환'을 '거짓말'로 바꿔 칸트의 '몽환적' 주관주의 미학을 전면적으로 이용해 먹고 있다. 외형적·외감적 객관성이라곤 '공간' 하나만을 인정하고 모조리 자연에다 인간 주체의 주관적 '처방전'을 내리먹이는 칸트의 자기도취적 주관주의 인식론, 인간의 본성적 도덕감정과 도덕감각의 몰각 속에서 실천이성을 날조하고 '신'마저도 실천이성의 '요청'의 산물로 전락시킨 칸트의 주관주의 도덕론, 어떤 미학적 객관성도 부정한 칸트의 몽환적 주관주의 미학의 괴기스런 엽기적 본모습이 니체에 의해 부지불식간에 폭로됨과 동시에 냉소적 형식으로 변조되고 과장되어 계승되고 있다. 니체는 거짓말을 무조건 미美이고 세계에 관한 참말은 무조건 "그릇되고, 잔학하고, 모순적이고, 오도적이고, 무의미한" 것으로 간주하는 엽기적 패러다임을 제시하고 있다. 니체의 이 사이비 미학적 엽기 패러다임은 "참말을 무조건 선으로, 거짓말은 무조건 악으로 규정한 칸트의 저 극단적 사고패러다임을 거꾸로 뒤집어 놓은 것 같다.

니체는 이런 '거짓말쟁이 인간'이 자연의 일부이고 예술적 거짓 또는 거짓말을 통해 생을 가능케 한다고 주장한다.

● 인간은 존재하는 모든 것과 공통된다. 인간 자체는 물론 한 조각의 현실, 진리, 자연이다. 인간 자체는 또한 한 조각의 거짓말 천재다. 현존재의 성격이 오인되어야 한다는 것, 이것은 과학, 경건 신앙, 예술가 집단의 가장 깊고 가장 높은 비밀 의도다. 많은 것을 결코 보지 않고,

---

299) Nietzsche, *Nachgelassene Fragmente, Herbst 1887 bis März 1888*, 435쪽 (11-415).

많은 것을 그릇되게 보고, 많은 것을 쏘아본다. (…) 오, 사람들이 자신을 영리하다고 여기는 것으로부터 가장 동떨어진 상태에서도 사람들은 얼마나 영리한가! 사랑, 열광, '신'은 순전히 생을 위한 마지막 자기기만일 뿐이고 순전히 생을 위한 오도일 뿐이다! 인간이 기만당한 자가 되는 순간에, 인간이 다시 생을 믿게 되는 순간에, 인간이 자신을 간계로 속인 순간에 오, 그의 가슴은 얼마나 부풀어 오르는가! 어떤 황홀감인가! 어떤 권력감인가! 권력감 속에서 얼마나 많은 예술가적 승리인가! (…) 인간은 다시 한번 '소재'에 대한 지배자, 진리에 대한 지배자가 되었다! (…) 인간이 기뻐할 때마다 그는 그의 기쁨 속에서 동일한 것으로 남아 있다. 그는 예술가로서 자신을 기뻐하고 권력으로서 자신을 즐긴다. 거짓은 권력이다. (…) 예술, 아니 예술만이 생을 가능케 하는 위대한 여성(Ermöglicherin), 생에의 위대한 유혹녀, 생에의 위대한 자극자다.[300]

예술은 거짓이고 거짓은 권력이라는 반복적 주장은 실은 '모든 예술가는 본성적 예술 상태의 모방자'라는 자신의 다른 주장과 모순되는 논변이다. 또한 경멸적 쓴웃음을 머금고 칸트 흉내를 내는 니체의 이 '재미있는' 언어유희는 아무리 자기도취적으로 재미있더라도 중요한 논리적 오류에 빠져 있다. 니체는 여기서 '날조자는 스스로를 날조할 수 없다'는 원칙을 어기는 수행적 오류를 범하고 있다. 날조자마저 날조한다면, 두 가지 길이 있을 따름이다. 하나는 니체만이 유일하게 이 모든 날조된 상황을 다 아는 자(날조되었다는 사실이 폭로되어 '죽어버린' 신을 '대신하는' 날조된 초인이 아니라, 이 날조된 초인도 '초월하는' '초초인超超人')이든가, 색

---

300) Nietzsche, *Nachgelassene Fragmente, Herbst 1887 bis März 1888*, 435-436쪽 (11-415).

안경을 벗고 맨눈으로 세상을 이 세상이 비참하고 잔학하더라도 객관적으로 보는 저 '깨어있는 학자'의 과학, 아름다움을 객관적으로 평가할 기준을 인정해야 할 것이다. 그러나 우리가 저 과대망상적 헛소리를 진지하게 허무주의적 냉소와 경멸 속에서 늘어놓는 니체를 '초초인'으로 모실수는 없다. 그렇다면 남은 길은, 세상을 도취경 속에서만 보고 객관적으로 보지 못한 채 살기 위해 거짓말로 날조한다는 것이다! 이런 인간은 이세상의 진상을 모를 것이다. 세상의 진상을 모르는 인간들은 세상이 이토록 살벌하고 부조리한지를 몰라서 '예술'의 '거짓말 권력'을 필요치 않을 것이다. 그러나 니체는 진리를 다루는 전문업종인 '과학'도 '거짓말에의의지의 소산'이라고 주장한다. 과학도 예술과 같은 거짓말이라면, 거짓말 예술은 과학에 대비되는 그런 특화된 지위를 얻을 수 없다.

진리가 음모적 합의의 소산이고 과학이 거짓말이라는 주장은 니체에게 오래된 것이다. 젊은 시절의 글 조각 「도덕외적 의미에서의 진리와 거짓말에 대해」에서 그는 말한다.

- 개인이 다른 개인들에 대해 자신을 보존하고자 하는 한에서, 개인은 사물들의 자연상태에서 지성을 대부분 변조를 위해서만 이용한다. 그러나 인간이 동시에 궁핍과 권태감에서 사회적으로 그리고 군서 방식으로 살고자 하기 때문에, 그는 강화講和를 필요로 하고 적어도 가장 거친 '만인의 만인에 대한 투쟁'이 세상에서 사라지게 하는 것을 기도한다. 그러나 이 강화는 수수께끼 같은 저 진리욕의 충족을 위한 첫걸음처럼 보이는 것을 함께 가져온다. 말하자면 이제부터 '진리'이어야하는 것이 고정된다. 즉, 동일하게 타당하고 구속력 있는 사물 명칭이 발명되고 언어의 입법이 진리의 첫 법칙도 준다. 여기서 처음으로 진리와 거짓말의 대비가 생겨난다. 거짓말쟁이는 현실적이지 않은 것을

현실적인 것으로 현상하게 만들기 위해 타당한 명칭과 단어들을 필요로 한다. (…) 그는 확고한 관행을 단어들의 임의적 교체나 전드를 통해 오용한다. (…) 인간들은 이 단계에서도 근본적으로 기만이 아니라, 일정한 유형의 기만의 나쁜 적대적 결과를 미워한다. 진리도 인간은 유사한 의미에서만 원한다. 인간은 진리의 기분 좋은 결과, 생을 유지하는 결과를 바라고, 결실 없는 인식에 대해 무관심하고, 해롭고 파괴적일지 모를 진리에 대해서는 심지어 적대적 태도를 취한다.[301]

객관성 없는 거짓된 '끼리끼리의 합의'가 '진리'이고 거짓말쟁이가 '과학' 또는 '학자'라면, 현실의 참모습을 아는 사람은 아무도 없다. 모두가 거짓말 속에서 취생몽사한다. 그렇다면, 아무도 이 세상의 참모습을 모르고 따라서 이 세상의 참모습으로부터 '예술적으로' 달아날 추가적 이유도, 늘 취해 있을 이유도 없다. 거짓말 같은 '진리'는 살벌하고 부조리한 현실 세계를 잊고 취생몽사하게 할 능력이 넘치지만, 이 세계를 직시하게 해 인간들을 절망시킬 능력은 없다. 혹시 누군가 살벌한 호랑이 등 같은 '세상'에 올라타고 편안한 '예술적' 단꿈에 젖어 있더라도 인식과 과학을 담당하는 거짓말쟁이 철학자도 또 다른 '비非예술적' 또는 '초超예술적 거짓말'로 이 단꿈을 깨울 능력이 없다.

그러나 니체는 이 세상을 비웃는 현학적·자가당착적 과언誇言을 서슴지 않는다.

- 인간이 인식하는 동물이기만 하다면, 인간의 운명은 이와 같을 것이다. 진리는 인간을 절망과 파멸로 몰아넣을 것이고, 진리는 옛원히 비

---

301) Friedrich Nietzsche, "Ueber Wahrheit und Lüge im aussermoralischen Sinne", 371쪽. *Nietzsche Werke,* V-I, hg. v. G. Colli und M. Montarinari (Berlin: Walter de Gruyer, 1973).

진리로 영락해 있을 것이다. 그러나 인간에게는 달성 가능한 진리에 대한, 신뢰할 만큼 가까이 다가오는 환상에 대한 믿음만이 알맞다. 인간이 원래 지속적 기만당함을 통해 살지 않는가? 자연은 인간에게 가장 많은 것, 아니 바로 가장 가까운 것을, 가령 그가 사기스럽게 '의식'하는 그의 육체에 대해 침묵하지 않는가? 인간은 이 의식 속에 갇혀 있고, 자연은 열쇠를 내던져버렸다. 오, 틈새를 통해 의식의 감방 밖으로 그리고 아래로 내다보기를 갈망하는 철학자의 호기심이여! 아마 철학자는 인간이 어떻게 욕구적인 것, 채울 수 없는 것, 구역질 나는 것, 무자비한 것, 살인적인 것에 자신의 무지에 무관하게, 그리고 흡사 호랑이 등 위에 꿈에 젖어 매달려 쉬고 있는지를 예감할 것이다.[302]

인간들 가운데 예외자로서 철학자만이 '예감'한다? 그야말로 철학적 오만이다! 만약 소크라테스적·칸트적·합리론적 철학자가 '예감'한다면, 그들은 아마 '이데아'나 '선험적 범주'라는 더 크고 요상한 거짓말로 세상을 보통 사람보다 '더 사기스럽게' 예감할 것이다.

그런데도 니체는 더 사기스럽고 더 깊은 수면 속에 빠지는 이 철학자가 호랑이 등 위의 단꿈을 깨울 수 있다고 우긴다.

● 예술은 "그를 놔두어라"라고 외친다. 철학자는 진리의 열정에서 "그를 깨워라"라고 외친다. 하지만 그 자신은 잠자는 자를 흔든다고 믿는 동안에 훨씬 더 깊은 마술적 수면 속으로 빠져든다. 아마 그는 잠 속에서 '이데아'나 불멸성에 관해 꿈꿀 것이다. 예술은 인식보다 위력적이다. 왜냐하면 예술은 생을 원하고 철학은 마지막 목표로서 오직 절멸

---

302) Friedrich Nietzsche, "Ueber das Pathos der Wahrheit", 254쪽. *Nietzsche Werke*, VI, hg. v. G. Colli und M. Montarinari (Berlin: Walter de Gruyer, 1973).

에 도달하기 때문이다.[303)]

　이것은 상술한 이유에서 당연히 받아들일 수 없는 자가당착적 철학 비방과 사이비 미학적 예술 격찬이다. "잠자는 자를 흔든다고 믿는 동안에 훨씬 더 깊은 마술적 수면 속으로 빠져드는" 철학자는 호랑이 등 위에서 예술적 단꿈을 꾸는 자를 깨울 진리의 능력이 없기 때문이다.

　예술은 거짓말이고 거짓말은 권력이라는 니체의 논변을 피카소의 예술론과 비교해 보면, 그 사이비적 성격이 확연해진다. 피카소는 말한다.

● 　우리는 모두 예술이 진리가 아니라는 것을 안다. 예술은 우리에게 진리를, 적어도 우리가 인간으로서 파악할 수 있는 진리를 파악하는 것을 가르쳐주는 거짓이다. 예술가는 어떤 방식으로 타인들을 그의 거짓의 진실성을 확신케 할 수 있을지를 알아야 한다. (…) 시원적 화가들, 명시적으로 자연과 구별되는 작품을 가진 원시인들로부터 다비드, 앵그르(Ingres), 심지어 부게로(Bouguereau)처럼 자연이 있는 그대로 그려져야 한다고 생각한 저 예술가들에 이르기까지 예술은 언제나 예술이고 자연이 아니었다. 예술의 관점에서 보자면, 구체적 형태도, 추상적 형태도 존재하지 않고, 많건 적건 확신을 주는 거짓인 형태만이 존재한다. 이 거짓말이 우리의 정신적 자아에 필수적이라는 사실은 의문의 여지가 없다. 왜냐하면 우리는 이 거짓의 도움으로 생의 미학적 직관을 우리에게 형성하기 때문이다.[304)]

　여기서 '예술은 거짓이다'는 말은 '예술은 창작이다'는 말이다. 피카소

---

303) Nietzsche, "Ueber das Pathos der Wahrheit", 254쪽.
304) Pablo Picasso. Gerhardt, "Nietzsches ästhetische Revolution", 38-39쪽에서 재인용.

는 '예술은 거짓'이라는 이 말로써 예술의 본질을 모방으로 보는 아리스 토텔레스의 미메시스 미학을 배격하는 한편, 예술은 단순히 우리를 위로 하고 무의미한 생에 의미를 주는 새빨간 거짓말이 아니라, "확신을 주는 형태"를 갖추고 우리를 '진리'로 안내하는 창조적 거짓말임을, 과학적 탐 구에서 일종의 가짜 설정, 즉 '가설假設(hypothesis)'과 같은 것임을 분명 히 하고 있다. 이 "확신을 주는 형태"가 바로 독창적 거짓으로 창작된 유 형적有形的 대상의 외형적·객관적 구성이다. 반면, 니체의 거짓말 예술은 우리를 세계의 '진리'로 안내하는 것이 아니라 자기도취적 '몽환'으로 안 내한다.

그리하여 니체는 피카소가 "우리가 인간으로서 파악할 수 있는 진리 를 파악하는 것을 가르쳐주는" 것으로 대하는 정상적 예술을 단순히 생 을 견딜 만하게 만들어주는 '몽환적' 예술로 전락시킨다. "보통 사람들은 지금 예술을 마지막에 시작하고 예술의 옷자락에 매달려, '예술 작품들의 예술이 본래적인 것이고 예술로부터 생이 개선되고 변화된다'고 생각한 다 – 우리는 바보들이다!"[305] 니체 자신도 한때 바보였다는 말이다. 이제 니체의 새로운 미학은 생 자체를 위한 '정당화'이어야 할 형이상학적 과 업을 벗어던진다. 현존재의 고통은 이제 예술에 의해 완전히 제거되는 것 이 아니라, 완화되는 것으로 보인다. 그래도 니체는 예술에다 여전히 생 의 긍정과 기쁨의 과소평가할 수 없는 권력의 이라는 지위를 인정한다.

● 우리가 예술을 승인하지 않고 참되지 않은 것의 이 문화 종류를 발견 하지 않았다면, 지금 과학에 의해 우리에게 주어지는 일반적 비진리와 사기성에 대한 통찰은 (…) 전혀 참아낼 수 없을 것이다. 진리성은 구역

---

305) Nietzsche, *Menschliches, Allzumenschliches*, Bd. II, 2. *Der Wanderer und sein Schatten* (1880), §174.

질과 자살을 결과로 달고 다닐 것이다. 그러나 우리의 진리성은 이러한 귀결을 피하도록 도와주는 하나의 대항권력을 가지고 있다. 그것은 가상假像에의 좋은 의지로서의 예술이다. 우리는 우리가 원만하게 만들고 끝까지 창작하는 것을 막지 않는다. (…) 현존재는 우리에게 미적 현상으로서 여전히 견딜 만하다. 그리고 예술을 통해 우리에게 눈과 손이, 무엇보다도 특히 양심이 우리 자신으로부터 이런 현상을 만들 수 있도록 주어진다.[306]

예술의 역할은 구원하는 것에서 이제 생을 견딜 만하게 만드는 것으로 완화된다. 그러나 예술의 역할은 여전히 생명력의 표현이고, 또 생에 결정적인 것으로 남아 있도록 신경 쓴다.

동시에 니체는 그의 유희적 사이비 예술의 전달 능력에도 신경 쓴다. 이 대목에서도 그는 암암리에, 칸트에 의존한다.

● 미적 상태는 자극과 기호들에 대한 극단적 감수성과 함께 전달 수단들의 넘치는 풍요로움이 있다. 미적 상태는 살아있는 존재자 간의 전달성과 이전 가능성의 절정이다. 그것은 언어의 원천이다. 언어들은 여기에 그 발생원천을 둔다. 음성언어는 몸짓언어나 시선 언어와 마찬가지로 그렇다. 의미가 더 가득한 현상은 언제나 시작이다. 우리의 문화 인간 능력은 더 가득한 능력으로부터 빼내진다. 그러나 오늘날도 인간들은 근육으로 듣고 읽는 것도 근육으로 읽는다. 모든 성숙한 예술은 그것이 언어인 한에서 일련의 풍부한 관행을 기초로 갖는다. 관행은 예술의 방해물이 아니라, 커다란 예술의 조건이다. (…) 생의 모든 향상은 전달력을 높이고 동시에 인간의 이해력을 높인다. 다른 영혼들

---

306) Nietzsche, *Fröhliche Wissenschaft*, §107.

속으로 자기를 집어넣어 사는 것(Sich-hineinleben in andere Seelen) 은 원래 도덕적인 어떤 것이 아니라, 암시의 생리적 자극 가능성이다. 동정심(Sympathie) 또는 사람들이 '이타심'이라고 부르는 것은 정신 성으로 간주되는 심리적-운 동신경적 보고寶庫다(페레[Ch. Féré]는 'induction psycho-motorice'라고 말한다). 사람들은 생각을 서로 전 하는 것이 아니라 운동을 전하고, 우리가 생각으로 되짚어 읽는 미메 시스적 기호들(mimische Zeichen)을 전한다.[307]

칸트의 '공통감각' 개념은 오류이고, '공통감각'은 '교감 미감'의 잘못 된 이해다. 여기서 니체는 예술적 '전달력'을 밝히다가 자기가 규탄해 마 지않는 '동정심'까지 자가당착적으로 옹호하고 있다. 니체는 여기서 분명 칸트의 '공통감각' 개념을 떠올리고 있거나, 부지불식간에 이 개념의 간 접적 영향을 받았을 것이다.

니체보다 90년 앞서 요한 실러(Johann Ch. F. von Schiller, 1759-1805) 는 모든 생명력의 '활력화'만이 아니라, 어떻게 '자기 자신을 느끼는지'를 지각하는 '생명감'과 긴밀한 관계에 있는, 이 때문에 '재미'로 경도된 칸 트의 펑퍼짐한 주관주의적 사이비 미감 개념을 더 발전시키려고 한 문인 이다. 니체는 실러로부터 "미학적 상태"라는 말만이 아니라, 내용, 즉 방 해받지 않는 자유로운 '자기활동'이라는 내용도 빌려왔다. 실러는 말한 다.

● 우리가 들어갈 수 있는 모든 다른 상태는 우리를 이전의 상태로 되돌 려놓고 이 상태의 해소를 위해 다음 상태를 필요로 한다. 미적 상태만

---

307) Nietzsche, *Nachgelassene Fragmente, Anfang 1888 bis Anfang Januar 1889*, 89 쪽 (14-119).

이 자기 자체 속의 전체다. 미적 상태는 자체의 원천과 자체의 지속의 모든 조건을 자체 속에 통합해 지닌 상태이기 때문이다. 여기 미학적 상태에서만 우리는 시간으로부터 떨어져 나와 우리 자신을 느낀다. 우리의 인간성은 마치 외적 힘들의 개입 작용과 아무런 단절도 경험하지 않은 것처럼 순수성과 보전성保全性을 갖고 스스로를 표현한다.[308]

실러에 의하면, '미적 상태'에서 우리는 제한 없이 우리 자신에 깃들고 자립적이고 자기 활동적이고, 또 우리 자신을 서로 느낀다. 여기에 칸트의 '공통감각' 개념과 ─ 실은 '재미'에 지나지 않는 ─ 생명력의 활력화로서의 주관주의적 '미' 개념이 둘 다 표현되고 있다. 독창성의 외피를 쓰고 있는 니체의 사이비 미학은 이와 같이 칸트 미학의 '직접 표절', 또는 적어도 실러를 매개로 한 칸트 미학의 '간접 표절'이다. 이것은 뒤집어 생각하면 칸트 미학이 애초에 니체의 소위 '실존미학' 같은 '사이비 미학'을 내포하고 있다는 말이다.

4.3. 악마적 정치미학: 정치로서의 사이비 예술

니체의 '실존미학'은 여기까지 놀이를 예술로 착각하는 사이비성만을 드러낼 뿐이고, 악마적 사이비성은 아직 드러내지 않는다. 그러나 그가 플라톤의 미메시스 미학 비판을 '예술 탄압'이나 '예술가 추방'으로 오독해 '철인치자'로 하여금 '예술가'를 겸하게 하면서부터 네로황제 같은 '악마성'을 노골화한다. 니체는 아주 일찍이 플라톤 형이상학을 이미 비판하고 거꾸로 물구나무 세우려고 시도했지만 정치 이론 측면에서는 플라

---

308) Johann C. F. von Schiller, *Über die ästhetische Erziehung des Menschen*, "22. Brief". Taureck, NietscheABC, 24쪽에서 재인용.

톤과 아주 가까운 나름의 독특한 플라톤주의자다. 니체의 국가는 플라톤의 국가와 마찬가지로 군인·철인 국가이고, 국가의 정상은 천재 철학자들이 차지한다. 하지만 니체는 플라톤이 예술가를 이상국가로부터 추방했다고 오해하고, 이 점에서 플라톤을 비판한다. 상론했듯이 니체는 플라톤을 오독하고 그를 비난했었다.[309] 니체는 철인들과 더불어 예술가를 천재의 표준 모델로 간주한다. "국가는 천재의 산출과 이해를 준비해야 한다."[310] 니체는 철인치자를 예술가가 되게 하려고 한다. 철학자들이 잘해야 보존할 뿐이고 건축하지 못하는 반면, 예술가는 건축한다. 따라서 예술가가 철학자의 자리를 대체해야 한다. 건축하는 것은 의식과 지성의 일이 아니라, 본능과 신화의 일이다. 국가는 "의식적이든 무의식적이든" 예술적 "천재의 도구"다.[311]

훗날 니체는 가장 포괄적인 의미에서 초인을 "창작하는 자, 사랑하는 자, 인식하는 자의, 권력 속에서 통일" 또는 "실천적 목표"로서의 "한 사람 안에서의 예술가(창작하는 자), 성자(사랑하는 자), 철학자(인식하는 자)"라는 삼위일체의 유형으로[312] 정의한다. 여기에 플라톤의 단순한 철인치자를 대체한 청년기의 '예술가적 철인치자' 개념이 다시 등장한다. 정치권력은 니체에게 이상적理想的 유형에서 예술적 형성 의지다. '초인'은 결정하는 권력의지와 청취하고 사랑하는 예술가로서의 의미의 통합을 위한 지배자다.

309) Nietzsche, "Der griechischer Staat", 270-271쪽.
310) Friedrich Nietzsche, *Nachlgeassene Fragmente, Ende 1870 - April 1871*, §
      150. *Nietzsche Werke*, III3, hg. v. G. Colli und M. Montarinari (Berlin: Walter de
      Gruyer, 1973).
311) Nietzsche, "Der griechischer Staat", 270쪽.
312) Friedrich Nietzsche, *Nachlgeassene Fragmente - Herbst 1883*, §540, §527.
      Nietzsche Werke, VII-1, hg. v. G. Colli und M. Montarinari (Berlin: Walter de
      Gruyer, 1973).

● 굴복한 자의 관점에서의 권력자의 폭행과 자만, 슬기와 인간화의 전
  개는 이 폭행과 이 자만을 점점 정신적이 되게 만드는 데로 나아간다.
  (…) 최고의 관계는 그의 질료에 대한 창작하는 자의 관계로 남아 있
  다.[313]

니체의 '창작 행위'는 가장 광범한 의미에서의 예술적 창작 행위다. 예
술가의 '창작 행위'는 카이사르·예수·철학자, 이 삼자를 통합한다. 예술
작품은 적어도 부분적으로 니체에게 '프로이센 장교단, 예수회'와 같은
정치조직이다. 국가는 예술 작품이 되어야 한다. '권력국가'와 '완벽한 생
의 목적국가'는 국가목적과 예술 작품의 교호적 상응 속에서 종합에 도달
한다. 여기에는 '조직'의 규칙성과 일률성을 미美로 착각하는 허치슨과
스미스의 그릇된 미 개념도 거든다.

질료 안에서 완벽한 그 무엇을 형성하기 위해 예술가가 질료를 처리하
듯이, 국가 예술가의 권력은 완벽한 조직에 봉사한다. 본래적인 예술가가
정치가이고, 정치가가 예술가이어야 한다. 국민은 그 안에서 단순히 재료
의 지위로 전락한다. 국민의 참정은 니체의 정치 미학에서 배제된다. 국
민은 예술 정치의 '주체'가 아니라 예술 정치의 '재료'이기 때문이다.

'정치의 미학화', '미학의 정치화'의 자의성과 악마성은 여기서 드러난
다. 정치가와 예술가의 융합은 니체에게 이 융합이 '권력국가'와 '삶을 견
딜 수 있게 하는 예술가' 사이의 종합의 문제를 해결하기 위한 단초를 형
성하기 때문에 가장 중요하다. 그런데 예술가 성性과 국가 운영을 결합하
는 것은 네로의 욕구일 뿐만 아니라, 현대적 형태에서 무솔리니나 히틀러
의 철인총통적 욕구이기도 하다.[314]

---

313) Nietzsche, *Nachlgeassene Fragmente - Herbst 1883*, §536.
314) Taureck, *Nietzsche und der Faschismus*, 64, 69쪽.

예술 작품은 쾌락·재미·선악의 피안에서 만들어지는 것인 한편, 유희는 쾌락·미추·선악의 피안에서 행해지는 것이다. 예술은 유형有形의 객관적 질료를 대상으로 하고 반드시 유형적 객체의 형태로 형상화된다. 유희는 무형적 생명력과 심신 능력을 자유롭게 발휘하고 표출하는 행위다. 니체가 말하는 철인 예술가가 국민들의 무형적 '자아'나 이들의 '실존과 생명력'을 대상으로 삼아 이리저리 잘라 붙여서 프로이센 장교단이나 예수회 같은 '조직'이나 국가'조직'을 만들고 운동경기나 축제를 조직하고 운영하는 자라면, 그는 재미와 선악의 피안에 있는 예술가가 아니라, 예술적 미추와 도덕적 선악의 피안에 있는 유희적 조직 운영자다.

유희를 예술로 착각하며 유희하는 자를 소위 철인 예술가로 보기 때문에 이 유희는 이 엉터리 철인 예술가에게 아름다움의 느낌이 아니라 한낱 '재미'를 줄 뿐인 거대한 유희일 것이지만, '억지 춘향이'가 된 국민들에게는 재미없고 고통스런 억지 유희일 것이다. 따라서 니체의 '예술가적 철인치자'의 정체는 국민의 자아와 실존을 장난삼아 즉흥적으로 농락하고 난잡하게 노는 가장 주관주의적이고 가장 자기 기만적이고 가장 '잡놈' 같은 악마적·사이코패스적 독재자일 것이다. 네로는 '예술적 행위'로서 로마에 불을 지르고 흥미진진한 불꽃놀이처럼 그 거대한 도시 화재의 화려한 불바다를 재미있게 감상했고, 히틀러와 무솔리니, 그리고 공산당 지도자들은 관찰자 관점에서 흥미진진한 군사 퍼레이드를 의기양양하게 관람했다. 그러나 참가 장병들은 이 군사 퍼레이드를 십수 개월의 행진 연습 기간 동안 발이 까지고 무릎이 터지며 준비했고 행사 당일 이를 악물고 아픈 다리로 행진했다. 북한 지도자들은 어린 학생들이 똥오줌을 그 자리에 싸가며 기계적 동작으로 연출하는 카드섹션을 참관인석에서 유희로 즐기고 국제적으로 자랑해 왔다. 니체가 미술사가 야콥 부르크하르트(Jocob Burckhardt, 1818-1897)로부터 받아들여 생과 정치에 일반적으로 적용한 그 그로테스크한 '실존미학'은 반복적 군사 퍼레이드·카드섹션·캐치프레이즈, 전쟁을 정당화하는 거짓말·궤변·개그, '깨끗한' 인종청소를 위한 '최종 해결(Endlösung)'과 아우슈비츠, "멸망하지 않기 위해 멸망하자"는 소위 '자가당착적 자멸 미학'의 침략전쟁 등을 모드 일사불란하고 깨끗한 악마적 유희로 일으켰다. 결과는 참담한 멸망이었다. 그리고 소련과 동유럽 공산당도 뻘짓 같은 '실존미학적' 몸부림 속어서 자멸했다.

히틀러·무솔리니·공산당 지도자들이 지시한 군사 퍼레이드와 북한 지도자들이 명령한 퍼레이드와 카드섹션 행사는 모두 단순한 '동작(operation)'이 아니라, 상거래·유희·정치 캠페인·선거·축하·효행 원조·공경·찬양·감사 등과 같은 사회적 '행위(action)'다. 부르크하르트·니체·푸코는 '동작'이 아니라, '행위'를 미학화하는 것을 '실존미학'으로 이해했다. 무용은 동작들을 미학화한 예술 작품이다. 그러나 로마 방화는 네로가 '방화'의 범죄행위를 유희로 삼은 '범죄적 실존미학'이고, 군사 퍼레이드는 경축 행위를 놀이로 삼은 소위 '실존미학'이고, 카드섹션은 찬양 행위를 유희화한 소위 '실존미학'이다.

'행위'는 사회적 의미를 표현하는 작위·부작위(무작위)다. 행위에서 유형적 신체의 '동작'은 비본질적이거나(작위적 행위의 경우) 아예 존재하지 않는다(부작위적·무작위적 행위의 경우). '동작'은 춤처럼 예술 작품이 될 수 있는 반면, '행위는 예술 작품이 될 수 없다. 상술했듯이 아름다음의 본질은 "유형적 대상의 외적 구성·배열·색상·소리·움직임(동세)의 객관적 중화(균형·조화·비율)에 대해 인간과 동물이 주관적 미추 감각(미감)으로 느끼는 호감"인데, '행위'는 '유형적 대상'이 아니기 때문이다. 특히 유형적 신체의 '동작' 자체가 전혀 없는 감각적 판단과 존경, 그리고 전쟁프기와 폴리스라인 지키기 등과 같은 '무작위' 또는 '부작위'의 행위를 보라. 소위 '실존미학'의 정체는 참여자들을 '동작'하는 나사 부품으로 격하시켜 '관찰자 관점에서의 흥미진진한 유희 작품'의 공연 재료로 쓰는 불놀이·병정놀이·카드놀이 같은 인권 유린적 놀이인 것이다.

낭만주의 시대에는 자연·사랑·열정·광기·객기·이국정조·동경·자가당착·모순, 그리고 '당신의 눈 속에 온 우주가 들어 있다'는 말장난 등 야비하고 쫀쫀한 자본주의적 타산성과 대립할 수 있는 그 무엇이든 모두 다 '미美'로 행세했다. 이 낭만주의 시대에 에드먼드 버크는 '숭고함'까지도 단지 자본주의적 타산성과 반대라는 이유에서 아름다움으로 변조했다. 칸트는 버크의 이 변조를 계승해 고딕 예술과 건축물의 아름다움을 '숭고미'로 볼 것을 주장했다. 니체는 낭만주의를 적대하고 낭만화를 거부하는 대신 칸트의 펑퍼짐한 몽환적 주관주의 미학의 유희적 경향성을 맘껏 활용해 예술 자체의 유희화를 기도했고, 결국 백성의 귀중한 생명을 저 정치적 '잡놈들'의 유희 도구나 장난감으로 전락시킨 것이다. 무솔리니와 히틀러는 이런 니체에 열광해서 이런 미친 정치 미학을 현실로 옮겨 무수한 인간 생명을 말살했다.

니체에게 있어 세계는 예술, 그것도 '거짓말 예술'이고, 세계는 자기 자신을 낳는 예술 작품으로서 존재해야 한다. 그러므로 이 예술로서의 세계를 썩게 만들거나 더럽혀 추하게 만드는 것은 그것이 개인이든 인종이든 다 제거해야 한다. 이 제거의 정치적 행위가 예술 행위다. 나치스는 니체를 읽고 "자신마저도 간계로 속이고" 예술적으로 깨인 예술가적 철인총통들(무솔리니와 히틀러)의 지휘에 따라 이 세계를 깨끗하고 질서바르고 아르다운 '예술적 세계'로 만들기 위해 이 세계를 더럽히고 추악하게 만드는 인종을 계산적·반反예술적(반강장적反强壯的)·반反낭만적 유대인으로 지목하고 1천만 명의 유대인·집시·폴란드인들을 학살했던 것이다. 이런 의미에서 니체의 미학은 미학이 아니라 '반反미학', 악마적 '사이비 정치 미학'이다.

　모든 면에서 난삽하고 난삽한 반도덕적·반인간적 철학은 요약할 수도 없고, 결론지을 수도 없다. 다만 칸트로부터 헤겔을 거쳐 니체에 이르는 독일철학의 도道는 제 도道만 좇다가 사람으로부터 너무 멀어져 사람을 적대하고 파괴하기에 이르렀다. 특히 니체 철학이 그렇다. 공자는 일찍이 "사람이 도를 넓히는 것이지, 도가 사람을 넓히는 것이 아니다"라고 갈파하고(子曰 人能弘道 非道弘人),[315] 사람이 넓히는 "도道는 사람을 멀리하지 않는 것이니, 사람이 도를 위하면서 사람을 멀리하면 그것은 도라고 볼 수 없다"고 언명했다(子曰 道不遠人 人之爲道而遠人 不可以爲道).[316] 공자의 이 단언들은 생각하기만 하고 경험에서 배우지 않아서(思而不學) 아는 것이 없으면서도 작화作話를 해대며(不知而作) "이성으로 사람을 죽이는(以理殺人)"[317] 공언무실空言無實하고 위험한 합리주의 철학 따위를 두고 한 말들이다.

---

315)　『論語』「衛靈公」(15-29).
316)　『中庸』(十三章).
317)　戴震, 『孟子字義疏證』, 上卷 理. 대진(임옥균 역), 『맹자자의소증·원선』(서울: 홍익출판사, 1998), 51쪽(220쪽): "及其責以理也, 不難擧曠世之高節著於義而罪之. 尊者以理責卑, 長者以理責幼, 貴者以理責賤. 雖失 謂之順. 卑者 幼者 賤者以理爭之 雖得 謂之逆. 於是下之人不能以天下之同情 天下所同欲達之於上. 上以理責其下而在下之罪 人人不勝指數. 人死於法 猶有憐之者 死於理其誰憐之."(리[理]로써 책하는 데 이르면 어렵지 않게 세상의 고절[高節]을 들어서 의리를 현저하게 드러내 죄준다. 높은 사람들은 리理로 낮은 사람들을 책하고, 손윗사람은 리로 젊은 사람들을 책하고, 귀한 사람은 리로 천한 사람들을 책한다. 실[失]이 있더라도 그것을 순[順]라고 이른다. 낮은 사람들, 젊은 사람들, 천한 사람들이 리로 다투면 득[得]이 있더라도 그것을 역[逆]이라고 부른다. 이에 아랫사람들은 천하의 동정을 쓸 수 없고 천하가 같이 욕구하는 바를 윗사람에게 도달하게 할 수 없다. 윗사람이 리로 아랫사람을 책하면 아랫사람에게 있는 죄는 사람마다 손가락으로 셀 수 없다. 사람이 법에 죽으면 오히려 그를 가련히 여기는 자가 있지만, 리에 죽으면 그 누가 가련히 여기겠는가?)

17

하버마스와
소통 이론적 합리주의

서양합리론과 정치철학 | 니체에서 하버마스까지 | 공자의 눈으로 읽고 따지다

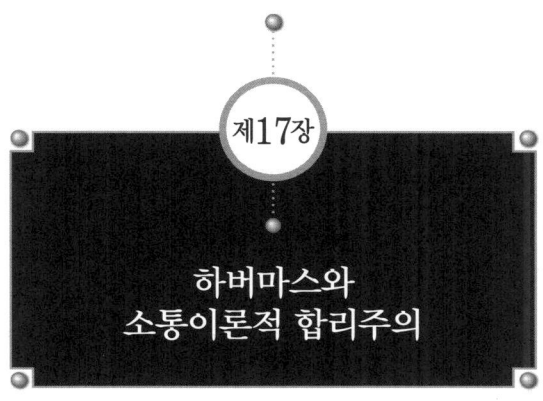

제17장

하버마스와
소통이론적 합리주의

위르겐 하버마스(Jürgen Habermas, 1929-)는 서양 전통의 합리주의와 프랑크푸르트 사회 비판이론을 소통 이론적으로 개조·재건하려고 시도한 사회철학자다. 그는 독일 노르트라인-베스트팔렌주 뒤셀도르프에서 태어났는데, 선천적으로 윗입술이 아래로 찢어진 구순구개열(언청이) 장애(cleft lip)를 가지고 태어났다. 이로 인해 그는 어린 시절 내녀 또래들에게 놀림감이 되었다. 그는 이 장애로 인해 나치 치하에서 열등 인간으로 분류되어 히틀러 유겐트 정규반에 들어가지 못하고 응급 처치반 하급 요원이 되었다. 그는 이 장애 덕분에 자신이 유겐트 정규 복무를 하지 않은 것을 천행으로 여겼다. 1949년 괴팅겐 대학교에서 철학을 수학한 이후 1954년까지 괴팅겐·취리히·본(Bonn) 대학에서 철학·심리학·독문학·경제학을 공부했다. 최종적으로 그는 본 대학교 대학원에서 사회학박사 학위를 받았다.

하버마스는 1956년 프랑크푸르트 암 마인의 '사회조사연구소(Institut für Sozialforschung)'에 아도르노의 조교로 들어가면서 사회비판 이론과 인연을 맺었다. 하지만 아도르노와의 입장 차이로 인해 하버마스는 마르부르크 대학교로 옮겨 가서 교수자격 취득(Habilitation)을 위한 논문을 준비했다. 1961년 가다머는 그때까지 교수직 취득 논문을 다 마치기도 전에 서른두 살의 하버마스를 하이델베르크 대학교로 초빙했고 가다머의 강력한 추천으로 하이델베르크 대학교의 철학 교수로 임용되었다. 1962년 하버마스는 논문 『공론장의 구조변동(*Strukturwandel der Öffentlichkeit*)』으로 교수자격을 취득하고 이 논문을 바로 출판했다. 이 논문은 호르크하이머와 아도르노의 『계몽의 변증법』의 강력한 영향 아래 라디오·영화·텔레비전의 현대 공론장을 부정적으로만 묘사했다. 그러나 그는 1990년 이 논저를 다시 읽고 긴 서문을 붙여 자아비판을 수행하고 공론장을 '양가치적'인 것으로 재평가했다. 그러나 그는 디지털 시대에 공론장이 다시 변동하고 있다고 느끼고 60년이 지난 시점인 2022년 『공론장의 새로운 구조 변동과 토의 정치(*Ein neuer Strukturwandel der Öffentlichkeit und die deliberative Politik*)』를 출간했다.[318] 이 논저의 핵심 부분은 그가 "옛" 구조 변동의 추동자였던 전통적 대중매체들을 점차 뒤로 밀어내고 있는 새로운 대중매체들과 이 매체들의 플랫폼 성격을 상론하는 에세이다. 이런 고찰의 궁극적 관점은 소통의 새로운 형태들이 정치적 공론장 자체의 자기지각을 해칠 것이라는 짐작이다. 이것은 필경 토의적 여론·의사 형성 과정에 심각한 결과를 초래할 공론장의 새로운 구조 변동일 것이라는 예측이다.

하버마스는 1964년 프랑크푸르트 암 마인 대학교로 돌아와 철학 및 사

---

318) Jürgen Habermas, *Ein neuer Strukturwandel der Öffentlichkeit und die deliberative Politik* (Frankfurt am Main: Suhrkamp, 2022).

회학 교수가 되었다. 이로써 그는 비판이론의 공식적 후계자로 인정받는 것처럼 보였다. 그의 교수로서의 활동은 1971년까지 계속되었다. 1960년 대 중반부터 그는 좌우 이념에 상관없이 전체주의가 나타날 수 있다고 주장하여 논란을 일으켰다.

1971년 말 하버마스는 돌연 프랑크푸르트 대학 교수직을 버리고 슈타른베르크(Starnberg)의 막스 플랑크 과학기술세계 생활조건연구소로 자리를 옮겼다. 그가 대학을 떠난 데에는 1968년부터 격렬해진 학생운동 세력과의 갈등이 원인이었다. 그는 학생들의 폭력적 시위를 마조히즘이라 비판하고, 학생운동을 좌파 파시즘이라고 맹공했었다. 이로써 그는 '극렬 운동권들의 공적'이 되었고, 부르주아 반동 지성인으로 매도당하는 상황에서 더 이상 대학에 머물러 있으며 청강생들과 입씨름하는 데 지쳤었다. 그때부터 하버마스는 생활조건연구소에 파묻혀 10여 년간 오직 연구와 저술에만 몰두했다. 그의 언어적 '소통 행위 이론'은 이 기간의 사색과 탐구를 거쳐 탄생했다. 세월이 흐르면서 하버마스를 공격하는 '우익 독선(Rechtshaberei)'도 문제지만 곧 '좌익 독선(Linkshaberei)'도 문제라는 양비론적 비판 의식이 형성되었다.

하버마스는 1982년에 프랑크푸르트 암 마인 대학교에 복직했다가 1996년에 정년을 맞았다. 1970년대 후반부터 그는 영미 언어-분석 철학의 성과들을 폭넓게 수용해 독일 해석학의 의미 이론에 접맥하여 '화용론적 전회(pragmatische Wende)'를 감행함으로써 본격적으로 자기 철학을 수립해 나갔다. 그는 '의사소통행위론'과 '논변 이론'을 체계화했고, 이것을 핵심으로 '논변 윤리학'과 '의사소통적 이성'의 합리성 개념 및 그것을 축으로 돌아가는 사회적 공론장의 구도를 제시했다. 또한 하버마스는 1960년대의 실증주의 논쟁을 필두로, 역사가 논쟁, 현대-탈현대 논쟁, 독일통일 논쟁 등 2차 대전 이후 독일 현대사에서 정치와 학문의 방향을 가르는 거의 모든 논쟁에 참여했으며, 이런 활동들은 독일의 민주주의적 정치 문화를 진작하는 데 크게 기여했다고 평가받는다.

하버마스의 주요 저서로는 『공론장의 구조 변동』(1962·1990), 『'이데올로기'로서의 기술과 과학』(1969), 『소통적 행위의 이론(1·2)』(1981), 『도덕의식과 소통적 행위』(1983), 『새로운 불가측성(*Die Neue Unübersichtlichkeit*)』(1985), 『근대성의 철학적 논의』(1985), 『만회 혁명(*Die Nachholende Revolution*)』(1990), 『텍스트와 콘텍스트』(1991), 『사실성과 타당성』(1992), 『이질성의 포용(*Die Einbeziehung des Andern*)』(1996)[319] 등이 있다.

하버마스는 의식주체(S)와 대상(O)의 일면적 S-O 관계에 치우친 전통적 합리론을 '의식 철학', 또는 '주체 철학'이라 비판하고 소통적 행위의 관점에서 (헤겔의 S-S의 투쟁적 관계가 아니라) S-S의 소통적 관계에 주목하여 마르크스주의적 S-O 관계로서의 노동(생산) 패러다임을 소통 패러다임으로 전환하여 '새로운 사회운동'에 이론적 기반을 제공하고, 인민주권을 소통적 주권으로 재구성하려고 시도했다. 이를 통해 그는 민주주의와 법치국가를 논의·토의 이론적으로 재건하려고 했다. 이를 위한 인문·사회과학 방법론으로 언어소통 이론에 기반을 둔 '합리적 해석학'을 전개했다. 그러나 그의 이 모든 이론은 이론적 난관에 봉착해서 입장 전환을 강요당했고, 또 여러 측면에서 많은 비판을 받아왔다.

---

319) Jürgen Habermas, *Die Einbeziehung des Andern* (Frankfurt am Main: Suhrkamp, 1996). 위르겐 하버마스(황태연 역), 『이질성의 포용』 (서울: 나남, 2000).

제1절

이데올기로서의 기술과
생산 패러다임의 비판

전후 서구 사회가 1960-80년대 풍요의 시대에 들어서면서 환경운동·여성운동·인권·평화운동 등을 하나로 묶은 '새로운 사회운동(Neue Soziale Bewegung)'이 격화되고 그 여파 속에서 기술의 환경파괴 문제와 체제 유지 기능에 대해 사회적 불안감이 고조되었다. 그리고 노동운동은 환경·평화·여성·소수자 보호 운동 등으로 전개되던 '새로운 사회운동'에 대조적으로 사회 개혁적 역할과 미래 비전을 잃어갔다. 이때 하버마스는 바로 기술과 노동패러다임을 동시에 비판하면서 국내외적으로 유명해졌다. 지금으로부터 반세기 전에 있었던 일이었다.

1.1. 기술의 이데올로기 역할에 대한 비판

하버마스는 1969년의 저서 『'이데올로기'로서의 기술과 과학(*Technik*

und Wissenschaft als "Ideologie")』를 통해 기술과 과학기술을 비판했다. 그런데 이 기술·과학 비판은 이후 기술 자체의 본질을 지배적·파괴적인 것으로 비판한 오토 울리히(Otto Ulrich) 등의 기술 비판에 비하면 온건하고 보수적인 비판이었다. 그는 마르크스처럼 기술 자체를 중립적인 것으로 보고 기술의 이데올로기적 역할을 만을 비판했기 때문이다.

직전에 허버트 마르쿠제는 근대 기술을 '지배'로서 비판했었다. 하버마스는 일단 '지배로서의 근대 기술'이라는 마르쿠제의 이 본질주의적 명제의 난점들을 지적했다. 그는 마르쿠제의 '새로운 과학'의 신비적 이념이 유대교적이고 프로테스탄트적인 신비론의 전통에서 친숙한 '전락한 자연의 소생'이라는 약속과 연관되어 있다고 보았다.[320] 그는 이 이념을 단호하게 거부한다.

● 이런 사고에 끝내 대항하는 사실은 근대과학이 적어도 대안적 기획이나마 생각해 볼 수 있는 경우에만 역사적 일회성 프로젝트로서 이해될 수 있을 것이라는 점이다. 한 걸음 더 나아가 새로운 대안 과학은 새로운 기술의 정의를 포함해야 한다. 이러한 고구考究는 우리를 정신이 들게 만든다. 기술은 무릇 어떤 기획으로 환원된다면 역사적으로 넘어설 수 있는 프로젝트가 아니라 누가 뭐래도 인류 전체의 프로젝트로만 환원될 수 있기 때문이다.[321]

마르쿠제는 자연에 대한 대안적·해방적 태도를 주장하고 있지만, 이것으로부터는 새로운 기술의 이념이 획득될 수 없다는 것이다. 자연을 '기술적 조작이 가능한 대상(Gegenstand)'으로서가 아니라 '상대방

---

320) Jürgen Habermas, *Technik und Wissenschaft als "Ideologie* (Frankfurt am Main: Suhrkamp, 1969), 54쪽.

321) Habermas, *Technik und Wissenschaft als "Ideologie*, 55쪽.

(Gegenspieler)'으로 대하는 것은 "아직 불완전했던 간주체성의 차원에 속하는 것"이다. 이에 대해 하버마스는 자연에 대한 인간의 기술적으로 정초 된 독백 행위와 인간들끼리의 규범 매개적 대화 행위 간의 차이를 거듭 힘주어 강조하고 있다. 이 두 유형의 행위는 상호 배제한다. 마르쿠제 테제의 취약성에 대한 이러한 비판 후에 하버마스는 자신의 기술관을 선보인다.

- 아르놀드 겔렌(Arnold Gehlen)은 우리에게 알려진 기술과 목적 합리적 행위의 구조 간에 내재적인 연관이 존재한다는 사실을 지적한 바 있는 데, 나에게는 이것이 거부할 수 없이 타당한 것으로 느껴진다. 우리는 성공 지향적 행위의 기능 범위를 합리적 결정과 도구적 행위의 결합으로 이해한다면, 기술의 역사를 목적 합리적 행위의 단계적 객관화의 시각에서 재건할 수 있다.[322]

말하자면, 기술은 마치 인류가 인간 유기체에 고정된 목적 합리적 행위의 기능 범위의 기초적 구성 요소들을 차례로 기술적 수단의 차월에 투사하고 상응하는 기능으로부터 면해지는 것과 같은 해석모델에 그대로 들어맞는다는 것이다. 처음에는 손과 발(운동기관), 다음은 인간 육체(동력 생산), 다음은 눈, 귀, 피부(감각기관), 마지막으로 두뇌(조절기관)가 강화되거나 대체되었다. 기술 발전은 "노동의 구조에 조응하는 논리"를 따른다는 것이다. 우리는 인간적 자연성의 조직이 변화되지 않는 한 "우리의 기술"을 포기하고 질적으로 다른 기술을 선택할 수 없는 것이다.[323]
하버마스는 기술을 여기서 "우리의 기술"로, 즉 노동 기술 또는 생산력

---

322) Habermas, *Technik und Wissenschaft als "Ideologie*, 55-56쪽.
323) Habermas, *Technik und Wissenschaft als "Ideologie*, 54쪽.

으로 일괄 긍정하고 있다. 그는 근대 기술의 기획을 개인적 수공업 모델과 등치시키고 기술이 오직 노동하는 인간적 기관器官의 구조에만 조응하는 것으로 생각하고 있다. 따라서 기술을 신체 기관적 노동 기능의 투사로 이해하는 이 기술관은 작은 대항 질문만으로도 붕괴하고 만다. 비행기나 우주 로켓은 인간의 어떤 유기체적 기능을 대체한 것인가? 인간은 날개가 없다. 하버마스는 인간의 유기체적 기능 범위를 초월하는 다양한 목적들이 기술에 대해 가하는 규정성을 망각하고 있는 것이다.

게다가 하버마스는 '목적 합리적 행위' 일반을 노동(생산)과 등치시킴으로써 기술이 생산적 목적 이외의 수많은 다른 목적과 행위 구조(지배, 전쟁, 유희, 예술, 의료행위 등)에 따라 발전했고 또 발전할 것이라는 사실을 완전히 간과하고 있다. 가령 (하버마스가 의도하지 않게 인정하고 있듯이[324]) 전쟁 기술, 지배 기술, 고문 기술, 행태 통제와 인성 전환 기술 등도 있는 것이다. 마찬가지로 어떤 한 시대나 일정 계급, 과거로 흘려보낼 수 있는 어떤 상황의 프로젝트가 아니라 인류 전체의 프로젝트인[325] 이 모든 기술은 노동 기술이 아니다. 즉, 이런 기술들은 모두 해방적 인류 이익의 관점에서 절대적으로 비판될 수 있다. 하버마스가 기술 일반을 노동 기술로, 목적 합리적 행위를 노동으로 환원하는 것과 이를 통해 가능해지는 기술 및 목적 합리적 행위의 본질주의적 일괄 긍정은 이후의 중대한 오류들을 야기하게 된다.

요약하자면 마르쿠제가 기술 그 자체가 지닌 생산력과 지배로서의 내적 이중의미를 공격하는 본질주의적 기술 비판을 시도한 반면, 하버마스는 기술 일반을 생산력으로 일괄 긍정하는 본질론적 기술 보수주의를 취하고 있다. 이 입장에 서서 하버마스는 다만 기술이 수행하는 외적 이데

---

324) Habermas, *Technik und Wissenschaft als "Ideologie*, 79, 96쪽.
325) Habermas, *Technik und Wissenschaft als "Ideologie*, 57쪽.

올로기 기능만을 비판하고자 한다.[326)

  기술의 이데올로기 역할을 설명하기 위해 하버마스는 일단 '목적 합리적 행위'로서의 노동(Arbeit)과 '소통적 행위'로서의 상호작용(Interaktion)을 대별한다. 목적 합리적 행위로서의 노동은 다시 기술적 규칙에 따르는 '도구적 행위'와 전략을 따르는 '합리적 선택'으로 구분된다. 소통적 행위는 의무적으로 통용되는 규범에 입각한 상징매개적 상호작용으로 정의된다.[327) 이에 따라 하버마스는 생산력과 생산관계의 연관을 "노동과 상호작용의 보다 추상적인 연관"으로 대체한다.[328)

  이 행위이론에서는 경제적 지배 심급과 착취 심급이 들어설 자리가 없다. 마르크스에 의하면 여러 자본주의적 생산관계 가운데 핵심 구조적 생산관계는 지배와 착취관계, 즉 '자본 관계'다. 이 지배·착취 기제는 하버마스의 이론 모델에 엄격히 입각하자면 목적 합리적 행위에도 또 소통적 행위에도 속하지 않는다. 또한 이 지배 심급은 목적 합리적 행위의 하부체계(기업과 국가)에도 귀속시킬 수 없다. 하버마스는 앞서 목적 합리적 행위를 노동과 등치시키고 있기 때문이다. 그래도 그가 지배를 이 목적 합리적 하부체계에 귀속시키면, 그는 착취당하고 지배당하는 노동을 착취하고 지배하는 행위와 등치시키는 것이 되고 만다. (그러나 지배를 "착취하는 노동"으로 규정하여 "착취당하는 노동"과 등치시키는 것은 마르크스에 의하면 속류경제학자들의 오래된 사기술이 아니던가!) 다른 한편 자본 관계는 "상호작용"에 귀속될 수도 없다. 자본 관계는 사후적으로 어느 정도 개별 기업적 또는 국가 차원에서 언어적 소통을 통해 규범적으로 보증될 수 있을지라도 일차적으로 말 없는 물질적·가치 매개적 이해관계에 따라 창설·유지되는 것이다. 이에 반해 하버마스의 "상호작용"은 "의무적으로

---

326) Habermas, *Technik und Wissenschaft als "Ideologie*, 60쪽.
327) Habermas, *Technik und Wissenschaft als "Ideologie*, 61쪽.
328) Habermas, *Technik und Wissenschaft als "Ideologie*, 92쪽.

통용되는 규범", 즉 상부 구조적 요소만을 따른다. 핵심 구조적 지배관계의 이러한 마술적 은폐로 말미암아 하버마스의 이론 체계에서 "지배"나 "억압"은 난데없이 갑자기 출몰한다. 하버마스의 자본주의 경제관은 본질적으로 '자유주의적 백치'의 "경제주의적" 자본주의관을 그대로 닮고 있는 것이다. 여기서 우리가 말하는 "경제주의"는 주지하다시피 모든 정치 사회적 사실과 움직임을 일면적으로 경제적 토대로 귀인歸因시키고 이것으로부터 다시 인과율적으로 도출하는 속류 마르크스주의적 경제주의가 아니라, 자본주의적 행위자들의 지배·착취관계를 "상품유통에서 유래하는 단순한 관계로 해소하여"[329] 결국 마술적으로 은폐해 버리는 자유 부르주아적 경제주의를 뜻한다. 말하자면 속류 마르크스주의 전통의 "경제주의적 부담물의 폐기"를 시도하는 하버마스의 기획은 자유주의적 백치들의 못지않게 조악한 경제주의로 전락하고 있는 셈이다.

하버마스가 베버의 애매한 목적 합리적 행위개념을 노동과 등치시키고 목적 합리적 행위의 명제들이 주로 제도화된 하부 체계들을[330] 기업과 국가 – 마르크스에 의하면 이 두 기구의 기능은 지배와 노동의 모순적 복합체이다 – 로 규정하고 있는 한, 그의 자유주의적 경제주의는 피할 수 없는 귀결이다. 하버마스는 마르크스의 노동가치론, 잉여가치론, 지배 이론을 부정하거나 약화시킴으로써 자신의 자유주의적 경제주의를 추가로 더욱 강화한다.

- 기술과 과학은 제일가는 생산력이 되고 이럼으로써 마르크스의 노동 가치론의 적용 조건이 소멸한다. 과학 기술적 진보가 독자적인 잉여가치의 원천이 된 반면 마르크스가 유일하게 고려한 잉여가치의 원천,

---

329) Karl Marx, *Das Kapital I*, 128쪽. *Marx Engels Werke*, Bd. 23 (*MEW* 23, Berlin: Dietz Verlag, 1908).

330) Habermas, *Technik und Wissenschaft als "Ideologie*, 63쪽.

즉 직접생산자의 노동력은 점차 비중을 잃어 간다면 다면, 연구와 개발에 투자된 자본 금액을 비숙련의 (단순) 노동력의 가치에 입각하여 계산하는 것은 이제 더 이상 의미가 없다.[331]

그러나 이 짧은 언급 속에는 자기모순과 무고가 가득 차 있다. 여기서 하버마스는 마르크스의 자본 개념을 중심으로 집결해 있는 가치 개념을 거부하면서 동시에 사용하고 있다. 자본순환의 4각 구적법求積法인가? 자본주의를 아직 존재하는 것으로 간주하는 사람은 기술과 자본의 관계 규정들을 결코 맴돌지 않는 법이다. 자본 개념이 문제가 될 때면 사상들이 정력적으로 분리되곤 하더라도.[332] 하버마스는 노동과정의 신기술화가 이 신기술화에 대응하는 새로운 노동형태의 창출 없이 과거의 역학적 기계화처럼 노동을 일직선적으로 단순화하고 추방한다고 가정하고 있다. 그러나 실은 기술적 기구는 이것을 사용하는 사람들의 행위와 관념을 막바로 조건 짓는다. 기술을 사용가능한 생산수단 덩어리로 이해한다면, 생산물의 양적 산출을 높이는 능률을 대체로 부각시킨다. (생산성) 기술은 또한 사물, 도구, 재료를 다루는 합목적적 취급의 자연과학적으로 반성된 기획도 포괄한다. 이 경우에 노동력의 자연과학적·기술적 교육이 전면에 부각된다. 기술은 또한 사물·도구·재료를 다루는 합목적적 취급의 실천적 능력으로도 이해된다. 여기에서도 노동력의 기술적 숙련화는 결정적 역할을 한다. 요약하면, "기술"은 대상적 생산수단의 증대의 문제만을 뜻하는 것이 아니라 동일한 정도로 생산적 노동력의 속성을 뜻하기도 하는 것이다.[333]

---

331) Habermas, *Technik und Wissenschaft als "Ideologie*, 79쪽.
332) Jürgen Ritsert, *Der Kampf um das Surplusprodukt. Einführung in den klassischen Klassenbegriff* (Frankfurt/New York, 1988), 254쪽.
333) Ritsert, *Der Kampf um das Surplusprodukt*, 254쪽.

이런 한에서 하버마스가 새로운 노동의 형성을 도외시한 채 단순히 생산수단의 과학적 기술화만을 뜻하고 있는 "과학 기술적 진보"는 결코 독자적 잉여가치의 원천이 될 수 없다. 게다가 하버마스는 마르크스가 직접적 생산자를 단순 노동자로 국한하고 잉여가치의 원천을 이 단순 노동자로 한정하고 있다고 무고하고 있다. 그는 한낱 이러한 무고에 의존해서만 그 '귀찮은' 노동가치론을 극복할 수 있었을 뿐이다. 그러나 마르크스 자신은 다음과 같이 말하고 있다. 노동과정 자체의 협업적 성격과 더불어 생산적 노동과 그 담지자인 생산적 노동자의 개념은 필연적으로 확장된다.[334] 따라서 마르크스가 잉여가치를 점취하는 경영층과 잉여가치를 허비하는 앞잡이 계층(관료층)에 대립시킨 '직접생산자' 개념도 확장되는 것이다. 물론 새로운 과학적 기술에 조응하여 창출되는 새로운 노동자는 저 관료적·테크노크라트적 앞잡이에 속하지 않는 한에서 직접생산자이다. 따라서 이 새로운 노동자의 노동은 두뇌 노동이든 손 노동이든 관계없이 잉여가치의 원천이다.[335] 마르크스가 유일하게 고려한 잉여가치의 원천은 사라지고 있는 것이 아니라 실은 새로이 확장되고 있다.

다만 21세기에 대중적으로 확산된 '창조적' 노동의 경우에는 이 노동을 양적 노동 가치로 환원할 수 없고 따라서 측정할 수 없게 되어 노동가치론의 일축이 무너졌을 뿐이다. 대학원 이상의 교육과정을 통해 초고도로 숙련된 새로운 두뇌 노동의 '창조' 작업으로 나온 아이디어와 제품이 장차 벌어들일 천문학적 액수의 이윤과 수익은 전혀 예측할 수 없고 또 이런 창조가 도처에서 매일 시시각각 돌출하고 있기 때문이다.

한편, 체제 위기의 회피를 겨냥한 지배체제는 (직접적 정치적 지배 또는 경제적으로 매개된 사회적 지배라는 의미에서) 한 계급 주체가 다른 계

---

334) Marx, *Das Kapital I*, 531쪽.
335) Karl Marx, *Theorien über den Mehrwert I*, 387쪽. *MEW* 26.1 [*Marx Engels Werke*, Band 26.1.] (Berlin: Dietz Verlag, 1982).

급 주체에 대해 인지 가능하게 맞서는 방식으로 행사되는 "지배"를 배제한다.[336] (하버마스의 지배체제는 이와 같이 난데없이 출몰한다.) 하지만 자유주의 시대의 지배도 객관적으로 실존하는 계급이 다른 계급에 인지 가능하게 맞서는 그런 멍청한 방식으로 행사되었던가? 물론 아니다. 자유주의 국가의 계급지배도 오늘날의 국가에 못지않을 만큼의 중립성 간판을 내걸고 있었다. 또한 하버마스가 붕괴된 것으로 간주하는 개별 자본가들의 기업 지배에 이데올로기적 정당성을 제공하던 등가교환의 허상을 도외시하더라도 총자본가의 경제적 지배도 이 총자본가가 기업가·은행가·지주 등으로 자립화되고 때로는 서로 "적대적 형제들"처럼 굴었기 때문에 단일 계급의 통일적 지배로 현상하지 않았다. 게다가 사회경제적 차원에서 "객관적"으로 정의되는 계급들 자체는 사실상 결코 단 한 번도 현상 형태로 등장한 적이 없다.[337] 계급들의 의식적 사회 정치 행위와 조직은 객관적 경제구조와 기제를 통해 각인되지만, 동시에 경제적 관계의 말 없는 강제에 대항하는 경제외적·규범적 연대를 통해 견지되어야 하는 것이기 때문이다. 정치 사회적으로 현상하는 것은 계급 자체가 아니라 오직 의사소통적으로 창설되는 규범적 조직들뿐이다. 계급의 전국적 조직화에 관한 한, 통일적 계급 조직이 전국적 노조 동맹체와 이것에 맞서는 전국적 기업가 연합체 등의 조직 형식으로 등장한 것은 19세기가 아니라 20세기다. 19세기 자유주의 단계에는 이와 같은 것은 없었다. 또한 (최고 경영자를 포함한) "금융 귀족층"(마르크스)의 지배는 가령 테슬라, 아마존, 구글, Krupp, Rockfeller, Siemens, Mercedes-Benz 등의 "저 위에 있는 놈들"로서 도리어 오늘날 더 선명하다.

---

336) Habermas, *Technik und Wissenschaft als "Ideologie*, 86쪽.
337) Jürgen Hirsch, *Kapitalismus ohne Alternativ? Materialistische Gesellschaftstheorie und Möglichkeiten einer sozialistischen Politik heute* (Hamburg: VSA, 1990). 133쪽.

오늘날의 경제적 기업 지배를 은폐하려는 하버마스의 노력은 기업을 "목적 합리적 행위", 즉 노동의 "하부 체계"로 일면화·미화하려는 시도에 조응하는 것이다. 자본주의 경제 속의 경제적 강권 또는 지배관계를 그는 마르크스의 이론을 낡은 것으로 역사화하기 위해 불가피하게 마르크스나 마르크스의 범주들을 언급하는 경우에만 인정한다.[338]

그러나 하버마스는 이것과 직접 모순되게 다음과 같이 확언하고 있다. "사私경제적 자본 증식의 형태는 국가적 교정자를 통해서만 유지될 수 있었다. (⋯) 사회의 제도 틀은 재再정치화되었다. (⋯) 그러나 이 때문에 지배체제와 경제의 관계는 변화된 것이다."[339] 이 말은 정치화되기 이전의 자본주의 경제체제가 전혀 지배체제가 아니었다는 것을 뜻하거나 하버마스가 "자유주의적 백치들"처럼 정치적 지배만을 지배로 이해하고 있다는 것을 뜻한다. 나아가 그는 전前자본주의적 지배가 정치적 지배의 직접적 보장을 가진 경제적 지배가 아니라 정치적 지배 자체라고 생각한다. 또한 전자본주의적 소유는 생산관계가 아니라 단지 정치적 지배관계일 뿐이었는데 자본주의와 함께 소유 체제는 생산관계가 되었다는 것이다. 그는 자본주의적 소유 체제는 이제 지배체제가 아니라고 생각하면서 지극히 애매모호한 지배 개념을 가지고 자신의 논지를 펴고 있다. 우리가 그의 다음과 같은 주장을 상기하면, 이러한 자유주의적 경제주의의 망상은 의심할 바 없는 것이다.

- 전통적 지배는 정치적 지배였다. 비로소 자본주의적 생산양식과 함께 제도적 틀의 정통성이 사회적 노동의 체계와 직접 결부될 수 있게 된다. 이제야 비로소 소유 질서는 정치적 관계에서 생산관계가 될 수 있

---

338) Habermas, *Technik und Wissenschaft als "Ideologie*, 73, 90쪽.
339) Habermas, *Technik und Wissenschaft als "Ideologie*, 75쪽.

다. 소유 질서는 이제 정통적 지배 질서로 정당화되는 것이 아니라 교환 사회의 이데올로기인 시장의 합리성으로 정당화되기 때문이다. 지배체제는 필경 그쪽에서 생산의 정통적 관계에 의해 정당화될 수 있다.[340]

경제외적 강제에 기초한 경제적 지배에서 자본 관계로 이행한 것은 주지하다시피 경제 속에서 지배의 소멸을 뜻하는 것이 아니라 정치적 지배와 경제적 지배의 분리를 뜻한다. 자본 관계는 노동력의 소비가 자본가에 의해 이루어지고 따라서 자본가에 의해 감시당하고 관리당하는 상명하복 관계로서[341] 새로운 경제적 지배관계다. 이러한 기업적 지배구조는 국가적으로 규제되는 자본주의 안에서도 부정되지 않고 오히려 '리바이어던'이 되었다. 오늘날의 거대 콘체른의 지배는 방대한 기업 관료 기구와 기업 경찰 기구에 의해 지탱된다. 몇몇 거대 콘체른의 관료 기구만 합하더라도 규모에 있어 국가 관료 기구를 능가하는 것이다.

하버마스는 나중에 『소통적 행위의 이론』(1981)에서 '노동'(목적 합리적 행위)과 '상호작용'(소통적 행위)의 이분법적 도식을 '전략적 행위'(화폐·권력 매개적 상호작용)와 '소통적 행위'(언어적으로 매개되는 상호작용)의 새로운 이분법적 도식으로 대체한다. 노동은 비사회적 '도구적 행위'로 격하되어 사회적 행위에서 추방된다. 현실적 노동은 사회적 협업과 기업적 협업 속에서 수행되는 까닭에 결코 자연에 대한 단순한 '독백적' 관계가 아니라 언제나 동시에 인간 간의 상호작용을 포함할지라도. 그어 의하면 '매체 매개적 상호작용'의 하부 체계는 '경제 체계'와 '국가행정 체계'

---

340) Habermas, *Technik und Wissenschaft als "Ideologie*, 70쪽.
341) Karl Marx, *Resultate des unmittelbaren Produktionsprozesses* (Frankfurt am Main: Verlag Neue Kritik Frankfurt, 1969), 52쪽.

다.[342] 여기에서도 경제 속의 지배와 지배 기술적 합리성은 연구의 대상이 아니다. 하버마스는 파슨스를 따라 화폐와 권력을 매체로 규정한다. 권력이 국가 행정 체계의 조절 매체인 반면, 화폐는 경제체제의 조절 매체다. 화폐를 매개로 한 행위의 표준 상황 , 화폐의 '대응 예비', '제도화의 형태'는 각각 교환·금·소유 및 계약이다.[343] 여기서 화폐와 권력은 본질적으로 상이한 것으로 현상한다. 화폐로 매개되는 강권 관계인 자본 관계는 이것의 허상인 화폐 관계에 의해 감춰지고 결국 대체된다. 따라서 하버마스에게 화폐로 매개되는 자본주의적 경제 체계는 "자유로운", "강권으로부터 자유로운" 교환·계약·소유 질서로 현상한다. 하버마스 자신도 인정한 바 있는 "자본 관계와 함께 일찍이 도입된 강권 관계"는[344] 완전히 종적을 감추었다. 그리하여 행정과 관료 기구는 『소통적 행위의 이론』을 관통해 오직 국가행정과 국가 관료 기구로만 현상한다.[345] 이에 반해 자본주의 경제는 지배·강권·관료 기구로부터 자유로운 '즐거운' 경제로, 즉 '성공 지향적·목적 합리적' 행위 체계로 둔갑한다. 그의 자유주의적 '경제주의'는 따라서 『소통적 행위의 이론』에서 결코 극복된 것이 아니라 오히려 완성되었다.[346]

---

342) Jürgen Habermas, *Theorie des kommunikativen Handelns*, Bd.2 (Frankfurt am Main: Suhrkamp, 1981), 171쪽 이하.

343) Habermas, *Theorie des kommunikativen Handelns*, Bd.2, 409쪽.

344) Habermas, *Technik und Wissenschaft als "Ideologie*, 89쪽.

345) Habermas, *Theorie des kommunikativen Handelns*, Bd.2, 472, 474, 477, 484, 489, 499, 503, 581쪽 등등.

346) 하버마스의 자유주의적 경제관은 1990년 저서에서 더 노골적이다. "경제와 국가기구를 나는 체계적 고유 의미가 손상되거나 기능 능률이 교란됨이 없이 내부로부터 민주적으로 변혁될 수 없는, 즉 정치적 통합 양식으로 전환될 수 없는 체계적으로 통합된 행위 영역으로 간주한다. (…) 급진적 민주화의 추동 방향은 오히려 원칙적으로 견지되는 권력분립의 틀 내에서의 세력의 변위로 특징지어진다. (…) 목표는 이제 단순히 자본주의적으로 자립화된 경제 체계와 관료 기구적으로 자립화된 지배 체계의 '폐지'가 아니라 생활세계 영역에 대한 체계 명령의 식민화하는 침범의 민주적 차단이다. 이로써 객관화된 본질력의 소외와 점취라는 실천 철학적 관념은 작별된다." Jürgen Habermas, *Faktizität und Geltung. Diskurstheorie des Rechts und des*

'경제의 목적 합리성'은 하버마스에게서 지배 기술적 합리성을 포함하는 것이 아니라 오직 노동 기술적 합리성 또는 경제적 합리성일 따름이다. 말하자면 지배 기술은 존재하지 않는 것이다. 경제 차원에서 과학 기술적 발전은 하버마스의 경우 생산력의 증대만을 뜻한다. 이러한 천진한 망상은 심지어 강권·관료 기구·지배의 심급인 국가 체계에서의 과학 기술적 진보조차도 생산력의 증대로만 해석하도록 강제하고 있다.[347] 말하자면 그는 적대적 지배 체계에서의 과학 기술적 진보란 생산적 효율성의 진보임과 동시에 기술적 지배 수단 및 통제 수단의 진보이고 따라서 지배 기술적 합리성과 지배력의 증대를 뜻한다는 사실을 원리적으로 부정하고 있다. 오늘날 도처에서 사회적 노동과정의 노동 기술적 합리성(효율성)과 충돌에 빠져들고 있는 지배 기술과 지배 기술적 합리성에 대한 비판은 그의 안중에 없는 것이다.

이런 이유에서 하버마스의 비판이론은, 그의 소통적 행위론 및 생활세계론이 비판이론의 가일층적 발전에 결정적으로 기여하고 있음에도 불구하고 비판을 생활세계에 대한 목적 합리적 행위 논리의 침범에만 한정함으로써 목적 합리적 행위의 "매체 매개적 하부 체계" 자체를 비판 없이 긍정하는 보수주의로 전락했다. 그가 노리는 것은 다만 자본과 국가의 지배에 대한 비판과 지배 이성에 대한 비판을 완전히 포기한 채 테크노크라트 이데올로기와 생활세계의 침식만을 비판하는 것이다.

하버마스에 의하면, 과학과 기술의 진보는 경제성장이 거꾸로 과학 기술적 진보에 종속되고 노동가치론의 적용 조건이 소멸할 만큼 폭넓은 "유사類似 자율성"을 획득했다. 그리하여 사회체제의 발전이 과학 기술적 진보에 의해 규정되는 것처럼 생각하는 새로운 사고방식이 생겨난다.

---

demokratischen Rechtsstaates (Frankfurt am Main: Suhrkamp, 1992), 36쪽.
347) 참조: Habermas, Technik und Wissenschaft als "Ideologie, 98쪽.

이러한 진보의 내재적 법칙성은 기능적 요구들에 복종하는 정치가 추종해야 하는 '사실 강제'를 산출하는 것처럼 보인다. 그러나 이러한 허상이 효과적으로 정착했다면, 기술과 과학의 역할에 대한 프로파간다적 시사는 왜 현대사회에서 실천적 문제에 대한 민주적 의사 형성 과정이 자신의 기능을 상실하고 행정 직원들의 대안적 지도 집단들에 대한 국민투표식 선택에 의해 대체되어야 하는지를 설명하고 정당화할 수 있다.[348] 이 테크노크라트적 이데올로기에 따르면 소통적 행위유형에 의해 지탱되는 사회의 제도적 틀이 이 제도적 틀 속에 마련된 목적 합리적 행위의 하부 체계들에 의해 흡수되어 버린다.[349] 그러나 과학 기술적 진보를 "독자적인 잉여가치 원천"으로 선언하고 마르크스의 노동가치론을 부정하는 자는 이러한 부르주아적 테크노크라시 테제를 이데올로기로 비판할 이론적 권리가 없다.

이러한 테크노크라트적 전망을 하버마스는 '이데올로기이면서 동시에 사실적 추세'라는 신비적 이중 규정으로 설명한다. 필경 이러한 테크노크라트적 의도가 파편적으로나마 구현된 곳은 어디에도 없다. 그러나 이러한 의도는 한편으로 기술적 과업을 겨냥한 새로운 정책을 위한 이데올로기로 기능하여 실천적 문제들을 배제하고, 다른 한편으로는 우리가 제도적 틀이라고 부르는 것에 잠입해 이것을 침식할 수 있는 일정한 발전 추세를 그대로 적중하는 것이다.[350] 단일한 테크노크라트적 의도가 이데올로기이면서 동시에 실제적 추세로 동시에 현상한다. 그리하여 하버마스는 이데올로기로서의 테크노크라시와 실제적 추세로서의 테크노크라시를 뒤섞는 항간적으로 널리 유포된 오류에 빠져들고 있다. '이데올로기로서의 테크노크라시'는 지배권이 과학 기술적 발전과 더불어 부르주아

---

348) Habermas, *Technik und Wissenschaft als "Ideologie*, 80쪽.
349) Habermas, *Technik und Wissenschaft als "Ideologie*, 83쪽.
350) Habermas, *Technik und Wissenschaft als "Ideologie*, 83쪽.

에서 과학자와 기술전문가에게로 이동한다는 기술주의적 망상을 가리킨
다. 이에 반해 '실제적 추세로서의 테크노크라시'는 지배자가 지배 행사
에 있어서 지배 합리성을 제고하기 위해 전통적 관료 기구에 더해 과학자
와 기술전문가의 고용을 점차 늘려 가는 사실을 뜻한다. 이 경우 테크노
크라시는 지배자에 대한 등가적 대체물이 아니라 관료 체제에 대한 보완
적 등가물로 이해된다. 따라서 진정으로 일어나는 변화는 인간 간의 상호
관계로서의 지배권이 테크노크라시의 고용으로 인해 테크노크라시에 굴
복하는 것이 아니라 역으로 스스로를 강화한다는 것이다. 하버마스는 조
직 기술적 수단이 순수한 관료 기구에서 혼합된 테크노크라시적 관료 기
구로 변화된다는 사실을 지배권의 탈권 또는 약화로 탄식한다면 바로 '이
데올로기로서의 테크노크라시 테제'로 전락하는 것이다. 그는 권위적 국
가의 명시적 지배가 기술적·기능적 행정의 조작적 강제에 굴복한다고 생
각한다.[351] 그는 마르쿠제와 완전히 다른 경로를 통해 마르쿠제와 동일하
게 실제적 지배 심급을 호도하는 데 기여하고 있다. 그러나 테크노크라트
효과에 대한 하버마스의 이해는 기술로서의 지배가 약화되는 것이 아니
라 "개인에 대한 사회적 지배의 영향권이 이전보다 헤아릴 수 없이 커진
다"는 마르쿠제의 테제와 정면으로 상충된다. 마르쿠제에 의하면, "우리
사회는 원심적 세력들을 테러에 의해서보다 기술적 경로로 정복하는 사
실에 의해 특징지어진다."[352]

　하버마스 논법의 신비적 성격은 이것으로 끝나는 것이 아니다. 그가 인
정하듯이 기존의 정치는 국가적으로 조직된 자본주의 안에서의 정치적
지배의[353] 행사 외에 다름 아니다. 제도적 틀의 침식을 초래하는 "일정한

351) Habermas, *Technik und Wissenschaft als "Ideologie*, 83쪽.
352) Herbert Marcuse, *The One-Dimensional Man* [Boston: 1964]. 독역본:
　　Der eindimensionale Mensch. Studien zur Ideologie der fortschrittenen
　　Industriegesellschaft (Darmstadt/Neuwied: zu Klampen Verlag, 1965), 12쪽.
353) Habermas, *Technik und Wissenschaft als "Ideologie*, 86쪽.

발전 추세"는 "탈권당한 제도적 틀과 목적 합리적 행위의 자립화된 체계 간의 새로운 정황" 외에 다른 것과 관련된 것이 아니다.[354] 여기서 그의 논의의 괴이한 구조가 드러난다. 이상하게도 그는 그에 의하면 본질적으로 무죄無罪인 노동(목적 합리적 행위)의 생산력 발전으로 인해 유죄有罪인 제도적 틀(그에 의하면 지배와 교정된 착취의 제도 조건)이 침식되고 탈권당하는 것에 대해서 탄식하고 있는 것이다.

하버마스가 (올바로 "일정한 사실적 발전 추세"로 예감한) 테크노크리시를 (테크노크라트가 아니라) 지배자의 지배 기술적으로 합리적인 새로운 강권 행사요 슈퍼 독점체들의 지배 합리적 행위의 새로운 조직 기술적 기구로 비판하는 것은 기술·테크노크라시·목적 합리적 행위 등에 대한 그의 혼돈된 입장으로 말미암아 본래 불가능한 것이었다.

"제도적 틀의 해방적 변화"를 위한 하버마스의 변혁 전략적 제안도 마찬가지로 부조리로 이끌어지고 있다. "목적 합리적 체계의 합리화"는 "생산력의 발전"이다. 이것은 "언어적으로 매개되는 상호작용의 매체를 통해서만, 즉 의사소통의 한계 타파를 통해서만 수행될 수 있는" 제도적 틀 차원의 "합리화"를 대체하지 않는 경우에만 해방의 잠재력일 수 있다는 것이다.[355]

- 목적 합리적 행위의 발전하는 하부 체계가 가하는 사회문화적 역작용의 관점에서 행위 지향적 원칙과 규범들이 적절한지 또는 바랄 만한 것인지 여부에 관한 무제한적이고 지배로부터 해방된 공개 토론, 즉 정치적인, 또는 다시 정치화된 의사 형성 과정의 모든 차원에서의 이런 종류의 의사소통은 '합리화' 같은 것이 가능한 유일한 매체다.[356]

---

354) Habermas, *Technik und Wissenschaft als "Ideologie*, 91쪽.
355) Habermas, *Technik und Wissenschaft als "Ideologie*, 98쪽.
356) Habermas, *Technik und Wissenschaft als "Ideologie*, 98쪽.

목적 합리적 하부 체계의 합리화를 나중에 『소통적 행위의 이론』에서 하버마스는 경제의 "화폐화"와 국가의 "관료화"로 축소·규정한다. (이것은 물론 '자본화', '기술화', '일정한 발전 추세'로서의 테크노크라시를 망각한 것이다.) 이 "화폐화"와 "관료화"는 그에 의하면 본질적으로 무죄이고 문제는 다만 이 경향이 "정상의 경계를 넘어선다"는 데만 있을 뿐이다.[357] "파슨스의 매체 이론은 나를 다음과 같은 가정으로 이끌어 주었다. 이 경계는 문화적 재생산, 사회적 통합, 사회화의 영역들 속으로 체계적 강제들이 침습함으로써 월경(越境)된다는 것이다."[358] 일차적 사회문제는 이제 분배 문제가 아니라 너무 많은 "체계 합리성의 제한적 차단"이다.

- 자본주의적 성장은 특히 화폐적-관료적 복합체의 확장과 응집으로 인해 생활세계 내에서 갈등을 야기하는 데, 이런 일은 일단 사회적으로 통합된 생활 연관들이 소비자와 의뢰인의 역할을 매개로 (체계에) 동화되는 곳에서 벌어진다. 물론 이 과정은 이미 자본주의적 근대화의 일부였다. 이 과정은 일차적으로 생활세계의 물질적 재생산을 공식적으로 조직된 행위 영역으로 전환하는 것이 문제인 한에서 역사적으로 한동안 당사자들의 방어를 초월할 수 있었다. 체계와 생활세계를 가르는 전선에서 분명 생활세계는 생활세계의 상징적 재생산의 기능이 저촉되는 경우에야 비로소 끈질기고 전망 있는 저항을 수행한다.[359]

테일러-포드주의적 근대에 의해 무의식적으로 강력히 영향받은 자본주의적 근대의 이러한 2단계론은 마르크스를 역사화하는 것과 더불어 도입된다.

357) Habermas, *Theorie des kommunikativen Handelns*, Bd.2, 477쪽.
358) Habermas, *Theorie des kommunikativen Handelns*, Bd.2, 548쪽.
359) Habermas, *Theorie des kommunikativen Handelns*, Bd.2, 516쪽.

● 마르크스의 오류는 최종적으로 근대에 형성된 체계 분화의 수준과 이 것의 계급 특유한 제도화 형태들 사이의 충분히 예리한 분리를 허용하지 않는, 체계 분석과 생활세계 분석의 저 변증법적 결착에 귀인歸因한다. 마르크스는 헤겔의 전체성 개념의 유혹에 저항하지 않았고 체계와 생활세계의 통일성을 변증법적으로 잘못된 전제로 해석했었다. 그렇지 않았다면 그는 모든 근대사회가 고도의 구조적 분화를 보이지 않을 수 없다는 것을 도외시하는 자기기만에 빠져들지 않을 것이다. 가치 이론적 출발점의 취약성도 이것과 유관하다. 마르크스에게는 전통적인 생활 형태의 파괴와 전통 이후의 생활세계의 사물화를 구별하는 기준이 결여되어 있는 것이다.[360]

이제 '새로운 사회갈등'은 "분배 문제"에서가 아니라 "생활 형태의 문법의 제문제"에서 불타오른다.[361] 경제적·사회적·국내적·군사적 안보와 관련된 "구舊정치"에서 "신新정치"로의 이러한 주제 전환은 결국 생산 패러다임 또는 노동 패러다임의 역사화와 맞닿게 된다. 사회갈등은 이제 생산 속에서의 노동의 착취·지배·무기력·단조로움에 의해 조건 지어지는 것이 아니라 체계 강제에 의한 생활세계의 "내적 식민화"에 대항하는 개성의 방어와 실현에 대한 다원주의적 관심에 의해 야기된다. 생활의 질, 동등권, 개인적 자기실현, 참여와 인권의 제문제는 새로운 것이다. 사회 국가적 특징에 따라 해명할 때 "구정치"는 기업가, 노동자, 소상공인적 중산층에 의해 지지되는 반면, 신정치는 신중산층, 청년세대, 자격을 부여하는 학교교육을 받은 집단 안에서 보다 더 강력한 지지층을 발견한다. 이런 현상은 '내적 식민화' 테제에 부합되는 것이다.[362] 비판이론의 과제

---

360) Habermas, *Theorie des kommunikativen Handelns*, Bd.2, 500-501쪽.
361) Habermas, *Theorie des kommunikativen Handelns*, Bd.2, 576쪽.
362) Habermas, *Theorie des kommunikativen Handelns*, Bd.2, 577쪽.

는 따라서 자본 비판이 아니라 자본주의의 과잉 확장하는 "경제적·행정적 체계의 차단(Eindämmung)"을 통해 소통적 행위의 고유한 의미가 가족적 생활세계에서든 대중매체에 의해 각인되는 공론장에서든 확증될 수 있는 이전의 적절한 체계 분화 수준으로 복귀시키는 것이다.

하버마스는 이를 위해 지배로부터 해방된, 언어적으로 매개되는 의사소통을 목적이며 동시에 소통 제한의 철폐를 위한 수단으로 규정한다. 말하자면 "무제한적이고 지배로부터 해방된 공개적 토론"은 지배로부터의 해방의 달성을 위한 "유일한 매체"라는 것이다. 이 동어반복은 오늘날의 주요 문제가 자립화된 하부 체계들의 합리화의 과잉에 있다고 하는 자신의 (지배 없는) 경제주의적 하부 체계론을 그대로 반영하고 있다. 하지만 그 자신도 여기저기서 지배의 존재를 상기시켜 왔다. 해방을 지향하는 사회과정은 물론 토론과 논쟁도 포함하고 동의와 승인도 산출하고 정립하기는 하지만, 무릇 지배가 존재한다면 자유로운 토론과 논쟁을 위한 공론장의 상대적 자유공간은 소통을 차단하고 제한하는 지배권력에 대항하는 사회운동과 사회조직들의 험난한 투쟁과 대항권력 행사 없이 창설되고 확장될 수 없다. 지배란 항상 소통적 사회통합의 제도적 틀의 우연적 '부록'이 아니라 이것의 근본구조이기 때문이다.

한편, 기존의 공론장은 대부분 독점자본과 국가의 손아귀에 들어 있는 대중매체들에 의해 주조된다. 하지만 우리는 대중매체가 이데올로기적으로 몽매夢寐게 하는 대중문화의 산출과 포괄적 사회통제를 위한 단순한 수단으로 기능한다는 호르크하이머와 아도르노의 '문화산업' 테제를 대변하지 않는다. 하버마스는 이 "과잉 단순화된" 대중매체 테제를 정력적으로 부정하고 있다. "이 매체 공론장은 의사소통의 가능성의 지평을 서열화하면서 동시에 무제한화 한다. 이 양자의 시각은 상호 분리될 수 없다. 여기에 바로 매체 공론장의 양가치적 포텐셜이 근거하고 있다. 대중매체는 소통의 흐름을 중앙집중된 네트워크로 일면적으로 회로화하는 한에서 (…) 사회통제의 효과를 현격히 강화할 수 있다. 그러나 이 권위주의적 포텐셜을 남김없이 관철시키는 것은 쉽지 않다. 소통구조 자체 속에는 해방적 포텐셜의 대항추가 내장되어 있기 때문이다."[363] 하지만 대중매체 산업의 상징적-의사소통적 강권에 대항하는 이른바 "소통적 이성"의 대항추는 – 언론매체 노조의 두더지 같은 투쟁에서 투쟁력 있는 대항적 공론장 또는 새로운 매체 기술의 발전으로 가능해진 대안적 대중매체의 압력에 이르는 – 일련의 정열적 사회집단의 투쟁이 결여되어 있는 한 단순한 잠재력으로 그치고 말 것이다.[364] 게다가 이러한 항의 포텐셜의 형성과 각성 유지는 다시 단순한 토론을 통해서는, 아니 골백번의 토론을 벌인다 하더라도 가능하지 않고 오직 사회투쟁과 운동의 항구적·성공적 동원과 조직적 제도화를 통해서만 가능하다.

소셜 미디어 등 새로운 매체들의 폭발적 증가는 공론장의 새로운 구조 변동을 초래하고 있다. 그런데 하버마스는 2022년 출간한 『공론장의 새로운 구조 변동과 토의 정치』에서 이 새로운 변동이 토의 정치에 심각한 부정적 영향을 미칠 것으로 예측했다.[365] 그는 1962년 공론장을 일면적으로 부정적 이미지로 그렸다가 1990년 양가치적인 것으로 수정했다고 다시 부정적 예측으로 돌아선 것이다. 물론 무수한 디지털 매체들과 SNS의 출현에 대한 하버마스의 이 단일한 부정적 예측도 빗나갈 수 있다. 차라리 현재와 미래의 '공론장의 새로운 구조 변동'도 민주주의에 대한 새

---

363) Habermas, *Theorie des kommunikativen Handelns*, Bd.2, 573쪽.
364) 대항적 또는 대안적 공론장에 관해서는 참조; Karl-Heiz Stamm, *Alternative Öffentlichkeit. Die Erfahrungsproduktion neuer sozialer Bewegungen* (Frankfurt am Main/New York: 1988) 또는 Hirsch, *Kapitalismus ohne Alternativ?*, 172쪽.
365) Jürgen Habermas, *Ein neuer Strukturwandel der Öffentlichkeit und die deliberative Politik* (Frankfurt am Main: Suhrkamp, 2022).

로운 "가능성"과 "도전"을 둘 다 안고 있는 양가치성을 가진다고 봐야 할 것이다.[366] 그렇다면 이 새로운 양가치적 공론장의 선용善用을 위해서는 여전히 끈질긴 사회투쟁과 언론 관련 입법 투쟁을 통해 신·구 대중매체들에 자정작용을 강제할 필요가 있다.

늘 "언어적으로 매개되는 의사소통"도 포함하기 마련인 사회 투쟁은 어떤 형식을 취하든 일단 험난한 '전략적 행위'다. 하버마스가 자신의 이론의 타당성을 확증하는 증거로 인용하고 있는 1960년대 미국 대학생의 항의운동과 80년대 '새로운 사회운동'도[367] 결코 단순한 토론클럽이 아니라 일정한 형식의 격렬한 투쟁이었다. 해방의 결정적 매체인 투쟁의 계기를 역사에서 제거하는 하버마스의 해방 전략은 그 자신에 의해 선택된 인용 사례에 의해서도 그 일면성과 한계성이 드러나고 있다. 이런 이유에서 하버마스는 그람시적 시민사회 개념을 우회적으로 수용하여 소통 이론적으로 재건하고 있는 저작 『사실성과 타당성』에서 자신의 본래적인 소통 패러다임적 해방기획과 모순되게 '투쟁'의 계기를 슬그머니 끌어들여 쓰고 있다.

낡은 계급 대립도 새로운 유형의 인간 차별도 하버마스에 의하면 메마른 공론장의 재再정치화를 작동시킬 수 있는 저항 잠재력이 아니다. 이른바 낡은 계급 대립의 사회 국가적 "완충"은 이 대립 형태를 단지 '잠재태'로 내몰았음을 뜻한다.[368] 따라서 계급이론 자체는 아닐지라도 계급의식의 이론은 "그 경험적 연관성"을 상실한다는 것이다.[369]

이제 "인지 가능한 관심"에 의해 새로운 갈등을 지향하는 유일한 항의

366) 참조: Martin Seeliger und Sebastian Sevignani (Hg.), *Ein neuer Strukturwandel der Öffentlichkeit?* Sonderband Leviathan 37 (Baden-Baden: Nomos, 2021).
367) Habermas, *Technik und Wissenschaft als "Ideologie,* 100쪽 이하; Habermas, *Theorie des kommunikativen Handelns,* Bd.2, 86쪽.
368) Habermas, *Technik und Wissenschaft als "Ideologie,* 86쪽.
369) Habermas, *Theorie des kommunikativen Handelns,* Bd.2, 517쪽.

포텐셜은 대학생과 고교생들의 특정 집단 사이에서 생겨나고 있다는 것이다.[370] 이들의 활동적 분파는 경제적 부담을 면한 "부르주아 가정"에서 충원되는 청년들이다.[371] 이들은 "비교적 빈도 높게 사회과학·철학·역사 분과 출신들이고 자신의 학문적 연구의 일차적 체험이 테크노크라트적 근본 가정과 부합되지 않기 때문에 테크노크라트적 의식에 대해" 방역되어 있다.[372] 이 부르주아 청년들이 징병제의 공포 속에서 미국의 제국주의 정책과 월남전을 반대해 일시적으로 투쟁했다는 것은 역사적 사실이다. 그러나 지금 그들은 다 어디 갔는가?

미국 학생운동의 초창기(1960-1965)에 뉴딜정책 시대 활동가들의 자식들(이른바 "붉은 지저귀")에 의해 조직된 소규모 학생운동은 노동조합과 공조하고 군산복합체에 대항해 사회 민주화를 촉진시키고자 했다. 그러나 범죄적 월남전과 학생들을 직접 타격하는 일반적 병역의무의 압박으로 말미암아 폭발적으로 확산된 학생운동의 제2단계(1965-1968)에서는 초창기의 이념적 응집력이 해소되고 초창기 운동 멤버들이 밀려 나가게 된다. 운동의 상징과 활동은 동시에 전개되던 히피들의 '대항문화'와 뒤섞였다. 운동은 정치적이라기보다는 룸펜 문화적이었다. 마약 복용, 부르주아적 섹스 모럴과 능력 윤리의 거부, 천박한 Crazy 음악과 예술 등이 판쳤다. 이 단계에서 정치 행동은 표현주의적 자기 연출, 개인주의적 신념 고백, 대중매체를 위해 연출되는 해프닝 등의 성격을 보였다. 이러한 행위들의 자유주의적·공동체주의적·개인 고백적 지평은 – 부르주아적 능력 윤리의 거부를 일단 배제하면 – 아메리카니즘과 정면 대립한 적도 없었다. 제3단계(1968-1972)에서 미국 학생운동은 맥없이 해소되었다. 조직된 단체들은 이미 1969년 이데올로기적으로 교조적이고 점차 고

---

370) Habermas, *Technik und Wissenschaft als "Ideologie*, 100쪽.
371) Habermas, *Technik und Wissenschaft als "Ideologie*, 102쪽.
372) Habermas, *Technik und Wissenschaft als "Ideologie*, 101쪽.

립되는 집단 간의 내적 분열로 인해 흐지부지되어 갔다. 운동의 전성기에도 기껏해야 10% 정도의 학생들만이 일관되게 급진적 입장을 취한 것으로 분류될 수 있고, 이 가운데서도 쾌락주의적 자세를 지닌 무정부주의가 사회주의적·마르크스주의적 입장보다 더 강력하게 부각되었다.[373] 말하자면 운동 분자들은 일시적으로 월남전에서 우연적 저항 이슈를 얻었지만, 곧 '히피(Hippies)'를 거쳐 사상도 심장도 없는 실리주의적·쾌락주의적 중간급 테크노크라트의 이념형을 체현하는 소비욕에 가득 찬 '여피(Yuppies)' 속으로 소멸하고 만 것이다. 이것은 계급 대립의 피안에서 벌어지는, 사회적 뿌리 없는 모든 사회운동의 예측 가능한 귀결이 아닌가?

실망한 하버마스는 이제 미국의 부르주아 청년들 대신 이른바 '새로운 사회운동' 안에서 "체계와 생활세계 사이를 가르는 전선에서 끈질기고 전망 좋은 저항을 수행하는" 새로운 집단적 주체를 찾는다. 그런데 하버마스가 어찌해서 하필 고도로 숙련된 임금노동자 층을 뜻하는 "신중산층"을 일반이익의 전위 투사로 지목하게 되었는가? 이것은 자신의 다른 역사적 확언과도 격심한 모순에 처한 입장 수정이다. "우리를 마르크스로부터 분리시키는 것은 역사적 명증성, 가령 선진 자본주의 사회에서 침해된 일반이익의 대변자로 거침없이 규정될 수 있는 어떤 인지 가능한 계급도, 어떤 명확히 분류할 수 있는 집단도 존재하지 않는다는 통찰이다."[374] 그가 "신중산층"을 '새로운 사회운동'의 주요 담당자로 규정한 것은 필경 신중산층의 계급 상황과 이들의 의식적 사회 행위 간에는 분절적이고 매개된 것일지라도 모종의 보다 긴밀한 연관이 존재한다는 것을 암시한다. 이런 한에서 계급의식의 이론은 "경험적 연관"을 상실한 것이 아

---

373) Herbert Kitschelt, "Zur Dynamik neuer sozialer Bewegungen in den USA. Strategien gesellschaftlichen Wandels und 'American Exceptionalism'", 264-265쪽. K. W. Brand (Hg.), *Neue soziale Bewegungen in Westeuropa und den U.S.A.* (Frankfurt am Main/New York, 1985).
374) Habermas, "Replik auf Einwände"[1980], 479쪽.

니라 경제주의적 하중을 탈각한 새로운 정식화를 필요로 할 뿐이다.

하버마스는 마르크스의 사적 유물론, 즉 경제의 선차성 테제를 인정한다. "사회 전체의 발전 노선을 규정하는 것은 이 경제적 하부 체계의 제문제다."[375] 그렇다면 새로운 "생활 문법"의 포괄적 발전을 위한 전제는 노동 합리적 행위와 노동 기술을 착취, 지배, 지배 기술적으로 합리적인 행위들로부터 해방하는 것을 목표로 한 경제 비판 없이 마련될 수 없다. 체계와 생활세계의 "전선"에서 벌어지는 신중산층의 저항은 체계의 과잉 요구와 과잉 확장만을 차단하려고 시도하는 한 전혀 "전망이 좋을 것"이 없고 차라리 무망無望한 것이다. '새로운 사회운동'이 제기하는 주제들 (환경문제, 여성문제, 위험부담 문제, 자기실현, 참여, 새로운 인권 등) 가운데 어떤 한 가지도 소유·권력·시간·자원·소득의 새로운 분배 없이 행동으로 옮겨질 수 없다. 부분적으로 경제에 대한 하등의 직접적 연상 없이도 제기될 수 있는 이른바 "생활형태의 문법의 제문제"는 최종적으로 다시 '분배 문제'로 유입되지 않고는 전혀 해결될 수 없다. 근시안적 관점에서 "옛" 문제와 대립하는 것처럼 보이는 "새로운" 문제는 실은 생활과 환경을 매개로 한 분배 문제 외에 다른 것이 아니다. 이것은 생각건대 모든 '새로운 사회운동'이 1983년 이래 기존의 좌우 정당들에 의해 포섭당하거나 약화되고[376] 즐겨 비방하던 자신의 정적政敵인 사민당과의 동맹을 자기 쪽에서 졸라 연립정부를 구성하게 된 이유일 것이다. 이러한 '새로운 무망'의 상황은 하버마스를 "새로운 무전망성無展望性" 속으로[377] 밀어 넣

---

375) Habermas, *Theorie des kommunikativen Handelns*, Bd.2, 504쪽.
376) Karl.-Werner Brand, "Einleitung", 7쪽. K. W. Brand (Hg.) 1985; *Neue soziale Bewegungen in Westeuropa und den U.S.A.* (Frankfurt am Main/New York: Campus Verlag, 1985); Karl-Werner Brand/Dietlef Büsser/Dieter Rucht, *Aufbruch in eine andere Gesellschaft. Neue soziale Bewegungen in der Bundesrepublik* (Frankfurt am Main: Campus Verlag, 1986), 241쪽.
377) Jürgen Habermas, *Die Neue Unübersichtlichkeit* (Frankfurt am Main: Suhrkamp, 1985).

고 만다.

한편, 하버마스가 강조하는 선진 자본주의국가에서의 생활세계의 위기는 결코 일면적으로 - 그 자체로서 보면 무죄無罪라는 - 경제적·정치적 "메가 기제"에 의한 생활세계의 과잉 침탈의 결과("생활세계의 ᄉ민화")로 해석될 수 없다. 최종적 심급에서 자율적인 "토대"의 발전 이론 ᄀ신에 2단계 근대 이론("과소한" 체계 합리성 단계와 "과잉의" 체계 합리성 단계)을 제시하는 하버마스는 자본주의적 토대가 테일러-포드주의적 축적 형태로부터 위기를 거쳐 IT·AI 자동화에 기초한 내포화 단계로 이행하고 있음을 시야에서 놓쳤다. 잔존하는 전통적 생활 형태의 분쇄와 테일러-포드주의적 "철저徹底 자본화(Durchkapitalisierung)", 대량소비, 노동 내용의 극단적 궁핍화, 노동과 자연에 대한 약탈 등으로 특징지ᄋ지는 전후시대에 체계의 이른바 과잉 요구와 과잉 하중은 정점에 달했다. 그러나 체계의 이러한 과잉 요구는 미분화된 채 일직선적으로 강화된 것이 아니다. 차라리 체계의 노동 합리적 압박은 점차 감소하기 시작한 반면, 체계의 지배 합리적 압박은 점점 더 응집된 것이다!

체계의 노동 합리적 요구는 사회경제적 대중 빈곤의 상대화, 느동대중의 욕구의 폭발적 증대, 노동시간의 점진적 단축, 여전히 지배당하되 노동으로부터 자유로운 생활시간의 연장, 테일러-포드 체제의 위기, 극소전자에 기초한 내포화 단계로의 이입, 노동 내용의 경향적 풍요화 등에 의해 삭감되어 갔다. 오늘날은 노동 합리적 체계 강박의 가일층ᄌ 완화가 실업자와 니트(NEET)족의 누적으로 지배와 지배 기술적 합리화의 동시적 강화 속에서도 벌어지고 있다. 경제의 IT·AI 내포화가 테일러-포드주의적 축적 체계를 대체하는 추세와 더 단축된 노동시간(1997년부터 독일의 주당 35시간, 2000년대부터 32-33시간 노동제도)과 더 길어진 여가시간의 쟁취가 이루어졌기 때문이다.

공동화空洞化된 생활세계의 느낌은 너무 강력히 확장된, 그 자체로 보면 죄 없는 하부 체계들의 과잉 요구를 뜻하기보다 노동 합리적 체계 강박의 상대적 완화와 지배 합리적 체계 강박의 가일층적 강화 간의 모순적 분리·이탈을 뜻한다. 원인은 '모호하게 규정된 단일한 합리성'의 단순한 양적 과잉에 있는 것이 아니라 두 가지 본질적으로 상이한, 서로 분리되어 가는 합리성 간의 기업 내적·전체 사회적 모순에 있다. 이 모순은 개인 생활을 노동에 과도히 포섭하던 상태의 상대적 완화와 지배권 아래 노동과 생활세계, 이 양자를 모두 가장 지배 합리적인 방식으로 포섭하려는 강화된 추세 간의 모순으로 표현된다. 이 모순은 개인들의 물질적 토대와 여가시간이 확장되는 반면, 동시에 노동과 여가생활의 개성적 자율 구성을 가장 포괄적으로 분쇄하는 것을 뜻한다. 이 모순은 일단 하버마스가 신중산층에 잘못 귀속시키고 있는 지식 프롤레타리아의 청년층을 가장 예민하게 타격하여 경제적·정치적 강권 공룡(독점체와 국가), 대중매체 산업, 문화산업 및 여가산업, 광고 등에 의한 개인 주권적 생활세계의 지배 기술적 변조, 타율 조종, 궁핍화, 파괴에 대해 투쟁하도록 내몰고 있는 것이다.

따라서 1990년 여론조사에 따르면 응답자의 대부분이 비활동적이고 황량하고 타율 조종되고 주체성 없는 여가시간보다 온갖 타율 규정에도 불구하고 얼마간 자신을 활동케 하고 확증할 수 있는 명시적으로 종속적인 노동시간을 더 선호하고 있는 것도 결코 놀랄 일이 못 된다! 이미 1977년 슈만과 케른은 다음과 같이 확인하고 있다. "노동에 주체로서 관계할 가능성이 증가하고 있다. (…) 게다가 노동의 새로운 견인적 매력에 대한 노동자들의 느낌은 여가시간을 대상으로 한 점증하는 상업화와 산업화로 인해 기업 밖의 생활공간도 결코 명료하게 산업 생산에 대한 적극적인 대조물로 경험될 필요가 없다는 새로운 사실에 의해 강화된다. 소외되고 공동화空洞化된 여가시간의 관점에서 바로 이 변화된 필연의 나라가 더 많은 매력을 가질 수도 있을 것이다."[378]

따라서 생활세계의 위기는 지배 합리적 행위로의 강제가 증가하는 반면, 노동 합리적 행위의 압력은 감소하는 묘한 모순적 상황을 반영하는 것이다. 사회 전체의 이러한 묘한 상황은 극소 전자기술적 내포화 과정에서 노동 숙련도의 경향적 고도화가 이전처럼 노동 안에서의 더 많은 자유를 자동적으로 산출하는 것이 아니라 극소 전자 네트워크의 지배 기술적 투입으로 인해 노동의 무력화와 경영진의 위력화 간의 적대 및 착취를 강화하는 최근 경제토대의 묘한 추세와 내적으로 결합해 있다. 이런 한에서 노동으로부터 자유로운 생활세계의 해방과 생산과정 안에서 노동의 해방은 불가분적으로 결부되어 있다. 생산과정에서 노동을 억압하는 동일한 경제적 강권 메커니즘이 생산 저편의 시민사회적 생활세계도 억압하기 때문이다. 이런 이유에서 여가생활의 자율적 구성은 경제 및 정치체계를 지배권력과 지배 기술로부터 해방함으로써만 달성될 수 있는 것이다. 이러한 해방은 그 이면에서 부르주아적 계급 권력으로부터 시민사회의 강화되는 해방 외에 다른 것을 뜻하는 것이 아니다. 물론 여기서 '시민사회'는 강권 투쟁도 권력투쟁도 없는 순수한 소통 메커니즘으로 축소되어서는 아니 될 것이다.

오늘날 자본주의의 모순적 발전을 '합리화'니 '화폐화'니 하는 모호하고 순진한 개념으로 정식화하려는 자는 불가피하게 자본주의어 대한 보수적 비판의 함정에 빠지고 만다. 특유하게 자본 논리적으로 관철된 지배 및 착취 강제의 생활세계적 현상을 잘못 해석하여 대항 전략을 잘못 제안할 위험은 명백하다. 가령 3세대 가족 유형 및 이로 인한 전통적·가

---

378) Michael Schumann und Horst Kern, *Industriearbeit und Arbeiterbewußtsein* (Frankfurt am Main: Suhrkamp, 1977; Taschenbuch 1985), 360쪽.

족적 노인 부양의 소멸은 모호하게 규정된 '금전화' 또는 '합리화'의 관철 결과가 아니라, 지배기술적으로 관철된, 특유하게 자본주의적인 개인주의와 소소가족제도의 부속 효과인 것이다. 이것은 가령 지멘스 같은 개별 독점체의 의도된 지배 전략적 가족정책에서 역사적으로 증명할 수 있다. 한편, 가족적 자녀 부양에서 – 돈 주고 자녀를 맡기는 – 시설 제도적 자녀 부양으로의 이행도 단순히 '생활세계의 금전화'의 결과가 아니라, 대가족제도의 붕괴와 여성의 강제된 직업 활동의 동시적 결합의 결과다. 직업 활동을 하는 부모와 유아 시설 간에 이루어지는 시설 제도적 자녀 부양의 금전적 매개는 가족 붕괴의 원인이 아니라 역으로 가족 붕괴의 표면적 결과인 것이다. 따라서 인간적인 형태로의 가족의 발전은 가족의 금전적 지원에 의해서가 아니라 자본에 대항하는 노동시간의 가일층적 단축 및 여가 연장을 위한 투쟁을 통해서만 달성될 수 있다. 오직 이것만이 가족의 재건과 직업 활동 속에 부정적 맹아로서 내재하는 여성해방을 동시에 가능케 한다.

노동 합리적 행위와 지배 합리적 행위 간에 점차 분명해지는 분리를 하버마스는 파악할 수 없었다. 그는 목적 합리적 행위와 소통적 행위 간의 차이를 너무 강조한 나머지 베버의 '목적 합리적 행위' 개념에 모순적으로 내포된 노동 기술적 합리성과 지배 기술적 합리성의 차이를, 따라서 과로와 지배로부터의 노동의 해방 문제를 뒷전으로 밀어내버리고 말았기 때문이다. 그러나 그가 초기 행위이론에서 노동이 인간의 자연과의 관계인 반면, 상호작용이 인간 간의 상호 관계라는 점을 들어 '노동'과 '상호작용'을 근본적으로 구별하고 있다면, 동일한 이유에서 노동 기술적 합리성과 지배 기술적 합리성도 본질적으로 구별했어야 했다. 노동 기술적 합리성이 일차적으로 인간과 자연 간의 관계와 관련된 것인 반면, 지배 기술적 합리성은 인간과 인간 간의 관계와 관련되는 것이기 때문이다.

이 두 합리성은 따라서 본질적으로 이질적인 것이고 하버마스의 '노동'과 '상호작용'처럼 서로 배제하는 것이다.

'소통적 행위의 이론에 기초한 사회 비판이론'은 결국 경향상 지배와 지배 기술을 반反계몽주의적으로 호도하거나 적어도 사소한 것으로 비치게 만드는 한편, 노동의 해방을 평가절하하는 것으로 귀결된다. 계몽의 전통, 합리성, 근대 등의 비판적 방어를 위한 하버마스의 프로젝트는 목적 합리적 행위와 기술의 변호론적 이해와 신비화로 말미암아 자유주의적 프로젝트로 퇴락할 위험에서 벗어나지 못한다.

1.2. 노동(생산) 패러다임에 대한 소통 이론적 비판

많은 이들은 하버마스가 근본적 생활 범주이기도 한 노동을 일면적으로 목적 합리적 행위, 즉 도구적 행위로 축소했다고 정당하게 비판한다.[379] 이러한 비판에 대해 그는 다음과 같이 응수하고 있다. "이미 마르크스 자신이 파리 초고에서 소외된 노동에 대한 비판의 척도를 제공했던 노동의 인간학적 외화모델을 곧장 포기했다."[380] 이런 이유에서 그는 『소통적 행위의 이론』에서 마르크스의 "구체적 노동" 개념을 다시 생활세계 범주로 도입했다"는[381] 것이다. "구체적 노동"은 본질 외화, 즉 생명 표현

---

379) Otto Ullrich, *Technik und Herrschaft. Vom Handwerk zur verdinglichten Blockstruktur industrieller Produktion* (Frankfurt am Main: Suhrkamp, 1979), 310쪽; Werner Seppmann, "Alternative Technik-Kritik. Einleitende Anmerkungen zur Aktualität der Kritik der technologischen Rationalität", 13쪽. Leo Kofler, *Beherrscht uns die Technik?* (Hamburg: VSA-Verlag, 1983); 하버마스의 "은밀한 아리스토텔레스주의"에 대한 비판은 참조: Wulf D. Hund, *Stichwort: Arbeit - Vom Banausentum zum travail attractif* (Heilbronn: Distel Literaturverlag, 1990), 70쪽.

380) Habermas, "Replik auf Einwände"[1980], 492쪽.

381) Habermas, "Replik auf Einwände"[1980], 492-493쪽; Habermas, *Theorie des kommunikativen Handelns*, Bd.2, 486쪽.

으로서의 인간학적 노동 개념에 대한 "등가물"로 간주될 수 있다는 것이다.

마르크스를 인용한 이러한 주장은 근거가 빈약하거나 오독으로 인한 것이다. 마르크스의 "구체적 노동"은 마르크스가 결코 포기한 적이 없고 고타강령 비판에서 다시 주제화하는 "제일가는 생적生的 욕구"로서의 노동개념에 대한 "등가물"일 수 없기 때문이다. "제일가는 생적 욕구"라는 노동 개념으로서 마르크스는 대화적 의사소통의 범주를 뜻한 것도 아니고 또한 "도구적 행위와 양해 지향적 행위 사이 그 어딘가 중간쯤에 위치하는 어떤 것"을[382] 의미하지도 않는다. 마르크스에게 있어 일차적으로 노동은 간間주체적 차원에 위치하는 것이 아니라, 자연적·기술적 대상과의 관계에서 적절한 자기활동과 자기 확증을 필요로 하는, 따라서 자발적으로 노동을 수행할 욕망을 지닌 건강한 개인의 대상적·개인적 생명 향유이다. "정상 상태의 건강, 힘, 활동, 기능, 능란성을 갖춘 개인은 정상적 분량의 노동 및 휴식 중지에 대한 욕구도 갖는 법"이기[383] 때문이다. 마르크스는 사회화된 "과학적 성격"의 "일반적 노동"이 지배적 단계가 되면 "노동의 지양止揚", 즉 "제일가는 생적 욕구"가 된 새로운 노동, 즉 생산적 '활동'으로의 현존 노동 형태의 전환이 이루어질 것으로 보았다.[384] 따라서 마르크스의 노동 개념과 관련해서는 "마르크스가 끌어와 낭만적으로 변용變容시킨 수공업적 활동 모델"[385] 따위에 관해 운위할 수 없는 것이다.

노동에서 느끼는 이러한 생명 향유의 의미는 심지어 자본주의적으로 착취되는 노동과정 안에서도 – 이 노동과정이 자본주의 사회에서 하버마

382) Habermas, "Replik auf Einwände"[1980], 492-493쪽.
383) Karl Marx, Grundrisse der Kritik der politischen Ökonomie, 512쪽. MEW 42 (Berlin: Dietz Verlag, 1982).
384) Marx, Grundrisse der Kritik der politischen Ökonomie, 512쪽.
385) Habermas, "Replik auf Einwände"[1980], 484쪽.

스의 소통적 합리성만큼 소외되고 억압된 형식을 취하고 있을지라도 -
완전히 사라지지 않는 것이다. 하버마스는 다음과 같이 말하고 있다. "소
통적 합리성이 기존의 상호작용 형태 속에 이미 억압된 형식으로 체현되
어 있고 따라서 당위로서 비로소 요청되어야 할 필요가 없다는 사실은 운
명의 저 인과성에서 입증되는 것이다. (…) 소통적 합리성은 역사 속에서
보복적 권력으로 작동한다."[386] 바로 동일한 말은 자본주의적 임금노동
의 은폐된 생적 의미에도 그대로 적용되는 것이다. 이 생적 의기는 실업
상태의 괴로움 속에서 간접적·부정적 방식으로, 그러나 노골적으로 드러
난다.

　"인간의 도구적 행위이며 동시에 인간적 생생의 대상적 확증 행위로서
의 노동"이라는 마르크스의 노동 개념의 이중의미(Doppelsinn)에 대한
하버마스의 몰인식은 깊은 뿌리를 가진 것이다. 하버마스는 이전에 단계
규정적이었던 구체적 노동 형태, 즉 테일러-포드주의적으로 분쇄된 노동
을 절대화하고 있는 것이다. 악셀 호네트(Axel Honneth)는 수공업적 활
동모델로부터 점점 더 멀어진 산업노동의 발전을 환상 없이 고찰하고 있
다. "이에 상응하게 산업사회학의 노동 개념은 모든 규범적 내용으로부
터 순화되었고 사회철학에서는 해방적 추동력으로부터 면해졌다. 노동
시간의 단축 및 노동의 생활세계적 유관성의 상응하는 평가절하 추세를
추가로 고려하면, 산업 노동의 역사적 발전이 (Agnes Heller 유類의 - 인
용자) 실천철학의 토대를 뽑고 있다는 사실을 목도하게 된다. 그러나 산
업 노동의 생산 미학적 평가절상이 대상을 잃는다면, 전체적 문제 논의는
'노동의 인간화'라는 냉정한 사회 정책적 수준으로 움츠러들게 된다."[387]

---

386)　Habermas, "Replik auf Einwände"[1980], 488-489쪽.

387)　Honneth, "Arbeit und instrumentales Handeln", 485쪽. 호네트의 노동이론과 이
　　　에 대한 비판적 평가에 관해서는; 참조: 엄명숙, 「포스트모던적 노동개념과 고전적 노
　　　동개념」, 황태연/엄명숙, 『포스트사회론과 비판이론』(서울: 푸른숲, 증보재판 1994).

따라서 하버마스는 여기서 3중적 오류를 범하고 있다. 첫째, 그는 마르크스의 산업 노동 개념을 은연중에 교조적으로 손노동으로 한정하고 있다. 둘째, 그는 노동을 극단적으로 단순화시킨 테일러-포드주의를 유일하고 영원한 "합리화 방법"으로 전제함으로써 1960년대까지 계속된 탈숙련화 및 탈인간화 추세를 정태적 추세로 고정시키고 있다. 하지만 IT·AI 자동화 기술이 투입되기 시작한 이후 80년대부터는 이미 노동의 점진적 재再숙련화 추세가 개시되었다. 셋째, 노동시간 단축 추세는 결코 "노동의 생활세계적 유관성의 평가절하"로 귀결된 것이 아니다. 이것은 현실에 낯선 사변적 오추리다. 사태는 오히려 정반대이다. "1900년경 취업자는 자신의 빈한한 생존을 연명하기 위해 주당 60시간을 일해야 했다. 그런데 오늘날은 40시간이고 90년대 말에는 30시간이면 족할 것이다. 그것도 훨씬 높은 생활 수준에서 말이다. 따라서 취업 노동량의 감축은 결코 노동 사회의 종말을 뜻하는 것이 아니다, 정확히 그 반대가 사실이다. 즉, 취업 노동의 경제적 의의는 항구적으로 증대한다. 노동시간 단축의 역사적 과정은 더 적게 일하고 더 많은 소득을 얻는 것을 보여 준다."[388] 게다가 노동은 노동시간이 "정상적 분량의 노동"에 접근하면 접근할수록 그만큼 더 사회적으로 그리고 생적生的으로 평가절상된다. 이것은 자본주의적으로 강제된, 그리고 상대적으로 낮은 생산력 수준에 의해 강제된 인간의 "일짐승(Arbeitstier)" 단계, 즉 노동이 배타적으로 중요한 인간 활동이지 않으면 안 되는 상태가 생산력의 단계적 발전 및 노동시간 단축과 더불어 완화된다는 것을 뜻한다. 그러나 "노동의 생활세계적 유관성"은 이로 인해 그만큼 더 평가절상되는 한편, 다른 사회적 활

---

388) Franz Steinkühler, "Befreiung der Arbeit. Betriebliche und politische Mobilisierung von Arbeitnehmerinteressen" [1985], 184쪽. K. van Haaren, H.-U. Klose und M. Müller (Hg.), *Befreiung der Arbeit* (Bonn: Verlag Neue Gesellschaft, 1986).

동의 생활세계적 가치들이 동시에 더 많이 고려될 수 있게 된다. 하버마스는 노동시간의 단축에 의한 노동의 부정적 의미의 축소를 "생활세계적 유관성" 자체의 축소로 오해한 것이다.

노동시간 단축과 숙련도 상승으로 평가절상된 노동의 생적 의미는 노동의 "자본주적 껍질"과 더 첨예한 모순에 빠지지 않을 수 없을 것이고 노동자들의 해방 의지를 상대적으로 강화시킬 수도 있을 것이다. 말하자면 노동과 "해방적 추동력" 간의 모든 관계에 대한 하버마스의 부정은 노동을 산업적 손노동으로 축소하는 허용될 수 없는 교조주의, 테일러-포드주의의 절대화, 노동시간 단축과 관련된 중대한 오추리 등에 근거한 것이다.

인간해방과 노동의 관계를 근거 없이 부정함으로써 하버마스는 해방을 오로지 생활세계의 계급 초월적 과업으로 만들고자 한다. 임금 노동하는 인간들은 인류의 해방투쟁에서 하등의 "특권적" 지위도 향유할 수 없다는 것이다. 이런 사유 과정은 그의 애호하는 언표와도 직접 모순되는 것이다. 다시 숙련도가 상승하는 임금노동자들을 그는 교조적으로 "신중산층"이라 부르는데, 이들이 "끈질기고 전망 좋은 저항"을 한다고 말하지 않았는가? 따라서 그는 한편으로 해방의 대의大義에 대한 임금노동의 특수한 관계를 일절 부정하면서 다른 한편으로는 임금노동자들의 일부(지식 프롤레타리아)가 해방투쟁의 선구자라고 무의식으로 자인하고 있는 셈이다!

테일러주의와 포드주의에 사로잡힌 하버마스의 환상과는 달리 노동이 IT·AI 자동화 과정에서 다시 숙련되어 다소 매력적으로 변하기 시작한 지 이미 오래되었다는 것이다. 노동조합은 프롤레타리아트의 어떤 분파의 경우 – 노동 내용에 관한 한 – 노동을 뒤늦게 인간화하려고 투쟁할 필요가 없다. 물론 노동의 재숙련화와 생적 의미의 제고가 즉각 "허방적 추동력"의 증가를 뜻하는 것은 아니다. 이런 가정은 계급 이론적 경제주의의 또 다른 변형태일 것이다. 그러나 노동의 숙련도 상승과 인식적 비판 능력 및 도덕적 예민성의 증대 간에는 하버마스가 "신중간층"과 관련하여 부지불식간에 자인하듯이 일정한 상대적 연관이 있다.

앤드레 고르즈(André Gorz)는 오스카 넥트(Oskar Negt)의 순진한 경제주의에 대한 비판에서 하버마스를 본떠 임금 노동의 숙련화와 해방 능력 간의 관계를 "엄격히" 부인하고 이 해방 능력을 순전히 생활세계적 의사소통의 일로 만들고 있다. 넥트는 물론 성급하게 다음과 같이 주장한 바 있다. "노동은 이제 그 구조상 정치적 노동이 되었다."[389] 이에 반해 고르즈는 넥트에 대한 비판을 너무 극단으로 몰아갔다. "정치적 책임은 물론 전체적 시야를 갖추는 것뿐만이 아니라 이것으로부터 출발하여 쟁론적 토론을 매개로 생산 또는 기술 선택의 목표, 합목적성, 적합성, 귀결 등을 공개적으로 문제 삼는 것이기도 하다. 그러나 이 문제삼는 행위는 직무의 틀 안에서 엄격히 불가능하다. (…) 정치적 책임윤리가 전제하는 것은 노동과 또는 (…) '사상 없는 저 전문인'과 동화同化된 정체감正體感에 대한 정면 대립적 지위다."[390] 말하자면 고르즈는 기업 내의 모든 고도 숙련화된 사무직원들을 사상도 심장도 없는 '여피'로 규정하고 있다. 하지만 최근의 임금노동자 연구는 노동의 탈숙련화 및 탈인간화 테제(하버마스)를 거듭 부정하지만 고도 숙련된 전문 노동자들의 일반적 '여피화' 테제(고르즈)도 부정한다. INFAS(응용사화과학연구소)의 1989년 연구 보고는 기업에서의 자기실현, 자율성, 환경, 평화, 제삼세계를 선호하는 '체제 개혁파'는 거의 모두 고도 숙련된 사무직원 층에 속하는 반면, 소득·일자

---

389) Oskar Negt, *Lebendige Arbeit, enteignete Zeit. Politische und kulturelle Dimension des Kampfes um die Arbeitszeit* (Frankfurt am Main/New York: Suhkamp, 1984), 192쪽.

390) André Gorz, *Kritik der ökonomischen Vernunft. Sinnfragen am Ende der Arbeitsgesellschaft* (Berlin: Rotbuch Verlag, 1989), 123쪽.

리·도구적 직업의식을 선호하는 '사회개혁파'는 대부분 비숙련 노동자 및 사무직원층에 속한다는 사실을 보여준다.

하버마스가 근거 없이 뜨는 그릇된 근거에서 노동가치론 및 잉여가치론을 포기하고 "해방적 추동력"과 노동의 관계를 일절 부정함으로써 해방 과정을 오로지 배타적으로 생활세계와만 관련된 "소통적 합리성의 관철"의 시각에서만 파악한다면, 그의 이론 구조는 전체적으로 노동의 모든 이성, 즉 피착취 노동의 규범적·사회적 비판력, 노동의 인간 발생사적 역할, 적절히 단축되고 숙련된 노동의 해방 능력과 생적 의미 등을 모조리 배격하는 '노동에 대한 소통 독재(Kommunikationsdiktatur gegen Arbeit)'에 불과한 것이다. 바로 이 점은 하버마스가 소통적 행위의 이론을 완성함으로써 비판이론의 발전에 기여한 점이 없지 않음에도 불구하고 비판이론 계열 속으로 쉽사리 수용하는 것을 어렵게 하고 소틍 이론과 관련된 무용한 오해들을 야기해 온 이론적 최대약점이 돼 왔다. 지배질서에 완전히 통합된 것은 하버마스가 주장하듯이 프롤레타리아가 아니라, 다름 아닌 하버마스 자신의 "소통적 이성"에만 근거한 사회 비판, 즉 "무비판적 비판(unkritische Kritik)" 또는 "이빨 없는 비판(zahllose Kritik)"이기 때문이다.

이런 한에서 자신의 타당성을 반동적 사회주의(마르크스)로 일탈하는 "생산 독재"에 대한 대항성에서만 찾을 수 있는 하버마스의 "소통 독재"에 대한 비판은 마르크스와 더불어 "소통적 이성의 관철을 당파적으로 편드는 것"을[391] 곧이 거부하지 않을지라도[392] 불가피한 것이다.

현실적으로 노동자들, 오늘날은 화이트칼라·감정 노동자들의 단결은

---

391) Habermas, "Replik auf Einwände"[1980], 487쪽.

392) 우리는 하스-페터 크뤼거에 의한 마르크스 저작의 유의미한 소통 이론적 해석을 지적한다. 그는 "사회적 소통방식" 개념으로써 마르크스의 비판이론과 새로운 사회의 전망을 미래지향적으로 제시하려고 시도하고 있다. 참조: Krüger, *Kritik der kommunikativen Vernunft* (1990)

언어소통으로 이루어지기도 하지만 언어적 공론장과 토의 기회가 없다. 소리나 글씨의 증거를 남기는 언어적 소통은 언제나 가능한 것이 아니다. 따라서 대부분 노동자의 의미 전달과 행위 조절은 말 없는 이심전심의 공감과 공감대를 통해 이루어진다. 공감을 통한 이심전심의 동조와 연대는 무언의 표정과 눈짓만으로도 언제나 가능한 것이다. 근본적으로 볼 때 진정한 언어적 소통은 공감 없이 불가능하고, 공감의 연장선상에서 이루어질 때만 진정성을 갖는 것이다. 공감과 분리된 언어소통은 거짓이고 기만행위다. 언어소통은 어디까지나 인간들의 의미 전달과 행위 조절을 위한 공감적 교류의 최종적 보조기능일 뿐이고 본체일 수 없는 것이다. 그러나 불행히도 하버마스에게는 '공감' 개념이 없다.

그리고 노동의 사회 개혁적 중요성은 오늘날도 결정적이다. 소통적으로라기보다 '공감적'으로 교류하고 연대한 화이트칼라·감정 노동자들의 사회적 불만 표출과 요구는 오늘날 하버마스가 목매는 "소통적 이성의 관철"을 위해서도 기본적으로 매우 중요한 것이다. '노동'과 '공감' 저편에서 단순한 절차적 의사소통을 통해 (자기)기만적으로 연대한 것으로 간주되는 사회집단의 주장은 아무리 소통적으로 이성적일지라도 아무것도 이룰 수 없는 허위 의식적 소음과 방향 없는 허언으로 끝나고 말 것이다.

제2절

소통적 권력이론

하버마스는 1981년 소통적 행위의 이론을 완성한 후 일련의 근대적 정치 이론을 소통행위론적으로 비판·수정·재건하려고 시도한다. 비판적 재건의 대상이 된 이론들은 권력론·민주주의론·법치국가론·주권론 등이다. 그 첫 소통적 재건 개념은 '권력'이다. 하버마스는 발터 벤야민(Walter Benjamin, 1892-1940)의 권력 개념을[393] 이어받은 한나 아렌트(Hannah Arendt, 1906-1975)의 권력 개념을 소통 이론적으로 비판·재건한다. 하버마스의 강권과 권력의 구분론의 소통 이론적 재건은 오늘날 잘 알려진 조지프 나이(Joseph Nye)의 하드파워와 소프트파워의 구분(1990·2004)과[394] 조응하는 점이 있어 현재적 의미가 적지 않다. 하버마스의 소통적 권력론

---

393) Walter Benjamin, "Zur Kritik der Gewalt". Water Benjamin, *Zur Kritik der Gewalt und andere Aufsätze* (Frankfurt am Main: Suhrkamp, 1965).

394) Joseph S. Nye, Jr., *Bound to Lead: The Changing Nature of American Power* (New York: Basic Books, 1990), chapter 2; Joseph S. Nye, Jr., *Soft Power. The Means to Success in World Politics* (New York, NY: PublicAffairs, 2004).

은 아렌트의 권력이론에 대한 간략한 분석으로부터 시작한다.

2.1. 한나 아렌트의 권력 개념과 아포리아

발터 벤야민, 한나 아렌트 등 프랑크푸르트 비판이론 계열의 사회철학
자들은 이미 오래전부터 '강권(Gewalt)'과 '권력(Macht)'의 본질적 차이
를 인지해 왔다. 1970년 아렌트는 『강권에 관하여(On Violence)』에서[395]
1930년대에 처음 강권과 권력의 구분을 시도했던 발터 벤야민을 이어서
'강권(violence)'과 '권력(power)'을 다시 구분하고 이론화했다. 아렌트에
의하면, 일국의 제도와 법에 권력을 부여하는 것은 인민의 '지지'이고, 이
지지는 다시 이 제도와 법을 수립한 시기의 '시원적 동의의 연속'이다. 모
든 정치제도는 권력의 표명이고 물질화다. 모든 제도는 인민의 생동하는
권력이 배후에서 지탱해 주지 않으면 곧 경직되어 쇠락한다. 모든 정부
는 최종적으로 '여론'에 기초한다는 말은 명시적으로 자신의 정통성을 인
민 의사로부터 도출하는 민주 체제와 군주 체제에 대해 공히 타당한 말이
다. 다수의 지지가 민주 체제만의 특징이라는 말은 환상이다. 군주는 한
사람이기 때문에 그 어떤 국가형태에서보다 더 많은 일반적 지지를 요한
다. 심지어 단독으로 만인을 지배하는 폭군조차도 강권 행사에서 자신을
따르는 지지자가 소수일망정 존재하는 법이다. 이 지지 여론의 권력은 이
의견을 같이하는 사람들의 머릿수에 좌우된다. 따라서 권력의 크기와 규
모는 서로 동맹·연대해 있는 사람들의 머릿수에 비례한다. 이것이 폭정
이 가장 강력한 통치 형태이면서 동시에 가장 허약한 통치 형태인 이유
다.[396] "권력과 강권의 결정적 차이는 권력이 항상 지지하는 사람들의 머

---

395) Hannah Arendt, *On Violence* (New York: Harcourt Brace Javanovich, 1970). 독
역본: *Macht und Gewalt* (München·Zürich: Piper, 1970, 7.Auflage 1990).
396) Arendt, *Macht und Gewalt*, 24쪽 이하.

릿수에 의존하는 반면, 강권은 도구에 의해 하기 때문에 일정한 정도까지 지지자의 수로부터 독립적이라는 것이다."[397)]

사태를 극화시켜 보면 권력과 강권의 차이는 더욱 극명해지는데, "권력의 극단적 사례는 만인이 다 함께 한 사람에 대해 반대하는 상황에서 나타나고, 강권의 극단적 사례는 한 사람이 만인을 억압하는 상황에서 나타난다." 권력은 아무런 도구 없이 間(間)주체적(intersubjective) 연대만으로 가능한 반면, 강권은 "결코 도구 없이, 즉 강권 수단 없이 가능하지 않다".[398)] 권력 개념에서는 지지자의 수가 증가할수록 한 반대자에 대해 만인이 맞서는 극대 권력을 상상할 수 있다. 이 경우에는 이견을 가진 자가 가차 없이 무력화되고 규제당한다. 둘이서 한 사람 병신 만드는 것도 '식은 죽 먹기'인데, 연대한 '만인'이라면야 더 말할 것이 있겠는가! 반면, 폭력 수단을 가진 자는 혼자서 여러 사람을 제압할 수 있다. 그 제압력은 폭력 수단의 규모와 효율성에 비례한다. 마피아 보스가 원자탄을 훔쳐 위협하는 극단적 상황에서는 원자탄이라는 최고의 도구적 강권을 장악한 그 자가 단독으로 만인을 제압할 수 있다.

아렌트는 권력, 강점强點, 권위, 강권을 개념적으로 구별한다. '권력'은 한 집단의 연대적 행위와 관련된 힘이다. "권력은 행위하고 무언가를 행할 뿐 아니라, 다른 사람들과 연대·단합해 이들과의 합의 속에서 행동할 인간적 능력을 뜻한다. 권력은 결코 일개인이 좌우할 수 있는 것이 아니다. 그것은 집단의 것이고 집단이 결속해 있는 동안에만 존속한다. 가령 '누가 권력을 잡고 있다'는 말은 누가 일정한 수의 사람들에 의해 이들의 명의로 행동하도록 수권授權했음을 뜻한다."[399)] 따라서 누구에게 권력을 부여한 집단이 분열하는 순간 이 권력자의 권력도 소멸하는 것이다. 권력

---

397) Arendt, *Macht und Gewalt*, 42쪽.
398) Arendt, *Macht und Gewalt*, 42쪽.
399) Arendt, *Macht und Gewalt*, 45쪽.

은 실현되는 만큼만 실존한다. 권력이 실현되는 것이 아니라 비상시에 움켜질 수 있는 사물처럼 취급되는 곳에서 권력은 소멸한다. "실현되는 권력"이란 구성원들의 말과 행동이 불가분적으로 서로 얽히고설켜 현상하는 것, 즉 말이 빈말이 아니고 행동이 "폭력적으로 말 없는" 행동이 아닐 것, 다시 말하면 말이 의도를 은폐하기 위해 오용되지 않고 현실을 폭로하기 위해 사용되고 행위가 폭력과 파괴를 위해 오용되는 것이 아니라 새로운 관계를 정립하고 새로운 현실을 창조하기 위해 사용되는 것을 뜻한다.[400]

아렌트에 의하면, 권력은 공공적 영역, 즉 행동하고 말하는 자들 간의 잠재적 현상공간 일반을 창출하고 유지시키는 것이다. 독일어 'Macht'는 그리스어 '뒤나미스', 라틴어 'potentia', machen(만들다)에서가 아니라 독일어 mögen(할 수 있다)과 möglich(가능하다)에서 유래했다. 따라서 'Macht'라는 단어 자체가 이 현상의 잠재적 성격을 뚜렷이 보여준다는 것이다.[401] 권력은 언제나 '권력 잠재력'이다. 권력은 개인적 강점과 같이 불변적인 것, 계측할 수 있는 것, 안심하고 쓸 수 있는 것이 아니다. "강점은 각 인간이 천부적으로 얼마간 가진 것이고 실로 자기 것이라 부를 수 있는 것이다. 그러나 권력은 본래 아무도 개인적으로 소유하지 못한다. 그것은 사람들이 공동으로 행동할 때 사람과 사람 사이에서 생겨나는 것이고, 사람들이 다시 흩어지면 사라지는 것이다. 권력은 현재화될 수는 있지만, 물질화될 수 없는 모든 잠재력과 공유하는 이런 특유성을 지닌다. 이로 인해 권력의 실존은 순수한 물질적 요소들에 대해 놀랄 만큼 자립적이다."[402] 권력 산출의 "유일한 필수 불가결적 전제조건"은 "인

400) Hannah Arendt, *Vita Activa oder Vom tätigen Leben* [*The Human Condition* (Chicago: University of Chicago Press, 1958] (München: Piper, 1967), 193쪽 이하.
401) Arendt, *Vita Activa*, 194쪽.
402) Arendt, *Vita Activa*, 194쪽.

간적 함께(Zusammen)"다. 행위의 가능성을 항상 개방적으로 유지할 수 있기에 충분한 근접성을 보장하는 "서로 함께(Miteinander)" 속에서만 권력은 생겨날 수 있고, 집단이 흩어지지 않음으로써만 훼손 없이 유지된다. 이런 본질의 '권력'은 오늘날 "조직"이라 부르는 것이다.[403]

어떤 지도자를 지지하거나 그의 언행에 동조하는 사람들은 그가 기대되는 행동이나 공약을 이행하는 것을 조건으로 계속 지지할 것이라고 무언으로 약속하는 것이고 그들의 그와의 연대, 그리고 서로와의 일시적 또는 항구적 연대는 이 무언의 약속에 기초해 있다. 이 무언의 약속도 약속이기 때문에 지켜야 한다. 약속을 지켜야 하는 이 신의 도덕은 규범적 구속력과 견인력 및 도덕적·공감적 연대력을 가진다. 아렌트의 '권력'은 사람들의 지지나 여론, 또는 지지자들의 단순한 '모임', '더불음', '함께함'에서 나오는 것이 아니라, 지지와 연대의 약속을 지키도록 만드는 이 신의 도덕이나 기타 인의 도덕의 규범적 구속력·견인력·연대력에서 생겨나는 것이다. 그러나 아렌트는 이 권력의 도덕 규범적 원천을 끝내 규명하지 못한다.

권력은 어떤 물리적·물질적 한계를 모른다. 권력의 한계는 권력 자체에 있는 것이 아니라 다른 권력 집단의 동시적 실존, 즉 자기의 권력 영역 밖에서 독립적 권력을 전개하는 다른 집단들의 현존에 있다. 다원성에 의한 권력의 이러한 한계 설정은 권력의 근본 전제가 애당초 다원성이기 때문에 우연이 아니다. 권력분립과 권력간 경쟁은 강권의 분할·분립과 달리 권력의 약화를 초래하는 것이 아니다. 분립된 권력들의 공동작용은 상호 경쟁이고, 균형 잡는 생동하는 권력관계이고, 이 관계 안에서 진정으로 생동하는 공동작용이 이루어지는 경우에 이 공동작용 속에서 떨치는 '공동성' 덕택에 더 많은 권력이 산출된다. 권력분립 속에서는 강권이나 강

---

403) Arendt, *Vita Activa*, 195쪽.

점의 분할과 반대로 마비와 각질화의 위험이 추방되기 때문이다.[404)]

'권력'은 이와 같이 전측면적으로 사회적인 데 반해 '강점(Stärke)'은 개인적이다. "강점은 동일한 질을 기준으로 타인과 우열을 견줄 수 있는 개인적 자질이다. 그러나 강점은 다수인의 '권력'에 맞서지 못한다. 강점은 가진 자도 혼자서는 최고 권력이 되지 못한다. 가장 큰 강점을 지닌 자도 권력은 없기 때문이다. 강점을 가진 자는 다수인의 권력과 충돌하면 (…) 다수인의 순전한 머릿수에 의해 예외 없이 압도당한다."[405)]

반면, '강권'은 출중한 사람의 개인적 '강점'을 분쇄하지 못한다. "개인은 강권에 대해 영웅적으로 맞서고 투쟁하고 몰락할 수 있고, 또 격리된 벽지에서 이 강권을 금욕적으로 견뎌 나갈 수 있다. 환언하면 개인은 이러저러한 방식으로 감정을 드러내고 간직할 수 있는 것이다."[406)] 반면, "권력은 이 강점을 진짜 파기해 버릴 수 있다. 개인의 어떤 강점도 다중의 이 권력에 맞설 수 없다. 국가형태가 본질적으로 권력의 형상을 점점 더 갖추어 갈수록 개인은 이 국가 안에서 개인적 힘을 실현하는 것이 더 어려워진다. 그러나 권력은 실은 약자들이 뛰어난 능력을 지닌 강자들을 파멸시키기 위해 단합해 행동하는 경우에만 타락한다."[407)] 아렌트에 의하면, 직접민주주의의 타락형으로서의 폭민 정치(중우정치)와 폭정은 정확히 서로 대척점에 있다. "폭정이 권력을 강권으로 대체하려는 헛된 시도라면 중우정치(폭민 정치)는 강점을 권력으로 보상하려는 상당히 승산 있는 시도로서 폭정의 정반대다."[408)]

한편, '권위'는 개인적 '강점'도 아니고 사회적 '권력'도 아니다. "권위는 (…) 개인의 속성일 수도 있고 – 부모와 자식, 스승과 제자의 관계에서

---

404) Arendt, *Vita Activa*, 195쪽.
405) Arendt, *Vita Activa*, 45-46쪽.
406) Arendt, *Vita Activa*, 197쪽.
407) Arendt, *Vita Activa*, 197쪽.
408) Arendt, *Vita Activa*, 197쪽.

처럼 개인적 권위가 있다 -, 가령 로마 원로원과 같은 관직이나 가톨릭 위계 체제의 성직에도 속할 수 있다."[409] 따라서 '권위'는 강제력도 설득도 필요 없다. 가령 아버지는 자식을 때려서 강요하거나 자식을 논증으로 설득하려고 시도함으로써 오히려 권위를 잃을 수 있다. 이 경우는 둘 다 권위적으로 행동한 것이 아니다. 전자는 폭군적이고 후자는 민주적이다. 권위를 확보·유지하는 전제는 인물이나 관직에 대한 존경이다. 권위의 가장 위태로운 적수는 "경멸" 또는 "비웃음"이다.[410]

한편, 아렌트에 의하면, "강권은 (…) 도구적 성격에 의해 특징지어진다. 강권은 강점에 가장 근사한 것이다. 강권 수단은 모든 도구와 마찬가지로 인간적 강점 및 유기체적 '도구'를 인공적 도구가 자연적 도구를 완전히 대체하는 단계가 도래하는 선까지 늘릴 수 있기 때문이다."[411] 권력은 간주체적(intersubjective)인 반면, 강권은 도구적(instrumental)이다. 인간관계에서 권력과 맞설 수 있는 유일한 것은 다중을 강제할 수 있는 강권이다. 강권은 수단의 형태로 축적할 수도 있고 일인이 독점할 수도 있다. 그런데 권력은 강권을 해체하고 기능적으로 대체할 수 있는 반면, 강권은 권력을 대체할 수 없다. 그러나 '강권'은 폭정과 테러 체제에서 보듯이 '권력'을 철저히 파괴할 수 있다.[412] 따라서 권력과 강권은 역사 속에서 늘 난형난제의 호적수였다.

국가의 '강권'은 대체로 '권력'에 대해 절대적 우위에 있다. 그러나 국가 강권의 이 절대적 우위성은 국가의 권력구조가 온전한 상태로 유지되어 명령이 이행되고 군대가 무기를 쓸 용의가 있는 동안에만 보장된다. 그렇지 않으면 상황은 급격히 뒤집힌다. 진압군의 무기가 즉각 시민으로 손으

---

409) Arendt, *Macht und Gewalt*, 46쪽.
410) Arendt, *Macht und Gewalt*, 47쪽.
411) Arendt, *Macht und Gewalt*, 47쪽.
412) Arendt, *Macht und Gewalt*, 49쪽.

로 넘어가는 것이다. 명령이 이행되지 않으면 강권 수단은 무용지물이다. 명령 불복종은 "여론"에 의해 좌우되고, 그것도 이 "여론을 같이 하는 사람들의 머릿수"에 의해 좌우된다. 갑작스런 권력의 붕괴는 시민의 복종의 여론, 즉 적극적 지지와 일반적 여론의 표명에 달려있다는 것을 보여준다. 이것은 지금까지 19-20세기의 무수한 혁명들이 증명한다.[413] 혁명의 가능성을 열어주는 권력의 내적 와해는 계산 가능한 필연적 결과가 아니다. 그래서 권력이 이미 노상으로 나가버린 경우에도 이 사태에 대비해 권력을 장악하고 책임을 질 용의가 있는 집단이 필요한 것이다.[414]

권력의 질서로부터 탈피하는 자들을 강권으로 다스리는 권한을 위임하는 것은 다수와 다수의견의 우월한 권력이다. 무기의 적나라한 강권만 난무하는 전장에서도 무기는 형편없지만 잘 조직된, 따라서 권력이 더 많은 집단이 우월한 강권으로 무장한 군대를 무력화시킬 수 있다. 월남전은 이것을 극적으로 보여준 바 있다.[415] 강권과 권력이 순수한 대립적 형태로 맞서는 역사적 사례도 있다. 1968년 8월 20-21년 프라하의 봄 때 소련 탱크와 체코 인민의 비폭력 저항 간의 충돌이 그런 경우이다.[416] 1990년 권력을 잃은 동독 정부의 강권과 베를린 시민들의 강권 없는 노상 권력 간의 대결도 이에 속한다. 한번 잃어버린 권력은 강권에 의해 되찾을 수 없다.[417]

아렌트에 의하면, "권력은 사실 모든 국가공동체에, 아니 어떤 식으로든 조직된 모든 집단에 속하는 것인데 반해 강권은 그렇지 않다. 강권은 본성상 도구적인 것이다. 따라서 여러 수단과 도구처럼 그것을 통제하고 그것의 사용을 정당화할 목적을 필요로 한다. 또한 정당화되기 위해 다른

---

413) 참조: Arendt, *Macht und Gewalt*, 497-500쪽.
414) Arendt, *Macht und Gewalt*, 50쪽.
415) Arendt, *Macht und Gewalt*, 52쪽.
416) 참조: Arendt, *Macht und Gewalt*, 78쪽.
417) 참조: Arendt, *Macht und Gewalt*, 55쪽.

것을 필요로 하는 것은 본질적인 것이 아니라, 기능적 성질의 것이다.[418] 반면, 권력은 정당화가 필요 없는 '자기 목적'이다. 가령 전쟁의 목적은 평화인데, 평화의 목적은 다른 것이 아니라 평화 자체다. 평화의 가치는 절대적이다. 마찬가지로 권력도 그와 같이 절대적인 자기 목적이다. 따라서 권력은 자신을 정당화하기 위해 아무것도 필요로 하지 않는다. 그렇지만 권력은 '정당성(Gerechtigtheit; justification)'을 요하지 않을망정 '정통성(Legitimität; legitimacy)'을 필요로 한다. "권력은 어떤 정당화도 필요로 하지 않는다. 그것은 모든 인간공동체에 내재하는 것이기 때문이다. 하지만 권력은 정통성을 필요로 한다. 권력은 인간들이 함께 모여 공동으로 행동하면 언제나 생겨나는 것이다. 권력의 정통성은 어떤 집단이 그때그때 설정하는 목표와 목적에 근거하는 것이 아니라 집단의 창설과 합치되는 권력 원천으로부터 유래한다. 권력 요구권은 과거의 원용에 의해 정통화되는 반면, 수단은 미래의 목적에 의해 정당화된다."[419]

반면, "강권은 정당화될 수 있지만 결코 정통적일 수 없다. 강권의 정당성은 도달해야 할 목표가 가까우면 가까울수록 더 분명한 것이다. 아무도 정당방위의 경우 폭력행위의 정당성을 의심할 생각이 나질 않을 것이다. 이 경우에는 위험이 명백할 뿐만 아니라 직접 현재하기 때문이다. (…) 강권은 본질상 도구적인 것이기 때문에 자신을 정당화하는 목적에 도달하는 데 실제로 기여하는 만큼만 합리적이다."[420]

따라서 "권력과 강권은 같은 것이 아니라고 말하는 것으로 불충분하다. 권력과 강권은 대립물인 것이다. 양자 중 하나가 절대적으로 지배하는 곳에는 다른 하나가 존재하지 않는다. (…) 강권은 권력을 파괴할 수 있

---

418) Arendt, *Macht und Gewalt*, 52쪽.
419) Arendt, *Macht und Gewalt*, 78쪽.
420) Arendt, *Macht und Gewalt*, 78쪽.

지만, 전혀 권력을 산출할 수는 없다."[421] 강권과 권력이 이런 관계라면 양자 간의 관계는 외적 관계다. 권력과 강권 사이에는 이행 통로가 없다. 양자는 섞일 수 있지만 서로 뒤바뀌거나 전화轉化될 수 없다. 따라서 '권력이 강화되면 강권이다'고 말하거나(밀스) '강제는 권력의 부정적 작용 형태다'고 말하는 것(파슨스)은 진정으로 궤변이다.

이상에서 분석·요약된 아렌트의 권력-강권 구분 이론은 많은 점에서 계발적啓發的이다. 그러나 이 이론에는 문제점과 오류가 없지 않다. 일단 아렌트는 강권 개념에서 물리적 강권에 치우쳐서 타인을 거래로 유인하거나 뇌물로 매수해 내가 원하는 것을 하게 할 수 있는 '경제력'은 거의 완전히 시야에서 놓치고 있다. 또한 유산자와 무산자 간의 경제적 격차에서 빚어지는 경제적 불평등 관계로 말미암은 '경제적 강제'(마르크스)로서 '구조적 강권'과 이 구조적 강권에 의해 조성된 삐뚤어진 사회 세계의 왜곡된 언어적 소통과 뒤틀린 언어적 합의로 형성되는 '소외된 권력'의 문제점을 보지 못하고 있다.

그리고 연대적 권력의 창설에서는 아렌트의 논의는 사람들의 거짓말과 오류, 그리고 체계적 허위의식(이데올로기)이 뒤섞이는 언어와 언어적 합의, 그리고 언어적 여론(공론장)에 치우쳐 있다. 그리하여 권력의 본질 규정에서 사람들의 "더불음", "함께함"에서 생기는 것이라는[422] 애매한 규정에서부터 "지지", "합의",[423] "결속",[424] "여론",[425] "연대", "약속", "계약" 개념에[426] 이르기까지 종잡을 수 없이 왔다 갔다 하고 있다. 말하자면, 아렌트는 언어와 여론 너머의 더욱 중요하고 더욱 일상적이고 더욱

---

421) Arendt, *Macht und Gewalt*, 57-58쪽.
422) Arendt, *Vita Activa*, 195쪽.
423) Arendt, *Macht und Gewalt*, 45쪽.
424) Arendt, *Macht und Gewalt*, 45쪽.
425) Arendt, *Macht und Gewalt*, 49쪽.
426) Arendt, *Vita Activa*, 240쪽.

광범한 심적 교류와 심적 연대 의식, 즉 말 없는 '공감'과 침묵의 '민심'(공감에 의해 재생산되는 공감대 또는 공감장)을 완전히 배제하고 있다. 이것도 그녀의 권력 개념의 큰 결함에 속한다.

나아가 아렌트는 권력 형성에서 다수인의 지지·합의·여론·함께함·더불음만을 말할 뿐이고 문화적·도덕적 일체감을 완전히 배제하고 있다. 그러나 권력은 도덕과 문화 없이 형성될 수 없다. 부정한 이익을 중심으로 일시적으로 모인 반反도덕적·반反문화적 조직폭력배들은 보통 시민 봉사단체와 반대로 예외 없이 분열·해체되고 아니면 탄압당해 덧없이 사라지거나 지하로 꼭꼭 숨어 살아야 할 만큼 무력한 것이다. 기업이나 금융기관과 같은 비非도덕적 이익집단도 폭력 조직처럼 일시적으로 존재할 수 있으나 법률이 '법인' 형태로 존립을 보장해 주지 않는다면 오래가지 못하고 시도 때도 없는 갈등과 분란 속에서 다 해체되고 말 것이다. 따라서 진정한 권력은 오직 강권(폭력)과 이익을 초월해 도덕적으로 결속한 공동체에서만 형성되고 항구적으로 유지된다. 권력의 본질은 도덕의 규범적 구속력(기속력)과 견인력 및 이에 기초한 공감적 연대력이기 때문이다. 모든 국가는 먹고살기 위한 경제적 이익단체를 뛰어넘는 '도덕적 차원의 공감적 일체감'에 바탕을 둔 '동심同心공동체'다. 국가는 구성원들이 공감하는 문화적 일체감에 기반을 두고 동정심의 도덕감정에 따라 결합한 '약자들을 위한 약자들에 의한 약자들의 공동체'다. 어떤 인간이 진정한 강자라면 국가가 필요 없겠지만, 인간은 아무도 '진정한' 강자일 수없다. 최강자로 보이는 사람도 실은 알고 보면 예외 없이 늙어 노쇠해지고, 병들고, 사고로 다칠 위험에 항상 노정되어 있거나 이미 다쳤고, 잠잘 때는 경호 없이 생명을 부지할 수 없는 약자들이다. 국가는 갈대같이 허약한 이런 약자들이 측은지심의 도덕감정에서 서로를 동정해서 조직한 공감적 일체감의 도덕공동체다. 간주체적 '권력'은 이 문화적 도덕공동체에서 형성되어 이 공동체 안에 소재하고 이 공동체의 도덕규범과 공감적·문화적 일체감一體感(사랑; 공동체 사랑, 애사심, 소속감, 애향심, 동포애, 애국심, 인류애) 속에서 언제든 자발적으로 더불어 행동하고 싶은 연대적 용의用意 또는 속에서 함께 행동하게 하는 규범적 구속력(binding force, bindende Kraft)과 견인력(attraction) 및 공감적 연대력이다. 말 없는 도덕과 공감의 배제는 아렌트 권력이론의 또 다른 결함이다.

2.2. 하버마스의 아렌트 비판과 소통적 권력 개념

하버마스는 아렌트의 권력 개념이 지닌 이런저런 약점들을 비판한다. 그리고 그는 그녀의 권력 개념을 공론장에서의 언어적 소통 행위에 근거한 '소통적 권력(kommunikative Macht)' 개념으로 번안한다.

하버마스에 의하면, 목적론적 행위 모델의 경우 행위의 성공은 그 설정된 목적을 실현하는 상태를 세계 안에 산출하는 것이다. 베버의 "목적 합리적 행위", 즉 목적론적 행위는 인과적 성공 획득을 지향한다. 그는 베버의 이 미분화된 목적 합리적 행위를 "도구적 행위"와 "전략적 행위"로 구분한다. "도구적 행위"는 '노동'과 같이 사물적 대상(Gegenstand)에 대해 벌어지는 행위인 반면, "전략적 행위"는 상대방(Gegenspieler)과 벌이는 행위다.[427]

하버마스는 모든 "전략적 행위"를 강제 수단에 기초한 것으로 규정한다. 전략적 행위자는 다른 행위자를 원하는 행동을 하도록 유발할 수 있는 전략만이 아니라 이 전략을 집행하는 수단을 장악해야 한다. 하버마스는 이 수단에 대한 처분권을 아렌트가 "강권"이라 불렀다고 해석한

---

427) Jürgen Habermas, "Aspekte der Handlungsrationalität" [1977], 459쪽. *Jürgen Habermas, Vorstudien und Ergänzungen zur Theorie des kommunikativen Handelns* (Frankfurt am Main: Suhrkamp, 1984).

다. 배타적으로 자신의 행위의 성공을 지향하는 전략적 행위자는 제재의 위협·협박·조작 등을 위한 수단을 가지고 결정 능력 있는 다른 주체를 강제하는 수단을 장악해야 하기 때문이다. 그러나 하버마스에 의하면, 이 강제에 대한 유일한 대안은 "참여 주체 간의 자유로운 협의적 이해(Verständigung)"다.[428] 하버마스는 대화에 포함된 언표적 주장이나 제언으로 상호이해를 지향하는 그의 "소통적 행위"는 행위자들의 결정이 언표의 "근거" 또는 "이유(Gründe)"에 의거한다.[429] 반면, '전략적 행위'는 강제에 의해 유발된다고 말한다.

그런데 모든 전략적 행위는 강제에만 의거하는가? 모든 전략적 행위를 원인 유발적 강제 작용으로 규정하는 이 관점은 오류다. 상대방 행위자에 대한 강권 행위(폭력·위협·거래·매수·기만)는 물론 상대방에게 행위의 '원인'을 야기하는 강권에 의거하는 인과적 행위이지만, 해명과 이해를 통한 설득·설복·선전·선동 등의 전략적 행위는 강제나 위협이 아니라 이유설명(근거 제시)과 알림을 통한 이해에 의거하는 행위다. 한마디로, 모든 전략적 행위가 강권에 의한 것이 아니라는 말이다. 그리고 아렌트의 권력 사용이든, 강권 사용이든 둘 다 목적론적(전략적) 행위다. 권력 형성은 소통적이자만, 이 권력의 사용은 전략적이다. 하버마스는 권력의 소통적 형성과 전략적 사용을 구분하지 않고 뒤범벅으로 만들었다. 이로 인해 그는 인간 간의 모든 전략적 행위를 강제력에 의존한 강권 행위로 협애화하고 말았다. 그는 자신의 비판자들에 대한 『답변』에서도 전략적 행위의 전제가 되는 수단을 '강권'으로 단정하는 설명을 되풀이한다.[430] 그러나 그도

---

428) Jürgen Habermas, "Hannah Arendts Begriff der Macht"[1976], 229쪽. Jürgen Habermas, *Philosophisch-politische Profile* (Frankfurt am Main: Suhrkamp, 1987).

429) Habermas, "Aspekte der Handlungsrationalität" [1977], 459쪽..

430) Habermas, "Replik auf Einwände" [1980], 547쪽: "강권의 개념은 위에서 스케치 된 행위이론 안에서 중심적 위치가를 점하고 있다. 상호적 행위가 이해를 통한- 협의적 이

『소통적 행위의 이론』에서의 "목적론적 행위" 또는 "전략적 행위"의 규정과 관련해 이것을 공리주의적 행위 모델로 예시하면서 의도하지 않게 인간 간의 목적 합리적 행위가 모두 강제 수단에 의존하는 것은 아니라고 실토한다. 공리주의에서는 (강제나 강박이 아니라) 실리 또는 이익이 수단이면서 동시에 목적으로 기능하기 때문이다. 예를 들면 교환 행위에서는 타인의 물건 양도를 유도하기 위해 자신의 물적 수단을 투입하지만 결코 이 수단은 강제 수단이 아니라 교환수단이며, 이 경우 목적 합리성은 완전한 '등가성'에서 극대화되고, 동시에 이상적 상거래는 강제매매가 아니라 완전한 자유 거래다. 마르크스가 『자본론』의 "상품" 절에서 집중적으로 분석된 이 등가교환은 오히려 강제가 없어야만 가능한 것이다. 여기서 전략과 소통의 구분을 강권과 상호이해의 구분과 매치시키는 그의 행위론은 난관에 봉착한다. 반면, 미리 말하지만 비물질적 소프트파워와 대비해 물질적 권력을 가리키는 조지프 나이의 '하드파워'의 개념은 강권과 대가 지불(거래)을 둘 다 포함하는 것으로 정의하기 때문에 애당초 문제가 없다.

　그러나 하버마스는 줄곧 규범도 아니고 언어 소통적 이해도[431] 아니고 강권도 아닌 이익 상보성相補性 또는 상호 이익에 따른 그 흔한 거래 행위들을 망각한다. 물질적 상품의 이 경제적 거래 행위들은 강제적이지 않고(자유롭고), 또 경제가 지식정보 경제로 변하고 상품이 더 많이 비물질

해(상호이해)에 의해 조절될 수 없다면 유일한 대안은 어디까지나 일방이 타방에 대해 (많건 적건 섬세하게, 많건 적건 잠재적으로) 행사하는 강권뿐이다. 소통적 행위와 전략적 행위의 유형적 구분은 이 양자택일적 대안 외에 다른 것을 의미하고 있지 않다."
431)　교환 행위에서도 상담(商談), 즉 말과 대화가 등장하지만 이것은 소통적 행위가 아니라 등가 법칙을 표현하는 수단일 뿐이다. 따라서 교환 속에서 상담과 인간 의지를 매개로 맺어지는 법률 계약도 상품 간의 등가관계를 본질로 한다. 왜냐하면 "계약을 자신의 형식으로 하는 이 법률관계는 경제적 관계가 반영되는 의지 관계다. 이 법률관계 및 의지 관계의 내용은 경제적 관계 그 자체에 의해 주어진다. 사람들은 다만 상품의 대변자, 즉 상품 소유자로서만 서로에 대해 존재하는 것이다." *MEW* 23, 99-100쪽.

적 제품으로 변하고 거래 방식의 전자화와 클릭화가 진전될수록 상품 거래 자체도 비물질화되고 있다.

또 다른 문제점은 하버마스가 다른 곳에서 교환 행위를 목적 합리성의 범주 아래 강권 행위와 신비스럽게 뒤섞기도 한다는 데[432] 있다. 이 설명에서 하버마스는 '권력'을 '강권'과 같은 개념으로 쓰고 있는데, 여기서 사용되고 있는 '권력' 개념은 '강권'과 혼효된 파슨스의 조절 마체적 권력 개념이기 때문이다. 그런데 이 설명에서 이 '교환'을 이 '권력'과 별개로 보고 이것과 나란히 열거한다. 따라서 하버마스는 부지불식간에 "전략적 행위"를 강권에 입각한 전략적 행위와 강권에 입각하지 않은 전략적 행위(교환)로 분화시키고 있다. 이것은 교환을 무조건 강권적 행위로 단정한 그의 다른 기술과 배치되는 것이다.

교환 행위 외에도 강제 없이 성공을 지향하는 수많은 목적 합리적 행위(전략적 행위) 유형들이 있다. 가령 유언·무언의 약속 행위, 계약 체결, 설득(Überzeugung), 선전선동, 협력, 집단 안보적·동맹 조약적 공동 방어 등은 모두 강제 없는 목적 합리적·전략적 행위다. 성공을 지향하는 수많은 전략적 행위 유형들이 있다. 이 '설득', '협력', '공동 방어', '조약 체결' 등의 자유로운 전략적·목적 합리적 행위들은 공감, 관습과 전통, 가치지향(이념), 근거를 제시하는 논변의 언어소통 등에 의해 '강권으로부

---

432) "이 (전략적) 행위 모델은 종종 공리주의적으로 해석된다. (…) 자기중심주의적 실리 타산의 합치로부터 (…) 상호 행위 모델이 생겨난다. 이것이 일반적으로 적용되는 두 가지 전형적 사례는 자유 경쟁하는 공급자와 수요자 간에 벌어지는 교환관계 및 명령권자와 예속자 간의 제도화된 지배관계의 틀 내에서 산출되는 권력관계다. 성공 지향적으로 행위를 하는 주체 간의 간間인격체적 관계가 오직 교환과 권력을 통해서만 조절되는 한에서 이 사회는 도구주의적 질서로 현상한다. 이 질서는 행위 지향을 화폐 또는 권력을 위요한 경쟁으로 특수화시켜 시장 관계 및 지배관계를 매개로 행위 결정을 조절한다." Jürgen Habermas, "Erläuterungen zum Begriff des kommunikativen Handelns"[1982], 576-577쪽. Jürgen Habermas, *Vorstudien und Ergänzungen zur Theorie des kommunikativen Handelns* (Frankfurt am Main: Suhrkamp, 1984).

터 자유로운' 방식으로 진행된다. 특히 '설득(Überzeugung)'은 상대방을 제압하는 것이 아니라 말 그대로 상대방이 스스로 무엇에 대해 확신에 이르게 하는 것으로서 '누군가를 무엇에 대해 납득시켜 확신케 하는 것(jemanden von etwas übetzeuegn)'이다. 하버마스 스스로도 소통적 행위로 도달하는 "공동적 확신은 참여자들을 상호 구속한다"고 언명하면서 이 공동 지식의 상호적 구속성은 오로지 간주체적으로 공유하는 "확신·설득(Überzeugung)"에서만 나온다고 말하고 있다.[433] 그런데 독일어 단어 *Überzeugung*'은 '확신'과 '설득'을 둘 다 뜻하기 때문에 소통적 행위와 차원이 다른 *Überredung*(설복)·홍보·선전·선동·프로파간다 등의 전략적 행위와 경계와 모호하다.

이런 까닭에 앤터니 기든스는 하버마스의 전략적 행위와 소통적 행위의 구분을 한 행위의 분석적 측면들을 두 개의 독자적 행위 유형들로 혼동한 것이라고 비판했었다. 가령 설득·계약 등의 행위는 소통적 측면과 전략적 측면이 통합된 것인데, 이 두 측면으로 독립적 행위로 분립시키고 있다는 것이다. 그러나 하버마스는 기든스의 이 비판에 대한 반박에서 설득 행위의 복합된 '전략적 소통 행위'를 다시 소통적 성격이 전무한 '단순한' 전략적 행위로 격하시켜 해체해 버리고 있다. 기든스의 이의는 적어도 하버마스의 행위이론의 꺼림칙한 측면을 정확하게 짚고 있다.

문제는 강권(강제, 위협, 기만, 자기기만, 조작)도, 교환적 이익 등가성도 아닌 제3의 논리, 즉 공감적·소통적 연대 행위에만 의존하는 전략적 행위도 있다는 것이다. 그러나 말 없는 공감과 언어소통에 바탕을 둔 이런 전략적 행위, 즉 공감과 근거설명에 의해 타인을 확신시키고 동조와 지지를 얻어 타인이 내가 원하는 것을 하게 하는 "설득(Überzeugung)"

---

433) Habermas, "Erläuterungen zum Begriff des kommunikativen Handelns"[1982], 574쪽.

행위는 타인을 알아듣도록 깨우치고 납득·확신시키는 것이다. 그런데 하버마스는 이 '설득'을 "기만"이나 "자기기만"에 근거한 "설복(Überredung)", "영향력(Einflußnahme)" 등과 등치시킨다.[434] 그러나 "Überzeugung(설득)"과 "Überredung(설복)'을 둘 다 굳이 강제 행위로 간주하는 그의 시도는 독일어적 어의語義로만 보더라도 그릇된 말장난에 지나지 않는다.

 '설득'을 "설복"이나 "영향력"과 등치시키는 하버마스의 주장에 따르면 연설 청취자들은 모조리 (자기)기만당하는 것이고 모든 연설가는 전략적 기만자다. 천만에! "설득"이 주로 능동적으로 말을 꺼내는 자와 주로 수동적으로 듣는 자를 분리함으로써 일방적 형식을 취하기는 하지만, 화자 주장의 동조 여부가 강권(기만, 매수, 위협, 영향력, 조작)에 기초하는 것이 아니라 이런 강권으로부터 자유로운 청자의 독자적 판단과 자발적 의사에 달려 있는 행위유형이다. 또한 하버마스의 순수한 소통 행위조차도 어느 편에선가 일방의 적극적 발안에 의해 개시되는 것이다. (심지어 소통적 이성과 근거에 호소한다는 하버마스의 '언어적·소통적 행위'도 이미 소통적이면서 동시에 적극적으로 소통하려는 목적 합리성을 함의한다.) 따라서 설득은 오로지 강권이 없어야만 성공할 수 있다. 자신의 이익 또는 전체의 이익에 무관심한 타자 또는 대중의 주의注意를 환기하고 이들의 각성과 동조를 촉구하는 것은 인과적 작업방법(causal modus operandi)에 의존하는 것이 아니라 자유로이 비판가능한 이유(reason)의 설명에 의존

---

434) "기만과 자기기만에 의해 언급된 혼합 형태가 생겨난다. 이 경우는 관찰자 시각에서 정확한 분류가 종종 어려워진다. 그러나 주체, 즉 행위자의 시각에서는 성공 지향과 양해 지향은 동일한 행위의 상이한 분석적 측면으로서가 아니라 양자택일적 대안으로 나타난다. 이것은 설복(Überredung)의 수단으로 설득하고자 하는 수사가(修辭家)에게도 적용된다. 그는 적어도 뒤돌아보면 그가 언제 어떻게 그의 청중을 조작하고자 했는가를 안다. "persuasion"이라는 단어의 애매한 의미 안에 반영되는 수사의 야누스적 효과는 화자의 시각에서가 아니라 청자의 시각에서 생겨난다." Habermas, "Replik auf Einwände" [1980], 544쪽.

하는 것이다. 그러나 하버마스는 집요하게 동조 또는 협의적 이해(상호이해)를 "영향 주입"에 대립시켜 사회운동의 핵심적 전파·홍보·선전 행위의 경우에는 그 핵심에 해당하는 "설득"을 강권 행동으로 몰아 추방하고 있다.[435] 그는 행위의 원인(Ursache; cause)과 이유(Grund; reason)를 구분하지 않고 있다. 원인은 강권에 의해 제공되고, 이유는 공감적 호감과 소통적 근거에 의해 조성되지만, 둘 다 타인이 내가 원하는 것을 행하도록 만드는 데 목적론적으로 쓰일 수 있는 것이다. 타인을 내가 원하는 목적을 수행하도록 움직이게 하는 데 목적론적으로 쓸 수 있는 요소들이 모두다 '원인'인 것은 아니다. '이유'도 그렇게 목적 합리적으로 쓰일 수 있기 때문이다.

그러나 하버마스는 계급사회에서 전형적인 정치 행위를 절대화함으로써 계급사회에서도 제한받고 억압된 형태로나마 자유롭게 전개되는 해방적 정치 행위의 존재와 확대가능성을 배제하고 있다. 적어도 사회적·일반적 공론장(Öffentlichkeit)과 모든 사회단체 총회·국회·내각회의 등의 민주적 내부 공론장은 설득에 기초한 이해·공감·동조의 전략적 산출 기제인 것이다. 남의 이해와 동조를 목적론적으로 추구하는 설득 행위는 강제나 기만이 개입되면 강권적·기만적 영향력 행사로 전락한다. 하버마스의 이런 행위론적 딜레마를 탈피하기 위해서는 "설득"이라는 고유한 전략적 범주를 인정하든가 아니면 "전략적 행위"의 개념을 근거(이유)에 의존한 설득을 포함하는 방향으로 의미 확장을 단행해야 할 것이다. 즉, "전략

---

435) "협의적 이해(상호이해)와 영향 주입은 적어도 참여자의 시각에서 보면 상호 배척하는 행위 조절의 메커니즘이다. 협의적 이해의 형성 과정은 상호 행위 참여자와 협의적 이해를 획득하고 동시에 그에 대해 영향력을 행사하려는, 즉 그에게서 무언가를 인과적으로 야기하려는 의도 속에서 도모될 수 없다. (…) 물론 어떤 협의적 이해가 객관적으로 강제되고 유도될 수 있다. 그러나 명백히 외적인 영향력, 물적 사례(謝禮), 위협, 암시, 기만에 의해 성립하는 것은 주체의 입장에서 협의적 이해로 간주될 수 없다." Habermas, "Erläuterungen zum Begriff des kommunikativen Handelns"[1982], 574-575쪽.

적 행위"를 심층적으로 더욱 분화해 "전략적 행위"를 '강권 전략적 행위'와 '강권 없는 전략적 행위'로 구분해야 한다는 말이다.[436] 하지만 하버마스는 1981년『소통적 행위의 이론』이후 모든 글에서 상대방에 대한 전략적 행위=강권 행위라는 미분화된 단순 등식을 계속 고수한다. 그는 "전략적 행위"가 교환이나 소통적 이해의 형식으로 진행될 수 있는 가능성을 원천적으로 배제하는 오류를 범하고 있다.[437] 이 오류는 나중에 권력의 '형성'과 '사용(행사)'의 조건을 다루는 데서 또다시 문제로 부각된다.

한편, 하버마스는 아렌트처럼 인간 간의 자유로운 자발적 행위 조절을 언어적 소통에만 국한하고 말 없는 '공감'을 배제한다. 그는 결함에 찬 이런 행위이론의 토대 위에서 아렌트의 권력이론을 소통적 행위 모델에 기초한 것으로 해석해서 그녀의 '권력' 개념을 '소통적 권력'으로 번안해 베버의 도구적 권력 개념과 대립시킨다. 아렌트적 권력의 근본 현상은 "자기 목적을 위해 남의 의사를 도구화하는 것이 아니라 협의적 이해(상호 이해)를 지향하는 소통 안에서 공동 의사를 정식화하는 것"이라는 것이다.[438] 그런데 베버의 관점에 서면 "강권"과 "권력"이 마치 정치적 지배 행사의 두 가지 측면에 지나지 않는 것으로 비친다. 파슨스의 체계이론

---

436) 1976년 하버마스도 스스로 이런 필요성을 인정하지만 찰나적이고 진지하지 않다. "목적론적 행위 모델은 (…) 협의적 이해(상호이해)가 아니라 매번 자기의 성공을 지향하는 행위자들을 전제한다. 이 모델은 소통적 이해 과정이 참여자들에게 자기의 성공을 위해 기능상 필연적인 것으로 현상하는 한에서만 소통적 이해 과정을 허용한다. 그러나 일방적이고 (상대방의) 도구화를 자기의 성공을 위해 유보해 둔 조건에서만 추구되는 소통적 이해 과정은 진지한 것이 아니다. 이 협의적 이해 과정은 강제 없이 산출되는 상호적 이해의 조건을 충족시키지 않는다." Habermas, "Hannah Arendts Begriff der Macht"[1976], 229쪽.

437) 하버마스의 이 오류는 경제 영역을 취급할 때는 신비적인 보수주의의 형상으로 전도된다. 그의 행위이론으로 분류하면 상인 간의 교환 행위는 강권에 기초한 고환 행위이다. 그런데 그는 우스꽝스럽게도 교환의 외피를 쓴 자본과 노동 간의 강권 관계는 강제 없는 교환관계로 보기 때문이다. 이 무슨 궤변인가!

438) Habermas, "Hannah Arendts Begriff der Macht"[1976], 230쪽.

적 권력 개념에 영감을 준 것이 바로 이 베버적 관념이라는 것이다.[439] 그리하여 그에 의하면, 베버의 권력 개념에서든 파슨스의 권력 개념에서든 "협의적으로 이해하는(상호 이해하는) 말의 권력"을 "도구적으로 행사되는 강권"으로부터 분리시키는 특유성이 사라지게 된다. 합의(의견일치)를 지향하는 의사소통이 협의적 이해(상호이해)를 얻는 힘은 강권과 대립적인 것이다. "진지한 협의적 이해는 자기 목적이고 다른 목적을 위해 도구화될 수 없기 때문이다."[440] 여기서 하버마스는 그의 행위 이론적 근본 오류에 기인하는 부정확성을 다시 보이고 있다. 진지한 협의적 이해(상호이해)의 목적 합리적 이용은 그에 의하면 즉각 강권에 기초한 "전략적 행위"와 동일한 것이고 권력이 목적 합리적으로 투입되면 '강권'으로 이용되는 것으로 비치기 때문에 다른 목적을 위해 이용될 수 없는 것으로 착각하고 있다. 그러나 "자기 목적적인 것"이란 다른 목적으로 이용될 수 없는 것을 의미하는 것이 아니다. "자기 목적적인 것"은 자신과 다른 목적을 위해 쓰이지 않더라도, 아니 어떤 목적에 의해 정당화되지 않더라도 그 자체 의미를 지니는 것을 뜻할 뿐이다. 하버마스는 여기서 허용될 수 없는 논리적 착각을 하고 있다. 가령 진지한 협의적 이해(상호이해)에 의해 맺어진 남녀 간 사랑의 힘이나 진지한 소통에 의해 맺어지는 우정이나 연대는 이 사랑·우정·연대의 당사자들이 아닌 제삼자에 의해 당사자들의 동의 없이 다른 목적에 이용되면 도덕적으로 허용될 수 없는 것이지만,

---

439) "파슨스는 권력을 '집단적 목표의 이익에서 일을 수행하는' 사회체계의 일반적 능력으로 이해한다. (…) 파슨스는 아렌트가 권력과 강권으로 서로 대조시키고 있는 두 현상을 통일된 권력 개념 안에 묶을 수 있다. 왜냐하면 그는 '권력'을 목적 합리적으로 행위하는 주체가 환경에 대해 취하는 것과 동일한 도식에 따라 자신의 부분들에 대해 관계 맺는 체계가 지닌 한 속성으로 파악하기 때문이다. (…) 그는 막스 베버가 행위이론의 차원에서 추적하고 있는 목적 합리적 권력 개념(목적의 실현을 위한 잠재력으로서의 권력)을 체계 이론적 개념구성의 차원에서 반복하고 있다." Habermas, "Hannah Arendts Begriff der Macht"[1976], 230쪽.
440) Habermas, "Hannah Arendts Begriff der Macht"[1976], 231쪽.

이 당사자들 자신이 이것을 제3의 목적에 활용하는 것은 아무런 문제가 없는 것이다. 여기서 하버마스는 나중에 그가 구별하는 권력의 '산출 조건'(형성)과 권력의 '사용조건'(행사)을 구별 없이 혼동하고 있다.

　하버마스에 의하면, 공동 행동을 위해 논의하는 자들의 소통적 의사, 즉 "다수가 공개적으로 협의적 이해에 도달한 의견"은 확신과 통찰력이 관철되는 특유하게 '강제 없는 강제'에 기초한 한에서 '권력'을 뜻한다. 강제 없는 소통 안에서 산출된 협의적 이해(상호이해)의 타당한 힘은 그 어떤 성공을 기준으로 해서가 아니라 이성적 타당성에 대한 – "말에 내재적인" – 요구를 기준으로 측정된다는 것이다. 물론 말을 거는 말과 대꾸하는 말 속에서 공개리에 형성된 확신도 조작될 수 있다. 그러나 그에 의하면, 제아무리 성공적인 조작 행위도 이성에 대한 요구를 고려해야 한다. 우리는 언표의 진리성, 규범의 올바름, 표현의 진실성을 확신하도록 조작될 수 있다. 그런데 우리의 확신의 신빙성은 이 타당성 요그의 승인이 합리적이라는, 즉 근거에 의해 동기지어져 있다는 의식 여부에 따라 생기고 사라지는 것이다. 확신은 조작 가능하지만, 확신이 주체적으로 자신의 힘을 근거 짓는 토대인 이성에 대한 요구는 조작 가능하지 않다. 소통적으로 산출된 공동적 확신의 권력은 참여자들이 자기의 성공을 지향하는 것이 아니라 협의적 이해(상호이해)를 지향하고 있다는 사실에 기인한다. 이때 그들은 언어를 '발화수행적(perlokutiv)'으로,[441] 즉 다른 주체를 자신이 원하는 행위로 유도하기 위한 명시적 형식으로가 아니라 '발화외적(illokutiv)'으로,[442] 즉 간주체적 관계의 강권 없는 채택을 위한 간접

---

441) "감사합니다", "축하합니다", "나는 너에게 명령한다" 등의 언어 행위에서처럼 이 언표 속에 이미 사회적 행위(감사, 축하, 명령 등)가 명시적으로 표현되는 화용(언어사용)의 경우다.

442) 이것은 "불이야!"라고 경고(警告)하는 경우처럼 문장 안에 사회적 행위인 '경고'라는 말이 들어 있지 않지만 이 말로써 간접적으로 경고 행위가 이루어지는 언어 사용의 경우다.

적 형식으로 사용한다. 그에 의하면, 아렌트는 권력 개념을 목적론적 행위 모델에서 분리시켰다. 권력은 두 사람 이상의 참여자들의 소통적 행위에서 형성되고, 참여자 모두가 소통적·협의적 이해(상호이해)를 자기 목적으로 간주하는 소통적 언어의 집단효과라는 것이다.

하버마스는 이와 같이 아렌트의 권력 개념을 소통행위론으로 번안한 뒤에 다음과 같은 수사적 질문을 던지고 있다. "권력이 목적의 실현을 위한 잠재력으로 생각되지 않는다면, 즉 권력이 목적 합리적 행위 안에서 드러나지 않는다면, 권력은 어떤 식으로 표현되고 어디에 기여하는 것인가?"[443] 이 물음의 마지막 부분의 "어디에 기여하는 것인가?"라는 자문은 권력이 목적 합리적으로 사용될 수 있음을 전제하는 것이다. 권력은 목적 합리적으로 산출될 수 없고 오직 소통적으로만 산출된다는 그의 주장은 본질적으로 옳다. 그러나 권력은 그의 이 마지막 물음이 전제하듯이 어떤 목적의 실현을 위해 "기여할" 수 있다. 즉, 그것은 목적 합리적으로 사용될 수 있는 것이다. 따라서 "권력이 목적의 실현을 위한 잠재력으로 생각되지 않는다면, 즉 권력이 목적 합리적 행위 안에서 드러나지 않는다면"의 조건문은 잘못된 것이다. 그는 권력의 목적 합리적 산출 불가능성을 부지불식간에 권력의 목적 합리적 사용 불가능성으로 탈바꿈시켜 자가당착에 빠져들고 있다. 그는 권력의 '산출'을 권력의 '사용'으로 혼동하고 있는 것이다.

하버마스는 아렌트의 권력이 현현顯現하는 장場과 역할을 이렇게 요약한다. "한나 아렌트는 권력의 전개를 자기 목적으로 간주한다. 권력은 권력을 낳는 실천의 전개에 기여한다. 권력은 상호적 언어에 집중된 생활형식을 보장하는 제도를 통해 정치적 권력으로 농축된다. 권력은 a) 정치적 자유를 보호하는 질서 속에서, b) 대내외로부터 정치적 자유를 위협하

---

443) Habermas, "Hannah Arendts Begriff der Macht"[1976], 231쪽.

는 세력에 대한 저항 속에서, c) 자유의 새로운 제도를 창출하는 혁명적 행위 속에서 표명된다."[444] 소통적 권력 개념이 자유의 유지·방어·창설과 결부된 규범적 내용을 지니고 있다는 사실은 적어도 이쯤에서 분명해진다. 동시에 권력은 이 자유의 유지·방어·창설과 혁명을 위해 목적론적으로 사용된다는 것도 분명해진다.

그리고 하버마스는 아렌트의 권력 개념을 비판하기 시작한다. 그에 의하면, 아렌트의 권력 개념은 현대에 수용할 수 없는 아리스토텔레스주의적 근본 관념에 사로잡혀 있어서 몇 가지 문제를 야기하고 있다. 그녀는 고대 그리스의 정치상을 정치 일반의 본질로 격상시키고 있기 때문에 '공적인 것'과 '사적인 것', 국가와 경제, 자유와 복지, 정치적 실천과 생산의 경직된 개념적 이분법을 고수하고 있다. 그런데 근대 부르주아사회는 이 이분법으로부터 벗어난 지 오래다. 그녀는 빈곤의 기술적–경제적 해결이 곧 공적 자유의 실천적–정치적 보장을 뜻하지 않는데도 현대 복지국가에서는 사회적·기술적 업무들이 순수한 정치 공간으로 "침입해" 들어와 정부가 행정 기구로 전락했고 정치적·능동적 공론 및 급진적 민주주의의 단초들을 파괴했다고 주장했다. 그러나 이것은 근대적 상황에 적응할 수 없는 고대적·아리스토텔레스적 정치 개념이라는 것이다.[445] 현대 사회복지국가를 이렇게 비판하고 이 국가유형에 대해 비관한 점에서 아렌트는 그녀의 다른 문제에서 마찬가지로 분명 '반동적' 철학자였다.

아렌트의 비관적·반동적 관점에 서면 이상국가는 사회적 업무의 행정적 처리라는 업무 부담으로부터 해방된 국가이고, 이상적 정치는 사회복지 정책의 문제로부터 순화된 정치이고, 공공적 자유의 제도는 사회복지 업무와 무관해야 하며 급진적 민주주의의 의사 형성 과정은 사회적 억압

---

444) Habermas, "Hannah Arendts Begriff der Macht"[1976], 232쪽.
445) Habermas, "Hannah Arendts Begriff der Macht"[1976], 239쪽.

(계급·지역·민족·여성 억압) 문제에 대해 관계하지 말아야 한다. 하버마스에 의하면, 아렌트의 권력 개념은 이렇게 현대 사회복지국가와 부합될 수 없는 고대적·반동적 정치 개념에 희생되고 있다.

이런 까닭에 하버마스는 그가 소통적 권력으로 번안한 아렌트의 '권력' 개념을 아리스토텔레스적 영향 아래 놓인 행위이론으로부터 건져냄으로써만 예리한 개념 도구로 만들 수 있다고 주장한다. 이 권력 개념은 배타적으로 '포이에시스($\pi o i \eta \sigma \iota \varsigma$; 제작·생산)'와 대립되는, 이것보다 가치론적으로 우위에 서는 프락시스($\pi \rho \acute{\alpha} \xi \iota \varsigma$; 실천·행위)에 국한되고 있다. '프락시스'는 토론, 정치적·예술적 행위, 전쟁 등을 말한다. 그녀는 '실천'을 '제작'(노동)과, 그리고 '사유私有(이론)'과 구분하고 이와 대립시키기 때문이다. 생산과 이론적 인식에 대해 소통적 행위만이 유일한 정치적 범주로 파악되어야 한다는 것이다. 정치를 아리스토텔레스적 "실천"으로만 국한시키는 이런 근본 개념적 협애화는 정치과정으로부터 실천적 내용을 제거하는 오늘날의 두드러진 경향과 정반대다. 이로 인해 그녀는 1) 강권 행위로서의 모든 전략적 행위 요소들을 정치로부터 제거하고, 2) 정치를 경제적·사회적 문제와의 연관으로부터 떼어내고, 3) "구조적 강권"의 현상을 파악지 못하고 있다는 것이다.[446] 그러나 아렌트가 강권 행위를 정치로부터 제거했다는 비판은 그릇된 것이다. 상술했듯이 그녀는 '폭정', 강권과 권력의 순수한 충돌 등의 현상을 정치 현상으로 충분히 논하고 있다.

하버마스는 전쟁을 전략적 행위의 고전적 모델로 여긴다. 목적 합리적으로 행위를 하는 상대방의 결정에 대해 – '합리적 선택'의 규칙에 따라 – 영향력을 행사하는 것을 핵심으로 하는 "전략적 행위"는 그에 의하면 항상 강권 사용을 전제하는 것이기 때문이다. 전쟁은 그리스인들에게 폴

---

446) Habermas, "Hannah Arendts Begriff der Macht"[1976], 240-241쪽.

리스 담장 밖에서만 벌어지는 사건이었다. 그래서 아렌트가 전략적 행위를 본질적으로 비정치적인 것으로 간주했다는 것이다. 이 예는 정치적 권력과 강권의 아렌트적 대립을 시사하기에 적절하다. 전쟁 수행에서는 강권 수단의 계산된 투입이 두드러진다. 그러나 섬멸 수단의 축적은 국가의 '권력'을 증대시켜 주지 않는다. 군사력의 증대는 (월남전이 보여주었듯이) 종종 국내 권력의 상실을 초래할 수 있다. 게다가 전략의 예는 전략적 행위를 도구적 행위 아래 포섭하도록 하는 강한 유혹을 낳는다. 이런 까닭에 아렌트는 소통적 행위와 비사회적 제작과 노동만을[447] 취급하고 전략적 행위에 대해서는 언급하지 않고 있다. 아렌트는 군사적 수단의 목적합리적 투입이 대상의 제작 또는 자연의 가공에서의 도구 사용과 동일한 구조를 지닌 것으로 오해해 전략적 행위를 도구적 행위와 성급하게 등치시켰다는 것이다. 그러나 분명한 것은 그리스의 폴리스 담장 안에서도 전략적 행위가 권력투쟁, 즉 정통적 권력의 행사를 담보하는 직책을 둘러싼 경쟁의 형태로 벌어졌었다는 것이다. 이런 까닭에 하버마스에 의하면 권력을 행사하는 직책의 경쟁적 획득과 유지, 권력의 행사, 권력의 산출은 엄격히 구별되어야 한다는 것이다. 이 마지막 경우, 즉 권력의 산출의 경우에만 아리스토텔레스주의적 '실천(praxis)' 개념은 도움을 준다는 것이다.[448]

　이 대목에 주목할 필요가 있다. 여기서 하버마스는 '권력'의 목적합리적 사용(행사)과 권력을 행사하는 직책의 목적합리적 획득활동을 구분하고 있다. 권력를 행사하는 직책의 획득자는 이 직책 자체가 공통된 확신에 기초한 법과 정치적 제도에 근거해 있는 한에서 권력을 행사할 수 있

---

447)　하버마스는 생산과 노동을 주체와 주체 간의 상호작용이 아니라 노동 주체와 물적 대상 간에 벌어지는, 따라서 비사회적인 행위로 본다. 그는 노동의 수행이 애당초 사회적 형식(분업적·협업적 노동, 노예 노동, 농노 노동, 임금 노동)을 띠고 있고 불가피하게 전사회적 또는 생산 현장적 협업을 전제하는 것임을 철저히 망각하고 있다.
448)　Habermas, "Hannah Arendts Begriff der Macht"[1976], 242쪽.

고 이 직책을 둘러싼 경쟁도 벌일 수 있다는 것이다.[449] 그는 앞에서 권력의 산출이 오직 소통적 합리성만을 따른다는 테제를 확대 해석해 일단 소통적으로 산출된 권력이 목적 합리적으로 사용될 수 있는 가능성을 봉쇄했었다. 강권과 마찬가지로 권력도 다수의 사회적 행위의 조절을 위한 기능적 행사를 인정하는 이 수정된 입장에서는 집단적 공동행위 또는 사회적 공동행위의 기업적·국가적 조절과 조정에 있어 강권을 권력으로 점차 대체할 수 있는 해방의 퍼스펙티브가 열린다. 이것은 소유권 변혁을 통해 경제행위에서 소유 강권이 사라지고 대신 권력이 그 자리를 채우는 전망을 가능케 하는 한편, 국가와 사회의 심층적 민주화에 따라 권력에 의한 국가 강권의 점진적 대체를 구체화할 수 있는 이론적 발판을 제공한다.

그러나 하버마스의 이 수정된 입장은 오래가지 않는다. 그는 1980년대에 들어서서 완전히 파슨스의 권력이론을 다시 채택해 경제적 체계를 화폐 매개적 상호작용 체계로, 정치 체계를 파슨스적 "권력"으로 매개되는 전략적 상호작용 체계로 규정함으로써[450] 경제 체계와 정치 체계 양편에서 강권을 권력으로 대체하는 사회해방의 퍼스펙티브를 제거해 버린다. 그는 이후의 저작과 논문들 어디에서도 아렌트적 권력의 목적 합리적 사용 및 권력에 의한 강권의 대체라는 미래지향적 퍼스펙티브를 논의한 적이 없다. 다른 이론가들의 비판에 밀려 그가 아렌트적 권력 개념을 다시 상기한 경우에도 오히려 이 권력의 문제를 다시 "생활세계"의 소통적 산출의 관점이나 사회적 행위의 제도적 연관에 유보하고 목적론적 획득 투쟁과 사용의 맥락에서는 주제화하지 않는다. 그는 정치투쟁의 본질인 권력 획득을 둘러싼 경쟁 및 투쟁, 그리고 권력사용의 가능성과 권력의 장場을 줄곧 논의에서 배제해 버렸다.[451]

---

449) Habermas, "Hannah Arendts Begriff der Macht"[1976], 242쪽.
450) 특히 다음을 보라: Habermas, *Theorie des kommunikativen Handelns*, Bd.2.
451) "권력 개념을 나는 (…) 사회(행위 연관)의 차원에 유보해 두고 싶다. 한편으로 나는 한

한편, 하버마스는 '구조적 강권'의 개념에 의거해 아렌트의 '권력'을 산출하는 '소통구조'의 문제점을 비판한다. 그는 일단 '강권'을 "다른 개인이나 집단이 자신들의 이익을 찾는 것을 방해하는 능력"으로 재정의한다. 이런 의미에서 '강권'은 현실 속에서 "언제나" 권력의 산출과 수호를 위한 수단이 될 수 있다. 이 강권은 정치투쟁의 제도화와 함께 정치체제의 정상적 구성 부분이 되어 있기까지 하다는 것이다. 그리하여 어떤 집단이 타인의 이익 대변을 방해할 수 있는 위치에 있다는 이유만으로 '정통적' 권력의 산출 사실이 모호해진다.[452]

아렌트의 '권력'은 강제 없는 소통 속에서 공동의 확신을 형성하는 사람 간에만 생겨난다. 그러나 아렌트의 이 권력 개념에서는 저 복잡한 사태가 비판되는 것이 아니라 정당화될 수 있다는 것이다. 정치제도와 사회제도 안에는 "구조적 강권"이 내장되어 있기 때문이다. "구조적 강권은 강권으로 현상하지 않는다. 그것은 오히려 정통성에 유효한 확신이 형성되고 증식되는 저 소통을 눈치챌 수 없게끔 저지한다. 눈에 띄지 않게 작동하는 소통 장애의 이러한 가정은 이데올로기의 형성을 설명할 수 있다. 이 가정은 주체들이 자신과 자신의 상황에 관해 자기를 기만하는 확신들이 어떻게 형성될 수 있는지를 납득할 수 있게 해준다. 공동적 확신의 권력으로 장비된 환상을 우리는 바로 이데올로기라고 부른다."[453] 하버마스는 이 이데올로기 문제를 고려해서 권력의 소통적 산출 테제를 현실적 형태로 재건하려고 한다. 체계적으로 제한된 소통 속에서 참여자들은 강

나 아렌트와 더불어 소통적으로 나누는 확신을 정통적 권력의 원천으로, 생활세계의 소통적인 일상적 실천을 강제 없이 승인된 권력의 동력장치로서 간주하고 싶다. 다른 한편 (제도화된 권력/강권 혼합체라는 의미에서의) 베버의 지배 개념도 (하부 체계를 형성하는 매체로서의) 파슨스의 권력 개념도 유용하다. 나는 이 세 개념의 통합을 통해 계급구조의 비판적 분석을 위한 적절한 단초를 얻고자 시도한다." Habermas, "Replik auf Einwände"[1980], 547-548쪽.

452) Habermas, "Hannah Arendts Begriff der Macht"[1976], 243쪽.
453) Habermas, "Hannah Arendts Begriff der Macht"[1976], 246쪽.

제 없이 자유롭게, 주체적으로 확신을 형성하지만, 이 확신은 "환상적인" 것일 수 있는 것이다. 하버마스는 주장한다.

- 소통적 권력 개념으로써 우리는 강권이 정통성의 가상假像으로 치장된 권력으로 탈바꿈하는 강권 관계의 제도화를 이해할 수 있게끔 할 수 있다. 강권을 행위 조절적 상호이해 메커니즘에 대한 대안으로, 그리고 권력을 상호이해 지향적 행위의 산물로 도입하면, 오늘날 지배하는 간접적 강권 행사의 제諸형태를 포착하는 이점을 얻는다. 내가 여기서 염두에 두는 것은 눈치챌 수 없게 일상의 소통적 실천 속으로 침투해 생활세계가 자립화된 하부 체계들의 명령적 논리에 내맡겨지고 일방적 합리화의 경로로 사물화되는 정도만큼 소통적 실천 속에서 잠재적 효과를 펼칠 수 있는 병리적病理的 강권을 의미한다.[454]

이런 병리적·구조적 강권 아래에서라면 권력은 참여자들이 소통적으로 산출했다고 확신하더라도 제도화되자마자 참여자들을 위해서가 아니라 참여자들에 대해서 투입될 수 있는 것이다. 이런 관점에서 보면 자기기만에 근거한 이데올로기적·환상적 확신과 참된 확신을 구분하는 비판의 척도가 마련되어야 하고 마련될 수 있다는 것이다.[455] 하버마스에 의하면, 정통적 권력과 진리(이데올로기 비판)의 문제는 이에 따라 불가분적인 것이다.

하버마스는 아렌트가 이론과 실천의 아리스토텔레스적 구분을 고수하면서 바로 이런 비판적 구분의 당위성과 가능성을 부정한다고 비판한다. 실천은 엄격한 의미에서 진리 능력 없는 의견과 확신에 의존한다. 아렌트

---

454) Habermas, "Replik auf Einwände" [1980], 548쪽.
455) Habermas, "Hannah Arendts Begriff der Macht"[1976], 247쪽.

에 의하면, 어떤 의견도 자명하지 않다. 진리의 문제가 아니라 의견의 문제에 있어서는 우리의 사유는 이 자리에서 저 자리로 세계의 이 부분에서 저 부분으로 그것이 최종적으로 이 모든 특수성으로부터 어떤 비非편파적인 일반성으로 상승할 때까지 모든 종류의 상쟁하는 견해를 뚫고 달리기만 하는 진행형으로서 진정으로 '토의적'이라는 것이다. 그녀는 경험적 사실로부터 출발해 최종적 진리를 향해 나아가는 연대적 정치 실천의 대화적 토의 성과, 최종적 진리로부터 출발해 경험적 현실에 접근하는 이론적 인식의 고독한 독백적 관조성의 낡은 고전적 구별을 고집하고 있다는 것이다.

아렌트는 실천과 이론적 인식, 의견과 지식, 간주체적 연대와 객관적 진리의 아리스토텔레스적 대립을 수용하고 이 중 실천·의견·연대의 선차성을 주장한다는 것이다. 이 아렌트적 입장은 자칫 실천·의견·연대를 단호한 실재론적·객관적 진리관의 인식주의적 부담으로부터 해방하려는 리처드 로티(Richard Roty)식의 무無윤리적·포스트모던적 실용주의로 극화될 수도 있다. 공동체로부터 인식주체의 이격을 전제하는 진리 실재론은 궁극적으로 현재의 실천과 유리된 지식인 간의 – 실천을 저해하기까지 하는 – 한 이론 논쟁을 야기하고 '의견'과 – 대중의 의견을 깔보는 – 지고한 '과학적 인식'을 이원론적으로 차별하는 과학주의로 귀착된다. 로티는 서구의 인식주의적 전통이 낳은 이 교조적인 인식주의적 과학주의의 대표적 인물로 스키너와 알튀세르를 들고 있다. "너무 극단적으로 몰아간 그리고 너무 심각하게 받아들여지는 과학적 객관성의 수사修辭를 통해 우리는 스키너(B. F. Skiner)와 알튀세르(Louis Pierre Althusser)와 같은 저자들에 도달한다. 이들은 우리들의 도덕적, 정치적 생에 대한 '과학적' 태도를 취하는 시도가 낳은 무의미한 환상의 두 기형적 소산이다."[456] 로티는 현실과 의견의 일치를 진리로 규정하고 궁극적 객관성 위에 연대를 근거 지으려는 인식주의적 실재론에[457] 대항해 의견의 상응적 현실 연관을 해체하고 객관성을 연대에 정초하는 "Anything goes"의 진리 실용주의를 주창한다.[458] 로티는 '객관성'을 의견과 의견의 '간주체적 공동성'으로 축소·환원하고 있다. 이 실용주의적 입장은 인식적 진리를 추구하는 부담으로부터 방면되기 때문에 타인의 의견에 대한 정치적 관용, 자유토론의 소통 윤리 등을 촉진시키는 이점을 가지는 것처럼 보인다.

그러나 "Anything goes"의 이 실용주의적 입장은 동시에 실천적·이론적 손실을 감수하지 않을 수 없다. 소통과 의견 교환을 배제하는 단호한 유아론적 실재론이 소수의 지식분자들을 언필칭 진리 독점적 '인식 귀족'(공산당, 나치당, 파쇼당) 또는 '인식왕王'(마르크스-레닌, 스탈린, 모택동, 김일성, 무솔리니, 히틀러)으로 등극시키는 반면, 로티의 실용주의는 대중의 병리적 자기기만과 이데올로기적 확신을 철갑화하고 어떤 뛰어난 자나 선각자의 예취적 통찰도 상대화·무력화시켜 대중의 집단적 자기기만이 야기하는 위험(가령 공산주의, 파시즘, 나치즘, 관헌·군국주의)에 단호히 저항할 실천적 준거점과 찬스를 제거한다. 이 지나친 진리 실용주의의 이런 실천적 오류 위험을 적어도 완화시키는 것이 있다면 그것은 자유로운 무제한적 의견교환과 의견 개진을 가능케 하는 토의 윤리이다. 로티는 바로 이러한 토의적 논증과 협의적 이해(상호이해)를 본질로 하는 소통적 행위를 이론화하지 않음으로써 관용과 토의 윤리를 진리 추구와 무관한 것으로 규정하고 실천적 오류를 막는 메커니즘을 무의식적 자연 성장

---

456) Richard Roty, "Solidarität oder Objektivität", 32쪽. Richard Roty, *Solidarität oder Objektivität. Drei philosophische Essays* (Stuttgart: Reclam, 1988).

457) Roty, "Solidarität oder Objektivität", 13쪽.

458) Roty, "Solidarität oder Objektivität", 14쪽.

성(Naturwüchsigkeit)에 방치하고 있다. 하버마스에 의하면, 이것은 로티식의 지나친 진리 실용주의가 줄곧 초래하는 중대한 이론적 손실이다.

　하버마스는 이론적으로 엄밀히 하자면 관용과 토의 윤리란 정치적 실천이 진리와 결별함으로써 정초 되는 것이 아니라고 주장한다. 진리 추구의 엄정성은 어떤 의견이든 – 소수의 의견과 연대적 다수의 의견을 가릴 것 없이 – 오류일 수 있다는 오류 가능성을 인정하는 것이고 모든 의견의 오류 가능성을 인정하는 이런 조건에서는 일정한 시점에서의 오류와 진리에 대한 다수결적 판단도 정치적 실천을 수행하기 위한 '원칙적으로 잠정적인 가설'에 지나지 않는 것으로 봐야 한다. 따라서 소수 의견도 잠정적으로만 오류인 것이다. 이런 소통적 진리 추구는 다수의견의 오류 가능성을 전제함으로써 진리에의 차선적 통로를 실천으로 봉쇄하지 않고 늘 개방해 둔다. 이것은 서로서로에게 오류로 비칠 수 있는 다른 의견에 대한 관용과 자기 의견과 다른 의견에 대한 개방적 비판과 나의 주장의 잠정적 상대화를 가능케 하는 자유로운 정치적 토의 윤리, 나아가 공개적 공론장을 요구한다. 따라서 하버마스는 관용과 자유로운 토론은 진리와의 결별이 아니라 엄정한 소통적 진리 추구의 관점에 설 때만 이론적으로 정초 될 수 있다고 주장한다. 따라서 다른 의견을 자기들의 – 아직 가설적으로만 – '참된' 지식의 관점에서 배척하거나 경시하는, 즉 소통적 토의를 거부하는 단호한 유아론적 실재론자들, '마르크스–레닌주의자들'과 알튀세르주의자들이 빠져든 독백적·과학주의적 진리 독점 자세는 진정한 진리 추구와 대척적인 관계에 있다. 그런데 애당초 진리 추구를 포기하고 연대적 다수의견만을 좇는 로티식 실용주의는 진리 추구의 포기로 인해 이 과학주의적 실재론을 진리 독점주의로 비판할 자격을 상실한다. 그리고 '마르크스–레닌주의자', 알튀세르주의자, 니체-나치스의 단호한 실재론도 로티가 주장하는 'Anything goes'의 극단적 진리 실용주의 관점에서는 비판·배격당하지 않아야 할 하나의 엄연한 '의견'이기 때문이다.

이와 같이 소통적 관용과 토의 윤리 및 진리 추구가 하나의 행위 과정 속에 불가분적으로 결합된 것이라면 진리의 인식은 객체에 대한 개인 주체의 독백적 인식 과정으로서가 아니라 오직 실재하는 객체에 대해 인식 행위적 관계에 들어 있는 복수적 개인 간의 소통적 행위로서만 합리적으로 보장된다. 즉, 소통행위론의 관점에서는 객관적 진리성(인식적 합리성)와 연대성(윤리적 규범, 도덕적 합리성)이 배척적인 것이 아니라 통일되는 것이다. 하버마스의 이 테제는 '소통적 실재론'으로 명명될 수 있을 것이다.

이 '소통적 진리론'의 관점에서 하버마스는 아렌트를 최종적 명증성 위에 구축되는 이론적 인식이라는 케케묵은 독백적 인식 개념에 사로잡혀 실천적 문제에 관한 의사소통이 바로 진리의 합리적 의사 형성이라는 사실을 이해하지 못하고 있다고 비판한다. 그러나 정치적 사유가 그녀의 말대로 남의 의견과 이익을 대변하는 '대의적 사유(repräsentatives Denken)'라면, 그것은 실천적 시각의 일반화 능력과 규범의 올바름을 검토하는 사유임을 뜻한다. 그렇다면 정치적 사유는 '논증(Argumentation)'과 직결된 것이다. 즉, 정치적 주장도 논증에 의한 비판·반박 과정을 통해 "인식적 진리성"을 입증해야 한다. 결국 공동적 확신의 권력도 진리성의 "인식적 토대"가 필요한 것이다. 따라서 권력은 토의적으로 충족될 수 있고 원칙적으로 비판가능한 진리성 요구에 대한 사실상의 인정에 근거한 것이다.[459] 하버마스는 이것으로써 아렌트의 권력론을 비판적으로 재건해서 건실한 소통적 권력과 이데올로기적 소외 권력을 구분하는 '비판적' 권력이론으로 나아가는 통로를 열고자 한다.

---

459) Habermas, "Hannah Arendts Begriff der Macht"[1976], 248쪽.

하버마스는 아렌트를 인식(Erkenntnis)과 의견(Meinung) 사이에 – 소통적 논증으로 메워질 수 없는 – '심연'이 끼어 있는 것으로 보고 있다고 비판한다. 그녀는 인식을 독백적인 것으로, 토론적 의견 형성 과정으로서의 소통 과정 저편에 있는 것으로 파악하고 있기 때문이라는 것이다. 따라서 그녀는 권력의 기초를 소통적 진리 논증과 무관한 다른 기초, 즉 약속을 하고 약속을 지킬 수 있는 언행言行 주체들의 약속 능력에서 구하고 있다. 하버마스는 바로 이것을 비판한다. "그녀는 정당들이 서로 의무적으로 지키는, 자유 평등한 자들 간에 맺어지는 계약을 권력의 기초로 간주한다. 권력과 자유의 근원적 등가성의 규범적 중핵을 확실히 하기 위해 그녀는 최종적으로 자신의 소통적 실천 개념보다 그 존엄한 계약 모형을 더 신뢰하고 있다. 결국 그녀는 자연법의 전통 속으로 퇴행하고 있다."[460] 아렌트의 권력이론은 스스로 개척한 권력의 소통적 토대를 버리고 케케묵은 '사회계약론'으로 퇴화했다는 것이다.

아렌트에 대한 이러한 비판에서 얻어진 하버마스의 이론적 성과는 무엇인가? 그에 의하면, 그녀가 입증하고 방어하고자 했던 긍정적 권력 개념과 이것과 대립되는 '소외권력'을 구별하는 비판적 권력이론을 향한 이론적 도약대를 제공한다. '소외권력'은 '구조적 강권'의 영향 안에서 이데올로기적으로 산출되지만 강권으로 정의된다.

2.3. 소통적 권력론의 허점과 오류

마르크스는 경제이론의 차원에서 협업을 통해 단합된 노동 집단의 사회적 생산력이 개별적으로 일하는 고립된 개인들의 생산력을 합산한 것보다 질적으로 더 크고 범주적으로 새로운 생산력이라는 것을 다주 정교

---

460) Habermas, "Hannah Arendts Begriff der Macht"[1976], 248쪽.

하게 밝혔다. 이 지식을 권력에 응용해 권력을 정의한다면 '권력'은 어떤 식으로 단합되었든 단합된 개인들의 모든 협동적 행위로부터 산출되는 '사회적 힘', '유적類的 행동 능력(Gattungshandlungsfähigkeit)'이다. 이 '사회적(협동적)' 공동행위 능력은 간주체적이다. 이 공동행위 능력은 폭력적·강제적 수단과 도구의 양과 질에 비례하는 도구적 '강권'과 본질적으로 다른 것이다. 그러나 이 '사회적(협동적)' 공동행위가 강제나 위협 또는 (자기)기만에 의해 성립하면 '소외권력'인 반면, 도덕과 약속된 규범(신의도덕)과 연대적 소속감(단체와 집단에 대한 사랑=애사심·애국심·동포애)의 규범적 구속력과 견인력 및 도덕적·공감적 연대력에 의해 성립하면 건실한 '권력'이다. 소통은 때로 이 도덕과 약속된 규범(신의 도덕)의 규범적 구속·견인력과 소속감의 존부와 강약·성격을 두고 따지는 데 필요하지만 필수적이지는 않다. 대부분 '사회적(협동적)' 공동행위가 본능적 도덕성과 기旣약정된 규범에 대한 공감과 묵인과 관습과 습관을 통해 무언으로 이루어지기 때문이다.

그러나 하버마스의 권력이론은 아렌트의 권력이론과 마찬가지로 권력의 '실체'가 마르크스에 의해 적절히 분석된 협업, 즉 (범주적으로 새로운) '유적類的(사회적) 행동'에 함의된 본능적 도덕과 약속, 그리고 소속감(소속집단에 대한 연대적 사랑)의 규범적 행위 구속력이라는 점을 끝내 간파하지 못했다. 이것이 소통적 권력이론의 결정적 맹점이자 본질적 허점이다. 그리하여 하버마스의 권력개념은 소통적 행위의 "협의적 상호이해"인지, "공동적 확신"인지, "말의 힘", "소통"인지 도시 알 길이 없다. 그리하여 그는 권력의 소통적 합리화 조건을 권력의 산출 조건으로 혼동하고 있는 것이다.

이런 허점과 오류들 외에도 하버마스의 권력론에는 여러 오류가 들어 있다. 그는 진리(과학)와 허위의식(이데올로기)을 구분하는 마르크스의 인식주의적 이데올로기 개념에 너무 경도되었고, 이로 인해 '도덕'과 '믿음'에 대해 '진리'의 지위를 특권화하는 오류에 빠져들고 있다. 동시에 거시적 체제 이데올로기에 대한 마르크스적 비판의 틀을 '개발에 말편자 박듯' 일상의 자잘한 정치적 토의 과정에 적용하고 있다. 자본주의·사회주의·나치즘(파시즘)의 정치체제 문제, 기독교·이슬람·불교 등의 종교 문제는 토의적 진리 발견으로 선택될 수 '없는' 거시적 이데올로기·믿음(확신)의 문제다. 가령 자본주의와 사회주의의 경제적 효율성 논쟁에서 자본주의가 사회주의보다 (압도적으로) 더 효율적이라는 인식적 진리가 토의를 통해 논증적으로 밝혀지더라도 사회주의에 대한 일부 사람들의 도덕적 확신은 종식되지 않고, 기독교·이슬람·불교의 인식적 오류가 밝혀지더라도 이 종교들에 대한 믿음, 즉 신앙은 끝나지 않는다.

이런 거시적 정치체제와 종교적 세계관의 문제는 토의를 통한 "인식적 진리" 문제와 미미한 관계를 맺고 있을 뿐이고, 이 거시적 정치체제 문제 및 종교적 세계관과 직결된 문제는 실은 '도덕성' 문제인 것이다. 하버마스는 토의 과정에서 객관적 진리와 연대(윤리적 규범), 인식적 합리성과 규범적 합리성, 진리와 선善이 배척적인 것이 아니라 통일된다고 마음 편히 말하고 있지만, 진리와 선은 자주 갈라진다. 서둘러 밥 짓는 어머니의 '배고프냐?'고 묻는 물음에 '아직 배고프지 않다'고 답하는 자식의 거짓말은 선하고, 거짓말로 친구의 대역죄를 뒤집어쓰고 죽은 사람의 행동은 거룩한 것이지만 진리에 반하고, 친구를 고발하는 것은 진리와 부합되지만 도덕에 반한다. 공자에 의하면 아들이 아버지의 도둑질을 곧기곧대로 말하는 것은 진정한 정직의 도덕에 반한다.[461] 그리고 원자탄 제조와 생

---

461) 『論語』「子路」(13-18): "葉公語孔子曰 吾黨有直躬者 其父攘羊 而子證之. 孔子曰 吾黨之直者異於是 父爲子隱 子爲父隱. 直在其中矣."(엽공이 공자에게 '우리 마을에 정직한 자가 있는 있는데 그 아비가 양을 훔친 것을 아들이 증언했다'고 말했다. 이에 공자가 말했다. '우리 마을의 정직한 자는 이와 다르오. 아비는 아들을 위해 숨기고 아들은 아비를 위해 숨긴다. 정직은 그 가운데 있는 것이오.')

명공학적 인간 복제를 위한 과학적 진리는 인도적 윤리도덕에 반한다. 이런 예들은 진리와 선이 양립하지 않을 수 있는 수많은 사례에 속한다. 그리고 사회체제와 종교적 세계 문제에서는 자연과학적 문제와 달리 '언표와 현실의 합치'라는 진리 개념 자체가 성립할 수 없거나 유효하지 않다. 가령 공산주의 사회에서 공산주의 이데올로기에 입각한 언표는 공산주의 이데올로기에 따라 만들어진 사회현실과 부합되기 때문에 진리일 것이다. 그러나 이 진리 언표는 오히려 인간 본성이 명하는 본능적 도덕성과 배치되는 이 공산사회의 사회적 병폐를 은폐하는 역할을 한다. 이것은 멸망하기 전의 나치즘 독일 사회에서도 수정되기 전의 자본주의 사회에서도 마찬가지였다. 따라서 체제와 종교적 세계관에 대해 왈가왈부할 때 비판의 기준으로 주목해야 하는 것은 '진리'가 아니라 (인간 본성적) '도덕성'인 것이다

거시적 체제 문제와 종교적 세계관 문제의 해결에서 소통적 토의에 의한 진리 발견의 '역할'이 이렇게 미미한 데다 선과 충동하는 진리 사례 및 사회적 문제에서의 진리 개념의 성립 불가능성을 더하면 소통적 진리 발견의 중요성은 거시적 사회문제에서 당분간 배제해 두어도 가할 것이다. 그러면 과학적 진리로 이데올로기를 폭로함으로써 구조적 강권에 의해 산출된 '소외 권력'을 비판하는 마르크스적 이데올로기 비판의 틀을 고수하는 하버마스의 아렌트 비판의 의미도 미미한 것이다.

중요한 문제는 하버마스가 경시하는 '도덕'이다. 이 도덕적 규범성은 독백적이든 소통적이든 진리 발견의 인식론적 방식으로 논란하거나 입증할 수 없다. 인간은 칠정七情의 본성적 단순감정(가령 기쁨과 아픔, 노여움과 슬픔, 두려움과 호오), 그리고 수많은 본성적 공감감정(사랑, 즐거움, 괴로움, 반감과 거부감, 시기심과 질투심)과 도덕감정(동정심, 정의감, 공경심, 시비감정)에 의거해 행동하며 살아간다. 그리고 도덕은 도덕적 공감감

정으로서의 본성적 '도덕감정'에 근거한다. 이 때문에 도덕은 인식론적 '인식과 설명'으로가 아니라 오로지 공감 해석학적 '이해와 해석'을 통해서만 알 수 있는 것이다.[462] 따라서 거시적 정치체제와 종교적 세계관은 이 단순감정·공감감정·도덕감정으로 이루어진 인간 본성과 배치되면, 즉 인간의 생존을 위한 칠정과 사회생활을 위한 본성 도덕에 반하면 비판받고 수정되든가 끝내는 소멸한다.

본성의 관점에서 인간은 가령 이기적 욕구(단순감정)와 이타적 도덕감정, 이 양자가 둘 다 있어야만 살아갈 수 있다. 이기심이 전혀 없는, 절대 이타적·동정적이기만 하는 인간이 존재한다면 그는 제삼자에 의한 타인의 이기적 이익 침해를 중시하지 않고 이타적으로 이 타인을 돕지 않을 것이고, 자기가 타인으로부터 이타적 도움을 받더라도 고마워하지 않을 것이다. 거꾸로 이타적 동정심을 경시하고 이기심만 강조하는 사회가 존재한다면 이런 사회의 인간들은 누군가 어려움에 처하더라도 타인으로부터 이타적 도움을 기대할 수 없을 것이다. 이런 사회는 투쟁을 통해 체제를 개혁하거나 아니면 붕괴할 것이다. 가령 공산주의 체제는 이타적 도덕성 과잉으로 멸망했거나(소련과 구舊동구권 사회주의 제국) 멸망 중에 있고(북한), 자기 수정을 통해 살아남았다(중국과 월남). 역으로 동정심을 철저히 부정하고 인종청소를 자행한 인종주의적 나치즘과 파시즘 체제는 반反개인·반인간의 인종 집단적 이기심 과잉으로 멸망했다. 이기심을 지나치게 방임하던 자본주의 체제는 이타적 복지제도의 도입으로 자기 수정을 단행함으로써 살아남았고 나아가 계속 번영하고 있다.

이렇게 도덕의 관점에 서면 하버마스의 인식주의적 편향과 오류로부터도 탈피하고, 로티가 대변한 'Anything goes'의 진리 상대주의에 의해

---

462) '공감적 해석학'에 대해서는 참조: 황태연, 『감정과 공감의 해석학(1-2)』(파주: 청계, 2014·2015); 황태연, 『도덕의 일반이론(상)』(서울: 한국문화사, 2023), 182-200쪽.

모든 체제, 모든 이데올로기를 무비판적으로 용인하는 도덕적 무장해제로부터도 탈피할 수 있다. 로티는 극단으로 나아가 '나치즘'조차도 진리 상대주의 관점에서 용인하는 발언을 했었다. 그는 인간 본성적 도덕성을 망각하고, 사이코패스 외에 그 어떤 인간도 넘을 수 없는, 정치·사회체제와 체제 이데올로기의 '도덕적 한계'를 짚지 않은 것이다. 그리하여 로티의 포스트모던 윤리설은 '반反인간적' 언설을 쏟아내다가 윌슨의 엄한 비판을[463] 받았고, 지금은 완전히 자취 없이 사라졌다.

따라서 도구적 '강권'과 대비되는 건전한 간주체적 '권력'의 형성과 산출 가능성은 도덕성에 달려있는 것이다. 말하자면 권력은 사람들이 도덕적으로 마음을 끌고 움직이게 만드는 규범적 구속력과 견인력 및 도덕적·공감적 연대력에 의해 단합한 사람들의 집단적 행동 능력이다. 이런 까닭에 권력이 강권을 부릴 수 있는 도덕적 정당성과 권위가 있는 것이다. 도덕성이 완전히 결여된 문화·예술·지식이 클래식하게 순수하든 대중적이든 아무리 인기가 높고 매력적이라고 하더라도 이런 문화·예술·지식은 간주체적 권력을 형성하지 못한다. 스포츠와 영화도 마찬가지다. 문화·예술·학문·영화·스포츠에는 그 매력에 끌리어 으레 팬덤이 형성되지만 이들은 정치적·사회적 집단행동 능력이 거의 없다. 따라서 여기에는 정치적으로 사용하거나 투입할 권력이 없다. 심지어 굶주리는 일부 대중조차도 폭동을 일으키고 함께 할 수 있지만 이런 '함께함', '우발적 모임'은 자기들의 이 집단적 행동과 모임에 대한 도덕적 정당성을 느끼지 못하면 모임을 권력집단으로 재생산할 수 없다. 한마디로, 그 폭동과 '함께함'은 권력 없는 일시적 동시행동과 광장의 우연한 공존일 뿐이다.

그러나 문화·예술·학문·영화 등이 강력한 규범적 구속력과 견인력 및

---

463) James Q. Wilson, *The Moral Sense* (New York·London: Free Press, 1993·1997), 8-9쪽. 로티에 대한 더 상세한 비판적 논의는 참조: 황태연, 『도덕의 일반이론(하)』, 124-127쪽.

도덕적·공감적 연대력을 불러일으키는 인간애·정의·신뢰(신의)·거룩함·평화 등 도덕적 가치들의 메시지를 소재로, 또는 배경으로, 아니면 아예 주제로 담고 있다면 문제가 달라진다. 이런 도덕적 가치들을 노래하거나 마음 깊이 새겨 넣는 문화·예술·학문·영화 팬덤의 움직임은 이미 정치적 행동 능력을 가진, 따라서 하나의 세계를 창조하고 개혁할 수 있는 권력 행위인 것이다. 도덕적 관점에서 문화·예술·학문·영화의 '독립적' 중요성은 관계자들과 팬덤을 감명 깊은 스토리에 의해 간접적으로 강렬하게 '덕화德化'한다. 문화·예술·학문·영화의 간접적 '덕화' 작용은 감명고- 감동을 주기 때문에 교수나 성직자들이 하는 직접적 도덕 훈화의 덕화 작용보다 효과 면에서 대중적으로 더 강렬하고 더 광범하고 더 일반적이다.

그런데 도덕적 내용을 전혀 담지 않은 문화·예술·학문·영화 등도 1970-80년대 소련과 동유럽에서 미국의 블루진이나 팝송이 그랬던 것처럼 때로 국가체제를 뒤집어엎는 정치적 권력작용을 할 때가 있다. 가령 미국의 블루진이나 팝송이 미국의 도덕적 가치와 민주적 정치 도덕을 상징하는 대용품 역할을 할 수 있기 때문이다. 이 때문에 도덕성을 전혀 띠지 않은 미국의 이런 순수한 음악과 상품이 은연하게 소련·동구권 사람들의 반체제 의식을 조장하고 비밀리에 그들을 결집시키는 전복적 지하 권력으로 작용할 수 있었던 것이다.

아렌트와 하버마스의 권력 개념의 또 다른 한계는 그 어떤 인간의 교류보다 말 없는 '공감'을 배제하고 말과 언어적 의사소통만을 특권화한 것이다. 따라서 언어 행위와 공론장 저편의 광대한 '공감대(공감장)'로서의 무언적 '민심'을 놓치고 있다. 광대무변의 말 없는 '공감장'을 뜻하는 '민심'은 무엇보다 언어적 소통을 포괄하면서 초월하는 세대 간 역사적 공감을 통해 재생산되는 면면한 도덕적 가치를 담고 있고, 따라서 사람들의 행동을 규제할 수 있는 능력이 있다. 이 공감적 민심에 담긴 도덕 감정적 도덕성(도덕적 정당성)과 연대적 소속감의 규범적 구속력과 견인력이 바로 그것이다. 하버마스가 주장하듯이 '오후에 영화를 보는 것이 어떻겠냐?'는 물음에 긍정으로 답하는 소통적 행위가 답한 사람의 행동을 구속한다. 그러나 이 구속력은 '소통'에서 나오는 것이 아니라, 발화외적(illokutiv) 공감에 의해 맺어진 '약속'으로부터 나오는 것이다. "약속된 것은 지켜져야 한다(pacta sunt servanda)"는 도덕률의 규범적 구속력과 견인력 및 도덕적·공감적 연대력은 바로 '신의(trustworthiness)'라고 하는 도덕감정에 근거한 것이다. 하버마스는 언어분석에 눈이 팔려 그의 소통적 행위 이론 속에 감춰진 이 도덕성과 도덕감정을 보지 못하고 '근거', '소통적 합리성', '소통적 이성' 등의 무관한 개념들로 소통적 권력을 이해하려고 하면 할수록 더욱 모호하게 느껴지는 신기루로 만들어 버린 것이다. 그는 소통적 행위의 소통적 권력을 도덕 문화의 규범적 구속력과 견인력 및 이에 기초한 연대력으로 해명한 것이 아니라 되레 소통적 권력을 '호도糊塗'했다.

제3절

논의적 민주주의, 법치국가,
쌍선적 토의 정치

여기서 하버마스의 'Öffentlichkeit'는 '공론장'으로 국역 된다. 그러나 18세기 영어 'publicity', 프랑스어 'publicité'를 번역한 독일어 'Öffentlichkeit'는 다의적多義的 술어다. 이것은 일단 개인적 은밀함 (Intimität; privacy)이나 개인적인 것(das Individuelle)에 대립되는 공공성, 배타성적 또는 사적인 것(das Private)에 대립되는 연대성을 뜻하기도 하고, 부분이나 특수에 대립되는 전체성 또는 일반성, 폐쇄나 비밀에 대립되는 공중성公衆性 또는 공개성公開性, 침묵이나 은폐에 대립되는 공론公論이나 공표公表 등을 뜻한다. 19세기 중반까지도 자유언론이 전무하거나 불완전하여 침묵이 미덕으로 통했던 독일에서는 'publicity'의 번역어인 'Öffentlichkeit'라는 단어가 아직 생성되지 않아서 여러 가지로, 가령 '공개성(Offenheit)'이나 '인간 상식(Menschenverstand)' 등의 단어를 동원하여 번역할 수밖에 없었다. 하버마스는 이 'Öffentlichkeit'

를 근대의 결정적 정치 개념으로 파악하고; 소통 이론적으로 뒷받침하려고 시도했다.

3.1. 공론장 이론과 법치국가론

서유럽에서 'Öffentlichkeit' 또는 'publicité'는 계몽주의와 함께 전개된 근대의 역사적 산물이며 언론·출판·표현의 자유의 계급 투쟁적 확장 및 통신 기술의 발전과 직접 연계되어 형성·확대되었다. 발언자의 시선과 입말의 육성적·확성적 도달거리 내에 직접 동석同席한 공중 앞에서 자유로운 직접적 토론과 연설 또는 동석하지 않는 추상적 공중을 향한 인쇄매체의 글말에 의존한 간접적 의사소통의 자유 공론, 현대에는 전자 소통 기술의 발전에 힘입은 무선통신, 영화, 라디오방송, 텔레비전 방영, 최근 들어서는 컴퓨터 통신, SNS 등의 음파 및 영상매체를 이용한 더욱 광범한 정보전달과 토론 중계 등을 매개로 'Öffentlichkeit'는 확장적 발전을 거듭해 왔다. 따라서 이것은 무엇보다도 언어와 시선에 의존한 대중 소통적 공론을 통해 그 공공성·공개성·일반성을 확보한다. 이런 이유에서 이 'Öffentlichkeit'를 '공론장公論場'이라고 번역한 것이다. 물론 이 역어가 적절치 않은 대목에서는 공공장, 공중公衆 또는 단순히 공론으로 번역하는 것도 허용될 수 있을 것이다.

'공론장'은 사회의 공익 사항에 대한 다측면적 정보를 전달하면서 동시에 이 공익 사항에 관해 발언을 통해 따지고 여론적 압력으로 정부의 정책 결정을 통제하고 추적, 폭로, 칭찬과 비판, 책임 추궁, 악평과 호평 등에 입각해 개인들, 사회적 권력자, 국가관리들의 반反공익적 권력남용을 제재하는 쟁론적 논의의 장場으로 잠정 정의할 수 있다. 이런 한에서 공론장은 소식 전달의 기능과 아울러 정치적 영향력 또는 권력의 기능을 행하고 또한 법정의 재판 이전에 정치 규범적 심판·평가기능을 수행한다. 이런 한에서 공론장은 문제와 사안에 따른 다측면적 논의들(Diskurse)을 담고 있다. 이 논의들은 어떤 특정 국면에서가 아니라 이상적으로 무한히 지속되는 쟁론 과정에서 일반적 기준이 되는 인식적 진리성과 윤리적 규범 구속성 및 공정성을 밝히고 갱신하고 전수할 수 있는 내재적 힘을 발휘한다.

따라서 하버마스의 공론장 이론은 대大자본주의적 매체 기업과 계급 국가 소유의 대중매체에 의해 매개되는 공론이 단순히 이데올로기적 논의에 지나지 않는다는 전통적 마르크스주의자들과 1세대 프랑크푸르트 학파 이론가들의 이데올로기론적 공론 비판뿐만 아니라, 근대적 진리의 편파성 개념에 입각한 미셸 푸코(Michel Foucault)의 진리 편향적 논의론 (Diskurstheorie)에[464] 대한 일관된 반비판을 전제하는 것이다. 근대의 공론장의 논의가 본성상 허위와 조작, 배제와 왜곡 등을 교정해 나가는 내재적 인식 합리성(진리 이성)과 규범성(실천이성)을 지니고 있음이 이론적으로 논증되고 경험적으로 검증됨으로써만 이 반비판은 수행될 수 있다.

그런데 하버마스의 공론장 이론은 이론사적으로 프랑크푸르트 학파의 호르크하이머와 아도르노의 비관주의적 공론관에 대한 '구제적 비판 (rettende Kritik)'을 수행하면서 형성되었고 이들의 이론 체계에서 완전 결여된 '소통적 행위' 개념의 토대 위에서 이론화되었다. 따라서 이데올로기론적 공론 비판은 다음에 기술될 내용의 불가분적 일부이므로 서두

---

464) 'Diskurs'는 담론, 담화, 언술 등의 기존의 부적절한 역어를 포기하고 '논의'(論議)로 번역한다. '논의'는 우리말에서 학술적 의미로만 쓰이는 것이 아니라 가령 '우루과이 라운드의 논의 구조', '민주당 내 논의 구조', '운동권 내 논의 구조' 등 실제 사회 정치 생활에서 두루 사용한다. 사실 푸코와 하버마스의 'Diskurs'는 우리말 '논의'의 이러한 이론적·실천적 뜻을 모두 아우른다. 따라서 '담론'이니 '담화'니 '언설'이니 하는 부적절한 번역어를 갑작스레 끌어들여 논의 이론을 초입자들에게 생경하게 만들 필요가 없을 것이다.

에서 다룰 필요가 없겠다.

■ 푸코의 고고학적 논의론에 대한 하버마스의 비판

하지만 푸코의 진리 비판적 논의론에 대한 하버마스의 비판은 이 글의 외적 전제에 해당하는 것으로서 마땅히 서문으로 취급되어야 할 것이다. 하버마스는 푸코 이론 전반에 대한 일관된 비판을 틈틈이 수행했고,[465] 니체주의적 근대 비판에 몰입하던 푸코가 갑작스럽게 입장을 전환해서 그가 이전에『말과 사물(*Les mots et choses*)』(1966)에서 "인간학적 수면 睡眠"이라는[466] 근대적 주체 이성의 자가당착적 히스테리를 기안한 창시 자로 비판했던 바로 그 칸트의 근대적 계몽 이념을 다시 수락하는 그의 이론적 종착지까지도[467] 추적해 왔다.[468] 나아가 푸코는 1983년 사망 직 전 호르크하이머와 아도르노에서 하버마스에 이르는 프랑크푸르트 학파 의 근대 이성에 대한 '구제적' 비판의 이론적 성과를 수용하고 비이성(미 치광이의 광기, 감금된 자의 고통, 권력의 육체적 효과 등의 찌그러진 생체험) 의 관점에서 이성 일반을 총체적으로 비판하던 이론 기획을 정확히 '이성 의 이성적 비판'이라는 아도르노의 개념으로 방향 전환함으로써 자아비 판을 수행한다.[469] 후기 푸코의 이러한 여러 자기반성적 관점을 감안하면

---

465) Jüregen Habermas, "Mit dem Pfeil ins Herz der Gegenwart - Zu Foucaults Vorlesung über Kants *Was ist Aufklärung*", 126-131쪽; Habermas, "Die Krise des Wohlfahrtstaats und die Erschöpfung utopischer Energie", 222-223 쪽. Jürgen Habermas, *Die Neue Unübersichtlichkeit* (Frankfurt am Main: Suhrkamp, 1985); Jüregen Habermas, *Der philosophische Diskurs der Moderne* (Frankfurt am Main, Suhrkamp, 1988), 279-379쪽.

466) Michel Foucault, *Die Ordnung der Dinge [Les mots et choses*, 1966] (Frankfurt am Main: Suhrkamp, 1974), 367-412쪽.

467) Michel Foucault, *Was ist Kritik [Qu'est-ce que la critique?*] (Berlin: de Merve Verlag, 1992).

468) Habermas, "Mit dem Pfeil ins Herz der Gegenwart - Zu Foucaults Vorlesung über Kants *Was ist Aufklärung*".

469) Michel Foucault, "Um welchen Preis sagt die Vernunft die Wahrheit?", *Spuren*

푸코에 대한 일각의 무비판적 열광은 푸코 사상을 편식한 결과라는 것을 알 수 있다. 여기에서는 푸코 이론 전반에 대한 비판이 주제가 아니므로 그의 논의론에 대한 하버마스의 비판을 간략히 요약하고자 한다.

초기 푸코는 70년대 초 이래 역사상 등장하는 '사건들'의 계열을 논의(Diskurs)와 비논의적 (권력)행위(Praktiken)의 – 은밀히 상호 연관된 – 두 측면으로 나누고, 논의의 진리 구성적 배제 규칙을 탐구하는 일은 금욕적 '고고학'에, 지배적 논의의 진리성을 가능케 하는 비논의적 행위들의 탐구는 냉소적 '계보학'에 분담시킨다. 역사적 논의에 의해 자의적으로 설정되는 가령 이성과 광기, 진지한 주제와 진지하지 않은 주제 간의 경계는 이성적 언설을 구성하는 배제의 메커니즘을 이룬다. 광기, 진지하지 않은 주제 등을 가령 (입말에 필요한 체력, 발언 시간, 지면, 장소, 통신수단, 소통 기회의) '희속성의 원칙'에 따라 논의에서 제거하는 것은 저항적 화자話者를 논의 밖으로 배제하고 달갑지 않은 주제를 억압하고 표현을 검열하는 보다 눈에 잘 띄는 제도적, 기술적 기능 조작과, 진행되는 논의 내에서 타당한 언표와 타당하지 않은 언표를 차별하는 전혀 눈에 띄지 않는 조작기능 간의 중간에 위치한다.

잘못된 언표들을 '미친놈'의 말에 대한 배척이나 이질적인 것에 대한 혐오의 모델에 따라 개념화하는 것이 일견 그럴듯하지 않은 것처럼 보일 수 있다. 그러나 '진리의 논리적 강제력'은 실은 애당초 자의적이거나 적어도 역사적 우연들을 중심으로 짜이는 경계 설정, 즉 경계를 강요하고 보장하는, 나아가 강제적으로, 아니 부분적으로는 폭력적으로 관철되는 총체적 제도망에 의해 지탱되는 경계 설정의 효과나 다름없는 것이다.[470] 논의의 진리성이 공정하다거나 권력과 무관한 곳에서만 산출된다는 말

(1/1983), 23쪽.
470) Foucault, *Die Ornung des Diskurses*, 11-16쪽.

은 푸코에 의하면 환상이다. 진리는 애당초 '배제하는' 비논의적 권력행위와의 내적 관계 속에서만 산출되고 따라서 본질적으로 편파적인 것이다. 말하자면 진리는 무색무취한 것이 아니라 색깔이 있고 냄새나며 대소의 크기와 위치가를 갖는다. 가령 언론매체의 논의는 마르크스주의자들이 주장하듯이 이데올로기적 허위 보도로써 권력을 행사하는 것이 아니라(허위 보도나 오보를 자주 내는 매체는 오히려 공신력을 상실한다), 어떤 사실을 기사화하지 않거나, 보도되는 기사의 글자 크기, 위치, 순서 또는 보도 내용의 길이, 상세성과 구체성 정도를 조작함으로써 권력을 행사하며 유지한다. 이때 매체의 논의 구성체는 그 기사들이 참되면 참될수록 더욱 강력한 공신력과 권력을 응집시킨다. 이 기사의 진리성은 권력과 무관한 공정한 진리성이 아니라 바로 권력을 발휘하는 편향적 진리성이다.

그러나 푸코에 의하면 우리가 다른 영역으로 발걸음을 옮겨 애당초 논의 구조 안에서 진리와 허위로 통하는 것이 무엇인지를 정해 주는 거덜난 감각기체基體들, 말하자면 발굴하기 힘든 기층에 눈길을 돌리자마자 특정 논의 구성체 내에서 어떤 논증이 갖는 비폭력적 진리성의 허상은 즉각 사라지고 만다. 진리란 요약하면 음험한 배제 메커니즘일 뿐이다. 이 메커니즘은 이 안에서 그때그때 관철되는 '진리에의 의지'의 은폐 상황의 조건에서만 기능하기 때문이다. 지식의 고고학이 논의를 구성하는 규칙들의 지층을 재건하는 반면, 계보학은 일정한 세계 해설의 의미론적 틀 안에 인간을 강제적으로 밀어 넣는 (그 자체 근거 없는) 기호질서의 불연속적 계열을 설명하고자 하는 것이다. 말하자면, 계보학은 고고학이 대상으로 하는 논의 구성체가 연이은 흥망성쇠의 사행성射倖性 노름 같은 유희 속에서 상호 얽히고설킨 권력 행위들로부터 유래하는 것을 설명하는 것이다.

이런 까닭에 지배적 논의와 배제된 논의 간에는 아무런 소통의 가능성도 아무런 공통된 매개도 없다. 배제된 논의가 성공적 저항을 통해 지배적 논의를 압도하여 또 다른 지배적 논의 구성체를 형성하는 경우에는 다시 동일한 배제의 메커니즘을 작동시킨다. 따라서 역사는 절대적 진리기준 없이 순환하는 만화경 같은 논의 구성체들의 흥망성쇠에 불과한 것이다.

이와 같이 근대 인간 과학적 논의들을 이성 비판적으로 발가벗기려는 푸코의 냉소적 지식 고고학은 근대 인간 과학들에 대한 반反과학으로서 이 인간 과학(인문·사회과학)들보다 스스로 우월하다는 자부심을 암암리에 깔고 있다. 푸코의 고고학의 반과학적 우월성은 어디에 근거하는가? 그것은 고고학이 기성 과학에 의해 배제되는 억압된 지식 종류를 활용한다는 데 있다. 고고학은 이 굴종 된 지식 유형의 저항에 매체를 제공한다. 이 굴종 된 지식은 푸코에 의하면 은폐되면서 동시에 현존하도록 유지되는 학적 지식의 파편들이 아니라 결코 공공 지식으로 올라선 적이 없고 결코 충분히 표명된 적이 없는 굴종 된 집단들(정신병자들, 간호사, 공장노동자와 노무 감독, 전과 우범자와 간수, 수용소 피감금자, 여성, 마녀, 흑인, 동성연애자, 부랑자, 어린이 등)의 경험이다. 이들의 경험 속에 '투쟁의 역사적 지식들'이 잠자고 있다는 것이다. 이 국지적 회상回想들을 지식의 차원으로 올려놓는 고고학은 권력 행위에 저항하는 모든 사람의 편에 서 있다.

하버마스는 바로 이 대목에서 비판적 개입을 개시한다. 푸코의 이 입장은 『역사와 계급의식』의 초기 루카치를 상기시킨다는 것이다. 루카치에 의하면, 마르크스주의 이론은 생산과정의 임금노동자들의 입장에서 형성된 경험 퍼스펙티브의 인식 특권 덕택에 이데올로기로부터 자유롭다고 주장했다. 이 논증은 물론 프롤레타리아의 계급 이익 안에 보편 이익이, 프롤레타리아의 계급의식 안에 인류 일반의 자기의식이 응결된 것으로 보는 역사철학적 틀 내에서만 타당성을 지니는 것이다.

그러나 푸코의 논의와 권력 개념은 이러한 특정 경험을 특권화하는 역사철학적 대항권력과 대항 논의의 개념화를 허용하지 않는다는 것이다. 일체의 대항권력은 이미 이 대항권력이 맞서 싸우는 지배권력의 지평에서 운동하고, 승리하자마자 또 다른 대항권력을 불러일으키는 권력 복합체로 변질된다. 굴종 된 지식 종류의 저항을 북돋우어 과학적 논의의 강제에 대항하도록 이 지식 종류를 동원하는 고고학은 이 악순환으로부터 빠져나올 수 없다. 오늘의 이론적 전위前衛를 패퇴시키고 기성의 지식 위계를 전복한 자는 내일의 이론적 전위를 억압하고 새로운 지식 위계를 설치한다. 그리하여 이 고고학은 자신의 지식이 기성의 인간 과학에 비해 우월하다는 것을 입증할 수 없어 거듭 자기부정에 봉착한다. 요는 고고학적 역사기술을 이것의 고유한 방법으로써 자기부정에 대해 보호하려는 푸코의 시도는 실패했다. 푸코의 고고학의 진리 요구는 기성의 인간 과학들보다 나을 것도 없는 '상대주의(Relativismus)'의 딜레마를 탈피할 수 없기 때문이다.[471] 동시에 푸코의 고고학은 인간 과학의 가치중립성을 비판하는 규범을 세우지 않은 가치 상대주의의 고고학적 논의 구조 안에서 자기의 반과학이 굴종 된 자들의 경험에 의존했기 때문에 더 정의롭다는 규범적 입장을 '암암리에' 전제하는 '야음夜陰규범주의(Kryptonormatismus)'의 딜레마에 빠져 있다는 것이다.[472] 이것을 하버마스는 화용론話用論의 용어로 '수행적 오류(performativer Fehler)'라 부른다.[473]

또한 근대 공론장의 논의 구조가 겪어온 전복적·확장적 변혁의 역사는 선험적 배제 메커니즘에 기초한 푸코의 논의 개념이 적용될 수 없는 경험

---

471) Habermas, *Der philosophische Diskurs der Moderne*, 329-330쪽.
472) Habermas, *Der philosophische Diskurs der Moderne*, 331-335쪽.
473) "만물은 변한다는 테제는 불변이다"는 주장이 내포한 오류를 '수행적 오류'라 한다.

적 지평을 보여 준다. 사실 근대 자유주의와 함께 개창되는 공론장은 초창기에 노동자, 그리고 최근까지도 여성을 배제했다. 그러나 이러한 배제를 타파한 노동운동과 여성운동은 부르주아적 자유 공론의 자기 이해와 자기동일성(자기 정체성)에 내재하는 무제한적 참여, 무제한적 포함(uneingeschränkte Inklusion)의 제권리를 부정하는 것이 아니라, 이 권리들의 동등한 활용을 요구하는 것이었다.

푸코 유형의 '배제' 메커니즘이 작동하기 위해서는 단 하나의 공론장의 형성에 본질 구성적인 역할을 하는 집단만이 존재해야 한다. 그러나 동일한 소통구조 속에서 패권적 공론장과 나란히 다른 하위 문화적 공론장 또는 계급 특유한 공론장들이 고유한 전제하에서 등장하는 복수적 논장論場들이 동시에 형성되는 경우 '배제'는 푸코적 '배제'와 '다른 의미'를 띠게 된다.[474] 이런 까닭에 이른바 근대적 논의구성체에서 '배제된' 거덜 난 체험들을 언어화하려는 푸코의 '지식의 고고학'조차도 근대적 논의 구성체에 의해 배제되지 않고 거꾸로 '포함'되어 있다. 또한 실은 푸코 자신도 암암리에 자신의 '고고학'이 기존의 논의 구성체에 '포함'될 것이라는 믿음 속에서 근대의 논의 기제(출판사, 서적 판매, 독자층, 철학적-사회과학적 공론장)를 활용하여 자신의 저작들을 세상에 내놓았다. 그간 푸코에 관한 전全세계적 논의와 관련 저작은 실로 엄청난 양으로 불어났다. 이 점은 푸코의 '지식고고학'이 말려 들어 있는 또 하나의 '수행적 오류'로서의 자가당착성이다. 근대적 논의구성체에서 배제된 체험을 당파적으로 대변하는 푸코의 고고학은 이 고고학적 근본 가정에 따르면 기존의 논의 구성체에서 배제되어야 하지만 역으로 이 구성체에 포함되어 열띤 논의 주제가 되어 있지 않은가!

---

474) Jürgen Habermas, *Strukturwandel der Öffentlichkeit* [1962] (Frankfurt am Main: Suhrkamp, 1990), 15-16쪽.

푸코는 권력화된 논의 구성체의 규칙을 – 그때그때 자신의 타자他者를 정립하는 – '선험적' 배제 메커니즘으로 파악하고 있다. 이 경우에 내부와 외부 간에는 하등의 의사소통도 존재하지 않는다. 논의에 참여하는 자들과 저항하는 타자들 사이에는 공통언어가 없다. 이 모델은 하버마스에 의하면 근대의 공론이나 인간 과학이 아니라 차라리 봉건 지배의 눈부신 '표현적 공공성(repräsentative Öffentlichkeit)'과 어둠 속의 민중적 대항문화 간의 관계에 적용되어야 할 것이다. 봉건적 민중은 실제로 다른 논의 세계에서 활동하며 자신을 표출할 수밖에 없었다. 이런 까닭에 봉건시대에는 혈통을 중시하는 귀족문화와 의적義賊을 영웅시하는 대항문화가 배제 구조를 매개로 쌍대적雙對的으로 결합되어 일자는 타자와 더불어 공망共亡했다.

이에 반해 부르주아적 공론장은 노동운동과 여권운동이 공론장과 이것의 구조 자체를 내부로부터 변혁하기 위해 활용하고 가담할 수 있었던 개방적 논의 형태들 안에서 전개된다. 부르주아 공론장의 보편주의적 논의 형태는 애당초 반反푸코적·자기산출적 전제에 서 있다. 공론장의 이 논의들은 내부로부터의 비판에 대해 방역된 것이 아니며 자기 변혁의 비판적 잠재력(소통적 이성)을 내장한 점에서 푸코 유형의 논의와 구별된다.[475] 요는 일반적 공론장은 다른 항의적 논의를 배제하면 자유 공론적 자동성自同性(정체성)으로서의 일반성을 상실할 수밖에 없기 때문에 일반적 공론장의 대내외적 경계들은 원칙적 "투과성(Durchlässigkeit)"을 지닐 수밖에 없는 것이다.[476]

하버마스의 이러한 푸코 비판은 부르주아적 공론장의 '미완성 프로젝트'를 푸코가 정열적으로 지적하고 있는 주체 철학 또는 의식 철학의 딜

---

475) Habermas, *Strukturwandel der Öffentlichkeit*, 20쪽.
476) Habermas, *Faktizität und Geltung*, 452쪽.

레마에서 탈피시켜 비판적으로 계승·완성하려는 (주객 관계의 의식 철학에서) 간주체적(intersubjektiv) 소통으로의 패러다임 전환에 기반을 둔 것이다. 하버마스는 근대적 소통 이성의 이론적 발견과 확장 기획을 근간으로 하는 소통 패러다임(Kommunikationsparadigma)의 토대 위에서 자신의 스승들인 호르크하이머와 아도르노의 이데올로기론적 '문화산업' 테제로부터도 이미 거리를 취했었다.

■ 대중매체적 공론장의 성격규정 : '문화산업' 테제에서 양가성 테제로

호르크하이머와 아도르노는 1944년 『계몽의 변증법』에서 계몽주의 시대 교양 부르주아지가 주도하던 근대의 자율적 공론이 대자본을 요구하는 음파와 영상매체의 등장으로 해체되었음을 지적하고 현대 문화와 여론이 대형 매체자본가들의 '문화산업'에 의해 제조된 상품으로 전락했다고 탄핵했다. '문화산업'의 등장과 함께 문화 생산자와 문화 향유자가 일치하던 상태는 해체되고 공중은 '문화산업' 자본가들이 생산하는 문화상품의 단순한 소비자로 전락했다는 것이다.

이제 문화생산이 문화산업에 의해 자본주의화되고 문화 일반이 상품화됨으로써 대중문화와 여론은 이제 순수성과 공정성을 상실, 대중을 기만·통제하는 자본의 도구로 전도되고, 계몽은 자신의 정반대인 '대중 기만', 혹세무민惑世誣民의 기능으로 전도되었다. 또한 문자매체 시대와는 달리 이제 이성적으로 따지고 논증하는 것이 중요한 것이 아니라 음파와 영상매체의 특질상 두뇌 기능을 중지시키고 교란시키는 이미지의 형성과 조작이 결정적 기능을 담당하게 되었다는 것이다.[477]

---

477) Max Horkheimer/Theodor W. Adorno, *Dialektik der Aufklärung* (Frankfurt am Main: Suhrkamp, 1979[55쇄]), 108~150쪽.

문자에서 영상과 음향으로 전환된 전기 매체들은 호르크하이머와 아도르노에 의하면 소통적 일상언어를 완전히 삼투하고 지배하는 기제로 정착했다. 이 기제는 근대 문화의 적실한 내용을, 기존 현상現狀을 단순히 복제하는 살균된, 이데올로기적으로 효과적인 스테레오타입의 대중문화로 변질시킨다. 다른 한편, 이 매체 기제는 일체의 전복적·초월적 계기들로부터 순화된 이 대중문화를 약화된 내적 행태 통제를 강화하고 대체하는, 개인들에게 덮씌워진 포괄적 사회통제 체계를 위해 활용한다. 문화산업의 기능 양식은 개인들의 심리에 내면화된 가부장적 권위가 아직 작동하는 한 - 마치 기술이 외적 자연을 자신의 지배에 굴복시키듯이 - 충동을 초자아에 굴복시키는 심리적 기제를 그대로 본뜨고 있다는 것이다.

　　현대 공론에 대한 이러한 비판 일변도적·비관주의적 관점은 청년 하버마스의 유명한 교수직 취득 논문『공론장의 구조 변동』(1962)에 강력한 영향력을 미치고 있다. 이 저작에서 하버마스는 대중매체 자체에 의한 여론 왜곡뿐만 아니라 여기서 한 걸음 더 나아가 대중매체의 광고면을 이용한 (매체자본 이외의) 모든 자본가에 의한 정치성 광고의 이데올로기적 공론 기능도 비판하고 있다.[478]

　　하버마스는 당시 이러한 자유 공론의 붕괴를 국가와 사회의 객관적으로 진행되는 기능적 결합의 급진 민주주의적 기획을 통해 대응하고 있다. 이런 의도에서 그는 대중매체에 의해 지배되는 논장 안에서 대항 경향들이 등장하는 모델을 임시적으로 기안한다. 매체의 권력화의 정도는 비공식적, 비공론적 의견, 즉 생활세계적 맥락과 공적 의사소통의 기층을 형성하는 저 문화적 자명성이 대중매체를 매개로 제조되는 사이비 공론에 맞서 경제와 국가에 얼마나 영향력을 미치려고 시도하는지에 따라 측정

---

478) Habermas, *Strukturwandel der Öffentlichkeit* [1962] (1990), 275-292쪽.

되어야 한다는 것이다. 그는 내부적으로 민주화된 공익 결사체와 정당을 이 비판적 자명성 또는 비판적 의견의 담당자로서 관념한다. 정당 내부 또는 단체 내부의 공론장을 그래도 아직 재생가능한 공론장으로 파악한 것이다. 그러나 최근 소동구에서 참담하게 실패한 것으로 입증된 집단적 거대주체 유형의 – 개인 구성원들을 '나사'처럼 도구화하는 – '조직 사회(Organisationsgesellschaft)' 모델에서 유래하는 이 대항 기획으로부터 하버마스는 노동패러다임의 비판과 언어의 이성적 잠재력과 스통 행위 개념에 대한 강조와 함께 1960년대 말 곧 거리를 취하게 된다.

1960년대의 복지 향상과 체제 안정 기조의 지속으로 인해 계급투쟁이 '잠재화'되자 계급 갈등에 기초한 정당과 사회단체의 활동조차드 국가의 연장된 지절枝節처럼 거대화·경직화·관료화되었다. 당시 하버마스에 의하면 이제 중요한 갈등은 자본과 노동 간의 전통적·비공론적 갈등이 아니고, 공론장 안에서의 갈등이다. '후기 자본주의'는 이 공론장 안에서 주민 대중의 탈脫정치화를 통해 이 체제의 테크노크라트적 배경 이데올로기의 정치적 폭로에 대해 자신을 방어하고 있기 때문이다. 그러나 대중매체들이 주도하는 공론장도 체계적으로 '탈정치화'되고 '메말라' 소통적 합리성(이성)을 상실한 상태에 있다. 그러나 하버마스는 이 메마른 공론장을 재再정치화하는 유일한 방도는 '언어적으로 매개되는 상호작용' 매체를 통해서만, 즉 '의사소통의 탈脫한계화'를 통해서만 수행될 수 있다고 생각한다. 그리하여 1969년 당시 그는 행위 지향적 원칙과 규범의 적절성과 소망에 관한 '지배 없는 공개적·무제한적 토론'만이 소통적 합리화를 가능케 하는 유일한 수단이라고 선언한다.[479]

무제한적 공개 토론을 어렵게 하고 공론장을 메마르게 하는 완벽한 지배체제에 대항하는 해방 수단으로서 다시 동어반복적으로 '지배 없는 공

---

479) Habermas, *Technik und Wissenschaft als 'Ideologie'*, 98쪽.

개 토론'을 제안하는 하버마스의 이 전환된 관점은 지금까지도 그 이론 체계의 한 취약점으로 작용하고 있다. 투쟁과 소통의 변증법으로 전개되어 공론장을 격동시키는 사회운동의 투쟁과 압박 국면을 소거하고 소통적 토론 국면만을 강조하는 이 새로운 소통 패러다임적 대항 기획은 사회운동의 주도 세력을 – 마르쿠제처럼 – 노동자 대중에서 학생 대중으로 바꿈으로써 더욱 전망 없는 모습을 취한다. 상론했듯이 대학생과 고등학생의 일정 집단만이 새로운 갈등을 겨냥하는 "유일한 저항 잠재력"이라는 것이다.[480]

『공론장의 구조 변동』에서 기술된 '조직 사회'적 대항 기획은 어느새 소통 패러다임적 대항 기획에 의해 대체되었다. 그러나 이 새로운 대항 기획이 상대하는 공론장의 서술도 아직 호르크하이머와 아도르노의 '문화산업' 테제에 기초한 것이다. 이리하여 새로운 소통 패러다임적 대항 기획은 '계란으로 바위 치는' 어설픈 기획, '무비판적 비판(unkritische Kritik)'으로 비치게 된다.

한편, 『계몽의 변증법』에서 호르크하이머와 아도르노의 문화 및 공론 이론은 초기 부르주아의 적실성 있는 문화와 '진담眞談'의 공론이 현대에 전화電化 된 음향 및 영상매체 위주의 사회 통제적 대중문화와 스테레오타입적 잡담의 대중 여론으로 타락하는 것으로 기술되고 있다. 이런 역사 기술적 관점은 부지불식간에 초기부르주아 시대의 계급 독재적 문화와 공론을 부당하게 이상화하는 오류를 범한다. 이러한 오류는 하버마스의 『공론장의 구조 변동』에도 결정적 각인을 남겨 놓고 있다.[481] 아도르노의 영향하에서 하버마스가 묘사한 근대 부르주아 공론장의 동일한 이상화는 후에 다른 이론가들로부터 정당한 비판을 받게 된다. 근대 공론

---

480) Habermas, *Technik und Wissenschaft als 'Ideologie'*, 100쪽.
481) Habermas, *Strukturwandel der Öffentlichkeit* [1962] (1990), 148-160쪽.

장과 관련하여 서적과 신문에 의해 매개되고 대화에 초점이 맞춰지는 공개적 의사소통의 동질성과 합리적 측면을 과장하는 것, 공중을 단수로 언급하는 것 등은 근대적 공론의 근거 없는 이상화로 귀착되고 만다는 것이다. 부르주아 공중의 내적 분화를 도외시하더라도 근대 공론장은 애당초 경쟁하는 복수적 공론장들로 구성되고, 따라서 부르주아의 지배적 공론으로부터 배제된 저항적 의사소통 과정들을 고려하지 않을 수 없다는 것이다.

하버마스는 20년 뒤『공론장의 구조 변동』의 재판(1990)을 간행하면서 붙인 서문에서 바로 이러한 이의를 수용하고 자기비판을 행한다. 근대 공론장 안에서는 느슨하게 연합한 개인들로 구성된 여러 개의 정당이 상호 경쟁하고 있었을 뿐만 아니라 지배적 부르주아 공중이 애당초 평민적 공중과 맞서 있었다. 그렇다면 부르주아 공론장 안에서 발발하는 갈등과 내적 긴장은 이 공론장의 자기 변혁의 내재적 잠재력보다 더 분명하게 강조되었어야 했다는 것이다. 19세기 중반까지의 초기 정치적 공론장과 현대 대중매체의 권력화된 공론장 간의 대조는 이상화·미화美化된 과거와 문화비판적으로 왜곡된 현재 간의 대립성에 대해 얼마간 거리를 취하고 완화되어야 하기[482] 때문이다.

그러나 아도르노의 이러한 이상화된 초기 근대 공론 모델의 영향보다 하버마스의 새로운 이론 체계를 더 위태롭게 하는 것은 여전히 앞에서 시사된 비관주의적 '문화산업' 테제의 영향이다. 호르크하이머와 아도르노의 '바위'처럼 단단한 비관주의적 대중매체관과 대중문화론은 하버마스의 소통 패러다임적 대항 기획을 '계란 던지기'처럼 어설픈 것으로 전락시키기 때문이다. 이 과잉 단순화된 '문화산업' 테제에 대한 하버마스의 비판적 회의는 10여 년 뒤『소통적 행위의 이론』(1981)에서 분명하게 정

---

482) Habermas, *Strukturwandel der Öffentlichkeit*, 1990년 서문, 21쪽.

식화된다.

하버마스는 일단 그간 축적된 경험적 커뮤니케이션 연구의 토대 위에서 이 테제에 대한 비판을 수행한다. 이 테제는 너무 단순화된 나머지 방송 시설의 민간적·공법적·국영적 조직구조의 차이로부터 프로그램작성, 시청 습관, 정치 문화의 차이에 이르기까지의 뚜렷한 국가별 분화를 고려할 수 없었다는 것이다.

하지만 '문화산업' 테제에 대한 하버마스의 보다 중대한 '원칙적인' 비판은 사회적 상호작용의 매체들에 대한 차별 관점에 근거한다. 그는 언어에 대한 기능적 관계를 기준으로 인간 간의 상호작용을 매개하는 매체를 둘로 나누는 '매체 이원론'을 내세운다. 그 가운데 화폐·권력 매체는 인간 간의 상호작용에 있어서 의사소통의 모든 조절 메커니즘이 지닌 불안정성과 소통적 조절에 의해 초래되는 비용을 경감할 수 있게 해 주는 매체들이다. 이것들은 언어적 소통을 '대체'함으로써 체계(경제체계와 정치체계)를 생활세계로부터 분리시키는 조절 매체다. 이에 반해 언어적 소통을 대체하는 것이 아니라 응집하고 이런 까닭에 생활세계적 의미 맥락과 분리될 수 없는 '일반화된' 소통 형태들이 있다. 소통 형태의 '일반화'란 다름 아니라 생활세계적 배경에서 오는 소재에 의존한 언어적 합의 형성 과정의 전문화를 뜻한다. 대중매체는 바로 이 일반화되고 전문화된 소통 형태의 하나다. 대중매체는 소통 과정을 시공적으로 제한된 지방적 맥락으로부터 탈피시켜 시공적으로 멀리 떨어진 소통되는 사실 내용 간의 잠재적인 네트워크의 추상적 동시성을 산출하고 보도 내용을 다면화된 의미 맥락에서 활용할 수 있게끔 유지함으로써 공론장들을 생성시킨다는 것이다.

그런데 하버마스에 의하면 이 대중 매체적 공론장은 의사소통의 지평을 위계화하고 동시에 확장한다. 이 두 측면은 서로 분리될 수 없다. 바로 여기에 매체적 공론의 양가치적 잠재력이 들어 있다는 것이다.[483] 대중매체는 한편으로 의사소통의 흐름을 중앙집중적 네트워크로써 일방적으로 중심에서 주변으로, 위에서 아래로 '회로화'하는 한에서 사회적 통제의 효율성을 현저히 강화할 수 있다. 그러나 다른 한편으로 소통구조 자체에는 해방적 잠재력의 대항추가 내장되어 있기 때문에 이 권위적 통제력의 완전 활용은 늘 위태롭다. 대중매체는 소통적 합의 과정을 단계화하고 묶고 응집할 수 있지만 동시에 상호작용을 비판가능한 타당성 요구에 대한 '그렇다/아니다'의 입장표명으로부터 전적으로 분리시켜 놓을 수 없다. 제아무리 편파적이고 조작적인 매체적 의사소통도 책임능력 있는 행위자들의 반박 가능성에 대해 확실히 방어될 수 있는 방도는 없기 때문이다.[484]

　일상적 소통 실천의 사물화 차원들을 고려하는 경험주의적 소통연구는 대중매체의 바로 이 '양가치성'을 증거한다. 한편으로 시청 상황과 방송프로그램의 경험적 분석은 특히 아도르노가 일정 정도 과장하며 전개한 저 문화비판적 테제에 대한 증빙 사례를 거듭 제공한다. 공론장의 구조는 확장되고 전문화된, 새로운 독자층을 겨냥한 서적 생산과 너용적으로 변화된 신문과 잡지 언론의 조직·판매·소비 형태들의 변동과 더불어 변화했다. 이 공론장의 구조는 전기電氣 대중매체의 등장, 광고의 새로운 정치적 기능, 오락 기능과 정보제공의 점증하는 융해, 모든 영역에서의 더욱 강력한 중앙집중화, 자유 결사 및 개인적으로 능히 둘러볼 수 있는 작은 범위의 소공동체 공론장의 붕괴 등과 함께 다시 한번 변동했다. 커뮤니케이션 네트워크의 상업화 및 조밀화, 저널리즘 기관의 소요 자본 증대 및 조직도 증가와 함께 언론言路는 더욱 강력히 회로화되고 공적 의사

---

483)　Habermas, *Theorie des kommunikativen Handelns*, Bd.2, 573쪽.
484)　Habermas, *Theorie des kommunikativen Handelns*, Bd.2, 573쪽.

소통에의 참가 기회는 점점 더 강력한 선택압력에 굴복하게 되었다. 이와 함께 조작적으로 투입되는 경우 저널리즘적 공론성의 원칙을 더 이상 순진무구한 것으로 볼 수 없게끔 만드는 새로운 범주의 영향력, '매체 권력(Medienamcht)'이 생겨났다. 대중매체에 의해 사전 구조화되고 지배되는 공론장은 영향력을 둘러싸고 씨름할 뿐만 아니라 전략적 의도에 있어서 가능한 한 은폐된, 인간행태에 영향을 끼치는 소통의 흐름의 조종간을 둘러싸고도 씨름하는 권력화된 장場으로 성장했다.[485]

현실주의적 서술과 분석은 따라서 이 대중 매체적 공론장의 무비판적 긍정을 금지한다. 그러나 이 현실주의적 서술과 분석도 중요한 차이들을 경험적으로 평면화해서는 안 될 것이다. 이런 이유에서 하버마스는 느슨한 제도로 운용되고 수평적, 개방적으로 조직된 논의 형태적 소통 과정의 비판적 기능과, 대중 매체적 공론장에 개입하는 조직들의 소비자, 유권자, (정부 기관에 대한) 의뢰인들에 대한 영향력 주입을 구별한다. 공론장에 대한 사회적 권력 집단의 외적 개입은 생활세계적 원천에서 자생적으로 진행되는 의사소통의 저항에 봉착하게 된다. '문화산업' 테제에 대한 이 정도의 이의는 이미 『공론장의 구조 변동』에서 제기한 것이다.[486] 따라서 권력화된 공론장에 대한 당시의 서술은 대체로 견지될 수 있다.

하버마스는 공중의 문화 행태에 대한 매스컴의 영향과 관련된 비관주의적 평가가 더욱 결정적인 수정이 필요하다고 생각한다. 일단 그는 자신이 당시 고등교육의 확산 효과를 과소평가했다는 것이다. 나아가 당시 그는 나중에 알몬드(G.A. Almond)와 베르바(S. Verba)의 '시민문화(civic culture)'의 연구 이후 관심을 끌기 시작한 '정치문화'를 전혀 고려하지 못했다는 것이다. 문화적 자명성으로 공고화된 정치적 멘털리티에는 대

---

485) Habermas, *Strukturwandel der Öffentlichkeit*, 27-28쪽 (1990년 머리말).
486) Habermas, *Strukturwandel der Öffentlichkeit*, 337쪽.

중적 공중의 저항 잠재력이 뿌리박고 있지만, 당시의 정치 사회학적 연구는 여기에까지 미치지 못하고 있었기 때문이다. 요약하면 정치적으로 능동적인 공중에서 사사로운 이기주의적 공중으로, '문화를 논하는 공중에서 문화를 소비하는 공중'으로의 일직선적 타락이라는 자신의 '문화 산업적' 진단은 과도한 속단이었다는 것이다. 그리하여 하버마스는 문화적 습성에 있어서 계급적 테두리로부터 벗어나 내적으로 폭넓게 분화된 다원주의적 대중의 저항 능력과 비판적 잠재력을 당시 '너무 비관주의적으로' 파악했다고 자아비판을 수행하면서 일면적 '문화산업' 테제를 양가치성 테제로 수정한 것이다.[487] 저급 문화와 고급문화가 상호 침투하기 용이해짐으로써 초래되는 양가치적 효과, 정보전달이 단순히 오락프로와 동화되지 못하게 하는 '문화와 정치 간의 새로운 친밀성'이라는 또 다른 양가치적인 현상 등의 강화와 함께 평가 척도 자체도 변화할 수밖에 없었다. 그리하여 시청자에 대한 균일한 일직선적 영향효과를 전제한 과거의 설명 모델은 프로그램 편제와 내용에 수동적으로 굴복하는 시청자 집단, 이것에 저항하는 집단, 프로그램을 자신의 비판적 해석으로 종합하는 집단 등 세 범주로 시청자를 분류하는 새 모델로 교체되었다.

하버마스는 '문화산업' 테제를 반박하는 새로운 사실들을 다음과 같이 요약한다.

1) 방송은 경쟁적인 이해관계에 노출되어 있고 따라서 경제적 관점, 정치 이데올로기적 관점, 전문적 관점, 매체 미학적 관점 등을 결코 매끄럽게 통합할 수 없다.

2) 대중매체는 통상 저널리즘적 위탁에서 유래하는 의무를 아무런 갈등 없이 저버릴 수 없다.

3) 방송은 단순히 대중문화의 수준에만 조응하는 것이 아니다. 따라서

---

487) Habermas, *Strukturwandel der Öffentlichkeit*, 30쪽(1990년판 서문).

시시한 형태의 대중적 오락을 내보내는 경우에도 의당 비판적 사실 보도를 내포한다. '대중 문화는 대중적 보복이다.'

4) 이데올로기적 보도는 의도된 의미가 일정한 하부 문화적 배경을 가진 시청 조건하에서 그 반대로 전도되기 때문에 시청자를 만나지 못한다. 말하자면 허위 보도와 과장, 왜곡 보도를 일삼는 방송은 일상적 의사소통 과정에 들어 있는 대중들 안에서 신뢰를 상실하거나 비웃음을 사고 대중들은 왜곡 혐의가 있는 보도를 모두 뒤집어서 해석하거나 다른 채널로 돌려 버리게 된다. 그리하여 특정 대중매체의 체제 보수적 의도는 대중에 도달하자마자 역으로 체제 비판의 분노를 자극하는 기능으로 전도된다.

5) 일상의 소통적 실천의 고유한 독자적 고집은 대중매체의 직접적인 조작적 공세에 대해 저항한다. 사회적 의사소통은 매체 소통과 일상 소통의 2단계 구조로 인해 매체에 대한 수동적 청취와 시청으로 일색화될 수 없고 오히려 시청자들은 일상 소통의 고유한 신빙성에 기초한 자기체험과 개인적으로 신뢰하는 다른 사람들에게 들어서 알게 된 내용을 바탕으로 방송국과 신문사에 항의한다. 의견 변화를 실제로 야기하는 사람들은 최종적으로 매체를 청취하고 읽고 시청하는 사람들이라기보다는 다른 사람과 대화하는 사람들이기 때문이다.

6) 전자電磁 매체의 기술적 발전은 – '비디오 다원주의'와 '텔레비전 민주주의'가 무정부적인 상황에까지 이르렀다는 주장은 과장일지라도 – 문화산업 테제에서 상정하는 것처럼 꼭 네트워크의 중앙집권화 방향으로 진행되고 있는 것은 아니다. 기술 발전은 방송국을 소자본으로 세우는 것을 가능케 하여 전자매체의 공론을 상대적으로 다원화하는 효과를 가져왔다는 것이다.[488]

하버마스는 이와 같이 호르크하이머와 아도르노의 전자 매체적 현대

---

488) Habermas, *Theorie des kommunikativen Handelns*, Bd.2, 573쪽 이하.

공론장에 관한 일면적 '문화산업' 테제를 그간 집적된 경험적 연구뿐만 아니라 자신의 소통적 행위이론의 원칙적 토대 위에서 비판적으로 수정해 현대 대중 매체적 공론장의 '양가치성' 테제를 정립했다. 이제 경험적 연구 성과를 일정한 방향으로 종합하여 문화산업 테제의 이론적 비판에 동원할 수 있게끔 조절해 주고 있는 소통적 행위의 개념을 논해야 할 것이다.

■ 소통적 행위와 생활세계 – 공론장의 소통이성적 잠재력

하버마스의 '소통적 행위' 개념은 아주 모호하기 짝이 없다. 그는 소통적 행위를 다른 행위들과 개념적으로 구별하기 위해 일단 비소통적 행위를 정의·분류해 낸다. 소통적 행위와 대척적인 사회적 행위는 원칙적으로 고독한 단독 행위자의 행위 모델로서의 '목적론적 행위(teleologisches Handeln)'다. 이 행위 개념은 아리스토텔레스 이래 철학적 행위이론의 중심에 서 있는 행위 개념이다. 하버마스는 베버의 술어에 따라 '목적합리적 행위'라 부르기도 하고, '성공 지향적 행위'라 부르기도 한다.

목적론적 행위자는 주어진 상황에서 성공을 약속하는 수단을 선택하여 적절한 방식으로 적용함으로써 목적을 실현하거나 원하는 상태를 야기한다. 여기서 중심 개념은 목적의 실현을 지향하여 준칙에 입각하면서 동시에 어떤 상황 해석에 근거한, 행위 대안 간의 결정이다. 이 목적론적 행위 모델은 행위자의 성공 타산 속에 적어도 한 명 이상의 목적 지향적으로 행위하는 다른 행위자의 결정의 기대가 들어가면 '전략적 행위' 모델로 확장·변형된다. 이 전략적 행위 모델은 종종 실리주의적으로 해석되기도 한다. 이 경우는 행위자가 수단과 목적을 효용 및 효용 기대의 극대화의 관점에서 선택하고 계산하는 것을 전제하는 것이다. 경제학, 사회학, 사회심리학의 결정이론적·게임이론적 단초의 기저에는 이 전략적 행

위모델이 놓여 있다.[489)

이 목적론적 행위 모델은 행위자와 존재하는 사태 간의 관계를 전제한다. 이 존재하는 사태, 일어나는 사태 또는 목표 의식적 행위에 의해 야기되는 사태 전체는 행위자가 관계하는 '객체적 세계'다. 이 모델은 행위자에게 "인식적-의지적 복합 자세(kognitiv-volitiver Komplex)"를 펼쳐 보인다. 이때 행위자는 한편으로 존재하는 사태에 대한 의견(Meinungen)을 형성하고 다른 한편 원하는 사태를 산출할 목표를 지닌 의도(Absichten)를 전개한다. 따라서 이 행위 모델에서는 객체적 세계에 대한 두 가지 부류의 합리적 관계가 가능하다. 의견의 명제적 내용은 사실에 견주어 '참되다' 또는 '거짓이다'는 객관적인 평가가 가능하고 의도는 그 결과에 견주어 '성공이다' 또는 '실패다'라는 평가가 가능하다. 행위자와 세계의 관계는 진리(Wahrheit)와 효과성(Wirksamkeit)의 기준에 따라 평가되는 언표를 허용한다. 이것은 단일한 객체적 세계에 대한 두 가지 관점일 뿐이다. 이것은 적어도 두 명의 행위자가 맞서는 '전략적 행위'에 대해서도 마찬가지다. 하버마스는 목적 합리적 행위 모델이 대상적인 객체와 관계하는 경우를 '도구적 행위'(=노동)라고 하고 인간적 객체인 '상대방'과 관계하는 경우를 '전략적인 행위'로 명명, 분화시키고 있다. 전략적 행위 모델에서는 협업이 벌어지는 경우에도 행위자의 이기주의적 실리 타산에 합치되는 만큼만 벌어진다. 따라서 전략적 행위로 분화된 합목적적 활동도 그 존재론적 전제에 따라 마찬가지로 단일 세계 개념(Ein-Welt-Begriff)이다.

여기서 특별히 지적해야 하는 점은 『소통적 행위 이론』에서 정의된 이 전략적 행위 개념은 위 인용에서 알 수 있듯이 결코 강제에 근거하는 행위로 정의되고 있지 않다는 점이다. 그러나 다른 곳에서는 모든 전략적

---

489) Habermas, *Theorie des kommunikativen Handelns*, Bd.1, 126-127쪽.

행위는 원칙적으로 강제에 의존한 목적론적 행위로 서술된다. 말하자면 하버마스의 전략적 행위 개념은 앞서 비판적으로 지적했듯이 개념적으로 애매모호한 측면을 안고 있다.

두 번째 행위 모델은 "규범 규제적 행위(normenreguliertes Handeln)"이다. '규범 규제적 행위'는 다른 행위자들을 접하는 경우에도 자신의 주변 환경에서 다른 행위자들을 무의도적으로 단순히 발견하는, 원칙적으로 고독한 행위자의 행태와 관련된 것이 아니라, 자신의 행위를 공동적 가치에 맞춰 조절하는 사회집단의 구성원과 관련된 것이다. 개별적 행위자는 어떤 상황에서 규범이 적용되는 조건이 주어질 때 규범에 따라(또는 위반하여) 행동한다. 규범은 어떤 사회집단에 존재하는 합의를 표현한다. 어떤 특정한 규범이 통용되는 집단의 모든 행위자는 그들이 특정한 상황에서 요구되는 행위를 수행하거나 어떤 행위를 중지하도록 서로서로 기대할 권리가 있다. 규범 준수의 개념은 '일반화된' 행위 기대의 이행을 뜻한다. 행위 기대는 예상되는 사태의 기대라는 인식적 의미가 아니라 구성원들이 어떤 행위를 기대할 권리가 있다는 규범적 의미를 지닌다. 역할이론(Rollentheorie)의 기저에는 이 규범적 행위 모델이 놓여 있다.[490]

'규범적 행위' 또는 '도덕적 행위'라 부르는 수 있는 이 '규범 규제적 행위'가 관여하는 세계는 두 개의 세계다. 존재하는 사태의 객체적 세계 옆에 역할을 하는 주체로서 행위자가 다른 주체와 마찬가지로 귀속하는 '사회적 세계'가 나타난다. 사회적 세계는 어떤 상호 행위가 권리에 기초한 간주체적 관계에 속하는가를 확정하는 규범적 맥락으로 구성된다. 이 세계에서 규범적 행위의 합리성은 객관적 판단이 가능하고 그 합리성의 기준은 '올바름(Richtigkeit)'이다.

세 번째 모델은 "연출적演出的 행위(dramaturgisches Handeln)"다.

---

490) Habermas, *Theorie des kommunikativen Handelns*, Bd.1, 127쪽.

이 '연출적 행위' 모델은 고독한 행위자나 사회집단의 구성원이 아니라 서로서로 관객을 이루는 상호작용 참여자들과 관련된 것이다. 행위자는 자신의 주체성을 많건 적건 목적 의식적으로 드러냄으로써 자신의 관객에게 자기 자신의 일정한 상像 또는 인상을 일으킨다. 모든 행위자는 자신의 고유한 의도·생각·입장·소원·감정 등의 영역에로 나아가는 자신만의 특권적 통로를 통제할 수 있다. 연출적 행위에서 참여자들은 이 상황을 이용하여 각자 자기의 주체성으로 통하는 상호적 통로를 규제함으로써 자신들의 상호작용을 조정할 수 있다. 이런 이유에서 자기표현의 중심적 개념은 자연발생적 표현행위가 아니라, 자기 체험을 드러내는 관객 지향적 표현의 '양식화樣式化(Stilisierung)'를 뜻한다. 이 연출적 행위 모델은 일차적으로 현상학적 방향의 상호작용적 서술에 기여한다. 이 모델은 아직 이론적으로 일반화된 단초로까지 완성되지 못했다.[491]

이 연출적 세계는 내가 나이기 때문에 나만이 '특권적으로' 관여, 표현할 수 있는 주관적 세계이다. 이 행위의 경우에도 객관적 판단이 가능하다. 행위자가 관객 앞에서 자기의 주관적 세계를 향해 있기 때문에 이 경우에 실은 하나의 방향, 하나의 세계만이 존재한다. 자기표현에서 문제는 행위자가 지닌 내적 체험을 적절한 시점에 표현하는지, 그가 말하는 것을 실지로 의미하는지, 그가 표현하는 체험을 단순히 기만하고 있는지 하는 것이다. 누군가 그가 의미하는 바를 말하는지 여부를 따지는 문제는 바로 진실성(Wahrhaftigkeit)의 문제이고 바로 이것이 연출적 행위의 합리성 기준이다.[492]

이 연출적 행위 개념도 혼돈되고 모호하다. 연출 행위는 농담에서부터 헤어스타일까지 다양하지만 전자는 유희적 연출이고, 후자는 미학적 연

---

491) Habermas, *Theorie des kommunikativen Handelns*, Bd.1, 128쪽.
492) Habermas, *Theorie des kommunikativen Handelns*, Bd.1, 128쪽.

출이다. 이렇게 보면 하버마스의 연출적 행위 개념은 '유희적 행위'와 '미학적 행위'를 뭉뚱그려 혼합한 것이다. 그리고 평가 기준도 '진실성'이 아니라 각각 '재미'와 '미美'다. '진실성'은 규범 규제적 행위의 내면적 동기와 관련된 것이다. '유희적 행위'(놀이)와 '미학적 행위'에서 관중과 관중 지향적 연출은 비본질적·부차적인 것이다. 이 두 행위를 빼고 나면 연출적 행위는 각종 '행사' 행위로 축소되어 사회적 행위 개념으로서 의미를 잃고 말 것이다.

원칙적으로 대화의 형태를 취하는 '소통적 행위'는 객관적 세계, 주관적 세계, 사회적 세계를 동시에 개창하는 점에서 다른 행위들과 다르다. 소통적 행위의 개념은 언어를 통해 간間인격체적(interpersonal) 또는 간주체적(intersubjektiv) 관계에 들어가는 두 명 이상의 언어능력 있고 행위능력 있는 주체들의 상호작용이다. 행위자들은 자신들의 행위 계획과 행위를 합의적으로 조절하기 위해 행위 상황에 관한 상호 양해(Verständigung)를 구한다. 여기서 중심 역할을 하는 해석(Interpretation)은 의사소통적 '협력'을 통해 무엇보다도 합의 가능한 상황정의의 타결(Aushandeln)을 겨냥한다. 따라서 언어는 여기서 핵심적인 기능을 수행한다.[493] 그러나 이 '상호 양해를 구하는 것'이나 합의의 '타결'은 목적론적 행위에 더 가깝다. 하버마스 자신도 어느 글에선가 소통적 상호 양해도 일종의 '목적'이라고 시사한다. 이 때문에 그의 소통적 행위 개념은 목적론적 행위와 뒤섞인다. 그리고 '소통적 행위'에서는 어디서 어디까지가 언어적 '의사소통'이고 어디서부터가 사회적 '행위'인지 알 길이 없다. 따라서 소통적 행위도 개념적으로 도깨비불 같다.

아무튼 하버마스는 기능 면에서 목적론적 행위가 성공을 지향하는 반면, 소통적 행위는 상호 양해(공동의 지식)를 지향하고, 규범 규제적 행위

---

493) Habermas, *Theorie des kommunikativen Handelns*, Bd.1, 128쪽.

가 기존의 규범에 규제되는 결과적 행위인 반면, 소통적 행위는 규범 그 자체를 창설하거나 갱신하는 행위이고, 연출적 행위가 주체적 내면의 양식적 표현에 본질을 두는, 말하자면 자기를 직접 대상으로 하는 '자기 의식적' 행위인 데 반해, 소통적 행위는 상대방의 눈에 비쳐진 자신을 삼인칭으로 화한 자기의 눈으로 객관화하는 행위라고 종합·정리한다.

이 소통적 행위의 개념과 함께 언어 수단은 행위자의 세계 연관이 그 자체로서 반영되는 틀을 얻는다. 이 개념의 차원에서야 비로소 사회과학자들에게만 현상하는 합리성 문제가 행위자 자신의 시야에도 들어오게 된다. 타인을 상대로 하는 전략적 행위의 경우에도 언어 행위로 매개될 수 있지만 이 모델에서 언어는 제한된 일면적 기능(정보전달)만을 한다. 소통적 행위만이 비로소 언어를 화자話者와 청자聽者가 사전 해석된 생활세계의 지평에서 객체적 세계, 사회적 세계, 주관적 세계 안에서 동시에 대상과 관계하여 공동의 상황정의를 타협해 낸다. 이 해석적 언어관은 형식적 화용론話用論(formale Pragmatik)의 기저를 이룬다.

목적론적·규범 규제적·연출적 행위에서 나타나는 세 가지 다른 언어기능의 일면성은 이 행위들로 특징지어지는 소통유형이 소통적 행위의 한계적 사례로 드러나는 데서 보인다. 목적론적 행위에서 소통은 오직 자신의 목적의 실현만을 염두에 둔 행위자 간의 간접적 합의로서 기능하고, 규범 규제적 행위에서는 이미 존재하는 규범적 합의를 단순히 현재화하는 행위자 간의 합의적 행위로서, 연출적 행위에서는 관객 연관적 자기연출로서 기능한다. 언어는 여기서 수행적 효과(perlokutive Effekte), 간주체적 관계의 언표외적·비언표적(illokutiv) 산출 기능, 주관적 체험의 표출(언표적[lokutiv] 기능) 중 제각기 한 가지 기능만을 수행하는 것이다.

이에 반해 소통적 행위는 모든 언어기능을 동일하게 고려한다. 여기에서는 사회적 행위가 소통 참여자들의 해석 작용으로, 행위가 말하는 것으로, 상호작용이 회화會話로 축소되어 버릴 위험이 있다. 그러나 사실 언어적 상호 양해는 참여자들의 행위 계획들과 목적 활동들을 상호적 행위로 통합하는 행위 조절의 기제일 뿐이다.[494]

하버마스는 행위자가 적어도 하나의 세계와의 관계를 취하는 상징적 표명만을 '행위(Handlungen)'로 본다. 그는 이 사회적 '행위'를 행위 안에서 같이 수행되는 신체운동과 신체적 동작(Operationen)으로부터 구분해 낸다. 신체적 운동과 동작은 오직 이차적으로만, 즉 유희적 실행이나 교육으로 포섭되는 경우에야 비로소 행위의 자립성을 얻을 수 있기 때문이다.

'행위'는 일정한 의미에서 신체의 동작에 의해 실현되지만, 이 동작은 다른 어떤 것과 '동시에 수행될' 뿐이다. 여기서 '동시에 수행한다'는 것은 행위자가 행위를 실현하는 신체 동작을 의도하고 있는 것이 아니라 어떤 행위 계획의 수행을 의도하고 있다는 것을 뜻한다. 따라서 신체 동작은 행위의 구성요소이지만, 그 자체만로서는 행위가 아니다.[495] 여기서 하버마스는 아예 아무런 신체 동작도 요하지 않는 부작위의 행위(도덕 준칙의 위반을 삼가는 것, 법률을 어기지 않는 것, 폴리스라인을 넘기 않는 것 등)를 잊고 있다.

기능 동작으로 산출된 형성물은 그 자체로 고찰할 때 많건 적건 바르다, 그렇지 않다 등으로 평가될 수 있다. 그러나 그것은 사회적 행위처럼 진리성·효과성·올바름·진실성 등의 시각에서 비판할 수 있는 것이 아니다. 왜냐하면 그것은 다른 행위의 하부구조로서만 세계와의 연관을 얻기 때문이다. 말하자면 "동작은 세계와 접촉하지 않는다"는 것이다.[496] 동작의 규칙은 아무런 설명력이 없다. 이 규칙을 따르는 것은 행위자가 세계

---

494) Habermas, *Theorie des kommunikativen Handelns*, Bd.1, 143쪽.
495) Habermas, *Theorie des kommunikativen Handelns*, Bd.1, 146쪽.
496) Habermas, *Theorie des kommunikativen Handelns*, Bd.1, 147쪽.

내의 객체와 관계하여 행위를 동기 짓는 근거 또는 이유와 연관된 타당성 요구를 제기하는 것을 뜻하지 않는다.

하버마스는 이런 고구를 통해 소통적 행위에 본질 구성적인 합의 행위가 이 행위를 수행하게끔 해주는 문법적 명제들을 분석하는 방식으로 분석될 수 없다는 것을 밝힌다. 소통적 행위 모델에서 언어는 오직 화자가 문장을 상호 양해를 구하는 식으로 사용해서 세계들과의 연관을 받아들이고 이것을 목적론적·규범적·연출적 행위에서처럼 직접적으로 뿐만 아니라 '반성적 형식'으로 행하는 화용론적話用論的 시각에서만 유의미한 것이다. 화자들은 다른 행위 모델들에서 개별적으로 또는 쌍을 지어 등장하는 세 개의 형식적 세계 개념을 하나의 체계로 통합, 이것을 해석 틀로 전제한다. 그들은 이제 객관적 세계, 사회적 세계, 주관적 세계 내의 어떤 것과 직접 관계하는 것이 아니라, 자신들의 표명을 다른 행위자가 이것의 타당성을 부정할 수 있는 가능성에서 상대화한다. 합의는 상호작용 참여자들이 요구된 타당성(Gültigkeit)에 관해 합치를 보는, 즉 상호 제기한 타당성 요구(Geltungsansprüche)를 간주체적으로 인정하는 방식으로만 유효하다. 화자는 자신의 표명으로써 적어도 하나의 세계와 관계하여 행위자와 세계 간의 이 관계가 객관적으로 비판될 수 있는 정황을 활용, 자신의 상대방에게 합리적으로 동기 지어진 입장표명을 촉구함으로써만 비판가능한 요구를 타당하도록 만들 수 있기 때문이다. 따라서 소통적 행위의 개념은 참여자들이 세계와 관계하는 데 있어서 상호 수락하고 거부할 수 있는 타당성 요구를 제기하는 합의 과정의 매체로서 언어를 전제하는 것이다.[497]

말하자면, 이 소통적 행위 모델은 상호작용 참여자들이 행위자들의 세 가지 세계 연관에 들어 있는 합리성의 잠재력을 '협업적으로 추구되는 합

---

497) Habermas, *Theorie des kommunikativen Handelns*, Bd.1, 148쪽.

의'를 위해 동원하는 것이다. 이때 화자는 세 가지 타당성 요구를 제기한다. 1. 행해진 언표가 참되다. 2. 언어 행위가 통용되는 규범적 맥락과 관련하여 올바르다 또는 화자가 이행해야 하는 규범적 맥락이 정통적이다. 3. 표명된 화자의 의도가 표출된 그대로이다. 즉, 진실되다.

어떤 합의 과정이든 문화적으로 주입된 사전 이해를 배경으로 벌어진다. 이 배경지식(Hintergrundwissen)은 전체적으로 문제없는 것으로 남아 있다. 다만 화자들이 자신들의 해석을 위해 이용하고 문제 삼는 지식 부분만이 시험대에 오르는 것이다.

합의적 상황정의는 질서를 산출한다. 상황정의로써 소통 참여자들은 행위 상황의 상이한 요소들을 세 세계 중의 하나에 귀속시키고 자신들의 사전 해석된 생활세계의 현재적 상황을 체득한다. 일견에 자신의 상황정의와 어긋나는 상대방의 상황정의는 특이한 문제를 제기한다. 협력적 해석 과정에서는 어떤 참여자도 해석상의 독점권을 갖지 못하기 대문이다. 양편에게 있어 해석 과업은 타자의 상황 정의를 자신의 상황 해석으로 편입하는 것, 그것도 수정된 형태에 있어 '그의' 외부 세계와 '나의' 외부 세계가 '우리의' 생활세계를 배경으로 객체적, 사회적, 주관적 '세계'와 관련, 상대화될 수 있고 서로 어긋나는 상황 정의가 충분히 합일될 수 있는 방식으로 편입하는 것이다. 이것은 해석이 어떤 경우든 안정적이고 명백히 분화된 질서를 가져와야 한다는 것을 뜻하는 것이 아니다. 안정성과 명백성은 일상의 소통적 실천에서 차라리 예외에 해당한다. 희미하고 깨지기 쉽고 지속적으로 수정되고 '오직 순간적으로만' 성공하는 소통이 좀 더 현실적인 모습이다. 이런 소통 상황에서 참여자들은 문제성 있고 미해명된 선입견에 의존하여 한 경우의 공동성에서 다음 공동성으로 더듬어 나간다.

하버마스는 소통적 행위를 소통과 구별한다. 언어는 합의에 기여하는 소통 매체인 한편, 행위자들은 서로 합의함으로써 자신들의 행위를 조절하고 그때그때 일정한 목표를 추구하기 때문이다. 소통적 행위의 경우 '협업적 해석 과정'을 구성하는 해석 작업은 '행위 조절'의 메커니즘이다. 즉, "소통적 행위는 해석적으로 수행되는 합의로 끝나는 것이 아니다."[498] 소통적으로 산출된 합의는 구속력 있는 행위 조절 기능을 갖기 때문이라는 것이다. 하버마스는 소통적 행위를 언어행위 그 자체와 동일시하는 것이 아니라 이 언어 행위를 통해 조절되는 상호작용의 한 유형으로 규정한다.

이런 정의를 듣다 보면 '소통적 행위'는 더욱 모호해지고 무의미해진다. 그의 설명대로라면 '소통적 행위'는 '소통적 행위'라고 거창하게 말할 것도 없이 '행위 조절적 행위'라고 하면 될 것이고, 그러면 이런 '행위 조절'이라는 행위의 개념 수준은 목적론적·규범 규제적·연출적 행위 개념과 나란히 설 수 없고, 그저 '목적론적 행위'에 속하는 한 하위범주로 격하되어야 할 것이다. 이런 까닭에 하버마스의 저런 행위의 개념적 구분은 너무 모호하고 혼돈스러워서 ① 공리적 행위, ② 유희적 행위, ③ 미학적 행위, ④ 도덕적 행위, ⑤ 교제적 행위로 구분하는 것이 더 나을성싶다. 그러면 하버마스의 소통적 행위는 교제적 행위에 속하는 하나의 하위 범주에 지나지 않을 것이다.

아무튼 하버마스는 '공동적' 지식은 까다로운 조건을 충족시켜야 한다. 참여자들이 몇 가지 의견에서 합치를 보거나 그들이 이런 합치를 아는 정도로써 공동 지식이 성립하는 것이 아니다. 비판가능한 타당성 요구의 간주체적 인정에서 완결되는 소통적 합의(Einverständnis)를 구성하는 지식만이 공동 지식이다. 합의란 참여자들이 어떤 지식을 타당한 것으로, 즉 간주체적 의무를 띤 것으로 수락함을 뜻한다. 오직 이런 이유에서만

---

498) Habermas, *Theorie des kommunikativen Handelns*, Bd.1, 151쪽.

공동 지식은 행위 조절의 기능을 떠맡는 것이다. 공동 지식의 상호적 구속성은 오로지 간주체적으로 공유하는 설득적 자기 확신(Überzeugung)으로부터만 나온다. 이 공동적 확신은 참여자들을 상호 구속한다는 것이다.[499]

간주체적으로 공유되는 확신은 상호작용 참여자들을 상호적으로 구속한다. 설득에 의한 자기 확신과 결합된 이유(Gründe; reason)의 힘은 한 행위자가 상대방의 통찰에 호소할 수 있는 기초를 이룬다.[500] 이것은 소통적 합의와 대립되는 행위 조절 메커니즘인 (전략적 행위의) '영향력 주입(Einflußnahme)'이 원인(Ursache)의 야기를 통한 결과 산출이라는 인과율에 입각해 있는 것과 대조를 이룬다. 하버마스는 목적 합리적 행위와 소통적 행위의 대립적 구별에 행위의 원인과 이유의 구별을 조응시키고 있다.

전략적 행위에서 타인의 결정 상황에 영향을 미칠 수 있는 강권적 제재나 사례謝禮 대신 소통적 행위 안에서 상호적으로 제기한 타당성 요구의 배면에 있는 것은 바로 근거·이유인 것이다.[501] 한 행위자가 다른 행위자에게서 가령, 금전, 폭력적 강권, 거짓말을 통해 유인해 낸 확신은 이러한 '이유 있는' 구속력, 즉 합리적 구속력을 가질 수 없다. 화자가 제기한 타당성 요구를 필요한 경우 – 가령 청자의 비판에 부딪힐 경우 – 기꺼이 충족시키려 하는 소통적 용의 또는 소통적 자세에 따라 형성된 이 '소통적 확신과 결합된 이유의 힘'을 하버마스는 '소통적 이성(kommunikative Vernunft)'이라 부른다. 이 소통적 이성의 작동은 이 소통 과정에 참여한 사람이라면 아무도 – 자신이 인간인 한 – 거역할 수 없다. 바꿔 말하

---

499) Habermas, "Erläuterungen zum Begriff des kommunikativen Handelns"[1982], 574쪽.
500) Habermas, "Erläuterungen zum Begriff des kommunikativen Handelns"[1982], 574쪽.
501) Habermas, "Replik auf Einwände"[1980], 549쪽.

면 이 이성을 거역하는 자는 인간이기를 포기한 셈이거나 이미 이성적 인간공동체로부터 배제된 무뢰한, 사기꾼(이솝 우화의 '늑대가 나타났다는' 거짓말을 일삼다가 자기의 말을 무력화시킨 양치기 소년), 독재자, 정신 병자일 것이다. 상대방의 언표에 동조하여 이 언표를 공동의 지식으로 공유한 자가 이 공동 지식의 행위 구속력을 느끼지 않고 이것과 어긋나는 행위를 한다면 이 자는 '말이 안 되는 놈', 즉 '소통적으로 비이성적인 (kommunikativ irrational)' 자다.[502] 이성은 칸트철학에서처럼 독백적 단독 주체에 내재하는 것이 아니라 '우리'의 공동성 안에 생긴 틈새를 메우는 대화적 '소통 과정의 완전성'이다.[503] 소통적 합의의 확신이 발휘하는 언표외적(*illokutionär*) 구속력은 규범을 창설하고 연대와 권력의 기초를 형성한다.

'생활세계(Lebenswelt)'는 일찍이 의식(주체) 철학적 패러다임을 벗어나지 못한 후설의 현상학과 해석학에 의해 개념화가 시도되었지만 좌초한 바 있다. 하버마스는 의식 철학적 틀을 떠나 소통적 행위로 패러다임을 전환하면 이 '생활세계'의 개념화도 능히 완수될 수 있다고 생각한다. 오직 소통적으로 행위를 하는 주체들의 '세계 연관들'을 확정하고 생활세계의 '맥락 형성적' 기능과 선험적 '구성' 기능을 구별하기 위해 소통적 행위의 관점에서 '상황' 개념을 재정의함으로써만, 그리고 소통적 행위 그 자체가 생활세계의 유지와 산출에 어떤 기여를 하는지를 알기 위해 행위자 시각을 포기함으로써만 '생활세계의 상징적 재생산'이 개념화될 수 있기 때문이다.[504]

일단 '세계'와 '생활세계' 개념은 참가자들이 주제화할 수 있는 영역들

---

502) 여기에서 말과 이성은 등치되고 있다. 희랍어 logos도 '말'과 '이성'을 동시에 뜻했다.

503) Charles Taylor, "Sprache und Gesellschaft", 42쪽. Axel Honneth/Hans Joas (Hg.), *Kommunikatives Handeln* (Frankfurt am Main: Suhrkamp, 1986).

504) Habermas, "Erläuterungen zum Begriff des kommunikativen Handelns"[1982], 584쪽.

의 구획에 기여한다. 참가자의 '상황 지향적' 시각에서 생활세계는 행위 상황을 제한하는, 주제화가 불가능한 합의 형성 과정의 '지평 형성적 맥락'으로 현상한다. 주제가 변함에 따라 생활세계의 상황 연관적 단면들도 변한다. 이런 방식으로 상황의 구성요소로 만들어지는 것만이 소통적 표명의 – 임의적으로 주제화할 수 있는 – 전제에 속한다. 물론 이 상황 종속적 사전 전제는 필요한 맥락을 이루지만, 충분한 맥락을 이루지는 못한다. 따라서 '상황맥락'과 '생활세계 맥락'을 구별할 필요가 있는 것이다.

이 대목에서 하버마스는 존 설(John R. Searle)과 비트겐쉬타인(Ludwig Wittgenstein)에 의존하여 텍스트의 의미는 오직 생활세계적 배경지식의 지위를 갖는, 문화적으로 주입된 사전 이해를 배경으로 해서만 파악될 수 있음을 환기시킨다. 언어적으로 표준화된 언표의 수락 조건에 관한 정보를 암묵적으로 보완하여 청자가 이 언표의 의미를 이해할 수 있게 하는 이 근원적 배경지식은 묘한 특성을 지닌다. 이 배경지식은 유한한 수의 명제들로 표현될 수 없는 '암묵적' 지식이고 '전체론적으로 구조화된 지식(holistisch struktuiertes Wissen)'이라서 이것의 지식 요소들은 상호 의존적으로 얽혀 짜여 있다.[505] 그것은 의도적으로 의식화하여 의심하지 않는 한 우리가 맘대로 좌지우지할 수 없는 지식이다. 생활세계는 이것을 문제 삼을 가능성조차 생각해 보지 못할 정도로 소통적 행위자들이 직관적으로 친밀해 있는 자명성으로 현재現在한다. 다만 그때그때의 '상황'과 유관한 생활세계의 '단면'만이 소통 참가자들이 무언가를 '세계' 안의 그 무엇'으로 주제화하는 언표에 대한 '임의적으로 주제화될 수 있는' 맥락을 형성한다.

그러나 생활세계는 이와 같이 맥락 형성적 기능만 하는 것이 아니라 동

---

505) Habermas, "Erläuterungen zum Begriff des kommunikativen Handelns"[1982], 590-591쪽.

시에 소통 참가자들이 모종의 상황에서 생겨난 대화적 양해의 필요성을 동의 가능한 해석으로 충족시키기 위해 동원하는 '확신의 보관소'로도 기능한다. '자산'으로서 생활세계는 소통 과정에 본질 구성적이다. 이와 같이 '세계'와 '생활세계'는 대상의 주제화의 시각에서뿐만 아니라 행위 공간의 제한의 시각에서도 구별된다. 우리는 생활세계를 '해석 자산'으로 고찰하면 문화적 전승의 형태로 재생산되는 '배경지식의 언어적으로 조직된 비축자산'으로 이해할 수 있다. 문화적으로 전승된 배경지식은 이것의 도움으로 산출되는 소통적 언표에 대해 얼마간 '선험적 위치'를 점한다. 칸트에게 인식주체가 '타고난 것'으로 전제된 '선험적 통각統覺'은 실은 이 생활세계의 선험적 기능이었던 셈이다. 이 배경지식은 소통 참가자들이 객관적, 사회적, 주관적 세계 간의 연관을 이미 내용적으로 해석된 것으로 대면하도록 보장하는 것이다. 그리하여 일상적 소통 행위에서 절대 미지의 상황은 존재하지 않는다. 새로운 상황도 이미 친숙한 문화적 축적 지식으로 구성된 생활세계로부터 출현하기 때문이다.[506)]

소통적 행위자들은 언어 행위를 수행하고 이해하면서 현재적 언표를 '대상'으로 고찰할 수 없을 만큼 자신의 언어 내부에서만 움직인다. 소통 참가자들이 이와 같은 언어 수행적(performativ) 자세를 견지하는 한, 현재 사용하는 언어는 소통 참여자들의 배경에 머물러 있다. 이런 이유에서 문화와 언어는 통상 상황 요소로 간주되지 않는다. 문화와 언어는 행위 공간을 결코 제한하지도 않고 또 소통 참가자들이 상황에 관해 이해를 주고받을 때 사용하는 형식적 세계 개념에도 속하지 않는다.

그러나 사회적 제도와 개인적 개성 구조는 문화 전통과 다르다. 이것들은 이중적인 지위를 취한다. 한편으로 사회적 세계 및 주관적 세계의 요

---

506) Habermas, "Erläuterungen zum Begriff des kommunikativen Handelns"[1982], 591-592쪽.

소이면서 동시에 생활세계의 구조적 요소이기 때문이다. 생활세계적 배경는 사소한 기회에 의식되는 배경의 확신뿐만 아니라 어떤 상황을 어떻게 처리해야 하는가에 대한 직관적 지식으로서의 개인적 숙련성, 사회적 삶을 통해 주입된 관행, 어떤 상황에서 신뢰할 수 있는 것이 무엇인가에 관한 직관적 지식 등으로 구성되어 있다. 연대에 기초한 사회적 제도와, 능력에 기초한 개성은 제약으로 작용할 뿐 아니라 자원으로서도 기능한다. 소통적 행위의 배경에 있는 생활세계의 자명성은 행위자가 확증된 연대(Solidarität)와 보증된 능력(Kompetenzen)에서 느끼는 안전성(Sicherheit)에 근거한 것이다. 이와 같이 가치와 규범으로 통합된 집단의 연대성과 사회화된 개인들의 능력이 문화적 전통과 유사하게 소통적 행위에 유입해 들어온다면, '문화주의적으로 축소된' 생활세계 개념은 교정되어야 마땅하다는 것이다.[507]

그런데 생활세계는 일방적으로 소통적 행위의 배경으로만 기능하는 것이 아니다. 생활세계의 상황 연관적 국면이 행위자에게는 애당초 풀어야 할 문제로서 부과되는 반면, 역으로 이 상황 국면은 행위자의 생활세계적 배경에 의해서만 지탱된다. 상황의 처리는 행위자가 책임능력 있는 행위의 '발기자'이면서 동시에 자신이 들어 있는 전통, 자신이 속한 연대 집단, 자신에 굴복한 사회화 및 학습 과정의 '산물'이라는 '순환과정'으로 나타난다. 여기서 행위자의 시각이 아니라 생활세계의 시각을 택하면, 우리는 행위 이론적 문제 설정을, '소통적 행위가 역으로 생활세계의 재생산을 위해 어떤 기능을 떠맡고 있는가'라는 본래적 사회학의 문제 틀로 전환시킬 수 있다. 소통적 행위자들은 자신들의 상황에 대해 공동의 이해를 산출하면서 자신들이 이용하면서 동시에 '갱신하는' 문화 전통 안에

---

507) Habermas, "Erläuterungen zum Begriff des kommunikativen Handelns"[1982], 593쪽.

서 있다. 또한 그들은 비판가능한 타당성 요구의 간주체적 인정을 매개로 자신들의 행위를 조절하는 경우 사회적 집단에의 연대적 귀속성에 의지하면서 동시에 이 집단의 연대성을 '튼튼히 한다'. 나아가 자라나는 세대는 행위능력 있는 주변 인물들과의 소통적 상호작용에 참여하면서 자신의 사회집단의 가치지향을 내면화하고 동시에 일반화된 행위능력을 '확대한다'.

하버마스는 세대 간 생활세계의 상징적 재생산(즉, 생활세계의 대를 잇는 전승)과 차세대의 '사회화(Sozialisation)' 작용이 소통적 상호작용을 통해 이루어지는 것으로 착각·과장하고 있다. 그런데 아버지와 아들, 할아버지와 손자 간에 언어적 소통이 가능한가? 얼마간 가능할 것이다. 그러나 이 세대 간 교류에서 언어적 소통이 차지하는 비율은 아마 5% 미만, 10% 미만일 것이다. 생활세계의 재생산을 실현시키는 세대 간 교류와 전승은 90-95% 이상 세대 간 공감적 전달(empathic mediation)과 감정 전염(emotional contagion)에 의해 이루어진다. 하버마스는 언어실증주의에 빠져 줄곧 공감·교감·감정 전염·감정이입 등의 개념을 완전히 잊고 있다.

아무튼 하버마스는 합의적 이해 또는 상호 양해(Verständigung)의 기능적 관점에서 소통적 행위는 문화적 지식의 전승과 갱신의 기능을 맡는다고 주장한다. 행위 조절의 시각에서 보면 소통적 행위는 사회적 통합과 연대의 산출에 기여한다는 것이다. '사회화'의 시각에서 보면 소통적 행위는 개인적 자동성自同性 또는 정체성을 형성한다.[508] 생활세계의 상징적 구조는 타당한 지식의 지속화, 집단적 연대의 안정화, 책임능력 있는 행위자들의 형성적 도야를 통해 재생산된다. 재생산과정은 문화 전통의

---

508) Habermas, "Erläuterungen zum Begriff des kommunikativen Handelns"[1982], 594쪽.

의미나 내용의 '의미론적' 차원, 사회적으로 통합된 집단의 '사회적 공간'의 차원, 뒤를 잇는 세대들의 '역사적' 시간의 차원에서 새로운 상황을 생활세계의 기존 상태에 결합시킨다. 문화적 재생산, 사회적 통합, 사회화의 과정에 조응하는 생활세계의 구조적 요소들이 바로 문화, 사회, 개인이다. 일상적 소통 행위의 망으로 짜인 상호작용은 이 문화, 사회, 개인이 재생산되는 매체이다. 이 재생산 과정들이 생활세계의 '상징적 구조'에까지 확장되는 것이다. 이 상징적 구조의 소통적 재생산은 생활세계의 '물질적 기체基體'의 재생산과 구별되어야 할 것이다. 생활세계의 상징적 구조의 재생산이 소통적 합리성(이성)에 따르는 데 반해 생활세계의 물질적 재생산은 목적 합리적 행위(도구적 행위와 전략적 행위)의 네트워크인 체계들(Systeme), 즉 경제적 체계와 정치적 체계로 자립화하여 기능주의적 목적 합리성(효율성)에 따르기 때문이다.

  여기서 하버마스의 소통적 행위의 형식 화용론적話用論的 분석을 다 재현할 수는 없겠다. 간략히 그 핵심 내용만을 살펴본다. 소통적 행위의 개념은 소통적 합의, 가장 간단한 경우 화자의 언어 행위에 대한 청자의 긍정적 자세가 행위 조절의 기능을 수행할 수 있다는 것을 증명하는 것에 사활이 걸려 있다. 청자는 '예'라는 대답으로써 한편으로 언표의 내용과, 다른 한편으로는 언어 행위에 내재된 보증 및 상호작용의 결과와 유관한 행위 구속력과 관계한다. 언어 행위에 고유한 행위 잠재력은 화자가 명시적인 언어 행위의 경우에 언어 수행적 동사動詞의 도움으로 그가 말한 것에 대해 제기하는 타당성 요구에서 표현된다. 청자는 이 요구를 인정하면서 언어 행위로 이루어진 제안을 수락한다. 이 언표의적 효과(illokutionärer Effekt)는 행위 유발적 특성을 갖는다. 이 효과와 함께 화자와 청자 간에 간주체적 관계가 산출되어 행위 공간과 상호작용 결과를 질서 짓고 일반적 행위 대안을 매개로 청자의 가담 가능성을 개방하기 때문이다. 문제는 언어 행위가 이 행위 조절적 힘을 어디서 동원하는지 하는 것이다. 이 소통적 언어 행위는 이 권위를 제도적으로 구속된 언어 행위의 경우처럼 직접 규범의 사회적 타당성으로부터 원용하거나 명령적 의사표시의 경우처럼 제재력制裁力에 의존하는 것이 아니기 때문이다.

자세히 분석해 보면 합리적으로 행위 동기를 부여하는 언어 행위의 이 힘은 말해진 내용의 타당성에서 나오는 것이 아니라 화자가 자신의 말이 깔고 있는 타당성 요구를 필요한 경우 충족시키려고 노력한다는 전제하에 떠맡는 조정 능력 있는 '보증'에서 나온다는 것을 알 수 있다. 화자는 말한 내용이 진리이거나 윤리적으로 올바르다는 타당성 요구를 할 경우 보증을 '논의적'으로, 즉 근거의 제시에 의해 실현시켜야 하고 진실성을 주장할 시에는 일관된 행위 자세를 통해 그 보증을 실현시켜야 한다. 청자가 화자에 의해 제공된 보증을 신뢰하자마자, 말해진 내용의 의미에 내포된 '상호작용의 결과에 따르는 구속력'이 작동하기 시작한다.[509] 물론 이 비언표적 구속효과는 소통적 행위자들이 생활세계적 맥락 속에 들어가 있기 때문에만 사회적 범위의 경험적 효력을 획득한다.

여기서 요약된 소통적 행위의 이론으로써 하버마스는 사회 이론적 문제와 철학적 문제를 동시에 해결할 수 있는 것으로 자신한다. 하버마스는 이 소통적 행위의 이론이 지니는 철학적 의미를 자못 획기적이라고 여긴다. 이 이론은 마르크스의 생산력 개념에 조응하는 베버의 기능적 목적 합리성(도구적 이성과 전략적 이성)으로 축소된 '반편화된' 근대적 이성 개념에 맞서 이성의 온전한 개념을 이론적으로 회복할 수 있게 해 준다는 것이다. 이 이론은 소통적 일상실천 속에 내장된 이성을 찾아내 '축소되지 않는 이성개념'을 말의 타당성 토대로부터 재건할 과제를 제기하고 해

---

509) Habermas, "Erläuterungen zum Begriff des kommunikativen Handelns"[1982], 597쪽.

결할 수 있기 때문이다. 우리가 목적 합리적 행위가 깔고 있는 명제적 지식을 비非소통적으로 사용하는 것으로부터 출발하면, 경험주의를 매개로 근대를 강력히 각인한 인식적-도구적 이성 쪽으로 사전 결단을 내려야 한다. 이에 반해 언어 행위 속의 명제적 지식을 소통적으로 사용하는 것으로부터 출발하면, 고대의 로고스 관념과 결부된 보다 더 넓은 합리성 개념 쪽으로 사전 결단을 내리게 된다. 이 '소통적 합리성' 개념은 강제 없이 합의하여 동의를 창설하는 논의적 언어의 힘에 관한 중심적 경험에 최종 귀착되는 함의를 가져온다.[510] 이 논의적 대화 안에서 상이한 참가자들은 자신들의 단순히 주관적인 이해를 극복하고 이성적으로 동기 지어진 확신의 공동성에 힘입어 객관적 세계의 통일성과 동시에 자신들의 생활 관계의 간주체성을 확신한다. 객관적 세계의 통일성과 간주체성의 대립은 물론 인식적-도구적 이성의 계기를 보다 더 포괄적인 이성개념으로부터 떼어내려는 잘못된 근대철학적 시도의 결과이기도 하다.

전문가들의 차원에서 오늘날 이성적 지향은 진리 문제, 정의 문제, 미학적 취향 문제의 반성적 취급이 주제마다 제각기 고유한 논리를 따르는 식으로 분리되어 있다. 그러나 이 차원에서 이성의 통일성은 '과정적'으로, 즉 타당성 요구들의 논증적 해결의 절차를 통해 보장되어 있다. 형식화용론적으로 정초된 논증 이론은 소통적 행위의 타당성 요구의 차별적 역할에 따라 여러 가지 논의 형태들을 구별하고 이 논의유형들 간의 내적 관계를 해명할 수 있다.

나아가 소통적 행위의 이론은 훔볼트에서 오스틴과 로티에 이르는 언어철학으로부터 출발한 일정한 비판적 자극을 수용하고 있다. 따라서 이 이론은 존재 세계에 대한 서구 철학의 일면적 편향을 비판한다. 존재론적

---

510) Habermas, "Erläuterungen zum Begriff des kommunikativen Handelns"[1982], 605쪽.

사유의 우위성으로 인해 불가피하게 바로 인식론과 과학 이론 안에서의 인식의 특권화와, 의미론 안에서의 주장적 명제의 방법적 특화가 초래되는 것이다. 형식 화용론적 소통연구는 이런 고정관념을 해체할 수 있다. 그것은 존재론적, 인식주의적 일면화에 대항하여 객관적 세계를 사회적 세계 및 주관적 세계와 결합시켜 진리성, 규범적 올바름, 진실성에 대한 동시적인 정향을 요구하는 저 '탈집중적인 세계 이해'를 가져오기 때문이다.[511]

하버마스는 사회 이론의 차원에서 소통적 행위의 이론이 하버마스에 의하면 도구적 이성과 기능주의적 합리성에 대한 비판을 새로운 토대 위에서 가능케 하여 막다른 골목에 빠져든 비판이론을 재건할 수 있게 해준다고 생각한다. 소통적 행위와 전략적 행위(목적 합리적 행위의 한 형태)는 행위자의 관점에서 양자택일적 사회 행위의 두 유형으로 이해된다. 상호작용 참여자는 소통적·합의 지향적 자세와 성공 지향적 자세 중 하나를 선택해야 한다. 이에 반해 관찰자의 입장에서 본 목적 행위의 구조와 소통 행위의 구조는 오직 '분석적' 관점에서만 분리할 수 있다. 물론 이 구조들은 현실적 행위유형에 따라 여러 가지로 혼효되어 있다. 전략적 행위 안에서도 소통적 행위가 결과 지향적 언어사용(화용話用)이라는 의미에서 투입된다. 그러나 여기서 언어적 합의 형성은 소통적 행위에서처럼 행위 조절의 기제로 기능하는 것이 아니다. 소통적 행위에서 상호작용 참여자들은 소통적으로 얻어진 합의 조건하에서 행위 계획을 수행하는 데 반해, 조절된 행위 자체는 전략적 목적활동의 성격을 간직한다. 목적 활동은 성공 지향적 행위에서와 마찬가지로 소통적 행위의 한 구성요소이다. 두 경우 다 행위는 객관적 세계에 대한 개입을 함의한다. 행위 목적에 따

---

511) Habermas, "Erläuterungen zum Begriff des kommunikativen Handelns"[1982], 606쪽.

라 이 행위는 도구적 행위, 즉 물리적 대상의 조작적 변경도 포함할 수 있다. 도구적 행위는 두 유형의 사회적 행위 안에 구성요소로서 등장할 수 있다.

목적 활동을 매개로 수행되는 생활세계의 물질적 재생산에는 전략적 행위뿐만 아니라 부분적으로 소통적 행위도 간여한다. 이에 반해 생활세계의 상징적 재생산은 오직 소통적 행위에만 의존한다. 물론 물질적 기체基體의 유지는 생활세계의 상징적 구조의 유지를 위한 필수적 조건이다. 그러나 전통의 체득, 전승, 연대의 갱신, 개인들의 사회화는 일상적 소통의 '자연발생적 해석학'을 필요로 하고 따라서 언어적 합의 형성의 매개를 요한다. 타인을 영향의 대상으로 취급하는 전략적 상호작용은 언어적으로 산출된 간주체성의 이 차원을 간과할 수밖에 없다. 상호적 영향 주입의 틀 안에서는 문화적 내용이 전수될 수 없고 사회집단이 통합될 수 없고 성장 중에 있는 어린 세대가 사회화될 수 없다.

생활세계의 물질적 재생산에는 사회적 행위에서 목적 활동이 중요한데 반해, 소통적 합의의 측면은 생활세계의 상징적 재생산에 있어 중요하다. 이 차이에 재생산의 종류와 행위유형들의 귀속적 분류가 조응한다. '뒤집어도 될 만큼 일의적一意的인' 귀속 관계는 상징적으로 재생산되는 생활세계와 소통적 행위 간에만 존재한다. 우리가 물질적 재생산의 연관을 행위자의 내부 시각에서 고찰하는 것이 아니라 체계(System)로서 '대상화'하면, 사회상은 좀 더 복잡해진다. 생활세계의 물질적 재생산은 극단적인 경우에도 개인적으로 쫙 둘러볼 수 있는 차원으로 축소되는 것이 아니라서 집단적 협력의 의도된 성과로 관념될 수 없다. 보통 이 물질적 재생산은 참여자들의 행위 지평을 '뛰어넘는' 체계의 기능 역할의 단순한 이행으로 진행된다. 협력적 행위들의 통합된 효과들이 물질적 기체의 유지 필연성을 충족시키는 한에서 이 행위 연관은 '기능적'으로, 즉 기능적 부수 효과의 피드백 작용을 매개로 안정화될 수 있다. 행위들의 이러한 잠재적 기능들은 행위 지향의 소통적 네트워크화를 뛰어넘는 행위 결과(Resultate)와 행위 귀결(Konsequenzen)의 체계 연관을 요구하는 것이다.

따라서 우리는 사회를 '생활세계'와 '체계'의 이원론적 관점에서 고찰할 수 있다. 결국 근대에 들어 "생활세계와 체계의 분리(Entkopplung von Lebenswelt und System)"는 가장 선명히 관철되었기 때문이다.[512] 하버마스는 파슨스를 원용하여 체계 메커니즘의 부류로서 '화폐'와 '권력'이라는 매체를 든다. 이 '탈脫언어화된' 상호작용 매체는 규범과 가치, 나아가 언어적 합의 형성 일반과 동떨어진 사회적 교류를 조절한다. 이 매체적 조절은 특히 목적 합리적 경제행위와 행정행위 안에서 벌어지는데, 이 체계 행위들은 생활세계의 맥락에 대해 '자립화'되었다. 조절 매체들이 여기서 소통적 행위를 매체 조절적 상호작용으로 전환하는 것을 강요하기 때문에 전략적 행위와, 매체에 따라 분화된 행위 체계 간에 '일의적' 조응 관계가 성립한다.[513]

자본주의적 경제와 근대적 국가 장치는 화폐와 권력 매체를 매개로 생활세계의 사회적 구성 요소들로부터 분리된 '하부 체계들(Subsysteme)'이다. 이 분리 상태에 대해 생활세계는 독특한 방식으로 반응한다. 부르주아사회에서 소통적으로 통합된 행위 영역들은 체계 기능적으로 통합된 행위 영역들인 경제와 국가에 대해 상호 보완적으로 연관된 '사적영역'과 '공론장'으로 형태를 취한다.

사적영역의 제도적 핵은 생산적 기능으로부터 면해진, 사회화 과업만을 전문화한 소가족인데, 이 소가족은 경제의 체계 관점에서 보면 '사적

---

512) Habermas, *Theorie des kommunikativen Handelns*, Bd.2, 470쪽.
513) Habermas, "Erläuterungen zum Begriff des kommunikativen Handelns"[1982], 602-603쪽.

가계'의 환경으로 정의된다. 공론장의 제도적 핵은 문화단체, 인쇄 언론, 대중매체 등에 의해 강화된 소통 네트워크에 의해 구성된다. 이 소통망은 문화의 재생산에 대한 문화 향유적 사인私人적 공중의 참가와 공론에 의해 매개되는 사회적 통합에 대한 공민적(또는 시민적) 공중의 참정參政을 가능케 한다. 문화적 공론장과 정치적 공론장은 국가의 체계 관점에서 '정통성 창출'과 관련된 환경으로 정의된다.

경제와 국가라는 하부 체계들의 관점에서 보면 분리된 영역인 생활세계와의 상호작용은 평행하게 설치된 교환관계의 형태로 이루어진다. 경제 체계는 노동수행에 대해 임금을, 그리고 소비자의 수요에 대한 재화와 서비스를 교환한다. 공공 행정은 세금 납부에 대한 조직서비스를, 그리고 집단적 충성에 대한 정치적 결정을 교환한다.

사적 영역과 공론장은 체계에 의해, 즉 조절 매체에 의해서 결합될 수 없는 소통적으로 구조화된 행위 영역이기 때문에 교환관계는 오직 두 매체를 통해서만 전개된다. 생활세계의 관점에서 보면 이 교환관계를 중심으로 취업자와 소비자의 사회적 역할과 (공공서비스)의뢰인과 동민의 사회적 역할이 결집된다.(단순화를 위해 문화 기제와 예술 문예적 공론장의 역할 구조는 도외시한다.)

세금 조직서비스, 정치적 결정 대중적 충성의 범주에서 이 관계들은 조직의존적 역할에 의해 정의된다. 취업체계는 조직성원의 역할을 매개로 생활세계와의 교환을 규제하고 의뢰인의 역할을 매개로 공중과 연관된 행정을 규제한다. 이 두 역할은 조직과 관련하여 법령으로 구성된다. 종업원의 역할과 공공 행정의 의뢰인의 역할을 떠맡는 행위자들은 생활세계적 맥락으로부터 분리되어 형식적으로 조직된 행위영역을 지향한다. 그들은 조직에 특유한 기여를 행하고 보통 임금과 봉급의 형태로 보상받는다. 또는 조직에 특유한 서비스를 받고 자신들 쪽에서 세금으로 보상을

한다.[514]

　노동력의 금전화와 공공서비스의 관료화는 역사적으로 고찰하면 결코 고통 없이 진행된 것이 아니라 전통적 생활 형태의 파괴를 대가로 진행되었다. 하층 주민과 도시 프롤레타리아의 근거박탈에 대한 저항, 관헌 국가의 관철, 조세, 가격 규제, 영리사업 규정, 용병 징병 등에 대한 반란 등이 자본주의적 근대화의 노선을 뒤흔들었다. 이 방어적인 반응은 19세기부터 조직적 노동운동의 투쟁에 의해 교체된다. 폭력적인 축적 과정과 국가 형성 과정의 파괴적 부작용에도 불구하고 새로운 조직 형태들은 우월한 통합 수준의 효율성 덕택에 커다란 관철력을 발휘하였다. 자본주의적 생산양식과 관료적-합법적 지배는 생활세계의 물질적 재생산의 과업을 봉건적 또는 신분제 국가의 제도들보다 더 잘 수행하였다. 이것이 막스 베버가 쉬지 않고 강조한 기업적·시설적(anstaltmäßig) 조직 형태의 '합리성'이다.

　두 번째 범주의 교환관계는 사태가 다르다. 소비자의 역할과 공론 과정에 대한 공민적 참가자의 역할은 형식적으로 조직된 행위 영역들과 관련하여 정의되기도 하지만, 결코 이 조직에 의존적인 것으로 정의되지 않는다. 소비자는 교환관계에 들어가고 공중의 성원은 공민적 기능을 수행하는 한에서 정치체계의 성원이다. 그러나 이들의 역할은 종업원과 의뢰인의 경우처럼 법령을 통해 비로소 산출되는 것이 아니지만 이에 조응하는 법적 규범은 계약관계나 주체적 정치권의 형태를 취한다. 이것은 사회화된 개인들의 사적 생활 영위 및 정치적 생활 형태가 표현되는 행위 지향을 통해 수행되어야 한다. 소비자와 공민의 역할은 이런 까닭에 선호도, 가치지향, 생활 자세 등이 형성되는 사전 교육, 도야 과정에 의존한다. 이런 지향은 사적영역과 공론장에서 형성된다. 그것은 사적 또는 공적 조직

---

514) Habermas, *Theorie des kommunikativen Handelns*, Bd.2, 472-474쪽.

의 노동력이나 세금처럼 매입되거나 징수될 수 없다. 이런 이유에서 독립적 소비자의 '구매 결정의 자율성'과 주권적 공민의 '선거 결정의 자율성'은 부르주아 경제와 국가 이론의 가공적 요청이었다. 그러나 이 픽션 속에도 문화적 수요모델과 정통성 모델이 고유한 구조를 보여 준다는 사실이 드러나고 있다. 이 양자는 생활세계적 맥락에 사로잡혀 있그 경제와 정치의 침투에 대해 노동력이나 조세처럼 무력한 것이 아니다.

그럼에도 노동력은 고정된 크기가 아니다. 마르크스에 의하면 확대되고 강화되는 임금노동의 자본주의적 사용을 매개로 사적 생활세계가 침윤되어 생활세계의 '사물화'가 더욱 관철될 수 있고 또 관철되었다. 이러한 사물화는 행정 체계에 의해서도 그대로 관철된다. 이것은 후기 자본주의적 '생활세계의 식민화' 현상의 근저에 놓여 있는 국가와 의뢰인의 관계에서도 벌어진다.[515] 그리하여 생활세계의 사적영역과 공론장에 금전과 권력의 침투적 영향력이 증대된다.

그러나 이 매체들은 문화적 재생산, 사회적 통합(연대 유지), 사회화의 영역에서 소통적 행위에 대한 기능적 대체효과를 발휘할 수 없다. 물질적 재생산과 달리 생활세계의 상징적 재생산은 '병리적 부작용' 없이 체계 통합의 토대로 치환될 수 없기 때문이다. 금전화와 관료화는 생활세계로부터의 독자적인 구조를 도구화하자마자 '정상정正常性의 한계'를 넘어서는 것처럼 보인다. 막스 베버는 사적 생활 영위가 조직된 노무 관계로, 또한 생활 형태가 법 형태로 조직된 관헌의 침투적 지시로 전환되는 것으로 인해 생겨나는 문제를 고찰하고 있다. 이것은 결국 관료주의적 '자유 박탈'로 귀착된다.

이 이론적 틀에서 베버가 시대 비판적으로 주목한 '의미 상실'의 현상인 생활 영위의 '일면화된' 양식과 정치적 공론장의 '관료적 무미건조화'

---

515) Habermas, *Theorie des kommunikativen Handelns*, Bd.2, 476, 504쪽.

도 설명될 수 있다. 생활세계를 유지하는 소통 과정은 전 범위의 문화적 전승을 필요로 한다. 소통적 일상 실천에서 인식적 해석, 도덕적 기대, 미학적 표현과 평가는 상호 침투하고 언어 수행적 자세에서 가능한 타당성 이전을 매개로 합리적 연관을 산출해야 한다. 그러나 이 소통적 인프라 구조는 상호 얽혀 있고 상호 강화하는 두 경향, 즉 '체계에 의해 촉진되는 사물화'와 '문화적 궁핍화'에 의해 위협받고 있다.

생활세계는 법률화된 행위 영역에 동화되고 동시에 부단한 문화적 전통의 흐름으로부터 단절된다. 그리하여 일상 실천의 왜곡 안에서 '경직 증세'가 '황량화 증세'와 결합된다. 일상 실천의 일면적 합리화는 생활세계의 피안에서 사물화될 뿐만 아니라 자신의 고유한 필연성으로 인해 생활세계의 핵심 영역으로 침투해 들어 가는 매체 조절적 하부 체계의 자립화에 기인한다. 또 다른 계기인 생동하는 전통의 고사(枯死)는 전문가 영역들의 자립화를 뜻할 뿐 아니라 매력을 잃은 전통으로부터의 이격을 뜻하기도 하는 과학, 도덕, 예술의 분화에 기인한다.

그런데 왜 이러한 일상 소통적 병리病理 현상이 나타나는가? 경제 체계와 행정 체계의 분화가 왜 기능적으로 필수적인 한계를 넘어 이상비대異狀肥大 현상을 보이는가? 이 하부 체계들이 왜 '저지할 수 없는 고유 동력'을 얻어 소통적 행위 영역을 침윤하는가? 체계 실증주의적인 파슨스는 말할 것도 없고 비관주의적인 베버도 생활세계를 식민화하는 경제 체계와 국가 체계의 이러한 자립화된 이상異狀 팽창, 즉 '사회적 합리화의 파라독스'의 추동 원인을 설명하지 못했다.

부르주아적 문화비판은 18세기 후반 이래 이러한 근대적 병리 현상의 원인을 탈脫주술화된, 즉 세속화된 세계상이 사회통합적 힘을 상실했다거나 사회의 고도 복잡성의 수준이 개인들의 통합력을 초과했다는 것으로 설명하려고 했다. 부르주아적 문화 변호론은 이 두 주장을 한 이론 속에서 결합시켜 탈주술화도 소외와 마찬가지로 구조적으로 필수적인 '자유의 조건'이라는 주장을 폈다. 베버도 이 두 주장을 서구적 발전 속에 내장된 역리성逆理性이라는 의미로 결합하려고 기도했다. 의미 상실과 자유 상실의 테제로써 그는 부르주아적 문화비판의 주제들을 수용하고 있지만 바로 이 현상 속에서 서구 합리주의적 이성이 관철되어야 한다는 의미로 이 주제들을 수정함으로써 체제 변호론적 욕구에 조공을 바쳤던 것이다. 체계의 이상비대는 하버마스에 의하면 마르크스의 자본 이론이 더 잘 설명할 수 있다.[516] 사용 가치로부터 분리된 가치 증식 과정의 익명적 고유 동력으로 귀착되는 경제적 계급지배에 대한 마르크스의 지적은 베버가 '관료화'라는 표현으로 시사한 체계 필연성이 왜 소통적으로 구조화된 행위 영역을 침범하여 생활세계의 합리화로 열린 행위 공간이 도덕적 실천적 의사 형성, 표현적 자기 서술, 미학적 충족을 위해 활용되지 못하는가를 설명해 줄 수 있기 때문이다.

그러나 하버마스는 여기서 이론적으로 결정적인 수정을 가한다. 정통 마르크스주의에서 주장하듯이 이러한 추세에 대한 실천적 비판과 저항은 체계 내재적인 자본과 노동, 시민과 국가 간의 전선에서 벌어지는 전통적인 계급 갈등의 형태를 취하는 것이 아니기 때문이라는 것이다. 사회복지국가적 기제가 관철되면 될수록 계급 갈등은 변위, 완화, 잠재화된다. 그리하여 분배 문제는 폭발력을 잃고 오직 '극적인 예외'로서만 폭발성 주제가 된다. 그러나 경제 체계의 제문제가 사회 전체의 발전 노선을 규정한다는 마르크스의 경제의 유물사관적 선차성 테제가 원칙적으로 정당함에도[517] 불구하고 경제위기와 소득분배에 조직적으로 개입하는 사회복지국가의 관철과 함께 앞서 시사된 경제 체계와 정치체계의 이

---

516) Habermas, *Theorie des kommunikativen Handelns*, Bd.2, 485쪽.
517) Habermas, *Theorie des kommunikativen Handelns*, Bd.2, 504쪽.

상비대는 더욱 심화되고 생활세계는 더욱 침윤된다. 그리하여 이제 '끈질기고 전망 있는' 저항과 갈등은 '체계'와 '생활세계'의 전선에서 벌어지게 된다는 것이다.[518] 체계와 생활세계의 분리의 사회적 중요성과 대중매체와 공론장의 양가치적 잠재력은 체계 논리가 고유한 소통적 구조와 충돌하는 '합리화된 생활세계'의 관점에서 사적영역과 공론장을 드러내 준다. 소통적 행위의 매체 조절적 상호작용으로의 전환과 상처받기 쉬운 간주체성 구조의 왜곡은 결코 '미리 예정된' 과정이 아니다. 생활세계적 병리의 분석은 기본적 경향과 대항 경향의 편견 없는 연구를 요한다.

사회복지국가적 대중민주주의에서 계급 갈등이 제도화되고 정지되었다는 사실은 저항 잠재력 일반의 정지를 뜻하는 것이 아니다. 그러나 저항은 이제 다른 갈등선에서, 즉 '생활세계의 식민화 테제'가 옳다면 '생활 형태의 문법의 문제'에서 타오른다. 이 '새로운' 정치는 '신중산층'에서 지지 세력을 얻는다. 사회 전체의 사회갈등 상은 '새로운 갈등에 의한 옛 갈등의 중첩'이 예상된다는 것이다. 그리하여 자본주의적 성장을 사회복지국가적 타협의 기초로서 방어하는, 생산에 직접 참여한 계층의 '중심'과 잡다하게 구성된 성장 비판적 '주변' 간의 갈등선이 생겨난다.[519] 자본주의에 대한 집단적 저항 주체를 노동자에서 신중산층으로 치환하는 이러한 '새로운 사회운동'의 저항 목표는 자본주의 그 자체의 극복도 아니고 새로운 영역의 정복도 아니고, 다만 소통적으로 구조화된 행위 영역인 생활세계를 위하여 이상 비대한 체계의 식민주의적 침범에 대한 '제한(Eindämmung)',[520] 또는 국가기구와 경제의 강제 논리의 '견제(in Schach halten)'이다.[521] 즉, 이것은 저항운동의 쟁론에 의해 활성화된

---

518) Habermas, *Theorie des kommunikativen Handelns*, Bd.2, 516쪽.
519) Habermas, *Theorie des kommunikativen Handelns*, Bd.2, 576-577쪽.
520) Habermas, *Theorie des kommunikativen Handelns*, Bd.2, 578쪽; Habermas, *Strukturwandel der Öffentlichkeit* [1990], 36쪽(서문).
521) Jürgen Habermas, "Entgegnung"[1986], 393쪽. Axel Honneth/Hans Joas (Hg.),

공론장의 압력으로 - 체계를 파괴하거나 대체하는 것이 아니라 - '포위 (Belagerung)의 양식'으로 국가 체계에 '영향력'을 가할[522] 뿐인 '방어적' 과업이다.[523]

전통적 비판이론의 갈등 전선을 바꾸고 갈등주체와 저항목표를 치환하는 이 하버마스의 소통 이론적 비판이론은 부분적 현실 적합성과 이론적 창발성 및 포괄성에도 불구하고 사회복지국가의 기능적 효율성을 과도히 신뢰하고 있을 뿐만 아니라, 이론 성립 당시의 서구자본주의의 상대적인 순항順航을 불변적 조건으로 전제하고 있다. 따라서 적어도 마르크스의 유물론적 테제를 견지하고 있는 하버마스는 서구자본주의 경제가 동요하면 사회의 일차적 갈등이 다시 계급 전선으로 이동하게 될 것이라는 반反명제의 집요한 공세를 견디기 힘들다. 결국 집요한 위기론적 비판에 직면하여 하버마스는 - 서구 경제가 제로성장의 불황 국면에 있던 1981년 여름 - 자신의 위기분석에 따르면 양자택일적 대안이 존재한다고 자인한다. 사회복지국가적 타협에 필수적인 조건, 즉 방해를 받을지라도 지속적으로 유지되는 경제성장이 가능하면, '생활세계의 식민화'로 요약되는 위기 문제들을 겪게 되고, 성장 기제가 유지될 수 없으면 전통적 갈등유형을 겪게 될 것이라는 것이다.[524]

이제 대중 매체적 현대 공론장을 소통 이론적으로 정확히 위치시켜야 할 차례다. 화자의 말을 받아들일 청자의 '일반화된 수용용의'는 개별적인 경우 화자의 개인적 신망(Ansehen)이나 영향력(Einfluß)에 근거한다.

Kommunikatives Handeln (Frankfurt am Main: Suhrkamp, 1986).

522) Habermas, *Strukturwandel der Öffentlichkeit* [1990], 44쪽(서문); Jürgen Habermas, "Volkssouveränität als Verfahren"[1988], 208쪽. Habermas, *Die Moderne - ein unvollendetes Projekt* (Leipzig: Reclam, 1990).

523) Habermas, "Entgegenung"[1986], 393쪽.

524) Jürgen Habermas, "Dialektik der Rationalisierung", 195-196쪽. Habermas, *Die Neue Unübersichtlichkeit* (Frankfurt am Main: Suhrkamp, 1985).

신망은 개인에 속하고 영향력은 소통 흐름에 속한다. 신망과 유관한 성질의 목록에는 신체적 강력성, 육체적 매력, 기술적·실천적 능력, 지적 능력 및 '소통적으로 행동하는 주체의 책임능력' 등이 들어간다. 이 마지막 범주는 의지의 강력성, 신빙성, 신뢰 등 소통적 행위자의 인식적·표현적·도덕 실천적 덕성을 뜻한다. 이에 반해 소유와 지식은 영향력의 중요한 원천이다. 여기서 '지식'은 문화 전통을 소화와 학습을 통해 얻어지는 모든 것을 뜻하고 이 문화 전통에는 인식적·사회연대적 요소에서 표현적·도덕 실천적 요소까지 포괄한다. 파슨스에 의해 어지럽게 규정된 이 신망과 영향력의 요소들은 신체의 강력성, 육체적 매력, 인식적·도구적 능력, 소유물 등의 경우처럼 매혹과 두려움에 의해 '경험적으로 동기 지어진 구속성'과, 상호작용적 책임능력과 높은 지식 정도 등의 경우처럼 근거 있는 동의에 의해 '합리적으로 동기 지어진 신뢰'로 재분류하여 소통적 이성의 관점에서 '이원화'할 수 있다.[525]

화자의 "영향력"은 '경험적으로 동기 지어진 구속성'으로 칠 수 있다. 그렇더라도 청자의 "일반화된 수용용의"는 개별적인 경우 "개인적 신망(Ansehen)"에 근거한다는 하버마스의 언명은 합리적 '근거'에만 입각한다는 소통적 행위이론을 근본으로부터 흔들어버릴 수 있다. 가령 금메달리스트 역도·권투·양궁 선수, 에베레스트산 등산가, 북극탐험가, 전쟁영웅, 애국지사, 슈퍼리치 등의 신망은 합리적 논변과 거리가 먼 '신망'이기 때문이고, 또 모든 '신망'은 '예/아니오' 식의 질의응답을 불필요하게 만들고 논의적 근거 제시를 대체해 버리기 때문이다.

개인과 집단의 '신망'은 덕행과 학덕에 의해 비非소통적·비논의적으로 형성된 개인적·집단적 '강점' 또는 '강렬성'(Stärke)이다. '신망'은 화자들에게 정신적 영향을 미치면 소통 없는 공감적 '권력'이 되어 소통과 논의

---

525) Habermas, *Theorie des kommunikativen Handelns*, Bd.2, 270쪽.

를 압도하거나 특정한 방향으로 몰아갈 수 있다. 신망은 '일반적 소통 매체'가 아니라 소통을 절약하게 만들고 불필요하게 만들고 궁극적으로는 대체하고 왜곡시킬 '강력성'인 것이다.

또 하버마스는 현실 속의 소통적 행위는 희미하고 깨지기 쉽고 지속적으로 수정되고 "오직 순간적으로만" 성공하는 것이라고 말하는데 이것은 소통적 행위를 전망 없이 만든다. 희미하고 깨지기 쉽고 지속적으로 수정되는 소통 상황에서 참여자들은 미해명된 선입견에 의존하여 한 경우의 공동 확신에서 다음 공동 확신으로 더듬어 나간다는 것이다. 그런데 히버마스는 이러한 이견異見과 불화의 위험부담과 소통 자체의 부담의 문제는 화자의 신망과 합리적 영향력이 단순히 동조와 추종 용의를 유도하여 구조 구속적 효과를 획득하는 것만이 아니라 이 신망과 영향력이 '일반화됨'으로써 보다 높은 단계에서 해결될 수 있다고 주장한다. 이에 따라 화폐와 권력의 '조절 매체'가 형성되고 명성 등과 같은 '일반화된 소통 형태'가 생겨난다.[526] 그는 화폐와 권력이 '경험적 동기의 구속성'에 근거하는 데 반해, 이 전문가적 명성, 도덕적·실천적 지도력 등의 '일반화된 소통 형태'는 일정한 종류의 '합리적 동기의 신뢰'에 기초한다고 주장한다. 그러나 도덕적 신망과 전문가적 명성, 도덕적·실천적 지도력은 예/아니오의 논의적 근거에 입각하거나 이런 근거로부터 생겨난 '일반화된 소통 형태'가 아니라 개인적·집단적 강력성일 따름이다. 하버마스는 자꾸 '자기 기만적' 주장으로 소통적 행위이론에 의한 생활세계와 공론장의 설명을 커버하려는 경향을 보인다.

소통적 일상 실천은 문화 전통, 정통적 제도, 사회화된 개인들에 의해 규정되는 생활세계에 뿌리내리고 있다. 일상인들의 일상적 해석 작업은 생활세계적 합의 예비에 의존한다. 언어적 소통의 잠재적 합리성은 동기

---

526) Habermas, *Theorie des kommunikativen Handelns*, Bd.2, 272쪽.

와 가치의 일반화가 진척되고 신비적神秘的 자명성의 영역이 축소되는 정도만큼 현실화된다. 문제화된 생활세계가 소통 메커니즘에 가하는 점증하는 합리성 압박은 소통 수요를 증대시키고 그리하여 해석의 부담과 이견의 위험은 증가한다. 이 부담과 위험이 바로 소통 매체에 의해 해결되어야 하는 것이다. 이 매체들의 기능 양식은 일정한 타당성 영역을 전문화하고 합의 과정을 위계화함으로써 언어적 합의형성을 다발로 묶느냐, 아니면 행위 조절을 언어적 합의 형성으로부터 분리시켜 소통 성패의 양자택일에 대해 중립화하느냐에 따라 구별된다는 것이다.

행위 조절을 언어에서 조절 매체로 전환하는 것은 상호작용을 생활세계로부터 분리시키는 것을 뜻한다. 화폐와 권력은 목적 합리적 교류를 계산 가능한 가치량으로 코드화하고 다른 상호작용 참여자들의 결정에 대한 일반화된 전략적 영향 주입을 언어적 합의 형성 과정을 '우회하여' 가능케 한다. 화폐와 권력이 언어적 소통을 단순화할 뿐만 아니라 손실과 보상의 상징적 일반화를 통해 언어소통을 대체함으로써 생활세계적 맥락은 '매체 조절적 상호작용'에서 효력을 상실한다. 이러한 조절 매체를 매개로 분화된 사회적 하부 체계들은 체계의 '환경'으로 밀려난 생활세계에 대해 자립화하게 된다. 따라서 행위를 언어에서 이 매체로 전환하는 것은 생활세계의 관점에서 소통 부담과 이견의 위험부담을 덜어주는 것으로 현상할 뿐만 아니라 확장된 행위 공간에서의 결정의 조건화로서, 이런 의미에서 '생활세계의 기술화'로서도 현상한다.

하버마스는 방금 보았듯이 전문적 지식 명성과 도덕 실천적 지도력 같은 것을 "합리적으로 동기 지어진 신뢰"라 부르는데, 과연 그런가? 전문가적 명성과 도덕적 신망은 '합리적으로', 즉 '이성'에 의해 형성된 것이 아니라 신임·믿음·공감 등의 '감정' 작용에 의해 형성된 것이다. 하버마스는 "합리적으로 동기 지어진 신뢰"라는 표현으로 자꾸만 자기를 (자기)기만하고 있다.

아무튼 하버마스는 '합리적으로 동기 지어진 신뢰'로서의 전문적 지식 명성과 도덕 실천적 지도력과 같은 '일반화된 소통 형태들'이라면 저러한 '생활세계의 기술화' 효과를 가질 수 없다고 한다. 명성이나 도덕적 권위가 투입되는 곳에서 행위 조절은 언어적 합의 형성에서 이미 알려진 자원의 도움으로 이루어진다. 이런 종류의 매체는 행위 조절을 공유되는 문화지식, 통용되는 규범, 책임 있는 동기유발의 생활세계적 맥락으로부터 탈피시킬 수 없다. 이 매체도 기껏해야 다시 언어적 합의 형성의 생활세계적 자원을 활용해야 하기 때문이다. 이것은 이 '일반화된 소통 형태들'이 생활세계에 대한 특수한 제도적 피드백을 필요로 하지 않지만 왜 생활세계의 합리화에 종속된 것인지를 설명한다는 것이다. ('공감적' 이해와 양해에 대한 완전한 몰각!)

가령 학문적 명성과 같은 인식적으로 전문화된 영향력은 인식적 전통을 진리 타당성의 배타적 관점에서 가공하는 문화적 영역이 종교적·예술적 영역 등으로부터 분화되는 정도만큼만 형성되어 나온다. 가령 도덕적 지도력 같은 규범적으로 전문화된 영향력은 도덕적 의식, 그리고 도덕과 권리의 발전이 내면적 행태 통제를 매개로 개성 속에 뿌리내린 탈脫관습적 단계에 도달하는 만큼만 형성된다.

하버마스는 게다가 이 명성과 도덕적 지도력이라는 이 '일반화된 소통 형태들'은 수천만, 아니 수억의 인구를 헤아리는 근대의 광역 국가에서 효력을 발휘하기 위해서 '공론장'을 형성할 수 있는 '소통 기술'의 발전을 필요로 한다고 본다.[527] 그는 소통적 언표가 독창적으로 등장할 때 시공적으로 멀리 떨어져 있지만 원칙적으로 접근 가능한 소통 내용의 – 잠재적으로 현존하는 것으로 유지되는 – 네트워크 속에 이미 뿌리박고 있는

---

527) Habermas, *Theorie des kommunikativen Handelns*, Bd.2, 274쪽.

만큼만 소통적 행위는 '일반화된 소통 형태'를 매개로 조절될 수 있다고 생각한다.

글자, 인쇄물, 전기 매체 등은 이 소통 기술 영역에서의 중요한 혁신을 뜻하는바, 이 기술의 도움으로 언어 행위는 시공적 맥락의 제약으로부터 탈피하여 다면화된 맥락을 위해 사용할 수 있게 되었다. 문명사회로의 이행은 글자의 발명에 의해 동반된다. 글자는 처음에 행정 기술적인 목적에 쓰이다가 나중에 식자층의 문예화에 기여하였다. 이와 함께 정의되지 않은 일반적 공중을 향해 자신의 언표를 써낼 수 있는 저자, 전통을 학설과 비판으로 이어가는 주석자의 역할, 읽을거리의 선택으로 전승된 소통 중 자신이 어떤 것에 참여하고 싶은지를 결정하는 독자의 역할 등이 생겨난다. 인쇄 언론은 근대사회에서야 비로소 그 문화적, 정치적 의미를 발휘한다. 이것은 소통적 행위의 한계를 제거하고 이러한 추세는 20세기에 발전된 대중 소통의 전기적 수단들에 의해 다시 한번 강화되었다는 것이다.

그러나 명성과 도덕적 지도력 비판 가능한 타당성 요구에 대한 그렇다/아니다의 소통적·논의적 입장표명을 통해 형성되지 않았다. 그리하여 마침내 하버마스는 이 명성과 도덕적 지도력이 소통 과정을 대체한다고 말한다. 하지만 인쇄 언론, 음파, 영상매체 등의 소통 매체들은 소통을 단계화하고 농축하지만, 비판가능한 타당성 요구에 대한 그렇다/아니다의 입장표명의 부담을 단지 일시적으로만 덜어줄 뿐이라는 것이다. 소통 기술이 '공론장'의 형성을 가능케 하여 농축된 소통 네트워크를 문화적 전통에 참여하도록, 그리고 최종적으로 책임능력 있는 행위자들의 행위에 의존해 있도록 배려하는 한에서 소통 과정은 이 소통 기술에 의존하기 때문이다.

하버마스는 이쯤에서 탈관습적 근대사회와 이데올로기의 원칙적 투명성을 주장하면서도 공론장의 양가치성을 재확인한다. 이 소통 매체들이 의식적 조작 가능성에 기초한 '매체의 권력화'로 인해 양가치적 성격을 지녔음은 앞에서 취급하였다. 이제 소통 매체뿐만 아니라 일상적 소통 과정 일반이 마르크스와 마르크스주의자들에 의해 강조되는 '이데올로기적' 허위의식으로부터 얼마만큼 자유로울 수 있는지를 취급해야 할 차례다. 하버마스는 이데올로기 개념을 소통적 행위이론에 따라 '체계에 의해 찌그러진 소통(systemisch verzerrte Kommunikation)'으로 재정의했다.

마르크스의 이데올로기 개념이 이렇게 재정의되는 것이 옳은가? 시대마다 지배계급의 사상은 지배적 사상이고 지배 이데올로기로 통용된다. 이 지배 이데올로기는 몽땅 체계적 허위의식인가? 그렇지 않다. 노동의 일부에 대해서만 대가를 지불하고 잉여노동에 대해서까지도 대가를 다 지불한 것처럼 보이게 하는 것이 '체계적 허상'이고 이것을 진리인 양 말하는 자유주의 이론과 사상들이 이데올로기라면 이 이데올로기에도 일말의 진리를 들어있는 것이다. 마르크스는 이를 주장하는 지배계급의 권리도, 이에 맞서 더 많은 임금지불을 요구하는 노동자들의 권리도 둘 다 "강권"만이 그 우열을 판정할 수 있는 동등권이라고 했다. 따라서 지배계급의 이데올로기는 전부가 '허위'인 것이 아니다. 그러나 '체계적으로 찌그러진 소통' 구조에서 생산된 모든 합의와 의견은 전부가 허위일 수밖에 없을 것이다. 따라서 하버마스처럼 이데올로기를 '체계적으로 찌그러진 소통'으로 재再정의하면, 이데올로기는 일말의 진리도 담고 있지 않은 '전면적' 허위의식으로 오해될 것이다.

체계 통합이 사회통합을 침범하는 경우 소통적으로 구조화된 생활세계를 '도구화하는' 체계 강제는 소통 당사자에게 주관적으로 느껴지지 않고 자기기만, 즉 '객관적 허위의식'의 성격을 띠게 된다. 사회집단들의 행위 연관을 구조적으로 변화시키는, 생활세계에 대한 체계의 영향은 은폐되어 있을 수밖에 없다. 따라서 생활세계를 도구화하는 물질적 재생산의 강제는 생활세계의 자립성의 허상을 훼손하지 않은 채 소통적 행위의 기공(氣孔)들 속에 감춰져 있게 된다. 이것으로부터 눈에 띄지 않게 소통의 간주체성을 장악하는 '구조적 강권(strukturelle Gewalt)'이 생겨난다. 구조적 강권은 소통의 체계적 제한을 매개로 위력을 발휘한다. 이것은 세계 연관이 소통 당사자에게 전형적으로 찌그러지는 양식으로 소통적 행위의 형식적 조건 안에 뿌리박고 있다.[528] 하버마스는 소통의 상대적 선험성(Apriori)을 설명하기 위해 "소통적 상호이해 형태(Verständigungsform)"의 개념을 도입한다.

'소통적 상호이해 형태'는 소통적 행위의 일반적 구조와 주어진 생활세계 안에서 주제화될 수 없는 재생산 강제 간의 타협을 의미한다.[529] 성물적聖物的·신비적 금기(Tabu)와 종교적·형이상학적 세계상이 지배하던 전근대와 이것이 잔존 영향을 미치던 초기 근대에는 언어로 주제화할 수 없는 체계 강제들이 강력했다. 이런 타부들은 이데올로기적 기능을 떠맡는다. 문명적 계급사회에서 문화적 전통이 불협화음적 현실 체험에 대해 방역되지 않는다면, 금기로 내면화된 물질적 재생산 강제는 아마 계급관계로 각인된 생활세계를 관통할 수 없을 것이다. 그러나 이것이 유지되는 것, 즉 일정 주제 영역의 언어적 침해 불가능성은 곧 '소통의 구조적 제한'을 뜻하는 것이다.[530] 전근대적 계급사회의 종교적, 형이상적 기본 개념들은 말의 합리성이 일상적 실천안에서보다 더 강하게 구속당해 있는 미분화된 타당성 요구의 차원에 위치한다. 이 기본 개념들은 '타당성 요구의 미분화', 즉 진선미의 융합에 힘입어 일상적 소통의 인식적 영역에서

---

528) Habermas, *Theorie des kommunikativen Handelns*, Bd.2, 278쪽.
529) Habermas, *Theorie des kommunikativen Handelns*, Bd.2, 279쪽.
530) Habermas, *Theorie des kommunikativen Handelns*, Bd.2, 282쪽.

일어나는 항의에 대해 방역되어 있다.[531] 이러한 이데올로기적 방역은 성례적聖禮的 행위 영역과 세속적 행위 영역의 제도적 분리가 전통의 기초가 '잘못된 장소'에서 주제화되지 못하도록 막아준다면 원칙적으로 관철될 수 있다. 성례적 영역 내부에서는 소통이 '타당성 영역의 미분화'로 인해 체계적으로 제한당한 채 남아 있기 때문이다.

그러나 이 타당성 영역의 분화가 진행된다면 각 영역의 (끝장을 보는) 독립적 논의가 가능해진다. 이 '타당성 영역의 분화' 정도에 따라 사회발전의 단계를 구분한다면 처음의 한 극에는 '의식적儀式的 실천'이 있고 다른 끝에는 '논증의 실천(Argumentation)'이 있게 된다. 이어 따라 '소통적 이성의 점진적 발휘의 정도'에 따라 소통적 양해 형태들이 구별될 수 있다. 하버마스는 전前관습적 씨족사회, 관습적 계급사회, 초기 근대, 탈관습적인 현대적 근대에 맞춰 이것을 도식화하고 있다.[532]

탈관습적 사회에서는 타당성 요구(진, 선, 미)가 '논의들(Diskurse)'의 차원에서 분화되어 있다. 일상적 실천 속에서 사람들은 화용론적 기본 자세들을 분리시킬 수 있을 뿐 아니라 '행위'와 '논의'의 차원도 분리시킬 수 있다. 탈전통적 법 제도를 가진, 실정법적으로 규범화된 행위 영역들은 사람들이 나이브하게 수행된 행위에서 반성적 자세를 취하는 논증(Argumentation)으로 이행할 수 있는 것을 전제한다. 말의 이성적 잠재력은 규범적 타당성 요구의 가설적 논구論究가 제도화되는 정도만큼 기존의 제도에 대항해서도 제공될 수 있다.

근대사회의 발전과 함께 성례적 영역은 도처에서 해체되거나 적어도 구조 형성적 지위를 상실한다. 진리, 윤리적 선, 미학의 타당성 영역들이 완전히 분화된 수준에서 예술은 이전의 의식적儀式的 성격을 탈각하

---

531) Habermas, *Theorie des kommunikativen Handelns*, Bd.2, 282쪽.
532) Habermas, *Theorie des kommunikativen Handelns*, Bd.2, 285-286쪽.

고 도덕과 법은 종교적, 형이상학적 배경을 탈피한다. 부르주아적 문화의 '세속화'와 함께 문화적 가치 영역들은 상호 예리하게 분리되고 제각기의 특유한 타당성에 따라 독립한다. 이와 함께 문화는 이데올로기적 기능을 떠맡도록 했던 그 형식적 속성을 상실한다. 마르크스의 「공산당선언」에 의하면 근대적 생산양식은 "적나라한 이익, 감정 없는 현금 계산 외에 어떤 다른 인간 유대로 남겨 놓지 않았고" 또한 "경건한 열광, 기사적 영감, 속물적 우수의 신성한 베일을 이기주의적 타산의 얼음처럼 차가운 물 속에 익사시켰기" 때문이다.

　이런 추세와 경향이 발전된 근대사회에서 사실상 관철된다면 사회적 소통과 생활세계 속으로 침범해 들어오는 체계 강제의 '구조적 강권'은 높은 성례적 영역과 저급한 세속적 영역 간의 권위 격차와 합리성 격차 뒤에 숨어 있을 수 없다. 발전된 근대사회에도 체제 이데올로기가 존재하지만 모든 통용되는 이데올로기는 이론적으로뿐만 아니라 마음만 먹으면 일상적 체험 속에서도 폭로할 수 있다. 이데올로기의 이론적 폭로는 진리에 관한 독립된 과학적 논의 속에서 가능할 뿐 아니라 이러한 이론적 폭로 자체가 일상인들, 특히 노동자들의 현실적 체험에 기초하고 또한 이러한 체험의 관점에서 이들에 의해서도 공감될 수 있는 것이다. 모든 성례적 권위와 금기가 해체되고 진리 논의, 윤리 논의, 예술 논의가 고유한 타당성 요구에 따라 예리하게 분화된 이러한 자본주의적 근대의 조건에서 심지어 바로 이 자본주의적 근대 자체를 비판하는 마르크스의 『자본론』도 간행, 학습, 논의될 수 있는 것이다. 근대에는 소통의 전면적으로 완벽한 이데올로기로화는 불가능한 것이다. 하버마스의 언어로 옮기면 근대의 소통적 이해 형태는 '너무 투명하여' 눈에 띄지 않는 소통 제한을 통해 '구조적 강권'에게 안전한 '보금자리'를 보장해 줄 수 없다.[533] 따라

---

533) Habermas, *Theorie des kommunikativen Handelns*, Bd.2, 292쪽.

서 대중매체에 의해 농축된 소통도 소통적으로 합리화된 근대적 생활세계의 일상적 소통 과정에 뿌리박고 있는 한에서, 위에서 제시된 대중 매체적 공론장의 '양가성' 테제는 교조적 마르크스주의 또는 구조주의적 마르크스주의 쪽의 이데올로기론적 비판에 대해서도 견지될 수 있다는 것이다.

공론장이 대중매체 독점체들과 사회적 권력 집단들에 의한 의식적 조작과 무의식적 이데올로기 양자에 의해 일색화될 수 없고 이 공론적 소통 구조 속에 내장된 소통적 이성의 저항력으로 이러한 권력 조작적·이데올로기적 일색화에 맞서 '양가치성'을 유지한다면, 시민사회의 민중적 계급 조직과 정치조직들은 – 이미 역사적으로 해소된 적빈대중의 절망적 투쟁력에 의존한 혁명적 무장봉기의 조건을 성숙시키려는 지하운동, 가두시위, 집회 등의 동원 정치가 효과를 잃은 오늘날 정치적 허무주의에 말려들 필요 없이 – 이미 어느 정도 발전된 기존의 공론장으로 정치 행위의 중심을 이동하여 대중운동에 기초한 공론 투쟁을 통해 대중매체에 내장된 소통적 이성의 전개를 촉진함으로써 '권력에의 길'을 개척할 수 있다. 이 공론 정치 테제가 원칙적으로 옳은 것이라면, 공론장 이론이 결여된 그람시 이래의 좌파적 급진 민주주의 기획 속에서 전개돼 온 시민사회론과 민주주의론은 근본적 교정을 겪어야 할 것이다.

■ 공론장의 정치적 기능과 시민사회

공론장 개념의 이러한 사상사적 조감과 소통 이론적 정초를 바탕으로 하여 이제 우리는 공론장의 내부구조에 비로소 현실적·구체적으로 접근할 수 있게 된다. 생활세계에 뿌리박은 대중 매체적 소통 구조라는 '공론장'의 정의는 사실 너무 철학적-추상적이다.

공론장 개념을 정치학적·사회학적 범주로 구체화시키기 위해서는 보다 현실적인 보조 개념들이 필요하다. 정치적 공론장은 경험적으로 일단 정치체계에 의해 처리되어야 하는 문제들에 대한 반향反響기제로서 기술된다. 이런 한에서 공론장은 비전문화된, 그러나 사회 전반에 걸쳐 감수성을 발휘하는 센서들(Sensoren)을 지닌 '경보시스템'인 셈이다.[534] 나아가 민주주의론적 시각에서 공론장은 중요한 사안을 사회적으로 문제화함으로써 정치체계에 대한 압박을 증폭시킨다. 즉, 공론장은 문제들을 감지하고 확인할 뿐만 아니라 설득력 있고 영향력 있게 주제화하고 분석 자료들로 풍부화시키고 극화시킴으로써 정치체계가 문제들을 위임받아 처리하도록 만들어야 한다. 따라서 경보 기능에는 효과적인 '주제화'의 기능이 부가되어야 한다. 한 걸음 더 나아가 문제 처리를 임무로 하지 않는 공론장의 고유한 능력은 정치체계 내에서의 문제 처리 과정의 통제를 위해서도 활용되어야 한다.

공론장은 행위·행위자·집단 등과 같이 기초적인 사회현상이긴 하지만, 사회체제와 관련된 재래식 개념들로써는 포착할 수 없다. 공론장은 '제도'도 아니고 '조직'은 더욱 아니다. 그것은 결코 권한 분화, 역할 분화, 회원 규정 등을 수반한 규범적 구조물이 아니기 때문이다. 그렇다고 그것은 적나라한 이해관계에만 기초한 '체계'도 아니다. 그것은 내부 경계를 허용하기는 하지만, 대외적으로 개방되고 투과적이고 변위 가능한 지평에 의해 특징지어진다. 공론장은 무엇보다도 '의견들(Meinungen)의 소통을 위한 네트워크'로 묘사될 수 있다.[535] 이곳에서 소통의 흐름은 여과되고 종합되어 논제별로 묶인 공론(öffentliche Meinungen)으로 농축된다. 생활세계 전체와 마찬가지로 공론장도 자연적 언어의 숙달로 충분한 소통적 행위를 매개로 재생산된다. 그것은 소통적 일상 실천의 보편적 이

---

534) Habermas, *Faktizität und Geltung* (1992), 435쪽.
535) Habermas, *Faktizität und Geltung* (1992), 436쪽.

해 가능성을 지향하기 때문이다. 생활세계를 하버마스는 단순한 상호작용을 위한 비축고로 규정했었다. 생활세계 안에서 분화되는 전문화된 행위 체계와 지식 체계들도 다시 이 생활세계에 역으로 결부되어 있다. 이 체계들은 (종교·학교·가족처럼) 생활세계의 일반적 재생산 기능들과 결합되어 있거나 (과학·도덕·예술처럼) 일상 언어적으로 소통되는 지식의 여러 타당성 관점과 결부되어 있다. 그러나 공론장 자체는 전문화되지 않는다. 정치문제로 확장된 공론은 이 문제의 전문적 처리를 정치체계에 떠넘기기 때문이다. 공론장은 소통적 행위의 제3의 '비언표적' 측면과 관련된 소통구조, 말하자면 일상적 소통의 기능이나 내용과 관련된 것이 아니라 소통적 행위 속에서 산출되는 '사회적 공간'과 관련된 소통 구즈에 의해 본질적으로 특징지어진다.[536]

공론장의 이 '사회 공간적' 특징은 하버마스가 『소통적 행위의 이론』에서 – 따라서 우리도 위의 서술에서 – '계모처럼' 홀대한 언어의 '세계 개창 기능'일 것이다.[537] 훔볼트의 표현주의적 언어이론에 의존하여 하버마스는 자신의 다른 글에서 언어가 세계를 개벽開闢하여 유지해 준다는 사실을 강조하고 있다. 언어는 문법적으로 사전 구조화된 공간을 개창開創하고 이 공간 안에서 세계 내적인 것을 일정한 방식으로 보여주고 동시에 간주체적 관계의 정통적 질서와 창조적이고 표현능력 있는 주체들의 자발적인 자기표현을 가능케 한다. 이 '세계 개창'은 언어가 사유의 형성기관일 뿐만 아니라 사회적 실천, 체험, 자아동일성으로서의 정체성과 집단 정체성의 형성의 기관이라는 것을 뜻한다. 이 언어의 이러한 세계 개창 기능은 네오 아리스토텔레스주의적 시각에서 행위(praxis)를 아예 대화적 언어 행위와 등치시키는 아렌트에 의해서도 '현상공간

---

536) Habermas, *Faktizität und Geltung* (1992), 436쪽.
537) Habermas, "Entgegenung"[1986], 336쪽.

(Erscheinungsraum)'의 정의와 관련하여 철저히 – 하버마스와 정반대의 – 복고적 근대 비판의 방향으로 활용된 적이 있다.[538]

상대방을 객관적 세계 안에서 나타나는 그 무엇으로 '관찰하는' 성공 지향적 행위와 달리 소통적 행위자들은 자신들이 자신들의 협상된 해석으로써 '구성해 낸 상황' 안에서 서로를 '만난다'. 이 언어 상황의 간주체적으로 공유된 공간은 상호적인 언어 행위적 제안들에 입장을 취하고 비언표적 의무를 떠맡음으로써 맺게 되는 간주체적 관계로써 개창된다. 상호적 관찰의 접촉으로 끝나는 것이 아니라 의사소통적 자유의 상호적 인정에 의존하는 모든 만남은 언어적으로 구성된 '공공 공간(öffentlicher Raum)' 안에서 이루어진다. 이 공간은 현존하거나 추가로 끼어들 수 있는 잠재적 대화상대자들에게 공개되어 있다. 언어적으로 구성된 공간을 추가로 참여하려는 제삼자에 대해 봉쇄하기 위해서는 별도의 방어 조치가 필요하다. 소통적 행위 안에서 창설되는 단순한 일화적逸話的 만남의 공간구조는 추상적인 형태로 참석자들의 보다 큰 공중을 향해 일반화되고 상설화될 수 있다. 이러한 집회, 연설회, 공연 등의 공적 인프라 구조에 대해서는 논단(Foren), 무대(Bühne), 마당(Arenen) 등 개조된 공간의 건축적 비유가 적절하다. 이 공론장은 아직 현존하는 공중의 구체적인 현장에 구속되어 있다. 그러나 이 공론장이 공중의 물리적 현존으로부터 분리되고 흩어져 있는 독자, 청취자, 시청자 등의 – 매체에 의해 매개되는 – 잠재적 현존으로 확장되면 확장될수록, 단순한 상호작용의 공간구조가 공론장적 일반화를 겪음으로써 강화되는 추상성은 더욱 뚜렷해지게 된다.[539]

이와 같이 일반화된 소통 구조는 단순한 상호작용의 밀도 높은 맥

---

538) Arendt, *Vita Activa oder Vom tätigen Leben*, 164-239쪽.
539) Habermas, Faktizität und Geltung (1992), 437쪽.

락, 일정 인물들, 결정 의무 등으로부터 분리된 내용과 입장으로 좁혀진다. 다른 한편 맥락의 일반화, 포섭 범위의 확대, 익명성의 증대는 전문용어와 전문 코드를 포기하면서 동시에 보다 높은 수준의 해설을 요한다. 일반인 지향은 분화도의 일정한 감소를 의미하는 데 반해, 소통된 내용이 구체적 행위 의무로부터 분리되는 것은 공론장의 '지성화(Intellektuallisierung)'를 촉진시킨다. 의견 형성의 과정은 특히 실천적 문제가 주제로 부각될 때 참가자들의 선호와 입장변화로부터 분리될 수는 없지만 이 성향을 행동으로 옮길 의무로부터는 해방된다. 말하자면 공론장의 소통 구조는 공중에게 몸소 결정을 내릴 의무를 면해 주는 것이다. 이 미루어진 결정은 의결권를 지닌 기관에 유보되어 있다. 공론장에서는 발언이 주제별, 그리고 긍정 및 부정의 입장별로 분류되고 정보와 근거는 초점이 맞춰진 의견을 위해 다듬어진다. 이와 같이 묶인 의견들을 공론으로 격상시켜 주는 것은 이것의 성립 양식과 이것을 지탱하는 광범한 동조이다. 여론은 통계학적 의미에서의 대표성을 띠는 것이 아니다. 그것은 앙케이트식으로 조사되고 사적으로 발언된 개인 의견의 집합이 아니기 때문이다. 따라서 그것은 앙케이트 조사 결과와 혼동되어선 안 된다. 정치적 여론조사는 동원된 공론장 안에서의 주제별 의견 형성이 이미 여론조사에 앞서 이루진 경우 여론의 일정한 반영상만을 제공한다.

공적 의사소통에서 중요한 것은 효과적 전달 매체에 의한 내용과 입장의 확산만이 아니다. 필경 이러한 광범한 확산은 가능한 많은 참여자를 포함하는 효과를 가져온다. 그러나 공론의 구성을 위해서는 공동으로 준수하는 소통 실천의 규칙이 더 중요하다. 주제와 기고문에 대한 동조는 제안, 정보, 근거 등이 얼마간 합리적으로 다듬어지는 얼마간 충분히 완수된 쟁론의 결과로써 형성되는 법이다. 제안, 정보, 근거의 합리적 가공의 이 '얼마간'의 정도에 따라 일반적으로 의견의 '논의 수준'과 결과의 '질質'이 변한다. 이런 까닭에 공적 의사소통의 성공 여부를 측정하는 기준은 '일반성의 산출' 그 자체가 아니라 공론 성립의 규칙 형식이다. 가령 권력화된 공론장(vermachtete Öffentlichekit)의 구조는 풍부한 해명적 토론을 배제한다. 공론의 질은 산출 과정의 절차적 특질에서 측정되는 한에서 경험적 크기를 갖는다. 규범적으로 고찰하면 그것은 공론이 정치체계에 대해 행사하는 영향력의 '정통성' 정도를 결정한다. 분명 '사실적' 영향력과 '정통적' 영향력은 '정통성 믿음'과 '정통성' 그 자체처럼 일치하는 것이 아니다. 그러나 이 개념들을 도구로 사실적 영향력과 공론의 절차적으로 근거 지어진 질 간의 관계가 경험적으로 연구될 수 있는 전망이 열린다.[540]

공론은 시민의 선거 행태나 의회·정부·재판소 등의 의사 형성에 영향력을 행사하기 위해 이용될 수 있는 잠재적인 정치적 영향력을 뜻한다. 공적 확신에 의해 밑받침된 저널리즘의 정치적 '영향력'은 물론 정치체계의 구성원들의 확신에 영향을 미치고 유권자, 의원, 관리 등의 행태를 규정하는 경우에야 비로소 정치적 '권력' – 구속력 있는 결정을 내리는 힘 – 으로 바뀐다. 저널리즘적 영향력은 오직 제도화된 절차를 매개로 해서만 정치적 권력으로 전환될 수 있다.

하버마스는 『이데올로기로서의 기술과 과학』(1969)에서 '메마른' 공론장의 정치적 활성화를 위해서 무제한적 '의사소통', 무제한적 '토론'을 방책으로 제시했었다. 구조적으로 무제한적 토론을 저지하기 위해서 반공反共 전략적으로 주도면밀하게 건조화된 당시 부르주아 공론장에 대한 이 '김빠진' 대항 전략은 60년대 말 미국 학생들의 반전反戰 운동에 경험적으로 의거해 정식화된 것이다.[541] '토론'만 강조되고 '투쟁'과 '압박'은

---

540) Habermas, *Faktizität und Geltung* (1992), 439쪽.
541) Habermas, *Technik und Wissenschft als 'Ideologie'* (1969), 101쪽.

망각된 것이다. 이후 1981년『소통적 행위의 이론』을 거쳐 말년에 이루어진 일련의 이론 형성 과정에서도 – 의사소통에 대한 과도한 치중으로 인하여 – 이 '투쟁'개념이 배제되었다. 그러나 베버의 정치 사회학적 범주학에서 중요한 부분을 이루고 있고[542] 하버마스 자신의 행위론적 분류에 의하면 '전략적 행위'의 전형적인 형태인 투쟁은 – 계급 대립과 기타 민족적, 종교 문화적, 인종적, 지역적 갈등 등이 생활세계 내에 상존하는 한 – 정치 영역 전체를 관통한다. 투쟁은 적나라한 폭력적 정치 갈등의 본질을 구성할 뿐 아니라 폭력행위의 정반대인 소통적 토론에 이르기까지 예외 없이 삼투해 들어와 토론 참가자를 '말하는 전사'(푸코)로 변모시켜 토론을 '쟁론' 또는 '논쟁'으로 화하게 한다. 이런 의미에서 푸코는『전쟁의 관점에서 본 역사의 탄생』에서 근대 정치를 – 클라우제비츠의 테제를 뒤집어 – '다른 수단에 의한 전쟁의 연속'으로 규정하고 있다.[543]

그러나 베버나 푸코처럼 정치를 투쟁이라는 '전략적 행위'로만 단순화하는 것이 현실 정치를 극단적으로 백안시하는 일면적 규정이라면, 하버마스처럼 정치에서 투쟁을 배제하고 소통만을 강조하는 대극적 관점도 일면적인 것이라 아니할 수 없을 것이다. 베버와 푸코, 그리고 하버마스는 근대적 시민사회와 정치 세계 안에서 이러한 소통과 투쟁의 변증법적 착종을 균형 있게 고려하는 데 실패했다. 투쟁이 예외 없이 모든 소통과 공감을 삼투해 들어간다면, 역으로 공감과 소통도 유혈 전쟁을 포함한 모든 투쟁을 관통한다. 심지어 전쟁 당사자들도 휴전·정전·강화講和를 위해

---

542) Max Weber, *Wirtschaft und Gesellschaft* (Tübingen: Mohr Siebeck, 1985), 20-21, 852, 861쪽('정치의 본질로서의 투쟁').

543) Michel Foucault, *Vom Licht des Krieges zur Geburt der Gexschichte* (Berlin: de Verve, 1986). 또는 Foucault, *Überwachen und Strafen* (Frankfurt am Main: Suhrkamp, 1977), 217, 397쪽; Foucault, *Dispositiv der Macht* (Berlin: de Merve. 1978), 71쪽; Foucault, *Der Wille zum Wissen. Sexualität und Wahrheit 1* (Frankfurt am Main: Suhrkamp, 1983), 114쪽.

서는 내통하든 협상하든 서로 소통하고 상호적 믿음을 얼마간 공감해야 하기 때문이다. 따라서 실제의 모든 정치 행위는 공감적 소통과 투쟁의 변증법 속에서 펼쳐진다.

하버마스는 종전의 입장과 달리 후기에 들어 정치 행위의 이러한 복합적 측면을 고려하는 듯하다. 그는 대작 『사실성과 타당성』(1992)에서 이전까지와는 달리 소통적 공론장 안에서도 투쟁이 벌어진다는 점을 언급하고 있다. 공론장에서는 영향력이 형성되고 이 안에서 이 영향력을 둘러싸고 '격투'가 벌어진다는 것이다. 이러한 '투쟁' 속에서 (고위정치 관리, 확립된 정당, 그린피스, 앰내스티 인터내셔널 등의 알려진 단체들의) 이미 획득된 정치적 영향력이 투입될 뿐만 아니라, 전문적인 공론장에서 획득된 인물 그룹과 전문가들의 신망(가령 종교 지도자의 권위, 문사와 예술가들의 유명성, 과학자의 명성, 스포츠계나 쇼비즈니스 스타들의 명망 등)도 투입된다.[544] 또한 돌아보면 그가 이전에 '메마른' 공론장의 정치적 활성화에 기여한 것으로 기술한 미국 학생들의 반전운동조차도 결코 단순한 토론클럽이나 연설대회가 아니라 경찰 곤봉과 최루가스에 맞서 싸우고, 경찰견에게 물리고 뜯기는 험난한 육혈 투쟁이었고 바로 이러한 험한 투쟁으로 인하여 알려진 이 투쟁의 정치 구호를 심각하게 숙고하고 대변하는 문사들이 공론장에 등장하기 시작하면서 당대 그 '야수적' 반공주의와 매카시즘으로 부패한 미국 공론장이 정치적으로 격동하였던 것이다.

공공적 공간이 단순한 소통의 맥락을 넘어 확장되자마자, 마당과 화랑, 무대와 방청 공간에서 집회 개최자·연사·청중의 분화가 등장한다. 매체들의 조직적 복잡성과 도달 범위의 증가와 함께 점점 전문화되고 분과화되는 행위자 역할은 상이한 영향 기회를 가진다. 그러나 행위자들이 공적 의사소통을 통해 획득하는 정치적 영향력은 최종적으로 비전문적 공중

---

544) Habermas, *Faktizität und Geltung* (1992), 439-440쪽.

의 반향 및 동조에 좌우된다. 따라서 시민 공중은 중요하다고 느끼고 이해 가능하고 일반적으로 흥미 끄는 프로와 기고문을 통해 '설득'되어야 한다. 공중은 행위자들이 등장하는 공론장에 대해 본질 구성적 지위를 점하기 때문에 이런 권위를 향유한다.

물론 이 공중으로서 공론장의 재생산에 참여하는 행위자들은 이미 구성된 공론장을 이용하기 위해 점령하고 있는 잘 조직된 이익집단 등의 행위자들과 정치 사회학적으로 구별되어야 한다. 이 이익집단들은 공개적으로 규제되는 협상이나 비공개적 압력 행사에서 이용하는 자신들의 영향력을 공론장 안에서 결코 명시적으로 활용할 수 없다. 이들은 공중의 확신을 불러일으키는 정도만큼만 자신들의 사회적 영향력을 정치적 권력으로 전환시킬 수 있다. 이익집단들의 주장은 평범한 사람이라면 겪지 않아도 되는 유형의 비판에 노정된다. 그리하여 금전이나 조직 권력의 은밀한 투입으로 인해 이루어진 공론은 이 사회적 권력의 원천이 공개되자마자 신빙성을 상실하고 만다. 공론은 조작될 수는 있지만 궁극적으로 공개적 매수나 공개적 협박으로 획득될 수 없다.[545] 이런 사정은 공론장이 임의적으로 산출될 수 없다는 생활세계적 소통 조건으로부터 설명된다. 공론장은 전략적으로 행동하는 행위자들에 의해 장악되기 전에 이미 공중과 더불어 고유한 구조로 형성되고 자기자신의 소통적 논리로 재생산되지 않을 수 없기 때문이다. 생명력 있는 공론장이 형성되는 이 법칙성은 이미 구성된 공론장의 경우 잠재적인 채 남아 있지만 공론장을 동원하는 순간 다시 효력을 얻어 역동力動한다.

정치적 공론장은 '잠재적' 참가자들의 소통 연관으로 구성되는 만큼만 전체 사회적 문제들을 지각하고 주제화하는 기능을 수행한다. 공론장은 시민 전체로부터 충원되는 공중에 의해 지탱된다. 이 공중의 다양한 목소

---

545) Habermas, *Faktizität und Geltung* (1992), 441쪽.

리 안에서 기능적으로 전문화된 행위 체계 및 국가기구의 '외부화된' 비용(과 내적 교란)에 의해 전 사회에 걸쳐 야기되는 생활사적 희비애락의 메아리가 울려 나온다. 이런 유형의 부담은 생활세계 안에 누적된다. 생활세계는 – 때에 따라 작동을 멈추거나 위기에 빠지거나 기형화되는 체계들에 대한 의뢰인들이 겪는 사적 생활사生活史가 이 생활세계의 지평에서 얽히고설켜 있기 때문에 – 항상 적절한 안테나를 장착하고 있다. 종교, 예술, 문학 외에 오직 사적 생활 영역들만이 사회적으로 야기된 문제들이 인생사적으로 결산 되는 실존적 언어를 지니고 있다. 공론장 안에서 언어화되는 문제들은 사회적 고통 압박의 반사물로서 처음에 개인적인 생활 체험의 반영상 속에서 가시화된다. 이것이 종교, 예술, 문학의 언어 안에서 적절한 표현을 얻는 경우 선명화와 세계 개창開創을 전문으로 하는 광의의 '문예적' 공론장은 정치적 공론장과 얽히게 된다.

　정치적 공론장의 담당자로서의 국가 시민, 즉 공민(Staatsbürger)과 사적 생활인으로서의 사회 시민(Gesellschaftsbürger)은 동일 인물이다. 이 '사회 시민'이 취업자와 소비자, 피보험자와 환자, 납세자와 국가 관료 체제의 의뢰인, 학생, 관광객, 도로 왕래자 등으로서의 상보적 역할에서 체계들의 특유한 요구와 실책을 몸으로 겪기 때문이다.[546] 이러한 경험은 일단 공동적 생활세계의 맥락에서 다른 생활사들과 얽혀 있는 사적 생활사의 지평에서 해석된다. 공론장의 소통 회로는 가족·친구·이웃·직장동료·지기知己 등의 멀고 가까운 상호작용 네트워크로 짜인 사적 생활영역들과 결합되어 있다. 단순한 상호작용의 공간구조는 확장되고 추상화될 지언정, 파괴되지는 않는 것이다. 일상 실천 속에 지배하는 소통적 이해 지향은 복잡하게 다지화多枝化된 공론장들 안에서 먼 거리를 두고 이루어지는 '남들 간의 의사소통'에도 유지되는 것이다.

---

546)　Habermas, *Faktizität und Geltung* (1992), 442쪽.

사적 영역과 공론장의 차별선은 구획된 주제와 관계에 의해 그어지는 것이 아니라 변화된 소통 조건에 의해 그어지는 것이다. 이 조건의 변화가 접근 기회를 변화시키고 한쪽에는 프라이버시를 다른 쪽게는 공공성을 보장하지만, 사적 영역을 공론장에 대해 차단하는 것이 아니라 다만 한 영역에서 다른 영역으로의 주제들의 흐름을 '회로화'할 뿐이다. 공론장은 생활사적 반향을 일으키는 사회적 문제상황의 사적 해석으로부터 동력을 얻기 때문이다. 사적 영역과 공론장의 이러한 긴밀한 연관성은 17·18세기의 유럽 사회에서 근대적 부르주아 공론장이 '공중으로 집합한 사인私人들의 영역'으로 형성되었다는 역사적 사실에 의해 이기 시사된 것이다. 역사적으로 공론장과 사적 영역의 이 연관성은 신문과 잡지를 중심으로 모인 부르주아 사인들로 구성된 독서 공중의 결사와 조직에서 표명되었다.

앞에서 상론된 공론장의 양가치성 테제에 따르면 공론장 안에서는 정통적 영향력의 소통적 산출과, 경제와 국가에 대한 대중 충성, 소비수요, 복종을 창출하기 위한 매체 권력의 조작적 이용이라는 두 가지 경향이 교차한다. 자율적인 공론장에서의 여론 형성의 토대와 원천에 대한 남은 물음은 이제 공론장 자체를 아예 없애버리거나 선전선동의 홍보 기구로 전락시키는 '사회의 정치적 자기조직화'라는 루소적, 레닌주의적 기획으로 답변될 수 없음이 명백하다. 이 물음에 대한 답변은 노동자와 빈민의 최소한의 물적 생활 복지와 교육을 확보케 하여 이들에게 시민적 지위를 보장하는 사회민주주의적 복지국가 기획으로도 충분한 것이 아니다. 이 물음은 하버마스에 의하면 차라리 공론장의 구조 변동과 '생활세계의 합리화'라는 장기적 추세 간의 순환적 상호 관계를 지적함으로써 더 잘 답변될 수 있다.[547] 정치적으로 제대로 기능하는 공론장은 법치국가적 제도의

---

547) Habermas, *Strukturwandel der Öffentlichkeit*, 45쪽(1990년 '서문').

보장을 필요로 할 뿐만 아니라, 자유가 습성화된 주민들의 정치 문화, 즉 합리화된 문화 전통과 사회화유형의 적극적 수용성에도 의존한다.

그러나 소통적 행위와 논의적 윤리 이론이 철학적으로 밑받침해 주는 합리적 생활세계론에 대한 이러한 추상적, 총체적 지적도 물론 충분한 것이 아니다. 훨씬 더 중요한 것은 정치적 공론장의 '담당자들'을 제도화하는 교류 형태와 조직 형태이다. 정치적 공론장의 사회적 밑받침은 각종 사회 결사와 조직체들이기 때문이다. 따라서 이제 공론장의 담당자들과 조직 형태에 대한 구체적인 정치 사회학적 범주들이 필요하다. 하버마스는 이 대목에서 지난 20년간 그람시 전통의 마르크스주의 논의 속에서 회자膾炙한, 그러나 그가 그간 철저히 홀대한 '시민사회' 개념을 도입한다. '시민사회' 개념이 소동유럽 출신의 모든 피압박 정치 세력들이 정치적 공론장의 전면적 파괴를 지적하며 소동구체제를 비판하면서부터, 이어서 소련이 '글라스노스치'의[548] 깃발을 걸고 시민사회 창설을 위한 개혁을 시작하면서부터 '시민사회' 개념이 그람시 전통의 마르크스주의적 논의 구조를 넘어 하버마스도 더 이상 모른 체 할 수 없는 이론적 붐을 일으켰기 때문이다.[549] 이 '시민사회'는 경제토대('노동과 욕망의 체계')와 국가기구의 일부('경찰행정'과 '사법司法 제도')까지도 포괄하는 헤겔의 'bürgerliche Gesellschaft' 또는 영미 자유주의 정치철학 계통의 'civil society'를 뜻하는 것이 아니다. 마르크스의 범주로 포착하면 여기서 '시민사회'는 상부구조에서 국가영역을 제외한 나머지 전 영역, 즉 상부구조의 사회적, 문화적, 정신적 생활영역을 가리킨다. 이런 까닭에 그람시 전통에 선 독일 좌익 학계의 시민사회 논의에서는 어느 때부턴가 헤겔

---

548) 목소리를 뜻하는 러시아어 '골로스(голос)'를 어근으로 하는 '글라스노스치(гла́сность)'는 러시아어로 정확히 '공론장'을 뜻한다. 그러나 당시 러시아에 무지한 저널리스트들에 의해 이 말은 이른바 '철의 장막'을 걷어 젖힌다는 체제 '개방'의 의미로 오역되어 불행히도 소련 개혁에 관한 인식을 혼란시켰었다.

549) Habermas, *Strukturwandel der Öffentlichkeit*, 47쪽(1990년 '서문').

식 'bürgerliche Gesellschaft'라는 범주를 내던지고 그람시의 'societa civile'를 'Zivilgesellschaft' 또는 'zivile Gesellschaft'라는 신조어로 번역하여 사용해 왔다.

그러나 이 새로운 '시민사회' 개념은 이미 마르크스에 의해 예비된 것이었다. 그람시는 마르크스의 사적 유물론 도식에서 오늘날 광범하게 통용되는 그의 'societa civile' 개념을 만들어 냈기 때문이다. 마르크스는 불어로 쓴 안넨코프에게 보내는 한 서한(1846.12.28.)에서 'société civile' 개념을 경제적 토대와 국가 양자에 대해 구별되는 '사회적' 상부구조의 의미에서 사용하고 이 시민사회의 '공식적 표현'을 국가로 규정하고 있다. "인간들의 생산력의 일정한 발전 정도를 전제하면 교류(commerce)와 소비의 일정한 형태가 얻어진다. 생산, 교류, 소비의 발전(즉, 경제적 토대 – 인용자)을 전제하면 이에 조응하는 사회적 체제, 즉 조응하는 가족, 신분 또는 계급들의 조직, 한마디로 말하면 조응하는 시민사회(société civile)가 얻어진다. 이 시민사회를 전제하면 이에 조응하는 정치적 국가(état politique)가 얻어지는데, 이 국가는 시민사회의 공식적 표현(offizieller Ausdruck)일 뿐이다."[550] 마르크스는 이 서한의 이어지는 문단에서도 사회 전체를 '경제적 관계', '사회적 관계', '정치적 관계'의 세 영역으로 나누어 도식화하고 있다.[551] 이러한 세 영역으로 구성된 사

---

550) Karl Marx, "An Annenkov" (1846. 12. 28), 548쪽. *MEW* 4.
551) 이 시민사회는 민주주의와 인권 및 시민권의 계급 투쟁적 확장에 따라 단계적으로 발전하는 형태를 보인다. 부르주아에게만 투표권, 참정권, 시민권이 인정되었던 '자유주의적 시민사회의 부르주아 독점 단계', 이 정치적 제권리를 노동대중도 어느 정도 쟁취하였으나 부르주아와 노동자 대중 간의 사회적 세력 관계의 교착으로 말미암아 개인 독재자가 행정권의 강화를 통해 시민사회의 – 의회 정치적 – 영향력들 무력화시킨 '보나파르트 단계', 시민사회를 관변화한 '파시즘 단계', 부르주아의 사회-정치적 영향력이 우세하지만 저항 세력의 사회정치적 조직이 합법화·공고화된 (서구 유형의) '부르주아 헤게모니 시민사회 단계', 노동대중의 정치사회적 영향력이 우세한 (북구 유형의) '노동자 헤게모니 시민사회 단계' 등으로 분류될 수 있다. 물론 여기서 중구·남구·동구 국가들이 일반적으로 겪었던 파시즘적 시민사회 단계는 반드시 모든 사회

회관은 나중에 사적유물론을 간략한 언어로 재확인하는 『정치경제학 비판을 위하여』의 '서문'에서도 – 좀 더 분화되기는 하지만 – 그대로 원 골격을 유지한다. 여기에서 그는 경제 토대, 즉 '물질적 생활의 생산양식'이 '사회적 생활 과정', '정치적 생활 과정', '정신적 생활 과정' 일반을 규정한다고 말하고 있다.[552] 이 명제에서 '정치적 생활 과정'은 국가 제도의 운행 과정으로 해석되어야 할 것이다. 한편, '사회적 생활 과정'은 가족생활, 각종 계급 조직·직업 신분 조직(안경사회, 약사회, 의사회, 요식업중앙회 등), 각종 사교성 스포츠조직 및 사교단체들의 활동 영역으로 해석해야 할 것이고 '정신적 생활 과정'은 학자와 그 학술 조직, 종교인 및 신앙인과 그 종교 조직, 문화예술인과 그 단체 등의 활동 영역으로 해석하면, 이 두 생활 과정은 광의의 '사회적 관계'로 통칭될 수 있다. 이렇게 볼 때 '안넨코프에게 보낸 서한'에서의 세 영역으로 분할된 사회관과 '시민사회' 개념은 여기에서도 그대로 유지되고 있는 셈이다. 이런 이유에서 2차 세계대전 이후에야 출판된 '안넨코프에게 보내는 서한'을 읽지 못하고 감옥에서 오직 마르크스의 이 저작의 유물론 도식만을 염두에 두고 사고를 전개하였던 그람시는 이 도식만으로도 충분히 'societa civile' 개념을 전개할 수 있었던 것이다.

사회를 경제, 시민사회, 국가로 구분하는 마르크스의 이 3분 사회관과 '시민사회' 개념은 헤겔 『법철학』의 연장선에 있는 것이 아니라 – 그에게 애덤 스미스 못지않은 사상적 영향을 미쳤던 – 애덤 퍼거슨(Adam Ferguson)의 이론적 연장선에 있는 것이다. 마르크스는 헤겔과 달리 시민사회를 국가로부터만이 아니라 경제적 토대로부터도 구별하여 시민사회를 사회적 상부구조로, 국가를 이 시민사회의 '공식적 표현'으로서의

가 거쳐야 하는 단계는 아니다.
552) Marx, *Zur Kritik der politischen Ökonomie*, 9쪽.

국가 기구적 상부구조로 규정하고 있기 때문이다.

마르크스에 있어서의 상부구조의 이 이중구조(시민사회와 국가)는 지금까지 거의 주목받지 못했다. 이것은 마르크스의 저작에서 'bürgerliche Gesellschaft'라는 용어가 헤겔적 의미로 쓰이는 경우(이것은 1844년 이전 헤겔 및 헤겔주의자들과의 논쟁에 들어 있는 초기 저작에 한정된다), 독일어의 일상어적 어의에 따라 '부르주아사회'라는 의미로 쓰이는 경우(이것은 도처에서 나타난다), 위에서 정의된 '시민사회'로 쓰이는 경우 등 다의적으로 사용되고 있음에 기인할 것이다. 그러나 매 경우 이 중 어느 의미로 사용되고 있는지는 의미 맥락에 따라 대체로 명확히 판명된다.

마르크스주의자로서는 그람시만이 국가와 경제 양자에 대해 구별되는 사회적 상부구조로서의 시민사회를 처음 발견하였다.[553] 마르크스의 위 'société civile'의 제도적 테두리는 그람시의 'societa civile'와 완전히 합치된다. 헤겔의 'bürgerliche Gesellschaft' 개념은 (물질적 토대 전체로서의) '노동, 욕망, 교환의 체계'뿐만 아니라 (국가 제도의 일부인) '경찰 행정' 및 '사법제도', 나아가 (마르크스와 그람시의 '시민사회' 내의 단체에 해당하는) 직업 신분들의 '동직 조직(Korporationen)'을 망라한다.[554] 한편, 헤겔에게 있어 가족은 'bürgerliche Gesellschft'에 앞서는, 이 체제 밖의 독립 범주이다. 이에 반해 마르크스의 '시민사회'는 위 정의상 가족도 포함한다.

마르크스의 시민사회 개념이 헤겔의 'bürgerliche Gesellschaft'과 동일하다는 유행하는 억측은 보통 『정치경제학 비판을 위하여』(1859)의 서문에 근거하고 있다. 그러나 이곳에서 이미 마르크스는 헤겔로

---

553) Antonio Gramsci, *Zu Politik, Geschichte und Kultur* (Frankfurt am Main: Suhrkamp, 1980), 228쪽.
554) Georg W. F. Hegel, *Grundlinien der Philosophie des Rechts* [1820] (Frankfurt am Main: Suhrkamp, 1980).

부터 인용하고 있다는 의미에서 'bürgerliche Gesellschaft'를 인용 부호 속에 넣어 사용하고 있다. 마르크스에 관한 많은 오해를 야기하는 데 적잖이 기여한 바 있는 하버마스는 이 경우에도 빠지지 않고 마르크스의 '시민사회' 개념에 관한 이 유행하는 해석 오류에 가담하고 있다. 하버마스는 그의 이론 체계에 시민사회 개념을 처음 도입하는 맥락에서 공론장의 사회적 기층으로서의 '결사' 개념은 최근 유행하는 '시민사회(Zivilgesellschsft)'의 개념 의미를 상기시킨다고 하면서 이 용어가 '헤겔과 마르크스 이래' 통용된 'societas civilis'의 근대적 역어인 'bürgerliche Gesellschaft'와 달리 노동시장, 자본시장, 재화 시장을 매개로 조정되는 경제 영역을 더 이상 포함하지 않는다고 말하고 있다. 그는 시민사회 개념과 관련하여 헤겔과 마르크스를 등치시키고 있는 것이다.[555] 이어서 그는 이 '시민사회'의 제도적 핵심이 단지 비체계적으로 몇 가지 예를 들면 '교회, 스포츠 및 여가 조직, 토론클럽, 시민포럼, 시민 주도 조직에서 직업단체, 정당, 노동조합, 기타 대안적인 제도장치 등에 이르는, 자발성에 기초한 비非국가적, 비非경제적 결사체들을 포함한다'고 말한다.[556] 하버마스는 여기에서 '스포츠와 여가 조직'과 같은 프라이버시 조직들을 나열하면서도 프라이버시의 핵심인 가족을 망각하고 있다. 하버마스의 이 나열에 가족을 부가하면 이것은 (헤겔이 아니라) 바로 마르크스의 '시민사회'를 이룬다.

하버마스의 이 잘못된 마르크스 독해와 시민사회적 개념 틀의 이러한 작은 실수의 비판적 교정을 전제로 그의 시민사회 개념을 알아보자. 그람시와 그람시 전통의 많은 시민사회 이론이 시민사회를 문화와 가치 도덕의 관점에서만 고찰하여 시민사회를 '문화주의적'으로 축소시킴으로써

---

555) Habermas, *Strukturwandel der Öffentlichkeit*, 46쪽(1990년 '서문'); Habermas, *Faktizität und Geltung*, 444쪽.
556) Habermas, *Strukturwandel der Öffentlichkeit*, 46쪽(1990년 '서문').

불가피하게 실천적으로 '김빠진' 이론으로 귀착되곤 하는 데 반하여, 하버마스의 시민사회 개념은 소통과 공론장의 관점에서 고찰함으로써 현대적 정치 실천에 유의미한 이론 구성을 가능케 하는 탁월성을 갖는다.

　시민사회를 경제적 생산양식에 의해 규정되는 상부구조의 사회문화적 영역으로 정의하는 마르크스 및 그람시와 달리 그는 일단 시민사회를 분명히 정의하려는 시도는 '헛된 일'로 간주한다.[557] 다만 시민사회와 관련해서는 일반적 관심거리가 되는 제문제에 관한 문제 해결적 '논의'를 공론장의 틀 안에서 제도화하는 시민사회의 '제도적 핵심'을 형성하는 결사관계에만 주목하면 된다는 것이다. 이 '논의적 기안'은 이 결사처들의 평등하고 개방적인 조직 형태에서 소통유형의 본질적 특징을 반영하고 있는데, 이 소통을 중심으로 결사체들이 결정화結晶化되고 역으로 이 소통에 연속성과 지속성을 부여한다. 즉, 시민사회의 '제도적 핵심'은 공론장의 소통 구조를 생활세계의 사회 요소 안에 뿌리박게 만드는 자발성에 기초한 '비경제적'이면서 동시에 '비국가적인' 결사, 조직, 운동이다. 시민사회는 사회적 문제상황을 사적 생활영역에서 발견하고 수용하고 농축하여 확성적擴聲的으로 정치적 공론장으로 전달하는 자발적 조직과 결사체들로 구성된다.

　시민사회 영역의 '기본권적' 보장을 분석해 보면 시민사회의 사회적 구조에 관한 일차적 정보를 얻을 수 있다.[558] 의사 표현의 자유와 더불어 집회의 자유와 결사의 자유는 여론 형성 과정에 개입하여 일반이익의 주제들을 취급하고 이익 대변의 힘이 없고 조직하기 어려운 집단들의 희망을 변호적으로 대변하거나 문화적·종교적·인본적 목표를 추구하고 신념 공동체를 조직하는 자발적 결사체들의 활동공간을 정의해 준다. 출판, 방

---

557)　Habermas, *Strukturwandel der Öffentlichkeit,* 46쪽(1990년 '서문'); Habermas, *Faktizität und Geltung,* 443쪽.
558)　Habermas, *Faktizität und Geltung,* 445쪽.

송, 방영의 자유 및 자유로운 언론 활동의 권리는 경쟁적 의견들에 대한 개방성과 대변적 의견들의 다양성을 보장하는 공적 의사소통의 매체적 기반을 보장한다. 저널리즘적 영향력에 민감한 감각을 유지해야 하는 정치적 체계는 정당들의 활동과 시민들의 선거권을 매개로 공론장 및 시민 사회와 결부되어 있다. 이러한 결부 상태는 국민의 정치적 의사 형성에 있어서 공동(共動)할 정당들의 권리 및 시민들의 능동적 선거권(피선거권)과 수동적 선거권, 기타 참정권에 의해 보장된다. 결사체들은 생활 형태, 하부 문화, 신념 방향 등의 증대하는 다양성에 기초하는 정도만큼만 자신의 자율성을 주장하고 자발성을 가직할 수 잇다. 인격권, 신앙 및 양심의 자유, 거주이전의 자유, 서신, 우편, 전화 통신의 비밀보장, 주거의 불가침성 등 '프라이버시'의 기본권적 보호와 가족의 보호는 개인적 프라이버시 영역이 온전하게 유지되는 데 기여한다. 이러한 프라이버시 권리들은 인격적 보전保全 및 자립적 양심과 판단 형성의 불가침적 영역을 감싸고 있다.

자율적 시민 결사와 온전한 프라이버시 영역 간의 긴밀한 관계는 소동구의 전체주의적 국가사회주의 사회를 보면 보다 분명해진다. 이 사회에서는 푸코가 정의한 '팬옵티콘(panopticon)적 국가'가 관료 체제에 의해 무미 건조화된 공론장을 직접 통제할 뿐만 아니라 이 공론장의 사적 토대도 해체한다.[559] 행정적 침입과 항구적 감시는 가족과 학교, 마을과 인근에서의 일상적 사교와 친목의 소통 구조를 파괴한다. 연대적 생활 관계의 파괴 및, 과도한 규제와 권리 불안전성으로 특징지어진 영역들에서의 주도성과 자율성의 불구화는 사회집단, 결사, 네트워크 등의 파괴, 교리 주입과 사회적 정체성正體性의 해체, 자발적인 공적 의사소통의 완전한 압

---

559) Habermas, *Strukturwandel der Öffentlichkeit*, 47쪽(1990년 '서문'); Habermas, *Faktizität und Geltung*, 446쪽.

살 등과 나란히 진행된다. 그리하여 소통적 합리성은 공사公私의 '소통적 이해理解관계' 속에서 파괴된다. 사적 영역에서 소통적 행위의 사회화하는 힘이 불구화되고 소통적 자유의 불꽃이 꺼져 갈수록 더 쉽사리 상호 고립되고 소외된 행위자들은 몰수당한 공론장 안에서 '대중'으로 전락하여 국가의 감독하에 처해져 우민愚民으로서 운동하도록 내몰린다.

물론 기본권적 보장만으로는 공론장과 시민사회의 왜곡이 방지될 수 없다. 오히려 시민사회의 생명적 역동성이 공론장의 소통 구조를 안전하게 지탱해 주어야 한다. 정치적 공론장이 일정 정도 스스로 안정되어야 한다는 것은 "시민사회적 소통 실천의 묘한 자율적 생명성(Selbstbezüglichkeit)"에서 입증된다. 공론장 안에서 활발한 발언으로 동시에 이 공론장의 구조를 재생산하는 사람들의 텍스트는 공론장 일반의 비판적 기능과 관련된 불변적 하부 텍스트가 존재한다는 것을 보여 준다. 공적 논의의 수행적(performativ) 의미는 발언 내용의 차안此岸에서 '찌그러지지 않은' 공론장 그 자체의 기능을 현존하도록 지탱해 준다. 자유로운 의견 형성의 제도와 법적 보장은 이 제도화된 제권리를 활용함으로써 동시에 공론장을 규범적 내용에서 해석하고 방어하고 급진화하는 사람들의 정치적 소통의 동요하는 토대에 근거한다. 쟁론과 영향력을 위한 투쟁 가운데 공론장의 재건과 유지라는 공동 과업에 연루되어 있다는 것을 아는 행위자들은 자신들의 정치 행위가 지닌 '이중적' 지향에 있어서 이 기존 논단들을 단순히 이용하는 행위자들과 구별된다.[560] 그들은 자신들의 강령으로써 직선적으로 정치체계에 영향력을 가하고 '동시에' 시민사회와 공론장을 유지, 확장하며 자기의 정체성正體性과 행위능력을 공고히 하는 것이다.

시민사회적 토대를 지닌 공론장과 법치국가적으로 제도화돈 의회적

---

560) Habermas, *Faktizität und Geltung*, 447쪽.

의견 및 의사 형성의 공동共動 작용은 '토의 정치(deliberative Politik)'의 개념을 사회학적으로 번역하기 위한 좋은 출발점을 제공한다.[561] 물론 시민사회는 사회 전체의 자기조직화의 광선이 집중되는 초점으로 간주되어서는 안 된다. 시민사회와 공론장은 비제도화된 운동 형태와 표현 형태에 '한정된' 행위 공간만을 제공할 뿐이다.

여기로부터 급진 민주주의적 실천의 구조적으로 필수적인 자기제한이 발생한다. 첫째, 활력 있는 시민사회는 자유로운 정치 문화와 상응하는 사회화 유형의 맥락에서만, 그리고 손상되지 않은 사적 영역의 토대 위에서만 형성될 수 있다. 즉, 활력 있는 시민사회는 '이미 합리화된 생활세계'에서만 발전한다. 그렇지 않으면 자본주의적 근대화에 의해 위태로워진 생활세계의 전통 잔재를 '맹목적으로' 방어하는 '포퓰리즘적 운동'이 발생한다. 이 운동은 주민 동원의 기술에 있어서는 근대적인데 그 목표는 반反민주적이다. 이와 관련하여 하버마스는 전통적인 사회주의운동도 미래와 과거를 동시에 바라보는 '야누스적 얼굴'을 가진 것으로 비판하고 있다. 이 운동은 산업주의의 새로운 교류 형태 안에서 몰락하는 전前근대적 세계의 연대공동체의 사회통합적 힘을 구하려 하였다는 것이다.[562]

둘째, 자유로운 공론장 안에서 행위자들은 정치적 '권력'이 아니라 오직 '영향력'만을 획득할 수 있다. 어느 정도 논의적인 공개 논쟁에 의해 산출되는 공론의 영향력은 분명 뭔가를 움직일 수 있는 경험적 크기를 갖는다. 그러나 이 정치적 영향력은 민주적 의사 형성의 제도화된 '절차'의 필터를 통과하여 '소통적 권력(kommunikative Macht)'으로 바뀌고 정통적 법제화를 겪는 경우에야 비로소 사실상 일반화된 공론에서 이익 일반화의 관점에 의해 '검토된', 정치적 결정을 정통화하는 공적 확신이

---

561) Habermas, *Faktizität und Geltung*, 448-449쪽.
562) Habermas, *Faktizität und Geltung*, 449쪽.

생겨난다. '소통적으로 유동화된 인민주권(kommunikativ verflüssigte Souveränität des Volkes)'은 독자적으로 공론적 논의의 비공식적 권력 형태로 효력을 얻을 수 없는 것이다.

셋째, 정치 행위가 활용할 수 있는 법과 행정적 권력은 기능적으로 분화된 사회 안에서 한정된 효과를 지닐 뿐이다. 정치적 조절은 가끔 단지 간접적으로만 수행될 수 있을 뿐이고 기능 체계들의 공유한 작용 방식을 건드려서는 안 된다. 이런 이유에서 시민사회로부터 자라난 민주운동은 마르크스주의적 사회혁명관의 기저를 이루는 '전체적으로 자기 조직하는 사회'의 이념을 포기해야 한다. 시민사회는 직접적으로 자기 스스로 변화하면서 간접적으로 법치국가적으로 제도화된 정치적 체계의 자기 변혁에 영향을 미칠 뿐이다. 그러나 시민사회는 사회 전체를 통제하고 전체의 명의로 행위하는 역사철학적 '거대 주체'를 대신하는 것이 아니다. 게다가 사회경제의 계획화를 목적으로 투입되는 행정적 권력은 해방된 생활 형태의 촉진에 적합하지 않다. 이 해방적 생활 형태는 민주화 과정의 결과 '저절로 형성될 수 있는 것'이지, 행정적 개입에 의해 '야기될 수 있는 것'이 아니기 때문이다.[563]

시민사회의 '자기제한'은 시민사회의 '미성년화(Entmündigung)'로 오해되어서는 안 될 것이다. 희소한 자원인 체계 지식은 필경 새로운 체계 가부장주의의 원천이 될 수 있다. 그러나 이 전문 지식이 애당초 행적적 독점의 대상인 것은 아니다. 시민사회도 대항 지식을 동원하고 관련 전문 지식의 고유한 번역판을 마련할 수 있는 가능성이 있는 것이다. 공중이 비전문인으로 구성되어 있고 공론적 소통이 일반적으로 이해 가능한 언어로 진행된다는 사실은 반드시 본질적 문제와 결정 이유의 단순화를 뜻하지 않는다. 이것은 시민사회적 주도력이 문제의 조절 측면에 충분한 전

---

563) Habermas, *Faktizität und Geltung*, 450쪽.

문 지식과 적절한 번역을 마련하기에 아직 불충분한 동안에만 공론장의 '테크노크라트적 미성년화'의 구실로 기능할 수 있을 뿐이다.[564]

시민사회는 일정한 조건하에서만 공론장 안에서 영향력을 획득하여 공론을 매개로 입법부와 사법부에 영향력을 행사하고 정치적 체계를 강제할 수 있다. 커뮤니케이션 사회학은 물론 서구 민주 체제의 권력화된 매중 매체적 공론장에 관한 회의주의적 상을 제시한다. 시민사회의 결사체들은 문제에 민감하지만, 이들이 내보내는 신호와 충격은 일반적으로 너무 약하여 정치체계 안에서 단기적으로 학습 과정의 시동을 걸고 결절 과정의 방향을 전환할 수 없다는 것이다.

복합적 현대사회에서 공론장은 정치적 체계와 생활세계 사이를 매개하는 중간적 구조이다. 그것은 공간적으로 중복되는 국제적·전국적·지역적·자치단체적·하부 문화적 논의 마당으로 분화되고 사안별로 어느 정도 전문화된, 그러나 비전문적 공중이 접근가능한 공론장들(가령 대중과학적·문예적·종교적·예술적·여성적·대안적·보건 정책적·사회 정책적·과학 정책적 공론장들)로 짜인 고도복잡한 네트워크요, 소통 밀도, 조직적 복잡성, 도달 범위에 따라 일화적인 선술집 공론장, 카페 공론장, 거리 공론장에서 주최 측에 의해 개최되는 연극상영, 학부모의 밤, 록 콘서트, 당대회, 중요기념일 등 각종 현장 공론장을 거쳐 분산되고 전체적으로 분산된 독자, 청취자, 시청자 등의 추상적인 대중 매체적 공론장에 이르기까지 분화되는 네트워크이다. 그러나 이러한 다양한 분화에도 불구하고 모든 구어적으로 구성된 부분 공론장들은 상호 통로가 뚫려 있다. 부분 공론장은 배제 메커니즘의 도움으로 형성된다. 그러나 공론장이란 앞서 살펴본 전제에 따라 '조직'이나 '체계'가 아니기 때문에 무효화할 수 없는 배제 규칙은 없다.

---

564) Habermas, *Faktizität und Geltung*, 451쪽.

바꿔 말하면 정치적 체계와 관련하여 정의된 일반적 공론장 내에서의 내부 경계는 원칙적으로 '투과적인' 것이다. 자유주의적 공론장 안에 내장된 무제한적 포함의 권리와 기회 균등성은 위에서 이미 확인하였듯이 푸코적 유형의 배제 메커니즘의 정착을 저지하고 공론장 자체의 '자기 변혁적 잠재력'을 정초해 준다.[565] 이미 부르주아 공론장의 보편주의적 논의들은 19세기와 20세기를 경과하면서 동일한 보편주의적 권리에 기초하여 논의 참가를 요구하는 내재적 비판을 견뎌 낼 수 없었다. 노동운동, 여성운동 등은 이미 상술한 바와 같이 이 논의 구조에 참가하여 일단 이들을 부르주아 공론장의 '타자他者'로 배제하던 구조를 분쇄할 수 있었던 것이다.

대중매체를 매개로 통합된 공중이 사회의 모든 구성원을 더 많이 포괄하며 추상화될수록, 논의에 등장하는 행위자들은 화랑에서의 관객의 구체적 역할과 더 많이 구별된다. 이와 함께 공중의 '그렇다/아니다' 입장 표명이 얼마나 자율적인 것이지, 또는 이 입장표명이 확신 과정인지 아니면 어느 정도 은폐된 권력 과정인지 하는 물음이 제기된다. 거듭 제기되는 이 회의주의적 물음은 그러나 우리가 이미 2절과 3절에서 공론장의 '양가치성' 테제와 관련하여 상론했으므로 이에 대한 대답은 생략해도 될 것이다. 다만 이와 관련된 몇 가지 내용을 다시 확인해 둘 필요가 있다. 저널리스트들의 저널리즘적 직업 규범과 직업 윤리적 자부심 및 자유언론의 공익 방송법적 조직 형태도 이러한 회의주의적 반론을 경감시키는 역할을 한다는 것이다. 토의 정치의 개념과 합치되게 대중매체들은 단순한 규제적·규범적 이념을 표현한다. 대중매체는 자신을 계몽된 대중의 대리인으로 이해하고 공중의 학습용의와 비판 능력을 전제하고 동시에 강화한다. 대중매체는 사법부와 유사하게 정치적·사회적 행위자들에 대한 독

---

565) Habermas, *Faktizität und Geltung*, 452쪽.

립성을 유지해야 한다. 매체들은 공중의 소망과 자극을 비편파적으로 수용하고 정치과정을 정통성 강제와 강화된 비판에 직면하도록 만들어야 한다. 이를 통해 매체 권력이 중립화되고 행정적 권력과 사회적 권력이 공론적인 정치적 영향력으로 전환되는 것을 막아야 하는 것이다. 이 이념에 따라 정치 사회적 행위자들은 공중에 의해 수용되거나 공중의 동조와 함께 공적 의제로 정립된 제문제의 논의를 위해 설득력 있는 기여를 하는 한에서 공론장을 이른바 '이용'할 수 있다. 정당들도 자신들의 정치적 권력 유지의 시각에서 공중에 영향을 미쳐 공론장으로부터 대중적 충성을 뽑아내는 것이 아니라 공중의 의사 형성 과정에 공중 자신의 고유한 시각에서 참여하지 않을 수 없다.

권력화된 공론장의 회의적인 상을 이러한 규범적 기대를 배경으로 상기하면, 시민사회 쪽에서 정치적 체계에 대해 영향력을 가할 가능성은 미미한 것으로 느껴진다. 그러나 이러한 평가는 공론장이 '휴식 상태'에 있을 때에만 올바를 따름이다. 공론장이 동원되는 순간 입장을 취하는 공중의 권위를 지탱하는 구조들이 진동한다. 이 순간 시민사회와 정치적 체계 간의 세력 관계는 급변하게 된다.[566]

지각된 '위기 상황'에서는 시민사회적 행위자들도 갑작스럽게 능동적이고 중요한 역할을 떠맡는다.[567] 이들은 조직적 단순성, 취약한 행위능력, 구조적 불리점에도 불구하고 가속된 역사의 위기 순간에 공론장과 정치적 체계 안에서 소통 흐름의 방향을 변화시켜 전체 체계의 문제해결 양식을 변경시키는 가능성을 획득한다. 공론장의 소통 구조는 시민사회적 주변이 정치의 중심에 대해 새로운 문제의 지각과 확인을 위한 더 민감한 감각을 유지한다는 장점을 갖기 때문에 사적 생활 영역들과 긴밀히 연결

---

566) Habermas, *Faktizität und Geltung*, 456쪽.
567) Habermas, *Faktizität und Geltung*, 460쪽.

되어 있는 셈이다. 그간의 큰 정치 테마들, 가령, 핵 군비의 악순환성, 핵 에너지, 유전자공학의 위험성, 환경위기, 제3세계, 여성문제, 난민 문제 등 이 가운데 어느 것 하나 관료와 기성정당의 위정자들에 의해 제기된 것이 없다. 이 테마들은 모두 시민사회로부터 저항운동을 통해 공론장에 올라온 것들이다.

따라서 우리가 일반적으로 세울 수 있는 결론적 명제는 중요한 사회문제의 생활 세계적 감지가 시민사회적 주변에서 위기의식을 야기하자마자 어느 정도 권력화된 공론장 안에서도 세력 관계가 변동한다는 것이다. 시민사회적 행위자들이 모여 관련 테마를 정식화하고 공론장에서 홍보하면, 이들의 주도는 성공한다. 공론장의 내재적 동원과 함께 모든 공론장의 내부구조에 내장되어 있고 대중매체의 규범적 자부심 속에 현존하는 잠재적인 법칙성이 동력을 얻게 되기 때문이다.[568] 적어도 우리는 합리화된 생활세계가 강력한 시민사회적 기초를 가진 자유로운 공론장의 형성에 적극적으로 호응하는 정도만큼, 입장을 취하는 공중의 권위가 확대되는 공론적 논쟁의 진행 과정에서 강화된다고 말해도 될 것이다. 왜냐하면 위기에 따른 동원의 경우에 이러한 조건에서 비공식적 공론 소통은 한편으로 포퓰리즘적으로 활용가능한, 교리를 주입 당한 대중의 결집을 막고 다른 한편으로 매체적 공론장을 매개로 다만 추상적으로 집합해 있을 뿐인 공중의 분산된 비판적 잠재력을 결집하여 이것이 제도화된 의사결정기관에 대한 정치적 영향력이 되도록 돕는 궤도를 따라 운동하기 때문이다.[569] 정치적 체계의 법치국가적으로 규제되는 권력순환을 지원하기 위해 전통적인 이익 정치의 궤도를 떠나는 "제도권 밖의 운동 정치(subinstitutionelle Bewegungspolitik)"는 오직 '자유주의적' 공론장 안에

---

568) Habermas, *Faktizität und Geltung*, 461쪽.
569) Habermas, *Faktizität und Geltung*, 462쪽.

서만 - 단순히 저널리즘적 정통성의 논단으로만 기여하는 - '재단裁斷 당한' 공론장에서와 다른 공격 방향을 취하는 것이다.

제도권 밖의 시민 항의가 항의를 확대하면서 타고 올라가게 되는 저 사닥다리의 마지막 단계에는 강화된 정통성 압박의 이러한 의미가 분명해진다. 반대 주장에 보다 큰 귀와 정치적 영향력을 부여하기 위한 마지막 수단은 "시민불족종 운동(Akte des bürgerlichen Ungehorsams)"이다.[570] 이 비폭력적·상징적 규칙 위반 행동은 유효한 헌법 원칙의 관점에 볼 때 합법적 성립에도 불구하고 행위자들의 시각에서 비정통적 구속력 있는 결정에 대한 항의의 표현이다. 논쟁의 대상과 무관하게 시민불복종은 암묵적으로 항상 공론장의 소통 과정에 제도화된 의사결정을 다시 결합시킬 것을 요구한다. 이것은 법치국가적 헌법의 토대 위에서 시민사회로부터 분리되어 생활세계적 주변에 대해 자립화해서는 안 되는 정치적 체계를 겨냥한다. 이로써 시민불복종은 위기 상황에서 공론을 매개로 민주적 법치국가의 규범적 내용을 현재화하여 제도권 정치의 체계순응적 태만에 저항하는 고유한 시민사회적 출신성과 관계된 것이다. 시민적 불복종의 정당성은 헌법을 '미완의 기획'으로 보는 '역동적 이해'에 근거한다.[571] 이 장기적인 시각에서 민주적 법치국가는 완성된 기제가 아니라 외부 자극에 취약한, 특히 오류 가능한, 따라서 수정이 필요한 기획으로 이해된다. 따라서 이 기획은 변화하는 조건에서 권리의 체계를 새로이 구현하고 더 잘 해석하고 더 적절히 제도화할 목표를 지니고 있다.

■ 하버마스의 권력이론과 법치국가 이념

우리는 지금까지 하버마스의 공론장과 시민사회 개념을 서술하면서

---

570) Habermas, *Faktizität und Geltung*, 462쪽.
571) Habermas, *Faktizität und Geltung*, 464쪽.

슬그머니 하버마스 특유의 권력 개념들('소통적 권력', '행정적 권력', '사회적 권력' 등)을 활용해 왔다. 이와 같이 허가받지 않은 새로운 개념의 은밀한 도입은 하버마스 이론 체계의 복잡성과 얽히고설킨 상호 전제성으로 말미암아 불가피한 것처럼 보인다. 다음에서는 하버마스의 권력이론을 약술하고 '법치국가 이념의 소통 이론적 재건'에 관해 살펴보고자 한다.

정통적 법의 산출을 위해 왜 시민의 소통적 자유가 동원되어야 하는가를 설명하는 정치적 자율성의 논의론적 개념은 이전의 자연법적 이성법(Vernunftsrecht)과 이성 논리를 포기한 실증주의적 실정법과 완전히 다른 시각을 제공한다. 이 논의론적 자율 개념은 하버마스에 의하면 입법을 베버의 권력과 다른 유형의 권력인 '소통적 권력'에 종속시킨다. 하버마스의 이 '소통적 권력' 개념은 일찍이 아렌트의 권력이론에 비판적으로 의존하여 발전되었다. 아렌트에 의하면 권력은 '공동으로 행위하는 사람들 사이에서 생겨나고 이들이 흩어지자마자 사라지는' 것이다. 이 모델에 따르면 법과 소통적 권력은 동근원적同根源的으로 '다수의 사람이 공론적으로 합의한 의견'에서 유래한다. 따라서 정치적 자율성의 논의론적 변형으로 인해 정치권력의 개념적 분화가 불가피해진다. 법을 정립하는 소통적 권력은 법 자체를 정통화해 주는 정의의 자원이 고갈되지 않으려면 국가행정부의 법 형태로 구성된 권력의 기저에 놓여 있어야 한다.

지금까지 우리는 무제한적 소통적 자유의 공론적 사용을 합리적 의견 형성과 의사 형성을 가능케 하는 '인식적' 측면에서만 고찰하였다. 그것은 관련 테마와 기고문, 정보와 근거의 자유로운 과정적 흐름은 절차에 적법하게 성립한 결과에 이성의 추정을 정초해 주어야 한다는 관점이었다. 그러나 논의적으로 산출되어 간주체적으로 공유되는 확신은 동시에 행위의 '동기를 부여하는 힘'도 갖는다. 이것이 좋은 근거의 취약한 동기부여적 힘보다 더 위력적이지 않은 경우에도 소통적 자유의 공적 사용은 권력 잠재력의 산출로서 현상한다. 이것은 단순한 언어 행위적 제안에 대한 그렇다/아니다 입장표명의 모델에서 시사될 수 있다. 언어 행위로 제기된 타당성 요구의 간주체적 승인에 의해 화자와 청자 사이에 산출되거나 확인되는 '공유된 확신'은 행위와 관련된 의무의 암묵적 수락을 뜻한다. 이런 한에서 그것은 새로운 사회적 사실을 창출한다. 시민들의 소통적 자유가 정통적 법의 입법을 위해 동원됨으로써 이러한 암묵적, 비언표적 의무들은 행정적 권력 지위의 관리들이 고려해야 하는 잠재력으로 농축된다.

권력의 근본 현상은 아렌트에게 있어 사회적 관계 내에서 자기 의사를 저항하는 자에 대해 관철시키는 강제 가능성으로서의 베버적 권력을 뜻하는 것이 아니라 강제 없는 소통 속에서 형성되는 공동 의지의 잠재력이다. 아렌트는 이 소통적 권력을 강권에, 즉 양해를 지향하는 의사소통의 합의 획득적 힘을 자기 목적을 위해 남의 의사를 도구화하는 능력에 대립시킨다. 권력은 아렌트에 의하면 '행위하고 무엇인가 행할 뿐만 아니라 다른 사람들과 결속하고 이들과의 의견 합치 속에서 행위하는 인간적 능력'에서 유래한다. 이러한 소통적 권력은 왜곡되지 않은 공론장에서만 형성될 수 있고 '찌그러지지 않은 소통'의 손상되지 않은 간주체성의 구조에서 자라 나온다.

아렌트는 정치적 권력을 자기 이익이나 집단적 이익의 관철을 위한 잠재력이나 집단적 구속력을 가진 결정을 내리는 '행정적 권력'으로 파악하지 않고 오직 정통적 법의 창출과 제도의 창설에서 표현되는 '공증하는 힘'으로 이해하고 있다. 아렌트가 여러 역사적 사건에서 감지하는 것은 소통적 권력과 정통적 법의 '자매姉妹 관계'라는 동일 현상이다.

'권력'과 '강권'의 근본 개념적 대립은 이성법의 구성에서와 달리 권력을 법의 편으로 옮겨 놓는다.[572] 이성법의 전통에서 자연 상태에서 사회 상태로의 이행은 체약締約 당사자들이 각자의 물리적 힘에 기초한 자유를 포기하는 것을 전제한다. 이들은 법률적으로 제한된 주관적 자유의 기율적 관철에 간여하는 국가 강권에 무제한적인 행위 자유를 양도한다. 여기서 강권의 포기로부터 생겨나는 법은 권력과 등치된 강권의 회로로 기능한다. 아렌트의 권력과 강권의 구분은 이러한 이론적 딜레마를 폐기한다. 법은 애당초 정통적 법을 산출하는 소통적 권력과 결부되어 있기 때문이다.

하버마스는 아렌트의 소통적 권력 및 도구적 강권 개념을 수용하여 베버의 '정통적 지배' 개념을 제도화된 권력/강권 혼합체로 이해한다.[573] 또한 '전략적 행위' 일반은 인과율적 행위 성과를 지향하는 도구적 강권에 기초한 행위로, 일상적 생활세계의 소통적 행위는 소통적 권력의 산출 기제로 규정한다.

하버마스는 이 소통적 권력의 개념으로써 이미 구성된 권력의 행정적 적용, 즉 권력 행사의 과정이나 행정적 권력을 행사할 권한을 지닌 직책을 둘러싼 투쟁을 설명하려는 것이 아니라 정치적 권력의 '생성'을 설명하려는 것이다. 아렌트에 의하면 권력의 행사도 권력의 획득과 우지를 위한 경쟁도 권력을 창출하지 못하고 이것 자체가 역으로 이것과 별도로 진행되는 권력의 '소통적' 형성과 갱신에 의해 가능한 것이기 때문이다. 따라서 권력의 분배와 권력투쟁에만 국한되는 사회학적 권력 이론들에 대항하여 아렌트는 정당하게 어떤 정치적 지배체제도 자신의 권력 자원을 임의로 확대할 수 없음을 강조한 바 있다. 소통적으로 산출된 권력은 조직체들이 이것을 둘러싸고 경쟁하지만 이 경쟁하는 조직체들이 산출할

---

572) Habermas, *Faktizität und Geltung*, 182쪽.
573) Habermas, "Replik auf Einwände"[1980], 548쪽.

수 없는 '희소한 재화'인 것이다.

그러나 정치는 자율적으로 행동하기 위해 서로 말하는 사람들의 소통적 실천과 소통적 권력보다 더 많은 것을 포괄한다. 정치적 자율성의 발휘는 공동 의사의 논의적 형성을 뜻할 뿐, 아직 이 의지로부터 나오는 법률의 적용을 의미하지 않는다. 따라서 정치의 개념은 의당 정치적 체계 내에서의 행정적 권력의 사용, 그리고 정치적 체계로의 접근을 위한 경쟁에까지 확장된다. 이 대목에서 하버마스는 법을, '소통적 권력'을 '행정적 권력'으로 전환시키는 '매체'로 규정할 것을 제안한다.[574] 소통적 권력의 행정적 권력으로의 전환은 법률적 면허의 테두리 내에서의 수권授權의 의미를 갖기 때문이다. 따라서 법치국가의 이념은 법을 정립하는 소통적 권력에 권력 코드로 조절되는 행정적 체계를 구속시키고 '사회적 권력'의 영향으로부터 해방하라는 요청으로 이해될 수 있다는 것이다. 여기서 '사회적 권력'은 사회적 관계 내에서 자기의 이익을 타인들의 저항에 대해서도 관철할 수 있는 특권적 강제 가능성이라는 베버적 의미의 권력을 뜻한다. 행정적 권력은 스스로 재생될 수 없고 오직 법을 매개로 소통적 권력을 행정적으로 전환함으로써만 갱신될 수 있다. 법치국가가 행정적 권력코드 자체를 건드리지 않고, 따라서 행정적 체계의 자기조절 논리를 침범하지 않고 규제해야 하는 것은 최종적으로 이 전환과정이다.

지금까지의 논의를 기초로 하여 여러 논증선들은 공권력의 법치국가적 조직원리들을 논의 이론적 시각에서 근거 짓게끔 종합될 수 있다. 전통적으로 법과 권리의 상호적 구성은 이 양자 간에 연관을 창설하는 데, 이 연관은 곧 권력의 전략적 투입을 위해 법을 도구화할 잠재적 가능성을 열어 놓고 항구화한다. 이에 반해 법치국가의 이념은 정통적으로 정립된 법에 비추어 스스로를 정통화해야 한다는 부담을 법적으로 제도화된 정

---

574) Habermas, *Faktizität und Geltung*, 187쪽.

치적 지배에 부과하는 공권력의 조직을 요구한다. 법 코드와 권력 코드는 항상 상호 기여하지만, 이 교환관계는 소통적 권력의 형성과 자개 관계인 정통적 법정립에 의존해 있는 것이다. 이와 함께 정치적 권력 개념이 분화했었다. 공공 행정의 체계에는 항상 새로이 소통적 권력으로부터 갱신되어 나와야 하는 권력이 집중되어 있다. 이런 이유에서 법은 행정과정을 조절하는 권력 코드에만 본질 구성적인 것이 아니다. 법은 동시에 소통적 권력의 행정적 권력으로의 전환을 위한 매체이기도 하다. 이런 이유에서 법치국가의 이념은 정통적 법이 소통적 권력으로부터 산출되고 이 소통적 권력이 다시 정통적으로 정립된 이 법을 매개로 행정적 권력으로 전환되는 원리에 따라 설명될 수 있다.[575]

입법부의 논의적으로 구조화된 의견 및 의사 형성이 – '우리는 무엇을 해야 하는가'라는 물음이 여러 시각에서 이성적으로 답변될 수 있는 – 소통 형태 속에서 수행되기 때문에 하버마스는 법치국가의 원리를 '논의와 협상 네트워크의 법적 제도화' 관점에서 설명한다.

모든 국가권력은 인민으로부터 나온다는 인민주권의 원리에서 민주적 의사 형성에 대한 기회균등적 참정권이 시민적 자결自決의 제도화된 실천을 객관적–법적으로 가능케 하는 문제와 만나게 된다. 이 원리는 권리의 체계와 민주적 법치국가의 건설 사이의 경계선이다. 인민주권 원리의 논의론적 해석에서 독립적인 사법司法 기관에 의해 보장되는 포괄적인 개인적 권리보호의 원리, 행정, 사법, 의회적 행정통제의 합법성의 원리, 국가와 시민사회의 분리의 원리가 도출된다. 이 마지막 원리는 사회적 권력이 여과되지 않고, 즉 소통적 권력의 수문水門을 통과하지 않고 행정적 권력으로 전환되는 것을 막는다.

인민주권의 원리는 소통적, 논의론적으로 고찰하면 모든 정치권력이

---

575) Habermas, *Faktizität und Geltung*, 209쪽.

시민들의 소통적 권력에서 나온다는 것을 뜻한다.[576] 정치적 지배의 행사는 시민들이 논의적으로 구조화된 의견 및 의사 형성 속에서 스스로에게 부여하는 법률을 지향하고 이 법률에 비추어 정통화된다. 시민들의 이 실천은 정치문제의 이성적 취급을 보장해야 하는 '민주적 절차'에서 그 정통화하는 힘을 얻는다. 절차에 맞게 획득된 결과의 합리적 수용성은 모든 관련 문제, 주제, 기고 등이 언어화되고 최선의 정보와 근거의 토대 위에서 논의와 협상 속에서 취급되는 것을 '이상적으로' 보장하는 네트워크화된 소통의 제도화에서 생겨난다.

인민주권의 원리는 직접 권력의 관점에서도 고찰될 수 있다. 이럴 경우 이 원리는 오직 자신의 품 안에서만 공동 확신의 소통적 권력을 산출할 수 있는 시민 전체에 입법 권한을 이양할 것을 요구한다. 그런데 정치와 법률에 관한 근거 있고 구속력 있는 결정은 한편으로 얼굴과 얼굴을 맞댄 협의와 결의를 요구하지만, 다른 한편으로는 모든 시민이 이 직접적이고 단순한 의사소통의 차원에서 이러한 공동 실천으로 통합될 수 없다. 이 딜레마로부터 탈출할 수 있게 해주는 것은 토론하고 결의하는 대의기관의 설치라는 '의회주의적 원리'이다. 이 의회 기관의 구성과 행위 양식은 다시 과업 수행의 논리에서 나오는 시각에서 규제되어야 한다. 선거 양식, 의원의 지위(면책 특권, 자유 대표성 대 선거 주민에 구속된 대표성 등), 의회 내의 결정 방식(다수결, 반복된 회독), 위원회 제도 등이 그것이다. 이 절차 문제는 논의 원리의 관점에서 실용적, 윤리적, 도덕적 논의에 필수적인 의사소통의 전제들과 공정한 협상의 조건이 충분히 충족되어야 하는 식으로 규제되어야 한다.

논의 논리로부터 '정치적 다원주의'의 원리와, 의회적 의견 및 의사 형성을 정당들의 공동共動 하에 정치적 공론장에서 모든 시민에게 개방된

---

576) Habermas, *Faktizität und Geltung*, 209쪽.

비공식적 의견 형성에 의해 보충할 필연성이 도출된다.[577] '자율적 공론장의 보장 원리'와 '정당 경쟁의 원칙'은 의회적 원리와 더불어 인민주권 원리의 내용을 구현한다. 이것은 익명적으로 짜인 소통 과정들이 단순 상호작용의 구체적 차원으로부터 탈피하는 익명적 공개장의 논의적 구조화를 요구한다. 정치적 의사 형성을 준비하고 이것에 영향을 미치는 비공식적 의견 형성은 참석자들 사이의 결의 예비적 협의의 제도화 강제의 부담을 지지 않는다. 이 논의 마당들은 앞에서 살펴 보았듯이 의견, 타당성 요구, 입장들의 자유로운 흐름을 위한 행위 공간의 관점에서 기본권적으로 보장되어야 하긴 하지만, 결사체처럼 조직될 수는 없는 법이다.

시민들의 정치적 소통은 공적 관심을 끄는 모든 문제에 확대되지만, 최종적으로는 입법부의 입법적 결의로 유입한다. 법률은 개인적 권리 요구의 기초를 이룬다. 이 요구는 개별 사례에 대한 법률의 '적용'에서 생겨난다. 이 요구의 소송적 관철로부터 권리 노선의 보증과 사법에 의한 포괄적인 개인적 권리보호의 보장 원리가 도출된다.

입법 권한과 법 적용의 권한을 이와 같이 각기 다른 기관에 분할하는 것은 실용적인 차원에서 설명될 수 없다. 그러나 규범적·법 체계적 차원에서는 결정적 근거가 있다. 규범 창설과 규범 적용 간의 논증 논리적 차이는 다른 방식으로 제도화된 논증 논의 및 적용 논의의 소통 형태에 반영된다. 이런 이유에서 사법은 입법과 분리되고 동시에 완전 독립하는 것을 막아야 한다. 일하여 '사법의 법 구속성의 원리'가 나오게 된다. '행정의 합법성의 원리'는 이 권력분립의 핵심적 의미를 더욱 분명히 해준다.

'국가와 사회의 분리의 원리'는 독일 국법론 전통에서 '구체주의적'으로 해석되어 왔다. 그러나 일반적으로 이것은 시민으로서 정치적 참정권과 의사소통권을 활용하는 균등한 기회를 각인에게 허용하는 사회적 자

---

577) Habermas, *Faktizität und Geltung*, 211쪽.

율성의 법적 보장을 뜻한다. 따라서 이 원리는 추상적인 차원에서 시민사회와 계급구조로부터 충분히 탈피한 정치 문화를 요구한다. 시민사회는 사회적 권력의 불균등한 배분을 중립화하여 이 사회적 권력이 시민적 자율성의 행사를 제한하는 것이 아니라 가능케 하는 한에서만 출현하도록 한다. 이 사회적 권력은 행정적 권력과 다른 방식으로 소통적 권력의 형성을 가능케 하면서 동시에 제한하기 때문이다.

국가권력이 '중립적 권력'으로서 사회 세력들 위에 군림한다는 이념은 늘 이데올로기였다. 그러나 시민사회로부터 형성되어 나오는 정치과정은 행정 체계가 여러 사회적 권력체 중의 하나에 불과한 지위로 전락하는 하는 것을 막기 위해 필요한 정도의 – 사회적 권력체들에 대한 – 자율성을 획득해야 한다. 그렇지 않으면 국가가 코퍼러티즘(corporatism)적 계약 참가자로 변질되어 정통적 법의 집행을 통해 정치적 정의를 실현하는 권력 요구를 포기해 버리는 위험이 생겨나기 때문이다.[578] 따라서 국가와 사회의 분리 원리는 여전히 현재성을 지닌 것이다.

지금까지 개별적으로 살펴본 법치국가의 원리들은 다음과 같은 유일한 이념을 토대로 한 구조물로 종합된다. 법치국가의 조직은 권리의 체계와 함께 자유 평등한 권리주체들의 연합으로서 구성된 공동체의 정치적 자기조직화에 최종적으로 봉사해야 한다는 이념이 그것이다. 법치국가의 조직과 함께 권리의 체계는 법 매체가 소통적으로 구조화된 생활세계의 취약한 사회통합적 힘의 증폭적 변환 기제로서 기능하는 헌법 질서로 완성된다. 법치국가는 소통적 자유의 공적 사용을 제도화하고 소통적 권력의 행정적 권력으로의 전환을 규제한다.

'윤리적–정치적 논의들'은 집단의 '해석학적' 자기 이해를 위한 소통 조건을 충족시켜야 한다. 이 논의는 신빙성 있는 자기 이해를 가능케 하여

---

578) Habermas, *Faktizität und Geltung*, 217쪽.

정체성 기안의 비판 또는 입증으로 귀결되어야 한다. 성공적으로 성립한 집단적 자기 확신으로 유입되는 동의는 타협처럼 협정의 표현도 아니고 사실문제나 정의 문제에 대한 논의적으로 획득된 합의처럼 오직 합리적으로 동기 지어진 확신도 아니다. '우리가 누구이고 또 누구이어야 하는가'를 결정하는 이 동의 속에는 자기 인식과 어떤 생활 형식에 더한 결단이 표현된다. 이러한 '정체성 창출적' 동의 형성을 위해서는 체계에 의해 찌그러지지 않은 소통이 필요하다. 정치적, 윤리적 동의와 정체성의 형성에는 원칙적으로 '모든' 사람이 참가해야 한다. 이런 까닭에 단지 '기술적인' 이유에서 대의적으로 수행될 수밖에 없는 이 논의는 대표자 모델에 따라 해석되어서는 안 된다. 이 대의적 논의는 단순히 전체적으로 조직화될 수 없는 공론장의 전사회적 소통 순환의 조직된 '중심' 또는 '초점'으로 해석되어야 한다.[579] 오로지 대의적 논의가 자기 쪽에서도 논의적으로 구조화된 다원주의적 공론장으로부터 흘러드는 자극, 주제, 기고, 정보, 근거 등에 대해 '투과적이고 민감하고 수용적인' 경우에만 대의적으로 수행되는 논의들은 '만인의 균등한 참가'라는 이 까다로운 정치적 소통 조건을 충족시킬 수 있는 것이다. 이것은 도덕적 정의 논의에도 그대로 적용된다.

따라서 논의 대표를 뽑는 선거 양식은 대표적 개인의 선택을 통해 매개되는, 모든 관련 해석 시각의 무제한적 포함을 보장해야 한다. 거다가 자기 이해 논의와 도덕적 정의 논의의 논리에서 보편적인 정치적 의사소통에 대해 문호가 열린 채 진행되어야 하는 제도화된 의견 및 의사결정 기관의 개방의 필연적인 규범적 근거가 도출된다. 따라서 법치국가의 논의의 틀 내에서 결정적인 테마는 '규범적 공론장 개념'이다.[580] 입법적 국가

---

579) Habermas, *Faktizität und Geltung*, 224쪽.
580) Habermas, *Faktizität und Geltung*, 225쪽.

권력의 형태로 조직된 정치적 의사 형성은 자율적 공론장의 자연발생적 원천들을 막아버리거나 평등한 생활세계에서 자유로이 떠도는 주제, 정보, 근거의 흐름에 대해 자신을 차단하면 자신의 이성적 작동의 시민사회적 토대를 파괴해 버리는 셈이 된다. 따라서 의회 기관은 어떤 관점에 보면 '주체 없는' 익명적 공론의 척도에 따라 작업해야 한다.

이러한 소통 모델에서 '의회와 공론장의 관계'는 대의민주주의 또는 직접민주주의라는 고전적 시각에서와는 달리 서술된다. '직접민주주의의 이론'은 일반이익을 표현하는 가설적 인민 의사가 존재하지만 이 가설적 의사가 민주적 자결의 조건에서 경험적 인민 의사와 수렴한다는 주의주의적 가정으로부터 출발한다. 이에 반해 '대의 이론'은 가설적 공익은 경험적 인민 의사와 분리된 대의기관의 차원에서만 토론적으로 인지될 수 있다는 가정으로부터 출발한다. 칼 슈미트는 이 두 이론을 종합하여 의회가 전 인민을 대표하는 것으로 규정하고 공개 토론을 의회에만 한정시킴으로써 사실상 나치들에게 국민에 대한 일방적 선전 선동정치의 길을 열어놓았다.

그러나 이미 19세기 초 의회제도에 관한 혁명적 정치 기획에서 제러미 벤담은 프랑스 제헌의회를 위한 혁명적 제안으로서 공론과 근대 대의정치의 연관성을 최초로 갈파한 혁명적 논서 『정치산술론(*An Essay on Political Tactics*)』(1816)을 작성하면서 의회제도의 전제로서 시민적 공론의 정치적 필수성을 강조하고 있다. 이 논고에서 벤담은 시민 공중의 "공론장(publicity)"을 보장해야 하는 첫 번째 이유로서 "정치인들이 맡은 의무를 수행하도록 제어하는 것"을 들고 있다. 정치권력이 빠져드는 유혹이 크면 클수록 이 권력을 가진 위정자에게 이 유혹에 저항할 가장 강력한 근거를 마련해 주는 것은 그만큼 더 필수적이라는 것이다. 그런데 "공중의 감독보다 더 항상적이고 보편적인 근거는 없다. 공중은 다른 모든 재판정을 합한 것보다 강력한 재판정을 구성한다. 어떤 개인은 이 공중의 훈령을 무시하고 이것을 상호 모순되는 동요하고 대립적인 의견들로 구성된 것으로 간주하고자 건방을 떨지 모른다. 그러나 모든 사람은 이 재판정이 오류를 범하는 경우도 있을지라도 적어도 매수당하지 않는다는 것, 그리고 지속적으로 계몽되는 경향을 보인다는 것, 게다가 이 재판정은 국민의 모든 지혜와 정의를 통합하고 있으며 항상 공인公人의 운명을 결정하고 이 재판정이 내리는 처벌은 회피할 수 없는 성질의 것이라는 것을 감지하고 있다.”[581] 덕망 있는 위정자들은 순간의 여론에 저항하면서도 “은연중에” 이 여론의 평가를 타산하고 저울질한다는 것이다. 따라서 공론의 적은 악한, 독재자, 소심하고 나태한 자 등의 세 부류밖에 없다.

또한 나름의 “내적” 공중을 구성하는 의회는 대개 양편으로 갈라지기 때문에 “외부”의 시민 여론의 지원 없이는 정직성을 확보할 수 없다. 시민 여론은 이 의회적 공론의 작동 요건인 것이다. 벤담은 의회의 의사議事를 시민적 공론 과정의 연속적 일부로 파악하고 있다. 의회 안팎의 공론만이 비로소 정치적 논쟁과 그 기능의 계속성을 보장하기 때문이다. 역으로 의회에 지배하는 토론 질서는 모방을 통해 국민정신을 형성할 것이고 이 질서는 클럽과 작은 정치 집회에서도 재현될 것이다.

게다가 인민에 의해 선출된 그리고 정기적으로 갱신되는 의회에서 공론은 벤담에 의하면 유권자들에게 사실 정보를 갖고 판단하는 가능성을 보장하기 위해 절대적으로 필요하다. 공론을 통해 시민에게 정치인들의 활동을 공개하지 않고 정치인을 다시 선출하라고 하는 것은 정기적인 선거의 의미를 무화시키는 것이기 때문이다.

또한 마르크스도 초기 자유주의가 공개 토론을 의회 기구에만 국한시

---

581) Jeremy Bentham, *An Essay on Political Tactics* [1816], 310쪽. *The Works of Jeremy Bentham* (New York: Russel & Russel, 1962).

키려 하지 않았다는 것을 잘 알고 있었다. "의회 정체는 토론을 먹고 사는데 어떻게 토론을 금한단 말인가? 모든 이익, 모든 사회적 제도는 여기서 일반적 사상으로 바뀌어 사상으로 취급되는데 그 어떤 이익, 그 어떤 제도가 사상 위에서 처세하고 신앙 조목인 양 뻐길 것인가? 연단 위 연사들의 투쟁은 신문장이들의 투쟁을 불러일으키고 의회의 쟁론 클럽은 필연적으로 살롱과 술집의 쟁론 클럽에 의해 보충되고 줄곧 인민 여론에 호소하는 대의자들은 청원서로 자신들의 진짜 의사를 말할 권리를 인민 여론에 부여한다. 의회 정체는 모든 것을 다수의 결정에 맡기는 것인데 의회 밖의 커다란 다수가 어떻게 결정권을 행사하지 않으려고 한단 말인가? 국가 꼭대기에서 바이올린을 켜대는데 저 밑에 있는 사람들이 춤추는 것 말고 다른 무엇을 기대한단 말인가?"[582]

하버마스는 이러한 전통에 충실하게 논의적 의견 및 의사 형성이 결코 의회에 국한되어서는 안 된다고 – 소통 이론적 차원에서 – 다시 강조하고 있는 것이다. 소통 순환들은 정치적 공론, 정당, 결사체, 의회, 정부 등 다양한 차원에서 상호 얽히고설켜 있고 상호 영향을 끼치기 때문이다.[583]

이 사상은 '실체'로서의 인민의 대표라는 '구체주의적' 관념과 결별한 소통 모델 안에서야 비로소 완벽하게 설명될 수 있다. 이 모델은 제도적 의견 및 의사 형성과 비공식적 공론장의 의사 형성 간의 결합을 구조적으로 파악하기 때문이다. 이 결합은 인민의 동질성이나 '발견'하기만 하면 되는 인민 의지의 동일성에 의해 이미 내재하는 것으로 정초 되는 것이 아니다. 논의론적 입장은 이 고전적 관념들을 배격한다. 시민들의 소통적으로 유동화된 주권성이 – 자율적 공론장으로부터 유래하되, 민주적 절차에 입각해 있고 정치적으로 책임 있는 입법기관의 의결에서 형태화

---

582) Karl Marx, *Der achtzehnte Brumaire des Louis Bonaparte*, 153-154쪽. *MEW 8* (Berlin: Dietz Verlag, 1982).
583) Habermas, *Faktizität und Geltung*, 228쪽.

382 | 서양 합리론과 정치철학 · **니체에서 하버마스까지**

되는 – 공개 논의의 권력으로 효력화된다면, 확신과 이익의 다원성은 억압되는 것이 아니라 해방되고 수정 가능한 다수결 및 타협 속에서 승인된다. '완전히 과정화된 이성'의 통일성은 공개적 의사소통의 논의적 구조 속으로 돌아 들어간다. 이 이성은 오류 가능성의 전제하에서 그리고 무정부적으로 해방된 소통적 자유의 토대 위에서 획득되지 않은 어떤 동의에 대해서도 무강제성과 정통화하는 힘을 인정하지 않는다. 이러한 '자유의 도취경' 속에는 민주적 절차의 고정된 점을 제외한 어떤 고정된 지점도 존재하지 않는다.[584]

이와 같이 하버마스는 정치사회학의 실증주의와 현대 법학의 실정법적 이론들에 의해 형해화되고 교조적 마르크스주의와 푸코적 회의주의 속에서 거덜 난 법과 법치국가의 규범적 이념을 소통 모델의 토대 위에서 재건하려고 시도하고 있다.

3.2. 논의적 민주주의와 쌍선적 토의 정치

정치적 보수주의와 교조적 마르크스주의에서 공히 출몰하는 조야한 소박경험론적·현실주의적 민주주의론은 민주적 선거 절차란 정치적 강자들이 자신의 의지를 관철하는 의식儀式이고 대중을 향한 정치 엘리트들의 공약과 홍보는 인식적 가치가 없는 일종의 수사修辭에 지나지 않는다고 본다. 이 소박경험주의적 이론은 또한 다수결의 원칙을, 폭력 포기를 취소할 수도 있는 다수파의 '위협'에 소수파가 굴복한 결과라는 '제어된' 권력투쟁의 논리에서 도출하고 정치적 소수파의 보호를 다수파가 언젠가 소수파로 전락할 '공포'에서 도출한다. 그리하여 민주주의란 국민의 일부가 주어진 기간 동안 국민의 다른 부분을 지배하는 것 외에 다른 것

---

584) Habermas, *Faktizität und Geltung*, 229쪽.

을 뜻하지 않는다는 것이다. 이 민주주의론은 엘리트뿐만 아니라 시민들도 사이비 논증적 선전의 선정적 의미를 꿰뚫어 보지만 그럼에도 불구하고 이것을 수락하는 이유를 일종의 '공정한 이익 타협'으로 본다. 따라서 규범과 정의의 문제는 자유민주주의 안에서 '불필요한' 이념이라는 것이다.

'논의적 민주주의' 개념을 전개하기 위해 하버마스는 일단 민주주의로부터 일체의 규범적 내용을 탈각시키는 이 소박경험론적 민주주의 논의를 예리하게 비판한다. 이 무규범적 민주주의론은 '공정성'을 타협의 평가 기준으로 '밀수입'하고 있다는 것이다.[585] 따라서 당파적 타산은 양편이 왜 절차에 적절하게 성립한 결과가 공정한 것으로 간주되는지를 설명함으로써 '암묵적으로' 절차 자체를 공평한 것으로 정당화하는 규범적 근거의 공동적 승인을 전제하고 있다는 것이다.

■ 논의적 민주주의

하버마스는 관찰자의 시각에서 주장하는 것과 참가자의 시각에서 수락되는 것 간의 간극이 목적 합리적 타산만으로는 메꿔질 수 없다고 주장한다. 이것이 본능적으로 규범성을 '밀수입'하고 있는 경험주의적 민주주의론이 말려든 이른바 '수행적(performativ)' 자기모순의 핵심이라는 것이다.

따라서 규범 문제를 우회하려고 하면서도 다시 규범성을 '밀수입'하는 자기모순을 범하지 않기 위해서는 규범적으로 내용 있는 '논의적' 민주주의 모델로 복귀하여 한다는 것이다. 소통 이론적·논의론적 정치론에 따르면 '토의 정치'의 절차가 민주적 과정의 핵심을 형성한다. 민주주의의 이러한 해석 양식은 전통적인 민주주의 모델의 전제인 국가에 집중된 사회

---

585) Habermas, *Faktizität und Geltung*, 358쪽.

개념에 교정적 영향을 가한다. 이 새로운 민주주의 개념은 경제사회의 보호자로서의 국가라는 자유주의적 국가관과도 다르고 국가적으로 제도화된 인륜공동체라는 공화주의적 국가관과도 다르다.

　자유주의적 입장에 따르면 민주적 과정은 철두철미 이익 타협의 형태로 수행된다. 업무규정 및 성과의 공정성을 보장하는 타협 형성의 규칙은 최종적으로 자유주의적 기본권에 근거한다. 이에 반해 공화주의적 입장에 의하면 민주적 의사 형성은 윤리적-정치적 자기 이해의 형태로 수행된다. 이때 "토의(Deliberation)"는[586] 문화적으로 형성된 배후적 합의에 내용적으로 의존한다. 이 사회통합적 사전 이해는 공화주의적 건국 행위에 대한 의식화儀式化된 회상 안에서 갱신된다. 논의 이론은 양편으로부터 일정한 요소들을 받아들여 토론과 의결의 이상적 절차 개념 속에 통합한다. 이 민주적 절차는 실용적 고찰, 타협, 자기 이해 논의 및 도덕적 정의 논의 간의 내적 연관을 산출하고 문제 연관적 정보흐름과 적절한 정보처리의 조건하에서 이성적이고 정의로운 결과가 획득된다는 추정을 근거 짓는다. 이 관념에 따르면 실천이성은 보편적 인권이나 어떤 사회의 구체적 인륜성을 버리고, 소통적 행위의 타당성 토대의 규범적 내용을 최종적으로 언어소통과 "소통적 사회화(kommunikative Vergesellschaftung)"의 질서에서 원용하는 논의 및 논증 형태로 귀환하게 된다.

　여기서 하버마스의 관심은 이러한 서술로써 국가와 사회의 규범적 개념화를 위한 조종간을 마련하는 것이다. 다만 전제되는 것은 근세 초 유럽 국가체제와 함께 형성되고 자본주의적 경제체제와의 기능적 결착 속

---

586) "Deliberation"은 '토의'와 '심의'를 둘 다 뜻하는데 '토의'는 참석자들의 공개적 발언과 토론이 중시되므로 소통적·논의적 민주주의에 적합하고, '심의'는 사유가 중시되므로 관료들의 소회의·소위원회에 적합하다. 따라서 하버마스의 논의적 민주주의와 관련해서는 "Deliberation"를 '토의'로 국역하는 것이 옳다.

에서 발전된 저 '합리적 국가 장치' 유형(베버)의 공공 행정이다.

공화주의적 입장에 의하면 시민들의 정치적 의견과 의사 형성은 사회가 정치적으로 제도화된 전체로 구성되는 매체이다. 사회는 애당초 정치적 사회, 즉 societas civilis다. 시민들의 정치적 자결自決 행위 안에서 공동체는 자신을 의식하고 시민들의 집단적 의사를 매개로 자신에게 영향을 가한다. 그리하여 민주주의란 사회 전체의 정치적 자기조직화와 동의어이다. 여기에서 '관료 행정적 국가기구에 논박적으로 대결하여 이것을 분산적인 자치행정(자주 관리)으로 대체하려는 정치 개념'이 도출된다. 이리하여 국가기구와 사회의 분리를 용인하지 않는 정치적 전체의 구성이 추구된다.

이에 반해 자유주의적 민주주의론은 이 국가기구와 사회의 분리를 제거하려는 것이 아니라 이 양자를 민주적 과정으로 연결하는 가교를 놓으려 한다. 국가기구는 사회 시민들의 제반 권리와 이익을 공정하게 관장하는 보호자이고 정치는 국가로 하여금 이 업무에 시장 교환의 모델에 따라 부심하도록 국가를 이용하는 것이다. 이 '국가에 집중된 정치' 개념은 집단적으로 행위 가능한 시민이라는 비현실적 가설을 포기한다. 즉, 자유주의적 모델의 기축점은 토론적 시민들의 민주적 자결이 아니라 경제사회의 법치국가적 규제이다.

민주적 과정에 자유주의 모델보다 더 강한, 그러나 공화주의적 모델보다 더 약한 규범적 함의를 연결시키는 논의 이론은 이 양편으로부터 요소들을 받아들여 새로운 방식으로 종합한다. '논의적 민주주의론'은 공화주의와 일치하여 정치적 의견 및 의사 형성을 중심에 놓되, 법치국가적 헌법을 부차적인 것으로 간주하지 않는다. 오히려 이 이론은 이미 살펴보았듯이 법치국가의 제원리를, 민주적 의견 및 의사 형성의 까다로운 소통형태들이 어떻게 제도화될 수 있는가라는 물음에 대한 일관된 답변으로 파악한다.[587] 논의 이론은 토론적 정치의 번창을 집단적으로 행위 가능한 시민에 종속시키는 것이 아니라 상응하는 절차와 소통 전제의 제도화 및 제도화된 토론과 비공식적 공론의 공동共動에 종속시킨다. 인민주권의 과정화와 정치적 공론장의 주변적 네트워크에의 정치적 체계의 재구속은 '탈중앙 집권화된' 사회상과 결합되어 있다. 그리하여 이 민주주의 개념은 이제 목표지향적으로 행위하는 '거대 주체'로서 관념되는 '국가 집중적 사회 전체' 개념으로 작업할 필요가 없다. 동시에 이 민주주의 개념은 권력균형과 이익 균형을 시장 교환의 모델에 따라 무의식적으로 규제하는 헌법 규범의 체계로서의 전체를 대변하지 않는다. 논의 이론은 시민의 자결 행위를 전사회적 거대 주체에 귀속시키거나 또는 법률의 익명적 지배를 경재하는 개별 주체들과 관련시키는 것을 강요하는 '의식 철학적' 사유 도식과 결별하는 것이다. 한쪽에서는 시민층을 사회 전체를 고찰하고 이것의 명의로 행위하는 집단적 행위자로 간주하는 데 반해. 다른 쪽에서는 개별적 행위자들이 맹목적으로 진행되는 권력 과정 속에서 종속 변수로서 기능한다.[588] 왜냐하면 개인적 선택 행위 외에는 의식적인 집단적 결정이 존재할 수 없기 때문이다.

논의 이론은 민주적 절차를 매개로 또는 정치적 공론장의 소통 네트워크 안에서 진행되는 이해 과정의 '고단계적 간주체성'을 고려한다. 이 '주체 없는' 소통은 의회 기구 안팎에서 전체 사회적으로 중요한 소재들에 관한 어느 정도 합리적인 의견 및 의사 형성이 벌어질 수 있는 논의 마당을 형성한다. 소통의 흐름은 공론장적 영향력과 소통적 권력이 입법을 매개로 행정적 권력으로 전환되도록 보장해야 한다. 자유주의적 모델에서처럼 국가와 '사회'의 경계는 존중되지만, 여기서 '사회'는 자유주의 모델

---

587) Habermas, *Faktizität und Geltung*, 361쪽.
588) Habermas, *Faktizität und Geltung*, 362쪽.

에서 달리 다시 자율적 공론장의 사회적 기초로서의 '시민사회'와 '경제적 행위 체계'로 구분된다. 이러한 민주주의론으로부터 근대 사회의 통합 및 조절 필요성을 충족시키는 3자 원인 화폐, (행정적) 권력, 연대의 관계 내에서 비중 변위에 대한 요구가 도출된다. 규범적 함의는 여기서 명백하다. 이제 단순한 소통적 행위의 원천으로부터만 동원될 수 없는 연대의 사회통합적 힘은 폭넓게 분화된 자율적 공론장과 법치국가적으로 제도화된 민주적 의견 및 의사 형성 절차를 매개로 발전되어야 하고 법 매체를 매개로 화폐와 행정적 권력에 대해서도 관철될 수 있어야 한다.

이 민주주의관은 정통성과 인민주권의 관계에도 영향을 미친다. 자유주의적 모델에 따르면 민주적 의사 형성은 오직 정치적 권력의 행사를 정통화하는 기능만을 갖는다. 선거 결과는 정부 권력의 장악에 대한 면허인 데 반해, 정부는 공론장과 의회 앞에서 이 권력의 사용을 정당화해야 한다. 공화주의적 모델에 따르면, 민주적 의사 형성 과정은 사회를 정치적 공동체로 구성하고 이 건국 행위에 대한 회상을 매번의 선거로써 생동하게 유지하는 훨씬 강한 기능을 한다. 정부는 국가기관이라기보다는 위원회로서 분리된 국가권력의 정상이 아니라 자주 관리하는 정치공동체의 일부이다. 그러나 논의 이론은 이 모델들과 다른 관념을 도입한다. 민주적 의견과 의사 형성의 절차와 소통적 전제는 법과 법률에 구속된 정부와 행정이 내리는 정치적 결정의 논의적 합리화를 위한 가장 중요한 수문守門이다. 합리화는 여기서 단순한 정통화(베버)보다 더 많은 것을 뜻하지만, 동시에 권력의 '구성'(루소)보다 더 적은 것을 뜻한다. 행정적 권력은 권력 행사를 사후적으로 통제할 뿐만 아니라 사전에 프로그래밍하는 민주적 의사 형 성과정과 결부되는 한 무질서한 '뭉치 상태'를 변화시킨다. 그럼에도 불구하고 정치적 체계만 '행위한다'. 이 체계는 집단적 구속력 있는 결정을 전문으로 하는 부분 체계인 데 반해, 공론장의 소통구조들은 전체사회적 문제상황의 압박에 반응하고 영향력 잇는 의견들을 증폭하는 광범위하게 펼쳐진 센서망을 형성한다. 민주적 절차에 따라 소통적 권력으로 가공되는 공론은 스스로 지배할 수 없고 행정적 권력의 사용을 일정한 방향으로 조종할 뿐이다.

인민주권의 개념은 절대주의적 지배자와 결부된 주권관의 공화주의적 소화와 변형에서 유래한다. 정통적 강권 행사의 수단을 독점하는 국가는 이 세계의 여타 모든 강권을 압도하는 권력집중체로 관념된다. 루소는 보댕으로 거슬러 올라가는 이 사유 도식을 통합된 인민의 의지로 이동시켜 자유 평등한 사람들의 자치라는 고전적 이념과 융해, 근대적 자율성 개념 속으로 고양시켰다. 그러나 주권개념은 이러한 규범적 승화와 마르크스주의적 심화에도 불구하고 "(물리적으로 현존하는) 인민 속에서의 체현(Verkörperung)"이라는 거대 주체적 관념을 떨치지 못하였다.[589] 공화주의적 모델에 따르면 적어도 잠재적으로 현존하는 인민이 원칙적으로 양도할 수 없는 주권의 담당자이다. 인민은 주권자로서의 자신의 속성에서 어떤 타자에 의해서도 대변될 수 없다. 그러나 인민은 실제적 경험에 따르면 의지와 의식을 가진 주체가 아니다. 인민은 항상 복수로 등장할 뿐, 인민 전체로서는 결의도 행위도 할 수 없는 것이다.[590] 이에 대해 자유주의는 보다 현실주의적인 입장을 대립시킨다. 민주적 법치국가에서 인민으로부터 나오는 국가권력은 선거와 투표안에서 그리고 입법, 행정, 사법의 특수한 기관을 통해 행사된다는 것이다.

이 두 주권개념은 전체로부터 출발하느냐 아니면 부분으로쿠터 출발하느냐의 양자택일적 출발 조건에 갇힌 국가 및 사회관의 의심스런 전제 하에서만 완벽한 택일적 대안 노릇을 할 뿐이다. 이에 반해 '논의적 민주

---

589) Habermas, *Faktizität und Geltung*, 364쪽; Habermas, "Volkssouveränität als Verfahren"[1988], 197-198쪽.
590) Habermas, "Volkssouveränität als Verfahren"[1988], 187쪽.

주의 개념'에는 정치적 공론장과 함께 전체 사회적 문제들의 지각, 확인, 취급을 위한 장을 분화시키는 '탈중심화된 사회'가 조응한다. '주체 철학적' 개념구성을 내던지면, 주권은 구체주의적으로 인민 속에 집중된 실체로 관념될 필요도 없고 헌법적 권한 속으로 추방될 필요도 없다. 자기조직화하는 권리공동체의 '자기'는 논의적 의견 및 의사 형성의 흐름을, 이것의 오류 가능한 결과가 이성적이라는 추정을 얻는 방식으로 규제하는 주체 없는 소통 형태들 속에서 소멸하게 된다. 이로써 인민주권의 이념과 결부된 직관은 부정되는 것이 아니라 간주체적으로 변형된다. 소통적으로 익명화된, 간주체화된 주권은 이제 소통적으로 산출된 권력으로서 자신을 관철하기 위해서만 민주적 절차와 까다로운 소통적 전제의 법적 제도화 속으로 귀환한다. 정확히 하자면 주권은 이제 법치국가적으로 제도화된 의사 형성과 문화적으로 동원된 시민사회적 공론장 간의 상호작용에서 생겨난다.[591]

따라서 이 '소통적으로 유동화된 주권'은 자율적 공론장에서 생겨나 민주적으로 제도화된 논의적 의결 속에서 형태화되는 '논의들의 권력'으로 구현되는 것이다. 이 소통적 주권의 권력은 정복 의도 없이 '포위의 양식'으로 정치적 체계의 판단 및 결정 과정의 전제에 영향을 가하여 자신의 명령을 '포위된 요새가 이해하는 유일한 언어'로 관철시킨다.[592] 이와 같이 주권이 소통적 절차로 해체되었다면, 1789년 이래 빈자리로 남아 있는 주권자의 '상징적 거소'는 '국민'이니 '인민'이니 하는 새로운 실체적 상징으로 채우려 하지 말고 빈자리로 남겨 두어야 한다.[593]

푸코는 모든 힘을 압도하는 '부정적 권력'의 절대주의적 주권 개념이 1789년 왕의 목을 친 이후에도 여전히 오늘날 정치 이론 안에서 '인격체'

---

591) Habermas, *Faktizität und Geltung*, 365쪽.
592) Habermas, "Volkssouveränität als Verfahren"[1988], 208쪽.
593) Habermas, *Strukturwandel der Öffentlichkeit*, 44쪽(1990년 '서문').

로서의 주권자(우익적 거대 주체 개념으로서의 '국민', 좌익적 거괴 주체 개념으로서의 '인민')에 의해 소유되고 있음을 정당하게 비판하면서, '주체 없는', '신체를 관통하는' 기율 권력에 주목하고 정치 이론도 하루빨리 '왕의 목을 쳐야 한다'고 촉구한 바 있다. 하버마스가 체계의 침범으로 인한 생활세계적 병리 현상, 즉 '구조적 강권'으로 이해하는 이 푸코적 기율 권력은[594] 법률적-부정적 주권개념으로써는 포착할 수 없고,[595] 또 이 기율 권력에 저항하는 데에는 '주권과 기율이 우리 사회의 권력 기제의 두 절대적 구성요소인 까닭에' 이 주권개념이 아무런 도움을 주지 않기[596] 때문이다. 따라서 푸코는 '기율적이지 않은' 새로운 '권력'을 찾는 데 있어서 또는 기율 권력에 대한 투쟁 속에서 기율에 대항하기 위해서는 주권의 낡은 법의 방향으로 접어들어선 안 되고 기율뿐만 아니라 동시에 주권의 원리로부터도 해방된 '새로운 법'에 접근해야 할 것이라고 제안하고 있다.[597]

그러나 정치 이론 안에서 주권자의 목을 치고 근대적 주권개념과 근세초 자유주의적 정치기획을 해체하는 것만이 능사가 아니다. 이런 작업은 푸코가 아니더라도 이미 보수적 체계이론가들과 사회공학론자들이 훌륭히 완수했다. 푸코가 '유쾌한 실증주의' 정신 속에서 이 보수적 이론가들처럼 '근대의 철학적 논의'로부터 완전히 결별하여 근세초의 공론장 이념과 주권개념의 규범적 '직관'마저 해체한다면, 체계의 침범과 기율 권력에 저항하는 데 필수적인 '기율적이지 않은' 새로운 '권력'과 '새로운 법'은 찾을 수 없을 것이다. '인간적 공동생활은 강제 없이 평등한 일상 소통의 손상되기 쉬운 형태들에 달려 있다'는 확신에 '적어도 변함없이 낭만

---

594) Michel Foucault, *Überwachen und Strafen: Die Geburt des Gefängnisses* (Frankfurt am Main: Suhrkamp, 1977), 151쪽.
595) Foucault' *Dispositiv der Macht*, 38쪽.
596) Foucault, *Dispositiv der Macht*, 95쪽.
597) Foucault, *Dispositiv der Macht*, 95쪽.

주의자였던 아도르노보다 훨씬 낯설었던' 푸코[598]가 스스로 해명할 수 없었던 '기율적이지 않은 권력'과 '새로운 법'의 정체가 '소통적 권력'과 – 이 권력에 의해 창설되는 – '법'이고, 이것에 기초한 하버마스의 '소통적으로 유동화된 주권개념'은 근세초의 실체적 주권개념의 단호한 거부이면서 동시에 이 개념이 지닌 규범적 '직관'의 소통 이론적 계승이기 때문이다.

하버마스의 이 절차주의적 주권 이념은 권리공동체의 자기조직화를 가능케 하는 새로운 사회적 틀을 제공한다. 이 이론 틀은 푸코처럼 비관주의적이지 않지만, 좌우 공화주의자들과 무정부주의자들보다 덜 야심적이면서 비판적으로 낙관적이다. 물론 이 소통적 주권도 시민들의 의지에 따라 임의로 좌지우지할 수 있는 것이 아니다. '토의 정치'의 규범적 자명성은 권리공동체를 위해 논의적 사회화 양식을 요구하긴 하지만, 이 양식이 법치국가적으로 제도화된 정치적 체계도 포괄하고 있는 사회 전체로 확장될 수 있는 것이 아니다. '토의 정치'는 생활세계의 일부로서 법이론의 규범적 고찰 방식을 벗어나는 복잡한 전체 현대사회(두 부문의 체계 + 두 부문의 생활세계)의 한 부분에 지나지 않기 때문이다. 논의론적 민주주의이론은 이 각도에서 사회과학적 고찰과 결합할 수 있게 된다.

'논의적 민주주의' 개념은 "정치적으로 구성되는 사회"의 공화주의적 관념으로부터 탈피함으로써 애당초 기능적으로 분화된 현대사회의 형태 및 작동 양식과 양립 불가능한 것이 아니다. 그러나 자유 평등한 권리주체들의 연합을 위해 전제된 '논의적 사회화'의 양식이 복잡한 현대사회의 재생산 조건하에서 과연 가능한가에 대한 물음과 회의는 여전히 남아 있다. 이 물음에 대한 정치사회학적 답변을 위해서는 민주주의의 절차적 핵

---

598) Jürgen Habermas, "Ein Interview mit der New Left Review", 223쪽. Habermas, *Die Neue Unübersichtlichkeit* (Frankfurt am Main: Suhrkamp, 1985).

심을 올바른 차원에서 조작가능한 범주들로 옮겨 놓는 것이 중요하다. 절차적 민주주의 개념의 사회학적 연구는 민주적 법치국가의 이 규범적 내용과 관련하여 목표를 너무 높이 잡아서도 안 되지만 너무 낮게 잡아서도 안 된다.[599]

이런 관점에서 하버마스에 의하면 가령 보비오(N. Bobbio)류의 '최소주의적' 민주주의론은 민주적 절차의 규범적 내용을 너무 적게 구현하고 있다.[600] 절차주의적 민주주의 개념의 진정한 핵심은 민주적 절차가 이 절차에 적합하게 획득된 결과에 이성적 성격의 추정을 부여하는 소통 형태의 도움으로 논의와 협상을 제도화하는 데 있다. 토의 정치는 성과의 이성적 질의 이러한 추정적 기대로 인해서만 사회통합적 기능을 수행할 뿐인 논의적 의사 형성으로부터 정통화하는 힘을 획득한다. 이런 까닭에 공개적 논쟁의 논의적 수준은 가장 중요한 변수를 이룬다.

보비오류의 이론가들과는 반대로 어떤 이론가는 토의 정치의 개념을 협의와 의결의 '이상적 절차'로, (공화주의적 이념으로부터 아직 단호히 결별하지 않은 채) 이 공화주위적 이념으로 설명하려 한다.(가령 J. Cohen) 이에 반해 하버마스는 절차에 적합하게 성립한 의결로부터 정통성을 얻는 절차를 법치국가적으로 제도화된 정치체제의 핵심 구조로 이해하되, 모든 사회적 제도에 적용되는 모델로 간주하지 않는다. 토의 정치가 사회적 총체를 각인하는 사회화 양식으로 과장된다면, 권리 체계의 기대되는 논의적 사회화 양식은 사회의 자기조직화로 확장되고 이 사회의 복잡한 구조 전체를 삼투해야 할 것이다. 이것은 민주적 절차로 규제될 수 없는 일반적 소통맥락에 의존해 있기 때문에 불가능하다.

---

599) Habermas, *Faktizität und Geltung*, 369쪽.
600) Habermas, *Faktizität und Geltung*, 370쪽.

■ 쌍선적 토의 정치

하버마스는 절차 자체의 특징 서술에서 코헨에 의존한다. 1) 협의의 논증 형태성, 2) 협의의 공개성과 개방성, 3) 협의의 외적 무강제성, 4) 협의의 내적 무강제성, 5) 협의의 합리적 합의 지향성과 무제한적 지속성, 다수결에 의한 협의 종결 시에 다수의견의 오류 가능성, 따라서 잠정적 이성적 지위성, 6) 정치적 협의의 (프라이버시를 제외한) 모든 자료와 정보에의 확장 가능성(공적으로 중요한 것은 특히 동등한 소통권 및 참정권의 사실적 실현을 좌우하는 자원의 불평등한 분배문제이다), 7) 정치적 협의의 욕구 해석과 전前정치적 입장과 선호의 변화에의 확장 가능성 등이 그것이다.[601] 자신들의 공동생활의 조건을 민주적으로 규제하기 위해 이러한 절차를 제도화한 공동체는 시민들로 구성된다. 이 공동체는 특유한 생활 형태와 전통을 가진, 시공적으로 제한된 지방적 권리공동체이다. 그러나 이 명시적 자기 정체성은 그러나 이 공동체를 아직 시민들의 '정치적' 공동체로 규정하지 않는다. 민주적 과정을 지배하는 것은 모든 시민에게 본질 구성적인 정의正義의 일반원칙이다. 즉, 협의와 의결의 이상적 절차는 이 절차의 담지자로서 공동생활의 조건을 비편파적으로 규제하는 공동체를 전제한다. 권리주체들을 공동체로 결합시키는 것은 최종적으로 어떤 소통공동체든 결속시키는 '언어적' 유대이다.

그러나 코헨의 이 토의 정치 이론에는 중요한 내적 분화가 결여되었을 뿐만 아니라, 민주적 절차에 의해 규제되는 결정 지향적 협의와 '공론장의 비공식적 의견 형성' 간의 관계에 관한 언표도 결여되어 있다. 이 절차는 비공식적 의견 형성에 뒤따르는 투표 조직에 국한되지 않는 한에서, 적어도 회의에서 의제를 협상하고 의결을 하기 위해 모인 대표들의 구성과 작업 방식을 규제한다. 의회를 설치할 때 결정 능력과 정치적 책임은,

---

601) Habermas, *Faktizität und Geltung*, 370-371쪽.

사회적으로 경계 지어지고 시간적으로 제한된 의회 내적 공론중이 구성되고 협상이 논증적으로 벌어지고 문제별로 전문화되는 연관중을 형성한다. 이렇게 설치된 내부 공론장 안에서의 민주적 절차는 공정한 타협을 포함한 실천적 문제의 협업적 해결의 관점에서 의견과 의사 형성의 과정을 구조화한다. 이러한 절차 규제의 조작적 의미는 문제의 발견과 확인이라기보다 문제의 처리이고 새로운 문제 설정에 대한 민감화라기 보다 문제 선택과 다양한 해결책들 사이에서의 결정의 정당화이다. 의회적 기구의 내부 공론장은 무엇보다도 '정당화 연관'으로 구조화되어 있다. 이 내부 공론장은 행정적 추가 작업과 후속 처리에만 의존하는 것이 아니라 일반적 시민 공중의 – 절차에 의해 규제되지 않는 – 공론장의 '폭로 연관'에도 의존하는 것이다.[602]

하버마스는 벤담과 마르크스의 근세초 자유주의적 정치 개념을 계승한 이 – 안팎의 두 공론장의 논의에 의존한 – 토의 정치를 "쌍선적 토의 정치(zweigleisige deliberative Politik)"라 명명한다.[603] 의결 능력 없고 행위 능력 없는 '취약한 공중'은 공론의 담당자이다. 의결과 문제해결의 책임이 없는 공론 형성은 중첩되는 하부 문화적 공론장들의 공개적 개방적 네트워크 안에서 벌어진다. 이러한 다원주의적 공론장의 구조들은 기본권적으로 보장되는 틀 내에서 어느 정도 자발적으로 형성된다. 원칙적으로 무제한적인 소통 흐름은 일반적 공론장의 비공식적 요소들을 구성하는 시민결사체 내부에서 벌어지는 작은 공론장들도 관통하여 유동한다. 전체적으로 이 흐름은 몽땅 조직화될 수 없는 '야생적' 복합체를 이룬다. 일반적 공론장은 무정부적 구조로 인하여 불평등하게 분배된 사회적 권력, 구조적 강권, '체계에 의해 찌그러진 소통'(이데올로기의 소통 이론적

---

602) Habermas, *Faktizität und Geltung*, 373쪽.
603) Habermas, *Faktizität und Geltung*, 369쪽.

개념) 등의 억압과 배제효과에 의회의 조직된 공론장보다 더 보호막 없이 노출되어 있지만, 그럼에도 불구하고 새로운 문제들이 이 조직된 공론장에서보다 더 민감하게 지각되고 자기 이해의 논의들이 더 폭넓게, 그리고 더 명시적으로 수행되고 집단적 자기 정체성과 욕구 해석이 더 무강제적으로 선명화될 수 있는 '무제한적' 소통의 매체라는 장점을 갖는다.

  민주적으로 제도화된 의견 및 의사 형성은 이상적 차원에서 권력화되지 않은 정치적 공론장의 구조 속에서 형성되는 비공식적 공론의 공급에 의존해 있다. 공론장은 역으로 동등한 시민권이 효력을 얻은 사회적 토대에 의해 지탱되어야 한다. 계급 제약으로부터 탈피하고 사회적 계층화와 착취의 수천 년 된 구속으로부터 벗어난 토대 위에서만 해방된 문화적 다원주의의 잠재력, 즉 의미 산출적 생활 형태들이 풍부하고 따라서 갈등도 많은 잠재력이 전면적으로 발전할 수 있다. 그러나 이 갈등의 소통적 해결은 의식적인 방식으로 복잡성을 잘 다룰 줄 아는 탈주술화 된, '세속화 된' 현대사회에서 '남들 간의 연대'의 '유일한' 원천, 강권을 포기하고 공동생활의 협업적 규제 시에 서로서로에 대해 '남남으로 남아 있을 권리'도 인정하는 남들 간의 연대의 유일한 원천이다.[604]

  마르크스를 거쳐 벤담으로 거슬러 올라가는 이 '쌍선적 토의 정치'개념은 현대의 '세속화된' 사회 조건과 '양가치적' 공론장에서 실천적으로 추구할 수 있는 정치이면서도 변화될 미래의 정치를 꿈꿀 수 있게 만든다. 하버마스의 이 '쌍선적' 토의 정치 개념은 수천만 명, 아니 수억 명의 주민을 헤아리는 근대 광역 국가를 뒤덮는 대중 매체적·간접 소통적 공론장의 추상성으로 인해 불가피하게 이론적으로 매우 추상적이다. 그러나 19세기의 자유주의와 고대 그리스의 직접민주주의를 거쳐 아예 문명 초 원시사회의 일정 발전단계로 거슬러 올라가면 보다 단순한 '쌍선적 토의 정

---

604) Habermas, *Faktizität und Geltung*, 374쪽.

치'의 원형을 발견하게 된다. 계급국가 소멸 이후 정치가 어떤 모습을 취할 것인가를 보여 주기 위해 계급국가 발생 직전의 사회조직을 자세히 분석한 엥겔스는 『가족, 사유재산, 국가의 기원』에서 – 미국 뉴욕주 근처에 거주하였던 – 이로케스 부족의 대의제도를 서술하고 있다. '여론 이외는 어떤 강제 수단도 몰랐던' 이 인디언 씨족사회에서 씨족 단위(200-300명)에서 씨족의 고유한 공무公務는 남녀 구별 없이 씨족 전원이 참가하는 씨족총회에서 토의·결정되었다.[605] 씨족장과 군사 수령도 각 씨족 내에서 남녀 구별 없이 씨족원 전원이 참가하는 집회에서 선출되었다. 그러나 이 여러 씨족 단위들을 망라하는 부족 단위의 회의는 부족원이 2,000명 정도를 헤아리기 때문에 이미 총회의 직접 토론을 하기에는 인원수가 너무 많았다. 따라서 이로케스 부족의 부족 회의에는 각 씨족들을 대표하는 씨족장과 군사 수령만이 참가했다. 그러나 부족 회의는 전 부족원이 운집한 군중에 의해 에워싸여 공개적으로 개최되고 공개적으로 논의하였다. 이 부족원들은 회의 진행을 지켜보면서 필요한 경우 부족 회의에 끼어들어 발언하고 이 발언이 남에 의해서 청취될 권리를 가지고 있었다. 안건에 대한 결정권은 물론 부족 회의의 고유권한이었다.[606] 이 쌍선적 논의 구조는 부족 회의 위에 위치하는 기구인 부족 동맹체(2만 명 내외)의 동맹회의에도 그대로 적용되었다.[607] 하버마스는 인디언 부족사회의 이 단순한 '쌍선적 토의 정치'를 언어적 소통에 숨겨진 인류의 무의식 속에서 발굴해 마르크스·엥겔스가 이상으로 그리던 정치적 꿈을 의도하지 않게 '마르크스주의적' 왜곡으로부터 해방하여 이론화하고 있는 셈이다.

---

605) Friedrich Engels, *Der Ursprung der Familie, des Privateigenthums und des Staat* [1884], 164쪽. MEW 21.
606) Engels, *Der Ursprung der Familie, des Privateigenthums und des Staat* [1884], 92쪽
607) Engels, *Der Ursprung der Familie, des Privateigenthums und des Staat* [1884], 94쪽

■ 하버마스의 국가'포위론'

하버마스는 쌍선적 토의 정치에 의해 동원되는 시민사회적 영향력과 의회민주주의적 절차에 따라 이 영향력으로부터 전환된 의회의 소통적 권력이 정치적 체계가 생활세계를 침범하는 것("생활세계의 식민화")을 '제한'함으로써, 즉 댐을 쳐 가둠(eindämmen)으로써 정치적 체계로 하여금 과거의 어떤 적절한 수준을 회복하도록 하여 사회 전체의 정상적 균형을 되찾는다는 '방어적' 논리를 펴고 있다. 이러한 수세적, 방어적 균형 논리는 화폐를 폐지한다거나 경제와 국가 체계를 권력 적대적인 규범 만능주의에 따라 철저히 재조직화함으로써 화폐와 권력을 매개로 자립화된 체계의 목적 합리적 효율 논리를 파괴, 교란하는 공화주의적 이념의 마르크스주의적·레닌주의적·무정부주의적 변형태의 위험에 대한 우려 때문이었다.

그러나 규범 과잉의 이 관념론적 공화주의 이념이 중국 공산당에 의해서도 실천적으로 거부된 오늘날 하버마스의 비판 전략은 이 공화주의적 이념이라는 '죽은 호랑이' 때문에 불필요하게 너무 '오갈든' 묘한 형상을 하고 있다. 이 '반편화된' 비판이론은 결국 경제 체계와 국가 체계의 내부 개혁을 포기하고 오직 이것이 너무 효율적이 되어 생활세계로 뻗쳐 나오는 점만을 비판해야 한다고 주장하는 셈이기 때문이다. 이로 인해 계급 적대적 자본주의 경제와 계급국가 그 자체를 비판의 사정거리 밖에 방치하고 보수保守하는 '소통적 비판이론'은 어느덧 마르크스의, 또는 호르크하이머와 아도르노의 비판이론의 핵심을 놓치고 있다. 그리하여 체계에 대한 비판은 수술 메스를 언론사의 소유관계·언론사주의 인사권과 관료 체제에만 국한시키는 혁명적 자기제한을 발휘함으로써 그 매체 효율성의 고유 논리를 건드리지 않고도 수행될 수 있다는 사실이 은폐된다.

하버마스의 논의를 나름의 맥락에서 수용해 온 코헨과 아라토(J.

Cohen/A. Arato)는 바로 그의 비판이론이 지닌 이런 취약점을 지적하고 있다. 자기 절제적 급진적 운동에 의한 생활세계의 보호라는 수서적 모델은 정치적 영향력을 획득하려는 '공세적' 전략과 결부되어야 한다는 것이다. 조절 매체들의 위력은 이것들에 대한 사회적 통제의 몇몇 중요한 조치가 병행되지 않는다면 '탈식민화' 운동에 의해 꿈쩍도 하지 않을 것이기 때문이다. 따라서 코헨과 아라토는 – 예외적 '시민불복종' 운동을 도외시할 때 –『공론장의 구조 변동』에서 전개된 옛 아이디어로 되돌아가는 것이 유용할 것이라 생각한다. 입법과 정책 결정에 대한 영향력 행사는 '기업'과 국가 '내에서의' 민주적 공론장의 정착과 (이미 정착한 곳에서는) – 자기 절제의 프로그램 범위 안에서의 – 공론장들의 재再민주화 없이 불가능하다는 것이다. 바로 여기에 참여 이론이나 엘리트 이론적 민주주의관으로 복귀하는 것과 구별되는, 근대와 양립 가능한 정치적·경제적 민주주의의 의미가 있다는 것이다.[608] 말하자면 체계 외곽에서 체계의 과잉 확장을 제한하는 것과 더불어 이러한 과잉 확장을 추동하는 체계 내인內因을 없애기 위해 체계 수술을 수행해야 한다는 말이다.

그렇지 않아도 독일 마르크스주의자들과 프랑크푸르트 비판이론의 정통파들로부터 체제 보수적 '균형 이론가'로 맹박을 받아온 하버마스는 이런 류의 비판에 조금도 굴하지 않다가 자기 이론 진영이나 다름없는 코헨과 아라토의 이 비판에 자극받았음인지 알 수 없지만 갑작스레 – 이미 시사한바 같이 – '댐을 쳐 가두는 것(Eindämmung)'을 이보다 의미가 강한 '포위(Belagerung)'라는 말로 바꿔 표현하기 시작했다.[609] '소통적 권력'

---

608) Jean Cohen/Andrew Arato, "Politics and the Reconstruction of the Concept of Civil Society", 500-501쪽. Axel Honneth/Thomas McCarthy/Claus Offe/Albrecht Wellmer, *Zwischenbetrchtung. Im Prozeß der Aufklärung* (Frankfurt am Main: Suhrkamp, 1989).

609) Habermas, "Volkssouveränität als Verfahren" [1988], 208쪽; Habermas, *Strukturwandel der Öffentlichkeit*, 44쪽(1990년 '서문').

은 '포위의 양식'으로 행사된다는 것이다. 그것은 '정복 의사 없이' 정치적 체계의 판단과 결정 과정의 '전제들'에 영향을 가하여 '포위당한 요새가 이해하는 유일한 언어로 자신의 명령을 집행한다'는 것이다.[610] 그러나 이러한 의미론적으로 변위된 '포위' 개념도 – '정복' 여부에 관계없이 – 체계 외적 공략이기 때문에 여전히 '요새'의 내부 개편을 방기하는 것이다.

파슨스와 하버마스에게 국가의 관청 권위주의적·행정편의주의적 '자립화'란 권력이 국가체제의 행위 조절 매체라는 사실로 인해 단순히 야기되는 데 반해, 베버에 의하면 '폭력 수단의 독점체'로서의 근대국가의 자립화는 모든 봉건영주로부터 전쟁수단과 군수물자를 비롯한 모든 정치 수단을 수탈하고 이 수단들을 '소유권적'으로 중앙에 집중시킴으로써 성립한다. 폭력적 억압 기제로서의 국가의 관료 체제적 자립화는 이러한 독점적 소유권 관계를 조직적 전제로 깔고 있는 것이다. 정치 영역에서 억압 수단의 이러한 소유권적 집중과정은 경제 영역에서 자본가들의 손아귀에 생산수단 소유권을 집중시키는 자본의 원시적 축적 과정(마르크스)을 그대로 반영한 것이다.[611] 정치와 경제 양편에서의 이러한 소유권적 집중은 물자와 노동력 투입을 대규모화하는 '규모의 경제'를 가져와 얼마 동안 생산력(목적 합리성 또는 도구적 이성)의 발전을 촉진함으로써 역사적으로 긍정적인 역할을 수행하였다. 그러나 독점자본주의로의 이행과 더불어 지속된 경제적 소유권과 국가 강권 수단의 과잉 집중, 과잉 비대화는 생산력 발전을 질곡 하거나, 생산력 발전이 자본 간, 국가 간 경쟁으로 가속화되어 이 질곡을 뚫는 곳에서는 경제적 소유권이 다시 (국민주 형태로) 분산되고 억압적 강권 수단과 물적 행정 수단의 정치적 국가 집

---

610) Habermas, "Volkssouveränität als Verfahren" [1988], 208쪽.
611) Weber, *Wirtschaft und Gesellschaft*, 824쪽.

중 상태는 (지방자치제적으로) 분권화되고 있다. 이러한 현상들은 – 유산有産과 무산無産의 계급격차를 해소하는 방향을 취하고 있지 않기 때문에 그 자체로서 보면 해방적 경향이 아닐지라도 – 적어도 해방의 적극적 프로그램을 '체계' 내에서 추진할 수 있는 지레점이 되어 줄 수 있다. 그러나 하버마스의 균형 이론적 체계 포위론은 이러한 적극적 해방 가능성을 원천적으로 봉쇄하고 있는 것이다.

경제 체계와 국가 체계의 내부 개편으로서의 경제적·정치적 소유관계의 변혁 없이는 유산과 무산의 시민사회적 계급 분할과 정치의 국가 집중으로 인한 공론적 '시민정치'의 취약성을 타파할 수 없다. 시민적 의사소통을 질곡 하는 것은 체계의 과잉 비대로 인한 '구조적 강권'의 병리적 삼투이기도 하지만, 무엇보다 먼저 생활세계의 사적영역(혼인 관계, 개인적 친교, 집단적 친목 관계의 계급적 분단화)을 하층과 상층으로 구획하는 계급적 인간 차별과, 사적영역에서 형성된 지배계급의 생활 분위기만을 주도적으로 반영하고 이에 적극적으로 호응할 수 있게끔 언론 자본에 의해 권력화된 공론장이다. 또한 체계의 과잉 비대조차도 자본의 이윤추구와 지배욕에 의해 야기되는 것이지 결코 단순한 체계'효율성'의 '과잉 증대'로 인해 야기되는 것이 아니다. 체계 효율성의 증대는 오히려 노동시간을 단축시킬 가능성을 조성함으로써 노동으로부터 자유로운 생활시간, 따라서 생활세계를 확장시켜 줄 것이기 때문에 효율성의 '과잉 증대'란 어불성설인 것이다.

따라서 만약 해방프로그램이 실질적이고 따라서 소유관계의 개편을 전제하는 것이라면, 국가와 관련된 목표는 국가의 '포위' 정도에 맞춰질 수 없을 것이다. 이것은 시민사회와 국가 간의 관계를 수평적 평면 관계로 고정시켜 이 양자 간 세력균형을 추구하는 것이기 때문이다.

따라서 문제를 근본적으로 다시 고찰할 필요가 있다. 국가 밖의 공론적 시민정치는 국가의 행정적 정치와 제도적으로 '분리'된 것이다. 이 '분리'는 그 자체로서 보면 근대사회의 효율적 분화 수준을 시사하는 것으로서 긍정적인 것이다. 그러나 이 분리된 국가가 시민사회에 대해 독자적인 지배 위력으로 '자립화'하여 시민을 소외시키며 자기 편의대로 운동하는 것으로부터 정치적 소외 문제가 발생한다. 요는 단순한 '분리'가 아니라 '자립화된 분리'가 문제인 것이다. 국가와 시민사회의 상호작용 속에서 국가의 자립화란 국가의 시민사회에 대한 '지배'를 뜻하는 것이기 때문이다. 그런데 지배는 수평적 평면 관계가 아니라 상하관계를 전제하는 것이다.

근대 부르주아사회는 한편으로 정치적 주체 개념으로서 '시민' 개념을 선포하고 이 시민들의 다원적인 자율활동과 시민적 권력들의 투쟁장場으로서의 소통적 공론을 자기의 조직원리로 하고 있다. 부르주아적 의회 정체는 부르주아의 이념적 대변인들의 표현에 의할 것 같으면 쟁론 속에서, 그리고 쟁론을 통해서만 유지되는 정체이다. 마르크스도 위에서 살펴보았듯이 이 점을 잘 알고 있었다.

다른 한편 부르주아사회는 이 사회가 올라서 있는 물적 생산 체제의 계급 규정성을 탈피할 수 없는 계급사회의 강권 장치와 감시 체제를 자신의 또 다른 본질로 관철시키는 사회로서 야누스적 모순관계 속에서 요동한다. 이런 의미에서 마르크스는 자유언론에 적대적인 부르주아사회의 정치적인 내적 자기모순을 적절히 지적하고 있다. 행정 권력이 수십만 명 이상의 관료들을 장악하고, 따라서 시민 생활을 가장 극한적인 무조건적 종속 속에 붙들어 두고 있고 국가가 시민사회를 가장 포괄적인 생명 표현에서부터 지극히 사소한 움직임에 이르기까지, 즉 가장 일반적인 생활 양식에서부터 개인들의 사생활에 이르기까지 휘감고 통제하고 감시하고 후견하는 부르주아 사회에서 시민사회를 대표하는 의회가 국가행정을 간소화하고 관리대군을 가능한 축소시키고 동시에 최종적으로 시민사회와 공론으로 하여금 정부와 독립된 자신의 고유한 기관들을 창출하도록 하지 않으면 그 어떤 실제적 영향력도 모두 상실한다. 그러나 투르주아지의 물질적 이익은 바로 저 광범하고 다기화된 국가기구의 유지와 가장 내적으로 얽혀 있다. 이 국가 기제에서 부르주아계급은 자신의 초과인구를 먹여 살리고 이윤, 이자, 지대, 사례 급료 등의 형식으로 쓸어 담을 수 없는 것을 국가 봉급의 형식으로 보충한다. 다른 한편, 부르주아계급의 정치적 이익은 이 계급으로 하여금 억압 수단과 억압 인원을 날마다 늘리도록 강제하는 한편, 동시에 '여론에 대한 쉴 새 없는 전쟁'을 수행하고 사회의 자율적인 운동기관들을 불신에 차 – 이것을 성공적으로 절단내지 못한 곳에서는 – 불구화하고 절름발이로 만든다. 그리하여 부르주아지는 그들의 계급 지위에 의해 모든 권력의 생존조건, 따라서 자기 자신의 고유한 의회적 권력의 생존조건을 파괴하도록 내몰리고, 다른 한편으로는 자신에게 적대적인 행정 권력을 불가항력적인 것으로 만들도록 내몰린다.[612]

부르주아 계급은 민중이 시민적 자율 조직과 공론 기제를 활용하여 자신들의 지배체제를 위협하는 사태를 막기 위해 자신들이 내세우던 공론의 원리를 배신하고 역으로 공론을 질식시키는 국가적 감시통제 체제를 더욱 완벽화하고 공론장을 매체 권력으로 조작하려는 계급 속성을 지니고 있는 것이다. 시민사회의 사소한 움직임, 분진, 개인들의 사생활에 이르기까지 샅샅이 밝히고 조사하고 감시하는 감시통제의 원리와 의회제도의 전제조건인 여론정치의 원리는 근대적 정치 기획의 자기모순성을 극적으로 표현하는 양극단이다. 이 근대 정치와 근대국가의 자기모순성은 가령 근대의 기획자인 벤담이 *Panopticon*(1787)의[613] 저자이면서 동

---

612) Marx, *Der achtzehnte Brumaire des Louis Bonaparte*, 150-151쪽.
613) Jeremy Bentham, *Panopticon* [1787]. *The Works of Jeremy Bentham* (New York: Russel & Russel, 1962).

시에 *An Essay on the Political Tactics*(1816)의 저자라는 사실에서 잘 드러난다.『팬옵티콘』은 감화원, 감옥, 빈민원, 검역격리소, 산업 가옥, 공장, 병원, 노역소, 정신병동, 학교 등 온갖 종류의 감시 시설에, 나아가 사회 전체의 국가적 통제 체제에 공통적으로 적용되는 보편적 감시장치의 원리, 즉 가능한 한 소수의 감시자가 가능한 한 다수의 피감시자 대중을 수직적으로 "보이지 않고 보는(seeing without being seen)" 효율적 감시 원리를 설계하고 있는 논문이다. 그러나 벤담은『정치 산술론』에서 거꾸로 다수의 인민이 소수의 위정자를 수평적으로 감시, 통제하는 공론의 본질적 기능과 공론을 근대 의회정치의 사활적 조건으로 갈파하고 있다. 푸코는『감시와 처벌』에서 일방적으로 벤담의 이 팬옵티콘 장치만을 근대의 근본원리로 격상하여 이 판옵티콘 안에서의 투쟁에만 시야를 고정시켜 근대 정치의 본질을 '다른 수단에 의한 전쟁의 연속'으로 일면화했다. 이에 반해 하버마스는 벤담에 의해 기획되어 모든 건축물과 제도에 관철된 팬옵티콘 원리를 소홀히 하고 벤담의 공론 원리만을 부각시켜 일면적으로 토의 정치만을 정치 개념으로 파악하는 경향을 보이고 있다. 그러나 마르크스가 지적하고 있듯이 근대 정치는 투쟁으로서의 정치와 토론으로서의 정치 가운데 어느 한쪽으로 일면화될 수 없는 모순의 기획으로서 이 모순성은 벤담의 양면적 근대 기획에서 극적으로 표현되고 있다.

이와 같이 국가와 시민사회의 관계는 수평적 평면 관계가 아니라 수직적으로 상호 갈등하는 상하 지배관계이다. 서구 선진 자본주의 사회는 근로 민중의 시민권 및 시민적 참정권 획득과 완전한 정치세력화로 비교적 발전된 시민사회의 공론장이 국가를 견제할 수 있는 역사 단계에 도달해 있지만 국가가 시민사회에 대해 우위에 있는 것은 여전하다. 하버마스는 이 역사적 국면을 과장하여 국가와 시민사회의 관계를 수평적으로 '밀고 밀리는' 관계로 이해하고 비판적 과업을 균형 회복을 위한 '땅뺏기 싸움'

으로 한정시키고 있는 것으로 보인다.

이에 반해 마르크스는 국가와 시민사회의 관계를 보다 현실적으로 파악하고 이상적 목표를 보다 원대한 곳에 두고 있다. 마르크스에 의하면 자본주의 기업가의 기능과 마찬가지로 부르주아 국가의 기능도 계급지배 기능으로 일색화되어 있는 것이 아니다. 부르주아 국가도 '정부의 인민대중에 대한 대립에서 나오는 특수한 기능들', 즉 억압적 지배기능과 – 복수인이 협업하는 '모든 공동체의 본성에서 생겨나는' – '공동업무'의 처리 기능[614]을 모순적으로 종합한 '이중성(doppelter Natur)'을 지닌다.[615] 따라서 이탈리아어 lo stato(정체, 사직社稷)에서 유래하는 근대 state, état, Staat(국가)의 '사멸'이란 마르크스에게 있어서 국가가 수행하는 '공동 업무' 처리 기능까지 없어지는 것을 뜻하는 것이 아니라 지배 기능만 사멸하는 것을 뜻한다. 따라서 마르크스가 초기 저작에서 기안한 국가의 – 사회 속으로의 – '회수(Rücknahme)'란 규범 과잉의 공화주의적 이념과 헤겔의 국가 개념에 사로잡힌 당시의 미분화된 국가 개념에 입각한 것으로서 마르크스는 『고타강령 비판』에서 이 관점을 교정하고 있다. 후기의 국가 사멸론을 이 '회수'의 이념에 따라 해석할 때 그것은 – 하버마스가 예리하게 비판하고 있듯이 – '국가와 사회의 분리'라는 근대의 한 역사적 진보 성과를 무화시키는 것이기 때문이다.

마르크스는 『고타강령 비판』에서 '국가'를 "사회의 상위를 차지하던 기

---

614) 국가의 모든 기능은 한 기구 속에 임무가 혼효되어 있거나 상호 얽히고설켜 있어서 명확히 구별하기에 용이하지 않지만, 구별이 불가능한 것도 아니다. 가령 국가의 비밀 정보 기구 및 관련 법령, 군대의 시민 억압 임무를 맡는 군사분과 및 관련 법령, 경찰의 정치 탄압 기능 및 분과, 국가의 이데올로기 기능 등은 억압적 지배 기능에 해당한다. 이에 반해 가령 주민 행정서비스 기능, 경찰 서비스 기능, 시민 대의 기능, 복지 기능, 경제 조정기능, 문화 교육 기능, 최소한 필수적인 대외 국방 기능 및 기구 등은 자본주의 이후의 국가도 필수적으로 수행해야 하는 공동체의 '공동 업무' 기능이다.

615) Karl Marx, *Das Kapital II*, 397쪽. *MEW*(*Marx Engels Werke*) 24 (Berlin: Dietz Verlag, 1982).

관”으로 규정하고 국가의 '사멸'을 국가가 "사회에 하복下服하는 기관으로 전환하는 것", 즉 국가와 사회의 세력 관계의 역전逆轉으로 이해하고 있다.[616) 여기서 '사회'란 경제 영역도 아니고 경제 영역을 기초로 한 자유주의적 '시민사회'도 아닐 것이다. 만약 이런 의미라면 여기서 국가와 분리되어 있되 이것을 상위에서 통제할 사회적 메커니즘으로 상정되고 있는 '사회'가 경제 영역과 등치되는 불합리한 의미구조가 생겨난다. 따라서 여기서 '사회'는 위에서 살펴본 마르크스와 하버마스의 '시민사회'로 해석해야 할 것이다. 이렇게 볼 때 '국가사멸'은 레닌주의자들이 의도했듯이 국가권력의 독재적인 노동자당으로의 이양을 뜻하는 것도 아니고 하버마스가 염려하듯이 국가의 행정 체계 자체의 해체를 뜻하는 것도 아니다. 그것은 다만 국가와 시민사회 간의 상하관계의 역전을 뜻할 뿐이다. 이 경우 국가는 기존의 소유관계에 근거한 계급 대립이 완화됨에 따라 억압적 강권 지배의 기능을 점차 상실하고 시민사회를 지배하는 방대한 국가 기제가 공동체의 '공동 업무'를 처리하는 적절한 기구로 개편, 순화되어 완전히 시민적 정치권력과 시민적 공론장의 통제 하에 들어가야 된다. 즉, 국가가 시민사회와의 '분립성' 속에서도 시민 억압적 '자립성'을 상실하고 시민사회의 공론장과 소통적 권력의 단순한 집행 기구, 즉 '뻗은 팔'이 되는 것이다.

시민사회의 발전적 강화와 '국가의 사멸'은 따라서 자본주의적 소유관계를 해소하고 새로운 해방적 소유관계를 구축하는 것을 전제한다. 그러나 종래의 사회주의 프로젝트인 '국유화'는 매스컴, 출판 기제 등의 모든 대중매체와 사회단체의 소유를 국가에 집중시킴으로써 (국가가 아니라) 시민사회를 사멸시켰다. (따라서 이 점에서도 소유권적 변혁의 올바른 방향은 공동'점유'에 기초한 '개인적 소유'이다.) 새로운 소유제도의 토대 위에서

---

616) Karl Marx, *Kritik des Gothaer Programms*, 27쪽. MEW 19.

국가 행정기관은 인민을 소외시키는 자립성을 상실하고 사회의 공론 정치를 대변하는 시민사회의 소통적 공론장과 새로운 시민적 공권력에 굴복한다. 그리하여 정치의 개념이 전면적으로 변혁되어 계급국가에 의한 정치와 공공성의 – 수천 년에 걸친 – 찬탈이 역사적 종말을 고하는 것이다.

마르크스도 일찍이 국가 관청으로 특수화되지 않고 상명하복 관계로 위계화되지 않은 정치, 즉 시민적 공론·공감 정치를 꿈꾸었다. 자유로운 대중매체를 매개로 한 사회적 공동 업무의 "가급적 화통한 공론적 논급(möglichst freimütige und öffentliche Besprechung)"에 의해 전개되는 "진정한 공론(wahrhafte Öffentlichkeit)"은[617] 마르크스에 의하면 국가 관료의 정치가 아니라 새로운 시민정치다. 그러나 마르크스는 단순히 '지성적 두뇌의 공론장'을 강조하는 것으로 그치는 것이 아니라 '민간적 심장'이 표출되는 '일반적 공감과 정감'의 장場을 강조한다.

- 통치부와 피통치자는 둘 다 난관을 해결하기 위해 관청적이지 않으면서도, 따라서 관료제적 전제로부터 출발하지 않으면서도 '정치적인' 활동 영역, 동시에 직접 사적이익과 이것의 절박성에 말려들지 않으면서도 '민간적인' 제3의 요소를 필요로 한다. "시민적 두뇌(staatsbürgerlicher Kopf)와 민간적 심장(bürgerliches Herz)의 이 보완적 활동영역은 자유언론이다. 언론의 영역 안에서 통치부와 피통치자는 상명하복 관계 안에서가 아니라 동등한 시민적 타당성(staatsbürgerliche Geltung)에서, 인물(Personen)로서가 아니라 지성적 권력(intellektuelle Mächte)으로서, 지성적 근거

---

617) Karl Marx, "Rechtfertigung des Korrespondenten von der Mosel", 192쪽. *MEW* 1.

(Verstandesgründe)로서 통치의 원칙과 요구를 동등하게 비판할 수 있다. '자유언론'은 자신이 여론의 산물인 것처럼 자신도 여론을 산출하고 유일하게 특수이익을 일반이익으로, 모젤 지방의 곤경 상황을 일반적 관심과 조국의 일반적 공감(Sympathie)의 대상으로 만들 수 있고 유일하게 곤경의 느낌을 만인에게 나눠줌으로써 곤경을 경감시킬 수 있다. 언론은 지성(Intelligenz)으로서 민중 상황과 관계하지만 마찬가지로 정감(Gemüt)으로서도 관계한다. 언론의 언어는 실황(Verhältnisse) 위를 맴도는 판단의 슬기로운 언어(kluge Sprache)일 뿐만 아니라 동시에 실황 그 자체의 정감 어린 언어(affektvolle Sprache), 관청 보고서 속에서 요구될 수도 없고 요구해서도 아니 되는 언어이다. 자유언론은 마침내 관료적 매체를 통과하지 않는 고유한 형태로 국민적 고충을, 통치 관청과 피통치자의 차이를 사라지게 하고 오직 동등하게 가까이 또는 멀리 서 있는 시민만을 보는 그런 권력으로 통하는 권좌의 차원으로 올려놓는다.[618]

　여기서 마르크스는 신문··잡지 등 자유로운 언론의 장場을 이미 지성적 사실전달과 '근거'제시를 위주로 하는 '공론장'만이 아니라 공감적 의미전달과 정감적 동조를 위주로 하는 '공감장'으로도 바로보고 있다. 그는 하버마스의 공론장을 뛰어넘어 "일반적 공감(allgmeine Sympathie)" "정감(Gemüt)"과 "정감어린 언어(affektvolle Sprache)"가 어우러지는 "민간적 심장(bürgerliches Herz)"의 '공감장'을 논하고 있다. 관청보고서와 같은 "슬기로운 언어"보다 "민간적 심장"에서 우러나오는 "정감어린 언어"가 우세하게 쓰이는 공감장에서는 공감적 의미(감정)전달과 상대방과의 공감적 일체감을 통한 설득력과 상호이해가 사실전달과 근거

---

618)　Marx, "Rechtfertigung des Korrespondenten von der Mosel", 189-190쪽.

제시를 통한 설득력과 상호이해를 불필요하게 만들거나 대체한다.[619] 그래서 공자는 언명한다. "말 잘하는 것이 무슨 소용이랴? 말재주만으로 사람을 대하면 쉽사리 사람들한테 미움을 받는다. 그 인애를 모른다면 말 잘하는 것이 무슨 소용이랴!(子曰 焉用佞? 禦人以口給 屢憎於人. 不知其仁 焉用佞)"[620] 인애의 정감이 실린 언어, 사랑의 언어가 구변 좋은 사람의 능변能辯보다 더 설득력이 있는 법이다.

마르크스가 '자유언론'으로 개념화하려는 "일반적 공론·공감"의 정치는 일찍이 공자가 천하를 '언어'만이 아니라 공감적 '행위'를 통해 위정자와 백성 사이에서 작동하는 일반적 공감의 감응기제로 이해한 것과 흡사하다. 공자는 말한다.

- 군자가 자기의 방 안에 앉아서 자기의 말을 표출하는 것이 선하면 천리 밖에서 감응하는데, 하물며 그 가까운 데서는 어떻겠는가? 자기의 방 안에 앉아서 자기의 말을 표출하는 것이 선하지 않으면 천리 밖에서 그의 말을 거부하는데, 하물며 가까운 데서는 어떻겠는가? 말이 자신에게서 나가면 백성에 다다르고, 행동이 가까운 데서 발하면 먼 데서 나타나니, 말과 행동은 군자의 추기樞機다. 추기의 발동은 영욕의 주인主因이다. 말과 행동은 군자가 천지를 움직이는 수단이니, 신중하지 않을 수 있겠는가?[621]

"천리 밖에서 감응한다(千里之外應之)"는 것은 공감을 말하는 것이다.

---

619) '공감장'에 대한 상론은 참조: 황태연, 『감정과 공감의 해석학(2)』(파주: 청계, 2015), 2007-2021쪽 및 2100-2101쪽.

620) 『論語』「公冶長」(5-5).

621) 『易經』「繫辭上傳」, §8. "子曰 君子居其室 出其言善 則千里之外應之 況其邇者乎? 居其室 出其言不善 則千里之外違之 況其邇者乎? 言出乎身 加乎民 行發乎邇 見乎遠, 言行 君子之樞機. 樞機之發 榮辱之主也. 言行 君子之所以動天地也 可不愼乎."

공자는 『역경』의 함咸괘 「단전象傳」에서 천지감응은 만물화생의 원리이고 민심에 대한 군자의 감응은 천하화평의 원리라고 갈파했다.[622] 마르크스가 주장하듯이 말은 '슬기로운 언어'만 있는 것이 아니라 '정감 어린 언어'도 있는데, 이 '정감 어린 언어'는 공감으로 소통하는 '공감적 언어'다. 더구나 말 없는 '행동'의 의미는 오로지 공감으로만 이해할 수 있다. 공자는 "군자가 천지를 움직이는 수단"인 "말과 행동"에 대한 감응 기제로서의 "천하"라는 표현으로 바로 민심으로서의 '공감장' 또는 '공감대'를 의미하고 있다. 공자는 위정자와 백성의 관계 네트워크를 천하의 백성이 천리원방에서도 위정자의 정치적 언행에 정확하게 '감응하는' 공감적 정치매체로 간주하고 있다. 따라서 정치에서 중시되는 것은 토의적·소통적 합리성에 앞서 위정자들의 언행과 감정적 의도에 민감하게 감응할 수 있는 공감 능력이다. 말 없는 공감장으로서의 '이심전심의 민심'은 '계몽의 선봉대'이면서 '사기꾼'이라는 양가치적 공론장을 감시·수정하고 때로는 정복시키는 감성적 네트워크다. 공론장은 잔잔하기도 하고 큰 파도가 치기도 하는 '민심의 바다'로서의 공감장 위에 떠 있는 조각배에 지나지 않기 때문이다. 하버마스의 소통행위론·공론장 이론·논의 민주주의론은 이 일반적 공감과 공감장을 완전히 몰각하고 있는 것이다.

다른 한편, 하버마스는 언론매체의 소유 구조와 인사권 문제를 거의 건드리지 않고 있다. 현대적 대중매체는 어떤 공간적 경계도 뛰어넘어 일국적 또는 국제적 공론장을 가능케 하지만, 동시에 대부분 자본과 국가의 배타적 소유권과 언론사주의 일방적 인사권에 포섭되어 있다. 이런 까닭에 현대적 대중매체는 시민사회의 차원에서 진정한 공론과 시민적 자율 권력의 – 국가도 없고 자본도 없는 – 새로운 치세治世의 '예고자'이면서

---

622) 『易經』, 咸괘 「象傳」: "천지가 감응하면 만물이 화생한다. 성인이 인심에 감응하면 천하가 화평하다. 성인이 감응하는 것을 보면 천지만물의 정황을 볼 수 있도다!(天地感而萬物化生 聖人感人心而天下和平. 觀其所感而天地萬物之情可見矣)"

'사기꾼'이라는 '이중성'을 갖는다. 이 양가치적 공론 기제들의 소유 구조와 인사권 문제 및 편집권 독립 문제는 국가와 시민사회 간 상명하복 관계의 유지를 시민사회 쪽에서 지탱해 주는 또 하나의 요소다. 이런 한에서 하버마스가 그리는 진정한 '쌍선적 토의 정치'는 언론사의 소우관계와 언론사주 인사권의 제한과 변혁(편집권 독립, 편집국장 임명에 대한 언론사 사원 또는 노조의 동의제도 도입, 언론사주의 인사권 조정 및 한정) 없이 불가능하고 시민사회의 상위에 있는 국가의 불가능한 '포위'가 아니라 국가와 시민사회의 상하관계를 역전시키는 국가'사멸' 속에서만 가능할 것이다.

끝으로, 하버마스의 논의적 민주주의와 토의 정치 이론과 관련해서는 몇 가지 비판적 지적이 필요하다. 이상적 대화 상황을 전제한 이 민주 정치론은 대학교수들의 세미나를 모델로 삼아 정치의 장에 옮겨놓은 것이다. 따라서 이 이론은 공감장 개념만이 아니라 민주주의 많은 요소를 결하고 있다. 먼저 이 이론은 정치적 논의 주체들의 대의代議 자격(대표성) 문제다. 실제의 민주주의와 정치 토론에서는 토론자들의 대의 자격이 큰 의미를 갖는다. 그래서 대의를 할 사람을 뽑는 선거도 큰 중요성을 점한다. 그래서 선거를 '민주주의의 꽃'이라고 하는 것이다. 또한 같은 정치적 주장과 지향을 갖는 정당들에 소속된 대표자들이 정치 토론을 주도하게 되는데 이 토론에서 모든 정당은 동등권을 갖는 것이 아니라 다수당에 비례적으로 많은 토론 참가자가 배정되고 소수당은 1명이 배정될까 말까 한다. 소수민족이나 소수인종, 소수 지역이나 소수 종교를 대표하는 당파는 선거에서 당선될 확률이 거의 없으므로 이들에게 아예 토론에 참여할 기회도 주어지지 않는 것이다. 따라서 실제의 대화 상황은 '이상적'이지 않고 민주주의 관점에서 볼 때 원칙적으로 이상적일 수 없다. 실제의 대화 상황은 민주주의적 원칙에 따라 언제나 비대칭적인 것이다. 하버마스의 논의적 민주주의와 토의 정치 이론은 논장에 참여할 대표 자격과 논장 자체의 원칙적 비대칭성을 분석적으로 논할 수 없는 이론적 불능과 결함을 안고 있다.

또한 실제의 논의와 토의에서는 토의자들이 결코 동등하지 않다. 토의자 가운데서 유명한 정치인, 다선의원, 덕망 있는 명사, 알려진 학자, 메달리스트 체육인, 전쟁영웅, 인기 요리사 등 대중적 신망과 신뢰를 얻은 토의자들이 신망의 권위로써 소통과 논의를 대체하며 토의를 압도한다. 그리하여 하버마스가 강조하는 "근거의 강제력"도 토의자의 신망과 신뢰에 의해 크게 변동하고, 호감 가는 공감적(sympathisch) 표정·손짓·태도 등의 말 없는 호소력에 의해 약화되거나 무력화된다. 하버마스는 이 점도 전혀 고려하지 않았다. 그는 이론적으로 신망과 신뢰를 소통 대체 수단이 아니라 "일반적 소통 형태"로 오인하고 있기 때문이다.

게다가 종교적 신앙이 정치적 논란거리인 경우에는 합리적 "근거"가 중요한 것이 아니다. 종교 문제에 대한 논의와 토의에 참여하는 자들은 '무제한적 관용'의 가치와 자세를 체득한 자들이어야 하고, 또 이 관용의 방향에서 문제의 해결책을 찾아야 한다. 하버마스는 민주주의의 대전제인 이 '관용'의 중요성을 언급하지 않았다.

이에 잇대서 더 지적하자면 하버마스는 토의 참가자들의 자격과 능력으로서 언어능력 외에 도덕성, 공감 능력, 감정능력들을 고려하지 않았다. 하버마스는 소위 "근거"란 '인식적·합리적' 근거만을 중시하지만, 실제의 정치 토론에서는 기실 국민적 공감대를 배경으로 한 도덕적·정서적·감정적 근거들이 더 중요한 것이다. 따라서 이 비非인식적·초超논리적 근거들은 오감적·지성적 '인식'으로 알 수 있는 것이 아니라, '공감'으로만 알 수 있는 것이다. 따라서 실제의 정치 토론에서는 도덕적·정서적·감정적 근거들에 대한 내외의 '공감적' 이해와 해석이 저 사실적·합리적 근거에 대한 오감적·지성적·논리적 인식과 설명보다 훨씬 더 중요한 것이다. 하버마스는 논의적 민주주의와 토의 정치 이론에서 참가자의 공감 능력·도덕성·감정능력을 전혀 고려치 않고 합리적·인식적 근거만을 논하는 것으로 끝났다. 따라서 대학 내의 학술 토론장을 모델로 삼아 기안된 하버마스의 논의적 민주주의와 토의 정치 이론은 현실적 중요성을 얻을 가능성이 사실상 전무한 것이다.

3.3. 소통적 주권의 이론

하버마스는 지질학자 출신 독일 혁명가이자 민주정치 이론가였던 율리우스 프뢰벨(Julius Fröbel, 1805-1893)의 사상 전통을 계승해서 대의代議와 인민 의사를 대립시키는 에마뉘엘 조제프 시에예스(Emmanuel Joseph Sieyès, 1748-1836)와 알렉시스 토크빌(Alexis de Tocqueville, 1805-1859)의 '보수적 자유주의'의 딜레마를 '쌍선적 토의 정치'론에 의해 극복하고 주권개념을 최종적으로 익명화, 탈脫주체화, 탈인격화하여 지양하는 소통적 유동流動주권론을 구상한다.[623]

■ 프뢰벨의 "토의적 공중"으로서의 주권자와 "합법적 영구혁명"

루소는 일반의사가 선험적으로 존재하는 것을 가정했으나, 자유주의자들은 이익의 다양성과 의견의 다원성을 강조했다. 일반의사 또는 다양한 이익 간의 사회적 균형은 존재론적으로 이미 존재하는 것이 아니라 타협을 통해 비로소 산출되어야 한다. 다원적 의견 간의 사회적 합의도 루소가 잘못 생각하듯이 존재론적 전제가 아니라 협의를 통해 비로소 구성

---

623) Habermas, "Volkssouveränität als Verfahren" [1988], 624쪽. Habermas, *Faktizität und Geltung* (1992).

되어야 하는 것이다. 물론 '다수의 횡포'에 대한 비판은 두 종류로 나타난다. 백작 알레시스 드 토크빌은 고전적 자유주의자들을 대표하여 '인민주권' 이념을 '제한될 필요가 있는' 평등 원리로 이해한다. 이것은 시민군중의 수적 우위에 대한 대大부르주아지의 공포를 표현하는 것이다. 권력 분립적 법치국가의 헌법이 '인민민주주의'에 대해 한계를 설정하지 않는다면, 개인들의 전前정치적 자유는 위험에 빠지게 된다는 것이다. 그리하여 토크빌은 헌법에 체현된 실천이성을 다시 군중의 주권적 의사와 대립된 별개의 실체로 취급하는 역리에 빠진다. 루소가 '자기 입법'의 개념으로 해결했다고 믿었던 문제가 다시 부상한 것이다.

그러나 토크빌 같은 고전적 자유주의자가 아니라, '민주적으로 계몽된 자유주의자'는 루소의 실패한 규범적 의도를 심사숙고한다. 이 계몽된 자유주의 노선에서 루소주의 비판은 민주주의의 '삭감'과 '제한'이 아니라 인민주권 원리의 패러다임전환으로 나아갔다. 새 패러다임은 인민주권이란 분화된 의견과 의사 형성 과정의 '논의적' 조건에서만 표현될 수 있다는 것이다. 주지하다시피 존 스튜어트 밀(John Sturt Mill)이 『자유론』(1859)에서 자유와 평등을 '논의적' 공론장의 이념 속에서 통합했다. 그런데 하버마스에 의하면, 이보다 훨씬 이전인 1848년 율리우스 프뢰벨은 "공리주의적 관념과 전혀 무관한" 토의적 전체 의사의 개념을[624] 발전시켰다. 프뢰벨은 이런 관점에서 "사회적 공화국(soziale Republik)"이라는 개념을 도입했다는 것이다. '사회공화국'은 모든 개인의 행복·자유·존엄이 만인의 공동 목적으로 인정되고 제諸권리와 권력이 "모든 구성원의 협의와 협약"으로부터 생겨나는 국가다.[625]

하버마스에 의하면 프뢰벨은 '자유토론'의 원리를 다수결 원리와 흥미

---

624) Habermas, "Volkssouveränität als Verfahren", 612쪽.
625) Habermas, "Volkssouveränität als Verfahren", 613쪽.

로운 방식으로 결합시켰다. 루소가 단순한 법률 형식의 추정적 보편화 능력에 귀속시킨 역할을 그는 토의적 공론에 맡기고 있는 것이다. 보편적 동의를 얻을 만한 법률들이 지닌 "타당성(Geltung)"의 규범적 의미는 결코 일반법률의 논리적·의미론적 속성에서 설명될 수 없기 때문이다. 대신 프뢰벨은 진리 지향적 의견 형성이 다수결적 의사 형성과 결합될 수 있는 의사소통 조건을 천착하고 있다. 동시에 그는 루소의 자치自治 개념을 견지한다. 자치 개념은 "언제나 법률은 오로지 법률을 만들거나 이에 동조한 사람에게만 존재하는 것이고 다른 모든 사람에게는 하나의 계율이거나 명령이다"는 것이다. 따라서 법률은 만인의 '근거 있는' 동의를 요한다. 그러나 민주적 입법자는 다수결로 결정을 내린다. 따라서 다수결이 진리 추구와의 내적 관계를 유지하는 경우에만 다수결은 진리를 추구하는 토의적 합의의 이념과 결합될 수 있다.[626] 이성과 의지 사이를, 말하자면 만인의 의사 형성과 인민 대표자의 다수결적 의사 형성 사이를 매개하는 것은 공론적 논의인 것이다.

이런 전제하에서 다수결은 이 다수결에 의한 결정의 내용이 임박한 실천의 압박하에서 잠정적으로 종결된 토론의 단순한 잠정적 결과로 받아들여지고, 그 결과가 합리적 동기를 갖추었을지라도 오류일 수 있는 것으로 통용되는 만큼만 용인容忍 된다. 말하자면 다수결 제도는 민주주의제도가 아니라 현재의 실천을 위해 민주적 토론을 잠정적으로 중단시키는 '실용적' 제도에 지나지 않는 것이다. 다수결의 결정 결과는 언제든 오류로 판명 날 수 있기 때문에 집단의 존부 또는 이것이 걸린 실체적 사안 등에 대해서는 적용 불가능하고 또 이 사안 외의 일상적 실무 안건의 다수결적 결정의 경우에도 사후에라도 이 결정을 대체할 수 있는 대안代案 집단의 존재와 자유로운 비판적 대안 형성이 보장되어야 하는 것이다. 토론

---

626) Habermas, "Volkssouveränität als Verfahren", 613쪽.

은 상이한 사람들의 정신 속에서 형성된 확신들을 상호작용하도록 만들고 서로 계몽하고 승인의 범위를 확장한다. 법의 실천적 규정은 사회 속의 선행하는 이론적 법의식의 발전과 승인의 결과이지만, 표결과 다수결의 경로를 통해서만 성공한다. 프뢰벨은 다수결을 조건부의 잠정 합의로, 즉 다수의 의사에 입각한 '일시적' 실행에 대한 소수의 동의로 해석한다. 따라서 소수에게는 자기 의사를 '잠시' 포기했다는 이유에서 자기 의사를 오류로 자인하라고 요구되지 않는다. 아니, 그들의 목적을 포기하라는 요구도 제기되지 않는다. 다수결은 다만 소수파가 자신들의 논거를 더 타당하게 다듬고 필요한 수의 동조자를 규합할 때까지 자신들의 확신을 실천으로 옮기는 것을 잠정적으로 자제하라는 요구일 뿐이다.

프뢰벨의 입장은 인민주권 원리의 구체주의적(인격체적) 이해를 포기하자마자 평등과 자유, 전체와 개인 간의 규범적 긴장이 해소된다는 것을 보여 준다. 하버마스의 해석에 의하면, 프뢰벨은 실천이성을 루소처럼 일반적 법률이라는 단순한 '형식'으로써 주권적 집단 의지에 이식시킨 것이 아니라, 이성과 동일하지 않은 정치적 의사가 어느 경우에 "이성의 추정(Vermutumg der Vernunft)"을 부여받게 되는가를 확정하는 의견 형성과 의지 형성의 공정한 절차 속에 실천이성을 정착시켰다.[627] 이런 까닭에 프뢰벨은 다원주의를 경시하는 유혹에서 벗어났다. 공론적 논의는 이성과 의지 사이를 매개하는 필수적 심급이다. 그는 "확신들의 통일"을 "인식의 진보에 있어 하나의 불행"이라고 생각한다. 그러나 목적의 통일은 하나의 필연성이다. 통일적 의사의 다수결적 산출이란 확신의 경로로 오류를 감소시키는 원리와의 결합 속에서만 "만인의 개인적 의지의 동등한 타당성의 원리"와 부합된다. 이 원칙은 오직 공론적 논의 속에서만 다수의 전횡을 막을 수 있다.

---

627) Habermas, "Volkssouveränität als Verfahren", 614쪽.

이런 이유에서 프뢰벨은 만인의 높은 교육 수준과 의견 표현 및 프로파 간다의 자유를 요구했다. 그는 정당들과, 이론적 프로파간다의 수단으로 수행되는 정당 정치적 투쟁의 헌정적 의의를 최초로 인식해 낸 사람이었다. 오직 공개적 의사소통 구조만이 전위 정당들의 우격다짐을 막을 수 있다. 따라서 오로지 필요한 것은 붕당(Sekte)이 아니라 정당이다. "정당은 자신들의 분파적 목적을 국가 안에 관철시키고자 하고, 붕당은 분파적 목적으로 국가를 넘어서고자 한다. 정당은 국가 안에서 지배권을 잡고자 하고 붕당은 국가를 자신들의 실존 형태에 굴복시키고자 한다. 정당은 국가 안에서 지배에 도달함으로써 국가 안에 자신을 녹이고자 하고, 붕당은 국가를 자신 속에 녹임으로써 지배에 도달하고자 한다."[628] 프뢰벨은 당대의 헐거운 정당을 공론적 의견 및 의지 형성의 과정에 일단 논증으로 영향을 미치는 것을 전업專業으로 하는 자유 결사로 묘사하고 있다. 정당은 다양한 목소리로 토론하는 주권적 시민 공중의 조직적 핵심이다.

　루소의 인민 주권자가 권력과 합법적 권력 독점을 인격체적으로 체현하는 반면, 프뢰벨의 공중은 인격적 집단 신체가 아니라 협의協議로 강권을 대체하는 다성적多聲的 공론 과정의 매체에 불과하다. 정당들과 정당들의 공론적 논쟁은 루소의 사회계약 행위를 프뢰벨의 표현대로 "합법적 영구혁명"의 형태로 지속시키는 기능을 한다. 프뢰벨의 헌법원리는 헌정 체제에서 모든 실체적인 것을 탈각시킨다. 엄정한 탈脫형이상학적 관점에서 프뢰벨의 헌법원리는 "자연권이 아니라 단지 일반적 의사소통과 참정권에 관한 동등한 자유들을 보장하는 의견과 의지 형성의 절차를 표현한다."[629] 이와 같이 논자마다 제멋대로 그려내는 천부적 '인간 본성(human nature)'이라는 형이상학적 전제로부터 탈피되어 의사소통적으

---

628)　Habermas, "Volkssouveränität als Verfahren", 615쪽.
629)　Habermas, "Volkssouveränität als Verfahren", 615쪽.

로 이해된 인권은 이제 절차주의적으로 완전히 추상화된 인민주권과 대립하지 않는다. 인권은 이제 공론적 의사 형성의 자기 제한적 실천의 본질 구성적 조건과 동일한 것이기 때문이다. 권력분립도 이제 이와 같이 산출된 법률의 적용과 통제된 이행의 논리로부터 설명된다. 인민주권의 원리는 너무나도 자주 근대 정치에서 전체주의와 독재를 뒷바라지하는 원리로 동원됨으로써 더 이상 혁명적 원리이기를 그쳤다. 그러나 이러한 인민주권의 원리로부터 어떤 규범적 내용을 구출하고자 한다면, 프뢰벨의 '계몽된 자유주의'에 대한 반추가 필수적인 것이다.

■ 하버마스의 소통적 유동遊動주권 개념

공론장 이론과 새로운 시민사회론의 토대 위에서 하버마스는 정치적 보수주의와 교조적 마르크스주의의 냉소적 민주주의론을 극복하고, 근대 자유주의와 공화주의의 민주주의론을 논의 이론의 토대 위에서 비판적으로 종합·재건하려고 시도한다. 보수주의와 마르크스주의는 공히 민주적 선거 절차를 소수의 정치적 강자가 대중에 대해 기만적으로 자신의 의지를 관철하는 의식적儀式的 절차로 평가절하하고 대중을 향한 정치 엘리트들의 공약과 홍보를 인식 가치가 없는 일종의 '수사(rhetoric)'에 지나지 않는 것으로 무시하기 때문이다.

하버마스는 논의 이론은 자유주의 모델보다 강하지만 공화주의 모델보다는 약한 규범적 함의를 민주적 절차와 연결시킨다고 생각한다. 논의 이론은 자유주의와 공화주의의 양편으로부터 일부 요소들을 받아들여 새로운 방식으로 종합하기 때문이다. '논의적 민주주의론'은 공화주의와 일치하여 정치적 의견 및 의사 형성을 중심에 놓되, 결코 법치국가적 헌법을 부차적인 것으로 간주하지 않는다.[630] 논의 이론은 토의 정치의 변

---

630) Habermas, *Faktizität und Geltung*, 361쪽.

창을 집단적으로 행동 가능한 시민에 종속시키는 것이 아니라 상응하는 절차와 소통 기제의 제도화 및 제도화된 토론과 비조직적 공론의 공동작용에 종속시킨다. 인민주권의 소통적 과정화 및 절차화와 정치적 공론장의 주변적 네트워크에의 정치적 체계의 재再구속은 '분권화된' 사회상과 결합되어 있다. 그리하여 이 민주주의 개념은 이제 목표지향적으로 행위하는 '거대 주체'로서 잘못 관념되어 온 '국가중심적 사회 전체' 개념으로 작업할 필요가 없다. 동시에 이 민주주의 개념은 권력균형과 이익 균형을 시장 교환의 모델에 따라 무의식적으로 규제하는 헌법 규범의 체계로서의 전체를 대변하지 않는다. 논의 이론은 시민의 자결自決 행위를 전숲사회적 거대 주체에 귀속시키거나 또는 법률의 익명적 지배를 경쟁적 개별 주체들과 관련시키는 것을 강요하는 '주체 철학적' 사유 도식과 결별하는 것이다.[631] 왜냐하면 개인적 선택 행위 외에는 의식적인 집단적 결정이 존재할 수 없기 때문이다.

논의 이론은 민주적 절차를 매개로 또는 정치적 공론장의 소통 네트워크 안에서 진행되는 이해 과정의 '고高단계적 간주체성'을 고려한다. 이 '주체 없는' 소통은 의회 기구 안팎에서 전사회적으로 중요한 소재들에 관한 의견이 개진되고 형성될 수 있는 논장論場을 형성한다. 소통의 흐름은 공론장의 영향력과 소통적 권력이 입법을 매개로 행정적 권력으로 전환되도록 보장해야 한다. 자유주의적 모델에서처럼 국가와 '사회'의 경계는 존중되지만, 여기서 '사회'는 자유주의 모델에서와 달리 다시 자율적 공론장의 사회적 기초로서의 '시민사회'와 '경제적 행위 체계'로 양분하여 이해된다. 이러한 민주주의론으로부터 근대사회의 통합 및 조절 필요성을 충족시키는 세 자원인 화폐, (행정적) 권력, 소통적 연대(권력)의 관계 내에서 비중변위比重變位에 대한 요구가 도출된다. 규범적 함의는 여기

---

631) Habermas, *Faktizität und Geltung*, 362쪽.

서 명백하다. 이제 연대의 사회통합적 힘은 폭넓게 분화된 자율적 공론장과 법치국가적으로 제도화된 민주적 의견 및 의사 형성 절차를 매개로 발전되어야 하고 법法 매체를 수단으로 화폐와 행정적 권력에 대해서도 관철될 수 있어야 한다.

　이 논의론적 민주주의관이 바로 정통성과 인민주권의 관계에 영향을 미친다. 자유주의적 모델에 따르면 민주적 의사 형성은 오직 정치적 권력의 행사를 정통화하는 기능만을 갖는다. 선거 결과는 정부 권력의 장악에 대한 면허인 데 반해, 정부는 공론장과 의회 앞에서 이 권력의 사용을 정당화해야 한다. 공화주의적 모델에 따르면, 민주적 의사 형성 과정은 사회를 정치적 공동체로 구성하고 이 최초의 건국 행위에 대한 회상을 매번의 선거로써 생동하게 유지하는 훨씬 강한 기능을 한다. 정부는 위원회로서 분리된 국가권력의 정상이 아니라 자치하는 정치공동체의 일부이다. 그러나 논의 이론은 이 공화주의적 모델들과 다른 관념을 도입한다. 민주적 의견과 의사형성의 절차와 소통적 전제는 법과 법률에 구속된 정부와 행정이 내리는 정치적 결정의 '논의적 합리화'를 위한 가장 중요한 수문이다. 이 '합리화'는 여기서 단순한 정당화(베버)보다 더 많은 것을 뜻하지만, 동시에 권력의 '구성'(루소)보다 더 적은 것을 뜻한다. 행정적 권력은 권력 행사를 사후적으로 통제할 뿐만 아니라 사전에 프로그래밍하는 민주적 의사 형성 과정과 결부되는 한 무질서한 '뭉치 상태'를 변화시킨다. 그럼에도 불구하고 "정치적 체계만 행동한다." 이 체계는 집단적 구속력을 갖는 결정을 전문으로 하는 부분 체계인 데 반해, 공론장의 소통 구조들은 전사회적 문제상황의 압박에 반응하고 영향력 있는 의견들을 증폭하는 광범하게 펼쳐진 센서망을 형성한다. 민주적 절차에 따라 소통적 권력으로 가공되는 공론은 스스로 지배권을 행사할 수 없고 행정적 권력의 사용을 일정한 방향으로 조종할 뿐이다.

하버마스는 거대 인간으로 의인화된 집단 주체적 인민주권의 개념을 부지불식간에 절대주의적 주권 군주를 모방한 공화제적 주권개념에서 유래한 것으로 이해한다. 따라서 정통적 강권 행사의 수단을 독점하는 국가는 이 세계의 여타 모든 강권을 압도하는 권력집중체로 관념된다. 루소는 보댕으로 거슬러 올라가는 이 사유 도식을 '통합된 인민 의지'로 전치轉置시켜 자유 평등한 사람들의 자치라는 고전적 이념과 융해시켜 근대적 자율성 개념 속으로 고양시켰다. 그러나 인민주권 개념은 이러한 규범적 승화와 논리적 추상화, 나아가 사회주의적 급진화에도 불구하고 "(물리적으로 현존하는) 인민 속에서의 체현(Verkörperung)"이라는 거대 주체적 주권 관념을 떨치지 못했다.[632] 공화주의적 모델에 따르던 적어도 잠재적으로 현존하는 인민은 원칙적으로 양도할 수 없는 주권의 담당자이다. 인민은 주권자로서의 자신의 속성에서 어떤 타자에 의해서도 대변될 수 없다. 그러나 인민은 실제적 경험에 따르면 의지와 신체를 가진 주체가 아니다. 인민은 항상 셀 수없이 많은 다중(多衆)으로 등장할 뿐이라서 인민 전체로서는 결의도 행위도 할 수 없는 것이다.[633] 이에 대해 자유주의는 보다 현실주의적인 입장으로 맞선다. 민주적 법치국가에서 인민으로부터 나오는 국가권력은 선거와 투표안에서 그리고 입법·헹정·사법의 분립된 기관을 통해 행사된다는 것이다.

이 두 주권 개념은 전체로부터 출발하느냐 아니면 개체로부터 출발하느냐의 양자택일적 출발 조건에 갇힌 국가·사회관의 의심스런 전제하에서만 완벽한 양자택일적 대안 노릇을 할 뿐이다. 이에 반해 '논의적 민주주의 개념'에는 정치적 공론장과 함께 전사회적 문제들의 지각·확인·취급을 위한 장場들을 분화시키는 '분권화된 사회'가 조응한다. '주처철학적'

---

632) Habermas, *Faktizität und Geltung*, 364쪽.
633) Habermas, "Volkssouveränität als Verfahren", 607쪽.

개념구성을 버리면, 주권은 (루소에게서처럼) 구체주의적으로 인민 속에 집중된 실체로 관념될 필요도 없고 (시에예스와 토크빌에게서처럼) 헌법적 권한 속으로 추방될 필요도 없다. 자기조직화하는 권리공동체의 '자기'는 논의적 의견 및 의사 형성의 흐름을, 이것의 (물론 오류 가능한) 결과가 이성적이라는 추정을 얻는 방식으로 규제하는 '주체 없는' 소통 형태들 속에서 소멸하게 된다. 이로써 인민주권의 이념과 결부된 규범적 직관은 부정되는 것이 아니라 간주체적으로 변형된다. 소통적으로 익명화된, 간주체화된 주권은 이제 소통적으로 산출된 권력으로서 자신을 관철하기 위해서만 민주적 절차와 까다로운 소통적 전제의 법적 제도화 속으로 귀환한다. 정확히 하자면 주권은 이제 법치국가적으로 제도화된 의사 형성과 문화적으로 동원된 시민사회적 공론장 간의 상호작용에서 생겨나는 것이다.[634]

따라서 이 '소통적으로 유동화된 주권'은 자율적 공론장에서 생겨나 민주적으로 제도화된 논의적 의결議決 속에서 형태화되는 '논의들의 권력'으로 구현되는 것이다. 이 소통적 주권의 권력은 "아무런 정복 의도 없이 포위의 양식으로 정치적 체계의 판단 및 결정 과정의 전제에 영향을 가하여 자신의 명령을 포위된 요새가 이해하는 유일한 언어로 관철시킨다."[635] 이와 같이 주권이 소통적 절차 속으로 해체되었다면, 1789년 이래 빈자리로 남아 있는 주권자의 '상징적 거소'는 '국민'이니 '인민'이니 하는 새로운 실체적 상징으로 채우려 하지 말고 빈자리로 남겨 두어야 한다.[636] 따라서 위르겐 하버마스의 이 "소통적으로 유동화된 주권 (kommunikative verflüssigte Souveränität)"은 근세초의 구체주의적(인격주의적)·실체주의적 주권개념의 단호한 거부이면서 동시에 바로 이 개

---

634) Habermas, *Faktizität und Geltung*, 365쪽.
635) Habermas, "Volkssouveränität als Verfahren", 626쪽.
636) Habermas, *Strukturwandel der Öffentlichkeit*, 44쪽(1990년 서문).

념이 지닌 규범적 '직관'의 소통 이론적 계승인 셈이다.

상론한 바와 같이 하버마스는 이 '소통적 유동 주권'의 작동 조건을 '쌍선적 토의 정치'의 이론으로 구체화하고자 했다. 의회를 설치할 때 결정 능력과 정치적 책임은 사회적으로 경계 지어지고 시간적으로 제한된 의회 내적 공론장이 구성되고 협상이 논증적으로 벌어지고 문제별로 전문화되는 연관점을 형성한다. 이렇게 설치된 내부 공론장 안에서의 민주적 절차는 공정한 타협을 포함한 실천적 문제의 협업적 해결의 관점에서 의견과 의사형성의 과정을 구조화한다. 이러한 절차 규제의 조작적 의미는 "문제의 발견과 확인"이라기보다 "문제의 처리"이고 "새로운 문제 설정에 대한 민감화"라기보다 문제 선택과 다양한 해결책들 사이에서의 "결정의 정당화"다. 의회적 기구의 내부 공론장은 무엇보다도 "정당화 연관"으로 구조화되어 있다. 그러나 이 내부 공론장은 행정적 추가 작업과 후속 처리에만 의존하는 것이 아니라 일반적 시민 공중의 – 절차에 의해 규제되지 않는 – 외부 공론장의 "폭로 연관"에도 의존하는 것이다.[637]

의결 능력 없고 행위능력 없는 '취약한 공중'은 공론의 담당자다. 의결과 문제해결의 책임이 없는 공론 형성은 중첩되는 하부 문화적 공론장들의 공개적·개방적 네트워크 안에서 벌어진다. 이러한 다원주의적 공론장의 구조들은 기본권적으로 보장되는 틀 내에서 어느 정도 자발적으로 형성된다. 원칙적으로 무제한적인 소통 흐름은 일반적 공론장의 비공식적 요소들을 구성하는 시민결사체 내부에서 벌어지는 작은 공론장들도 관통하여 유동한다. 전체적으로 이 흐름은 몽땅 조직화될 수 없는 '야생적' 복합체를 이룬다. 일반적 공론장은 무정부적(비조직적) 구조로 인하여 불평등하게 분배된 사회적 권력, 구조적 강권, '체계에 의해 찌그러진 소통' 등의 억압과 배제효과에 의회의 조직된 공론장보다 더 보호막 없이 노출

---

637) Habermas, *Faktizität und Geltung*, 373쪽.

되어 있지만, 그럼에도 불구하고 새로운 문제들이 이 조직된 공론장에서 보다 더 민감하게 지각되고 자기 이해의 논의들이 더 폭넓게, 그리고 더 명시적으로 수행되고 집단적 자동성과 욕구 해석이 더 무강제적으로 선명화될 수 있는 '무제한적' 소통 매체라는 장점을 갖는다.

민주적으로 제도화된 의견 및 의사 형성은 이상적 차원에서 권력화되지 않은 정치적 공론장의 구조 속에서 형성되는 비공식적 공론의 공급에 의존해 있다. 공론장은 역으로 동등한 시민권이 효력을 얻은 사회적 토대에 의해 지탱되어야 한다. 계급 제약으로부터 탈피하고 사회적 계층화와 착취의 수천 년 된 구속으로부터 벗어난 토대 위에서만 해방된 문화적 다원주의의 잠재력, 즉 의미 산출적 생활 형태들이 풍부하고 갈등 많은 잠재력이 전면적으로 발전할 수 있다. 그러나 이 갈등의 의사소통적 해결은 의식적 방식으로 복잡성을 다룰 줄 아는 "탈脫주술화된(entzaubert)", 즉 세속화된 현대사회에서 "남들 간의 연대"의 "유일한" 원천이요, 강권을 포기한 공동생활의 협업적 규제에서도 서로서로에 대해 "남남으로 남아 있을 권리"도 인정하는 남들 간의 연대의 유일한 원천이다.[638] 마르크스를 거쳐 벤담으로 거슬러 올라갈 수 있는 이 '쌍선적 토의 정치' 개념은 현대의 '세속화된' 사회 조건과 '양가치적' 공론장에서 실천적으로 추구할 수 있는 정치다. 그러나 언론사주들에 의한 대중매체의 소유권과 인사권의 독점과 자본주의적 불평등구조를 너무 이상주의적으로 소홀히 하고 전개되는 하버마스의 이 이론 구조는 일정한 비판적 교정이 필수적일 것이다.[639]

'공론 절차'와 등치된 인민주권은 이로써 완전히 탈脫실체화, 탈주

---

638) Habermas, *Faktizität und Geltung*, 374쪽.
639) 이에 대한 비판과 보완에 관해서는 참조: 황태연, 「하버마스의 소통적 주권론과 쌍선적 토의 정치의 이념」, 『사회비평』(1996). 언론시민단체와 족벌언론사 사주(社主) 간의 치열한 갈등을 목도해온 한국인들은 하버마스의 언론관이 지나치게 안이하다는 느낌을 떨칠 수 없을 것이다.

체화·탈형이상학화된다. 결사체들의 네트워크가 내버린 "인민 신체(Volkskörper)"의 자리 – 이른바 주권자의 빈자리 – 를 차지한다는 생각도 이제 "너무 구체주의적"이다. 공론장의 야생적 정글 속으로 "완전히 산개된 주권"은 – 굳이 "체현(Verkörperung)"이라는 말을 쓴다면 – 결사結社한 구성원들의 두뇌 속에서 '체현'되는 것이 아니라, (오류 가능한) 결과가 실천이성의 추정을 얻을 수 있도록 논의적 의사 형성의 흐름을 규제하는 '주체 없는 의사소통'의 제諸형태 속에 '체현'되는 것이다. '주체 없이 익명화된, 간주체적으로 해체된 주권'은 민주적 절차와 이 절차를 작동시키는 까다로운 소통적 전제들 속으로 물러나는 것이다.[640] 절대주의 시대에 기안된 인격적 주권자의 형상은 이 주체 없는 소통적 유동 주권 이념 속에 '최고'라는 직관만 남기고 완전히 사라졌고, 계몽주의적 인민주권은 이 소통적 주권개념에 아래부터의 치자治者의 산출·심판·통제라는 직관, 말하자면 '백성이 나라의 주인'이라는 규범적 직관만 남기고 대내적으로 완전히 지양止揚되었다. 마침내 비로소 주권은 대내적으로 완전히 '근대화'된 것이다.

그러나 하버마스는 주권개념이 소통을 통해서 유동화되는 것으로만 생각하는데 이것은 단견이다. 인간의 의도와 감정의 전달은 언어적 소통을 통해서도 이루어지지만 이 소통적 전달은 공감적 전달에 비하면 취약하고 매우 한정적인 것이다. 따라서 그의 유동 주권론은 그 설명 과정에서 등장하는 소통이나 논의라는 말을 공감으로 대체하거나 이 말들 앞에 공감을 놓는다면 비교적 완벽한 논의로 거듭날 것이다. 이를 통해 하버마스의 논의상의 오류들도 바로잡을 수 있다. 가령 "갈등의 의사소통적 해결은 의식적 방식으로 복잡성을 다룰 줄 아는 '탈脫주술화된' 현대사회에서 '남들 간의 연대'의 '유일한' 원천이요, 강권을 포기한 공동생활의 협

---

640) Habermas, "Volkssouveränität als Verfahren", 626쪽.

업적 규제에서도 서로서로에 대해 '남남으로 남아 있을 권리'도 인정하는 남들 간의 연대의 유일한 원천이다"는 구절은 의사소통이 곧 언쟁으로 발전할 위험 때문에 거의 오류 위험이 높은 대목이다. 이 구절의 "갈등의 의사소통적 해결"이라는 표현을 '공감'으로 대체하면 이 구절 전체의 의미가 바로 살아난다. 연대('남들 간의 연대')와 개성(서로서로에 대해 '남남으로 남아 있을 권리')의 원천은 기본적으로 언어적 소통이 아니라 공감이기 때문이다. 사랑과 연대는 바로 '복수적 개인 간의 공감적 일체감'으로 정의된다.[641] 언어적 의사소통은 연대의 원천이 아니라 자칫 분쟁의 원천이다. 합리적 근거를 대고 따지는 언어소통에 의해 문제가 해결될 경우도 그 과정을 잘 들여다보면 공감과 공감적 이해를 바탕에 깔고 있다. 서로서로 상대방의 감정을 중시하는 '공감적 언어소통'만이 합리적 주장 속에 들어 있는 감정적 의미와 의도를 제대로 전달하고 양해를 얻을 수 있기 때문이다.

---

641) 황태연, 『감정과 공감의 해석학(1)』, 176–181쪽.

제4절

논의윤리학과
이론적 딜레마

1970년대 말부터 하버마스는 역할채택론에 입각하여 아동의 단계적 도덕 발달 과정을 설명한 로런스 콜버그(Lawrence Kohlberg, 1927-1987)의 '끈질긴' 논의 파트너로서 자신의 '논의윤리학(Diskursethik)'을 발전시켰다. 그는 일단 콜버그의 도덕발달론의 장점을 이렇게 인정한다. "보편주의적 윤리학에 대항해서는 일반적으로 '다른 문화들은 다른 도덕관을 가지고 있다'는 사실이 반박으로 제시된다. 이런 종류의 상대주의 의심에 대항해서 콜버그의 도덕발달론은 ⓐ 현존하는 도덕관들의 경험적 다양성을 도덕 판단의 보편적 형식에 대한 내용의 가변성으로 환원할 수 있는 가능성과, ⓑ 그래도 잔존하는 구조적 차이는 도덕적 판단 능력의 발전에 있어서의 단계 차이로 설명할 수 있는 가능성을 제공한다."[642]

---

642) Jürgen Habermas, *Moralbewußtsein und kommunikatives Handeln* (Frankfurt am Main: Suhrkamp Verlag, 1983·1991), 128쪽. 국역본: 하버마스(황태연 역), 『도덕의식과 소통적 행위』(서울; 나남, 1997), 169쪽.

하버마스는 콜버그의 도덕발달론의 최대 약점과 위험성을 '장점'으로 보고 있는 한에서 그도 이 약점과 위험을 공유한다.

그러나 1970대 말과 1980년대 초 사이에 이미 콜버그는 역할채택론과 단계적 도덕발달론을 버리고 공감과 도덕감정론적 도덕철학 쪽으로 입장을 선회했다. 콜버그는 인간 본성 속에 이미 본유해 있는 도덕감정의 이 본능적 일반성을 배제하고 도덕 규칙들의 철학적·조작적 일반성만을 중시하고 아동을 역할 인계의 사변적 일반화를 조작할 수 있는 '철학자'로 등극시키고 도덕 발달을 내면적 도덕 본성의 '개발'이 아니라, 바깥의 일반규칙의 '내면화(습관화)' 또는 '사회화'로만 이해한 것을 오류로 여기기 시작했기 때문이다. 그러나 일찍이 루소는 상술했듯이 도덕감정적 '동정심'을 "이성 이전의 원리"로 규정하고 "자연권의 모든 규칙"을 도출하는 데서 "우리는 인간을 인간이기 전에 철학자로 만들 필요가 없다"고 못박았다.[643] 그리고 현대 심리 과학은 4-6세 어린이들이 '도덕철학자'가 아니라, 애당초 반反철학적인 "직관적 도덕론자"임을 다시 확인했다.[644] 현대과학은 콜버그의 『도덕 발달의 철학』을 공간하기 전에 이미 이 책에 전제된 칸트적 가설을 분쇄했던 것이다. 도덕적 직관(도덕감정과 도덕감각)의 일반화 가능성에 대한 아이들의 변별적 이해가 이렇게 일찍 나타나는 한에서 그가 말한 도덕 발달의 마지막 단계인 '6단계'에서나 나타나는 제국주의적 일반화 조작은 포기해야 했던 것이다. 여기서 콜버그의 모든 전제와 구조물은 여지없이 무너져 버렸다. 콜버그는 남성적 정의에 사랑

---

643) Jean-Jacques Rousseau, *A Discourse on the Origin of Inequality*, 47쪽. Jean-Jacques Rousseau. *The Social Contract and Discourses*. Translated and introduced by G. D. H. Cole. Revised and augmented by J. H. Brumfitt and John C. Hall. Updated by P. D. Jimack. (London: J. M. Dent Orion Publishing Group, 1993).

644) Richard A. Shweder, Elliot Turiel & Nancy C. Much, "The Moral Intuitions of the Child", 288쪽. J. H. Flavel & L. Ross (eds.), *Social Cognitive Development* (New York: Cambridge University Press, 1981).

(인애와 배려)을 앞세우는 제자 캐럴 길리건(Carol Gilligan)의 반反정의제 일주의적·반反남성주의적·여성주의 '배려 윤리(care ethics)'의 직접적 도전과 공감이론의 일반적 부상에 직면하면서 도덕의 '제1덕목'인 사랑 또는 박애적 배려를 내팽개친 칸트적 '정의유일주의'에 매몰된 제5단계의 치명적 결함을 적어도 조금은 감지한 것으로 보인다. 이런 까닭에서인지 그는 원칙 없이 제6단계의 보편적 정의 원칙에 슬그머니 '박애', 심지어 '아가페'를 뒤섞고 책임과 배려를 강조했다.[645] '책임과 배려'는 질리건의 '다른 목소리'다. 콜버그는 『도덕 발달의 심리학』에서 길리건의 비판적 주장을 주의 깊게 분석하고 있다.[646]

그럼에도 1984년에 공간된 『도덕 발달의 심리학』의 '부록'에 실린 제6단계의 요약 설명서에서 '아가페', '박애', '배려' 등의 관념이 나타난 것은 바야흐로 중대한 입장 선회를 예고하는 '복선'처럼 느껴진다. 길리건 등의 비판에 대한 그의 주의 깊은 관심과 민감성이 보여주듯이, 1977-1982년 이래 마음 한구석에서는 저런 '무원칙적 뒤섞음'의 이론적 톹가함에 대한 내밀한 자각과 함께, 제6단계의 도덕철학적 방법을 '역할채택'에서 '공감'으로 바꾸고, 우선 덕목을 '정의'에서 '인애'로 바꾸는 중대 전환의 결정적 깨달음이 일어나고 있었던 것이다. 그리고 콜버그는 죽기 3년 전인 1984년에 막스 플랑크 연구소(Max Planck Institute)가 주최한 독일 링베르크(Ringberg) 성城 국제학술회의에서 3인 공동명의로 발표한 논문 「단계 6의 복귀: 그 원칙과 도덕적 관점」에서[647] 스스로 이 전환을 감행했

645) Lawrence Kohlberg, *The Psychology of Moral Development* (Cambridge·New York: Harper & Low Publisher, 1984). 국역본: 로런스 콜버그 (김민남·진미숙 역), 『도덕 발달의 심리학』(서울: 교육과학사, 2001), 611쪽 (「부록 A: 정의판단의 여섯 단계」).

646) 콜버그, 『도덕발달의 심리학』, 218-228쪽.

647) Lawrence Kohlberg, Dwight R. Boyd, and Charles Levine, "The Return of Stage 6: Its Principle and Moral Point View". Thomas E. Wren (ed.), *The Moral Domain* (Cambridge, Massachusetts: The MIT Press, 1990). 1984년 국제학술회의에서 발

다. 하버마스도 이 학술회의 참여하여 콜버그의 입장 전환에 응해서 자신의 관점인계론을 공감과 결합시키는 방향으로 '재조율·재개념화'했다. 이 '재조율·재개념화'를 위해 콜버그는 일단 공감 개념을 도입하고 '인격체들에 대한 존경'을 정의와 인애의 통합으로 확대해석하는 조치를 취했다.[648] 그리고 콜버그는 '공감'을 '역할채택'보다 더 중요한, 이것에 앞서는 도덕철학적 조작 개념으로 격상시켰다. 그는 공감을 '이상적 상호 역할채택'과 '보편화 가능성'보다 앞세우는 설명 순서를 확립하고 '공감'을 이렇게 설명한다.

- 우리가 공감(sympathy)으로 정의하는 사유 작용은 타인들과의 동일시와 공감적(empathic) 연결의 태도의 인지적 조직화다. 우리는 다시 한번, 타인들과의 동일시와 공감적 연결의 이 태도가 인격체들에 대한 존중의 인애적 구성요소의 실체적 정초라고 강조한다. 공감은 적어도 두 개의 상호 연관된 차원의 사회적 이해, 즉 ① 인격체들의 이해와 ② 인격체들이 존재하고 상호작용하는 인간 조건의 일반적 사실들의 이해를 통해 공감적 연결의 적극적 해석이다.[649]

여기서 '공감'을 "사유 작용"으로 보는 오류, 공감을 '인지' 기능에만 가두는 오류, '동일시'라는 습관적 어법, 잔존하는 '역할채택'과 '보편화 가능성'의 조작 개념 등을 제거한다면, 콜버그의 도덕철학과 도덕 심리학은 환골탈태했다. 죽음이 그를 가로막지만 않았다면, 그의 도덕철학·심리학은 완전히 '공감 윤리학'으로 발전했을 것이라고 예상할 수 있을 듯하다.

표된 논문들을 영역하여 펴낸 이 논집은 1987년 사망한 로런스 콜버그의 추념에 헌정된 책이다.

648) Kohlberg, Boyd, and Levine, "The Return of Stage 6", 153쪽.
649) Kohlberg, Boyd, and Levine, "The Return of Stage 6", 165쪽.

콜버그가 스스로 수행한 이 근본적 입장 선회는 반향이 컸다. 이 전환은 콜버그의 오랜 논의 파트너였던 하버마스에게 그의 기존의 언어적 소통행위론과 논의적 관점인계론을 무효로 만들어버릴 수도 있는 근본적 관점 전환을 가져다준다.

4.1. 하버마스의 관점인계론

하버마스는 주지하다시피 '논의(Diskurs)'를 '상호이해(Verständigung)'를 지향하는 '소통적 행위'의 반성 형태, 즉 소통적 행위에 전제된 기본 가치가 논란이 될 때 소통적 행위에서 '행위'를 빼고 언어적 '소통'만을 전문화한 담화 형태로 이해한다. '논의윤리학'은 이런 의미의 '논의'에 기초한 윤리학이다. 이 '논의윤리학'은 도덕의 인지주의, 보편주의, 형식주의를 가정한다. 논의윤리학이 이 '형식주의'의 가정으로써 '훌륭한 삶'이나 '행복'을 뒤로 돌리고 '훌륭한 삶' 중에서 '정의의 엄격한 규범적 문제들'만 취급한다. 그리고 여기에 하버마스는 콜버그가 미드의 소통 이론으로부터 '이상적 역할채택'과 더불어 차용하는 도덕 이론의 근본 가정, 즉 "어떤 타당한 규범이든 당사자들이 실천적 논의에 참가할 수만 있다면 이 모든 당사자들의 동의를 얻을 것이다"는 가정을 논의윤리학적 원칙으로 추가한다. 이 '당사자의 논의 참여' 원칙으로써 그는 '철학적 권위의 이름으로' 일방적으로 논단하는 존 롤스의 정의론과 거리를 취한다. 그리고 그는 콜버그의 '이상적 역할채택' 또는 '이상적 관찰자'를 '이상적 발화發話 상황(ideale Sprechsituation)'으로 대체한다.[650]

이어서 하버마스는 콜버그의 '사회적 관점'을 셀먼(R. L. Selman)의 단

---

650) Habermas, *Moralbewußtsein und kommunikatives Handeln*, 131-133쪽. 하버마스(황태연 역),『도덕의식과 소통적 행위』, 173-176쪽.

계적 '관점인계'의 단계로 대체하고 그 이유를 이렇게 설명한다. "콜버그는 이 사회 도덕적 관점들이 제각기 도덕 판단의 어떤 단계에 속하는지가 직관적으로 명백한 것처럼 서술하고 있다. 이 그럴싸한 명백성은 도덕 판단을 위한 사회 인지적 조건을 이 도덕 판단 자체의 구조와 미리 뒤섞는 서술 방식으로 얻어진 것이다. 게다가 사회 인지적 조건은 상술된 6단계의 계열이 왜 발달 윤리학적 의미에서의 상하 위계를 표현하는지를 즉각 알 수 있을 만큼 분석적으로 예리하게 해명하지 못하고 있다. 필경 이 의구심은 콜버그의 사회 도덕적 관점을 셀먼이 탐구한 관점인계의 단계들로 대체하면 제거될 수 있다."[651] 그는 셀먼의 5단계 '관점인계'를 ─ 0단계와 4단계를 빼고 ─ 3단계(1인칭의 주관적 관점인계, 2인칭의 교호적 [reciprocal] 관점인계, 1·2인칭과 3인칭의 상호적[mutual] 관점인계)로 단순화한다.[652]

하버마스는 '상호이해'를 일차적으로 언어적 의사소통을 통한 '행위 조절 기제'로 본다. 이것을 전제로 하버마스는 주지하다시피 언어적 화행 (speech act) 과정 속에서 '관점들'을 배정한다. "이런 관점에서 행위 상황은 동시에 화자·청자·동석자의 의사소통적 역할을 교대로 취하는 발화 상황이다. 이 역할들에는 1인칭과 2인칭의 참여자 관점, 나-너 관계가 간주체적 연관으로 관찰되고, 이로써 대상화되면서 취하게 되는 3인칭의 관찰자 관점이 조응한다. 화자 관점의 이 체계는 세계 관점들(주관적, 객관적, 사회적 세계의 관점들)의 체계와 결착되어 있다." 하버마스에 의하면 이 소통적 행위자는 생활세계와 순환한다. '생활세계'는 행위자들이 들어 있는 전통, 그들이 속한 연대 집단, 그들이 자라면서 거치게 되는 사회화

---

651) Habermas, *Moralbewußtsein und kommunikatives Handeln*, 139-140쪽. 하버마스, 『도덕의식과 소통적 행위』, 183쪽.

652) 참조: Habermas, *Moralbewußtsein und kommunikatives Handeln*, 152-157쪽. 하버마스, 『도덕의식과 소통적 행위』, 200-207쪽.

과정으로 구성된다. 행위자는 능동적 동인이면서, 이 생활세계의 피조물이다. 생활세계는 언어적 소통의 상호이해 과정에 대해 의미 맥락을 형성할 뿐만 아니라 자원을 제공한다. 여기서 '자원'은 '연대'와 '능력'이다.[653] 그런데 이 '연대'는 공감의 산물이 아니다. 하버마스는 이 '연더'도 궁극적으로 소통적 행위에 의해 생산·재생산되는 것으로 보기 때문이다. 그는 '언어소통 물신物神'에 단단히 씌었다.

하버마스는 이상적 발화 상황의 가정하에 나-너의 '참여자 관점'과 그의 '관찰자 관점'을 '통합'하려고 한다. 이 통합은 너와 나의 상대적 입장(전前관습적 입장)을 '보편적 타자'의 입장과 통합시킴으로써 '탈관습적 윤리'와 객관적 해석학의 가능성을 이중적으로 보장한다. 콜버그처럼 아동을 미리 '철학자'로 가정하는 사전 트릭 또는 기만적 전제 없이 보통 아동, 보통 사람의 관점이 '보편적 타자'로서 관찰하는 '철학자'의 관점과 통합될 수 있을까? 철학자의 관점이 보통 사람들이 읽어볼 수도 없고 읽어도 이해하지도 못하는 이론적 정리 과정 속에서 '철학적 권위의 이름으로' 보통 사람들의 참여적 관점을 슬그머니 대체해 버리거나 조작하지 않을까? 하버마스는 물론 아니라고 손사래를 칠 것이다.

하버마스에 의하면, 전前관습적 차원에 위치하는, 3인칭이 등장하는 관점인계 단계에서 1인칭과 2인칭의 행위 지향의 상호적 직조織造 자체가 관점인계 덕택에 3인칭의 관점에서 이해될 수 있다는 것이다. 3인칭의 관찰자 관점의 등장과 함께 상호작용은 이런 의미에서 재구조화된다. 참가자들은 행위 관점들을 상호 인계할 뿐만 아니라, 참가자 관점을 '동참하지 않되 현장에 있는' 관찰자의 '중립적' 관점과 맞바꾸고 상호 전환시킬 수 있다. 관점인계의 제3단계에서 나-너의 제2단계에서 준비된 '사

---

653) Habermas, *Moralbewußtsein und kommunikatives Handeln*, 145-146쪽. 하버마스, 『도덕의식과 소통적 행위』, 191-193쪽.

회적 세계'의 구축이 완수된다는 것이다.[654] 전관습적 차원의 관점인계에서 1·2인칭의 참여자 관점과 3인칭의 관찰자 관점은 통합되어 '이상적 발화 상황'의 '협력적 진리 추구' 과정으로 들어간다. 물론 필자가 이런 기만적 관점 교환과 가식적 관점 통합에 동의하지 않는다는 것은 재론할 필요가 없을 것이다.

그리고 하버마스는 행위자들이 – 타고난 도덕적 본능을 '개발·함양(culturing)'·'확충(expanding & fulfilling)'하는 것이 아니라 – 3인칭의 관찰자 관점 또는 '일반화된 타자'의 도덕적 지향을 각자 '내면화'한다는 프로이트·미드·콜버그의 이론을 답습한다. 타자를 가장하는 이 '내면화된 자아', 즉 '가짜 자아'가 바로 제재적·권위적 '초자아'다. "프로이트와 미드는 가정하기를, 행위 모델과 결합된 제재가 입장 인계를 통해 내면화되는, 즉 성장하는 자의 품성 속으로 받아들여지고 그리하여 구체적인 두 관련 인물들의 제재 권력으로부터 독립적인 것으로 만들어지는 정도만큼 특수한 행위 모델이 개별적 인물들의 맥락 구속적 의도와 화행으로부터 분리되어 사회적 규범의 외적 형태를 취한다고 하고 있다. 여기서 '기대'의 명령적 의미는 A와 B가 사회적으로 보편화된 행위 기대에 (⋯) 개인 의지를 복속시키는 식으로 변위 된다."[655] 하버마스에 의하면, 이로써 너와 나의 상대적 입장(전관습적 입장)이 '보편적 타자'의 입장과 완전히 통합됨으로써 '탈관습적 윤리'와 객관적 해석학의 가능성이 이중적으로 보장된다.

그리하여 하버마스는 콜버그의 6단계를 논의윤리학적 관점인계론의 견지에서 이와 같이 재해석하여 종합한다.

---

654) Habermas, *Moralbewußtsein und kommunikatives Handel*, 157쪽. 하버마스, 『도덕의식과 소통적 행위』, 206쪽.

655) Habermas, *Moralbewußtsein und kommunikatives Handeln*, 165쪽. 하버마스, 『도덕의식과 소통적 행위』, 216-217쪽.

● 오로지 규범적 타당성 요구를 충족시키는 논의적 절차만이 정당화하는 힘을 담고 있다. 논증은 최종적으로 소통적 행위 속에 뿌리박는 덕택에 이 힘을 얻는 것이다. 행위자들이 추구하는, 모든 논란을 초월하는 '도덕적 시각'은 상호이해 지향적 행위에 내장된 근본적 교호성에서 생겨나는 것이다. 이 교호성은 우리가 살펴보았듯이 일근 권위에 의해 조절되는 상보성과 이익에 의해 조절되는 대칭성의 행태로 등장한다. 그다음은 사회적 역할로 맺어지는 행위 기대들의 교호성 및 규범으로 맺어지는 권리와 의무의 교호성 속에서 등장하고, 최종적으로는 논증에의 보편적 접근의 권리와 논증에 대한 기회 균등한 참가의 권리들이 강제 없이, 그리고 균등하게 지각되도록 보장한다는 논의적 담화의 이상적 역할 교환 속에서 등장한다. 상호작용의 이 제3단계에서는 교호성의 이상화된 형태가 원칙적으로 무제한적 소통공동체의 협력적 진리 추구의 규정이 된다. 이런 한에서, 논의윤리적으로 근거지어진 도덕은 언어적 상호이해의 기도에, 말하자면 애당초 내재하는 모델에 근거하는 것이다.[656)]

'공감공동체'라면 모를까 저 "무제한적 소통공동체" 속에서는 아마 보통 사람들이 '협력적 진리 추구'는커녕 모두 다 곧 기력을 잃거나 말문이 막혀 나자빠지고, 지식인 중 하버마스처럼 '무제한적'으로, '끈질기게' 말하기 좋아하는 자들만이 포럼을 지배하며 '소통적 철인 독재'를 펼칠 것이다. 위 인용문에서 하버마스는 칸트의 정언명령적 '비밀 농담'을, 아니 콜버그의 이상적 역할채택의 '비밀 농담'을 '소통적 비밀 농담'으로 번안해 놓고 있다.

---

656) Habermas, *Moralbewußtsein und kommunikatives Handeln*, 175쪽. ㅎ-버마스, 『도덕의식과 소통적 행위』, 227-228쪽.

하버마스가 전개하는 논의윤리학의 정의 개념은 롤스와 입장 전환 전의 콜버그의 정의 개념처럼 '연대'의 개념에 대해서만이 아니라 '인애적 배려'의 개념에 대해서도 '제국주의적'이다. "도덕적 시각의 논의윤리적 규정은 정의 또는 규범적 올바름과 동위적으로 나란히 경쟁하는 관점을 허용치 않는다. 타당한 규범이란 일반화 가능한 이익을 체현할 수밖에 없다면, 규범적 타당성 속에는 이미 일반적 복지(W. K. Frankena의 principle of benificience) 또는 타인에 대한 비특권적 배려와 책임(이 표현들이 도덕적 원칙을 뜻하는 한에서의 care and responsibility)의 원칙이 이미 고려되어 있다."[657] 하버마스의 이 정의유일주의적 윤리학은 정의가 인애와 존경의 정당한 몫을 관리하기도 하지만 그 이전에 인애가 정의를 정초하기도 하고(정상적 정의는 연대공동체 안에서만 논할 수 있고, 그 밖에서는 완력이 정의다), 정의(정당한 이익의 몫의 배정과 보유)의 예리한 경계 분리적 귀속 논리를 무디게 하기도 하고, 무력화시키기도 하는 '인애(사랑)의 최우선적 지위'를 유린하고 있다.

그런데 하버마스는 자신의 이 정의유일주의적 장담이 좀 꺼림칙했는지 아주 상반된 절충주의 논변을 마지막 말로 슬쩍 걸쳐놓는다.

- 이상적 역할 인계는 절차적 논증유형을 위한 표제어로 기여한다. 이 것은 까다로운 인지적 작용들을 요구한다. 이 작용들은 다시 가령 감정이입(Empathie)과 같은 동기, 감정적 태도 등과 내적 관계에 들어 있다. 가끔 가장 먼 사람일 수도 있는 '이웃'의 운명에 대한 동참은 사회문화적 거리가 있는 경우에 논의 참가자들이 기대하는 인지적 능력 발휘를 위한 필수적 감정 조건이다. 인지, 감정이입능력

---

657) Habermas, *Moralbewußtsein und kommunikatives Handeln*, 193쪽. 하버마스, 『도덕의식과 소통적 행위』, 249쪽.

(Einfühlungsvermögen)과 아가페 간의 유사한 관계는 일반적 규범의 – 맥락에 민감한 – 적용의 해석학적 수행에도 타당할 수 있다. 규범을 정초하고 적용하는 데 있어 인식 작용과 감정적 태도를 이와 같이 통합하는 것은 모든 성숙한 도덕적 판단 능력의 특징이다. 비로소 이 성숙성 개념이야말로 도덕적 엄격주의의 제諸현상을 판단력 훼손으로 가시화해 준다.[658]

이 논변은 '도덕적 성숙'이 논의적 인식 작용과 공감적 감정 작용의 통합에 의해 달성되고, 유대교나 칸트의 도덕적 엄격주의는 도덕적 미성숙 또는 도덕적 판단 능력의 훼손 현상이라는 절충론적 선언이다. 이것은 본유적 도덕감각과 몇몇 공감적 도덕감정들이 도덕성의 원천이라는 깨달음에까지 이른 것은 아니지만, 이 절충론만도 하버마스 자신이 지금까지 수고롭게 구축해 온 소통적 행위의 이론과 논의윤리학을 반쯤 날려버리는 안전장치 없는 폭발물이다.

이것이 도화선이 된 것인지, 아니면 콜버그의 입장 전환에 영향받은 것인지, 또는 당시 막 비상하기 시작한 공감 이론의 압박에 밀린 것인지 알 수 없지만, 하버마스는 콜버그의 「단계 6의 복귀」에 응답한, 1984년 링베르크 성 학술회의 발표문 「정의와 연대: 단계 6에 관한 논의에 관하여」에서[659] 결정적 입장 전환을 감행한다.

여기서 하버마스는 정의의 원칙이 공감과 인애의 원칙에 의해 보완되어야 한다는 콜버그의 제안의 배경적 의도를 '그럴 만한' 이유가 있는 것으로 평가하지만, 콜버그의 공감과 인애의 개념들의 도입을 '감정론적 편

---

658) Habermas, *Moralbewußtsein und kommunikatives Handeln*, 193-194쪽. 하버마스, 『도덕의식과 소통적 행위』, 250쪽.
659) Jürgen Habermas, "Justice and Solidarity: On the Discussion Concerning Stage 6". Thomas E. Wren (ed.), *The Moral Domain* (Cambridge, Massachusetts: The MIT Press, 1990).

향'으로 비판한다. 하버마스의 관점에서 감정은 일정한 지점까지만 역할이 있을 뿐이고, 이 지점을 넘어서면 도덕적 추리의 수행은 배타적으로 인지적, 또는 지성적이다. 이런 관점에서 그는 대안적 제언을 준비한다. 그런데 하버마스의 이런 노선은 「소통적 행위와 도덕의식」의 저 절충주의 테제로부터 다시 멀어지는 것으로 보인다.

하버마스는 『소통적 행위의 이론』의 '합리적 해석학'에서 확립했지만, 『소통 행위와 도덕의식』에서 간단히 비非해석학적인 '이상적 발화 상황'의 관점에서 기술한 '관찰자 관점과 참여자 관점의 통합'을 제6단계 또는 '탈관습적 차원'의 심리학에 적용하여 공감과 감정에 대한 콜버그의 양보가 과도하다는 것을 입증하려고 한다. 하버마스는 인지발달 심리학의 관점에서 탈관습적 차원에서도 '자연적' 도덕 단계들의 요청을 탈각시킬 여러 이유가 있다고 생각한다. 인터뷰 상황 속의 인터뷰 대상자에 대한 심리학자의 관계가 이 대상자가 사유나 도덕 판단의 탈관습적 차원에 도달하자마자 변하지 않을 수 없다는 것은 이론적 가정으로부터 생겨난다고 생각한다. 왜냐하면 이 차원에서는 "이전 단계들에서 인터뷰 대상자의 전前반성적 노력"과 "이것을 반성적으로 파악하려는 심리학자의 시도" 간에 존재하던 그 "비대칭성"이 사라지기 때문이라는 것이다. 이것과 더불어 원래 인터뷰 상황에 구축되어 들어와 있던 "인지적 격차"도 사라진다. 이론적으로 원칙적 도덕 판단은 직관적으로 적용되는 노하우의 전반성적 표현 또는 재현을 더 이상 표현하지 않는 것으로 기술된다. 오히려 제6단계 인터뷰 대상자의 원칙적 도덕 판단은 이미 이 앎의 설명의 시작, 말하자면 도덕 이론의 초보적 기초를 표현한다. 탈관습적 차원에서 도덕 판단은 획득된 도덕적 직관의 재구성에서의 제1보를 내딛지 않고는 가능하지 않고, 따라서 "이론적인" 도덕적 진술의 "의미심장한 내용"을 "본질"에 있어서 "이미" 지니고 있다는 것이다. 그런가? 일단 그렇다고 치

자. 이 차원에서 학습 과정은 학습 기제로서 이미 작동하는 반성적 추상이 그 절차가 아무리 임시적이고 무질서하게 추구될지라도 "합리적 재구성의 절차"로 "승화"되어 들어가는 경우에만 추진될 수 있다. 연구 작업을 재구성적으로 추진하는, 따라서 그 자신이 그 결과를 예상할 수 없는 연구 과정의 개방된 지평 안에서 움직이는 심리학자는 "최고의 능력 수준에 있는 연구 대상자들"을, 오로지 "과학적 재구성 작업"에서의 그 지위가 "심리학자 자신의 지위와 원칙적으로 동등한 참여자들"로서만 대우할 수 있다. 탈관습적 차원에서 도덕 판단을 내리는 모든 사람들은 그들이 "심리학자든, 연구 대상자들이든, 철학자든" 기본적으로 "동등한" 사회적 인지 조건 아래서 접근로를 갖는 도덕적 직관의 핵심 영역의 "가장 적절한 가능한 설명"을 발견하려는 "공동기업의 참여자들"이다. 연구 대상자로서의 참여자가 심리학자·철학자와 동등하게 지위 상승을 이룸으로써 참여자와 관찰자의 관점이 통합된다는 말이다.[660]

그것이 이렇다면, 도덕적 딜레마에 대한 탈관습적 반응과 다양한 도덕철학적 접근 속의 구조와 흐름에서의 실체적 변동들은 공감과 인애에 우선권을 양보하는 '자연적' 단계들로 귀속될 수 없다는 것이다. 거듭 반복된 필자의 입장은 재론할 필요가 없지만, 참여자와 관찰자 간의 관점인계의 불가능성에 대한 상세한 논의는 '공감적 해석학' 장으로 넘기더라도, 평등한 1·2·3인칭 간의 관점인계도 불가능하지만 전문가와 비전문가 간의 불평등한 관계에서 관점인계는 – 비전문가가 아무리 탈관습적, 아니 초관습적 차원에 도달하더라도 – 훨씬 더 불가능하다는 것만은 여기서 더 밝혀두고 싶다. 이 불가능성을 뚫고 관점인계가 관철된다면, 그것은 관찰자와 참여자의 '일심동체'를 간판으로 내건 철학자·심리학자 연합의 기만적 '철인독재'의 관철이 될 것이다. 이것이 아마 아동을 철학자로

---

660) Habermas, "Justice and Solidarity", 227-228쪽.

보는 '황당한 가정'으로 시작했던 콜버그가 차마 하버마스와 같이 주장하지 못하고 인간의 '자연적' 감정능력인 '공감'과 '인애'를 최고의 조작 개념으로 도입한 이유일 것이다. 콜버그가 도덕 발달 6단계를 저 황당한 전제로 시작했다면, 하버마스는 황당한 결론으로 끝내고 있다.

4.2. 콜버그의 입장 선회에 대한 하버마스의 비판

하버마스는 콜버그의 마지막 해법을 비난하며 대안을 준비한다. 그러기 위해서 그는 콜버그의 입장을 자신의 언어로 다시 정리한다. 그러나 이 정리는 역할채택, 관점인계, 동일시, 공감의 동일시와 '승화된 공감으로서의 감정이입' 등 자의적 개념들로 뒤죽박죽을 만든다. 그에 의하면, 사회적 상호작용에 대한 한 참여자가 다른 참여자의 관점을 채택한다는 조지 미드의 기본 관념은 사회계약 모델에 대한 '유용한 교정자'가 아니라, 현생과 사후세계의 두 세계 교리가 사라진 '탈脫 칸트적', 즉 탈형이상학적 전제 아래서 칸트 윤리학의 기본적 직관의 차원에 도달하려는 일관된 시도가 계약 모델의 기본 관념들의 역량을 초월하는 것이 명백해지는 순간 제시되는 대안이다.

콜버그는 이상적 역할채택의 개념의 도움으로 도덕적 갈등을 불편부당하게 판단하는 도덕적 견지를 설명한다. 미드는 이 이상적 역할채택을 이미 그의 행위 이론의 틀 안에서 칸트 윤리학의 기본 아이디어를 재정식화하는 속에서 '보편적 논의'의 상관자로 사용했다. 콜버그는 소통적 행위에 참여한 두 사람 간의 단순한 상호작용으로부터 시작하여 일련의 단계들을 통해 이 개념을 전개한다. 자아는 먼저 타자의 상황과의 "공감적 동일시"(?!)의 조건을 이행한다. 자아는 타아가 도덕적 갈등의 경우에 품는 자신의 기대·이익·가치지향 등을 끌어올 수 있을 "정확한 관점을 채택할" 수 있도록 "자신을 타자와 실제로(actually) 동일시한다". 그다음, 자아는 관점인계의 프로젝트가 일방적인 것이 아니라 교호적이라고 가정할 수 있어야 한다. 타자도 동일한 방식으로 자아의 관점을 채택할 것으로 기대된다. 그리하여 경쟁적 행동양식이 양측에 영향을 미치는 이익들을 고려하여 상호 합의 속에서 지각되고 주제화될 수 있다. 마지막으로 자아는 시발적으로 집단에 내면적이고 간단한 상호작용과 관련된 그의 반성들의 보편화 가능성의 조건을 만족시켜야 한다. 이것은 '모든 관련자의 관점들의 보편적 상호교환 가능성'을 필요로 한다. 자아는 각 개인이 어떻게 "자신을 다른 모든 사람의 처지에 놓을지(put himself in the place of every other person)"를 상상할 능력, 즉 다른 모든 사람과 역지사지 易地思之할 능력이 있어야 한다.[661] 만인과의 '상상적' 입장 교환은 그야말로 보편적 '역지사지'다. 콜버그의 6단계는 하버마스의 독해 속에서 순수한 사유 작용으로 '건조乾燥'된다.

하버마스는 '지성적 인지'로의 이 탈脫감정적 '건조'에 이어 '공감'과 '연대'조차도 인지('이해'와 '의식')로 '건조'시키고 이것을 '승화'라고 부르며 미화한다. "구체적 시발 조건 아래서 '공감적 감정이입(sympathetic empathy)'이었던 것과 '동일시'였던 것은 이 차원에서 순수하게 인지적인 성취, 즉 한편으로 각각의 경우에 특수한 이익 지위로부터 결과하는 타인들의 요구에 대한 '이해'와, 다른 한편으로 사회를 통해 객관적으로 정초 되는 모든 관계자의 선행적 연대의 '의식'으로 승화된다. 이 추상 수준에서는, 연대의 느낌이 우연적인 사회적 유대(와 집단들)를 초월해야 하는 것처럼, 개인적 요구에 대한 감수성(sensitivity)은 우연적 개성(과 정체성)을 초월해야 한다."[662] 하버마스는 그럼에도 콜버그의 이상적 역할채

---

661) Habermas, "Justice and Solidarity", 232-234쪽.
662) Habermas, "Justice and Solidarity", 234쪽.

택의 절차가 사회심리의 기원으로부터 강한 감정론적 색채를 보유한다는 것을 인정하고 이에 불만을 표기하기 시작한다.

롤스는 사회계약으로부터 취한 절차를 규범의 합의 획득 능력을 판단하기 위한 토대로 만들었다. 하버마스에 의하면, 이런 까닭에 롤스의 모델에서는 "통찰의 요소"가 "결정의 요소", 특히 "결정할 수 있는 당사자들끼리의 타산적 합의의 요소"에 비해 덜 의미심장하게 되었다. 반면, 콜버그의 역할채택 모델에 따른 절차가 이 테스트의 기초로 만들어진다면, "실천적 이성"은 "공감"에 비해, 즉 "공감 능력이 있는 당사자들이 서로의 상황에 불러일으키는 직관적 이해"에 비해 "이차적 지위"로 격하된다. 태도가 "논증"을 통해 바뀌는 경우에만 비판 가능한 타당성 요구의 간주체적 인정으로 끝날 수 있는 합리적 의지 형성의 "논의적 성격"은 여기서 소홀히 되고 "공감적 이해"의 성과만 중시된다는 것이다. 콜버그의 「단계 6의 복귀」는 (조앤[Joan]과의 인터뷰 문장들로 제시하려고 했듯이) '대화'를 "논증의 한 형태"로 보는 것이 아니라, "공감 능력을 예리하게 하고 사회적 유대를 강화하는 한 방법"으로 보는 성향을 보여주고 있다. 그러나 하버마스는 여기서 비판적 쐐기를 박는다. "하지만 이 성향이 지배적이 되는 곳에서 그것은 도덕적 상황의 불편부당한 판단을 위한 절차로서의 이상적 역할채택의 순수한 인지적 의미에 해롭다."[663] 콜버그의 입장 전환은 "감정주의적 편향(emotivistic bias)"에 불과하다는 것이다.[664] 하버마스의 이 비판이 옳다면, 공자의 '충서忠恕', 즉 '공감의 일이관지'는 그야말로 절정의 "감정론적 편향"일 것이다.

아무튼 저 '감정론적 편향'에 대항하기 위해 하버마스는 주지하다시피 역할채택을 애당초 논의 모델로 해석해야 한다는 주장을 펴고, 이 주장을

---

663) Habermas, "Justice and Solidarity", 234쪽.
664) Habermas, "Justice and Solidarity", 235쪽.

미드의 본래적 역할채택론을 공감과 무관하고 '보편적 논의'와 연관된 것으로 재해석함으로써 뒷받침하려고 한다.

- 이미 미드 안에 이런 해석의 적절한 뒷받침이 존재한다. 미드는 이상적 역할채택을 일체의 순수한 국지적 상황과 전통적 제도를 넘어가는 보편적 논의의 순수 본질적인 사회적인 인지적 전제로 도입한다. 미드는 정언명령이 성취하는 것으로 상정되는 것이 보편적 논의의 이상화된 조건들 아래로 의지 형성의 과정을 투사하는 것을 통해서 성취될 수 있다는 아이디어로부터 시작한다. 도덕 판단을 하는 주체는 일반적 실천으로서의 경쟁적 행동 방식이 공동 이익 안에 들어 있는지를 혼자서 독자적으로 테스트할 수 없다. 그는 오로지 사회적으로만, 즉 나머지 모든 관련자들과 더불어서만 테스트할 수 있다. 우리가 (⋯) 이해에 도달하는 이런 종류의 내포적 과정의 목표, 즉 강요되지 않는 합의가 오직 훌륭한 근거를 수단으로 해서만 획득될 수 있다는 것을 인정할 때, 저 보편적 논의의 반성적 성격은 미드에서보다 더 예리하게 출현된다. 논의는 잠재적으로 영향받는 모든 사람을 받아들이는 소통적 행위의 그물로서만이 아니라, 소통적 행위의 반성적 형태, 사실 논의로도 생각되어야 한다. 이것과 함께 미드의 이론 구성은 (보편적 논의의 이상화된 조건들 아래로 의지 형성의 과정을 투사하는 – 인용자) 단순한 투사의 지위를 잃는다. 실제로 수행되는 모든 논의 속에서는 참여자들 자신이 불가피하게 이러한 투사를 수행하기 때문이다.[665]

우리는 늘 '논의'하지 않고 늘 '논의'할 수도 없다. 우리는 거의 언제나 홀로 도덕적 판단을 해야 하고, 또 상술했듯이 타고난 도덕감각과 도덕감

---

665) Habermas, "Justice and Solidarity", 235쪽.

정에 따라, 그리고 이에 입각해서 만들어진 자기의 도덕 규칙과 내면화된 공감대에 따라 대체로 올바른 도덕 판단을 내릴 수 있다. 인간이 거의 언제나 홀로 도덕 판단을 해야 하는 일상적 상황에서, 하버마스가 위에서 주장하듯이 "일반적 실천으로서의 경쟁적 행동 방식이 공동 이익 안에 들어 있는지를 혼자서 독자적으로 테스트할 수 없다"면, 어찌 되겠는가? 우물에 빠지는 아이를 보고 즉시 깜짝 놀라 측은한 마음을 갖는 것에 대한 맹자의 예, 말 달리는 벌판에서 낮잠 자는 사람을 구하려고 소리치며 뛰어가는 사람에 관한 흄의 예, 불난 집에 사람을 구하러 정신없이 막 뛰어드는 사람에 관한 다윈의 예, 옆에서 넘어진 노인을 자동으로 즉시 돕는 사람에 관한 드발의 예를 보라! 이 사례들은 모두 인간이 혼자서 도덕적 판단을 육감으로 하고 즉각 행동하는 것을 보여주는 예들이다. 하버마스의 저 미드 해석은 단연코 그릇된 것이다. 또한 미드는 실은 공감 개념을 잘 알지 못한 상태에서 '역할인계'를 '공감'과 등치시켜 뒤섞고 있다.

그러나 하버마스는 미드의 계승 문제에서 콜버그의 정통성을 흔들기 위해서인지 몰라도 '논의론적으로 편향된' 관점에서 미드를 자신의 논의 윤리학에 유리하게만 곡해하면서 콜버그의 입장 전환을 비판한다.

● 미드로부터 빌려온 이상적 역할채택의 개념은 콜버그에게 그가 소유 개인주의적 축소 없이 칸트의 근본적 직관의 차원에 도달할 수 있는 기반을 제공해 준다. 미드 자신은 이미 칸트를 이런 식으로 독해했다. "칸트가 그렇게 많은 강세를 두는 우리의 판단의 보편성은 우리가 온 공동체, 모든 합리적 존재자의 자세를 취한다는 사실로부터 생겨나는 보편성이다." 미드는 그다음에 특징적 테제를 덧붙인다. "우리는 타인들과의 관계를 통해서 우리인 것이다. 그다음, 불가피하게 우리의 (도덕적으로 정당화되는) 목적은 그 내용의 관점에서, 그리고 동시에 형식

의 관점에서 사회적 목적이어야 한다. 사회성은 윤리적 판단의 보편성을 주고, 만인의 목소리가 보편적 목소리라는 진술의 배후에 놓여있다. 즉, 합리적으로 상황을 감식할 수 있는 모든 개개인이 (도덕적으로 정당화된 목적에) 동의한다는 말이다." 타당한 규범은 그 의무적 성격을 이 규범이 보편화될 수 있는 이익을 구현하고, 개인들의 자율성과 복지만이 아니라 사회집단의 통합과 복지가 이 이익의 유지에 달려있다는 사실로부터 도출한다. 나는 이 생각들이 정의의 원칙에 더해 타인의 복지에 대한 관심의 원칙을 지향하려는 콜버그의 시도의 배후에 있다고 이해한다. 도덕철학에서의 현대적 논의를 배경으로 볼 때, 이 프로그램은 (…) 선구적이다. 하지만 나는 그 의도만큼 설득력 있게 수행되는 방법을 보지 못하고 있다.[666]

하버마스는 콜버그의 입장 전환 논리를 3단계로 나누어 비판적으로 정리한 다음 논의론적 대안 모델을 모색한다. 첫째, 콜버그는 갈등의 불편부당한 판단의 도덕적 견지에서 도출된 정의의 이념을 "상대화한다"는 것이다. 이 정의의 이념은 '한' 원칙의 지위로 격하되고 '제2원칙'인 '인애의 원칙'에 의해 보완된다. 선을 행하고 해악을 저지르는 것을 피하는 저 정의 원칙은 "개인적 복지와 일반복지", 이 둘과 다 관련된다. 태도의 차원에서 이 인애 원칙은 타인의 복지에 대한 관심, 연민, 동료 사랑, 원조 용의用意 등에 부응하고, 또한 공동체 정신에 부응한다. 두 원칙은 "서로에 대한 긴장 관계 속에" 들어 있지만, 그럼에도 "공동의 보다 고차적인 원칙"으로부터 도출될 수 있다고 생각된다.[667] 하버마스는 저 정의 원칙

---

666) Habermas, "Justice and Solidarity", 241쪽. 미드 인용의 출처는 George Herbert Mead, *Mind, Self & Society* (Chicago·London: The University of Chicago, 1934), 379쪽이다.
667) Habermas, "Justice and Solidarity", 241쪽.

이 개인적·일반적 복지, 명예, 사랑, 의무 등 다양한 항목들의 정당한 '몫'과 관련된 것이 아니라, 개인적 복지 및 일반복지 그 자체와 관련된 것으로 잘못 이해함으로써 인애와의 개념적 경계를 모호하게 만들고 있다. 이것이 바로 세워지면, 인애와 정의는 긴장 관계에 있지 않다. 정의는 개인의 몫을 정하는 미분적 배분을 규제한다. 따라서 정의는 미시적 균형만을 추구하기에 거시적 불균형을 못 보거나 되레 야기할 수 있다. 인애는 '미분적 정의'만으로 결코 해결할 수 없거나 미분적 정의 때문에 더 크게 야기되는 사회적 불균형 문제를 완화하거나 해결한다. 따라서 제대로 이해된 인애와 정의는 결코 긴장되지 않는다. (늘 상호 긴장 상태에 처하는 것은 인애와 정의가 아니라, 아마 증오와 정의일 것이다.)

'인격체에 대한 존경'의 의미를 변형시키는 두 번째 단계에서도 하버마스는 콜버그의 입장 전환을 비판한다. 필자가 위에서 '꺼림칙한 것'으로 지적한 것처럼 하버마스는 이 모호한 의미 변경을 꼬집는다. "콜버그는 인격체의 개념에서의 얼버무림에 의해 인애의 원칙과의 연결을 수립하고" 있는데, "인애의 원칙을, 암묵적인 의미 변화 없이 모든 개개인에 대한 평등한 존경의 원칙 아래 수용할 수 없다"는 것이다. 본질적으로 개개인에 대한 평등한 존경으로부터 도출되는 '개인들'에 대한 인애로서는 "공동 복지"에 대한 관심을 정초할 수도 없다.[668] 하버마스의 이 비판은 본질적으로 옳다.

역할채택 또는 관점인계를 공감과 보편화로 분화시키는 콜버그의 세 번째 논리와 관련해서도 하버마스는 비판한다. 주지하다시피 이전에 줄곧 이상적 역할채택의 도움으로 정의를 설명하던 콜버그가 역할채택의 개념을 분할함으로써 인애의 의미에 여지를 만들었다. 관점인계는 "공감 또는 각각의 타인과의 동일시"와 "보편화"와 연계된다. 그 다음 공감은

---

668) Habermas, "Justice and Solidarity", 242쪽.

타인의 복지에 대한 관심과의 연상적 연결 속으로 집어넣어지고, 보편화는 정의와의 유사한 연결 속으로 집어넣어진다. 그런데 "단지 시사되기만 하고 있는 이 논증도, 보편화되고 완전히 가역적인 관점인계로의 이행과 더불어, "애당초 구체적 관련 인물들을 향하는 공감"에는 "이해의 순수한 인지적 공적"보다 "훨씬 더 많은 것"이 "남겨져 있지 않음"을 성찰할 때 "그 힘을 많이 상실한다"는 것이다.[669] 하버마스의 이 비판은 이중적으로 문제가 있다.

첫째, 역할인계의 '보편성'과 공감 지향의 인물적 '구체성'의 모순을 지적하는 이 논변은 그릇된 것이다. 공감도 구체적 인물들만이 아니라, 상술했듯이 집단, 민족, 인류 등으로 특정화되는 특칭적인 보편적 집단 주체를 향하는 '보편적 공감'이 얼마든지 있을 수 있기 때문이다.

둘째, 역할채택을 공감과 연결시키는 것에 대한 하버마스의 거부가 미드의 역할인계 개념에 대한 그의 논의론적으로 편향된 곡해, 즉 공감과의 연계를 완전히 배제한 왜곡에 근거한 것이라면 이 거부도 그릇된 것이다. 미드 자신이 역할인계를 공감과 혼동하고 있기 때문이다.

4.3. 논의윤리학의 공감론적 입장전환

하버마스가 미드를 곡해하고 있기 때문에 미드에 관한 약간의 논의가 필요하다. 미드는 어린이들의 놀이와 게임의 예에서 역할채택의 개념을 발전시키고 있다.[670] "게임 속에서 진행되는 것은 어린이의 삶 속에서 줄곧 진행된다. 어린이는 지속적으로 자기 주변 사람들의 태도를, 특히 어떤 의미에서 그를 통제하고 그가 의존하는 사람들의 역할을 취하고 있

---

669) Habermas, "Justice and Solidarity", 243쪽.
670) George Herbert Mead, *Mind, Self & Society* (Chicago·London: The University of Chicago, 1934), 150-153쪽.

다. (…) 게임의 기강은 전 공동체의 더 큰 기강보다 더 많이 어린이를 사로잡는다. (…) 이 과정은 어린이의 기강 발달에서 결정적 단계인 과정이다. 그것은 어린이에게 그가 속하는 공동체의 한 자기 의식적 성원을 구성해준다. 이것은 인격이 생겨나는 과정이다. 나는 이것을 어린이가 타자의 역할을 채택하는 과정으로 언술했고, 이 과정이 본질적으로 언어의 사용을 통해 벌어진다고 말했다."[671] 그런데 이 출발점부터가 역할채택으로 현실을 분석하기에 적절치 않다는 문제를 안고 있다. 어린이들의 소꿉장난, 병정놀이, 엄마 놀이, 각종 게임은 일종의 연극이다. 연극의 시연은 공감 능력 덕택에 가능하다. 그러나 연극은 어디까지나 연극이다. 연극 속에서 맡은 '역할'은 현실적 역할이 아니라, '분장역'이다. 연극의 '분장역'은 '가짜 역할'이다. 현실 사회가 연극이 아닌 한에서 현실 속의 '진짜 역할'은 이런 '가짜 역할'로 대체되거나 분석될 수 없다. 연극 속에서는 임의의 역할을 행동으로 채택하기도 하고 역할을 바꾸기도 할 수 있지만, 현실 속에서는 역할을 실제로 바꿀 수 없기 때문이다.

미드는 역할채택을 언어와도 관련시킨다. "언어는 지배적으로, 공동체 속의 협업적 활동이 수행되는 음성 제스처에 기초해 있다. 의미심장한 의미에서의 언어는 타자 안에서 불러일으키는 태도를 개인 안에서 불러일으키는 경향이 있는 그런 음성 제스처이고, 타자의 역할을 채택하는 과정을 낳는 사회적 활동들을 매개하는 것은 이 제스처에 의한 자아의 이런 완벽화다."[672] 미드는 인간이 언어에 의해 자신의 인격, 즉 자아의 품위 또는 자아정체성을 획득한다고 생각한다.

- 조직화된 자아를 구성하게 되는 것은 집단에 공통된 태도들의 조직화

---

671) Mead, *Mind, Self & Society*, 160쪽.
672) Mead, *Mind, Self & Society*, 160-161쪽.

다. 한 사람은 그가 공동체에 속하기 때문에, 이 공동체의 제도들을 그 자신의 행동 속으로 받아들이기 때문에 한 인격이다. 그는 공동체의 언어를 그가 자신의 인격을 획득하는 매체로 채택하고, 그다음 모든 타인이 제공하는 다른 역할들을 채택하는 과정을 통해 그는 공동체의 성원들의 태도를 획득하게 된다. 이것이 어떤 의미에서 인간의 인격 구조다. 각 개인이 일정한 공통된 사물들에 대해 갖는 일정한 공통된 반응이 있고, 이 공통된 반응들이 개인이 다른 사람들에게 영향을 미치고 있을 때 그 안에서 일깨워지는 한에서, 그는 그 자신의 자아를 불러일으킨다. 자아가 구축되는 발판이 되는 구조는 만인에게 공통된 이 반응들이다. 그는 자아이기 위해 공동체의 일원이어야 하기 때문이다. 이러한 반응들은 추상적 태도들이지만, 바로 우리가 인간의 성격이라고 부르는 것을 구성한다. 이 반응들은 인간에게 우리가 인간의 원칙이라고 부르는 것, 즉 공동체의 가치인 것에 대한 공동체의 모든 성원들의 인정된 태도들을 준다. 인간은 일반화된 타자(the generalized other)의 위치에 자신을 놓고 있다.[673]

미드는 언어를 인격 획득 매체로 보는 것을 넘어 언어의 기능을 심지어 "판명한 인간적 사회를 가능케 한 사회적 조직화의 원리"로 확대한다. 그러나 바로 언어적 의사소통의 역할을 제한한다. "의사소통의 과정은 독자적으로 존재하는 것으로, 또는 사회적 과정의 전제로 설정될 수 없다. 반대로 사회적 과정이 사유와 의사소통을 가능케 하기 위해 전제되어야 한다."[674] 이를 보면, 미드의 의사소통론은 아직 하버마스의 '소통독재'로까지 나가지 않았다. 역할채택의 일반화, 언어의 역할에 대한 과중한 기

---

673) Mead, *Mind, Self & Society*, 162쪽.
674) Mead, *Mind, Self & Society*, 260쪽.

대, 공동체의 '노예' 같은 황당한 '자아' 개념과 '성격' 개념 등에 대한 미드의 저 근본적으로 그릇된 사고방식의 비판은 뒤로 미루고, 일단 그의 논변을 알아두는 것이 급선무일 것이다.

　미드의 역할채택 개념을 논의론적으로 곡해한 하버마스에게 곤란한 국면은 미드가 역할채택을 공감 개념과 뒤섞고 있다는 사실이다. 미드는 '공감'을 동정적 배려와 혼동하면서 그 의미의 이해를 어려워한다. 하지만 독일에서 건너온 테오도르 립스 등의 '감정이입'으로서의 공감 개념 정도는 그도 접한 것으로 보인다. 그는 "공감(sympathy)의 본성"이라는 제하의 절(§38)에서 다음과 같이 말한다.

- "공감"이라는 술어는 모호한 술어이고 해석하기에 어려운 술어다. 나는 우리가 특히 보다 낮은 형태 간의 관계에서 발견하는 즉각적 배려 태도, 즉 개인에 의한 개인의 원조를 언급했다. 공감은 나의 자아 속에서 내가 원조하고 있는 개인의 태도를 불러일으키는 것, 즉 내가 타자를 원조하고 있을 때 타자의 태도를 채택하는 것에서 인간적 형태로 등장한다. 외과의사는 환자에 대한 어떤 공감적 태도도 없이 객관적 방식으로 간단히 수술을 수행할 수 있다. 그러나 공감적인 태도 안에서 우리는 우리의 태도가 우리가 원조하고 있는 사람의 태도를 우리 자신 안에서 불러낸다는 것을 함의한다. 우리가 우리 자신의 태도에 의해 우리 자신 안에서 우리가 원조하고 있는 사람의 태도를 불러일으켰기 때문에, 우리는 그 사람과 같이 느끼고, 우리 자신을 타자 속으로 집어넣어 느낄 수 있다. 그것은 심리학이 조금이라도 '공감'을 취급할 때 우리가 심리학 안에서 발견하는 모호한, 정의되지 않은 의미로 우리가 보통 "모방"과 "공감"이라고 부르는 것의 적절한 해석으로 우리가 간주하는 것이다. 가령 어린이에 대한 부모의 태도를 취하라. 어린

이의 어조는 투정 어리고 고통스러워하는 어조이고, 부모의 어조는 달래는 어조다. 부모는 그 자신 안에서, 이 위로를 받는 어린이의 태도를 불러내고 있다. 이 예증은 공감의 한계도 같이 보여준다. 우리가 공감하기 어려운 사람들이 있다. 누군가와 공감하기 위해서는 타인의 태도에 답하는 반응이 있어야 한다. 타인의 태도에 답하는 반응이 없다면, 우리는 우리 자신 안에서 공감을 불러일으킬 수 없다. 이것만이 아니라, 공감하는 개인이 그 자신 안에서 타인의 태도를 불러일으켜야 한다면, 협력, 즉 공감받은 사람 쪽에서의 응답이 있어야 한다. 나는 고통받는 사람에 대한 나 자신의 공감적 태도와 별개로 이 사람의 태도 속에 즉시 나 자신을 놓지 않는다. 상황은 타자를 원조하는 사람, 그것도 이 사람의 원조가 타자 안에서 불러내는 반응을 이 사람 자신 안에서 불러내기 때문에 타자를 원조하는 사람의 상황이다. 타자 쪽에서 아무런 반응이 없다면, 공감은 있을 수 없다.[675]

미드의 공감론의 전모를 볼 수 있는 이 긴 인용문에서 미드는 무의식적 '모방'과 의식적 '공감'의 차이를 몰각하고 양자를 등치시키고 있다. 또한 공감을 역할채택의 모델 속에 가두어 반응이 있는 '상호 공감'만을 공감으로 보는 큰 오류를 범하고 있다. 우리는 의식을 잃고 쓰러진 사람에게도 공감하고 죽은 사람에게도 공감하고, 부모를 잃은 젖먹이도 동정한다. 공감은 일방적 관찰의 일견만으로도 일어나기에 족한 것이다. 우리는 공감할 때 공감받는 타자의 반응을 우리 자신 안에서 재현하지 않고 일방적으로 반응 이전의 타자의 현재 감정이나 행위 의도를 거울처럼 우리 대뇌피질에서 시뮬레이션한다. 이런 뇌과학적 사실을 알기에는 미드의 시대는 아직 '미개'했다. 그런데도 미드는 계속 '너무 나간다'. "물론 우리는

---

675) Mead, *Mind, Self & Society*, 260쪽.

그가 이런 사람이 고통스러워하는 것을 표현할 수만 있다면 그가 고통스러워하는 것을 인식할 수 있다고 말할 수 있다. 이럼으로써 그는 존재하지는 않지만 경험 속에서 만난 타인의 위치에 그 자신을 놓고, 이 개인을 이전의 경험의 견지에서 해석한다. 그러나 적극적 공감은 개인이 그의 원조에 의해 불러일으켜진 반응을 타인 안에서 불러일으키고 동일한 반응을 그 자신 안에 불러일으키는 것을 뜻한다. 반응이 없다면, 우리는 그와 공감할 수 없다. 이것은 공감 자체의 한계를 현시한다. 그것은 협력적 과정에서 발생해야 한다. 그럼에도 우리가 우리 자신을 그와 동일시하는 것은 상술한 의미에서."[676] 미드는 반응 없이는 불가능한 현상을 '공감 자체의 한계'가 아니라, '역할채택 자체의 한계'라고 말했어야 한다. 그가 공감을 역할채택 모델로 대체하고 있기 때문이다.

미드의 「자아와 반성의 과정」이라는 논문에서는[677] '공감'을 더욱더 강력하게 '역할채택'의 틀로 찍어서 완전히 망가뜨린다. 여기서 미드는 '공감은 역할채택의 능력으로부터 생겨난다'는 주장으로 양자 간의 인과관계를 뒤집어놓는다. 도움, 부양, 보호 등의 행동을 추동하는 동정적 배려 감정이 공감에 기초한 공감 감정이라는 사실을 부정하는 것이다.

● 우리가 성인에게서 '공감의 태도'로 특징짓는 그 태도는 어떤 사람이 사회적으로 연루된 다른 사람의 역할을 채택하는 이 동일한 능력으로부터 생겨난다. 공감의 태도는 도움, 부양, 보호 등의 직접적 반응 속에 포함되어 있지 않다. 이 직접적 반응은 직접적 충동이거나, 더 낮은 형태에서 직접적 본능이라서, 이 본능은 반대 본능의 심심찮은 발휘

---

676) Mead, *Mind, Self & Society*, 260쪽.
677) George Herbert Mead, "The Self and the Process of Reflection". George Herbert Mead, *Mind, Self & Society* (Chicago·London: The University of Chicago, 1934), "Supplementary Essays".

와 전혀 양립하지 못한다. 가끔 가장 일상적인 부모 방식으로 행동하는 부모애 형상들은 보기에 무정한 마음으로 자신들의 새끼들을 망치고 피폐케 할 수 있다. 공감은 언제나 우리가 원조하고 있는 그 사람의 태도를 어느 정도로 취함으로써 우리가 우리 자신을 타인에 대한 원조와 고려로 자극하는 것을 함의한다. 이것에 대한 공통된 술어가 "역지사지(putting yourself in his place)"다. 그것은 아마 타자가 반응하는 대로 반응함으로써 자신의 자아를 행동으로 자극하는 이 내적 반향(involution)에 의해 특징지어지는, 배타적으로 인간적인 행의유형일 것이다. (…) 타자가 반응하는 대로 반응함을 통한 사람 행위의 이런 제어는 친절한 행위에 국한되지 않는다. 하지만 우리는 "공감즈"이라는 술어를 어떤 인간 집단의 삶 속에서든 본질적 구속력의 끈인 이런 친절한 행동과 태도에 유보하는 경향이 있다.[678]

미드는 물론 '공감'과 '교감'을 구분하지 못하는 단계에 있다. 따라서 불친절한 행위의 경우에도 벌어지는 타인 감정의 인지를 제대로 호칭하지 못하고 있다. 아무튼 이 논변에서 미드는 공감을 역할채택의 하위부류로, 도움·부양·보호 등의 배후 감정을 공감과 무관한 것으로 만들어 공감 개념을 파괴하고 있다.

아무튼 이런 미드 독해를 통해 드러나는 것은 미드가 공감을 역할채택의 한 부류로 보는 한에서, 미드의 역할채택의 '논의론적으로 편향된' 해석을 통해 공감과 분리시켜 콜버그를 비판하는 하버마스의 시도가 옳지 못하다는 것이다. 동시에 콜버그와 하버마스가 공히 자신들의 학문적 원천으로 중시하는 미드철학의 공감 개념이 이처럼 '고장 난' 것이기에 양인의 공감 개념도 그럴 수밖에 없을 것임을 우리는 능히 짐작할 수 있다.

---

678) Mead, "The Self and the Process of Reflection", 366쪽.

또한 둘 다 다른 철학, 심리학, 신경과학, 뇌과학 분야의 전문적 공감 개념을 천착한 흔적이 전혀 보이지 않는다는 것도 특이하다. 그러므로 그들의 공감 개념은 공히 피상적이고 허용할 수 없는 방향으로 일탈하기 십상이다.

하버마스는 자신의 피상적·일탈적 공감 개념에도 불구하고 중요한 공감론적 입장 전환을 보여준다. 일단 그는 – 그가 구체적 연관성에 갇힌 것으로 오인하는 – 개인적 공감과 인애보다 공동체적 '연대' 개념을 끄집어내어 자신의 이론을 정의와 연대가 대등하게 양립하는 구조로 수정한다.

하버마스는 콜버그가 '올바른' 직관을 '그릇된' 개념으로 정식화하고 있다고 생각했다. 콜버그가 평등한 대우와 인애를 둘 다 포함하는 확장된 의미를 모든 개개 인격체에 대한 평등한 존경의 원칙에 – 얼버무리는 의미변화를 통해 – 부여한다는 것이다. 담화와 행위를 할 수 있는 주체들로서 사람들이 사회화의 행로를 통해서만 개인화될 수 있다는 미드의 핵심 테제로 하버마스는 콜버그의 이 오류를 바로잡겠다는 것이다. 그러나 미드의 자아 개념과 사회화 이념에 근거한 하버마스의 '도덕성'은 개인적·공동체적 정체성의 창설, 유지, 강화, 향유를 위한 적극적 자질과 이념이 아니라, 손상되기 쉬운 취약한 정체성의 소극적 '도피처 개념'이다. 하버마스 버전의 미드에 의하면, 사람들은 담화공동체 속으로, 따라서 간주체적으로 공유되는 생활세계 속으로 자라남으로써만 개인들로 형성된다. 이 형성과정 속에서 개인의 정체성과, 이 개인이 속하는 공동체의 정체성은 동등한 우선권을 갖고 발생하고 유지된다. 개인화가 더 진척되면 진척될수록, 개인적 주체는 상호적 종속과 명시적 보호 필요의 점점 더 조밀하고 더 미묘한 네트워크 속으로 붙잡혀 들어간다. 그리하여 인격체는 오직 그가 소통적으로 산출되는 간주체적 관계 속에서 동시에 자신을 '외화'하는 정도까지만 내적 중심을 형성한다.

● 취약한 정체성에 대한 위험과 이 정체성의 만성적 예민성은 이것으로 설명된다. 나아가 도덕성은 취약한 정체성에 피난처를 제공하도록 기안되어 있다. 도덕성이 이 사회화를 통해 자신들의 정체성을 자신들 혼자서 주장할 수 없는 방식으로 개인화되는 산 피조물들의 취약성을 벌충하도록 되어 있기 때문에, 개인들의 통합은 그들의 공유된 간間인격체적 관계와 상호적 인정의 관계를 가능케 하는 생활세계의 통합 없이 보존될 수 없다.[679]

이런 까닭에 필자는 미드와 하버마스의 이런 자아정체성 개념에 강한 이의가 있다. 이들의 사회화 이론에 입각한 개인적 인간의 자아정체성은 보다 까다로운 조건을 만족시켜야만 하는, 상호 인정되고 공유된 관계의 '공동체' 속에서만 창설된다. 따라서 하버마스의 개인은 '상대적' 의미에서도 공동체에 대한 자립적 존재가 아니다. 개인은 타자와 공동처에 긴박된 일개의 취약하고 긴장된 존재자라는 말이다. 막말로, 미드와 하버마스의 개인은 '공동체의 노예', '관계의 노예'다. 즉, 자아와 타아는 서로에게 '타아의 노예'다.

사회화된 개인의 취약성에 대한 벌충적 구난으로서의 하버마스의 피난적 '도덕성' 개념에는 이런 은밀한 '전체주의적 논리' 외에도 그 자신의 의도에 반하는 모종의 '공리주의적' 관념이 숨겨져 있다. 이에 대해 베틀레센은 날카롭게 비판적 쐐기를 박는다. 하버마스의 관점에서 보면, 도덕성은 인간적 개인들로서의 우리의 취약성에 대해 우리를 지키는 것을 주 목적으로 삼는 사회제도이고, 도덕성이 이렇게 사회화된 개인들의 취약성에 대한 제도화된 '벌충'으로 묘사될 때, 도덕성은 그 자체로서 "하나의 복리(a good)"에 지나지 않는 것으로 간주된다. 즉, 하버마스의 설명

---

679) Habermas, "Justice and Solidarity", 243쪽.

의 요지는 도덕성이란 이 "소속성의 복리"를 위한 것이라는 말이다. 그러나 이것은 그가 명확화하고 방어하려고 모색하는 자기 버전의 논의윤리학의 핵심 취지와 모순된다. 하버마스가 논의윤리학을 의무론적 윤리학으로 발전시키기를 원하는 속에 모종의 복리 개념에 대한 어떤 구속도 그 자신에게 금지했기 때문에 이 모순은 "아주 의미심장한" 것이고, "논의윤리학을 위한 프로그램의 일관성에 대한 근본적 도전"이다. 그의 도덕 이론은 "특수한 복리에 대한 모든 구속으로부터의 의도된 '해방'에서 긍지를 갖기 때문이다". 엄격히 말해서 "우리의 취약성에 대한, 고난과 고통에 대한 우리의 민감성에 대한 하버마스의 강한 긍정적 조회"는 그가 아주 명시적으로 고수하고 싶어 하는 "의무론의 원칙들에 의해 선험적으로 말살된 것"이다.[680]

따라서 하버마스의 '벌충적' 도덕성과 개인의 사회화된 정체성 개념은 그의 논의윤리학의 핵심 취지와 근본적으로 상치되는 것이다. 이런 까닭에 필자는 사회화·내면화로 탄생하는 타율적 '정체성' 개념에 개인의 '공감적' 정체성을 대립시킨다. '공감적' 정체성은, 후술하겠지만, 단 한 명의 타자에 대한 공감의 단 한 번의 경험에라도 노출된 적이 있는 개인적 자아의 '자기 공감'만으로 창설된다. 타자 공감의 경험과 연계된 자기 공감에 의한 자아정체성의 창설의 경우에도 자아와 타아, 자아와 공동체의 관계는 필연적·필수적이지만, 양자는 서로에 대해 긴박된 긴장 관계에 놓인 것이 아니라, 유연하고 신축적인 관계에 있다. 따라서 여기서 개인은 상대적인 의미에서 타인과 공동체로부터 아주 먼 거리를 둘 수도 있는, 아주 폭넓은 '자기성찰적' 자유를 누린다. 극단적으로 개인은 무도한 시대라면 세상을 거부하거나 피하는 '은둔·낙향처사'가 될 수도 있고, 때

---

680) Arne Johan Vetlesen, *Perception, Empathy, and Judgement. An Inquiry into Preconditions of Moral Performance* (University Park, Pennsylvania: The Pennsylvania State University Press, 1994), 311-312쪽.

로 도시 생활에 지쳐 사회를 떠나 자연으로 간 '자연인'이 될 수도 있고, 원하는 시간 동안 자신의 도를 닦는 '입산수도자'가 될 수도 있고, 국가의 통치를 거부하고 자연을 즐기는 '삼림 철학자'가 될 수도 있다. 한 마디로 '공감적 정체성'이 타아와의 분리의 전제 속에 타아와 거울 반영의 '빛살'로 연결되어 있을 뿐인 반면, 하버마스의 '사회화의 정체성'은 타자에 '쇠사슬'로 긴박 된 셈이다.

아무튼 하버마스는 개별적 관계자만을 지향하는 콜버그의 공감과 인애를 거부하고, 대신 공동체의 복지를 지향하는 '연대'로 '정의'의 외롭고 시린 옆구리를 채운다.

● 소통 이론의 관점으로부터는 대신에 자기의 동료 인간의 복지에 대한 관심과 일반복지에 대한 관심 간의 긴밀한 연결이 출현한다. 집단의 정체성은 상호 인정의 전적으로 온전한 관계를 통해 재생산된다. 그리하여 개인들의 평등한 대우의 관점을 보완하는 관점은 인애가 아니라 연대다. 이 연대의 원칙은 모두가 동지들로서 자신들의 공유된 생활 맥락의 보전에 대해 동일한 방식으로 관심을 가져야 하기 때문에 각인이 타인에 대해 책임을 져야 한다는 깨달음에 뿌리박고 있다. 정의는 의무론적으로 연대를 그 이면으로 요구한다. 그것은 서로 보완하는 두 계기의 문제가 아니라, 동일한 사물의 두 측면의 문제다. 모든 자율적 도덕성은 두 목적에 동시에 이바지해야 한다. 도덕성은 사회화된 개인들의 불가침성을, 평등한 대우와 각인의 존엄에 대한 평등한 존중을 요구함으로써 지향한다. 그리고 도덕성은 개인들이 사회화된 공동체의 개인적 구성원들의 연대를 요구하는 상호적 인정의 간주체적인 관계를 보호한다.[681]

---

681) Habermas, "Justice and Solidarity", 244쪽.

콜버그의 '인애'도 그의 말대로 사사롭기만 한 것이 아니라, '공동체의 정신'도 포함하기에, 하버마스가 "콜버그의 인애를 연대 개념으로 교체함으로써 무엇을 득하는지가 명백하지 않다".[682] 인애와 연대를 억지로 구분하고 대립시키는 이런 말장난은 다만 논의를 그릇된 방향으로 뒤틀 뿐이다. 하버마스가 인애를 연대로 바꾸는 기본 목적은 콜버그의 개념 구상의 감정적 구성요소를 부인하려는 것으로 보인다. 하버마스는 정말로 '감정들'을 연대로의 개념적 전환 뒤에 살려두지 않으려고 작정한 것 같다. 하버마스의 연대 개념은 콜버그의 인애가 그토록 강하게, 그렇게 제대로 갖추고 있는 '감정의 바닥짐'을 다 내버리고 싶어 한다.[683] 그러나 뒤에 보겠지만, 그의 이 '건조한' 논의론적 기도는 실패한다.

또 하버마스는 위에서 연대와 정의가 "동일한 사물의 두 측면의 문제"라고 말하고 있지만, 이것도 그릇된 말이다. 연대와 정의는 비유하자면 표면과 이면의 관계에 있는 것이 아니라, 자양분과 정당한 배분의 관계에 있다. 연대와 정의가 표리관계에 있다면, 연대와 정의는 이 중 어느 쪽도 생략될 수 없는 엄격한 불가분적 관계에 있고, 교호적 대등성을 가질 것이다. 그러나 연대와 정의가 자양분과 정당한 몫의 관계에 있다면, 양자 중 정의는 때로 그 적용이 완화되거나 생략될 수 있다. 즉, 양자는 불가분적이지도 않을뿐더러 대등하지도 않다. 자양분이 쪼들린다면, 개인에게 돌아가는 몫이 엄정할 필요가 있는 반면, 자양분이 풍부하다면, 개인의 몫은 굳이 엄정하고 정확할 필요가 없다. '곳간에서 인심 난다'는 말처럼, 이럴 때 분배의 몫은 기여도로부터 얼마간 이완된 '주먹구구'로 계산하는 것도 족하다. 마찬가지로 연대 또는 공동체적 사랑이 박하고 심지어 위화감과 증오감에 비해 취약하다면, 정의는 엄격하게 적용되어야 하는 반면,

---

682) Vetlesen, *Perception, Empathy, and Judgement*, 319쪽.
683) Vetlesen, *Perception, Empathy, and Judgement*, 321쪽.

연대가 풍요롭고 견실하고 긴밀하다면, 정의는 그 적용의 엄정성과 정확성이 완화되거나, 생략될 수도 있다. 연대는 개인의 필요에 따라 들쑥날쑥, 즉 불공평하게 배분될 수도 있다는 말이다. 또한 상술했듯이 정의는 기준(능력·노동·서비스의 질과 양, 기여도, 덕성의 우열, 공덕의 유무, 의무의 이행 여부, 잘잘못에 대한 상벌의 비례성, 투자 밑천의 양, 권력과 권위의 서열, 추첨의 행·불운, 인생의 운수 등)에 따라 정당한 몫이 달라지기 때문에 정당한 분배 몫의 정확성을 두고 무한 갈등에 빠질 수밖에 없다. 따라서 상술했듯이 '인' 없는 '의', 사랑 없는 정의는 '없느니 만 못하다'고 할 수 있다. 정의 기준을 둘러싼 다툼을 적당한 선에서 무마시키는 것은 연대의 화해적 정신이다. 이 연대적 화해의 사회적 기본 바탕이 없다건, 사회는 정의의 갈등 속에서 '유혈 침몰'에 처할 것이다. 이것은 하버마스도 스스로 얼마간 인정하는 바다. "정의는 적어도 화해의 요소 없이 생각할 수 없다. 18세기 말엽의 사해동포주의적 이념 속에서도 친족애의 고대적 결속 에너지가 절멸된 것이 아니라, 다만 인간의 얼굴을 한 모든 것과의 연대로 정제되었을 따름이다. 실러는 「즐거움에 붙인 송시」에서 '모든 인간은 형제가 된다'고 말할 수 있었다. 이 이중적 측면도 실천적 논의의 소통적 형태를 특징짓는다. 사회적 통합의 유대들은 모두에게 요구되는 합의가 모든 자연적 공동체의 경계를 초월한다는 사실에도 불구하고 훼손 없이 온전하게 남아 있다."[684] 따라서 연대는 정의에 대해 언제나 필수적인 것인 반면, 정의는 연대에 대해 그렇지 않다. 그러므로 연대와 정의는 대등한 것이 아니라, 연대가 정의보다 더 근본적인 것이다. 이런 이유에서 공자는 이미 시사했듯이 "인애라는 것은 정의의 근본이고 순응의 본체다(仁者 義之本也, 順之體也)"라고 갈파했던 것이다.[685]

---

684) Habermas, "Justice and Solidarity", 246쪽.
685) 『禮記』「禮運 第九」.

그러나 하버마스는 자유로운 수평적 '연대'와 비자발적인 수직적 '추종심리'를 술어적으로 구별하지 않은 채 '연대' 개념에서 나치의 혐의를 떠올리며 공감에 의해서만 산출되는 연대를 공감과 분리시켜 엉뚱하게 '논의'와 결합시키려고 한다.

● 물론 보편주의적 도덕성의 한 구성요소로서 연대는 그것이 다른 집단들로부터 민족 중심적으로 고립된 한 집단의 내적 관계에 한정되는 단순한 특수 의미 – 전근대적 형태의 연대 속에 언제나 현존하는 자기주장의 집단적 체계를 위해 자신을 희생할 강요된 용의用意의 성격 – 를 상실한다. 동지 관계가 연대의 모든 전통주의적 의미에서 추종 관계와 뒤엉키기 때문에 – 우리가 나의 유년기에 나치 독일의 포스터들에서 보았듯이 – '명령만 하십시오, 총통, 우리는 당신을 따릅니다'라는 공식은 '하나를 위해 모두가, 모두를 위해 하나가'라는 공식과 완벽하게 어울린다. 탈관습적 견지에서 이해된 정의는 연대가 일반적인 논의적 의지 형성의 이념의 시각에서 변형되었을 때만 그 이면으로서 연대와 수렴될 수 있다. 확실히, 모든 도덕성에 중심적인 평등한 대우·연대·일반복지의 기본 개념들은 (전근대 사회에서도) 모든 일상적인 소통적 실천을 특징짓는 대칭성의 조건과 교호성의 기대 속에 내장되어 있고, 소통적 행위의 보편적이고 필연적인 화용론적 전제 형태 속에 현존한다. 이 이상화하는 전제가 없다면, 아무도 그가 살고 있는 사회구조가 아무리 억압적일지라도 이해의 달성을 향한 지향을 갖고 행동할 수 없다. 정의와 연대의 이념은 무엇보다도 자신들의 행동의 방향을 타당성 요구에 맞추는 책임 있는 주체들의 상호적 인정 속에 현존한다.[686]

---

686) Habermas, "Justice and Solidarity", 243-244쪽.

'연대'의 기본 개념이 소통 실천의 대칭성 조건과 교호성 기대 속에 내장되어 있다는 하버마스의 불가사의한 주장은 뜨거운 얼음 같은 '논의적 연대'라는 형용모순을 말하는 것으로 들리는바, 그는 이를 통해 공감에 의해서만 산출되는 연대를 공감과 동떨어진 것으로 만들어 버리고 있다. 하버마스는 '연대' 개념을 "내부로부터 폭파시킨" 것이다.[687] 그러나 상술했듯이 사랑과 연대는 오직 공감으로부터만 산출될 수 있고, 따라서 "연대는 공감을 전제하는" 것이다.[688] 공감은 사람 간의 공간적·심리적 거리를 유예하고 '우리' 정체성('we'-identity)을 산출하는 현격한 힘을 가지고 있기 때문이다.[689] 언어적 상호이해 지향의 소통적 실천은, 그 반성적 형태인 '논의'의 형태로 진행되든 소통적 '행위'의 형태로 진행되든, 연대를 산출하지도 재생산하지도 못한다. 소통적 행위자는 상술했듯이 공감에 의해서만 산출되고 보편적으로 확장되는 사랑 또는 연대를 소통적 실천의 달성을 위해 '활용'하고 '소비'할 뿐이다. 공감에 의한 연대의 창설과 재생산도 이익 분열과 증오심의 장벽에 부딪히면 가로막히고, 이 장벽은 아무리 소통적 실천을 잘하더라도 무너뜨릴 수 없다. 이 장벽을 뚫을 것은 오직 대항적 공감과 연대에 바탕을 둔 '투쟁'일 따름이다. 따라

---

687) Vetlesen, *Perception, Empathy, and Judgement*, 332쪽.

688) Vetlesen, *Perception, Empathy, and Judgement*, 322쪽. 셸러는 연대와 공감의 관계에 관하여 이렇게 말한다. "일체감으로부터 무우주론적 인격애에 이르는 공감의 단계적 영역에 관한 이론은 완전히 완성되면 원시인에서 현재까지의 도덕·관습·법의 역사에서 '연대책임', 매번 새로운 연대의 기원과 해소(집단들의 결성과 해산)와 연관된 모든 것도 비로소 철학적으로 조명할 수 있게 해줄 것이다. 가령 피의 복수의 상이한 체계들은 이 복수의 국가 형법에까지의 발전 속에서 모조리 공감적 행태의 상기한 구조들에 기초해 있다. 이 체계들의 역사는 보다 낡은 일체감이 점점 거리를 취하는 공감으로, 마침내 무관심으로까지 해소되는 연속적 해체다. 공감의 '확장'과 (긍정적 사랑 의미와 (부정적 미움 의미에서의) 공감의 질적 고양과 정신화는 언제나 동시에 연대적 집단 통일성의 새로운 결속과 새로운 해소를 뜻한다. 변동하는 사회철학적 사회 이론들 자체는 그 부분 진리에 있어서 공감 구조들의 선행하는 변동으로부터 인식되어야 한다." Scheler, *Wesen und Formen der Sympathie*, 227-228쪽.

689) Vetlesen, *Perception, Empathy, and Judgement*, 330쪽.

서 필자는 공감의 할 일, 소통적 논의의 할 일, 투쟁의 할 일을 구별할 줄 모르고 만사를 소통과 논의로 해결하려는 다음과 같은 나이브한 '소통 만능주의'에 '철학자적 비현실성'의 딱지를 붙이지 않을 수 없다.

- 이 규범적 의무들은 저절로 가족, 부족, 도시, 민족의 구체적 생활세계의 경계를 넘어 확장되지 않는다. 이 한계들은 오로지 논의 속에서만 이 논의가 근대사회에서 제도화되는 정도까지 돌파될 수 있다. 논변(Arguments)은 그 자체로서 특별한 생활세계를 넘어 확장된다. 왜냐하면 논증(Argumentation)의 화용론적 전제 속에서 소통적 행위의 전제들의 규범적 내용이 (⋯) 담화와 행동을 할 수 있는 모든 주체를 포함하는 이상적 소통공동체로 – 보편화된 추상적 형태로, 그리고 제한 없이 – 확장되기 때문이다.[690]

이것은 플라톤의 '철인치자론'의 소통 이론적 변종, 즉 음험한 '소통적 철인치자론'이다. 이 기도가 '비현실성'의 딱지를 달고 있기 망정이지, '현실성'의 힘을 가진다면 우리는 하버마스의 '소통 독재' 치하에서 '아는 것 없이 구변 좋게 말 잘하고 공감 없이 명석하게 판단하는' 냉정한 사변적 사이코패스 철인들과 전문가들이 설치고 판치는 논의, 논변, 논증, 담론, 담화, 토론, 세미나나 이런저런 방송프로그램의 '구경꾼'이나 '대상'으로 전락하여 '죽도록' 지루한 삶을 살다가 종국에 다 자살하고 말 것이다.

공감에 의해서만 산출되는 연대를 공감과 동떨어진 것으로 만들어 '논의'의 산물로 전락시키려는 하버마스의 기도는 스스로의 토로 속에서도 자가당착에 봉착한다.

---

690) Habermas, "Justice and Solidarity", 244쪽.

- 규범적 타당성 요구에 대해 입장을 취하는 무제한적 개인 자유가 없으면, 실제 도달할 합의는 참되게 보편적일 수 없다. 그러나 연대로부터 도출되는, 그 밖의 다른 모든 사람에 대한 상황 속의 각인의 공감이 없다면, 합의 능력 있는 어떤 결의도 획득될 수 없다. 논증이 반성적 수단을 사용하여 이해 달성을 지향하는 행동을 확장하기 때문에, 자아중심적 관점이 일차적인 것이 아니라 오히려 사회적으로 산출된 것이라는 의식이 사라지지 않는다. 그리하여 논의적 의지 형성의 절차는 유일무이한 개인들의 자율성과 간주체적으로 공유된 생활 형태들 속으로의 이 개인들의 선행적 내장됨이라는 두 측면의 내적 연결을 감안한다.[691]

웬 뜬금없는 '공감론적 입장 전환'인가? 하버마스는 콜버그의 '공감'을 그리도 털어버리고 싶어 하더니 아무런 논거도 없이 스스로 공감을 논의의 전제로 거론하고 있다. 감정은 논의가 개시되는 순간 몽땅 다 뒤에 버려지는 것이 아니다. 감정의 역할은 도덕적 현상 일반의 세계에 대한 접근 통로를 우리에게 제공하는 역할로, 즉 열어 밝히는 역할로 저한되지 않고 있다. 그러나 하버마스가 언급하는 공감은 정확히 무엇을 의미하는가? 이것은 콜버그의 공감과 다른 것인가? 이것은 하버마스의 설명 속에서 대답 되지도, 설명되지도 않은 채 방치되어 있다.[692] 인애를 연대로 바꾼 뒤에 '감정 요소'를 조금도 살려두지 않으려는 그의 작정은 이로써 실패한 것이다. 모순을 피하기 위해 위 인용문에서 공감을 '논의적 연대'의 파생물로 만들고 있지만, 이것도 순환논법의 문제를 야기한다. 논의에 의해서만 산출된다는 '연대'('생활 형태들의 간주체적 공유')의 '선행적 내장

---

691) Habermas, "Justice and Solidarity", 244쪽.
692) 참조: Vetlesen, *Perception, Empathy, and Judgement*, 321-332쪽.

됨'이라는 말이나, 이런 연대에서 '파생'되는 공감이 없다면 '참된 보편성'을 갖춘 어떤 논의도, 논의적 합의도 가능하지 않다는 말은 둘 다 자가당착적인 순환논법이다. 따라서 하버마스가 연대를 도입하고 이 연대를 뒷받침해 줄 인간의 감정과 감정적 공감 능력 쪽으로 자신의 논의를 진정으로 개방하지 않는다면, 이런 '건조한' 순환 논법적 동어반복을 자가당착적으로 되풀이하는 상황을 돌파하지 못할 것이다.

그러나 하버마스는 이런 입장 전환을 정식 논문의 형식으로 수행하지 못했다. 그는 이 '전환'을 인터뷰에 대꾸하는 과정에서 어쩔 수 없이 털어놓는다. 일종의 '강제 전향' 같다. 1990년 닐슨(T. Hviid Nielsen)이라는 인터뷰 질문자는 하버마스에게 아주 구체적으로 이런 피할 수 없는 압박적 질문을 제기한다. "당신은 윤리적 인지주의를 회의주의에 대해 방어하지만, 도덕감정을 제쳐놓고 있다. 하지만 이 도덕감정은 늦어도 규범의 적용 시에는 다시 작용해 들어온다. 도덕감정은 어떤 위치를 차지하는가? 감정과 '심장의 성향'이 내재적 가치를 가지는가? 아니면 도덕감정은 도덕의식의 발전에 대해 단지 촉매 기능만을 하여 일정한 도덕적 능력이 형성되면 불필요해지는 것인가?"[693] 이 물음에 대해 그는 이렇게 긴 답변을 한다.

● 도덕감정은 커다란 주제이고 동시에 넓은 영역이다. 이에 대해 몇 마디만 언급하겠다. 첫째, 도덕감정은 도덕적 현상들의 본질 구성을 위해 중요한 역할을 한다. 우리는 우리가 한 사람의 보전保全이 위협받거나 침해받는다는 것을 느끼지 않는다면, 일정한 행위갈등 일반을 도덕적으로 중요한 갈등으로 지각하지 않을 것이다. 감정은 우리가 어

---

693) Jürgen Habermas, "Intervew mit Nielsen", 142쪽. Jürgen Habermas, *Die nachholende Revolution* (Frankfurt am Main: Suhrkamp, 1990).

떤 일을 도덕적인 일로 지각하는 기반을 이룬다. 도덕적인 현상에 대해 장님인 사람은 감정에 장님이다. 그는 말하자면 자신의 보전, 즉 육체적 보전 못지않게 인격적 보전이 보장되는 것에 대한 요구권을 가진, 훼손될 수 있는 피조물의 고통에 대한 감각중추가 없다. 그리고 이 감각중추는 명백하게 공감(Sympathie 또는 Mitgefühl)과 긴길하게 연관되어 있다. 둘째, (…) 도덕감정은 우리에게 도덕적으로 중요한 개별 사례의 판단을 위한 방향 정립을 제공한다. 감정은 우리의 첫 번째 직관적 판단을 위한 경험 기반을 이룬다. 수치심과 죄책감은 자기 비난의 기반이고, 고통과 모욕감은 나를 해치는 2인칭의 상대에 대한 비난의 기반이고, 공분과 분노는 타인을 해치는 3인칭의 사람에 대한 단죄의 기반이다. 도덕감정은 간주체적인 인정 관계, 또는 행위자들이 1·2·3인칭의 자세로 참여하는 간인격적인 관계의 방해에 대해 반응하는 것이다. 이런 까닭에 도덕감정은 인칭대명사의 체계가 이 감정들 안에서 반영되는 식으로 구조화되어 있다. 셋째, 물론 도덕감정은 중요한 역할을 도덕규범의 적용 시에만 수행하는 것이 아니라, 도덕규범의 근거 정립에서도 수행한다. 적어도 공감(Empathie), 즉 둔화적 거리를 뛰어넘어 일견에 이해할 수 없는 이국적 생활 조건, 반응 자세, 해석 관점 속으로 감정 이입해 느끼는 능력은 모든 개개인에게 다른 모든 사람의 관점을 취할 것을 요구하는 이상적 역할 인계를 우한 감정적 전제다. 어떤 것을 도덕적 시각에서 바라보는 것은 정말이지 우리가 우리 자신의 세계 이해와 자기 이해를 행동 방식의 보편화의 척도로 고양시키는 것이 아니라, 이것의 일반화 가능성을 다른 모든 사람의 관점에서도 검토하는 것을 말한다. 이 까다로운 인지적 기능수행은 저 일반화된 공감 없이 거의 가능하지 않다. 공감은 감정이입 능력으로 승화되고 가장 가까운 연고자들에 대한 감정적 결속을 넘어 우리에게 "차이"에 대한 안목, 즉 자신의 타자성을 고집하는 타자의 자기 고유성과 자기 고유 비중에 대한 안목을 열어준다.[694]

여기까지의 답변에서 보이는 감정과 공감의 도덕적 역할에 대한 하버마스의 새로운 인정은 『소통적 행위와 도덕의식』에서 '도덕적 성숙성'과 관련하여 잠시 선보인 감정과 공감의 역할에 대한 인정에 비해 좀 더 파격적인 것이다. 일단 하버마스는 여기서 공감을 '논의'의 소산이라는 '소통적 연대'의 파생물로 보는 궤변을 거두고, 공감을 '감각중추'와 연결된 것으로 인정하고 있다. 그리고 감정과 공감을 '도덕적 인지'의 기반으로, 도덕적 개별 사례의 판단을 위한 '발견론적' 방향 정립, 도덕규범의 근거 정립(이상적 역할 인계의 전제) 등으로 추켜세우고 있다. 그러나 그는 '논의적' 관점인계론이 생각났는지, 갑자기 표변하여 도덕의 '논의적 판단과 통찰'을 '최종 심급'으로 내세운다.

● 물론 도덕감정은 포기할 수 없는 인지적 기능을 수행할지라도 진리를 전세 내지 않았다. 감정적으로 더 이상 채울 수 없는 틈새를 가교로 연결하는 것은 종국에 도덕 판단이다. 우리는 인간 얼굴을 한 모든 것이 도덕적 소중함에 대한 요구권을 가져야 한다면 최종적으로 도덕적 통찰을 신뢰해야 한다. 모든 인간이 형제자매라는 것은 사실 대항적 사상으로서 수행하기에 이미 충분히 어렵다. 인류의 널리 확장된 지평은 이것이 자발적 감정들로 채워져야 한다면 훨씬 더 취약한 것으로 입증된다. 이런 까닭에 당신의 질문은 대답하기에 전혀 쉽지 않은 것이다. 필경, 감정은 처음에 도덕적 현상들에 대해 감도感度를 높여준다. 이에 더하여 규범과 규범 적용의 근거 정립의 문제에서 감정은 평가할

694) Habermas, *Die nachholende Revolution* "Interview mit Nielsen", 142-143쪽.

수 없는 발견론적 기능을 한다. 그러나 감정은 감정이 열어 밝히는 현상들의 판단에 대해서는 최종 심급일 수 없다.[695]

하버마스는 여기서 방향을 바꿔 "도덕감정은 인지적 기능을 '전세' 내지 않았다"고 선을 긋고 있다. '도덕 판단'과 '도덕적 통찰'의 궁극적 심급은 감성의 과업이 아니라, 궁극적으로 이성의 과업이라는 것이다. 그러나 도덕 '판단'을 제대로 하는 것은 이성이 아니다. 쾌통 판단, 재미 판단, 미추 판단, 도덕적 시비 판단은 주지하다시피 이성이나 이성적 '논의'가 협력적으로 수행하는 것이 아니라, '내감'이 단독적으로 수행한다.[696] '도덕 판단'과 '도덕적 통찰' 문제에서 감정의 판단·통찰 능력을 부인하는 것은 1년 뒤 다른 저작에서 그가 전개한 논변과도 모순된다. "정의감이 내재하는 도덕감정은 자발적 정감일 뿐만이 아니다. 그것은 충동이라기보다 직관이다. 도덕감정 속에서 분명하게 표현되는 것은 강조된 의미에서 바른 통찰이다."[697] 또한 "인류의 널리 확장된 지평은 이것이 자발적 감정들로 채워져야 한다면 훨씬 더 취약한 것으로 입증된다"는 말은 – 하버마스가 현대 뇌과학, 신경과학, 사회심리학 등의 연구 성과에 까막눈이라서 – 눈 깜짝할 사이에 천리만리를 가는 공감의 보편적 확장 능력과 그 속도를 얕보는 말이다.

전체적으로 보면, 하버마스는 닐센의 질문을 매우 곤란해하면서 애매한 답변을 하고 있다. "도덕감정은 어떤 위치를 차지하는가? 감정과 '심장의 성향'이 내재적 가치를 가지는가? 아니면 도덕감정은 도덕의식의 발전에 대해 단지 촉매 기능만을 하여 일정한 도덕적 능력이 일단 형성

---

695) Habermas, "Interview mit Nielsen", 143-144쪽.
696) 베틀레센은 "내가 공감을 뜻하는 감정능력은 판단의 차원에도 참여한다"고 항변한다. Vetlesen, *Perception, Empathy, and Judgement*, 337쪽.
697) Jürgen Habermas, *Texte und Kontexte* (Frankfurt am Main: Suhrkamp, 1991), 112쪽.

되면 불필요해지는 것인가?"라는 인터뷰 질의자의 원래 물음을 상기하면, 하버마스는 위 답변에서 어느 단계까지 도덕감정은 '내재적 가치'를 가지는 반면, 최종 단계에서는 불필요해지는 '촉매 기능'을 한다는 절충주의적 답변을 한 셈이다. 물론 이 정도의 입장변화만으로도, 기세등등하던 소통적 행위이론의 절정기에 그가 공감을 '신비적' 감정이입으로 무시했던 태도에 비하면 상전벽해의 변화를 의미한다. "비판가들은 이해(Verstehen)를 공감(Empathie)으로, 즉 타인 주체의 마음 상태 속으로 이입하는 신비적 작용으로 오해했었다. 경험적 전제하에서 그들은 어쩔 수 없이 언어 소통적 경험을 이해의 감정이입이론(Einfühlungstheorie)의 의미에서 바꿔 해석했다."[698] 『소통적 행위의 이론』(1981)에서 보이는, 공감에 대한 하버마스의 이런 본래적 경시는 미드의 일천한 공감 이해에 영향받은 것으로 보인다.

필자는 우물에 빠지는 아이의 공포에 즉각 공감하여 표출되는 측은지심에 대한 맹자의 예, 낮잠 자는 사람을 구하러 내달리는 사람과 관련된 흄의 '확장적 공감'의 예, 사람을 구하러 불 속으로 뛰어드는 사람에 관한 다윈의 공감적 도덕 행위의 예,[699] 넘어진 노인을 향한 '운동 신경적' 배려에 관한 드발의 예 등을 위에서 시사했다. 이 시사를 중시한다면, 공감이 도덕적 논의의 "이상적 역할 인계를 위한 감정적 전제"라는 하버마스의 말은 '이상적 역할 인계'의 이성적 사유 도식이 '공감의 사실'을 사후에 정리하고 합리화하는 것이라고 수정해야 할 것이다. 또 "감정은 감정이 열어 밝히는 현상들의 판단에 대해서는 최종심급일 수 없다"는 말도 결국 물구나무선 말이다. 드발은 조너선 하이트(Jonathan Haidt)의 논문 「감정적 개와 그 합리적 꼬리」를[700] 인용하여 "가장 인간적인 정당화

---

698) Habermas, *Theorie des kommunikativen Handelns*, Bd.1, 160-161쪽.
699) Darwin, *The Descent of Man*, 120쪽.
700) Jonathan Haidt, "The Emotional Dog and Its Rational Tail: A Social Intuitionist

는 사후에, 즉 신속한, 자동화된 직관의 토대 위에서 도덕적 판단이 성취된 뒤에 일어난다"는 사실을 규명했다.[701] 칸트와 그 후예들인 클버그와 하버마스는 사람들이 도덕 결정을 이성으로부터 도출한다는 환상에 시달려왔으나 하이트와 드발은 정반대의 실험 결과를 들이대고 있다. 또한 신경과학자 조슈아 그린(Joshua Greene)도 「칸트의 영혼 속의 비밀 농담」(2008)에서 "의무론적 도덕철학의 진면목, 그것의 본질은 도덕적 추리를 기반으로 도덕적 결론에 도달하려는 시도가 아니라, 감정적으로 추동되는 도덕 판단의 합리적 정당화를 산출하려는 시도다"라고 잘라 말한다.[702]

도덕 판단의 최종 심급은 소통 이성적 '논의윤리학'이 아니라, 인간의 본성적·직관적 도덕감각과 도덕감정이다. '논의윤리학'은 잘해야 본능적·직관적 도덕 판단의 사후 합리화, 그것도 '그릇된' 합리화에 지나지 않는 것이다. '본능적 도덕 판단의 그릇된 사후 합리화'가 바로 하버마스의 '논의윤리학'이 의존하는 소통 이성적 '비밀 농담'이다. 이 '비밀'이 폭로된 마당에 하버마스의 '소통적 행위의 이론'은 '공감적 행위의 이론'으로의 역성혁명을, 그리고 그의 '합리적 해석학'은 '공감적 해석학'으로의 근본적 전복의 '역성혁명'을 면하기 어려울 것이다. 그러나 죽을 때까지 그는 자기의 무너진 이론적 사상누각의 잔해를 치우고 새 누각을 짓지 않고 그 잔해 위에 누워있었다.

Approach to Moral Judgement", *Psychological Review*, vol.108, no.4(2001): [814-834쪽].

701) Frans de Waal, "Morality Evolved: Primate Social Instincts, Human Morality and the Rise and Fall of 'Veneer Theory'", 55쪽. Stephen Macedo and Josiah Ober (ed.). *Primates and Philosopher: How Morality Evolved* (Princeton: Princeton University Press, 2006).

702) Joshua Greene, "The Secret Joke of Kant's Soul", 39쪽. W. Sinnott-Armstrong (ed.), *Moral Psychology*, Vol. 3: *The Neuroscience of Morality* (Cambridge, Massachusetts: MIT Press, 2008).

제5절

언어 소통적 관점인계의
합리적 해석학

5.1. 하버마스의 속류적 '해석' 개념

한때 사회과학자와 철학자들은 해석학적 '통일과학의 이념'의 환상 아래 자연과학의 관점주의적 설명 과정도 '해석'으로 보는 니체식의 '천박한' 해석 개념에 말려들었다. 하버마스가 중시한 메리 헤세(Mary Hesse)는 1970년대 초 자연과학과 사회과학의 통상적 대립이 자연과학의 개념, 무릇 경험적·분석적 과학의 개념의 기저에 놓여 있는데, 이것은 이미 낡은 것이라고 주장했다.[703] 하버마스의 요약에 의하면, 헤세는 칼 포퍼(Karl Popper, 1902-1994), 토머스 쿤(Thomas Kuhn, 1922-1996). 라카토스(Imre Lakatos, 1922-1974)와 파이어아벤트(Paul Feyerabend, 1924-1994) 등에 의해 불붙여진 "근대 과학의 역사에 관한 논쟁"은 ① "이론들

---

703) Mary Hesse, *In Defence of Objectivity* (Oxford: Oxford University Press, 1973).

을 검토하는 자료들이 그때그때의 이론 언어에 독립적일 수 없다는 것을 보여주었다"고 주장했다. 그리고 그 논쟁은 ② "이론들이 정상적으로 반증주의 원리에 따라서가 아니라, 이론 간의 관계를 정밀하게 하려는 시도를 할 때 드러나듯이 특별한 생활 형태들과 유사하게 서로 관계하는 패러다임들에 대한 의존 속에서 선택된다"는 것을 보여주었다는 것이다. 또 "자료들을 이론으로부터 떼어낼 수 없다는 것, 자료들의 표현이 이론적 범주들에 의해 삼투되어 있다는 것, 이론적 과학의 언어가 불가역적으로 비유적이고 형식화할 수 없다는 것, 그리고 과학의 논리가 이론의 견지에서 자료들의, 그리고 자료들의 견지에서 이론의 순환적 해석, 재해석, 자기교정이라는 것이 충분히 증명되었다"고 말했다. 마지막으로 그녀는 저 논쟁이 ③ "자연과학에서의 이론 구성은 사화과학에서의 이론 구성에 못지않게 해석학적 이해 모델에 따라 분석될 수 있는 '해석'에 달려있다"는 것을 보여주었다"고 주장했다.[704] 헤세는 '이론의 견지에서 자료들의, 그리고 자료들의 견지에서 이론의 순환적 설명, 재설명, 자기 교정'이라고 말했어야 할 것을, "이론의 견지에서 자료들의, 그리고 자료들의 견지에서 이론의 순환적 해석, 재해석, 자기 교정"이라고 말하고 있다.

　헤세가 '이론의 견지에서 자료들의, 그리고 자료들의 견지에서 이론의 순환적 설명, 재설명, 자기 교정'이라고 말했다면, 이것은 축적된 박물지적 자료를 바탕으로 과학적 인식과 설명을 관점주의로부터 순화하고 누적적으로 갱신해 나가는 베이컨의 과학적 인식 방법이다. 그러나 그녀는 이것을 불행히도 "해석" 또는 "해석학적 이해 모델"로 오인함으로써 미未교정의 '관점주의적 설명'을 '해석'으로 보는 니체 식의 천박한 '해석' 개념에 말려들고 있다. 바로 이에 잇대서 하버마스는 "이해 문제의 시각에서 사회과학의 특별한 위치는 근거 지을 수 없다"고 결론지음으로써

---

704)　Habermas, *Theorie des kommunikativen Handelns*, Bd.1, 161-162쪽.

705) 자연과학과 사회과학의 방법론적 이원론을 폐하고 일원론의 소위 해석학적 '통일과학' 이념을 옹호한다.

동시에 하버마스는 헤세의 천박한 해석 개념과 동일한 기든스의 해석 개념 및 그의 '사회과학의 이중적 해석' 과업론도 추종한다. 기든스는 일단 사회과학과 관련된 '해석' 개념에서 올바른 인식을 보여준다. 하버마스가 인용하고 있는 대목을 중심으로 살펴보자.

- 일상적 행위자들이 행위의 기술記述을 산출하는 것은 진행되는 실천으로서의 사회생활에 우연적인 것이 아니라, 실천의 생산에 절대적으로 통합적이고 이 실천과 분리될 수 없다. 왜냐하면 타인들이 하는 것에 대한 정의定義, 그리고 더 협소하게 그들이 하는 것에 대한 그들의 의도와 이유에 대한 정의는 의사소통적 의도의 전달을 실현하는 상호주관성을 가능케 만들기 때문이다. '이해(Verstehen)'가 사회 세계에 입장하는 사회과학에 특유한 방법으로 간주되는 것이 아니라, 사회구성원들이 생산하고 재생산하는 인간 사회의 존재론적 조건으로 간주되어야 하는 것은 이런 견지에서다.[706]

그렇다면 사회과학만이 특유하게 '이해'의 방법에 근거하는 것이 아니라, 사회과학적 '이해'를 위해 취해야 하는 사회과학의 대상, 즉 자료 자체도 이미 서로에 대한 대상자들의 '이해'가 전제된다. 이것은 기본적으로 올바른 이해다.

그러나 기든스는 자연과학과 사회과학을 비교하면서 '관점주의적 인식'이나 관점주의에 사로잡힌 '그릇된 설명'을 '해석'으로 오인하는 니체·

---

705) Habermas, *Theorie des kommunikativen Handelns*, Bd.1, 162쪽.
706) Anthony Giddens, *New Rules of Sociological Method,* (New York: Basic Books, 1976), 158쪽.

헤세 식의 '천박한' 해석 개념에 부지불식간에 말려든다.

- 과학 안에서 패러다임들 또는 큰 편차를 보이는 이론적 도식들 간의 매개는 의미 틀(meaning-frame)의 다른 유형들 간의 접촉과 관련된 문제와 같은 해석학적 문제다. 그러나 사회학은 자연과학과 달리 의미의 틀들의 창조와 재생산이 사회학이 분석하려고 하는 것의 바로 그 조건, 즉 인간적 사회 행위의 조건인 旣해석된 세계를 취급한다. 이 것이 … 사회과학 안에 이중적 해석학이 존재하는 이유인 것이다.[707]

여기서 '의미'를 'sense'가 아니라 'meaning'으로 표기하는 것이나 여기에 감춰진 인식과 이해의 혼동, 설명과 해석의 혼동을 차치하더라도 기든스는 자연과학을 그릇되게 이해하고 있다. 말하자면, 사회과학은 자료 자체가 대상자들끼리의 '이해'이기 때문에 사회과학 자체의 과학적 '해석'에 더하여 대상자들의 '이해'를 담은 자료 자체에 '해석학적'으로 접근해야 하는 '이중적 해석학'인 반면, 자연과학은 자료가 되는 대상들끼리의 '이해'를 담고 있지 않기 때문에 자료접근 시에 해석학적 과업이 필요 없고, 자료 채취 뒤에 이 자료를 기존 패러다임들의 관점에서 설명하고 역으로 이 패러다임을 자료를 바탕으로 설명하는 단일한 작업만 하면 된다는 것이다. 그런데 기든스는 자료를 기존의 이론 패러다임의 관점에서 '설명'하는 이 작업도 '해석'이라고 본 것이다. 기존의 이론 관점에서의 설명, 즉 '관점주의적 설명', 따라서 그릇된 것일 수 있는 설명을 '해석'으로 보는 것이 바로 니체·헤세 식의 '천박한' 해석 개념인 것이다. (필자의 이 비판은 자연과학에 해석적 요소가 전무하다는 것을 함의하지 않는다. 자연과학에도 해석의 요소가 개입하지만, 기존 패러다임의 관점에서의 이론

---

707) Giddens, *New Rules of Sociological Method*, 166쪽.

적 설명 차원에서 개입하는 것이 아니라, ① 인간 정신의 '습관적 믿음'과 '비교 본능'으로부터 유래하는 '인과성', 동일성·유사성·차이성 등과 같은 자연과학적·인식론적 기본 개념들 및 ② 자연과학적 동물 행태학의 대상들, 즉 동물들의 감정적, 쾌락적, 유희적, 미학적, 유사 도덕적 의미와 공감이라는 두 근본적 차원에서 개입한다. 이에 대해서는 뒤에 상론한다.)

이른바 해석학적 '통일과학의 이념'은 '속성의 인과적 설명'을 '의미의 연관적 해석'과 동일시하는 바로 천박한 해석 개념에 올라서 있다. 그러나 하버마스는 사회과학의 '이중적 해석학'에 대한 기든스의 테제에도 동조한다.

- 기든스는 사회과학 안에서 이해 문제가 자료 서술의 이론 의존성을 통해서만이 아니라 이론 언어들의 패러다임 의존성을 통해서도 전개되기 때문에 '이중적' 해석학에 관해 말한다. 사회과학에서는 이론 형성의 문턱을 넘어오기 전에, 즉 자료의 이론적 서술 시에 비로소 드러나는 것이 아니라 자료의 획득 시에 이미 드러난다. 왜냐하면 이론적 개념들의 견지에서, 그리고 측정 조치들에 의해 과학적 자료로 변형될 수 있는 일상적 경험들이 그쪽에서 이미 상징적 구조를 가지고 있고 단순한 관찰로 접근할 수 없기 때문이다. 자료들에 대한 이론적 기술이 패러다임에 의존하기 때문에 모든 과학은 제1단계 해석을 수행해야 하고 이 점에서 구조적 유사 과제를 갖는다.[708]

이 논변으로써 하버마스가 방법론적 일원론을 버린 것은 아니고, 다만 이 일원론 안에서 자연과학과 사회과학 간의 '부차적·세부적인' 방법론적 차이(사회과학의 이중적 해석 과업과 자연과학의 단일한 해석 과업의 차이)

---

708) Habermas, *Theorie des kommunikativen Handelns*, Bd.1, 161-162쪽.

를 지적하는 것에 동조하는 것으로 보인다. 그러나 헤세에 동조할 때와 마찬가지로 기든스에 대한 하버마스의 이 동조도 그가 자연과학의 설명과 관련하여 헤세와 기든스의 천박한 해석 개념에 동의한다는 것을 내포한다. 자연과학과 사회과학의 방법론적 이원론을 폐하고 두 과학을 방법론적으로 하나로 묶는 하버마스의 통일과학 이념의 근거도 알고 보면 바로 이 천박한 해석 개념인 것이다. 그러나 기든스의 '이중적 해석' 개념의 '1단계 해석'과 관련하여 하버마스는 기든스의 말을 오해하거나 잘못 해석하고 있는 것으로 보인다. 기든스는 "사회 구성원들"의 자연적 해석을 1단계 해석으로 보는 데 반해, 하버마스는 "자료 서술의 이론 의존성", 또는 일정한 이론 관점에서의 "자료의 획득"을 1단계 해석으로 보고 있다.

그러나 필자는 자연과학과 사회과학 간의 방법론적 이원론은 이런 그릇된 해석 개념에 근거하여 폐기처분될 수 없다고 생각한다. 설명은 속성을 대상으로 삼는 데다 연결적(connective)이고 인과적(causal)인 반면, 해석은 인간 본성적 감정들의 의미를 대상으로 삼는 데다 연관적(conjunctive)이기 때문이다. '설명'이 '인과적'인 반면, '해석'은 인과적이 아니라 '연관적이다'라는 말은 '설명'이 어떤 자연현상의 필연적 '원인'을 밝히는 것으로 완결되는 반면, 가령 어떤 사회적 행동의 의미에 대한 '해석'은 인간의 수많은 자발적인 본능적 성정과 욕구 중에서 이 행동이 기초한 어떤 감각적, 감정적 본성으로서의 – 필연성 없는 – 선택적 의미 연관성('근거', 즉 '이유')을 밝히는 것으로 완결된다는 것을 뜻한다. 따라서 '해석'은 이미 인간들이 저 다양한 본능적 성정(감각과 감정)과 욕구를 선先 해석학적·자연 해석학적으로 이미 '이해'하며 살고 있는 데 더하여 타인의 감정과 욕구를 공감적으로 미리 알아야 함을 전제한다. 이런 까닭에 우리는 지금까지 저 공감·감정 이론의 '아! 머나먼' 도정을 맨눈을 부릅뜨고 맨발로 답파해야 했던 것이다.

니체, 헤세, 기든스, 하버마스 등은 공히 베이컨 이전의 학문 수준으로 재추락하여 '허우적대고' 있는 것으로 보인다. 여기서 우리는 베이컨이 저 네 가지 우상을 다름 아닌 '자연 인식'과 관련하여 논했다는 것을 상기할 필요가 있다. 따라서 그는 사회과학적 '해석'의 문제, 즉 감정 지각적·내감 판단적 '의미 연관(Sinnzusammenhang)'의 '이해'로서의 '해석'의 문제는 전혀 건드리지 않았다. 그러므로 우리는 자연과학 안에서 벌어질 수 있는, 우상에 사로잡힌 '설명', 즉 그릇된 '관점주의적 설명'의 문제를 '해석'의 문제로 착각하는 '천박한' 해석 개념을 청산해야 할 것이다. 이 천박한 '해석' 개념을 청산하면 자연과학과 사회과학의 방법론적 이원론은 여전히 의미 있는 것이다. 이 확인이 해석학 논의의 개시를 위한 이론적 전제다.

　이제 우리는 저 천박한 '해석' 개념을 분쇄했으므로 하버마스의 이른바 '합리적 해석학'의 다른 문제점들을 분석하고 비판할 수 있을 것이다. 그러나 이 비판을 위해 하버마스의 해석학 이론 안에서 끊임없이 반복되고 뒤틀리는 이상한 개념들의 횡포를 미리 막기 위해 위에서 상론한 바 있는 이해와 인식, 해석과 설명의 방법론적 구분을 다시 한번 정리하고자 한다. '인식'은 자연 대상의 '속성들'을 아는 것이고 설명은 '속성 간의 연결'을 인식하는 것이다. 반면, '이해'는 인간(과 공감이 가능하다면 동물)의 행위와 사회적 사실의 '의미들'을 아는 것이고, '해석'은 '의미 간의 연관'을 이해하는 것이다. 의미의 '실재적 이해'는 교감과 공감에 의해서만 가능하다. 교감은 이해를 가능케 하지만, 교감적 이해는 어디까지나 '차가운' 이해에 그치는 반면, 공감은 의미의 '뜨거운' 이해, 실감적 의미 이해를 가능케 한다. 자아의 실재적 존재 의미 또는 행위와 행위 작품의 의미의 실재에 대한 '실감'은 오로지 공감만이 수행할 수 있다. 공감만이 의미를 생생한 감정으로 재생하여 '실제로 느끼게' 할 수 있기 때문이다. 한편, 필자는 방금 사회 행위와 사회적 사실(작품)의 감정적 의미들의 연관을 이해하는 작업을 '해석'으로 규정한 반면, 자연 대상의 속성들의 연결을 인식하는 것을 '설명'으로 규정했는데, 주지하다시피 이 인식과 설명에서 속성은 연장·운동·지속 등 소위 1차 속성과, 모양·색깔·소리·맛·냄새·온도·견고성·유연성·유활성 등 2차 속성이고 연결 관계는 – 흄이 분석한 – 유사성, 동일성, 시공적 원근·상하·좌우, 수량 관계, 정도, 상반성, 인과관계 등 7가지 관계를 말한다. 그리고 속성들의 연결 관계는 엄격한 의미에서 속성들의 '관념들'의 관계다. 가령 빨간색과 주홍색은 유사한 관계에 있지만, 속성에 대상적인 것으로만 본다면 이러한 유사한 관계에 놓여있지 않다. 이 두 색을 유발하는 속성들은 자연 속에서 무관하게 따로따로 널브러져 있을 뿐이기 때문이다. 다만 인간이 이 속성들을 빨강과 주홍의 인상(심상)으로 지각하여 이 인상을 '관념'(지식 원소)으로 전환하고 인식하여 양자를 대비시키고 '유사하다'고 여기는 것일 따름이다. 그러므로 '인식'과 '설명'은 좀 더 정확하게 이렇게 말할 수 있다. 우리는 자연현상을 '외감'(오감)의 주도와 지성의 보조에 의해 속성적 측면에서 인상으로 지각하여 관념으로 '인식'하고 이 인식을 바탕으로 자연형상을 속성 관념 간의 특정한 연결관계의 견지에서 '설명'한다. 반면, 우리는 인간적·동물적 자아의 존재와 사회적 행위 및 행위 작품을 '내감'의 이해·판단감각과 '교감·공감' 작용의 주도와 지성의 보조에 의해 그 감정적 '의미' 측면에서 '이해'하고 이 이해를 바탕으로 본성적 의미 연관에 근거하여 '해석'한다.

여기서 후설로 소급되는 전통에서 '관념적 이해'를 인간적 현존재의 근본 특징으로 규정하는 하이데거의 '존재론적' 해석학이나, '관념적 상호이해'를 역사적 생의 근본 특징으로 규정하는 가다머의 '존재론적' 해석학에 대해서는 많은 이들이 비판적이다.[709] 하버마스도 이들의 해석학에 비판적이지만,[710] 다른 의미에서다. 또 하버마스는 딜타이 등의 역사주의나 리케르트 등의 신칸트주의에서의 '설명'과 '이해'의 이원론적 구분에 비판적이지만[711] 이 경우에도 비판의 이유는 다르다. 그리고 자연과학과 사회과학의 방법론적 이원론과 관련된 논쟁을 '종결된' 것으로 보는[712] 하버마스의 일원론도 문제를 느낀다. 언어가 아니라 공감을 중심에 놓는 해석학은 인식론과 해석학, 자연과학과 인간 과학의 '상호 침투성'과 '상호 침투적 보완성' 테제를 강조하지만 방법론적 이원론을 상호보완적 형태로 오늘날 다시 부활시키기 때문이다.

5.2. 가상적 관점인계의 합리적 해석학

하버마스는 그가 인간 행위의 합리성을 이해하고 평가할 수 있게 해주는 해석학으로 이해한 '합리적 해석학'을 의사소통적 행위의 가상적 형태인 '논의'의 토대 위에서 정초하고자 한다. 주지하다시피 그는 의사소통적 행위를 가장 중요한 사회적 행위로 보고, 부차적으로 공리적 행위, 도덕적 행위, 미학적 행위를 논한다. 그런데 그는 공리적 행위를 '전략적 행위' 또는 '목적론적 행위'로, 도덕적 행위를 '규범 규제적 행위'로, 유희적·미학적 행위를 '연출적 행위'로 바꿔 부른다. 그런데 '전략적 행위', '규범 규제적 행위', '연출적 행위'의 합리성이 문제 될 때 이 세 가지 행위는 불가피하게 소통적 행위 또는 '가상적인' 소통적 행위, 즉 합의 획득을 통한 행위 조절의 행위가 없는 '단순한 소통'으로 정의되는 '논의'로 변위 된

---

709) 하이데거와 가다머의 해석학에 대한 비판은 참조: 황태연, 『감정과 공감의 해석학』, 673-684, 1989-2007쪽.
710) 참조: Habermas, *Theorie des kommunikativen Handelns*, Bd.1, 158쪽.
711) 참조: Habermas, *Theorie des kommunikativen Handelns*, Bd.1, 160쪽.
712) Habermas, *Theorie des kommunikativen Handelns*, Bd.1, 160쪽.

다.

또한 하버마스의 합리적 해석학에서 '이해'나 '해석'의 대상은 관련 세계와의 관계에서 평가되는 표피적 합리성(진리성, 효율성, 정당성, 진실성 또는 진정성)의 기저에 놓인 초합리적인 감성 본능적 '의미'(기분 좋음, 재미있음, 아름다움, 훌륭함의 '세련된' 평가 의미와 각종 공감·교감 감정과 단순 감정의 '시원적' 평가 의미)가 아니라, 이 피상적인 '합리성'으로, 또는 불쑥불쑥 마찬가지로 피상적이거나 동어반복적인 문화적 '상징'으로 얘기된다. 따라서 도대체 무엇을 해석하겠다는 것인지 그의 논변이 도무지 감이 잡히지 않고 때로 모호하게, 때로 공허하게 느껴지는 대목들이 허다한 것이 사실이다.

하버마스의 소장 시절 여기저기서 단편적으로 선보인 해석학은『소통적 행위의 이론』(1981)의 '합리적 해석학'으로 종합되고, 이것은 다시『도덕의식과 소통적 행위』(1983)에서 '관점인계적 해석학'으로 발전된다. .

하버마스는 관찰자에 의한 사회적 행위의 '의미'의 이해란 각종 세계 연관(객관적·사회적·주관적 세계와의 연관) 속에서 평가되는 이 행위의 '합리성'을 이해하는 것이라고 단언한다.

● 나는 사회적 행위의 객체 영역에 대한 의미 이해적 접근으로써 불가피하게 합리성 문제가 제기된다는 보다 강력한 주장을 정초하고 싶다. 소통적 행위는 항상 '단초상 합리적인 해석'을 요구한다. 원칙적으로 객관적 세계, 사회적 세계나 주관적 세계에 대한 전략적 행위, 규범 규제적 행위, 연출적 행위의 관계는 – 행위자에게나 관찰자에게나 – 객관적 평가의 길이 열려있다. 소통적 행위의 경우에 상호작용의 결과 자체는 참여자들이 그들의 세계 연관의 '상호주관적으로 타당한' 평가에 저들끼리 의견일치를 볼 수 있는지에 달려있다. 이 행위 모델에 따

르면 상호작용은 참여자들이 서로와 합의에 도달하는 식으로만 성공할 수 있다. 이 경우에 합의는 잠재적으로 근거에 뒷받침되는 요구들에 대한 예/아니오의 입장표명에 좌우된다.[713]

그러나 바로 아주 궁금한 관심사로 떠오르는 것은 행위자들이 저들끼리 의견일치를 보는 '상호주관적 타당성'의 평가가 관찰자의 객관적 평가에 반영되는 것인지, 만약 반영된다면 어떻게 반영되는 것인지 하는 것이다. 하버마스는, 소통적 행위의 연관들을 묘사하는 과업이 단순히 '관찰되는 연속(beobachtete Sequenz)'으로 구성되는 "상징적 발화發話들의 의미(Sinn der symbolischen Äußerungen)"를 가급적 정확하게 해명하는 것이라면, 그리고 이 "의미 해명(Bedeutungsexplikation)'이 인물 간의 행위 조절을 담당하는 저 입장 채택의 (원칙적으로 검토 가능한) 합리성과 완전히 독립적이라면, "이것은 소통적 행위의 이해가 (주관적) 의미 문제와 (객관적) 타당성 문제의 엄격한 분리를 허용하는 경우에만 타당할 것"이라고 말한다.[714] 여기서 하버마스는 아무 생각 없이 'Sinn(긍정적 의미)'과 'Bedeutung(동어반복적 의미)'을 무차별적으로 뒤섞어 쓰고 있다.

물론 하버마스는 해석자가 직접적 상호작용 참여자들처럼 자신의 행위 계획을 다른 행위자의 행위 계획과 맞추기 위해 합의 가능한 해석을 위해 애쓰는 것이 아니기 때문에, 상징적 발화들을 이해하려는 관찰자의 해석 작업과, 자기들의 행위를 상호이해의 메커니즘으로 조절하려는 상호작용 참여자들의 해석 작업을 구별해야 하지만, 양자의 해석 작업은 "그 기능 면에서만 구별될 뿐, 그 구조 면에서는 구별되지 않을 것"이라고 예단한다. 이로써 그는 소통 행위자들의 주관적 의미 문제와 관찰자

---

713) Habermas, *Theorie des kommunikativen Handelns*, Bd.1, 157쪽.
714) Habermas, *Theorie des kommunikativen Handelns*, Bd.1, 157-158쪽.

의 객관적 타당성 문제가 결코 분리될 수 없다는 것을 예시豫示한다. "이념형적으로 단순화된 행위 과정의 합리적 해석을 특징짓는 해석자의 저 예/아니오 입장 채택은 시원적으로 이미 화행話行의 단순한 묘사, 즉 의미론적 해명 속으로 들어가지 않을 수 없다"는 것이다. "소통적 행위는 '합리적'이라는 – 앞으로 해명될 – 의미 외에 달리 해석될 수 없기" 때문이라는 것이다.[715] '의미'라면 피상적인 '합리적 의미'밖에 모르는 하버마스는 언어적 소통 행위의 상황에서 두 소통 행위자가 대화 참여자 입장에서 '너'와 '나'의 교호적 지칭指稱을 통해 입장을 바꾸고 '역지사지'한다고, 즉 상대방의 관점을 채택한다고 믿고 이 역지사지가 참여자와 해석자(관찰자) 간에도 벌어진다고 예상하는 것이다.

하버마스는 이 입장을 '과학 이론(Wissenschaftstheorie)'의 관점에서 정당화하고 이를 바탕으로 이해사회학의 방법, 즉 알프레드 슐츠의 현상학, 민속방법론, 가다머의 철학적 해석학을 비판한다. 일단 하버마스는 기든스의 '일상적 해석' 개념에 기대어 "얼마간 대상 영역이 선행적으로, 즉 모든 이론적 접근에 앞서 이미 구조화된 상호이해의 과정들을 사회학이 그 대상 영역 안에서 눈앞의 사실로서 목도하기 때문에 이 대상 영역에 대해 반드시 이해의 통로(verstehender Zugang)를 찾아야 한다"고 말한다. "사회과학자는 상징적으로 기旣구조화된 대상들을 만난다. 즉, 이 대상들은 저런 전前이론적 지식의 구조를 체현하고, 언어·행동 능력이 있는 주체들은 이 지식의 도움으로 대상들을 산출한다. 사회과학자가 자신의 대상 영역의 구성 시에 만나는 상징적으로 기旣구조화된 현실의 고유의미(Eigensinn)는 대상영역 속에 등장하는 언어·행위능력 있는 주체들이 사회적 생활 연관을 직간접적으로 산출하는 산출 규칙에 있다. 사회과학의 대상 영역은 '생활세계의 구성요소'라는 표제 아래 들어오는 모든

---

715) Habermas, *Theorie des kommunikativen Handelns*, Bd.1, 158쪽.

것을 포괄한다." 이 '생활세계의 구성요소'는 화행話行, 목적 활동, 협동과 같은 직접적 표현과, 텍스트, 전통, 문서, 예술 작품, 이론, 문화의 물적 대상, 재화, 기술 등과 같은 이 표현들의 침전물들, 그리고 제도, 사회체계, 인격 구조와 같은 구성물들을 망라한다.[716]

여기서 이미 하버마스의 논변은 완전히 빗나가고 있다. 일단 그가 사회과학의 사회적 대상 또는 사회적 현실 자체를 몽땅 '상징적으로 기구조화된' 대상들로 보고 있는 것부터가 문제다. 이것은 진정으로 그릇된 이해다. 사회적 현실이 부분적으로 '상징적' 구조를 담고 있을지언정 대부분은 우리의 본성적 감정들의 구현물들 또는 투사물들이고, 이 부분적인 '상징적' 구조도 그것이 단순히 지시적 '(동어반복적 의미(Bedeutung; meaning)'를 넘어 궁극적으로 감정적 '의미(Sinn; Sense)'를 담고 있다면 이 '상징적' 구조의 이 '의미'는 – '심층적 이해'를 위해 반드시 – 인간의 본성에 속한 '감정적 의미'로 환원되어야 하기 때문이다. 그리고 사회구조의 '고유 의미'가 "언어·행위능력 있는 주체들이 사회적 생활 연관을 직간접적으로 산출하는 산출 규칙에 들어 있다"는 말은 그야말로 미드나 비트겐슈타인에게 미친 해석학적 '폭언'이다. 게임 유희에서 게임 규칙이 재미있는 유희의 규칙이지 재미 자체가 아닌 것처럼, 사회적 생활 연관의 '산출 규칙'은 의미 있는 생활 행위의 규칙이지 의미 자체가 아니기 때문이다. 우리가 '의미'를 '의의'나 '게임 규칙'으로 착각하지 않는다면, 현실의 모든 '의미'는 모조리, 그리고 '고유 의미'라면 더욱더, 우리의 내감 본성의 '감각적, 감정적 의미'로 환원된다. 그렇지 않다면 그것은 '의미'가 아니라 병리적 '착각'이나 '망상'일 것이다. 또한 언어·행위능력 있는 주체들만이 사회적 생활 연관을 산출한다는 논변은 말을 못하지만 이미 생후 6개월 전후로 도덕 감정적 표정을 짓는 아기나, 도덕 행위나 유희 행위

---

716) Habermas, *Theorie des kommunikativen Handelns*, Bd.1, 159쪽.

를 잘하지만 아직 말을 못 하는 덜떨어진 어린이들, 그리고 말은 못 하지만 공감 능력 있는 모든 고등동물을 해석학적 해석 대상에서 모조리 추방하는 인간 파시즘적 해석학의 특징을 띠고 있다.

상론했듯이 '교감'과 '공감'은 우리로 하여금 상대방이나 그의 행위에 대한 '관찰'만으로도, 즉 '객관적' 관찰자의 자세를 견지하고서도 뇌의 거울 뉴런의 시뮬레이션과 변연계의 감정 재현을 통해 상대방과 그의 행위의 감정이나 감정적 의도, 즉 '의미'를 인지할 수 있게 해준다. 그러나 1980년대 초 해석학을 논할 시점에 하버마스는 교감과 공감을 전혀 몰랐거나 공감 개념을 '감정이입' 정도로 보아 묵살했다. 이것은 시어도어 아벨(Theodore Abel)에 대한 그의 취급에서 드러난다.

아벨은 「Verstehen이라고 불리는 작업」(1948)에서 "이해(Verstehen)의 작업은 행위 상황이 해석자의 어떤 개인적 경험과 평행한 식으로 이 행위 상황을 – 통상 일반적 '느낌 상태(feeling state)'의 견지에서 – 분석함으로써 수행된다"고 말한다. "일차적으로 이해의 작업은 두 가지 것을 행한다"는 것이다. "이해 작업은 우리에게 생소하거나 예상치 않은 행위와 관련하여 이해 감각(sense of apprehension)을 제공하고, 또 그것은 우리의 가설의 정식화를 돕는 '육감(hunches)'의 원천이다." 이 말로써 아벨은 쿨리 등의 '공감적 이해' 개념을 올바로 묘사하고 있다. 이 점에서 그는 이론적으로 하버마스를 능가한다. 다만 그는 실증주의적 관점에서 이 올바른 분석을 '이해'에 대한 비판에 투입하여 "하지만 이해의 작업은 개인적 경험에 의해 이미 확증된 지식의 응용으로 구성되기 때문에 우리의 지식 창고를 보태주지 않고, 검증의 수단으로도 이바지하지 않는다"라고 결론짓는다. 사실 간의 "하나의 (인과적) 연결의 개연성(probability of a connection)"은 "객관적, 실험적, 통계적 테스트 수단에 의해서만 알아낼 수 있다"는 것이다.[717] 결국 사회과학의 방법도 자연과학의 방법이나 다름없고 이런 의미에서 아벨도 두 과학 간의 방법론적 이원론을 비판하고 결국 자연과학적 인식 방법 쪽으로의 실증주의적 '통일과학'의 이념을 옹호하는 셈이다. 하버마스가 사회과학적 이해 방법 쪽의 해석학적 '통일과학'의 이념을 옹호하는 것과 방향이 정반대다.

아벨은 행위자들끼리의 '자연적(일상적)' 이해와 이에 대한 해석자의 '반성적' 이해 간의 차이를 무시하고 있다. '반성적' 이해만이 지식을 준다. 행위자들끼리의 '자연적' 이해는 무의식적(unbewußt)·잠재 의식적(unterbewußt)이고 소외된 행위의 경우에는 꼬이고 감춰지고 외곡될 수 있다. 행위자끼리도 예외적으로 '반성적' 이해를 의식적으로 수행할 수 있지만, 이 '반성적' 이해조차도 이해를 위한 것이 아니라 일상 실천을 위한 것이고 또 곧바로 일상 실천 속에 소모되고 말뿐더러 왜곡될 수 있다. 따라서 이 일상 실천 속의 반성적 이해는 본성적 의미관계에 따른 어떤 공감적 일이관지의 올바른 체계적 해석도 허용치 않기 때문에 '지식'이 아니라 '지각'에 그친다. 내감의 이 무의식적·잠재 의식적 이해 지각을 다섯 가지 외감의 무의식적·잠재 의식적 인식 지각과 비교하면 사태가 좀 더 선명해진다. 가령 음식을 먹기 위해 음식을 눈으로 보는 것은 분명 음식을 아는 것이지만, 이 앎은 무의식적·잠재 의식적이고 착각이나 왜곡일 수 있기에 아직 엄정한 '지식'이 아니라, 종종 음식을 입에 넣어 맛을 느낄 목적을 위해 통과하는 건성의 '지각', 즉 무無주의 맹시盲視(inattentional blindness)의 '지각'(건성으로 보고 듣는 지각), 또는 '부분적·관점주의적' 지각이나 '오해된' 지각일 수 있다. 또 이 맛을 느끼는 것도 때로 배를 채

---

717) Theodore Abel, "The Operation Called Verstehen", 218쪽, *American Journal of Sociology*, Vol.54, No.3 (Nov. 1948) [211-218쪽], 또는 Fred R. Dallmayr & Thomas A. McCarthy (eds.), *Understanding and Social Inquiry* (Notre Dame·London: University of Notre Dame Press, 1977) [81-90쪽].

울 목적을 위해 지나가는 건성의 무의식적·잠재 의식적 '지각'일 수 있다.[718] 우리는 음식을 구성성분을 다 알지 못하거나 잘못 알고 섭취하는 경우가 허다하다. 철광석이 아직 철이 아니고 누에고치가 아직 비단이 아니듯이, 이 '지각', 즉 – 굳이 '지식'이라고 부른다면 – '무의식적·잠재 의식적 지식'은 아직 '명백하고 판명한' 지식이 아니다. 관찰자가 음식을 먹기 위해서가 아니라 오로지 음식을 알기(배우기) 위해 의식적, 전체적, 본성 환원적으로 관찰하고 맛을 볼 때, 이 의식적 관찰과 맛보기가 진정한 '반성적' 관찰이고, 아벨이 말하는 "객관적, 실험적, 통계적 테스트 수단"이다. 순수한 지식 목적의 '반성적' 관찰만이 '명백하고 판명한' 인식의 성과, 즉 '지식'을 얻는다.

이런 인식적 '설명'의 지식이 아니라 '해석'의 지식의 경우에도 지식 형성의 메커니즘은 유사하다. 해석자가 순수한 이해 목적으로 수행하는 '반성적' 해석만이 본성적 연관관계에 따른 일관된 체계적 서술을 허용하고, 따라서 피상성, 부분성, 모호성과 왜곡으로부터 해방된 '명백하고 판명한' 의식적 '이해'의 성과, 즉 이론적 '해석 지식'을 산출할 수 있다. 이 해석적 이해는 행위자들에 의해 소여되는 모든 문화적 의미와 부분 맥락을 단지 전체적 맥락에서 이해할 뿐 아니라, 본성적 인간 감정과 보편적 평가 감정의 의미로 비춰보는 반성적 환원, 사회적 공감대의 고려, 해석

---

718) '무의식적 지식'은 '본능 지식'을 제쳐 놓더라도 맹시적 지각, 체감, 습관 등 여러 가지가 있다. 잠재 의식적 지식은 부주의(건성)에서 무의식의 세계로 밀려나거나 보존된 지각이다. 이 잠재 의식적 지각은 대개 특별한 정신 집중적 상기(가령 건성으로 본 범인의 인상의 상기)나 최면술에 의해 의식화될 수 있다. 억압에 의해 무의식으로 밀려난 잠재 의식적 경험은 심리기법으로 드러낼 수 있다. 체감 지식으로는 외부의 햇볕, 수분, 공기, 영양분 등을 체감하는 식물의 비감각적 지각이 있다. 습관적 지식은 – 가령 '육감'(다마시오의 신체 표지)으로 만두피를 빚는 만두 요리사의 – 손대중을 비롯해 체득된 걷기, 자전거 타기, 자동차 운전술 등 인간의 무수한 습관적 노하우 등이다. 그러나 이 무의식적 지식들은 우리의 의식적 지식 형성에 필수적이다. 가령 '인과적' 지식은 유사 연관들의 반복 지각에 기인하는 습관적 믿음에 기초한다(흄). 언어의 단어 지식과 문법 감각도 습관이다.

자의 오랜 경험, 광범한 박물지적 정보수집 및 사고실험 등을 바탕으로 한 '분석적 해석'을 요한다. 따라서 과학적 이해는 자기 행위에 대한 행위자의 모호한 부분적 이해나 오해와 다른 것이다. 이런 까닭에 절차탁마된 과학적 이해를 간단히 행위자의 자기행위 이해로 대체하는 것이 불가능한 것이다. 이런 관점에서 보면 "이해의 작업"은 "우리의 지식 창고"에 비로소 지식을 반입해 주고, 행위자의 자연적 자기 이해에 대한 "검증의 수단"으로도 이바지하지 않을 수 없는 것이다.

그러나 하버마스는 아벨의 미흡한 지식 개념을 문제 삼지 않는다.[719] 엉뚱하게 그는 아벨이 'Verstehen' 개념을 감정이입적 '공감'과 등치시킨 것으로 간주하고, 그의 주장과 함께 공감 개념 자체를 묵살한다.

- 특히 아벨의 뒷받침을 받은 비판가들은 이해를 공감(Empathie)으로, 낯선 주체의 심적 상태 속으로 들어가는 신비적 작용으로 오해했다. 그들은 경험론적 전제 아래서 소통적 경험을 이해의 감정이입(Einführung) 이론의 의미로 바꿔 해석하지 않을 수 없었던 것이다.[720]

상론했듯이 아벨이 쿨리 등의 '이해(Verstehen)' 개념을 올바로 '공감적' 구조로 이해했고, 결코 '신비적 작용'으로 보지 않았고, '감정이입'으로 본 것은 더욱 아니었다. 아벨이 비판 대상으로 삼은 학자들은 쿨리의

---

719) 아펠은 아벨이 감정이입적 '이해'를 '설명'의 논리적 조작 과정의 '일부', 또는 전(前)과학적 발견론으로 전락시키고 있는 점을 정확하게 집어 비판하고 있다. Karl-Otto Apel, "Szientistik, Hermeneutik, Ideologiekritik: Entwurf einer Wissenschaftlslehre in erkenntnisanthropologischer Sicht". Karl-Otto Apel, *Transformation der Philosophie*, Bd.2: *Das Apriori der Kommunikationsgemeinschaft* (Frankfurt am Main: Suhrkamp, 1973·1993), 104-105쪽.

720) Habermas, *Theorie des kommunikativen Handelns*, Bd.1, 160-161쪽.

'공감적 이해'와 즈나니키, 매키버 등의 역지사지의 '관념적' 이해'였기 때문이다. 필자가 보기에는 하버마스 자신이 '공감' 개념에 무지하여 공감을 '신비적 감정이입' 작용 정도로 오해한 것이 틀림없어 보인다.

하버마스는 80년대 초까지 이렇게 공감 개념에 무지했을 뿐만 아니라 심지어 공감 개념에 적대적이었고, 우리가 위에서 상세히 분석했듯이 60세 때(1990)의 어느 인터뷰에서의 압박성 질문에 봉착해서 마지못해 공감 개념을 부분적으로 수용했을 뿐이다. 따라서 타인과 타인 행위의 감정과 의도에 대한 지각 능력으로서의 '공감'은 1980년대 초 소통적 해석학을 모색하던 하버마스의 안중에 없었다. 이런 까닭에 그는 언어와 화행話行에만 목을 맨다. "우리가 사회문화적 생활세계에 대한 소속성과 그 구성 요소를 잠정적으로만 밝히려고 해도" 소급하는 "근본 개념"은 "말과 행위(Sprechen und Handeln)"라는 것이다.[721] 이렇게 언어적 소통과 언어 행위에만 매달리기 때문에 그는 다음과 같은 해석학적 폭언도 서슴지 않는다. "정신과학과 사회과학 안에서 '이해'의 문제는 특히 과학자가 상징적으로 기旣구조화된 현실에 '관찰'만을 통해서는 촌보도 접근할 수 없기 때문에, 그리고 '의미 이해'를 방법상 실험 관찰과 유사한 방식으로는 통제할 수 없기 때문에 방법론적 의미를 얻은 것이다."[722] 위에서 우리는 경험적 인간들이 공감 능력 덕택에 '관찰'만으로도 사회적 행위의 실재적 의미를 완전히 파악할 수 있다는 사실을 거듭 논증했다. 공감에 무지한 하버마스는 이 사실을 모르기 때문에 "현실에 '관찰'만을 통해서는 촌보도 접근할 수 없다"고 폭언하는 것이다. 그리고 그가 공감을 적대하고 언어 행위의 분석에만 매달리기 때문에 다시 그의 해석학의 이론적 난관과 궤변이 불가피하게 이어진다.

---

721) Habermas, *Theorie des kommunikativen Handelns*, Bd.1, 159쪽.
722) Habermas, *Theorie des kommunikativen Handelns*, Bd.1, 159-160쪽.

하버마스는 "사회과학자가 생활세계에 사회과학에 문외한인 일반인과 다른 접근 통로를 갖지 않는다"고 말하는데, 이 말은 기본적으로 옳다. 그러나 그의 논변은 바로 엉뚱한 데로 빠지고 만다.

- 사회과학자는 그가 서술하려는 구성 요소들을 가진 생활세계에 어떤 식으로든 이미 속해야 한다. 그는 생활세계를 서술하기 위해서 생활세계를 이해해야 한다. 생활세계를 이해하기 위해서는 생활세계의 산출에 참여할 수 있어야 한다. 참여는 소속을 전제한다. 이런 사정은 … 의미 이해에 의문의 여지 없는 서술적 성격을 보장할 수 있을, 의미 문제와 타당성 문제의 그런 구분을 금하는 것이다.[723]

하버마스가 공감을 몰각하고 언어적 소통만을 염두에 두기 때문에, 그리고 공감과 달리 언어 행위는 반드시 참여를 요구하기 때문에 해석자가 의미 이해를 위해서 해석의 대상이 되는 일반적 화자들의 – 생활세계를 산출하는 – 소통적 행위에 참여해야 한다고 말하고 있는 것이다. 여기서 "생활세계에 어떤 식으로든 이미 속해야 하고" 이를 통해 여기에 "참여해야 한다"는 말은 관찰자적 해석자가 '가상적' 방식으로 참여자가 되어야 한다는 말이다. 그리하여 해석자가 소통적 행위의 핵심 기능인 '상호 이해적 행위 조절' 기능이 없는 단순한 가상적 소통 참여자가 된다는 말이다. 이것은 대화 속에서 화자들이 '나'와 '너'의 교호적 지칭으로 입장을 바꾸고 역지사지할 수 있다는 것을 전제한 말이다. 따라서 해석자가 가상적 대화 참여자가 된다면, '나와 너' 간의 입장 바꾸기의 역지사지가 해석자와 저 화자들 사이에도 가능하다는 말이다. 그러나 필자는 인간 간의 이 입장 바꾸기나 역지사지가 어떤 경우에도 본질적으로 불가능하다

---

723) Habermas, *Theorie des kommunikativen Handelns*, Bd.1, 159-160쪽.

는 것을 여러 차례 시사했다. 우리는 곧 이에 대해 본격적으로 상론할 것이다. 또한 필자는 언어적 소통 행위의 경우가 아니라 공감적 의미 이해의 경우에는 일반인들의 사회적 행위의 감정적 의미가 객관적 관찰만을 통해서도 전운동피질에서 거울 반영식으로 시뮬레이션 되고 변연계에서 재현되어 완전히 실감 될 수 있기 때문에 '참여'도, '소속'도 필요치 않다는 것도 여러 차례 시사했다.

그러나 하버마스에 의하면, 생활세계의 현실이 본질적으로 감정적·공감적 동기(본성적 의미)의 행위들에 의해 이루어지는 것이 아니라 타당성(진리성, 정당성, 진정성) 의미와 결착된 화행에 의해 매개되는 행위들, 궁극적으로는 심지어 소통적 행위로만 이루어진다. 나중에 하버마스는 주지하다시피 사회를 '생활세계'와 '체계'로 분리하고 '체계'를 권력과 화폐에 의해 매개되는 전략적 행위의 장으로, 프라이버시와 공론장으로 이루어진 생활세계를 언어에 의해 매개되는 소통적 행위의 장으로 규정한다. 이런 시각에서 하버마스는 생활세계를 공감적 유희 행위도, 공감적 예술·도덕·대의·사랑·추구追求 행위도 없는 순수한 '소통적 행위'의 장으로 착각한다. 이런 착각 속에서 하버마스는 생활세계에 대한 '소속'과 '참여'의 필요성을 강도 높게 주장한다.

● 패러다임에 의존한 자료의 이론적 서술이 모든 과학에 구조적으로 유사한 과업을 부과하는 1단계 해석을 요청한다면, 사회과학에 대해서는 관찰 언어와 이론 언어의 관계에 대해 또 하나의 문제를 제기하는 0단계 해석의 불가피성이 지적될 수 있다. 관찰 언어가 이론 언어에 의존한다는 것만이 아니다. 그 어떤 이론 의존성의 선택에 앞서 사회과학적 "관찰자"는 그에게 자신의 자료들에 대한 접근 통로를 유일하게 마련해주는 상호이해 과정들에 대한 참여자로서 대상 영역에서 만나

는 언어를 사용해야 한다. 특유한 이해 문제는 사회과학자가 대상 영역에서 "이미 있는 것으로 발견되는" 이 언어를 중립적인 도구처럼 "사용할" 수 없다는 데 있다. 사회과학자는 어느 생활세계, 그것도 자기 자신의 생활세계의 소속인의 전前이론적 지식 – 사회과학자가 비전문가로서 직관적으로 마스터하고 분석 없이 모든 상호이해 과정 속에 가지고 들어가는 지식 – 을 입수함 없이 이 언어 속에서 "들어갈" 수 없다.[724]

이어서 하버마스는 관찰자가 '어떤 식으로든' 참여자가 되는 문제를 '가상적' 참여자의 방식으로 해결한다.

● 관찰은 각자가 저 홀로 하고, 다른 관찰자의 관찰적 언표도 다시 저 홀로 (필요하면 측정의 결과에 비추어) 검토한다. 이 과정이 상이한, 원칙적으로 임의적인 관찰자들 사이에서 일치하는 언표들을 낳는다면, 관찰의 객관성이 충분히 확보된 것으로 간주해도 된다. 반면, 의미 이해는 소통적 경험이기 때문에 유아론적唯我論的으로 수행될 수 없는 경험이다. 상징적 발화의 '이해'는 원칙적으로 '상호이해'의 과정에 대한 참여를 요구한다. 의미들은 행위, 제도, 노동 생산물, 말, 협업 연관으로 구현되든, 문서로 구현되든 오직 '내부로부터'만 해명될 수 있다. 상징적으로 기旣구조화된 현실은 소통 능력 없는 관찰자의 시선에 대해 엄중하게 폐쇄된, 바로 불가해하게 남아 있을 수밖에 없을 우주를 형성한다. 생활세계는 자신의 언어·행위능력을 사용하는 주체에 대해서만 열린다. 주체는 소속인들의 의사소통에 적어도 가상적으로 참여하고 그렇게 그 자체로서 적어도 잠재적 소속인이 됨으로써 접근 통로

---

724) Habermas, *Theorie des kommunikativen Handelns*, Bd.1, 162-163쪽.

를 마련한다.[725]

'의미 이해'는 본질적으로 교감적·공감적 경험이다. 교감과 공감은 상호이해 과정에 대한 참여를 요구하지도, '내부로부터의 해명'을 요구하지도 않는다. 공감은 외부에서의 관찰만으로 의미 이해를 완벽하게 가능케 하기 때문이다. 그럼에도 하버마스는 의미 이해를 애당초 '소통적 경험'으로 논단하고, 의미들이 "오직 '내부로부터'만 해명될 수 있다"고 허풍을 치면서 적어도 "가상적" 참여를 의미 이해에 필수적인 것으로 우기고 있다.

그러나 '가상적 참여'의 착상을 통한 해법은 다시 관찰자적 해석자의 이해의 객관적 타당성 문제와 주관적 의미 이해 간의 양립 가능성을 의심스럽게 만든다.

● 사회과학자는 여기서 능력과, 그가 비전문가로서 직관적으로 처분하는 지식을 사용해야 한다. 그러나 그가 이 전前이론적 지식을 확인하고 철저히 분석하지 않는 한에서 그는 그가 소통 과정을 이해하기 위해서만 '들어가는' 이 소통 과정 속으로 참여자로서 얼마만큼 '개입하기'도 하는지, 그리고 이를 통해 얼마만큼 이 과정을 변경시키는지, 그리고 어떤 결과를 낳을지를 통제할 수 없다. 이해 과정은 불명확한 방식으로 (생활세계의 - 인용자) 산출 과정과 결착되어 있다. 이해 문제는 이로써 이런 짧은 물음으로 옮겨놓을 수 있다. '이해의 객관성'이 어떻게 상호이해 과정에 참여하는 사람의 수행적 태도와 합치될 수 있는가?[726]

---

725) Habermas, *Theorie des kommunikativen Handelns*, Bd.1, 164-165쪽.
726) Habermas, *Theorie des kommunikativen Handelns*, Bd.1, 165쪽.

하버마스는 이 의문을 현실적 참여자의 실천적 참여와 '가상적' 참여자의 반성적 참여의 수준을 차별함으로써 답하려고 한다. 그는 소통적 행위의 행위 조절 기능을 뺀 소통을 '논의'라고 부르고 이 '논의'를 상호작용으로서의 '소통적 행위' 자체와 구별한다. 현실적 소통 행위자들도 소통적 행위가 문제에 봉착할 때는 종종 '논의'를 수행한다. 그러나 하석자로서의 가상적 참여자는 '논의'에만 전문적으로 참여하고 소통적 '행위'를 하지 않는다는 점에서 직접 참여자와 구별된다는 것이다.

- 의미 이해가 경험의 한 방식으로 파악된다면, 그리고 소통적 경험이 상호작용 참여자들의 수행적 태도에서만 가능하다면, 언어 의존적 자료들을 모으는 관찰하는 사회과학자는 사회과학에 문외한인 일반인과 유사한 지위를 취해야 한다. 저 사회과학자와 이 일반인의 해석 기능 사이의 구조적 유사성은 어디까지인가? 이 물음을 대답할 시에 말과 행위가 동일한 것이 아니라는 것을 상기하는 것이 유익하다. 직접 참여자들은 소통적 일상 실천 속에서 '행위' 의도를 추구한다. 협력적 해석 과정에 대한 참여는 그들이 자기들의 행위 계획들을 조절하고 자기들의 그때그때의 의도들을 실현할 수 있는 기반이 되는 합의의 산출에 기여하는 것이다. 사회과학적 해석자는 '이런 종류'의 행위 의도를 추구하지 않는다. 그는 해석자의 목표지향적 행위가 직접 참여자들의 목표지향적 행위와 조절되어야 할 목적을 위해서가 아니라 이해를 위해서 상호이해 과정에 참여한다. 사회과학자가 '행위자'로서 움직이는 행위 체계는 다른 차원에 있다. 사회과학자의 이 행위체계는 보통 과학체계의 한 부분이고, 아무튼 관찰되는 행위 체계와 부합되지 않는다. 이 행위 체계에 사회과학자는 배타적으로 화자와 청자로서 상호이해 과정에만 집중함으로써 말하자면 '행위자의 속성을 빼고' 참여하는

것이다.[727)

하버마스에 의하면, 사회과학자가 소통적 행위자들의 행위 체계에 '행위자의 속성을 빼고' 참여하는 것을 우리는 "전승된 문서들을 해독하고 텍스트를 번역하고 전통을 해설하는 정신 과학자의 모델에서 분명하게 밝힐 수 있다". 이 경우에 "원래의 상호이해 과정에 참여한 사람들은 시간 간격을 두고 추가로 등장하는 해석자의 가상적 참여에 대해 감도 잡지 못한다". 하버마스는 "이 사례로부터, 적극적 참여를 통해 원래의 장면을 불가피하게 변경시키는 참여적 관찰자의 대조적 모델도 조명하려고" 한다. 그런데 "이 경우에도 해석자가 주어진 맥락에 다소 눈에 띄지 않게 편입되면서 하는 행위들은 '다른' 행위자들의 행위를 이해하는 열쇠인 상호이해 과정에 대한, 자기 목적을 위해 추진되는 참여를 위한 '보조기능'만을 갖는다"는 것이다. 그러나 하버마스는 이 '보조기능'이라는 표현의 해명을 일단 유보하고 "단순한 '가상적' 참여"를 언급한다. 해석자는 우리가 그를 "행위자의 속성"에서 관찰하자마자 "실제적 맥락과 관련되는 것이 아니라 '다른' 행위 체계와 관련되는 목표", 즉 "과학계의 학술 행위와 관련된 목표를 추구한다". 이런 한에서 해석자는 "관찰 맥락 안에서 '자기의' 어떤 행위 의도도 추구하지 않는 것이다".[728)

이어서 하버마스는 "가상적 참여자" 역할이 "이해의 객관성"에 어떤 의미를 갖는지를 묻는다. '가상적 참여자'로서의 해석자는 참여자들이 자기들의 발언들의 의미론적 내용이 마치 하나의 사실인 양 이 내용의 '서술적' 포착에 자신을 한정할 수 없다. 해석자는 이 서술적으로 포착되는 발언의 타당성에 대한 평가를 완전히 도외시할 수 없다는 것이다. "해석

---

727) Habermas, *Theorie des kommunikativen Handelns*, Bd.1, 167쪽.
728) Habermas, *Theorie des kommunikativen Handelns*, Bd.1, 167-168쪽.

자는 발언을, 모델의 경우에 상호이해를 지향하는 화행을 이해하기 위해서는 해석자가 이 화행의 타당성의 조건을 알아야 하기" 때문이다. 해석자는 "어떤 조건에서 이 조건과 결부된 타당성 요구가 받아들여질 수 있는지를, 즉 청자에 의해 정상적으로 승인될 수밖에 없을지"를, 즉 타당성 요구가 받아들여지는 '근거'를 "알아야 한다". 우리는 화행을 받아들이는 근거를 '아는' 경우에만 화행을 이해한다. 해석자는 이 앎을 그때그때 관찰되는 소통의 맥락 또는 비교 가능한 맥락으로부터 끌어올 수 있다는 것이다. "해석자는 소통적 행위의 의미를 오직 이 소통적 행위가 상호이해를 지향하는 '행위'의 맥락 속으로 편입되어 있기 때문에만 이해할 수 있다." 해석자는 참여자들의 행위 계획들이 언제 합의 형성을 통해 조절되는지, 그리고 상이한 행위자들의 행위 간의 결합이 언제 합의 결여로 중단되는지에 주목함으로써 어떤 조건에서 상징적 발언들이 타당한 것으로 받아들여지고, 이 발언들과 결부된 타당성 요구가 언제 비판되고 물리쳐지는지를 관찰한다. 따라서 "해석자는 발언의 의미론적 내용을, 문제의 발언에 참여자가 예/아니오의 입장표명이나 유보로 반응하는 행위 연관들과 독립적으로 밝혀낼 수 없다. 해석자는 다시 이 예/아니오의 입장표명을, 참여자들을 입장표명으로 움직이게 하는 암묵적 근거들을 눈앞에 떠올릴 수 없다면 이해하지 못한다. 왜냐하면 의견일치와 이견은 단순히 외부적 상황을 통해 야기된 것이 아니라 교호적으로 제기되는 타당성 요구들에 의해 정해지는 한에서 참여자들이 불가피하게 또는 사실상 처리하는 근거들에 의해 뒷받침되기 때문이다. 대부분 암묵적인 이 근거는 상호이해 과정이 전개되는 중심축을 형성한다. 그러나 해석자가 발언을 이해하기 위해 화자가 필요한 경우에, 그리고 적절한 상황에서 자신의 발언의 타당성을 방어할 때 쓸 근거를 눈앞에 떠올려야 한다면, 해석자 '자신'도 타당성 요구들에 대한 판단의 과정에 끌려 들어가는 것이다."[729]

그런데 하버마스는 이 '근거들'을 효율성, 정당성, 진정성(진실성) 등으로 잘못 규정한다. '효율성'은 쾌락이나 공리성의 한 피상적 측면에 대한 빗나간 표현이고, '정당성'은 도덕성을 정의로 축소시킨 정의 지상주의적 표현이고, 연출적 행위의 합리적 '근거'라는 '진정성'과 '진실성'은 재미, 미美, 참말을 아우르는 것으로 보이는, 애매하다 못해 그릇된 규정이다. 하버마스가 제시하는 이 '근거들'을 더욱 천착하면 그 기저에서 우리는 기분 좋음, 재미있음, 아름다움, 훌륭함 그리고 각종 공감·교감 감정과 단순 감정 등 초합리적인 감성적 '의미'와 만나게 될 것이다. 내감은 이 '의미들'을 예/아니오나 유보의 언어적 반응으로가 아니라, 쾌통·재미·미추·시비 감각의 본능적 판단력과 감정 지각의 본능적 변별력에 의해 보편적으로, 그리고 객관적으로 인지한다.

그러나 하버마스는 해석자와 참여자가 공히 의거하는 '근거'를 거두절미 '합리적'으로 풀이하고 예/아니오나 유보의 언어적 반응에 가둔다.

● 근거들은 3인칭의 태도 속에서, 즉 동의하고 부인하거나 유보하는 반응 없이 전혀 서술될 수 없는 소재로 되어 있다. 해석자는 근거를 자신의 근거 해명 요구로 재구성하지 않는다면, 즉 막스 베버의 의미에서 '합리적으로 해석하지' 않는다면 '근거'가 무엇인지를 이해할 수 없을 것이다. 근거의 '서술'은 이 서술을 제시하는 자가 그 순간 그 근거의 충분성을 판단할 수 없는 경우에도 그 자체로서 하나의 평가를 요청한다. 우리는 근거가 왜 충분한 것인지, 충분하지 않은 것인지, 그리고 주어진 경우에 근거가 좋은지, 나쁜지에 대한 판단이 왜 (아직) 가능하지 않은지를 이해하는 정도만큼만 이 근거를 이해한다. 이런 까닭에

729) Habermas, *Theorie des kommunikativen Handelns*, Bd.1, 168-169쪽.

해석자는 비판 가능한 타당성 요구를 통해 근거의 잠재력과 연결된, 따라서 지식을 표현하는 발언들을 이 발언들에 대해 입장을 취함이 없이 해석할 수 없다. 그리고 해석자는 자기의 판단기준을, 아무튼 그가 자기화한 기준을 정립하지 않은 채 입장을 취할 수 없다. 이 자기 기준은 빗나가는 다른 판단기준을 비판적으로 대한다. 타인에 의해 제기된 타당성 요구에 대한 입장표명으로써 아무튼 해석자가 나쁜 것으로 느끼는 것이 아니라 올바른 것으로 받아들였음이 틀림없는 기준들이 적용된다. 이런 관점에서 단순한 가상적 참여도 해석자를 직접 참여자의 책무에 구속시킨다. 이해의 객관성의 문제를 결정하는 시점에서는 사회과학적 관찰자와 사회과학에 문외한인 비전문인들에게 동일한 유형의 해석 작업이 요청되는 것이다.[730]

하버마스는 근거의 이해를 베버의 '합리적 이해'로 풀이하고 이런 이해만이 행위 이해의 유일한 길이라고 말하고 있다. 그러나 베버는 적어도 '합리적 이해'를 중시하지만 유일 시 하지 않고 이 외에도 "감정들의 비합리적 현재적 이해"("감정이입적으로 대리 체험하는 성격"의 "이해의 명증성")를 언급하고 있다. 하버마스는 베버의 이 '감정이입적 이해'를 슬그머니 말살하고 있다. 이 감정이입, 더 정확하게 공감을 고려하면, 우리는 관찰자가 참여자의 책무에 전혀 구속당하지 않고도 참여자들의 행위의 의미들을 객관적으로 잘 이해하고 평가하는 본능적 공감 능력과 판단력을 가진 것을 알고 있다. 그러나 하버마스는 이 길을 자의적으로 폐하고 언어적 의사소통 모델을 따라가기 때문에 가상적 입장 바꾸기의 역지사지의 불가능한 행로를 간다.

---

730) Habermas, *Theorie des kommunikativen Handelns*, Bd.1, 169-170쪽.

● 지금까지의 고찰은 해석자가 자기의 행위 의도가 없더라도 소통적 행위에의 참여에 간여해야 하고 자신이 대상 영역 자체 안에서 등장하는 타당성 요구와 직면해 있는 것을 보기 때문에 의미 이해의 방법이 인식의 객관성의 익숙한 유형을 의문에 빠뜨린다는 것을 명백하게 밝혀주었을 것이다. 해석자는 시원적인 합리적 해석으로 타당성 요구를 지향하는 행위의 합리적 내부구조와 만나야 한다. 이 시원적인 합리적 해석을 해석자는 객관화하는 관찰자의 지위를 채택하는 대가를 치르고서만 중립화할 수 있을 것이다. 하지만 이 관찰자 지위로부터는 내적 의미 연관 일반이 접근 불가능하다. 따라서 소통적 행위의 이해와 시원적인 합리적 해석 사이에는 근본적인 연관이 존재한다. 이 연관이 근본적인 것은 소통적 행위가 '두 단계'로 해석되는 것이 아니기 때문이다. 즉, 이 소통적 행위가 먼저 이 행위의 사실적 진행 속에서 이해하고, 그런 다음에야 비로소 이념형적 진행 모델과 비교되는 것이 아니기 때문이다. 자기의 행위 의도 없이 가상적으로 참여하는 해석자는 오히려 사실적으로 진행되는 상호이해 과정의 의미를, 의견 합치와 이견, 자신이 직면하는 타당성 요구와 잠재적 근거를 자신과 직접 참여자들이 원칙적으로 '공유하는' 공통된 기반 위에서 자신이 판단한다는 전제하에서만 서술적으로 포착할 수 있다. 이 전제는 아무튼 사회과학적 해석자에게 부득이하다.[731]

이 용납할 수 없는 불가능한 논변을 하버마스는 다시 직접 행위자와 해석자(가상적 참여자)가 '공유하는 공통된 기반'을 '논의'로 밝혀 보여줌으로써 뒷받침하고자 한다.

하버마스에 의하면, 어떤 행태를 목적론적 행위로 서술한다면, 우리는

---

731) Habermas, *Theorie des kommunikativen Handelns*, Bd.1, 170-171쪽.

행위자가 그 안에서 뭔가를 인식하고 목표지향적으로 개입하는 객관적 세계를 고려한다는 일정한 존재론적 전제를 만든 것을 가정한다는 것이다. 행위자를 관찰하는 우리는 동시에 주관적 세계의 관점에서 존재론적 전제들을 만든다. 우리는 "저" 세계를 "행위자의 관점에서 현상하는 세계"와 구별한다. 우리는 행위자가 (우리의 의견에 따라) 참된 것과 구별하여 참된 것으로 "여기는" 것을 서술적으로 확인한다. "서술적 해석과 합리적 해석 간의 선택은 행위자가 자신의 의견과 연결시키는 진리요구와, 그가 그의 목적론적 행위와 연결시키는 진리 관련 성공 요구를 객관적 판단이 가능한 요구로서 진지하게 받아들이든가, 아니면 무시하든가를 결정한다는 데 있다." 우리가 이 요구들을 타당성 요구로서 무시한다면, 우리는 의견과 의도를 주관적인 어떤 것으로, 즉 행위자에 의해 자기의 의견이나 자기의 의도로서 제기될 경우에 관객 앞에서 노출되거나 표현될 경우에 그의 주관적 세계에 귀속되어야 할 어떤 것으로 취급하는 것이다. 이런 의견과 의도들은 객관적으로 단지 "진실성과 진정성"의 시각들에서만 판단될 수 있을 뿐이다. 그러나 이 시각들은 원칙적으로 고독한, 소위 관객 없는 행위자의 목적론적 행위에 대해서는 전혀 적용될 수 없다. 반면, 우리가 행위자의 요구를 정확히 그가 합리적으로 의도하는 방식으로 진지하게 받아들인다면, 우리는 행위자의 의도된 성공 전망을 – '사실적인' 목적 합리적 행위 과정과 '이념형적으로 기안된' 목적 합리적 행위 과정의 비교와 우리의 지식에 의거하는 – 비판대 위에 올리는 것이다. 행위자는 우리가 행위자에게 목적론적 행위 모델이 허용하는 능력과 다른 능력, 즉 '논의(Diskurs)'라고 불리는 특별한 소통의 능력을 부여하는 경우에야 비로소 이 비판에 답변할 수 있다.[732]

---

732) Habermas, *Theorie des kommunikativen Handelns*, Bd.1, 171–172쪽.

- 상호적 비판은 행위자가 그쪽에서 상호 인격적 관계를 받아들이고 소통적으로 행위하고 심지어 우리가 '논의'라고 부른, 전제 많은 특수한 의사소통에 참여할 수 있을 때야 비로소 가능할 것이다.[733]

하버마스에 의하면, 해석자가 행위자의 '논의'에 참여하지 않는다면 해석자와 행위자 사이에 '비대칭성' 문제가 제기된다. 이 문제를 하버마스는 '규범 규제적 행위'를 예로 든 '사고실험'을 통해 드러낸다.

- 규범 규제적 행위에서 우리는 행위자가 제2세계, 즉 그가 규범 순응적 행태를 일탈적 행태와 구별할 수 있는 사회적 세계를 고려한다고 가정한다. 그리고 다시 우리는 관찰자로서 동시에 행위자의 주관적 세계의 관점에서 존재론적 전제를 만들고, 그리하여 우리는 행위자에게 현상하는 사회적 세계, 다른 구성원들에게 현상하는 사회적 세계, 우리 해석자에게 현상하는 사회적 세계를 구별할 수 있게 된다. 합리적 해석과 서술적 해석 간의 선택은 여기에서도 행위자가 자신의 행위에 부여하는 규범적 타당성 요구를 우리가 상황 불변 시에 진지하게 받아들이는지, 아니면 단순히 주관적인 어떤 것으로 바꿔 해석하는지에 대한 결정에 있다. 후자의 경우에도 서술적 해석은 행위자가 정통적으로 인정된 규범을 따름으로써 합리적으로 의미하는 것을 바꿔 해석하는 것에 기초한다. 여기에서도 합리적 해석의 경우에 우리 해석자와 행위자 사이에는 비대칭성이 존재한다. 행위자는 규범적 행위 모델의 한계 내에서 논의 참여자로서 가정적 태도로 규범의 타당성을 '논란할' 수 있는 능력을 갖추지 못하기 때문이다.[734]

---

733) Habermas, *Theorie des kommunikativen Handelns*, Bd.1, 172쪽.
734) Habermas, *Theorie des kommunikativen Handelns*, Bd.1, 172쪽.

이 비대칭성은 연출적 행위의 경우에도 존재한다. 우리 관찰자는 합리적 해석의 경우에 행위자 자신이 어떤 항의도 할 수 없는 판단 능력을 독점하기 때문이다. 우리는 행위자 자신이 진리에 대한 요구를 갖고 수행하는 표현적 발언을 주어진 경우에 정황증거를 갖고 자기기만으로 비판하는 데 우리 자신을 믿고, 이때 연출적 행위 모델의 경계 안에서 행위자는 우리의 합리적 해석에 대해 자신을 방어할 수 없을 것이기 때문이다. 이와 같이 목적론적 행위, 규범 규제적 행위, 연출적 행위의 기본 개념들은 "행위 해석의 차원과 해석되는 행위의 차원" 사이의 "방법론적으로 중요한 격차"를 확실히 해준다.[735]

그러나 하버마스는 행위자가 해석자와 대등하게 '논의'를 벌이는 새로운 모델을 제시함으로써 이 비대칭성, 또는 격차를 없애버리려고 한다.

● 하지만 우리가 어떤 행태를 소통적 행위의 개념들로 서술하자마자, 우리 자신의 존재론적 전제들은 이제 우리가 행위자들 자신에게 귀속시키는 존재론적 전제보다 더 복합적인 것이 아니게 된다. 언어적으로 조절되는 행위들의 개념적 차원과 ─ 우리가 관찰자로서 이 행위들에 관해 부여하는 ─ 해석의 개념적 차원 간의 차이는 더 이상 보호 여과 장치로 기능하지 않는다. 왜냐하면 소통적 행위 모델의 전제에 따르면 행위자는 관찰자 자신만큼 많은 해석 능력을 장악하고 있기 때문이다. 행위자는 세 개의 세계 개념들을 갖췄을 뿐만 아니고, 이 세계 개념들을 반성적으로도 사용할 수 있다. 소통적 행위의 성공은 우리가 보았듯이 참여자들이 세 개의 세계의 관련 체계 속에서 공통된 상황정의에 도달하는 해석 과정에 달려있다. 모든 합의는 비판 가능한 타당성 요구의 상호주관적 승인에 기초한다. 이 경우에 소통적 행위자들이 '상

---

735) Habermas, *Theorie des kommunikativen Handelns*, Bd.1, 172-173쪽.

호적 비판의 능력이 있다'고 전제된다. 그러나 우리가 행위자에게 '이런' 능력을 부여하자마자, 우리는 관찰자로서 대상영역에 대한 우리의 '특권적 지위'를 상실한다. 우리는 관찰되는 상호작용 계열에 서술적 해석을 부여할지, 합리적 해석을 부여할지에 대한 선택권이 더 이상 없다. 우리가 행위자들의 발언에 대한 해석자로서 요구하는 것과 '동일한' 판단 능력을 행위자들에게 부여하자마자, 우리는 지금까지 방법론적으로 보장되었던 면책권을 포기하게 된다.[736]

　"소통적 행위의 성공은 우리가 보았듯이 참여자들이 세 개의 세계의 관련 체계 속에서 공통된 상황정의에 도달하는 해석 과정에 달려있다"는 말은 소통 행위자들 자신이 공통된 상황정의와 행위조절을 위해 시원적 형태의 반성적 '논의'(행위 부담 없는 언어적 의사소통)의 장을 연다는 것을 뜻한다. 그리고 해석자가 면책특권을 포기하게 되는 것은 우리는 자신의 행위 의도가 없을지라도 "수행적 태도"로 소통적 행위자들의 "상호 이해 과정", 즉 행위 부담 없는 상호 비판적 '논의' 과정에 "참여하지 않을 수 없기" 때문이다. 즉, 그와 동시에 해석자는 자신의 해석을 원칙적으로 소통적 행위자들이 자신들의 해석을 상호적으로 노출시켜야 하는 것과 동일한 비판에 노출시키게 되기 때문이다. 이것은 "서술적 해석과 합리적 해석 간의 구별이 이 단계에서 무의미해진다"는 것을 의미한다. 즉, 소통적 행위자들의 "시원적인 합리적 해석"은 여기서 "소통적 행위의 '사실적' 진행을 해명하기 위한 유일한 길"이다. 시원적인 합리적 해석이 비교될 수 있는 사실적 행위 진행의 – 이 시원적인 합리적 해석과 '독립된' – 서술이 "존재할 수 없기" 때문에 시원적인 합리적 해석은 "임시적으로 형성된 이념형"의 지위를 가질 수 없다. 즉, 사후의 합리적 모델의 지위를

---

736) Habermas, *Theorie des kommunikativen Handelns*, Bd.1, 173쪽.

가질 수 없다.[737] 따라서 반성적 '논의' 차원에서 '자연적 해석ᄒᆞ'은 해석자의 합리적 해석학과 합치된다는 것이다.

따라서 하버마스는 저 비대칭성과 격차, 또는 서술적 해석과 합리적 해석 사이의 차별과 선택은 비소통적 행위 모델들, 즉 목적론적, 구범 규제적, 연출적 행위 모델에서나 발생하는 것으로 정리한다.

- 사실적 행위 진행을, 그때그때 유일한 합리성 관점(명제적 ᄌᆞ리성, 효율성 또는 도구적 성공, 규범적 올바름, 진정성 또는 진실성의 관점)으로부터 행위를 양식화하는 모델과 비교하는 것은 합리적 해석으로부터 '독립된' 행위 서술을 요한다. 이 행위 서술로서의 선행적인 해석학적 작업은 1단계의 행위 모델들(목적론적, 규범규제적, 연출적 행위 모델 – 인용자) 안에서 주제화되는 것이 아니라, 순진하게 전제된다. 사실적 행위 진행의 서술은 암묵적으로 이미 소통적 행위의 개념성을 이용하고 일상적 해석 자체처럼 시원적인 합리적 해석의 특징을 띠는 복잡한 해석을 요한다. 서술적 해석과 합리적 해석 간의 선택권이란 비소통적 행위 모델들 중의 하나가 관찰자에게 추상화의 책무를 부여하는 경우에야, 즉 타당성 요구를 통해 진행되는 상호작용의 복합체로부터 그때그때 단지 한 측면만을 부각시킬 책무를 부여하는 경우에야 비로소 생겨나는 것이다.[738]

따라서 하버마스에 의하면, 합리적 해석으로부터 '독립된' 행위 서술로서의 선행적 해석학, 또는 1단계의 행위 모델들 안에서 "순진하게 전제되는" 해석학으로서의 "자연적 해석학(natürliche Hermeneutik)"은 사회

---

737) Habermas, *Theorie des kommunikativen Handelns*, Bd.1, 174쪽.
738) Habermas, Theorie des kommunikativen Handelns, Bd.1, 174쪽.

과학자의 해석학과 그대로 연결될 수 있다는 것이다.[739] "사회과학자가 이해하려고 하는 의미를 담은 상호작용에 적어도 가상적으로 참여해야 한다면, 그리고 이 참여가 나아가 직접 참여자들이 소통적 행위 안에서 자기들의 발언에 부여하는 타당성 요구에 대해 사회과학자가 암묵적으로 입장을 취해야 한다는 것을 뜻한다면, 사회과학자는 자기 자신의 개념들을 결코 비전문인들이 일상의 소통적 실천 속에서 스스로 하는 것과 다른 방식으로 맥락 속에 기존하는 개념성에 연결시킬 수 없을 것이다. 그는 직접 참여자들이 자기들의 소통적 행위를 수행하는 것과 동일한 구조의 가능한 상호이해 안에서 움직인다."[740]

그런데 하버마스는 이 논변을 사회과학의 가치중립성을 배격하는 비판이론의 기반을 확립하는 논리로 활용하려는 야심을 드러낸다.

- 그러나 언어·행위능력 있는 주체들이 통제하는 것을 배운 가장 일반적인 소통 구조들은 일정한 맥락에 대한 접근 통로를 열어주기만 하는 것이 아니다. 이 소통 구조들은 일단 보이는 대로, 단순히 특수한 것의 범위 안으로 참여자들을 끌어들이는 맥락들에 대한 가담과 이 맥락의 형성을 가능케 하기만 하는 것이 아니다. 동일한 이 소통구조는 동시에 자기의 주어진 맥락을 침투해 들어가 내부로부터 폭파시키고 필요한 경우에 사실적으로 익힌 합의를 뚫고 들어가 오류들을 수정하고 오해를 교정하는 비판적 수단들을 제공한다. 상호이해를 가능케 하는 동일한 소통 구조가 상호이해 과정의 반성적 자기통제의 가능성들도 배려하는 것이다. 사회과학자가 자신을 가상적 참여자로서 일상적 행위의 맥락에 간여함으로써 체계적으로 이용하고 이 맥락으로부터 빠져

---

739) Habermas, *Theorie des kommunikativen Handelns*, Bd.1, 174쪽.
740) Habermas, *Theorie des kommunikativen Handelns*, Bd.1, 175쪽.

나와 그 특수성에 맞서 대립시킬 수 있는 것은 소통적 행위 자체 속에 장착된 이 비판 잠재력이다.[741]

하버마스의 이 기대는 한편으로 분명 옳은 것이다. 그러나 그가 이 비판적 잠재력을 인류 보편적인 4대 평가 감각의 본능적 판단력에 근거 짓는 것이 아니라, 언어적 소통 구조에 귀착시키는 한에서 언어의 상이성만큼이나 자민족중심주의적 특수성을 벗어나지 못한, 더 양보하더라도 인구어적印歐語的 특수성을 벗어나지 못할 비판으로 국한될 위험이 있다.

하버마스가 일상적 행위의 자연적 해석학을 관찰자의 전문적, 합리적 해석학과 동일시할 수 있는 것은 근본적으로 일상적 행위자들의 소통적 행위에 가상적으로 참여할 수 있다는 근본 가정에 기초해 있다. 여기서 '가상적 참여'란 관찰자가 가상적으로 참여자의 관점을 취하는 것, 즉 입장 바꾸기를 통한 역지사지적 '관점인계(Perspektivenübernahme)'를 뜻한다. 하버마스는 1981년 『소통적 행위의 이론』의 해석학 논의에서 '가상적 참여자' 개념만을 사용하고 '관점인계' 개념을 사용하지 않았다. 그러나 1983년 『도덕의식과 소통적 행위』에서는 미드와 셀먼(R. L. Selman)으로부터 발전된 '관점인계' 개념으로 '가상적 참여' 개념을 대체하여 "참여자 관점과 관찰자 관점의 통합"을 재정식화한다.

관점인계는 기본적으로 '너'와 '나', 나아가 '우리'와 '그' 간의 화자관점들의 "완전한 가역성"을 전제한다.[742] 인간의 도덕 단계를 3단계로 나누어보는 시각에서 제2단계에 해당하는 7-14세 어린이의 2인칭적(교호적) 관점인계와 관련하여 하버마스는 이렇게 말한다.

---

741) Habermas, *Theorie des kommunikativen Handelns*, Bd.1, 175-176쪽.
742) Habermas, *Moralbewußtsein und kommunikatives Handeln*, 152쪽.

- 제2단계로의 이행과 함께 청소년은 말하자면 화자와 청자의 행위 지향을 가역적으로 결합시키는 것을 배운다. 그는 타자의 관점으로 입장을 바꿀 수 있고, 타자도 자기의, 즉 자아의 행위 관점으로 입장을 바꿀 수 있다는 것을 안다. 자아와 타자는 자기들의 행위 지향에 대해 그때 그때 타자의 입장을 취하는 것이다. 따라서 1인칭과 2인칭의 소통 역할은 행위 조절에도 효과를 갖는다. 화자의 수행적 자세 속에 내장된 관점 구조는 상호이해만 규정하는 것이 아니라 상호작용 자체도 규정한다. 따라서 화자와 청자의 나-너 관점들은 행위 속에서 조절 기능적으로 적용되는 것이다.[743]

하버마스는 여기로부터 바로 제3인칭의 '그'가 끼어드는 관찰자 관점을 설정하여 2단계를 3단계로 개편한다.

- 이 관점 구조는 제3단계로의 이행과 함께, 관찰자 관점이 상호작용 영역에 도입됨으로써 새로이 변화된다. 물론 어린이들은 다른 인격체, 이들의 언표, 소지품 관계 등에 대해 말을 주고받는 한에서 일찍이 3인칭 대명사를 구체적으로 구사한다. 어린이들은 지각 가능하고 조작 가능한 사물과 사건에 대한 객관적 자세를 취할 수 있다. 그러나 청소년들은 이제 이러한 관찰자 관점으로부터, 수행적 자세에서 상호작용 참가자와 맺는 간주체적 관계를 되돌아보는 것을 배운다. 청소년들은 이 관점을, 청취자 또는 관객 역役으로서 상호작용 과정에 내재하는, 동참하지 않되 현장에 있는 인물의 중립적 입장과 결부시킨다. 이런 전제하에서 지나간 단계에서 산출된 행위 지향 간의 교호성이 대상화되

---

743) Habermas, *Moralbewußtsein und kommunikatives Handeln*, 156쪽.

고 이들의 체계적인 연관 속에서 의식될 수 있다.[744]

제3인칭의 관찰자를 하버마스는 여기서 '가상적 참여자'로 부르지 않고 "청취자 또는 관객 역할으로서 상호작용 과정에 내재하는, 동참하지 않되 현장에 있는" "중립적 입장"의 인물로 묘사하고 있다. 그런데 이것을 하버마스는 "행위 관점들 체계의 이러한 완벽화는 동시에 대화 조직의 새로운 차원을 가능케 하는, 인칭대명사의 문법 속에 착근된 완벽한 화자 관점의 체계의 현재화를 뜻하는 것"으로 해석한다. 새로운 구조는 1인칭과 2인칭의 행위 지향들의 교호적 직조 자체가 3인칭의 관점에서 이해될 수 있다는 데 있다. 그는 "상호작용이 이런 의미에서 재구조화된다면, 참가자들은 행위 관점들을 교호적으로 인계할 뿐만 아니라 참가자들의 관점을 관찰자 관점과 맞바꾸고 상호 전환시킬 수 있다"고 말한다.[745] 물론 관점인계 개념의 우세한 사용 속에서도 3인칭 관찰자의 중립적 지위는 소통적 행위에 가상적, 또는 가설적으로 참여한다는 관념 하에서 '논의'를 수행하는 것으로 관념된다. "소통적 행위의 분화된 형태는, 이에 속하는 반성 형태, 즉 논의가 본래 행위 부담을 벗어던진 상호작용 단계일지라도 제3의 상호작용 단계를 뜻하는 한에서만 관심의 대상이 된다. 논증은 소통적 행위 속에서 암묵적으로 제기되고 순진하게 동행되는 타당성 주장을 주제로 삼고 검토하는 데 기여한다. 논증에 대한 참가는 가설적 자세에 의해 특징지어진다."[746]

하버마스는 관찰자적 해석자의 '가설적 자세'의 '논증', 또는 가상적 참여자의 '논의' 속에서 관점인계의 교호성을 논의적 결과의 정당성의 근거로 생각한다.

---

744) Habermas, *Moralbewußtsein und kommunikatives Handeln*, 156-157쪽.
745) Habermas, *Moralbewußtsein und kommunikatives Handeln*, 157쪽.
746) Habermas, *Moralbewußtsein und kommunikatives Handeln*, 170쪽.

- 논증은 최종적으로 소통적 행위 속에 뿌리박는 덕택에 이 힘을 얻는 것이다. 행위자들이 추구하는, 모든 논란을 초월하는 '도덕적 시각'은 상호이해를 지향하는 행위에 내장된 근본적 교호성에서 나오는 것이다. 이 교호성은 우리가 살펴보았듯이 일단 권위에 의해 조절되는 상보성과 이익에 의해 조절되는 대칭성의 형태로 등장한다. 그다음은 사회적 역할로 맺어지는 행위기대들의 교호성 및 규범으로 맺어지는 권리와 의무의 교호성 속에서 등장하고, 최종적으로는 논증에의 보편적 접근 통로에 대한, 그리고 논증에 대한 기회 균등한 참가에 대한 권리들이 강제 없이 그리고 균등하게 지각되도록 보장한다는 논의적 담화(diskursive Rede)의 이상적 역할 교환 속에서 등장한다. 상호작용의 이 제3단계에서는 교호성의 이상화된 형태가 원칙적으로 무제한적인 소통공동체의 협력적 진리 추구의 규정이 된다. 이런 한에서 논의윤리적으로 근거 지어진 도덕은 언어적 상호이해의 기도에 이른바 애당초 내재하는 모델에 근거하는 것이다.[747]

해석학적 객관성과 논의윤리학적 정당성이 동시에 "논의적 담화의 이상적 역할 교환", 또는 '완전히 가역적인 관점인계'의 가능성에 근거한다. 따라서 이 역지사지적 관점인계가 기실 불가능한 것이라면 하버마스의 합리적 해석학도, 논의윤리학도 모조리 붕괴되고 말 것이다.

아무튼 하버마스는 이 관점인계의 완전한 가역성을 굳게 믿고서 관찰자의 세계 관점과 화자 관점의 통합을 완성된 것으로 외친다.

- 일단 매번 동일한 관점 구조가 체현되는 상호작용 유형 변화의 폭이 밝혀졌다. 완벽하게 탈집중화된 세계 이해는 경쟁에 의해 규정되지 않

---

747) Habermas, *Moralbewußtsein und kommunikatives Handeln*, 175쪽.

은 행위 영역의 선상에서만 발전한다. 관습적 행위에서 논의적 담화로 이행하면 반성적이 된다. 논증적 수단으로 소통적 행위를 계속하는 것은 셀먼이 탐구한 관점인계의 단계를 뛰어넘을 유인을 주는 상호작용의 단계를 특징짓는다. 논증 속에서 수행되는, 세계 관점과 화자 관점의 통합은 사회적 인지와 탈관습적 도덕 간의 접합점을 형성한다.[748]

『소통적 행위의 이론』에서 '가상적 참여자' 개념은 전혀 가상적으로도 행위하지 않더라도 행위 없는 소통으로서의 '논의'의 개념적 통로로 직접 행위자들의 – 행위 없는 – 반성적, 단초적 '논의'의 장에 대등한 논의자로 들어섬으로써 가역적 '관점인계' 개념으로 대체되었지만, 하버마스의 합리적 해석학은 본질적으로 그 유사한 논리구조를 이어가고 있다. '가상적 참여자' 개념도 근본적으로 해석적 관찰자가 관찰자의 지위를 버리지 않으면서 가상적으로 참여자 관점을 논의 차원에서 인계하고 역으로 소통적 행위자 또는 기타 행위자가 논의의 자세를 취함으로써 가상적 참여의 논의적 관찰자와 조우하는 것이기 때문이다. 가상적 참여자는 이제 좀 더 분명하게 가상적 '행위' 참여자에서 더 가능성 높은 가상적 '논의' 참여자로 전환된 것이다.

상론했듯이 하버마스는 이 해석학적 방법론을 면담 조사에도 적용하여 해석적 차원에서 심리학자와 비전문적 일반인의 논의적 대등성을 주장했다. 하버마스는 인터뷰 상황 속의 인터뷰 대상자에 대한 심리학자의 관계가 이 인터뷰 대상자가 관점을 가역적으로 인계하는 사유나 도덕 판단의 탈관습적 차원에 도달하자마자 변하지 않을 수 없다는 것이 이론적 가정으로부터 생겨난다고 생각한다. 왜냐하면 완전한 가역적 관점인계의 이 탈관습적 차원에서는 "이전 단계들에서 인터뷰 대상자의 전前반성

---

748) Habermas, *Moralbewußtsein und kommunikatives Handeln*, 181-182쪽.

적 노력"과 "이것을 반성적으로 파악하려는 심리학자의 시도" 간에 존재하던 그 "비대칭성"이 사라지기 때문이라는 것이다. 이것과 더불어 원래 인터뷰 상황에 구축되어 들어와 있던 "인지적 격차"도 사라진다. 이론적으로 원칙적 도덕 판단은 직관적으로 적용되는 노하우의 전반성적 표현 또는 재현을 더 이상 표현하지 않는 것으로 기술된다. 탈관습적 차원에서 도덕 판단은 획득된 도덕적 직관의 재구성에서의 제1보를 내딛지 않고는 가능하지 않고, 따라서 "이론적인" 도덕적 진술의 "의미심장한 내용"을 "본질"에 있어서 "이미" 지니고 있다는 것이다. 이 차원에서 학습 과정은 "합리적 재구성의 절차"로 "승화"되어 들어가는 경우에만 추진될 수 있다. 하버마스는 연구 작업을 재구성적으로 추진하는 심리학자, 따라서 그 자신이 그 결과를 예상할 수 없는 연구 과정의 개방된 지평 안에서 움직이는 심리학자가 "최고의 능력 수준에 있는 연구 대상자들"을, 오로지 "과학적 재구성 작업"에서의 그 지위가 "심리학자 자신의 지위와 원칙적으로 동등한 참여자들"로서만 대우할 수 있다고 생각한다. 따라서 탈관습적 차원에서 도덕 판단을 내리는 모든 사람은 그들이 "심리학자든, 연구 대상자든, 철학자든" 기본적으로 "동등한" 사회적 인지 조건 아래서 접근 통로를 갖는 도덕적 직관의 핵심 영역의 "가장 적절한 가능한 설명"을 발견하려는 "공동기업의 참여자들"이 된다는 것이다. 이렇게 해서 연구 대상자가 심리학자, 철학자와 동등하게 지위 상승을 이룸으로써 행위자(연구 대상자)와 관찰자(심리학자, 철학자)의 관점이 통합된다는 말이다.[749] 하버마스는 상상 속에서 입장을 바꾸는 역지사지의 논의적 관점인 계론을 이렇게 끝까지 밀어붙여 끝내는 콜버그가 도덕 발달을 미드의 '역할채택'과 '관점 채택' 개념으로 설명하면서 심지어 아동을 '철학자'로 설

---

749) Habermas, "Justice and Solidarity", 227-228쪽.

정하듯이[750] '연구 대상자들'을 철학자와 심리학자로 만들고 있다.

하버마스가 만약 '가상적 참여자'의 관점 또는 '논의적 관점인계' 개념이 아니라 '공감' 개념으로 작업했다면 이런 궤변을 논하지는 않았을 것이다. 이 대목에서 필자는 루소가 일찍이 "이성 이전의 원리"로서의 공감 또는 동정심 개념으로 작업하면서 자연권의 모든 규칙을 자기애와 공감적 동정심 간의 "합치와 결합"으로부터 "다 도출되는 것"으로 말하고, 이런 도출 작업에서 "인간을 인간이기 전에 철학자로 만들 필요가 없다"고 일갈했음을[751] 상기시키고 싶다.

하버마스의 이 합리적 해석학은 필자가 볼 때 근본적으로 그릇된, 아니 불가능한 해석학임에도 불구하고 합리주의자들 안에서 반향이 없지 않았다. 대표적인 추종자는 아마 하버마스의 오랜 대화 파트너인 콜버그일 것이다. 콜버그는 "나의 관점과 이론의 현 위치를 이해하는 데 하버마스의 관점이 도움이 될 것이며 어쩌면 결정적으로 중요한 것이라그 믿는다"라고 말한다.[752] 그리고 그는 하버마스의 해석학적 개념을 자신의 인지 구조적 접근과 긴밀히 연결시킨다.[753]

5.3. 관점인계의 난관과 불가능한 합리적 해석학

하버마스의 합리적 해석학의 사활은 관점인계, 즉 입장 바꾸기, 또는 역지사지의 가능성에 달려있다. 필자는 이 역지사지의 불가능성을 거듭 시사했었다. 여기서는 이 역지사지의 불가능성을 이것이 가능하다고 주장하는 철학자들의 입을 통해 입증하고자 한다. 이것을 일단 두 단계로

---

750) 콜버그, 『도덕발달의 심리학』, xi-xii쪽.
751) Rousseau, *A Discourse on the Origin of Inequality*, 47쪽.
752) 콜버그, 『도덕발달의 심리학』, 208쪽.
753) 참조: 콜버그, 『도덕발달의 심리학』, 209-215쪽.

나누어 수행할 것이다. 첫째는 관찰하는 사회과학적 전문가와 관찰되는 비전문적 행위자 간의 격차 또는 비대칭성이 역지사지로는, 또는 가상적 참여자 관점의 채택으로는 해소될 수 없다는 것을 입증하는 것이다. 둘째는 격차 없는 대등한 소통 행위자 간의 대화나 '논의' 속에서도 대등한 1·2·3인칭 간의 교호적 관점인계도 불가능하다는 것을 입증하는 것이다.

첫째, 홉스와 루소는 공히 우월적 지위에 있는 사람이 낮은 처지에 있는 속인적 상민의 관점을 가상적으로, 상상적 역지사지로 채택할 수 없다고 주장했다. 상론했듯이 '동정심'을 "같은 재앙이 자신에게도 닥칠 수 있다는 상상"의 역지사지로부터 생기는 것으로 이해하는 홉스는 왕후장상 등의 고위층이 불행한 사람과 동일한 불행을 스스로가 당할 가능성을 상상할 수 없는 까닭에 불행한 사람들의 처지를 역지사지할 수 없어서 이들에 대한 동정을 거부한다고 말한다.

● 스스로 동일한 불행을 당할 가능성이 가장 적다고 생각하는 사람들도 동일한 불행에 대한 동정을 싫어한다.[754]

"스스로 동일한 불행을 당할 가능성이 가장 적다고 생각하는" 태생적 임금과 혈통 귀족들은 평민들의 어려운 처지를 가상적 입장 바꾸기로도 자기의 처지로 역지사지할 수 없다는 것이다. 그러나 인간은 상상적 역지사지가 아니라 교감·공감 능력을 통해서라면 왕후장상과 백성의 격차만이 아니라 인간과 동물의 격차도 건너뛰어 동물의 아픔을 이해할 수 있다.

루소는 '상상적 사유 속의 입장 바꾸기'가 아니라, 이성 이전의 동정심을 통해서는 인간이 동물도 이해할 수 있다고 말한다. 『인간 불평등 기원

---

754) Hobbes, *Leviathan*, 47쪽.

론』서문에서 루소가 동물에 대한 동정심에 관해 말하는 대목을 다시 인용해 보자.

- 나는 그 영혼 안에서, 이성 이전의 두 원리를 지각할 수 있다고 생각한다. 이 중 한 원리는 우리를 우리 자신의 복지와 보존에 깊이 관심 갖도록 만들어주고, 다른 한 원리는 감각을 가진 어떤 다른 존재든, 특히 우리 자신의 종류의 어떤 존재든 이것들이 고통이나 죽음을 당하는 것을 보는 것에 대한 본성적 거부감을 일으키는 것이다. 내게는 자연권의 모든 규칙이, 지성이 사교성의 원리를 도입할 필요 없이 확인할 수 있는, 이 두 원리 간의 합치와 결합으로부터 다 도출되는 것처럼 보인다. (…) 인간은 동정심의 내면적 충동에 저항하지 않는 한에서, 그의 자기보존이 관련되고 그 자신에게 우선권을 주어야 하는 저 합법적인 경우 외에, 결코 어떤 다른 사람도, 또한 심지어 감각 있는 어떤 존재도 다치게 하지 않을 것이다.[755]

루소는 자아심自愛心과 동정심을 "이성 이전의" 두 원리로 규정하고, 동물에 대한 동정심에서 "감각 있는 어떤 존재도 다치게 하지 않을 것이다"라고 말함으로써 동물에 대한 동정심도 가능하다는 것을 시사하고 있다. 우리는 여기서 루소를 읽을 때 루소가 동정심을 공감과 동일시하는 것을 감안해야 할 것이다. 공감론적으로 논할 때 루소는 평민에 대한 동정도 부인한 홉스와 반대로 심지어 평민보다 더 아래의 동물에게도 동정심을 갖는다고 말하고 있다.

루소는『인간 불평등 기원론』의 다른 구절에서도 동정심을 "어떤 경우에 자애심(amour-propre)의 충동 또는 이 원리의 탄생 전에 존재하는 자

---

755) Rousseau, *A Discourse on the Origin of Inequality*, 47쪽.

기보존의 욕망을 중화시키도록 인류에게 부여되어, 동류 피조물이 고통받는 것을 보는 것에 대한 본유적 거부감으로, 자신의 복지를 추구하는데 쏟는 열정을 누그러뜨리는" "유일한 자연적 덕성"으로 규정함과 동시에 동정심이 "우리가 분명 그런 만큼 아주 약하고 아주 많은 악에 종속된 피조물에게 적합한 성향이고, 모든 유형의 성찰 이전에 오는 만큼 인류에게 더욱 보편적이고 유용한 것"이고 또 "아주 자연본성적이어서, 바로 그 짐승들 자신도 종종 그것의 명백한 증거를 보여준다"고 말한다. 이어서 루소는 동물들끼리의 동정심과 공감도 논한다. "자기 새끼에 대한 어미의 애정과 새끼를 구하기 위해 어미가 무릅쓰는 위험까지 언급할 필요 없이도 말들이 살아있는 몸뚱이를 짓밟는 것에 대해 거부감을 보인다는 것은 잘 알려져 있다. 한 동물도 그 종의 다른 동물의 사체를 심적 동요 없이 지나가지 않는다. 한편, 어떤 짐승들은 그 동류에게 일종의 장례를 치러준다."[756] 동정심과 공감에 관한 어수선한 논의가 등장하는『에밀』에서 동물에 대한 인간의 공감도 말한다. "우리 자신을 우리 자신 바깥으로 옮겨 놓고 우리를 고통받는 동물과 동일시함으로써가 아니라면, 이를테면 우리가 소위 우리 자신을 포기하고 그의 자아를 받아들임으로써가 아니라면, 우리 자신이 동정심에 의해 움직이는 것이 실제로 어떻게 가능할까? 그 가운데서 우리는 우리가 저 동물이 고통받는다고 생각하는 만큼만 고통받는다."[757] 루소는 이렇게 인간이 동물에게도 공감하고 동물들도 저들끼리 공감한다고 분명히 갈파하고 있다.

그러나 공감론적으로 사유하는 것이 아니라 공감을 '상상적 입장 바꾸기'로 대체하여 상상적 사유 작용의 '역지사지', 즉 관점인계로 착각할 때

---

756) Rousseau, *A Discourse on the Origin of Inequality*, 73-74쪽.
757) Jean-Jacques Rousseau, *Emile oder Über die Erziehung* [*Émile ou de l'Education*, 1762], besorgt v. L. Schmidts. 9.Auflage (Paderborn·München: Ferdinand Schöningh, 1989), 224쪽.

루소는 왕후장상들이 상스런 백성의 고충을 이해할 수 없다고 말한다. 루소는 이때 홉스처럼 왕후장상과 백성 간의 격차가 태생적으로 너무 커서 왕후장상이 백성과 입장을 바꿔 생각할 수 없고 역으로도 마찬가지이기 때문이라고 주장한다. 『에밀』에서 공감의 제1준칙을 루소는 "우리보다 더 행복한 사람들의 입장에 서는 것이 아니라, 오직 우리보다 더 불쌍히 여길 만한 사람들의 입장에 서는 것만이 인간의 마음에 있다"라고 규정한다. 이 인용문에서 루소는 공감을 '다른 사람들의 입장에 서는 것(de se mettre à la place des gens)'으로 표현하고 있다. 이것은 "모든 유형의 성찰 이전"에 오는 "이성 이전의 원리"로서의 공감을 '이성적 성찰 이후'의 가상적 '입장 바꾸기'의 '역지사지적 동일시'라는 사유 작용으로 치환한 것이다. 이런 까닭에 그는 동시에 순간 제1준칙을 동정심의 준칙으로 착각하는 오류와 함께 일반인들이 부자나 고관대작들의 입장에 서지 못한다고 말한다. "사람들은 자기들이 애착을 느끼는 부자나 고관대작자의 입장에 서지 못한다." 그럼에도 자기보다 열등한 사람들에 대해서는 동정심에서 이들에게 공감한다고 말한다. "우리는 어떤 상태의 행복에 의해, 가령 전원생활과 목가 생활에 의해 마음이 동한다. 이런 행복한 사람들을 보는 매력은 질투심에 의해 중독되지 않았다. 사람들은 진정으로 그들에 대해 관심을 갖는다. 왜? 우리가 평화와 순수성의 이 상태로 내려가 동일한 행복을 즐길 수 있다고 느끼기 때문이다."[758] 전원생활과 목가 생활을 하는 사람들은 도시에 사는 사람들보다 저 아래 살기 때문에 이들의 처지로 "내려가는" 것은 가능하기 때문에 동정심을 느낀다는 것이다. 그러나 루소는 이어서 공감의 제2준칙에서 부자와 고관대작 등의 고위인사들이 가난한 백성들의 처지로 '내려가' 이들의 입장에 서지 못한다고 말하는 치명적 자가당착의 논변을 펼친다. "사람은 남들의 고통에서

758) Rousseau, *Emil*, 224-225쪽.

자기 자신도 그것으로부터 안전하지 않다고 여기는 고통만을 슬퍼한다. (…) 왕들은 왜 그들의 신민들에 대해 아무런 동정심이 없는가? 그들은 언젠가 단지 인간일 뿐일 것을 타산하지 않기 때문이다. 부자들은 왜 빈자들에 대해 그렇게 가혹한가? 언젠가 가난해질 것에 대해 아무런 불안이 없기 때문이다. 귀족은 왜 민중을 그토록 경멸하는가? 귀족은 결코 평민이 될 수 없기 때문이다."[759] 제1준칙에서는 '올라가는' 입장 바꾸기는 불가능하고 '내려가는' 입장 바꾸기만 가능하다고 말한 반면, 제2준칙에서는 반대로 '내려가는' 입장 바꾸기도 불가능하다고 말하고 있다.

종합하면, 루소는 공감과 동정심 사이를 오락가락하면서, 그리고 '이성 이전의 원리'로서의 공감과, 이성적·성찰적 사유 작용으로서의 '입장 바꾸기', 즉 '역사사지'로 오해된 공감 사이에서 오락가락하면서, 공감을 올바로 '모든 유형의 성찰 이전'에 오는 '이성 이전의 원리'로 여길 때는 인간과 동물 간의 – 합리주의자들의 눈에 – 엄청난 격차에도 불구하고 인간이 동물의 고통에도 공감한다고 말하고, 공감을 성찰적·이성적 '역지사지'로 대체할 때는 고위 인사와 일반인이 큰 지위 격차로 인해 지나치게 비대칭적이기 때문에 서로의 입장에 서지 못한다고 말하고 있다. 이것은 루소의 이론적 자가당착을 잘 드러내는 것임과 동시에, 우월한 관찰자와 관찰되는 일반 행위자 사이의 '비대칭성'은 가상적 관점인계를 통해서는 결코 해소될 수 없다는 것을 극명하게 보여준다. '가상적 참여자 관점' 자체가 지위 격차에 가로막혀 불가능하기 때문이다.

따라서 홉스와 루소의 견해를 종합할 때, 해석적 관찰자가 참여자 관점을 가상적으로 채택하거나 인계함으로써 관찰되는 행위자 차원으로 '내려가고' 행위자가 논의적 태도를 취함으로써 다시 반쯤 관찰자 차원으로 '올라옴'으로써 '논의'의 장에서 만난다는, 즉 이로써 자연적 해석학과 사

---

759) Rousseau, *Emil*, 225쪽.

회과학적 해석학을 평준화한다는 하버마스의 역지사지 명제는 말짱 허언인 것이다. 지위 격차가 전제되는 경우에 '가상적 참여자 관점'의 설정 자체가 불가능하기 때문이다.

1970-80년대 한국의 군사독재 치하에서 한국 대학생들이 사회혁명을 일으키기 위해 스스로 공장으로 '존재를 이전하여' 노동 현장으로 '내려감'으로써 현장노동자들을 의식화하여 혁명적 노조를 결성하려는 '위장취업' 전략을 활용한 적이 있었다. 그러나 '위장 취업자들'은 현장 노동자에게 '대학생 혁명가'라는 신분이 탄로나자마자 대부분 현장을 떠나야 했고, 노동자들에게 자신들의 뜻을 말로써 아무리 설명해도 자신들의 입장을 그들에게 이해시킬 수 없었다. 현장의 '자연적 노동자들'은 대학에서 '내려온' 위장 노동자들이 자기들을 혁명'대상'으로 본다는 것을 금방 알아차렸고, 자신들과 위장 노동자 간의 '비대칭성'을 느끼며 그들의 의도에 '불순성'의 딱지를 붙였던 것이다. '대학생 혁명가'의 신분과 본질적으로 결착된 '위장취업'이라는 이 사실 자체가 바로 노동자들의 '비대칭성' 혐의의 근원이었던 것이다. 유사하게 사회과학자로서의 전문적 해석자가 가상적 '존재 이전'을 통해 비전문적·자연적 행위 참여자들로 '내려가' 이들의 관점을 위장한다면, 이것은 실패할 것이다. 이것은 저 '불순한' 위장취업이나 다름없기 때문이다. 아니, 해석자의 가상적 관점인계는 대학생들의 존재 이전과 위장취업보다 더 철저하게 실패할 것이다. 해석자의 '존재 이전'은 한낱 '가상적'인 것에 지나지 않는 것이고, 따라서 한국 대학생들의 '실제적' 존재 이전보다 훨씬 더 허구적인 것이기 때문이다. 실제적 존재 이전에도 대학생들의 혁명적 노조 결성이 실패했다면, 저 사회과학자의 가상적 존재 이전은 행위자들의 실천적 의미를 이해하기에 얼마나 더 형편없이 실패할 것인가!

물론 저 대학생 혁명가들이 모두 실패한 것은 아니다. 소수는 성공했다. 이 소수는 감히 노동자들의 관점에 서서 이들을 이해한다는 입장을 취하거나 자신들의 입장을 화행話行에 의해 설명하여 내리 먹이려는 '소영웅들'이 아니라, 노동자의 처지를 진정으로 '공감'하고 '동정'했던 사람들이었다. 이 고귀한 소수는 현장 노동자들을 '한국 청년'이나 '한국인'으로서, 또는 '동향인'으로서, 아니 '인간'으로서 진정으로 공감하고 친애할 능력이 출중하고 동정심 많은 인자仁者들이었다. 이들은 공감을 통해 존재 이전의 '위장성'과 '비대칭성'이라는 한계를 오히려 자연적 노동자들에게서 진정한 도덕적 탄복을 자아내는 계기로 전환시켜 인간적 우애와 연대적 리더십으로 가는 가교로 삼은 것이다.

전문적 해석자가 가상적 참여자로서 행위자 관점을 가상적으로 인계하고 '위장취업 행위자'의 역할을 채택하여 자연적 행위자들과의 '논의'를 통해 이것저것을 알아보고 의견을 청취하려고 시도한다면, 이 자연적 행위자들은 이 해석 전문가에게 비전문적 속인으로서 비대칭성과 꺼림칙한 혐의를 느낄 것이다. 그래서 비전문적 인터뷰 대상자들이 전문가들에게 전형적으로 하는 말, '나보다 더 잘 아실 텐데 뭘 자꾸 묻느냐?'라는 반문이 나오는 것이다. 그들은 진실을 감추고 말하지 않거나, 사고능력이 훈련되지 않아서 제대로 성찰하지 못하고 언어능력이 훈련되지 않아서 제대로 논증하지 못할 것이다. 결국 그들은 평소 생각해 보지 않은 문제들에 대해 즉석에서 꾸며서 아무렇게 말하거나, 거꾸로 (인터뷰 대상자가 일당을 받는다면) 모르는 것도 아는 척할 것이다. 그러나 하버마스의 해석 전문가가 가상적 관점인계나 입장 바꾸기의 역지사지 차원에서 대화적 '논의'를 통해 인터뷰 대상자들의 견해를 알아내 그들의 의도를 이해하려고 하기보다, 저 고귀한 소수의 한국 대학생처럼 '공감' 능력을 발휘한다면, 해석 전문가는 질문된 사례의 상황에서 인터뷰 대상자들이 취할 '행위'와 느낄 '감정'을 채록採錄하고 그 행위의 감정적 의미를 교감적·공감적으로 이해함으로써 해석자와 인터뷰 대상자 간의 비대칭성을 해소할 수 있을 것이다. 그렇지 않고 가상적 역지사지의 관점인계를 고수한다면, 이 해석학은 실패할 것이고, 성공의 외양을 획득한다면 그것은 전문적 해석자가 자기의 주관적 해석을 자연적 해석자의 관점에 내리 먹이고서 자연적 해석과 동일시하는 '주관적' 해석학, 아니 '기만적' 해석학일 것이다. 결국 가상적 관점인계란 애당초 전문가가 속인의 관점을 채택하는 것이 아니라, 역으로 속인의 관점을 전문가의 관점으로 대체하는 '기만적 관점인계'일 것이다.

소통적 행위의 참여자 관점과 합리적 해석의 관찰자 관점 간의 딜레마를 하버마스는 "소통적 행위에서 논의로 넘어가는 길"로 돌파하려고 하지만, '논의'는 행위 부담을 벗어날 수 있어 오히려 "소통 연관들 심화시키고 근본화하는" 까닭에 저 1·2인칭의 참여자 관점과 3인칭의 관찰자 관점을 하나로, 즉 '참여적 관찰자 관점'과 흡사한 것으로 통합해 주기는커녕 오히려 구변口辯 능력의 비대칭성을 '심화시키고 근본화시켜' 자연적 해석자들을 당혹시킬 것이다. 구변 좋은 '논의'의 길은 하버마스의 말을 따르더라도 상호이해를 지향하는 행위의 구조 속에 언제나 이미 들어 있다손 치더라도 평소 걸어보지 않은 길이고, 따라서 하버마스의 말을 따르더라도 "자연적 맥락에서는 다각도로 봉쇄되어 있는" 길이다.[760] 따라서 논의를 통한 '합리적 해석'의 길은 평소에 다니지 않는 길, 아니 가시밭이 뒤덮인 '길 아닌 길'이다. 언어적 소통 형태의 가정법적 역지사지에 의거한 '참여적 관찰자 관점'은 형용모순의 묘연한 신기루다. 이 묘연한 신기루를 좇는 하버마스의 이 해석학적 '논의'는, 그가 이 '논의'를 사실상 철학적 '논증(Argumentation)'과 동일시하는 한에서,[761] 자연과학적 학

---

760) Habermas, *Theorie des kommunikativen Handelns.* Bd.1, 188쪽.
761) 가령 참조: Jürgen Habermas, *Moralbewußtsein und kommunikatives Handeln*, 170쪽, 182쪽 등.

술논의와 마찬가지로 늘 자연적 행위 참여자들의 '소통적' 일상으로부터 '아득히 높은' 구름 위에 있는 것이다. '논의'를 통해 전문적 해석자와 자연적 행위자의 격차는 오히려 더욱 벌어지고 심화되고 말 것이다.

위에서 예고했듯이 하버마스의 해석학적 관점인계에 대한 비판은 비대칭성 또는 격차의 해소 불가능성에 대한 지적으로 그치는 것이 아니다. 필자는 흄과 셸러의 논변을 참조함으로써 1, 2, 3인칭 간의 '대등한' 언어 소통 관계에서도 역지사지의 관점인계, 즉 교호적 입장 바꾸기가 불가능하다는 것을 논증할 것이다. 상론했듯이 하버마스는 완전히 가역적인 관점인계의 교호성이 논의적 대화에서 지칭되는 '너', '나', '그'라는 1, 2, 3인칭의 교호적 사용에 착근된 것이라고 주장한다. 그러나 가상적 '관점인계'란 자아가 역지사지하는 상상력을 통해 타아의 관점을 취하는 것으로 얘기되는데, 실은 이것은 자아가 자아의 관점에서 보아 타아의 관점을 알 수 없으므로 타아의 자리에 자아의 관점을 갖다 놓는 것, 타아를 대신하는 것을 뜻한다. 이것은 자아가 자아이면서 동시에 타아일 수 있다고 주장하는 것이다.

흄은 바로 이 '자아이면서 동시에 타아인 것'이 불가능하다고 비판한다. 홉스가 동정심을 타아의 불행과 같은 불행이 자아에도 닥칠 것이라는 상상에서 생겨나는 것이라고 논변할 때도 실은 자아가 상상력에 의해 '자아이면서 동시에 타아인' 것을 염두에 둔 것이다. 또 맨드빌이 동정심을 이기심으로 분해하고 칸트와[762] 롤스가 인애심을 이기심으로 조립할 때도 실은 이기적 자아가 자아를 견지하면서 동시에 자신을 타아의 관점에 두는 '입장 바꾸기' 또는 '관점 교환'을 전제한 것이다. 흄은 상상의 사고

---

762) 상론했듯이 공통감각의 전달 가능성에 대한 입증과 관련하여 칸트는 세 가지 사유 방법 중의 한 준칙으로 "모든 타인의 입장에서 생각하기", 즉 "타인의 관점으로 옮겨가기"를 지목하고 이것을 "판단력의 준칙"이라고 말한다. Immanuel Kant, *Kritik der Urteilskraft*, §40, B158-160쪽. *Kant Werke*, Bd. 8 (Darmstadt: Wissenschaftliche Buchgesellschaft, 1983).

실험이든 상상력의 역지사지든 '자아가 자아이면서 동시에 타아인 것'의 불가능성을 지적한다.

- 이러한 추리에 의해 우리는 모든 도덕과 현명의 탐구에서 적절하고 칭찬할 만한 중도를 정하고, 어떤 성품과 습관으로부터 결과하는 이득의 관점을 결코 놓치지 않는다. 이 이득이 그 성품을 보유한 사람에 의해 향유되는 만큼, 그 이득의 전망을 우리에게, 즉 관찰자에게 기분 좋게 느껴지게 만들고 우리의 존경과 찬양을 부추기는 것은 결코 자기애일 수 없다. 상상력의 어떤 힘도 우리를 타인으로 전환시키고 우리가 타인으로서 타인에게 속하는 그 가치 있는 자질로부터 혜택을 거둔다고 우리에게 망상하도록 만들 수 없다. 아니면 상상력이 그렇게 전환시켰다면, 상상력의 어떤 민첩성도 즉각 우리를 우리 자신으로 되돌려 이송하여 우리로 하여금 타인을 우리와 다른 타인으로서 사랑하고 존경하도록 만들 수 없을 것이다. 알려진 진리와 대립적이고 서로에 대해 대립적인 관점들과 감정들은 동시에 동일한 사람에게서 들어설 자리가 없다. 그러므로 자아 관점(selfish regards)에 관한 어떤 혐의도 여기서(도덕적 행위의 이해에서 - 인용자) 전적으로 배제되어야 할 것이다.[763]

흄은 힘주어 "상상력의 어떤 힘도 우리를 타인으로 전환시키고" 또 "상상력의 어떤 민첩성도 즉각 우리를 우리 자신으로 되돌려 이송하여 우리로 하여금 타인을 우리와 다른 타인으로서 존경하도록 만들 수 없을 것이다"라고 논변하고 있다. 따라서 흄에 의하면 '자아가 자아이면서 동시에

---

763) David Hume, *An Inquiry concerning the Principles of Moral* [1751], ed. by Ch. W. Hendel. (Indianapolis: The Liberal Arts, 1978), 47쪽.

타아인' 가상적 참여자 관점의 채택, 즉 '상상력'에 의한 '관점인계'와 같은 것은 애당초 불가능한 것이다. 즉, 타아와 타아의 행위의 의미를 역지사지로 안다는 것은 불가능한 것이다. 상론했듯이 자아와 타아의 존재 의미는 오로지 교감과 공감에 의해서만 알 수 있기 때문이다.

이런 차원에서 보면, 화행적話行的 1·2·3인칭의 지칭 속에 교호성의 무슨 신비가 들어 있다고 믿는 하버마스의 확신은 실로 허상이 되고 만다. 그도 그럴 것이 자아가 자아를 '나'라고 지칭하고 타아를 '너'라고 지칭하는 한편, 타아도 타아를 '나'라고 지칭하고 자아를 '너'라고 지칭하며 또 타아가 이런 지칭을 사용하는 것이 자아에 의해 용인되고 또 거꾸로 이것이 타아에 의해 용인되는 지칭 상의 '교호성'은 관점인계의 가능성과 사실상 아무런 관계가 없는 것이다. 가령 필자가 필자 자신을 '이영재'라고 지칭하고 '이영재'를 '황태연'이라고 지칭하는 한편, '이영재'가 자신을 '황태연'이라고 부르고 필자를 '이영재'라고 부르더라도 양자 간에는 호칭 전환 외에 관점 전환이 전혀 일어나지 않는 것처럼, 화행적 1, 2, 3인칭의 교호적 지칭은 관점인계와 본질적으로 무관한 것이다. 지칭만 바꾸는 것이 아니라 유전자까지 바꾸더라도, 아니 아예 일란성쌍둥이라고 하더라도 각 자아의 관점은 판이하게 다르고, 따라서 일란성쌍둥이의 자아와 타아조차도 교호적으로 관점을 서로 바꿀 수 없는 것이다. 그러므로 화행적 교호성에 대한 그릇된 믿음에 따라 구변 좋은 언어 소통적 '논의'로만 생활세계의 의미를 이해하려는 하버마스의 '합리적 해석학'은 인간 행위의 선악과 미추를 구변 좋게 잘 말하지만 실제로 전혀 이해하지 못하는 공감 능력 없는 '사이코패스의 해석학'으로 전락할 위험에 처할 것이다.

대등한 주체 간의 상상 속의 입장 바꾸기를 통한 관점인계, 또는 상상적 역지사지를 실생활의 사례로서 분석해 보면, '입장 바꾸기'에는 기만성과 압제성도 들어 있음이 밝혀진다. 이해가 엇갈리는 실생활 속에서 관

점인계나 입장 바꾸기는 언제나 불가능하거나 억압으로 나타나기 때문
이다. 우선 개, 마소 등 고등동물과 인간 간에 상호적 '역지사지易地思之'
라는 사유 작용은 불가능하다. 이 동물들은 사유 능력이 미미하고, 또한
인간은 자신을 바꿔 동물이 될 수 없고 동물도 자신을 인간으로 바꿀 수
없어서 서로는 서로의 개체적 자아의 입장을 결코 경험적으로 알 수 없기
때문이다. 결국, 이 동물들은 심리적으로 그들이 알 수 없는 인간적 자아
의 관점을 인계할 수 없고, 역으로 인간도 미지의 심리 세계에 사는 이 개
체적 동물들의 자아의 관점을 인계할 수 없다. (물론 우리가 '역지사지'를
떠나 '공감' 차원에서 움직인다면 공감 능력이 상당히 뛰어난 개나 마소의 심
리적 자아를 충분한 공감 속에서 잘 이해할 수 있을 것이다.) 우리가 눈을 인
간과 인간의 관계로 돌리더라도 상황은 마찬가지다. 가령 남자는 영원히
여자가 될 수 없고, 여자도 영원히 남자가 될 수 없다. 따라서 남자는 여자
의 관점을, 여자는 남자의 관점을 인계할 수 없다. 딸도 아버지의 관점을,
아버지도 딸의 관점을 인계할 수 없고, 어머니는 아들의 관점을, 아들은
어머니의 관점을 인계할 수 없다. 나아가 딸이 커서 어머니가 될 수 있고,
아들이 커서 아버지가 될 수 있는 경우에도, 딸이 딸일 때는 아직 어머니
가 아니기에 딸의 관점에 집착하고, 어머니가 되어서는 이제 딸이 더 이
상 아니기에 어머니의 관점을 고수하고, 이것은 아들도 마찬가지다. 심지
어 아들이 커서 아버지가 되어 자기 아버지의 아들이면서 자기 아들의 아
버지라는 입장을 겸하게 되더라도 아버지를 향해서는 아들의 관점을 견
지하고, 아들을 향해서는 아버지의 관점을 견지하는 자기편향을 보인다.
실생활 속에서 관점인계나 관점전환은 자기편향 때문에 불가능한 것이
다. 그리하여 미래의 시어머니인 며느리와 과거 며느리였던 시어머니 간
의 관점 전환의 불가능성, 아니 며느리를 거느리고 시어머니를 모시고 사
는 며느리 겸 시어머니인 여성의 중첩적 관점의 자기 편향성, 장차 상사

가 될 부하직원과 좀 전까지 말단 사원이었던 상사의 관점의 자기 편향성, 아니 현재 아랫사람의 상사이면서 윗사람의 부하인 중간간부의 중첩된 관점의 자기 편향성, 거의 모든 사람이 동시에 처해 있는 채권자와 채무자의 중복된 관점의 자기 편향성, 시시각각 뒤바뀌는 보행자와 운전자의 상이한 관점 등에서 빚어지는 온갖 갈등 등은 늘 당사자들의 입장이 이렇게 부단히 바뀌고 중첩되더라도 자체 해결될 수 없어서 일찍이 위압적인 제3의 관점, 즉 사법기구를 요청했던 것이다. 또한 정상적 이성애자들은 역지사지로 동성애자들의 관점을 인계하여 이들과 '논의'를 벌일 수 없을 것이고, 따라서 이들을 이해할 수 없을 것이다. 결국 합리적 해석학은 이들을 배제·탄압할 것이다. 정상인은 사이코패스나 식인종도 마찬가지로 이해할 수 없다. 상대방을 알 수 없고 또 상대방이 될 수 없는 상황에서 상대방의 관점을 인계한다는 것은 실은 상대방의 관점을 나의 관점으로 대체하는 자기편향에 빠지기 때문이다. 따라서 입장을 영원히 바꿀 수 없는 이런 상황에서 관점인계는 일종의 '기만'이다. 또한 불가피하게 상대방의 관점을 깔아뭉개고 무시하는 것이기 때문에 이런 관점인계는 '압제'다. 이것은 딸이 커서 어머니가 되듯이 시간이 지나 자기가 상대방의 지위에 도달하는 경우에도 '자기편향' 때문에 사태는 마찬가지가 된다. 실생활 속에서 타아의 관점을 자기편향 속에서 자아의 관점으로 대체하고 타아의 관점을 억압하는 이런 사례들은 역지사지로서의 상상적 '입장 바꾸기'의 기만성과 압제성을 명확하게 드러내 준다.

셸러는 일찍이 유추 추리적 타아인지론, 즉 유추적 역지사지를 통한 타아인지의 이론을 비판하면서 관점인계의 근본적 기만성을 지적한 바 있다. 유추 추리적 타아인지 이론은 자아가 자신의 자아를 유추하여 자아와 유사한 타아를 알 수 있다는 자타 동일시 이론인 한에서 하버마스의 가상적 관점인계론과 본질적으로 동일한 구조를 가지고 있다. 이에 대해 셸러는 역지사지의 타아 추리가 타아의 표정을 다 고려할 정도로 치밀하더라도, 자아를 유추하여 타아를 알려는 이 유추추리가 논리적으로 옳기 위해서는 타인의 영혼 속에 '타아'가 아니라 타아와 자리를 바꾼 "나의 자아가 또 한 번 현존해야 한다"고 지적한다. 왜냐하면 역지사지의 "추리"가 "나의 자아와 상이한 타아를 정립한다면, 이 추리는 그릇된 추리이기" 때문이다. 그리하여 추리적 역지사지의 타아인지론은 타자의 존재를 입증하려는 이 추리의 본래적 가정 내용과 충돌한다. "이 가정 내용은 다른 영혼적 개인들이 존재하고 이 개인들은 그 자체로서 나의 자아와 상이하다는 것"이었다. 그러나 유추 추리는 논리적 일관성을 견지한다면 "기껏해야 타아들이 자아와 동일한 한에서만 '타아의 존재' 가정에 이를 수 있지, 결코 다른 영혼적 개인들의 존재에는 이를 수 없을 것이다".[764] 그러므로 유추 추리적 타아인지론은 자기의 자아를 타아의 자리에 가져다 놓는 자타 동일시를 통해 타아를 알았다고 우기는, 한마디로 타아를 자아로 변조 또는 위조하는 일종의 기만인 것이다. 이 기만은 당연히 진정한 '다른 영혼적 개인들'을 무시하고 배제하는 일종의 압제를 수반한다. 유추추리적 타아인지론과 본질적으로 동일한 논리구조를 가진 하버마스의 관점인계론도 이런 본질적 기만성과 압제성을 안고 있다.

결론적으로 하버마스의 논의적 관점인계론은 불가능한 이론이다. 그럼에도 이 이론을 관철시킨다면, 그것은 기만적이고 압제적인 이론으로 현상할 것이다. 또한 언어 행위에 기초한 논의적 관점인계론은 말 못 하는 존재자들을 배제한다. 이 논의적 관점인계론에 입각한 하버마스의 전문적 해석자는 말 못 하는 아기들을 이해할 수 없고, 아기의 관점을 자기의 관점으로 대체하여 결국 자기의 관점에서 아기의 행위를 이해하고 이

---

764) Max Scheler, *Wesen und Formen der Sympathie* [증보판, 1922], hrg. v. Manfred S. Frings (Bern·München: Francke Verlag, 1973 [6. Aufl.]), 234-235쪽.

이해를 아기의 자연적 이해라고 자기 기만적으로 확신할 것이다. 또한 하버마스의 전문적 해석자는 말 못 하는 동물들을 이해할 수 없으면서도 마치 완전히 이해한다고 착각하는 자기기만 속에서 이 동물들에게 자기의 관점을 내리 먹일 것이다. 그러나 실생활 속에서 엄마들은 말 못 하는 아기를 관점인계 없이 공감적으로 잘 이해하고 잘 키운다. 그리고 수많은 인간은 공감적으로 자기의 반려견들을 잘 이해하고 반려견들도 인간을 잘 이해한다. 또한 수천만, 아니 수억 명의 전 세계 목자牧者들과 유목민들, 그리고 유목견遊牧犬은 자기가 기르는 가축들을 잘 이해하고, 가축들도 목자와 유목견을 잘 따른다. 결국 논의적 관점인계에 기초한 하버마스의 합리적 해석학은 그릇된 해석학이고 배제적, 기만적, 압제적 해석학이다.

　이런 까닭에 공감의 뇌 메커니즘이 충분히 과학적으로 규명된 오늘날 우리는 진정한 해석학을 위하여 하버마스의 가상적 관점인계의 역지사지 개념만이 아니라, 철학 속에 출몰한 모든 역지사지 관념을 떨어내야 한다. 이제 필자는 홉스·루소·쇼펜하우어 등의 역지사지와 '자타 동일시', 애덤 스미스의 '상상 속의 입장 바꾸기', 칸트·롤스 등의 "타인의 관점으로 옮겨가 보편적 입지점으로부터 그 자신의 판단에 대해 반성하기", 즉 "모든 타인의 입장에서 생각하기", 슐라이어마허·딜타이·짐멜·즈나니키 등의 '상상적 자기 전치'와 '상상적·관념적 대리 체험', 매키버의 '상상적 재구성', 콜링우드 등의 '사유 이입적 재현', 미드·콜버그·쾨글러 등의 '상상적 역할채택'과 같은 온갖 인위적 '역지사지'를 순전히 철학자들이 지어낸 공상물로 단정한다. 우리는 우리의 동류 인간들의 단순한 일상 행동의 다소 지속적인 이해를 위해서라면 사람들이 무엇을 왜 하는지, 또는 다음에는 무엇을 하려고 하는지에 관한 복잡한 추론적 사유들로 두뇌를 '과부하 시킬' 필요가 없다.[765] 우리는 "타인의 입장에 서는 척하는 공들인 인지적·숙고적 가장假裝"을 하는 것이 아니라, 거울 뉴런 체계에 의해 언제든 순식간에 직관적으로 타인들이 하는 것을 자동으로 시뮬레이션할 수 있기 때문이다.[766] 따라서 이제 적어도 해석학에서만큼은 타인의 입장에 서는 척하는 가장과 허식이 결단코 혁파되어야 할 것이다.

우리는 하버마스와 가다머의 언어 실증주의적 해석학과 하버마스의 공론장 이론을 과감하게 버리고 공감적 해석학과 공감장 이론을 대안 이론으로 개발해야 할 것이다. 이 공감적 해석학과 공감장 이론은 하버마스와 가다머를 떠나 다른 곳에서[767] 찾아야 할 것이다. ▮

---

765) Marco Iacoboni, *Mirroring People: The Science of Empathy and How We Connect with Others* (New York: Picador, 2008·2009), 73쪽.

766) Iacoboni, *Mirroring People*, 73, 77쪽.

767) 황태연, 『공감적 해석학과 공감장의 이론』(서울: 한국문화사, 2025).

에필로그
Epilogue

    지금까지의 논의는 서양 합리론과 정치철학의 구석구석을 직접 답사하고 공자의 눈으로 읽고 따지는 일종의 철학적 세계일주였다. 이 멀고 험난했던 세계일주의 소감을 '일언이폐지一言以蔽之'하면, 에피쿠로스·베이컨에서 현대 경험과학에 이르는 서양 경험론과 정치철학이 대개 '사무사思無邪'였던 것과 반대로 플라톤에서 칸트·헤겔·마르크스·쇼펜하우어·니체·하버마스에 이르는 서양 합리론과 정치철학은 '사영사思盈邪'(사상에 사특함이 가득하다)라고 평해야 할 것이다.

    감각적 인식의 절대적 확실성을 주장하는 에피쿠로스와 홉스의 소박 경험론을 제외한 서양의 모든 경험론은 인지人智의 한계를 인정하는 중용적 회의주의의 '궐의궐태闕疑闕殆'(의심스러운 것과 위태로운 것을 비워

두는 것)와 동시에, 박시제중의 박애와 분리될 수 없는 '민시민청民視民聽'의 협력적 '박학심문'의 감각적 경험 내용을 이에 충실한 '술이부작'의 이성적 사유로 '신사·명변'하여 – '득도得道'의 전지全知가 아니라 – '근도近道'(개연성)의 겸손한 '제한적 지식'을 추구해 왔다. 또한 지식에 의한 자연의 지배와 정복을 추구한 베이컨을 제외한 모든 경험론자들은 공익을 등질 수 없는 대중적 협력의 산물인 이 겸손한 '제한적 지식'에 가당치 않게 자연과 인간에 대한 지배의 정통성을 인정하려는 시도를 결코 하지 않았고, 반대로 인민의 계약·동의·여론·민심을 '정통적 지배'의 근거로 설정함으로써 지식 일반을 이 인민의 지배권에 복속시켜 근대적 대중민주주의의 발전에 결정적으로 기여했다. 나아가 로크·흄 등 일부 경험론자들은 공자와 맹자처럼 동물에게도 일정한 수준의 이성을 인정할 정도로 자연에 대해 비교적 사려 깊고 겸허했다. 이 모든 점에서 서구 경험론은 순진하여 오류에 빠질지언정 사특함이 없어, 공자철학과 아주 친화적이다. 이런 까닭에 인간 과학을 수립할 수 있었고, 다윈의 경험톤적 진화론과 현대 경험과학으로 발전할 수 있었다.

반면, 서양의 모든 합리론은 광적 지식욕에 사로잡혀 인간 이성의 논증·수리 능력을 신격화할 정도로 과장하고, 방법상 회의로부터 출발하더라도 결국 일체의 회의를 초월하여 어떤 불가지적 '물자체'의 세계든 손대지 않는 곳이 없는 전지적全知的 지식을 강변하고 이 지식을 '과학'으로, 다시 이 '과학'을 새로운 신으로 격상시켜 범인류적 '민시민청'의 박학과 인간 본연의 민심 위에 군림케 했다. 그리하여 이 합리주의적 지식은 언제나 음험하고 참람하게 천재적 철인과 지자의 과학주의적 '지혜의 지배'를 정통적 지배로 요구하며 인간과 자연에 대한 지태와 정복을 기도하고, 결국 실제로 도처에서 인권을 유린하고 민주주의를 무너뜨리고 백성을 탄압했으며, 과학 기술적 전쟁과 혁명독재 및 국가 테러리즘과 제국주의로 천문학적 인간 학살과 세계적 문화 강탈을 자행하고, 기술 공학적 대량생산·대량소비와 과학적 자연 약탈 및 생명공학적 물성物性 조작으로 생태계에 대한 전지구적 대량 파괴를 야기했다. 따라서 이처럼 사특한 생각과 악행으로 넘치는 서양 합리론은 서양 합리론과 정치철학을 공자의 눈으로 읽고 따지는 이 서양 철학사에서 맹렬한 비판을 면키 어려웠다.

고대 그리스의 플라톤·아리스토텔레스 철학과 17-18세기 서양 합리론은 경험론과 마찬가지로 어떤 식으로든 공자철학의 세례를 받았다. 뷰캐넌·벨라르민·수아레스·밀턴·스피노자·벨·라이프니츠·볼프·볼테르·루소 등 18세기 초의 합리론자들은 공자철학을 합리주의적으로 굴절시키고 본질적으로 오해했을지라도 공자철학에 경탄하고 공자주의로부터 많은 자극을 수용했다. 18세기 중·후반의 합리주의자들은 공맹철학을 숭상하고 이로부터 종교의 자유, 학문의 자유, 경제활동의 자유, 시장의 자유 등 '무위이치無爲而治와 관용의 도道'를 적극 수용하여 자신들의 합리주의 철학의 사악함을 상당히 해독시켰다. 그러나 칸트 이래의 19·20세기 합리론은 공자주의를 완전히 망각하고 인식 대상을 주관적으로 재단하고 이것에 법칙을 부여하는 참람한 입법적 주체 철학과 전지적 과학주의 이데올로기 속으로 침몰하고 말았다. 여기서 예외적 철학자는 쇼펜하우어였다. 그는 힌두이즘과 불교·공자철학을 상당히 수용하여 알차게 활용했다. 이런 까닭에 그의 도덕철학에는 사악함이 들어서지 못했다. 그의 칸트 비판은 흄과 루소를 통해 배운 공맹의 공감·동정심론과 힌두이즘·불교 철학에 크게 힘입었다. 그러나 그는 결국 칸트주의자였다.

그런데 이 서양철학의 공자주의적 재조명의 '대장정'을 답파한 독자들에게 마땅히 귀띔해 주어야 하는 것은 근대 합리론의 이러한 고권적高權的 주체 패러다임을 해체하려고 시도한 푸코의 포스트모더니즘도 결코

'패러다임 전환'이 아니라, 저 합리론의 데카당스적·비관주의적 재판에 지나지 않는다는 사실이다. 무릇 모든 것을 이성으로 부정하는 '회의적 이성'과, 모든 것을 이성으로 정당화하는 '독단적 이성'은 둘 다 '순수하게 합리적인' 사유인 점에서 서로의 '거울'이다. '회의적 이성'으로 모든 '독단적 이성'을 해체하는 선에 멈춰 있던 포스트모더니즘과 '공허하고 위험한 칸트주의 합리론'의 정통적 계승자들은 사실상 쌍생아에 지나지 않았다. 심지어 'Anything goes(뭐든 괜찮다)'를 모토로 내건 포스트모더니즘 사조의 그 다양하고 현란한 '철학적 개그' 속에서도, 감성과 경험을 격상시키고 이성을 제 자리로 돌려보내는 경험주의 패러다임에 대해서만은 저 모토가 '금기'였던 것이다.

한편, 기존의 주체 철학적 독백 모델의 합리론을 대화 모델의 언어적 '소통 패러다임'으로 전환하여 전통적 합리론을 변조·재건하려는 하버마스의 시도도 진정한 의미의 '패러다임 전환'이 아니라 기껏해야 언어주의적 '인공호흡기'에 의한 근대 합리론의 '생명 연장' 조치에 불과한 것이다. 그의 언어 실증주의적 소통 이론도 감정을 초월한 언어 행위의 '합리성'만을 추구했기 때문이다. 그리하여 이른바 '소통적 이성'도 언어 물신에 사로잡혀 포스트모더니즘만큼이나 인간의 감성·감정·경험에 무지하고, 따라서 그 어떤 제대로 된 패러다임 전환을 수행하기는커녕 합리주의 패러다임의 '참호'를 사수하듯이 '합리적' 대안만을 찾으려고 했다. 이런 까닭에 '주둥이의 포로'가 된 소통적 행위의 이론은 '언어적 소통'보다 더 근원적이고 훨씬 더 항구적인 무언의 '감정전달', 즉 말 없는 '공감(empathy)'을 거의 완전히 배제한다. 나중에야 비상한 압박 속에서 하버마스는 '공감'을 인정했지만 자기의 그릇된 이론 체계의 와해된 사상누각을 다시 짓기에는 때가 너무 늦어서 무너진 사상누각의 잔해 위에 퍼질러 누워 그냥 영면해 버렸다.

현실 속에서 인간적 상호작용을 일상적으로 유력하게 조절하는 것은 고난도·고비용의 소통적 이성과 언어적 공론장이라기보다, 차라리 대중의 시각적 감각과 감정적 정서에 의해 조성되는 무언의 – 따라서 저비용의 – 인간적 보편 감정과 공감장이다. 인간의 이 '감정'과 '공감'은 종종 감정을 가진 모든 동물과도 통한다. 그러나 언어적 소통 철학은 동물과의 공감적 행위만이 아니라 인간들끼리의 공감적 행위도 인정치 않으면서 보통 사람들에게 고난도·고비용의 '소통적 이성'으로 모든 것을 공동으로 이해하고 정당화해야 할 전대미문의 과중한 합리적 책무를 부과한다. 이 점에서 소통 철학은 포스트모더니즘만큼이나 '민시민청'의 일반 정서와 민심을 등진 '부지이작'의 공상 철학이다. '소통적 이성'으로 모든 것을 새로이 정초하려는 소통적 합리론과, '포스트모던 이성'으로 모든 것을 해체하려는 포스트모더니즘은 서로의 '거울'인 셈이다. ♣

END

✦

참고문헌

〈동양문헌〉

사서삼경: 『大學』, 『中庸』, 『論語』, 『孟子』, 『書經』, 『詩經』, 『易經(周易)』,

기타경전: 『禮記』, 『春秋』, 『大戴禮』, 『孝經』.

춘추해석서: 『春秋左氏傳』, 『春秋公羊傳』, 『春秋穀梁傳』.

杜預(注)·孔穎達(疏), 『春秋左傳正義』(開封: 欽定四庫全書, 宋太宗 淳化元年[976年]).

戴震, 『孟子字義疏證』. 대진(임옥균 역), 『맹자자의소증·원선』(서울: 홍익출판사, 1998).

여불위(김근 역), 『여씨춘추』(파주: 글항아리, 2012).

林尹·高明(主編), 『中文大辭典(四)』(臺北: 中國文化大學出版部, 中華民國 74年[1982]).

司馬遷(정범진 외 역), 『史記本紀』(서울: 까치, 2002).

王符, 『潛夫論』.

廖名春 釋文, 「馬王堆帛書 '二三子'」.

이영재, 「공자의 '恕' 개념에 관한 공감도덕론적 해석」, 『정치학회보』 47집 1호(2013): [29-46쪽].

李瀷, 『星湖僿說』. 이익, 『국역 성호사설(X)』(서울: 민족문화추진회, 1977·1985).

伊藤仁齋, 『語孟字義』(宝永二年刊本), 『伊藤仁齋·伊藤東涯』(東京: 岩波書店, 1971).

丁若鏞(全州大 호남학연구소 역), 『與猶堂全書』「經集 Ⅱ·論語古今註」(전주: 전주대학교출판부, 1989).

鄭玄(注)·賈公彦(疏), 『周禮注疏』, 十三經注疏編纂委會 간행(北京: 北京大學校出版部, 2000).

朱熹, 『四書集註』.

陳淳, 『北溪字義』.

何晏(注)·邢昺(疏), 『論語注疏』, 十三經注疏整理本(北京: 北京大學出版社, 2000).

한국정보화진흥원, 「재난안전 부문의 소셜미디어 활용 선진사례 연구」. NIA-Ⅱ-RER-11022 (2011).

황태연·엄명숙, 『포스트사회론과 비판이론』 (서울: 푸른산, 1994).

황태연, 「하버마스의 소통적 주권론과 쌍선적 토의 정치의 이념」, 『사회비평』 (1996).

황태연, 「자본주의의 근본적 변화와 제국주의의 종식」, 계간 『사상』, 1999·겨울호(통권 43호).

황태연, 『계몽의 기획』 (서울: 동국대학교출판부, 2004).

황태연, 「공자의 공감적 무위·현세주의와 서구 관용사상의 동아시아적 기원(上)」, 『정신문화연구』 제36권 제2호 통권 131호(2013 여름호): [8-187쪽]

황태연, 『감정과 공감의 해석학(1-2)』 (파주: 청계, 2014·2015).

황태연, 『백성의 나라 대한제국』 (파주: 청계, 2017).

황태연, 『공자의 인식론과 역학: 지물과 지천의 지식철학』 (파주: 청계, 2018).

황태연, 『공자철학과 서구 계몽주의의 기원』 (파주: 청계, 2019).

황태연, 『근대 영국의 공자숭배와 모럴리스트들』 (서울: 한국문화사, 2023).

황태연, 『공자와 미국의 건국(하)』 (서울: 한국문화사, 2023).

황태연, 『근대 독일과 스위스의 유교적 계몽주의』 (서울: 한국문화사, 2023). 황태연, 『근대 프랑스의 공자 열광과 계몽철학』 (서울: 한국문화사, 2023).

황태연, 『놀이하는 인간』 (서울: 지식산업사, 2023).

황태연, 『도덕의 일반이론(상·하)』 (서울: 한국문화사, 2024).

황태연, 『베이컨에서 홉스까지: 서양 경험론과 정치철학』 (서울: 생각굽기 2024).

황태연, 『로크에서 섀프츠베리까지: 서양 경험론과 정치철학』 (서울: 생각굽기, 2024). 황태연, 『라이프니츠에서 루소까지: 서양 경험론과 정치철학』 (서울: 생각굽기, 2024).

황태연, 『데이비드 흄에서 다윈까지: 서양 경험론과 정치철학』 (서울: 생각굽기, 2024).

황태연, 『공감적 해석학과 공감장의 이론』 (서울: 한국문화사, 2025).

〈서양문헌〉

Abel, Theodore, "The Operation Called Verstehen", *American Journal of Sociology*, Vol.54, No.3 (Nov. 1948): [211-218쪽], 또는 Fred R. Dallmayr & Thomas A. McCarthy (eds.), *Understanding and Social Inquiry* (Notre Dame·London: University of Notre Dame Press, 1977): [81-90쪽].

Apel, Karl-Otto, "Szientistik, Hermeneutik, Ideologiekritik: Entwurf einer Wissenschaftlslehre in erkenntnisanthropologischer Sicht". Karl-Otto Apel, *Transfomation der Philosophie*, Bd.2: *Das Apriori der Kommunikationsgemeinschaft* (Frankfurt am Main: Suhrkamp, 1973·1993).

Apel, Karl-Otto, *Transfomation der Philosophie*, Bd.2: *Das Apriori der Kommunikationsgemeinschaft* (Frankfurt am Main: Suhrkamp,

1973·1993).

Arendt, Hannah, *Macht und Gewalt* [*On Violence*, New York: 1970] (München/Zürich: Piper Verlag, 1990).

Arendt, Hannah, *Vita Activa oder Vom tätigen Leben* [*The Human Condition*, Chicago: University of Chicago Press, 1958] (München: Piper, 1967).

Aristoteles, *Politik*. Übersetzt v. Olof Gigon (München: Deutscher Taschenbuch Verlag, 1955·1986).

Aristoteles, *Die Nikomachische Ethik*, übersetzt v. Olof Gigon (München: Deutscher Taschenbuch Verlag, 1955·1986).

Aristotle, *The Eudemian Ethics. Aristotle*, vol. 20 (Cambridge, MA: Harvard University Press, 1935·1981).

Aristotle, Poetics. Aristotle, *The Poetics, "Longinus" on the Sublime, Demetrius on Style* (Cambridge, Massachusetts: Harvard University Press, 1965).

Armstrong, Karen, *The Great Transformation: The Beginning of Our Religious Traditions* (Toronto: Vintage Canada, 2006).

Arnhart, Larry, *Darwinian Natural Right: the Biological Ethics of Human Nature* (Albany, NY: State University of New York Press, 1998).

Avineri, Shlomo, Karl Marx: Philosophy and Revolution (New Haven: Yale University Press, 2019).

Bacon, Francis, *The New Organon* [1620], edited by Lisa Jardine and Michael Silverthorne (Cambridge: Cambridge University Press, 2000).

Bayle, Pierre, *Historical and Critical Dictionary* [1697] (Indianapolis·Cambridge: Hackett, 1991).

Benjamin, Walter, "Zur Kritik der Gewalt". Water Benjamin, *Zur Kritik der Gewalt und andere Aufsätze* (Frankfurt am Main: Suhrkamp, 1965).

Bentham, Jeremy, *Panopticon* [1787]. *The Works of Jeremy Bentham* (New York: Russel & Russel, 1962).

Bischoff, Joachim, und Michael Menard, *Marktwirtschaft und Sozialismus. Der dritter Weg* (Hamburg: VSA Verlag, 1990).

Bluhm, William T., "Political Theory and Ethics". René Descartes, *Discourse on Method and Meditations on First Philosophy*, edited by David Weissman, with Essays by William T. Blum, Lou Massa, Thomas Pavel, John F. Post, Stephen Toulmin, David Weissman (New Haven·London: Yale University Press, 1996).

Brand, Karl.-Werner, "Einleitung". K. W. Brand (Hg.), *Neue soziale Bewegungen in Westeuropa und den U.S.A.* (Frankfurt am Main/New York: Campus Verlag, 1985).

Brand, Karl.-Werner/Dietlef Büsser/Dieter Rucht, *Aufbruch in eine andere*

Gesellschaft. Neue soziale Bewegungen in der Bundesrepublik (Frankfurt am Main: Campus Verlag, 1986).

Cohen, Jean/Andrew Arato, "Politics and the Reconstruction of the Concept of Civil Society". Axel Honneth/Thomas McCarthy/Claus Offe/Albrecht Wellmer, *Zwischenbetrchtung. Im Prozeß der Aufklärung* (Frankfurt am Main: Suhrkamp, 1989).

Cooley, Charles H., *Human Nature and the Social Order* (New Brunswick·London: Transaction Publishers, 1902·1922·1930·1964·1984, 7th printing 2009).

Cooley, Charles H., *Sociological Theory and Social Research* (New York: Augustus M. Kelley Publishers, 1930·1969).

Darwin, Charles, *The Descent of Man, and Selection in Relation to Sex* [1871·1874] (London: John Murray, 2nd edition 1874).

Dawkins, Richard, *The Selfish Gene* (Oxford: Oxford University Press, 1976).

de Waal, Frans, "Morality Evolved: Primate Social Instincts, Human Morality and the Rise and Fall of 'Veneer Theory'". Stephen Macedo and Josiah Ober (ed.). *Primates and Philosopher: How Morality Evolved* (Princeton: Princeton University Press, 2006).

de Waal, Frans, *Our Inner Ape* (New York: Riverhead Books, 2005).

Descartes, René, *The Principles of Philosophy* [1647]. *The Philosophical Wrings of Descartes*, vol.I, translated by John Cottingham·Robert Skoothoff·Dugald Murdoch (Cambridge·New York·Melborne: Cambridge University Press, 1985, 19th printing 2007).

Descartes, René, *Rules for the Direction of the Mind* [1701]. *The Philosophical Wrings of Descartes*, Volume I.

Divale, W. T., & M. Harris, "Population, Warfare and the Male Supremacist Complex", *American Anthropologist* No.78 (1976).

Dutton, Denis, *The Art Instinct: Beauty, Pleasure, and Human Evolution* (New York: Bloomsbury Press, 2009·2010).

Edwardes, Michael, *East-West Passage: The Travel of Ideas, Arts and Interventions between Asia and the Western World* (Cassell·London: The Camelot, 1971).

Eibl-Eibesfeldt, Irenäus, *Human Ethology* (New York: De Gruyter, 1989).

Engels, Friedirich, *Der Ursprung der Familie, des Privateigenthums und des Staat* [1884]. *Marx Engels Werke* 21 (Berlin: Dietz Verlag, 1982).

Fay, Brian, *Contemporary Philosophy of Social Science* (Oxford: Blackwell, 1996).

Foucault, Michel, *Überwachen und Strafen: Die Geburt des Gefängnisses*

(Frankfurt am Main: Suhrkamp, 1977).

Foucault, Michel, *Die Ordnung der Dinge* [*Les mots et choses*, 1966] (Frankfurt am Main: Suhrkamp, 1974).

Foucault, Michel, *Was ist Kritik* [*Qu'est-ce que la critique?*] (Berlin: de Merve Verlag, 1992).

Foucault, Michel, "Um welchen Preis sagt die Vernunft die Wahrheit?", *Spuren* (1/1983).

Foucault, Michel, *Dispositiv der Macht* (Berlin: de Merve. 1978).

Foucault, Michel, *Der Wille zum Wissen. Sexualität und Wahrheit 1* (Frankfurt am Main: Suhrkamp, 1983).

Foucault, Michel, *Vom Licht des Krieges zur Geburt der Geschichte* (Berlin: Merve, 1986).

Gadamer, Hans-Georg, *Wahrheit und Methode, Grundzüge einer philosophischen Hermeneutik*. Gadamer, Gesammelte Werke, Bd.1, *Hermeneutik I* (Tübingen: J. C. B. Mohr, 1960·1986).

Gerhardt, Volker, *Pathos und Distanz* (Stuttgart: Philipp Reclam, 1988).

Gerhardt, Volker, "Nieztsches ästhetische Revolution". Volker Gerhardt, *Pathos und Distanz* (Stuttgart: Philipp Reclam, 1988).

Giddens, Anthony, *New Rules of Sociological Method*, (New York: Basic Books, 1976).

Gilligan, Carol, "In a Different Voice: Women's Conceptions of the Self and of Morality". *Harvard Educational Review* 47 (1977).

Gilligan, Carol, *In a Different Voice: Psychological Theory and Women's Development* (Cambridge: Harvard University Press, 1982)

Gilligan, Carol, S. Langsdale, N. Lyons & J. M. Murphy, "Contributions of Women's Thinking to Developmental Theory and Research". *Final Report to national Institute of Education* (1982).

Golomb, Jacob, and Robert S. Wistrich, *Nietzsche, Godfather of Fascism?: On The Uses and Abuses of a Philosophy* (Princeton, New Jersey: Princeton University Press, 2002).

Gorz, André, *Kritik der ökonomischen Vernunft. Sinnfragen am Ende der Arbeitsgesellschaft* (Berlin: Rotbuch Verlag, 1989).

Gramsci, Antonio, *Zu Politik, Geschichte und Kultur* (Frankfurt am Main: Röderberg, 1980).

Greene, Joshua, "The Secret Joke of Kant's Soul". W. Sinnott-Armstrong (ed.), *Moral Psychology*, Vol.3: *The Neuroscience of Morality* (Cambridge, Massachusetts: MIT Press, 2008).

Habermas, Jürgen, *Strukturwandel der Öffentlichkeit* [1962] (Frankfurt am

Main: Suhrkamp, 1990).

Habermas, Jürgen, *Technik und Wissenschaft als 'Ideologie'* (Franfurt am Main: Suhrkamp, 1968).

Habermas, Jürgen, "Hannah Arendts Begriff der Macht" [1976]. Jürgen Habermas, *Philosophisch-politische Profile* (Frankfurt am Main: Suhrkamp, 1987).

Habermas, Jürgen, "Aspekte der Handlungsrationalität" [1977]. *Jürgen Habermas, Vorstudien und Ergänzungen zur Theorie des kommunikativen Handelns* (Frankfurt am Main: Suhrkamp, 1984).

Habermas, Jürgen, "Replik auf Einwände" [1980]. Habermas, *Vorstudien und Ergänzungen zur Theorie des kommunikativen Handelns* (Frankfurt am Main: Suhrkamp, 1984).

Habermas, Jürgen, *Theorie des kommunikativen Handelns*, Bd.1-2 (Frankfurt am Main: Suhrkamp, 1981).

Habermas, Jürgen, *Moralbewußtsein und kommunikatives Handeln* (Frankfurt am Main: Suhrkamp Verlag, 1983·1991). 국역본: 하버마스(황태연 역), 『도덕의식과 소통적 행위』(서울: 나남, 1997).

Habermas, Jürgen, *Die Neue Unübersichtlichkeit* (Frankfurt am Main: Suhrkamp, 1985).

Habermas, Jürgen, "Mit dem Pfeil ins Herz der Gegenwart - Zu Foucaults Vorlesung über Kants *Was ist Aufklärung*". Jürgen Habermas, *Die Neue Unübersichtlichkeit* (Frankfurt am Main: Suhrkamp, 1985).

Habermas, Jürgen, "Ein Interview mit der New Left Review". Habermas, *Die Neue Unübersichtlichkeit* (Frankfurt am Main: Suhrkamp, 1985).

Habermas, Jürgen, "Die Krise des Wohlfahrtstaats und die Erschöpfung utopischer Energie". Jürgen Habermas, *Die Neue Unübersichtlichkeit* (Frankfurt am Main: Suhrkamp, 1985).

Habermas, Jürgen, "Dialektik der Rationalisierung". Habermas, *Die Neue Unübersichtlichkeit* (Frankfurt am Main: Suhrkamp, 1985).

Habermas, Jürgen, *Philosophisch-politische Profile* (Frankfurt am Main: Suhrkamp, 1987).

Habermas, Jüregen, *Der philosophische Diskurs der Moderne* (Frankfurt am Main, Suhrkamp, 1988).

Habermas, Jürgen, "Replik auf Einwände" [1980]. Jürgen Habemas, *Vorstudien und Ergänzungen zur Theorie des kommunikativen Handelns* (Frankfurt am Main: Suhrkamp, 1984). English: "A Reply to my Critics". J. B. Thomson/D. Held (ed.), *Habermas - Critical Debates* (London: MIT Press, 1982).

Habermas, Jürgen, "Erläuterungen zum Begriff des kommunikativen Handelns" [1982]. Jürgen Habermas, *Vorstudien und Ergänzungen zur Theorie des kommunikativen Handelns* (Frankfurt am Main: Suhrkamp, 1984).

Habermas, Jürgen, "Entgegenung" [1986]. Axel Honneth/Hans Joas (Hg.), *Kommunikatives Handeln* (Frankfurt am Main: Suhrkamp, 1986).

Habermas, Jürgen, "Volkssouveränität als Verfahren" [1988]. Habermas, *Die Moderne - ein unvollendetes Projekt* (Leipzig: Reclam, 1990).

Habermas, Jürgen, "Justice and Solidarity: On the Discussion Concerning Stage 6". Thomas E. Wren (ed.), *The Moral Domain* (Cambridge, Massachusetts: The MIT Press, 1990).

Habermas, Jürgen, "Intervew mit Nielsen". Jürgen Habermas, *Die nachholende Revolution* (Frankfurt am Main: Suhrkamp, 1990).

Habermas, Jürgen, *Texte und Kontexte* (Frankfurt am Main: Suhrkamp, 1991).

Habermas, Jürgen, *Faktizität und Geltung. Diskurstheorie des Rechts und des demokratischen Rechtsstaates* (Frankfurt am Main: Suhrkamp, 1992).

Habermas, Jürgen, *Die Einbeziehung des Andern* (Frankfurt am Main: Suhrkamp, 1996). 위르겐 하버마스(황태연 역), 『이질성의 포용』 (서울: 나남, 2000).

Habermas, Jürgen, *Ein neuer Strukturwandel der Öffentlichkeit und die deliberative Politik* (Frankfurt am Main: Suhrkamp, 2022).

Haidt, Jonathan, "The Emotional Dog and Its Rational Tail: A Social Intuitionist Approach to Moral Judgement". *Psychological Review*, Vol.108, No.4(2001): [814-834쪽].

Hamacher (Hrsg.), Werner, *Nietzsche aus Frankreich. Essays von Maurice Blanchot, Jacques Derrida, Pierre Klosswski, Philippe Lacoue-Labarthe, Nancy und Bernd Pautrat* (Frankfurt am Main·Berlin: Ullstein, 1986).

Hawkins, Mike, *Social Darwinism in Europe and American Thought 1860-1945* (Cambridge: Cambridge University Press, 1997).

Hegel, Georg W. F., *Die Verfassung Deutschlands* [1800-1802]. *G.W.F. Hegel Werke*, Bd.1, *Frühe Schriften* (Frankfurt am Main: Suhrkamp, 1986).

Hegel, Georg W. F., *Grundlinien der Philosophie des Rechts. Hegel Werke*, Bd.3 (Frankfurt am Main: Suhrkamp, 1986).

Hegel, Georg W. F., *Enzyklopädie der philosophischen Wissenschaften. Hegel Werke*, Bd.10 (Frankfurt am Main: Suhrkamp, 1986).

Hesse, Mary, *In Defence of Objectivity* (Oxford: Oxford University Press, 1973).

Hirsch, Joachim, *Kapitalismus ohne Alternativ? Materialistische Gesellschaftstheorie und Möglichkeiten einer sozialistischen Politik heute* (Hamburg: VSA Verlag, 1990).

Hobbes, Thomas, *Leviathan or The Matter, Form, and Power of a Commonwealth Ecclesiastical and Civil. The Collected Works of Thomas Hobbes*. Vol. III. Part I and II, collected and edited by Sir William Molesworth (London: Routledge/Thoemmes Press, 1992).

Honneth, Axel, "Arbeit und instrumentales Handeln". Axel Honneth und Urs Jaeggie (Hg.), *Arbeit, Handlung, Normativität: Theorien des Historischen Materialismus 2* (Frankfurt am Main: Suhrkamp, 1980).

Horkheimer, Max/Theodor W. Adorno, Max Horkheimer & Theodor W. Adorno, *Dialektik der Aufklärung* (Frankfurt am Main: S. Fischer, 1969·1988·2006[16.Auflage]). Suhrkamp-Ausgabe: Max Horkheimer und Theodor W. Adorno, *Dialektik der Aufklärung*. Theodor W. Adorno, *Gesammelte Schriften*, Bd.3 (Frankfurt am Main: Suhrkamp, 1997); 영역본: Max Horkheimer & Theodor W. Adorno, *Dialectic of Enlightenment* (New York: Herder and Herder, 1972; reissues by Verso from 1979 reverse the order of the authors' names); *Dialectic of Enlightenment* (Stanford: Stanford University Press, 2002).

Huang, Alfred, *The Complete I Ching* (Rochester & Vermont: Inner Traditions, 1998).

Huizinga, Johan, *Homo Ludens: A Study of the Play - Element in Culture* (Boston: The Beacon Press, 1950·1955).

Hume, David, *A Treatise of Human Nature*, Book 3. *Of Morals*, edited by David Fate Norton and Mary J. Norton, with Editor's Introduction by David Fate Norton (Oxford·New York·Melbourne etc.: Oxford University Press, 2001·2007).

Hume, David, *An Inquiry concerning the Principles of Moral* [1751], ed. by Ch. W. Hendel. (Indianapolis: The Liberal Arts, 1978).

Hund, Wulf D., *Stichwort: Arbeit - vom Banausentum zum travail attractif* (Heilborn: Distel Literaturverlag, 1990).

Hwang, Tai-Youn, *Herrschaft und Arbeit im neueren technischen Wandel* (Frankfurt/Paris/New York: Peter Lang Verlag, 1992). 국역본: 황태연, 『지배와 이성』(서울: 창작과비평사, 1996).

Hwang, Tai-Youn, "Verschollene Eigentumsfrage. Zur Suche nach einer neuen Eigentumspolitik", *SOZIALISMUS* (Hamburg: VSA-Verlag, 1992) 2/1992.

Iacoboni, Marco, *Mirroring People: The Science of Empathy and How We Connect with Others* (New York: Picador, 2008·2009).

Jackson, M. Allison Cato, & Bruce Crosson, "Emotional Connotation of Words: Role of Emotion in Distributed Semantic Systems". Silke Anders, Gabriele Ende, Markus Junghöfer, Johanna Kissler & Dirk Wildgruber,

Understanding Emotions (Amsterdam: Elsevier, 2006)

Kant, Immanuel, *Idee zu einer allgemeinen Geschichte in weltbürgerlicher Absicht* [1784]. *Kant Werke*, Bd.9, Teil 1 (Darmstadt: Wissenschaftliche Buchgesellschaft, 1983).

Kant, Immanuel, *Grundlegung zur Metaphysik der Sitten* [1785·1786]. *Kant Werke*, Band 6, Erster Teil (Darmstadt: Wissenschaftliche Buchgesellschaft, 1983).

Kant, Immanuel, *Kritik der reinen Vernunft* [1781·1787]. *Kant Werke*, Bd.4 (Darmstadt: Wissenschaftliche Buchgesellschaft, 1983).

Kant, Immanuel, *Kritik der praktischen Vernunft* [1788]. *Kant Werke*, Bd.6. Erster Teil (Darmstadt: Wissenschaftliche Buchgesellschaft, 1983).

Kant, Immanuel, *Kritik der Urteilskraft. Kant Werke*, Bd.8 (Darmstadt: Wissenschaftliche Buchgesellschaft, 1983).

Kant, Immanuel, *Metaphysische Anfangsgründe der Tugendlehre. Die Metaphysik der Sitten* [1797·1798], Zweiter Teil. Kant Werke, Bd.7. *Schriften zur Ethik und Religionsphilosphie.* Zweter Teil (Darmstadt: Wissenschaftliche Buchgesellschaft, 1983).

Kant, Immanuel, *Die Religion innerhalb der Grenzen der bloßen Vernunft* [1793·1794]. *Kant Werke*, Bd.10 (Darmstadt: Wissenschaftliche Buchgesellschaft, 1983).

Kant, Immanuel, *Anthropologie in pragmatischer Hinsicht* [1798]. *Kant Werke*, Bd.10 (Darmstadt: Wissenschaftliche Buchgesellschaft, 1983).

Kant, Immanuel, *Der Streit der Facultäten. Kant Werke*, Bd.9 (Darmstadt: Wissenschaftliche Buchgesellschaft, 1983).

Kaufmann, Walter, *Goethe, Kant, and Hegel: Discovering the Mind*, with a new introduction by. Ivan Soll, vol.1 (New Brunswick, NJ: Transaction; Cambridge: Cambridge University Press, 2009).

Kitschelt, Herbert, "Zur Dynamik neuer sozialer Bewegungen in den USA. Strategien gesellschaftlichen Wandels und 'American Exceptionalism'". K. W. Brand (Hg.), *Neue soziale Bewegungen in Westeuropa und den U.S.A.* (Frankfurt am Main/New York, 1985).

Kohlberg, Lawrence, *The Psychology of Moral Development* (Cambridge·New York: Harper & Low Publisher, 1984). 국역본: 로렌스 콜버그 (김민남·진미숙 역), 『도덕발달의 심리학』(서울: 교육과학사, 2001).

Kohlberg, Lawrence, Dwight R. Boyd, and Charles Levine, "The Return of Stage 6: Its Principle and Moral Point View". Thomas E. Wren (ed.), *The Moral Domain* (Cambridge, Massachusetts: The MIT Press, 1990).

Kropotkin, Pyotr A., *Mutual Aid: A Factor of Evolution* (London: William

Heinemann, 1902·1919).

Krüger, Hans-P., *Kritik der kommunikativen Vernunft* (Berlin: Akademie Verlag, 1990).

Le Blanc, Charles, *Huai-nan Tzu*(淮南子). *Philosophical Synthesis in Early Han Thought: The Idea of Resonance* (Kan-ying, 感應). With a Translation and Analysis of Huai-nan Tzu Chapter Six (Hong Kong: Hong Kong University Press, 1985).

Lee Eun-Jeong, *Anti-Europa: Die Geschichte der Rezeption des Konfuzianismus und der konfuzialnischen Gesellscjaft seit der frühen Aufklärung* (Münster: Lit Verlag, 2003).

Laertius, Diogenes, *The Lives and Opinions of Eminent Philosophers* (1853) (Davers, MA: General Books LLC, 2009).

Lenin, Wladimir I., "Zur sogenannten Frage der Märkte". *Lenin Werke*, Bd.1 (Berlin: Dietz Verlag, 1962).

Lenin, Wladimir I., *Staat und Revolution*. Lenin, *Ausgewählte Werke*, Bd.II (Berlin: Dietz Verlag, 1970).

Lindsay, Bruce R., *Social Media and Disasters: Current Uses, Future Options, and Policy Consideration* (Congressional Research Services Report No.7-5700, 2011).

Marcuse, Herbert, *The One-Dimensional Man* [Boston: 1964]. 독역본: *Der eindimensionale Mensch. Studien zur Ideologie der fortschrittenen Industriegesellschaft* (Darmstadt/Neuwied: zu Klampen Verlag, 1965).

Marx, Karl, "Debatten über die Preßfreihei unf Publikation der Landständischen Verhandlungen". *MEW* [*Marx Engels Werke*] 1 (Berlin: Dietz Verlag, 1980).

Marx, Karl, "Rechtfertigung des Korrespondenten von der Mosel". *MEW* 1 [*Marx Engels Werke*, Band 1] (Berlin: Dietz Verlag, 1982).

Marx, Karl, *Zur Kritik der politischen Ökonomie. MEW* 13 [*Marx Engels Werke*, Band 13] (Berlin: Dietz Verlag, 1982).

Marx, Karl, *Der achtzehnte Brumaire des Louis Bonaparte. MEW* 8 (Berlin: Dietz Verlag, 1982).

Marx, Karl, *Das Kapital I, MEW* 23 [*Marx Engels Werke*, Band 23] (Berlin: Dietz Verlag, 1982).

Marx, Karl, *Das Kapital II. MEW* 24 (Berlin: Dietz Verlag, 1982).

Marx, Karl, *Theorien über den Mehrwert I. MEW* 26.1 [*Marx Engels Werke*, Band 26.1.] (Berlin: Dietz Verlag, 1982).

Marx, Karl, *Kritik des Gothaer Programms. MEW* 19.

Marx, Karl, *Grundrisse der Kritik der politischen Ökonomie. MEW* 42 (Berlin: Dietz Verlag, 1982).

Marx, Karl, "An Annenkov" (1846. 12. 28). *MEW* 4 (Berlin: Dietz Verlag, 1982).

Marx, Karl, *Resultate des unmittelbaren Produktionsprozesses* (Frankfurt am Main: Verlag Neue Kritik Frankfurt, 1969).

Mead, George Herbert, *Mind, Self & Society* (Chicago·London: The University of Chicago, 1934).

Mead, George Herbert, *Mind, Self & Society* (Chicago·London: The University of Chicago, 1934).

Mead, George Herbert, "The Self and the Process of Reflection". George Herbert Mead, *Mind, Self & Society* (Chicago·London: The University of Chicago, 1934).

Newsweek, 2010. 7. 25.

Mill, John Stuart, *Utilitarianism* [1861]. John Stuart Mill, *Essays on Ethics, Religion and Society,* edited by J. M. Robinson (Toronto·London: University of Toronto Press·Routlege & Kegen Paul, 1969).

Needham, Joseph, "Science and China's Influence on the World". Raymond Dawson (ed.), *The Legacy of China* (Oxford·London·New York: Oxford University Press, 1964·1971).

Negt, Oskar, *Lebendige Arbeit, enteignete Zeit. Politische und kulturelle Dimension des Kampfes um die Arbeitszeit* (Frankfurt am Main/New York: Suhkamp, 1984).

Nietzsche, Friedrich, "Der griechische Staat". Kritische Studienausgabe(KSA), Bd. 1. Herausgegeben von Giogrio Colli und Mazzino Montinari (Berlin·New York: Walter de Gruyter, 1988).

Nietzsche, Friedrich, "Ueber Wahrheit und Lüge im aussermoralischen Sinne". *Nietzsche Werke*, V-I, hg. v. G. Colli und M. Montarinari (Berlin: Walter de Gruyer, 1973).

Nietzsche, Friedrich, "Ueber das Pathos der Wahrheit". *Nietzsche Werke*, V-I, hg. v. G. Colli und M. Montarinari (Berlin: Walter de Gruyer, 1973).

Nietzsche, Friedrich, *Die Geburt der Tragödie* [1872]. *Nietzsche Werke*, III-1, hg. v. G. Colli u. M. Montarinari (Berlin: Walter de Gruyter & Co, 1972).

Nietzsche, Friedrich, *Morgenröte. Gedanken über die moralischen Verurtheile* [1881]. Giorgio Colli und Mazzino Montarinari (Hg.), *Nietzsche Werke*, 1.Bd. v. V. Abteilung (Berlin: Walter de Gruyter & Co, 1968).

Nietzsche, Friedrich, *Also sprach Zarathustra. Ein Buch für Alle und Keinen* [1883-1885]. Zweiter Theil. "Von den Taranteln". Giorgio Colli und Mazzino Montarinari (Hg.), *Nietzsche Werke,* 1.Bd. v. VI. Abteilung (Berlin: Walter de Gruyter & Co, 1968).

Nietzsche, Friedrich, *Der Wanderer und sein Schatten* [1880]. Giorgio Colli und Mazzino Montarinari (Hg.), *Nietzsche Werke*, 3.Bd. v. IV. Abteilung. Menschliches, Allzumenschliches. Zweiter Band (Berlin: Walter de Gruyter & Co, 1968).

Nietzsche, Friedrich, *Menschliches, Allzumenschliches*. Erster Band [1878]. Giorgio Colli und Mazzino Montarinari (Hg.), *Nietzsche Werke*, 2.Bd. v. IV. Abteilung (Berlin: Walter de Gruyter & Co, 1967).

Nietzsche, Friedrich, *Fröhliche Wissenschaft* [1882]. *Nietzsche Werke*, V-2, hg. v. G. Colli u. M. Montarinari (Berlin: Walter de Gruyter & Co, 1973).

Nietzsche, Friedrich, *Jenseits von Gut und Böse. Vorspiel einer Philosophie der Zukunft* [1886]. Fünftes Hauptsrück: "zur Naturgeschichte der Moral". Giorgio Colli und Mazzino Montarinari (Hg.), *Nietzsche Werke* 2.Bd. v. VI. Abteilung (Berlin: Walter de Gruyter & Co, 1968).

Nietzsche, Friedrich, *Zur Geneologie der Moral. Eine Streitschrift* [1887]. Erste Abhandlung. Giorgio Colli und Mazzino Montarinari (Hg), *Nietzsche Werke*. 2. Bd. v. VI. Abteilung (Berlin: Walter de Gruyter & Co, 1968).

Nietzsche, Friedrich, *Der Antichrist. Fluch auf das Christenthum* [1888-1889]. Giorgio Colli und Mazzino Montarinari (Hg.), *Nietzsche Werke*. 3.Bd. v. VI. Abteilung (Berlin: Walter de Gruyter & Co, 1968).

Nietzsche, Friedrich, *Götzen-Dämmerung. Wie man mit dem Hammer philosophirt* [1889]. Giorgio Colli und Mazzino Montarinari (Hg.), *Nietzsche Werke*. 3. Bd. v. VI. Abteilung (Berlin: Walter de Gruyter & Co, 1968).

Nietzsche, Friedrich, *Nachlgeassene Fragmente, Ende 1870-April 1871. Nietzsche Werke*, III3, hg. v. G. Colli und M. Montarinari (Berlin: Walter de Gruyer, 1973).

Nietzsche, Friedrich, *Nachgelassene Fragmente - Anfang 1880 bis Frühjahr 1881. Nietzsche Werke*, V1, hg. v. G. Colli u. M. Montinari (Berlin: Walter de Gruyter & Co, 1974).

Nietzsche, Friedrich, Friedrich Nietzsche, *Nachgelassene Fragmente* 1882-1884. Kritische Studienausgabe(KSA). Bd.10. Herausgegeben von Giogrio Colli und Mazzino Montinari (Berlin·New York: Walter de Gruyter, 1988).

Nietzsche, Friedrich, *Nachgelassene Fragmente*. Frühjahr - Herbst 1884. Nr.25 [211]. Giorgio Colli und Mazzino Montarinari (Hg.), *Nietzsche Werke*. 2. Bd. v. VII. Abteilung (Berlin: Walter de Gruyter & Co, 1968).

Nietzsche, Friedrich, *Nachgelassene Fragmente*. Herbst 1884-Herbst 1885. Giorgio Colli und Mazzino Montarinari (Hg.), *Nietzsche Werke*. 3. Bd. v. VII. Abteilung (Berlin: Walter de Gruyter & Co, 1968).

Nietzsche, Friedrich, *Nachgelassene Fragmente. Herbst 1885 bis Herbst 1887*. G. Colli u. M. Montinari(Hg.), *Nietzsche Werke*, VIII-1 (Berlin/New York: Walter de Gruyter & Co, 1974).

Nietzsche, Friedrich, *Nachgelassene Fragmente*. Herbst 1887 bis März 1888. Giorgio Colli und Mazzino Montarinari (Hg.), *Nietzsche Werke*. 2. Bd. v. Abteilung VIII (Berlin: Walter de Gruyter & Co, 1968).

Nietzsche, Friedrich, *Nachgelassene Fragmente*. Anfang 1888 bis Anfang Januar 1889. Giorgio Colli und Mazzino Montarinari (Hg.), *Nietzsche Werke*. 3. Bd. v. VIII. Abteilung (Berlin: Walter de Gruyter & Co, 1968).

Nye, Joseph S., Jr., *Bound to Lead: The Changing Nature of American Power* (New York: Basic Books, 1990).

Nye, Joseph S., Jr., *Soft Power. The Means to Success in World Politics* (New York, NY: PublicAffairs, 2004).

Ottmann, Hennig, *Philosophie und Politik bei Nietzsche* (Berlin/New York: Walter de Gruyter & Co, 1987).

Platon, *Phaidon. Platon Weke*, Bd.III in Acht Bänden. Herausgegeben von G. Eigler. Deutsche Übersetzung von Friedrich Schleiermacher (Darmstadt: Wissenschaftliche Buchgesellschaft, 1977).

Platon, *Der Staat. Platon Werke*, Bd.III in Acht Bänden. Herausgegeben von G. Eigler. Deutsche Übersetzung von Friedrich Schleiermacher (Darmstadt: Wissenschaftliche Buchgesellschaft, 1977). 영역본: Plato, *The Republic*, Vol. II in Two Volumes. With an English Translation by Paul Shorey. Leob Classical Library(Cambridge, MA·London: Harvard University Press, 1946). 국역본: 플라톤(박종현 역), 『국가·政體』(서울: 서광사, 2007).

Platon, *Phaidros. Platon Werke*, Bd.V in Acht Bänden. Herausgegeben von G. Eigler. Deutsche Übersetzung von Friedrich Schleiermacher (Darmstadt: Wissenschaftliche Buchgesellschaft, 1977).

Platon, *Gesetze. Platon Werke* (Darmstadt: Wissenschaftliche Buchgesellschaft, 1977).

Plato, *Epinomis. Plato*, vol. 12 in twelve volumes (Cambridge, Massachusetts: Harvard University Press, 1975). 국역본: 플라톤, 『에피노미스』, 플라톤(박종현 역주), 『법률』의 부록 (파주: 서광사, 2009).

Rawls, John, *A Theory of Justice* (Cambridge. MA: The Belknap Press of Harvard University Press, 1971, Revised Edition: 1999).

Reichwein, Adolf, *China und Europa im Achtzehnten Jahrhundert* (Berlin: Oesterheld Co. Verlag, 1922).

Ries, Wiebrecht, *Nietzsche zur Einführung* (Hamburg: Junius, 2000).

Ritsert, Jürgen, *Der Kampf um das Surplusprodukt. Einführung in den klassischen Klassenbegriff* (Frankfurt/New York, 1988).

Roty, Richard, "Solidarität oder Objektivität". Richard Roty, *Solidarität oder*

Objektivität. Drei philosophische Essays (Stuttgart: Reclam, 1988).

Rousseau, Jean-Jacques, *A Discourse on the Origin of Inequality* [1755]. Jean-Jacques Rousseau. *The Social Contract and Discourses.* Translated and introduced by G. D. H. Cole. Revised and augmented by J. H. Brumfitt and John C. Hall. Updated by P. D. Jimack. (London: J. M. Dent Orion Publishing Group, 1993).

Rousseau, Jean-Jacques, *Emil oder Über die Erziehung* [*Émile ou de l'Éducation,* 1762], besorgt v. L. Schmidts. 9.Auflage (Paderborn·München: Ferdinand Schöningh, 1989).

Rowe, C. J., (trans. and comment.), *Plato. Phaedrus* (Oxford: Oxbow Books, 1988).

Salter, William Mackintire, "Nietzsche and the War", *International Journal of Ethics,* 27-3(1917).

Scheler, Max, *Wesen und Formen der Sympathie* [증보판 1922], hrg. v. Manfred S. Frings (Bern·München: Francke Verlag, 1973 [6. Aufl.]).

Schönfeld, Martin, "From Socrates to Kant - The Question of Information Transfer", *Journal of Chinese Philosophy* 67-69 (2006).

Schopenhauer, Arthur, *Die Welt als Wille und Vorstellung* I [1818·1859]. *Arthur Schopenhauer Sämtliche Werke,* Bd.I (Frankfurt am Main: Suhrkamp, 1986).

Schopenhauer, Arthur, *Preisschrift über die Grundlage der Moral* [1841·개정판 1860]. Arthur Schopenhauer, *Kleine Schriften. Sämtliche Werke,* Bd.III (Frankfurt am Man: Suhrkamp, 1986).

Schumann, Michael, und Horst Kern, *Industriearbeit und Arbeiterbewußtsein* (Frankfurt am Main: Suhrkamp, 1977; Taschenbuch 1985).

Seidel-Höppner, W., und J. Höppner, *Sozialismus vor Marx. Beiträge zur Theorie und Geschichte des vormarxistischen Sozialismus* (Berlin: Akademe-Verlag, 1987).

Seppmann, Werner, "Alternative Technik-Kritik. Einleitende Anmerkungen zur Aktualität der Kritik der technologischen Rationalität". Leo Kofler, *Beherrscht uns die Technik?* (Hamburg: VSA-Verlag, 1983).

Scheler, Max, *Wesen und Formen der Sympathie* [증보판, 1922], hrg. v. Manfred S. Frings (Bern·München: Francke Verlag, 1973 [6. Aufl.]).

Seeliger, Martin, und Sebastian Sevignani (Hg.), *Ein neuer Strukturwandel der Öffentlichkeit?* Sonderband Leviathan 37 (Baden-Baden: Nomos, 2021).

Shirer, William Lawrence, *The Rise and Fall of the Third Reich: A History of Nazi Germany* (New York: Simon and Schuster, 1960).

Shweder, Richard A., Elliot Turiel & Nancy C. Much, "The Moral Intuitions of the Child". J. H. Flavel & L. Ross (eds.), *Social Cognitive Development* (New York: Cambridge University Press, 1981).

Singh, Rustam, "Status of Violence in Marx's Theory of Revolution", *Economic & Political Weekly*, vol.4 (Jan. 28, 1989).

Sluga, Hans D., *Heidegger's Crisis: Philosophy and Politics in Nazi Germany* (Boston: Harvard University Press, 1993).

Smith, Adam, *The Theory of Moral Sentiments* [1759, Revision: 1761, Major Revision: 1790], edited by Knud Haakonssen (Cambridge/New York: Cambridge University Press, 2002·2009[5. printing]).

Sorel, Georges, *Reflections on Violence* (Cambridge: Cambridge University Press, 1999).

Sober, Elliott, *Philosophy of Biology* (Boulder: Westview Press, 1993).

Sozialistische Studiengruppen (SOST), "Eigentum", *SOZIALISMUS* (5/1992).

Spinoza, Benedict de, *Tractatus Theologoco-Politicus* [1670]. *The Chief Works of Benedict de Spinoza*, Vol. I (London: George Bell and Sons, 1891).

Stamm, Karl-Heiz, *Alternative Öffentlichkeit. Die Erfahrungsproduktion neuer sozialer Bewegungen* (Frankfurt am Main/New York: 1988).

Steinkühler, Franz, "Befreiung der Arbeit. Betriebliche und politische Mobilisierung von Arbeitnehmerinteressen" [1985]. K. van Haaren, H.-U. Klose und M. Müller (Hg.), *Befreiung der Arbeit* (Bonn: Verlag Neue Gesellschaft, 1986).

Suttie, Ian Dishart, *The Origins of Love and Hate* (Oxford·New York: Routledge, 1935; 1999·2001 reprinted; Digital Printing 2007).

Taureck, Bernhard H. F., *Nietzsche und der Faschismus* (Hamburg: Junius, 1989).

Taurek, Bernhard H. F., *Nietzsche-ABC* (Leipzig: Reclam, 1999).

Taylor, Charles, "Sprache und Gesellschaft". Axel Honneth/Hans Joas (Hg.), *Kommunikatives Handeln* (Frankfurt am Main: Suhrkamp, 1986).

Temple, William, "Essay on the Original and Nature of Government". *The Works of Sir William Temple*, Vol. I (London: Printed for Rivington et al. and by S. Hamilton, 1814).

The Guardian, 2011. 7. 25.

Ullrich, Otto, *Technik und Herrschaft* (Frankfurt am Main: Suhrkamp, 1979).

Vetlesen, Arne Johan, *Perception, Empathy, and Judgement. An Inquiry into Preconditions of Moral Performance* (University Park, Pennsylvania: The Pennsylvania State University Press, 1994).

Weber, Max, *Wirtschaft und Gesellschaft* (Tübingen: J.C.B. Mohr, 1985).

Weller, Robert P., & Peter K. Bol, "From Heaven-and-Earth to Nature:

Chinese Concepts of the Environment and Their Influence on Policy Implementation". Mary Tucker and John Berthrong (ed.), *Confucianism and Ecology: The Interrelation of Heaven, Earth and Humans* (Cambridge [MA]: Harvard University Press, 1998). 로버트 웰러·피터 볼, 「천지부터 자연까지: 중국인들의 환경 개념과 정책 수행에 미치는 영향」. Tucker and Berthrong(오정선 역), 『유학사상과 생태학』(서울: 예문서원, 2010).

Williams, George C., *Adaptation and Natural Selection* (Princeton: Princeton University Press, 1966).

Wilson, David S., & Elliott Sober, "Reintroducing Group Selection to the Human Behavioral Sciences", *Behavioral and Brain Sciences* 17.

Wilson, Edward O., Naturalist (Washington, D.C.: Island Press, 1994).

Wilson, James Q., "The Moral Sense", *Presidential Address 1992 of American Political Science, American Political Science Review*, Vol.87 (No.1 March 1993).